版权声明

Authorized translation from the English language edition, entitled TEACHING AND LEARNING THROUGH MULTIPLE INTELLIGENCES, 3rd Edition, ISBN: 0205363903 by CAMPBELL, LINDA C.; CAMPBELL, BRUCE; DICKINSON, DEE, published by Pearson Education, Inc., Copyright © 2004 Pearson Education, Inc. This edition is authorized for sale and distribution in the People's Republic of China (excluding Hong Kong SAR, Macao SAR and Taiwan).

All rights reserved. No part of this book may be reproduced or transmitted in any form or by any means, electronic or mechanical, including photocopying, recording or by any information storage retrieval system, without permission from Pearson Education, Inc.

CHINESE SIMPLIFIED language edition published by CHINA LIGHT INDUSTRY PRESS, Copyright © 2015

本书中文简体字版由培生教育授权中国轻工业出版社／北京万千新文化传媒有限公司出版。未经出版者书面许可，不得以任何方式复制或抄袭本书内容。本书经授权在中华人民共和国境内（不包括香港特别行政区、澳门特别行政区和台湾地区）销售和发行。

本书封面贴有Pearson Education激光防伪标签，无标签者不得销售。

版权所有，侵权必究。

Teaching and Learning Through Multiple Intelligences
(Third Edition)

多元智能教与学的策略
（第三版）

［美］Linda Campbell，Bruce Campbell，Dee Dickinson ／ 著

霍力岩　沙　莉　孙蔷蔷　等／译校

中国轻工业出版社

图书在版编目（CIP）数据

多元智能教与学的策略：第3版／（美）坎贝尔（Campbell, L.）等著；霍力岩等译. —北京：中国轻工业出版社，2015.6
（2024.2重印）
ISBN 978-7-5184-0226-7

Ⅰ. ①多… Ⅱ. ①坎… ②霍… Ⅲ. ①课堂教学－教学研究　Ⅳ. ①G424.21

中国版本图书馆CIP数据核字（2015）第039960号

保留所有权利。非经中国轻工业出版社"万千教育"书面授权，任何人不得以任何方式（包括但不限于电子、机械、手工或其他尚未被发明或应用的技术手段）复印、拍照、扫描、录音、朗读、存储、发表本书中任何部分或本书全部内容，以及其他附带的所有资料（包括但不限于光盘、音频、视频等）。中国轻工业出版社"万千教育"未授权任何机构提供源自本书内容的电子文件阅览、收听或下载服务。如有此类非法行为，查实必究。

责任编辑：吴　红　　　责任终审：杜文勇
策划编辑：吴　红　　　责任校对：刘志颖　　　责任监印：吴维斌

出版发行：中国轻工业出版社（北京鲁谷东街5号，邮编：100040）
印　　刷：三河市鑫金马印装有限公司
经　　销：各地新华书店
版　　次：2024年2月第1版第5次印刷
开　　本：850×1092　1/16　印张：25.5
字　　数：300千字
书　　号：ISBN 978-7-5184-0226-7　定价：60.00元
读者热线：010-65181109
发行电话：010-85119832　　010-85119912
网　　址：http://www.chlip.com.cn　http://www.wqedu.com
电子信箱：1012305542@qq.com
版权所有　侵权必究
如发现图书残缺请拨打读者热线联系调换
231735Y1C105ZYW

译 者 的 话

一

1983年，哈佛大学的霍华德·加德纳教授（Howard Gardner）在其《智能的结构》（*Frames of Mind*）一书中提出了多元智能理论（Theory of Multiple Intelligences）。加德纳教授认为，就智能的本质来说，智能是"在一定的社会文化背景下，个体用以解决自己面临的真正难题和生产及创造出社会所需要的有效产品的能力"；就智能的结构来说，智能不是某一种能力或围绕某一种能力的几种能力的整合，而是相对独立、相互平等的八种智能，即言语－语言智能、音乐－节奏智能、逻辑－数理智能、视觉－空间智能、身体－动觉智能、自知自省智能、人际交往智能和自然观察智能。加德纳教授关于智能本质和智能结构的新理论对传统的智能理论至少有三个方面的突破：第一，智能不再是传统意义上的逻辑－数理智能或以逻辑－数理智能为核心的智能，而是我们今天的素质教育所强调的实践能力和创造能力；第二，智能不再是传统意义上可以跨时空用同一个标准来衡量的某种特质，而是随着社会文化背景的不同而有所区别的为特定文化所珍视的能力；第三，智能不再是一种能力或以某一种能力为中心的能力，而是"独立自主、和平共处"的多种智能。加德纳教授关于智能问题的上述三个突破为我们今天的基础教育课程改革提供了多方面的有益启示：第一，把智能定位为解决问题的能力和生产与创造社会需要的有效产品的能力，为我们今天的基础教育课程改革提供了新支点——我们的课程改革一定要把培养学生的实践能力和创造能力放在首要位置。我们的学校再也不能仅凭某种标准测试的分数或几门书面考试的成绩衡量学生，而是应该重点培养并考察学生运用所学知识解决实际问题和进行初步创造的能力;第二,把智能置于一定的文化环境之中,为我们今天的基础教育课程改革提供了新依据——我们的智能观和智能培养观或课程观应该是与时俱进和因地制宜的。我们的基础教育课程一定要改革,不改革就只能落后于时代,被时代抛弃,同时,我们的教育改革一定要具体问题具体分析,具体情况具体对待,做到既与时俱进又因地制宜;第三,把智能结构看作多维的和开放的,为我们的基础教育课程改革提供了新视角——我们的课程改革应该保证学生真正意义上的全面发展。我们不能只围绕着某几种智能设置课程,不能把多种"非学术"智能领域当作可有可无的"副科",而是应该使我们的课程保证学生的多元智能都得到有效发展,使我们对教育方针的追求变为实实在在的课程;第四,把每一个体的智能结构看作差异性的和个体化的,为我们的基础教育课程改革提供了新思路——我们的教育应该在保证学生全面发展的同时,关注并培养学生的优势智能领域——智能强项或特长,使我们的教育成为发现差异、因材施教、培养特长、树立自信的教育。

二

由琳达·坎贝尔(Linda Campbell)、布鲁斯·坎贝尔(Bruce Campbell)和迪伊·迪金森(Dee Dickinson)所著的《多元智能教与学的策略》一书,从教育工作者的视角对多元智能理论做了全面而丰富的阐释,是在实践中应用多元智能理论的范本。本书在结构和内容上别具一格,令人耳目一新,是教育工作者将多元智能理论应用于教育实践的一本实用参考书。概括而言,本书具有如下特点:

第一,本书的核心目的是,为一线教育工作者提供在实际的教育教学过程中贯彻落实多元智能理论的教与学的策略,因此,具有很强的实践性和可操作性。本书的前八章内容分别对应于加德纳教授提出的八种智能,向读者翔实地介绍了将每种智能应用于课堂教学的策略,同时在每章的结尾部分还附有本章内容中所提到的各种智能的教学策略,以便教育工作者思考如何将这些策略应用到自己的教学实践中。同时,本书还提供了大量的可供读者参考的资料,为读者提供了尽可能多的便利条件。

第二,本书结构工整,内容形象、生动。全书共分为十一章,前八章分别介绍了八种智能,其中每章开头都引用了一段简洁、优美、蕴涵深刻的经典名言,用以引出各种不同智能的重要价值以及它对于教与学的重要启迪;接着以一个具有某种智能天赋的人物的故事开篇,形象、生动、引人入胜;之后,向读者全面地阐述了每种智能的定义、每种智能特征的核查表、学习过程、需要创设的学习环境、若干切实可行的学习策略以及提高智能的新技术;并用一个简洁、概括的小结和教师在课堂教学中应用每种智能的反思表作为结尾。本书的后三章分别从多元智能理论对课程开发、学生评价以及对我们的启示三个维度展开了深入的探讨,具有很强的现实意义。

第三,本书致力于使教育工作者发现每个孩子的天赋,因而作者不仅倡导用多元智能理论来指导教与学,同时,还强调用多元智能理论来评价学生的发展。多元化的评价思想强烈地冲击了传统的以纸笔测验为主的标准化测试,化解了传统的课程与评估之间的隔阂,通过"评价学生的成功",使学生在学习以及今后的生活中能够充满自信、满怀激情,从而有力地回应了世界范围内的教育教学改革与实践。

第四,本书强调不同的社会、文化背景对学生智能的影响;强调教育工作者应针对不同学生采用最适合于他们发展的教育策略;并为每个学生提供发展各种智能的公平机会;同时还强调师生互动、同伴互动,以及学校与家庭、社会之间在教育资源方面的互助合作等。这与我国当前建立学习型社区的发展趋势可谓异曲同工。

本书从课程开发、课堂教学和学生评估等方面为一线教育工作者和教育研究者提供了具有参考价值的研究范例,对我国基础教育教学改革,教育观、教学观、学生观、评价观的变革及其在实践中的应用具有非常重要的意义。本书是对原著第三版简体中文版的修订版。原著第三版简体中文版由中国轻工业出版社于2004年出版,该书在面世10年多的时间里,深受教育研究者和一线教育工作者的喜爱,对教育理论和实践具有重要的指导意义。本次修订对全书内容进行了细致的校改,希望对读者有所助益。

三

多元智能理论在当今世界教育改革中的重要地位以及对教育改革实践的积极影响,已经越来越多地被我国教育工作者所认识。随着我国教育改革的进一步深化和素质教育的广泛实施,我国不仅进行了不少关于借鉴多元智能理论的理论研究,而且还开展了大量借鉴多元智能理论及其课程方案的实践探索。近年来,我国已经出现了为数不少的以多元智能理论为指导的中小学和幼儿园课程方案,而且以多元智能理论为指导的中小学和幼儿园课程方案仍有继续增加的趋势。在这种情况下,人们也越来越多地关注究竟应该如何借鉴多元智能理论以及如何通过借鉴多元智能理论促进我们自己的课程建设的问题。多元智能理论是西方文化的产物,我们在借鉴多元智能理论进行教育改革时至少应该遵循以下两个思路:其一,"以我为主,他为我用";其二,"以他为主,他我结合"。

"以我为主,他为我用"是我们借鉴多元智能理论、促进我国基础教育改革的第一个基本思路。从我国教育改革特别是课程改革的实际来看,我国的教育工作者介绍了不少国外特别是西方的教育思潮、课程模式、教育方法和教育技术等,也研究和实践了不少国外的教育模式或课程模式,期望从中找到或由此建立一种适合中国的中小学教育模式或课程模式。但是十

几年过去了，伴随着多种理论观点和研究成果及中小学各科实验教材的问世，教育界的许多有识之士在如何选择和建立适合我们这个文化背景的教育模式这个问题上形成了新的看法，即不存在一种现成的适合所有文化、所有国家、所有儿童、所有年龄和所有学习科目的"最佳教育模式"或"最佳课程模式"。我们在教育改革中应该做的是，尽可能从我国教育改革的实际出发，学习和借鉴国外一切有价值的教育思潮、课程模式、教育方法和教育技术等，根据我国社会发展和儿童发展的实际，开发出我们自己的教育模式和课程模式。基于这样一种认识，我们应该借鉴多元智能理论及其课程模式、教育方案和教学材料等一切对我们的教育改革有价值的东西，使之服务于我们的教育改革。譬如说，我们完全应该学习多元智能理论关于实践能力和创造能力是智能的本质的含义，我们的教育应该注重学生创新，我们应该借鉴并利用其中一切可以为我所用的思想、观点、原则、内容、方法以及具体的创造能力的培养的观点；我们完全应该学习多元智能理论关于人的智能领域是多方面的，我们的教育应该在真正意义上保证学生的全面发展的观点；我们完全应该学习多元智能理论关于每一个个体都是独特的、都有相对而言的优势智能领域和弱势智能领域的观点，我们的教育应该促进学生个性的充分展示和特殊才能的充分发展等。

"以他为主，他我结合"是我们借鉴多元智能理论、促进我国基础教育改革的第二个基本思路。在我国，有为数不少的学校希望建设多元智能课程或者已经在建设多元智能课程，这些学校的努力和尝试无疑是值得肯定的。但是，随着近些年来我国教育工作者对多元智能课程的尝试和借鉴逐渐增多，多元智能理论特别是多元智能理论指导下的多元智能课程与我国实际相结合的问题越来越突出，需要我们认真对待。我们注意到，有的学校在建设多元智能课程的实验中存在着"不求甚解""囫囵吞枣"的问题，有的学校则存在着"照抄照搬""生搬硬套"的问题。概括地讲，在我们借鉴多元智能理论和多元智能课程的过程中，不考虑时代特点、民族特点的情况确实存在着，我们并没有在加德纳所谓的"一定的社会文化背景中"运用多元智能理论和借鉴多元智能课程。来自西方的多元智能理论和多元智能课程与我们中国的民族文化特点和发展要求相结合是我们必须重视的问题，也是我们在现阶段必须郑重面对的问题。解决好了这个问题，多元智能理论在中国才有生命力，多元智能理论也才能更好地服务于我国的教育改革。否则，我们希望学生享受到好的教育模式的美好愿望也只能是"竹篮打水一场空"。

从我国教育改革的实际出发，将多元智能理论或多元智能课程跨文化地"移入"，在现阶段至少有三个问题需要我们给予特别的关注。

第一，多元智能理论是否可以成为我们教育改革的指导思想。不少学校现在声称自己是"多元智能学校"或自己实行的是"多元智能课程",声称多元智能理论是自己的办学指导思想。我们认为,多元智能理论确实是一个对我们进行教育改革有重要参考价值的教育思想,但多元智能理论作为西方文化的产物,作为在西方还在争论的一种新的教育思潮,作为加德纳教授本人还在不断改进和发展着的一种智能理论,不宜作为我国各所学校进行教育改革的指导思想。

第二,多元智能理论对课程改革的启发是否只限于在学校课程改革中多开设除学术课程之外的、多元智能理论涉及的7种或8种课程。多元智能理论对课程改革的启示是多方面的,至少涉及课程改革中教育目的、教育内容、教育方法和教育评价几个方面,在西方已经有了"把发展学生的多元智能作为教育目的""把发展学生的多元智能作为教育内容""把多元智能作为教育方法和教育途径"以及"通过多元智能进行教育评价"等研究和实践——把多元智能理论既当作教育的目的,又当作教育的内容、方法和评价手段。我们的教育改革是全方位的,所以我们的教育工作者在借鉴和学习多元智能理论方面不应该比西方的教育工作者做得少,我们应该深入地而不是表面地理解和运用多元智能理论。

第三,多元智能理论强调的教育的"个别化"是否应该局限于在课堂上实现。多少年来,我们的教育都在追求"因材施教"和"量体裁衣",但"一个教师、一块黑板、一本教材"的教育形式使我们无法做到真正意义上的"因材施教"和"量体裁衣"。"个别化",正像加德纳教授所说,是我们现在这个新千年的新主题。传统意义上的课堂教学无法真正实现"个别化教育",我们应该通过多种途径实现对儿童教育的"个别化":社区的资源、家庭的熏陶、网络的海洋等都应该是"个别化"教育的天地。需要特别指出的是,学校教育中的"个别化教育"应该与环境教育、合作教育等结合起来考虑,学校有目的、有计划地为学生提供有教育价值的环境,安排学生之间的互动学习,特别是有着不同背景和掌握着不同资源的学生之间的互动,可能是现阶段个别化教育的可行形式。

综上所述,多元智能理论是我们在进行教育改革的过程当中可资借鉴的一种有价值的教育理论。在借鉴多元智能理论的过程中,我们至少应该有两个思路:第一,"以我为主、他为我用",借鉴多元智能理论中一切可以为我所用的地方,使之服务于我们的教育改革;第二,"以他为主、他我结合",在将多元智能理论特别是国外的多元智能课程"移入"我国时一定要结合我国的实际并使之中国化。

辩证地看待多元智能理论就要求我们理解多元智能理论、批评多元智能理论并发展多元智能理论;恰当地运用多元智能理论就要求我们在理解、批评和发展多元智能理论的基础上,将它与多种教育理论、思潮和观点进行融合,并结合时代的特点和我国教育改革的实际,创造出有时代特点、有中国特色的教育模式。

为尽可能地使本书的翻译做到信、达、雅，我们查阅了大量的文献资料，进行了多次的研究探讨。该书前后共经过两个阶段的反复推敲，可以说本书的翻译是我们全体译者集体智慧的结晶。第一阶段，由沙莉负责第一至四章的翻译，由赵清梅负责第六至八章的翻译，由孙冬梅负责第五章、第九至十一章的翻译。第二阶段，由霍力岩和孙蔷蔷负责修订全书译文并最后定稿。时间有限，译校者的水平更有限，疏漏和错误之处在所难免，希望各位读者不吝指正。

译者
2014 年 11 月 22 日
于北京师范大学

目　录

译者的话 ··· I

绪　论　多种智能 ·· 1
 一、关于本书的第三版 ·· 1
 二、人类智能的定义 ··· 1
 三、八种智能简介 ·· 2
 四、关于本书的作者 ··· 4
 五、多元智能清单 ·· 5
 六、智能环境 ··· 7
 七、本书提供了什么 ··· 7

第一章　驾驭文字的方式：言语－语言智能 ··································· 9
 终生写作 ·· 9
 一、定义：理解言语－语言智能 ·· 11
 二、核查表：言语－语言智能的特征 ·· 12
 三、言语－语言智能的学习过程 ·· 13
 四、创设言语－语言智能的学习环境 ·· 14
 五、通过倾听来学习 ·· 15
 六、说 ·· 24
 七、读 ·· 30
 八、写 ·· 33
 九、提高言语－语言智能的技术 ·· 39
 十、小结 ··· 41
 十一、应用言语－语言智能 ··· 43

参考文献 44

第二章 运算的智慧：逻辑－数理智能 45

钟爱数学 45

一、定义：理解逻辑－数理智能 47

二、核查表：逻辑－数理智能的特征 47

三、逻辑－数理智能的学习过程 48

四、创设逻辑－数理智能的学习环境 49

五、教授逻辑 50

六、演绎逻辑 51

七、归纳逻辑 54

八、促进思维和学习 55

九、数学思维过程 60

十、数字运算 64

十一、跨课程的应用题 72

十二、排序 73

十三、各学科领域中的数学问题 74

十四、提高逻辑－数理智能的技术 74

十五、小结 77

十六、应用逻辑－数理智能 78

参考文献 79

第三章 动中学：动觉智能 81

波拉之舞 81

一、定义：理解动觉智能 83

二、核查表：动觉智能的特征 84

三、动觉智能的学习过程 85

四、创设肢体学习的物质环境 86

五、戏剧 87

六、创造性运动 92

七、舞蹈 94

八、操作物 96

　　九、课堂游戏……………………………………………………………100
　　十、体育……………………………………………………………………103
　　十一、课间活动……………………………………………………………106
　　十二、实地旅行……………………………………………………………108
　　十三、提高动觉智能的技术………………………………………………109
　　十四、小结…………………………………………………………………111
　　十五、应用动觉智能………………………………………………………112
　　参考文献……………………………………………………………………114

第四章　人人都是艺术家：视觉-空间智能……………………………………115

　　莎拉的故事………………………………………………………………115
　　一、定义：理解视觉-空间智能…………………………………………117
　　二、核查表：视觉-空间智能的特征……………………………………117
　　三、视觉-空间智能的学习过程…………………………………………118
　　四、创设视觉化的学习环境………………………………………………119
　　五、图形表现方式…………………………………………………………121
　　六、视觉记录和头脑风暴工具……………………………………………128
　　七、视觉化…………………………………………………………………134
　　八、学习材料的视觉多样性………………………………………………137
　　九、棋类游戏和卡片游戏…………………………………………………139
　　十、建筑……………………………………………………………………141
　　十一、视觉艺术……………………………………………………………144
　　十二、提高视觉-空间智能的技术………………………………………149
　　十三、小结…………………………………………………………………152
　　十四、应用视觉-空间智能………………………………………………152
　　参考文献……………………………………………………………………154

第五章　和谐的旋律：音乐智能……………………………………………155

　　丹尼之歌…………………………………………………………………155
　　一、定义：理解音乐智能…………………………………………………158
　　二、核查表：音乐智能的特征……………………………………………158
　　三、音乐智能的学习过程…………………………………………………160

四、创设音乐智能的学习环境 ··· 161
五、倾听音乐 ··· 164
六、塑造技巧的音乐 ··· 169
七、唱前热身 ··· 172
八、音符 ··· 174
九、创编课程歌曲 ·· 177
十、用音乐启动创造性 ·· 180
十一、在课堂中制造乐器 ··· 181
十二、提高音乐智能的技术 ·· 182
十三、小结 ·· 184
十四、应用音乐智能 ··· 185
参考文献 ··· 186

第六章　相互理解：人际交往智能 ··· **189**

合作就能成功 ··· 189

一、定义：理解人际交往智能 ··· 191
二、核查表：人际交往智能的特征 ·· 191
三、人际交往智能的学习过程 ··· 192
四、创设积极的人际交往环境 ··· 192
五、合作学习 ··· 196
六、冲突处理 ··· 199
七、通过服务学习 ·· 201
八、体验差异 ··· 204
九、发展多元视角 ·· 206
十、地方和全球问题解决 ··· 211
十一、多元文化教育 ··· 215
十二、提高人际交往智能的技术 ·· 219
十三、小结 ·· 220
十四、应用人际交往智能 ··· 221
参考文献 ··· 222

第七章　内心世界：自知自省智能　225

比尔的内心世界　225
一、定义：理解自知自省智能　228
二、核查表：自知自省智能的特征　228
三、自知自省智能的学习过程　229
四、创设培养自我感知的环境　230
五、提高自尊的方法：学会自爱　231
六、设定并实现目标　234
七、思维技能　239
八、情绪智能的教育　242
九、日记写作　249
十、通过他人逐渐了解自己　251
十一、思考生命的奇迹与目的　253
十二、自我指导学习：一种自知自省的学习方式　255
十三、提高自知自省智能的技术　257
十四、小结　259
十五、应用自知自省智能　259

参考文献　261

第八章　我们周围的世界：自然观察智能　263

雷切尔·卡森的遗产　263
一、定义：理解自然观察智能　265
二、核查表：自然观察智能的特征　266
三、自然观察智能的学习过程　267
四、创设自然观察智能的学习环境　268
五、自然观察的课程主题　270
六、提高观察能力　271
七、察觉关系　276
八、假设与实验　284
九、自然观察学习中心　285
十、自然地学习　289
十一、提高自然观察智能的技术　290

十二、小结	292
十三、应用自然观察智能	293
参考文献	295

第九章　通过多元智能开发课程……297

科学中的艺术	297
一、多元智能理论对课程开发的启示	299
二、通过多元智能计划课程	300
三、课程偏差	322
四、基于方案的课程	322
五、学徒制	325
六、为理解而教	327
七、小结	330
八、多元智能在课堂中的应用	333
参考文献	334

第十章　化解边界——促进学习的评估……335

评估成功	335
一、全国评估	337
二、指导课堂评估的原则	338
三、多种智能评估方法	347
四、通过多元智能进行评估	352
五、过程档案袋	361
六、评估进度表	363
七、小结	371
八、应用评估信息	372
参考文献	374

第十一章　多元智能给我们的启示……375

为培养多元智能而教	375
一、将学生及其才能联系起来	376

二、从多元智能教学项目中得到的启示……………………………………376
三、多元智能学校的相似点………………………………………………386
四、接下来该采取哪些步骤………………………………………………387
参考文献……………………………………………………………………389

绪论　多种智能

一、关于本书的第三版

本书的第三版包括了一些新的内容，这些内容是基于对霍华德·加德纳博士多元智能理论的进一步理解而增加的。在本书后面的内容中，读者将会发现每章都有最新的资料，新的技术选择，新的可将多元智能理论整合到标准化教学中的信息，以及从以多元智能理论为指导思想的学校中获得的有关学生成绩的数据。但本书的目的仍与先前的版本保持着连贯性。我们的目的仍然是为教育工作者提供多元的教学方式，这样学生和教师就能在学习过程中体验成功与快乐。

学生以什么方式表现他们的聪明才智

是否有一些学生能够创作出精美的视觉艺术作品？是否还有一些学生具有运动天赋，能轻松而优雅地完成一些复杂的身体动作？一些学生可能擅长弹奏乐器以至能够拨动人们的心弦。一些学生可能对数学的精确度激动不已。一些学生可能对自然界有特别的理解，而另一些学生则可能热爱写作，并且已经体验到了看到自己的故事或诗歌出版时的兴奋心情。一些学生可能是天生的领导者，能够成为同学们学习的榜样并能为同学们提供值得信赖的指导。还有一些学生在追求重要的人生目标时，对于他们自己以及他们所追求的目标可能具有敏锐的洞察力。在以上所提到的学生中，谁最聪明？这个问题很难回答，因为上述这些范例代表了具有不同智能强项的学生。每个学生都是独一无二的，并且都能以其独特的方式对人类文化做出有价值的贡献。

二、人类智能的定义

霍华德·加德纳博士是哈佛大学的教

育学教授，他对人类认知能力的发展进行了实质性的研究。他突破了以往智能理论的一般性假设，即认为智能理论遵循两个基本的前提：认知是一元的；人们拥有单一的、可以测量的智能。加德纳在对智能的研究中创设了几个标准（1983）以测量某种能力是否就是智能。加德纳认为每种智能都必定具有一定的发展特征，在诸如"神童"或"白痴天才"的特定人群中有显著的表现，每种智能都能为大脑区域机能定位提供一些证据，并支持其符号系统或标志系统。

尽管多数人拥有完整的智能光谱，但每个人都表现出独特的认知特征。我们每个人所拥有的每种智能的数量各不相同，并且我们每个人都以高度个性化的方式组合和运用多种智能。将教育大纲局限于过度地强调语言和数学智能，这实际上贬低了其他认知形式的重要性。这样一来，许多不擅长传统的学术智能的学生就不会受到尊重，他们的智能强项就无法得到实现，对于学校和社会而言，这都是损失。

与传统的智能理论相比较，加德纳的研究揭示了更宽泛的人类智能体系，并且提出了令人耳目一新的实用的智能概念。与传统的以标准化测试成绩来看待"聪明"的观念不同，加德纳将"智能"定义为：

- 个体解决在实际生活中所遇到的难题的能力；
- 个体提出要解决的新问题的能力；
- 个体制造对自己所属文化有价值的产品和提供有价值的服务的能力。

加德纳的上述智能定义强调了其理论的多元文化本质。

三、八种智能简介

在1983年出版的《智能的结构》一书中，加德纳提出了多元智能理论，并在这一理论中强调了他关于人类认知具有跨文化特色的观点。智能就是所有人都在使用的代码，并且部分地受到个体所处文化的影响。智能是个体毕生用以学习、解决问题和进行创造的工具。加德纳对八种智能做出了如下描述：

言语－语言智能（linguistic intelligence）包括用语词思维、用语言表达及洞察复杂内涵的能力。作家、诗人、记者、演讲家、新闻广播员都展现出高水平的语言智能。

逻辑－数理智能（logical-mathematical intelligence）是指计算、量化、思考命题和假设及进行复杂的数学运算的能力。科学家、会计师、工程师、计算机程序设计员都显示了较强的逻辑－数理智能。

视觉－空间智能（spatial intelligence）是指人们以三维的方式进行思维的能力，如航海家、飞行员、雕刻家、画家和建筑师都具有较强的视觉－空间智能。空间智能使人们能够感知外部和内部的形象，能够再造、转换或改变表象，能够使自己和物体驰骋于一定的空间，并且能够建构和解译图形信息。

身体－动觉智能（bodily-kinesthetic intelligence）是指人们操作物体和精准调整自己身体动作的能力。身体－动觉智能在运动员、舞蹈家、外科医生和手工艺者身上表现明显。在西方社会，身体技能不像认知技能那样受到高度重视，然而在其他一些国家，应用自己身体的能力是生存的必要条件，也是很多享有声望的人物的重要特征。

音乐智能（musical intelligence）在那些对音调、旋律、节奏和音色具有敏感性的人身上表现显著。那些能够表现出较高音乐智能的人包括作曲家、指挥家、音乐家、音乐评论家、乐器制造者及对音乐敏感的听众。

人际交往智能（interpersonal intelligence）是指能够有效地理解他人并有效地与他人交往的能力。这种智能在成功的教师、社会工作者、演员或政治家身上表现明显。正如西方文化最近开始认识到心智和身体之间的联系一样，西方文化也已经开始重视人际交往的重要性。

自知自省智能（intrapersonal intelligence）是指人们建构准确的自我感知以及应用这种知识规划和指导自己生活的能力。神学家、心理学家和哲学家是具有较强的自知自省智能的典范。

自然观察智能（naturalist intelligence）包括观察自然界中的各种形态，对物体进行识别和分类以及认识自然系统和人造系统的能力。熟练的自然观察者包括农民、植物学家、猎人、生态学家和园艺设计家。

加德纳慎重地指出，人类智能不应局限于他所确认的上述几种类型。在其1999年出版的《智能的重构》（*Intelligence Reframed*）一书中，加德纳设想了另外几种潜在的新智能。这些候选智能包括存在智能（existential intelligence）、道德智能（moral intelligence）和精神智能（spiritual intelligence）。存在智能是指思考生死之意义的能力，但加德纳目前还不能确认其在大脑中的位置，因此加德纳认为将其认定为一种智能尚不成熟。道德智能涉及价值判断，但智能是价值中立的，因此加德纳决定暂不将这种能力确认为成熟的智能。同样，精神智能使我们有能力把握宇宙和超自然的信念，但它最终依赖一定的感受能力。加德纳相信，不管怎样，与先前的一元论相比，八种智能对人类能力的描述还是要准确得多。与很多标准的IQ测验测量小范围内的能力不同，加德纳的多元智能理论为理解人类智能的本质提供了一个更为广阔的图景。加德纳还指出，每一种智能都包含几种亚智能。例如，在音乐智能领域包含的亚智能有：演奏、歌唱、作曲、指挥、音乐评论和音乐欣赏。其他七种智能也都包含着多个方面的亚智能。

上述八种智能可以被概括为三大类。八种智能中的视觉－空间智能、逻辑－数理智能、身体－动觉智能以及自然观察智能是"与物体有关的"智能。这些智能受到个体在环境中所遇物体的支配和影响。另一方面，"与物体无关的"智能包括言语－语言智能和音乐智能，这些智能不受物质世界的影响，但依赖于语言和音乐系统。第三类是"与人有关的"智能，包括人际交往智能和自知自省智能，这类智能反映了个体平衡个人内部以及个人与外界环境的关系的能力。

每一种智能都呈现出独特的发展顺序，在人生的不同阶段显现出来并得到发展。音乐智能是最早显现的人类天赋，这种智能形式最早出现的原因，我们至今还不得而知。加德纳认为，杰出的音乐天赋在孩提时代就能表现出来，可能是因为这种智能不由日益积累的生活经验来决定。而与人相关的智能要发展到一定水平才能显现出来，这需要广泛地与他人交往，并从他人那里获得反馈。

加德纳认为，既然每一种智能都可以用于行善或作恶，那么所有的八种智能在本质上都是价值中立的。戈培尔（Goebbels）[1]和甘地（Gandhi）[2]都具有极强的人际交往智能，但他们运用这种智能的方式极其不同。个体如何将他们的智能应用于社会是一个非常重要的道德问题。

显然，所有的智能都可以用以表现创造力。然而，加德纳指出，多数人在某一特定的领域内具有创造性，却并非在所有的领域内都具有创造性。例如，尽管爱因斯坦具有数学和科学天赋，但他在语言、动觉和人际关系方面未能展示出同样的天赋。多数人似乎只在某一种或两种智能领域表现杰出。

本书致力于创建开放的教育系统——可能是最开放的系统——以使人类的智能得到健康发展。并不是所有的人都要成为伟大的艺术家、音乐家或作家，但是通过最大可能地开发多元智能，我们可以使每个人的生活丰富多彩。当个体有机会利用他们的智能强项进行学习时，他们在认知、情感、社会性甚至生理方面就会出现意想不到的积极变化。

四、关于本书的作者

当八种智能理论被应用于教学策略时，本书的作者们和教师们共同分享了学生在学习上所取得的令人激动的突破。本书的作者曾经是从小学到大学各级岗位上的教师。他们的很多工作经验都贯穿在本书中，用以说明当教学的策略体系得到扩展时，当使用不同方式学习的机会增加时，教育将发生怎样的变化。对本书作者的工作情况，简要概括如下：

琳达·坎贝尔，哲学博士，在公立小学和公立中学做过10年教师，曾三次荣

---

[1] 戈培尔（Goebbels，1879—1945），希特勒统治时期纳粹德国反动政权的宣传部部长，他帮助希特勒传播了大量的仇恨。——译者注。本书中如无特别说明，脚注均为译者注。
[2] 甘地（Gandhi，1869—1948），印度政府、社会和宗教领袖，20世纪非暴力不合作主义倡导者。

获年度教师奖。琳达于1989年开始在安提俄克大学（Antioch University）西雅图分校担任教育学教授之职。在那里，她为市区和西北的部落群体设计并实施了教师教育方案。2002年，琳达获得了盖茨基金会的津贴，琳达还为那些未得到高质量教育的年轻人开发了一个整合的中学和大学课程方案，该方案特别强调对美国本地学生的文化关注。她编写了《多元智能与学生成绩》（Multiple Intelligences and Student Achievement）和《关注学习：教师和学生获得成功的101条有效策略》（Mindful Learning: 101 Proven Strategies for Teacher and Student Success）两本书，前者于1999年由ASCD公司出版，后者于2002年由科温出版社（Corwin Press）出版。另外，琳达还获得了很多学术奖项和社区服务奖。

布鲁斯·坎贝尔在对三、四、五年级的混龄班级进行教学时，将多元智能理论作为其班级的组织原则。他创建了八个学习区，每个区域致力于发展学生的一种智能。学生将三分之二的在校时间用于轮流在各个学习区中进行活动，剩余的三分之一时间用于完成主题性探索工作。学生们所取得的学业成绩令人印象深刻，结果，布鲁斯的教室在美国教育部、"今日美国"和全国报社的资助下，在教育电视节目方面形成了特色。最近，布鲁斯以课程专家的身份开始为华盛顿州玛丽斯维尔（marysville）校区工作。他在全国各地和国际各地进行咨询工作，并著有《多元智能手册：课程计划及其他》（The Multiple Intelligences Handbook: Lesson Plans and More）一书。

迪伊·迪金森是"学习新视野网"（New Horizons for Learning）的创始人和首席执行官，该网建立在华盛顿西雅图的国际教育网的基础上。迪伊曾在小学至大学各级教育岗位上从事过教学工作，她曾制作过几个系列的教育节目，并组织了九次国际教育会议。以前，迪伊是"西雅图创造活动中心"（Seattle Creative Activities Center）的主任，"西北艺术方案"（Northwest Art Project）的创始人，并受IBM公司的委托写了《学习的积极趋势》（Positive Trends in Learning）这份报告，并编辑了《创造未来》（Creating the Future）一书。迪伊也为很多机构的咨询委员会服务，这些机构包括：华盛顿大学教育学院、KCTS电视台、学习论坛（Learning Forum）、国家学习基金会（National Learning Foundation）以及儿童研究网（ChildResearch Net）。迪伊还是乔治·卢卡斯教育基金会（George Lucas Educational Foundation）和国际合作学习协会（International Corporate Learning Association）的成员。

五、多元智能清单

在考察本书提出的策略之前，教师首先要评价一下自己运用每一种智能进行教学的情况。要想成功地生活和工作，每个人都需要依靠一种或多种智能。遗传、环境和文化都会影响我们的智能偏好。作为教师，在我们的教学方法可能依靠一种或多种智能时，注意到这一点也很有趣。教师使用哪种或哪些种智能进行教学的倾向可能是由我们的个人偏好、我们作为教育工作者所受到的训练以及学校的"文化标准"决定的。

多元智能的发展性自我评价								
	言语－语言智能	逻辑－数理智能	身体－动觉智能	视觉－空间智能	音乐－节奏智能	人际交往智能	自知自省智能	自然观察智能
创造者 通过该智能创造出新的交流方式；确认了智能新的方面或制作出有创意的作品。								
专家 表现出对该智能概念的掌握，并且在专业或职业活动中应用该智能。也可能被视为行家。								
老手 精通该智能的符号系统。能理解学科的概念和技能，并且能将这些知识应用于很多情境。								
生手 能感知所呈现的符号和物体或事件之间的关系。能从行为榜样或教学中学习符号系统、概念以及知识技能。								
新手 能通过探索环境、与他人交往来发展该智能。能通过观察、模仿和实验来逐渐学习知识和技能。								

上页是一份多元智能清单，它能够帮助各位读者确认他们的优势智能是什么以及很少运用的智能是什么。该清单以发展的模式组织起来，范围从某种智能表现的新手水平到创造者水平。在完成清单之前，每次你可以反思一种智能中的一个水平，然后，在表格中记下该种智能的发展情况。在做这些工作时，你会发现这些任务说起来容易做起来却很难，这是因为每种智能都有若干亚成分。例如，一些人可能由于是熟练的演讲家而在言语－语言智能方面表现出专家的水平，而另一些人则可能由于他们的写作能力而成为专家。当你策划发展每种智能时，你可能想要知道在你的心智中，你拥有哪些亚成分。按上述方法考查八种智能，直到你获得了关于自己认知特征的全面印象。

在完成上面这一简要的评价之后，教师还要反思评价的结果。个体在日常生活与职业生活中所使用的智能是否存在差异？是否还有其他为了在课堂中使用而想要发展的智能？在孩提时代以及成人时代如何培养智能的优势领域？你将如何着手发展你所感兴趣的其他智能？你能为此建立一个时间表吗？你觉察到你的学生有哪些智能？你认为一般而言，哪种智能在教师身上得到了高度的发展？对这些问题的反思可能会加深你对自己独特能力的认识，并且将你对学生的赏识扩展到在多种领域内具有天赋的学生身上。

六、智能环境

对教师而言，不仅辨认心理/身体系统的智能很重要，而且应该认识到创设积极的学习和生活环境也很重要。新的关于"分布式认知"（distributed cognition）的研究表明智能超越了个体，且能通过个人与他人的交往，通过书籍以及用于思考、学习和解决问题的工具，如笔、纸、笔记本、日记、计算器和电脑等获得提高。

请花一点时间来反思你的课堂环境。环境是如何表现它的"聪明"的？学生在配对、小组和整个班级中是否有充分的与其他同学相互交往的机会？是否有足够的形式多样的资料，包括书籍、杂志、贸易性/商业性出版物、布告栏、艺术作品、海报、电脑、资料库、网络等？在本书中，你可以找到一些建议用以创设促进八种智能发展的环境。

我们应记得，玛丽安·戴蒙德（Marian Diamond）等著名的神经心理学家已经发现了学习和经验能够导致大脑发生结构性和功能性变化——这一变化可能更好，也可能更糟。置身于积极的、具有教育性的、富含刺激和交往的环境中，我们可以在生活中不断发展和提高自己的心理能力。

七、本书提供了什么

本书是为教育工作者而写的，它提供了多元智能理论在教室中的实际使用方法。从哲学理念上看，作者们坚持认为，学生必须有机会通过多种方法创造性地探索自己的兴趣所在和天赋所在，同时还应有机会通过多种方法来学习有价值的技能和概念。并非所有的孩子都展示出同样的智能特征，他们也不可能拥有同样的兴趣爱好。在信息爆炸的时代，没有谁能学会一切。我们必须做出最终的选择：学什么以及怎样学。在做出这样的选择时，学生的个体倾向性和兴趣应该引导并帮助他们对课程进行一些选择。

不需要把许多的国家标准所主张的所有学生都必须掌握的语言、数学、历史及科学方面的基础知识以相同的方式传授给所有学生。如果教师能以多种方式呈现信息，就会减少学生学习的挫折感和学业失败，并能为学生提供取得成功的多种选择。本书帮助教育工作者通过掌握"智能公平"的方法来认识学生及其天赋，设计课程和评价方法，并由此培养学生独特的能力，这样，每个学生都能体验到学业的成功及从事真正感兴趣的领域所带来的快乐。

我们必须就学科和课程做出重要的区分。加德纳（1993）在其著作《多元智能：实践中的理论》（*Multiple Intelligences: Theory in Practice*）一书中将智能解释为一种生理心理潜能。这种潜能可以被利用并应用于多个学科或多种领域的学习。例如，音乐表演通常利用音乐智能，也使用身体－动觉智能和人际交往智能。我们开发智能不仅仅是为了个人的利益，运用多种智能天赋来掌握学校中需要学习的每门课程可能更有价值。

纵观本书，你会发现在后面论述八种智能的章节中，每一章都以相同的方式来组织：都以一个能够展示一种独特智能的人物小故事开始，然后是有关该种智能的定义，创设班级环境的建议以及若干教学策略。最后三章专门论述课程和评价的问题以及从多元智能的学校课程中得到的启示。

作者收集了许多多元智能理论在实际应用中的范例，其目的在于提升许多教师已经在从事的细致工作的水平，并为一些多元智能理论和课程的初学者提供一些可能的新颖观念。本书给出的所有建议都建立在共同的目标基础上：释放每个班级中每个学生的学习潜力，并允许他们以创造性的方式进行表现。

第一章

驾驭文字的方式：言语－语言智能

"诗人拥有一种超乎寻常的驾驭文字的能力，流淌于诗人笔下的篇章就像一座座宝库，收录了以往诗歌中特定文字的所有用法。当诗人在对诗歌进行原创构思的时候，有关语言运用史的知识为诗人提供了充分的准备与自由度，使他们能够获得具有各自独特风格的特定文字组合方式。正如诺斯拉普·弗赖伊[1]（Northrup Frye）所强调的，正是通过这种新的文字组合，我们获得了创造新世界的最佳方式。"

——霍华德·加德纳，《智能的结构》

终生写作

在卡尔·桑德伯格[2]（Carl Sandburg）的《诗歌全集》（Complete Poems）的序言中，这位伟大的诗人引用了他自己曾经讲过的一段话："6岁时，当我的手指第一次知道如何拼写字母时，我便心意已决，将来，我一定要成为一个与文字打交道的人。10岁时，当我在石板上、纸上、盒子上，甚至墙上信笔涂鸦的时候，我便萌生了自己一生的理想——我要成为一名广告作家。"

当年，桑德伯格由于没有通过数学和语法这两门科目的入学考试，而没能进入美国西点军校学习。他毕业于伦巴第学院（Lombard College），之后便开始了其作为诗人及作家的光辉生涯。他将美国民歌收集成册，编为《美国民歌集》（The American Songbag），他所著的四卷本的《林肯传》（Abraham Lincoln）使他获得了12所大学的博士学位。然而，对于自己的写作技能，桑德伯

---

[1] 诺斯拉普·弗赖伊（Northrup Frye，1912—1991），美国历史上著名的文学评论家。
[2] 卡尔·桑德伯格（Carl Sandburg，1878—1967），出生在美国伊利诺伊州，著名的诗人、作家以及民俗音乐家。

格从来都未曾满足过，甚至在他80多岁的时候，桑德伯格仍写道：

> 我仍然在研究动词以及它们如何与名词衔接的奥妙。并且，我比有生以来的任何时候对形容词都充满更多的疑问。我已经忘记了自己在三四十年前所创作的二三十篇诗歌的含义，但我仍然十分欣赏自己很久以前发表的几篇简短的诗歌，现在看来，那些诗歌对于那些纯朴的人们仍然具有很强的吸引力。回想我这一辈子，无时无刻不是怀着宽广而复杂的情怀，运用着多种多样的方法来进行创作。我并不惧怕在陆地上或海洋中旅行，因为，在旅途中，我可以遇到许多令自己耳目一新的风土人情和新鲜的歌曲。一生中，我都在努力学习读、看、听、写。在65岁的时候，我开始创作我的第一部小说，完成这部小说，共花费了我4年零11个月的时间。现在，我仍然在旅行，我仍然是一名探寻者。我愿意这样想象：当我继续写作时，动词会翩翩起舞，名词能增添色彩并余音缭绕，句子也会因此变得栩栩如生。如今，我即将89岁了，正如霍克塞（Hokusai）[1]一样，我也将在自己向世人的告别辞里这样说："如果再让我活五年的话，我还是愿意做一位作家。

---

[1] 霍克塞（Hokusai，1760—1849），日本著名的画家和木刻家，出生在现在的东京。

第一章 驾驭文字的方式：言语－语言智能

一、定义：理解言语－语言智能

桑德伯格展现了他自己对文字的声音、节奏与意义的强烈敏感性，也显示出他乐于用写作来表达自己终生不渝的热情，也正是通过这些方面，桑德伯格为我们示范了言语－语言智能。加德纳提出，语言是一种"卓越的人类智能"，它是人类社会所不可或缺的一个方面。加德纳描述了语言修辞的重要性，以及语言修辞所具有的令人信服的效力的重要性。他还描述了人类的语言记忆潜力，以及人们在记忆过程中运用语言的能力；加德纳还描述了人类用以解释概念的语言能力，以及在此过程中比喻的价值；同时他也对用语言来反思语言，或者从事元语言学[1]分析的研究进行了描述。

人类能够用语言进行交流和记录、表达强烈的情感，以歌的形式表现音乐，这些都使人类区别于其他动物。在人类历史早期，通过扩展人类智能和拓展人类探索的可能性，语言改变了人脑的专门化趋向及其相应的功能。口头语言的使用使我们的祖先从具体思维转向抽象思维，如同他们从指物命名发展到脱离实物谈论物体一样，取得了很大的进步。阅读使人们了解自己未曾经历过的物体、场景、程序及概念。写作使人们同自己从未谋面的人进行交流成为可能。正是通过语词思维的能力，人类可以记忆、分析、解决问题、提前计划及创造。

正常的胎儿在母亲子宫里的时候，其听力就有所发展，因此，人类在出生前就奠定了言语－语言智能发展的基础。诸如杰出的神经心理学家玛丽安·戴蒙德这样的研究者们所指出的那样，那些在出生前就接受过阅读、歌唱及对话教育的婴儿，他们的言语－语言智能就会获得提前发展。

华盛顿大学的塔拉里斯（Talaris）基金会和全美幼儿教育协会（National Association for the Education of Young Children）就十分强调创设丰富的语言环境的重要性。他们指出，在这样的环境中，成人应该与儿童一起阅读、玩文字游戏、讲故事、说笑话、提问题、陈述意见，并解释情感和概念。儿童应参与讨论，成人则应该给儿童做出有意义的选择和决定的机会。生长在这种具有丰富的语言刺激的环境中，幼儿将来成为出色的倾听者、演讲者、阅读者及作家的可能性就会大大增加，这一点也就不足为怪。

同样地，我们也可以在各年级以及各主题领域的教室中创设丰富的语言环境。在这种语言环境中，学生可以频繁地阅读、讲话、讨论、解释。首先，我们要激发学生们的好奇心。同时，当学生们具有足够的安全感来提问和争论观点时，他们的学

---

[1] 元语言学，研究元语言的学科。所谓元语言是指观察者用来分析、描述、谈论某种语言的语言，如词、句子、故事或元音、辅音等都是明确而特定的元语言。

习兴趣也会随之逐渐增强。实际上，口头表达观点是一项重要的元认知方面的训练，因为，我们通常会在倾听自己的讲述或阅读自己所写的东西的时候，获得对自己真正想法的深刻洞察。

当学生们学会在讨论或辩论中为自己的观点辩护时，他们的自信心就会随之增强。当他们有机会把自己学过的内容教给他人的时候，他们就能更深刻地理解课程内容。然而，正像约翰·古德拉德[1]（John Goodlad）等研究者的课堂观察所揭示的那样，目前，在大多数情况下，教师占用了绝大部分的课堂时间向学生们进行讲授，而学生们则通常处于消极被动的状态。

即使在那些以学生听讲为主的课堂上，教师也很少为学生讲授有关听讲的技巧。然而，实际上，正是通过听讲，学生们才能学会正确、有效、生动地使用口头语言。说是另一种基本的语言技能，只有通过大量练习并获得鼓励，学生们说的技能才会获得有效发展。清楚准确的写作技能则需要练习，并进行广泛而富有思想的阅读。言语－语言智能的这四个方面在社会实践中非常重要，以至于在多数国家的评价方法和标准化测验中都包括这些方面的内容，更重要的是，听、说、读、写这四个方面是终身学习的基本要素。

二、核查表：言语－语言智能的特征

在早期的美国马萨诸塞州海湾殖民地学校中，读和写占据了该校课程的三分之二。如今，尽管这些课程得到了扩展，读和写，连同听和说，仍然是该校所有学科学习的基本手段。

1996年，全美英语教师委员会（National Council of Teachers of English）发布了学生在语言艺术学科[2]（language arts）中应该掌握以及能够掌握的内容标准。该标准并非要包含及规定有关语言艺术学科的方方面面，而是为了支持多样化的英语学习目的、发展过程及英语使用的社区背景。他们建议学生应该：

● 为各种目的而阅读一系列材料。
● 学习和运用多种阅读策略。
● 掌握语言习惯、结构和变化方面的应用知识。
● 创作书面作品。
● 参与积极的探究活动。
● 使用研究材料，包括那些运用技术而获得的材料。
● 感受多元文化的语言艺术课程。
● 运用读写技能来探究具有个人和社会意义的主题。

---

[1] 约翰·古德拉德，著名的学校教育改革家、作家，华盛顿大学教育复兴中心（Center for Educational Renewal）主任，发表了大量有关教育改革的著作，其中包括《一个叫作学校的地方》（*A Place Called School*，1984）等。约翰·古德拉德受到杜威进步主义教育思想的影响，固执而又乐观地倡导教育改革中的人文主义。
[2] 语言艺术学科，包括阅读、写作、欣赏文学作品等多种活动，类似于我国的语文课程。

- 参与运用语言技能来促进和保持集体感的合作式学习。
- 运用语言技能来发现个体的个性，并指导其将来的学习和交往目标。

一个人要想具备高水平的读写能力，就需要终身与他人进行有意义的交往，需要与各种各样的文本进行有意义的互动，并需要与自己的作品进行有意义的交流。以上列出的一系列标准并不意味着一个人要以互相分割、支离破碎的方式来训练其读写能力，而是强调，语言的学习依赖于多种技能同时的相互作用。读写能力的培养依赖于情境，教育工作者可以利用他们对学生的了解在课堂上适当地教授语言技能。

以下列举了言语－语言智能的一些特征。我们知道，那些有听、说或视觉损伤的人将以其他方式来发展他们的语言和交流技能，他们通常是通过后面章节中所讨论的其他智能来发展该智能。言语－语言智能发展良好的人可能会表现出以下特征：

（1）倾听口头语言的声音、节奏、色彩以及变化，并能对此做出反应。

（2）能够模仿他人的声音、语言、阅读和写作。

（3）能够通过听、读、写和讨论来学习。

（4）能够有效倾听、理解、解释、说明、记忆及分析他人讲话的内容。

（5）能够有效阅读、理解、总结、解释、说明及记忆所阅读过的内容；能够欣赏一种或更多不同文学流派的作品。

（6）能够根据不同的目的、针对不同的听众有效地讲话，并且知道如何在适当的时候简洁、生动、充满热情而又具有说服力地讲话。

（7）能够进行有效的写作；能够理解和运用语法及拼写规则，会使用标点符号及运用大量词汇。

（8）表现出学习其他语言的能力。

（9）能够运用听、说、读、写来记忆、交流、讨论、解释、说服、创造知识，建构意义及反思语言本身。

（10）能够努力提高自己运用语言的能力。

（11）显示出在新闻文章、诗歌、讲故事、辩论、演讲、写作或编辑方面的兴趣。

（12）能够创造出新的语言形式，或者创作出具有原创性的用于书面或口头交流的作品。

三、言语－语言智能的学习过程

统览全书，你将会发现，语言智能的发展及其运用和其他各种智能的发展之间存在着紧密的联系。尽管如下所列，我们分别讨论了四种语言技能，但实际上，这四种语言技能是紧密联系的，并且可以在整个课程中得到整合。

由于在读写能力方面已有众多论著，本章就不再对读写能力的基本原理与教学进行介绍，而着重强调如何训练学生的语言技能。这些策略包括：

创设言语－语言智能的学习环境
通过倾听来学习

有效倾听的要点
听故事和大声朗读
倾听诗歌
教师给学生讲故事
听讲

说
学生给同学讲故事
课堂讨论
记忆
报告
访谈

读
收集资料
教室里的文字
跨课程的阅读
为理解而阅读

写
写作的分类
跨课程的写作
可供选择的各内容领域的写作任务
启动写作
实际写作
写作小组

提高言语－语言智能的技术

四、创设言语－语言智能的学习环境

言语－语言智能深深地植根于我们对自己能力的了解与自信之中。儿童越是能够在安全的环境中练习这种智能，他们就越容易发展出有效的言语技能。教师可以通过与学生玩文字游戏、分享他们最喜欢的文字作品、热情地参与讨论、教授重要的阅读技能，以及讲故事等方法来为学生提供强有力的示范。

讲故事是一种最古老而又最动人的语言艺术。讲故事不仅仅可以用来激发学生的学习兴趣或用来解释事件及其过程，也不是仅仅用来创设一种适宜的环境。寓言故事一直为世界各种宗教用来传递重要的节操和教义。所有社会都讲述神话和传说，用以解释科学现象、保存文化知识，以及教导大众，并给大众带来快乐。口述的传统自古即有，并被认为是一种有效的交流方式。在本章后面的内容中，你将找到把讲故事应用于课堂教学的一些建议。

朗读使人们感受到语言的声音、节奏及乐感。演员表演伟大剧作家、诗人和短篇小说家的作品，他们的表演使书面语言变得栩栩如生。教师热情而富有感情地阅读他们最喜欢的书面作品，这同样能够激发学生们持续一生的兴趣。那些参与集体朗读的学生，或者在向全班同学朗读之前彼此朗读给对方听的学生往往能够发展出更强的自信心。

教师可以在教室中认真地倾听并向学生或客人提出富有思想的问题，以此来示范有效的倾听技能。当学生意识到，他人正在认真地倾听自己讲话的时候，反过来，也会更认真地去倾听他人。本章后面的部分将对如何发展这些技能进行相关描述。

为学生提供更多的个别化的读、写、说的机会将对他们取得成功具有积极的作用，以至于，教师们可以将这种机会拓展至各项娱乐活动当中。教师可以激发学生的兴趣，引导他们成为热情的读者。当父母和教师向学生们推荐投其所好的材料时，会诱发学生们的好奇心。同时，我们也必须引导学生为更广泛的目的而阅读，如为获得各类信息而阅读非小说类书籍。显然，富有广泛的、不同阅读水平的阅读材料的教室环境更能引发学生们的阅读兴趣，进而提高他们的阅读技能。

通过完成富有挑战性的写作作业，学生可以实现对著名故事、戏剧、诗歌及小说的学习。教师可以要求学生模拟他人的写作风格，或将作品的内容与他们的现实生活相联系。学生则可以预言、扩展或评论作品中的某一段情节，并就课外其他方面的内容进行写作练习。

为使学生理解全面而完整的教育经验，教师可以引导学生探寻各学科之间的联系。数学和科学教师可以给自己提出要求，要求自己具有与语言学科教师同样高水平的听、说、读、写能力。文学教师可以通过把本学科与其他学科的学习内容相联系，进而创设更有意义的语境。

学生需要丰富的经验来应用本书所示例的语言智能。练习听、说、读、写的技能可以促进人的更全面发展，并且对其掌握生活中所需要的技能很有帮助，这些都使我们能够像那些优秀的社会成员一样，以一种对社会有贡献的方式进行思考、学习、解决问题、交流及创造。

五、通过倾听来学习

对于那些听力正常的人而言，人类的声音为他们提供了语言的启蒙教育。据莱曼·斯泰尔[1]（Lyman Steil）和其他一些研究者估计，人们大约用80%的觉醒时间来进行交流，而其中又有45%的时间用于倾听。斯泰尔估计，在许多传统课堂中，学生将大约70%的课堂时间用于倾听，而另一方面，教师又很少向学生传授有效倾听的策略。

斯泰尔声称，绝大多数人都是低效的倾听者。在听完10分钟的口头陈述后，多数倾听者仅仅能倾听、理解、评价及保留讲话者所讲内容的一半。在接下来的48小时内，这些倾听者又会忘掉其中的25%。换句话说，除非获得更有效的倾听技能，多数人只能保留他们所听内容的四分之一。

（一）有效倾听的要点

斯泰尔博士与一家公司合作，旨在帮助该公司的职员提高他们的倾听技能。他最终总结形成了10个有效倾听的要点（见表1-1）。教师可以与学生讨论这10个要点，并且适当地对其中的一个或多个要点加以实践。

---

[1] 莱曼·斯泰尔，美国优秀的专业演讲家、培训者、顾问和作家，也是专门研究提高人的倾听、交流技能和促进小组建构的商人，著有《有效的倾听：成功的核心要素》（*Effective Listening: Key to Your Success*）一书，被称为"最值得倾听的演讲家"。

表 1-1 有效倾听的 10 个要点

这些要点展示了改进倾听的方法。事实上,这些要点是在强调:要发展能持续终身的良好的倾听习惯。

有效倾听的 10 个要点	不善于倾听的人	善于倾听的人
1. 发现兴趣领域	不听"枯燥的"科目	询问"什么吸引我?"
2. 根据内容而非表达方式做出判断	如果表达方式贫乏就不听	判断内容,而忽略表达上的错误
3. 思想开明	倾向于陷入争论	完全理解后才做判断
4. 倾听高见	倾听事实	倾听核心线索
5. 适当做笔记	仅用一种方式记详细的笔记	做很少的笔记;根据不同的讲演者和材料,采用不同的方式做笔记
6. 努力倾听	假装专心	努力倾听;展现出积极的体态
7. 抵制分心的事	容易分心	忽略分心的事,知道如何集中注意力
8. 智慧地参与	抵触困难的材料,寻求简单的材料	运用信息量密集的材料来训练心智
9. 思考可供选择的信息	如果信息支持成见就赞同	在形成意见之前考虑不同的观点
10. 利用思维比语言快的事实	面对语速慢的演讲者容易做白日梦	对所讲的内容提出挑战、预见及总结;权衡证据;倾听言外之意

既然一般的讲话者在每分钟内所讲的字数(200字)与倾听者每分钟可以加工的字数(300~500字)之间存在一定的差距,好的倾听者就会利用这段时间差来激活他们的思维。当学生在倾听解说、演讲或来宾致辞的时候,他们可以利用这段时间差来确认演讲者的目的、主要观点及中心议题。倾听者也可以回顾和评价演讲者所讲的内容,预见演讲者将要谈及的内容,思考什么内容与自己相关,并且找出演讲中可能存在的问题。倾听者还可以通过关注演讲者的肢体语言所表述的内容来润色其笔记,进而收集额外信息。另外,如果教师希望学生记住他们所听到的内容,就有必要让学生在听讲后的8小时内讨论他们所听到的内容。

(二)听故事和大声朗读

在各学科领域,讲故事和朗读都能激发学生的兴趣,并促进学生学习。例如,历史课上,教师可以通过讲述奇闻逸事或历史人物的日志及信件而使课程变得生动活泼。霍华德·津恩（Howard Zinn）的著作《美国人民的历史》[1]（*A People's History of the United States*）就为我们提供了适宜于课堂使用的、有关美国是如何形成的引人入胜的故事。科学课可以首先讲述某项重要的发现，并以此作为课程的引言，如玛丽·居里[2]（Madame Curie）夫人的发现、乔治·华盛顿·卡弗[3]（George Washington Carver）的发现，或者是托马斯·爱迪生（Thomas Edison）的发现。例如，教师可以从众多有关爱迪生的传记资料中任选一篇，精选一些段落来阅读，或者把这些资料编成故事讲给学生们听。以下就列举了这样一段可以阅读或讲给学生听的故事。

托马斯·爱迪生：一生孜孜不倦的发明家

托马斯·爱迪生早在孩提时代就开始了他的实验生涯。他曾假设鸟之所以能飞是由于它们吃虫子。为了证实他的这个假设，爱迪生把虫子切碎并掺进食物中，然后把这样的食物拿给不知情的妇女吃，并等着看结果，看看这位妇女到底能不能飞起来。在爱迪生还是个孩子的时候，他所尝试的另一个实验就是坐在一窝鸡蛋上，看他自己能否孵出一窝小鸡来。

尽管做过成千上万次失败的实验，最终，爱迪生还是有2500项发明获得成功并申请了专利，其中就包括电灯泡和留声机。爱迪生决心把"欢乐和光明"带给人类，但当时，有很多人嘲笑他，然而爱迪生始终没有丧失过希望。在他发明电灯泡的过程中，曾经历了1000多次失败。当人们告诉他，他在徒劳无功地浪费时间、浪费精力，也浪费金钱的时候，爱迪生却大声宣告："谁说是徒劳无功？每做一次实验，我都会得到新的结果。失败是成功之母！"

那时的爱迪生，执着地致力于电灯泡的研制发明，他说，他要在19世纪80年代实现他的目标。终于，在1879年10月，爱迪生创造出了世界上第一只电灯泡，他本人也为此获得了极大赞誉。爱迪生进行发明创造，可谓风雨无阻，他的发明创造照亮了夜的黑暗，也正是由于爱迪生满怀希望、持续一生的发明创造，给全人类带来了光明与欢乐。

分享这些传记知识为人们和他们的工作增添了动力。通过这些故事，学生们不仅看到了发明创造的人性光辉，也了解到富有创造性的个体所具有的重要特质。他们很可能在他们自己身上也发现类似的品质，或者，他们也许会认同并追求某些新的品质。

---

[1] 《美国人民的历史》，该书描述了美国社会中下层的反抗史。书中运用大量触目惊心而又鲜为人知的史料，向我们展示了美国历史的另一面，从而帮助我们全面地看待历史，看待现实。该书思想深刻，文笔通俗流畅，一出版即成为美国的畅销书。
[2] 玛丽·居里(Marie Curie, 1867—1934)，法国籍波兰科学家，是世界著名的女科学家。她从事放射性现象的研究，发现镭和钋两种放射性元素，一生两度获诺贝尔奖（1903年的物理学奖，1911年的化学奖）。
[3] 乔治·华盛顿·卡弗 (George Washington Carver)，伟大的非洲裔美国化学家和发明家，他发明了保护土壤养分的轮作方法，发现了花生等作物的数百种新用途，为美国农民开拓了新市场。同时他研究出许多农业新技术，使美国南方农民获益匪浅。

作为学科素材的传记资料

西蒙·鲍顿[1]（Simon Boughton）所汇编的《伟大的人生》（*Great Lives*）是帮助教师了解人物传记的极佳资源。这本书收录了世界上1000多位对人类做出过重要贡献的人物的传记。该书在编排体例上既是一部著名人物词典，又是一部编年史，另外，此书还包括主题索引。

如果能够找到的话，另一个类似的资源是由戈策尔等（Goertzel and Goertzel）所著的《名人的摇篮》（*Cradles of Eminence*），书中描述了400位著名人物的童年生活。还有一些以艺术家、数学家、科学家的传记为特色的教育丛书及其他书籍，如由切尔西出版社出版的《成功的美国妇女》（*American Women of Achievement*）、《成功的美国黑人》（*Black Americans of Achievement*）和《世界杰出领导者》（*World Leaders of Achievement*）等。

（三）倾听诗歌

正如和学生们共同分享名人传记可以使学习更加生动活泼一样，阅读诗歌也可以使学习变得饶有兴趣。短诗可以用来引入很多课程单元。教师可以收集并彼此分享诗歌，以补充各学科领域的内容。跨课程的优秀的诗歌资源有科克（Koch）和法雷尔（Farrell）的《与太阳对话：给年轻人的配图诗集》（*Talking to the Sun: An Illustrated Anthology of Poems for Young People*）[2]。梅丽·布劳顿[3]（Merry Broughton）在她的网站上安排了可供在线利用的跨课程内容的诗歌。

很多学生创作了诗歌，并乐于和他人分享。以下是两位学生所创作的诗歌。第一首由一个16岁的孩子所作，在讲授"昼夜交替"或"文学角色发展"的课程中比较适合引用。

黎 明

伊冯娜·麦克雷（Yvonne MacRae）

黎明的诞生

悄然隐匿了

星辰的死亡。

另一首诗由一名四年级的学生所作，这名学生近来学习了多元智能。一天晚上，为了好玩儿，她写了这首诗，并在第二天早上交给了老师。这首诗向学生和成人绝好地介绍了加德纳的多元智能理论。事实上，本书的作者们在向教师们介绍多元智

---

[1] 西蒙·鲍顿（Simon Boughton），《20世纪儿童书库：大声朗读的图书和故事》的汇编者之一。《20世纪儿童书库：大声朗读的图书和故事》收集了我们这个时代儿童最喜欢的44本最值得纪念的书，内容范围涵盖了儿童时期的所有主题和阅读需要。

[2] 《与太阳对话：给年轻人的配图诗集》，该书旨在向青年人介绍艺术和诗歌，书中的诗歌选自多种文化，对于儿童和成人同样有意义，也同样有趣，是一本向儿童介绍各种类型诗歌的优秀书籍。

[3] 布劳顿，她的网站上设有阅读需求中心，其中包括儿童文学、青少年文学、非小说类文学、教师资源、数学操作物及其他满足职前教师和在职教师学习与教学需要的资源。

能理论的讨论会上,经常引用这首诗。

智能绕舌歌

肖纳·芒森(Shawna Munson)

八种智能真是酷,
人人都拥有,没人是白痴。

语言智能对写作与文字进行处理,
拥有它——我们就不再像飞禽和走兽。

无须害怕逻辑-数理智能,
只要努力,你会比斯波克还聪明!

空间智能涉及视觉、绘画和艺术,
不同的作品可以创建出来又拆分。

也许你还不知道,动觉智能就是体育,
获得健康和协调,就像运动员!

自然观察者就是动物和植物的收集者,
他们喜欢做花卉标本和数蚂蚁。

到此为止,所有的一切实在是美妙,
但我喜欢音乐智能,因为它有节拍。

有时,没有朋友相伴,我感到孤独,
但有了人际关系技能,我就不再寂寞。

想要反思时,有自知自省智能,
为了你自己,你该永远保持自尊。

至此,我的绕舌歌就要结束了,
用多种方式学习,你就永远不会是傻瓜。

(四) 教师给学生讲故事

在没有合适的、可以利用的资源时,或者在教师想用多种方式探究教学内容的时候,讲故事不失为一种为年长与年幼的学习者都喜欢的方式。当以故事的形式加以讲述的时候,所有的学习主题与科目都会变得栩栩如生。此外,各年龄阶段的人们都发现,信息被编成故事后,更便于记忆。尽管很多人都宣称自己不擅长讲故事,但事实上,我们都会讲故事!每个人都有源于生活的乐意与他人分享的故事,很多人喜欢说笑话,讲述梦境,甚至说别人的闲话——这种实践活动很可能就是今后民间故事和神话传说的基础。

主题故事

从哪里获得可以用于课堂教学的故事呢?通常来讲,这些故事来自我们的生活经历。记住我们在学生时代学习某一学科内容时的情形,可以为我们提供能够和学生们分享的真实生活故事。例如,很多人记得,儿时,我们曾经为课桌上长长的分界线而斗争的故事,或者学习如何参与辩论的故事。我们可以与学生们分享这样的故事,让学生们猜猜我们当初是如何解决这样的困境的,并可以将学生们的建议与我们的经历进行比较。另外,学生们经常对讲述他们在学习中所遇到的事情表现得很有热情。

讲故事的文化维度

讲故事也是向学生提供的洞察历史与了解各种文化的有效途径。当了解到讲故事的历史比文字记载的历史更久远时，学生们可能会感到很有趣。在阅读与写作普及之前，故事传递着文化的口述历史——包括人们的希望、恐惧、价值观和成就。

例如，在美国奴隶制时代，故事就为一个极其重要的目的服务。由于当时不允许五个以上的奴隶聚集在一起，不允许奴隶用他们的非洲母语说或写，也不允许他们用英语写，所以他们就利用动物故事来建立他们被否认的民族意识。他们在很多故事中都选用兔子作为角色——一种与奴隶一样弱小的动物，却是一种在获悉身边所发生的所有事情之后仍能保持沉默的动物，这种兔子被称为"布利兔"（Brer Rabbit）。

讲述多元文化故事的资源

对于那些想让学生了解其他文化的教师而言，有许多可以利用的资源，其中有一部分是通过故事获得的。教师在讲述多元文化故事时，可以要求学生倾听并收集来自不同文化的信息。在听故事时，教师和学生可以共同讨论故事的结构、意义及其文化内涵。建议教师运用如下问题：

- 故事的背景是什么？
- 依据你的想象，该故事看上去怎么样？
- 故事中有哪些人物？
- 故事中的人物有哪些性格特征？
- 在故事中，什么样的人物特征似乎更受人尊重？
- 从这个故事中，我们可以了解到有关该民族的哪些知识？
- 故事是否强化或弱化了对该文化的某些成见？

学校与地方图书馆的管理员通常都对各种故事资源很在行。这些管理员经常会很热心地找出适合各种文化研究的故事。以下是一部分多元文化故事的清单：

> **非裔美洲人民故事**
>
> 《瑞摩斯舅舅与布利兔》（*Uncle Remus and Brer Rabbit*），乔尔·钱德勒·哈里斯[1]（Joel Chandler Harris）著
>
> 《骡子和人》[2]（*Mules and Men*），佐拉·尼尔·赫斯顿（Zora Neale Hurston）著
>
> 《会飞的民族：美国黑人的民间传说》（*The People Could Fly: American Black Folktales*），弗吉尼亚·汉密尔顿（Virginia Hamilton）著
>
> 《沙肯和吉温》（*Shuckin' and Jivin'*），达里尔·坎伯·丹斯（Daryl Cumber Dance）著

---

[1] 哈里斯，1848年出生在佐治亚州，早年生活贫困，从很多南部种植园奴隶朋友那里吸收了故事的素材。《瑞摩斯舅舅与布利兔》是一本有关南部生活的非常重要的彩色图书。
[2] 《骡子和人》，本书以乐观的笔触叙述了南方黑人劳动阶层的生活状况，作者也根据自己的观点对重新评估黑人民族的审美能力作了论述。

美洲印第安故事

《北美洲印第安神话》(*North American Indian Legends*)，艾伦·麦克法伦(Allan Macfarlan)编著

《皮及特人讲述的美国本土故事》(*Native American Stories from Puget Sound*)，维·希尔伯特(Vi Hilbert)著

《在黎明的道路上：美国本土人民的创造故事》(*On the Trail Made of Dawn: Native American Creation Stories*)，韦伯斯特(M. L. Webster)著

《本土之路：加利福尼亚印第安故事和回忆录》(*Native Ways: California Indian Stories and Memories*)，约兰达·蒙蒂吉欧(Yolanda Montijo)著

亚洲故事

《追寻麒麟：中国古代故事集》(*The Chi-lin Pursue: A Collection of Ancient Chinese Stories*)，琳达·芳(Linda Fang)和珍妮·李(Jeanne Lee)著

《漂浮的云，流动的梦：最喜欢的亚洲故事》(*Floating Clouds, Floating Dreams: Favorite Asian Folktales*)，琼(I. K. Junne)编著

《小不点和其他日本小朋友最喜欢的故事》(*Little One-Inch and other Japanese Children's Favorite Stories*)，坂部(Florence Sakade)和黑崎(Oshisuke Kurosaki)著

《美国人的视野：为青年人所作的新亚裔美洲短故事》(*American Eyes: New Asian-American Short Stories for Young Adults*)，洛里·卡尔森(Lori Carlson)和辛西娅·卡杜亨特(Cynthia Kadohata)著

拉美故事

《墨西哥民间故事》(*Mexican Folk Tales*)，安冬尼·坎波斯(Anthony Campos)著

《共同圈：来自移民儿童生活的故事》(*The Circuit: Stories from the Life of a Migrant Child*)，弗朗西斯科·希门尼斯(Francisco Jimenez)著

《拉丁美洲人民的朗读故事》(*Latino Read-Aloud Stories*)，梅特·苏茨·里瓦斯(Maite Suatez Rivas)编著

犹太故事

《犹太民间故事集锦》(*A Treasury of Jewish Folklore*)，内森·奥苏贝尔(Nathan Ausubel)著

《聪明雷切尔和其他犹太民间故事》(*Rachel the Clever and Other Jewish Folktales*)，约瑟法·谢尔曼(Josepha Sherman)著

《玛拉的故事：黑暗中的微光》(*Mara's Stories: Glimmers in the Darkness*)，加里·施米特(Gary Schmidt)著

女英雄的故事

《趣味相投：美国神话、传说和编讲往事中的妇女》(*Cut from the Same Cloth: American Women of Myth, Legend and Tall Tale*)，罗伯特·桑·索西(Robert San Souci)著

《月光中的妇女和其他被遗忘的女英雄的故事》(*The Woman in the Moon and Other Tales of Forgotten Heroines*)，詹姆斯·赖尔登(James Riordan)著

《作为青少年精神的巧克力》(*Chocolate for a Teen's Heart*)，凯·爱伦坡(Kay

Allenbaugh)著

从不同文化中收集到的故事

《世界范围内流传的民间故事》(Folktales Told Around the World),理查德·多森(Richard Dorson)著

《参与:优秀的作家为青少年所创作的涉及不同种族的短篇故事》(Join in: Multiethnic Short Stories by Outstanding Writers for Young Adults),唐·加洛(Don Gallo)编著

《全球传奇故事》(Wonder Tales from Around the World),希瑟·福里斯特(Heather Forest)和戴维·波士顿(David Boston)著

讲故事的艺术方面的资源

《讲故事的世界》(The World of Storytelling),安妮·佩洛斯基(Anne Pellowski)著

《以自己的方式讲故事:在教室中讲故事和朗读》(Telling Stories Your Way:Storytelling & Reading Aloud in the Classroom),罗伯特·巴顿(Robert Barton)著

(五)听讲

尽管在今后的教室中,讲授可能会愈来愈少,但目前,讲课仍然是向高年级的学生群体呈现信息的有效方式。因此,学生应该学会有效的听讲方法。尽管教师在实际教学中很少教授这些技能,但以下建议的确可以用来提高学生的听讲能力。

(1)教师在讲授学生不熟悉的内容时,可以先开设微型课。首先,给学生呈现要讲的题目,并要求学生通过记录以下问题来进行积极的听讲练习:

- 关于这个主题,学生已经知道了哪些内容
- 关于这个主题,学生还有什么问题
- 倾听这个话题的时候,学生们有什么感受

而后,当开始讲课时,要求学生:

- 对重点内容进行概括和思维导图
- 标出最重要的观点以示强调
- 以某种方式(如星号)标出自己不清楚或特别感兴趣的地方
- 在空白处记下他们希望得到答复的问题

在微型课结束后,要求学生写出或说明:

- 他们学到了哪些新的内容
- 该主题与他们已经掌握的知识有怎样的联系
- 所学内容与他们的实际生活有什么关系

在微型课后,教师应该回答学生提出的问题,并建议学生记下答案。然后教师让学生和同伴互相讨论他们的笔记。对于那些刻苦努力的学生而言,讨论以及确定核心观点,然后将这些观点适当地添加到笔记当中,对于提高他们有效倾听的技能是很有帮助的。

(2)另一项有效的练习是,在听微型课时,教师不让学生们记笔记,也不做思维导图,而是让学生在课后立刻列出他们记住的所有内容,并将这些知识按照主题进行分类。然后,教师建议学生结成对子,比较他们所列的清单,并填补自己遗漏的重要观点。这项练习不仅能够培养学生的

听讲技能，也可以训练学生的记忆技能。

（3）教师可以向学生提供留有空格的听讲指南表格，在呈现信息时，让学生填入相关内容。对于一些学生而言，在课程开始之前确认要讲的主要观点，有助于他们集中注意力。这一程序能够帮助学生以有序的方式进行思考，并且促使他们学会将来如何组织他们自己的展示内容。以下是听讲指南的范例（见表1-2）。

表1-2　听讲指南

学生姓名：_____

演讲者姓名：_____

演讲的题目或主题：_____

所介绍的思想：_____

第一要点：_____

　　支持性的细节或例子：_____

第二要点：_____

　　支持性的细节或例子：_____

第三要点：_____

　　支持性的细节或例子：_____

总结：_____

其他思想：_____

该报告提出的问题：_____

六、说

有效地"说"不仅涉及我们讲话时所使用的词汇,还包括我们的说话方式、我们的音调、我们的面部表情、我们体态及手势。《无声的信息》(*Silent Messages*)的作者阿尔伯特·梅拉比安[1](Albert Mehrabian)曾指出,我们在谈话中所交流的内容中仅仅有7%与我们使用的语词有关,而有38%的内容与我们的音调有关,其余55%的内容则与我们的面部表情和肢体语言有关。如果事实的确如此的话,可见"说"则涉及了人类的所有智能!

教师有必要为学生示范强有力的说话技能,因为,好的榜样对于学生良好的说话习惯的形成具有深远的影响。教师们可以经常使用一些富有色彩的、复杂的词汇,讲双关语、说笑话、猜谜语,或者生动形象地描述个人经历。

当教师为学生创设了轻松积极的交流和讨论的氛围时,教室就可以成为学生们学习有效讲话的支持性环境。在这样的环境中,不是教师的讲述占据了大部分的课堂时间!教师用以激发学生进行讨论的问题应该是富有启发意义的,并且这些问题是不能用三言两语简单回答的。教师能够向学生们提出开放性的有趣的问题是十分重要的,而实际上,教师自己很可能也不知道这些问题的答案。这样一来的结果便是,很可能出现具有启发性和激励作用的讨论,这些讨论可能会引发不同寻常的见解,并增加了学生学习问题所涉及的内容的新的可能性。

显然,通过下面这些练习,学生们可以从培养和锻炼讲话技能中获益。

(一)学生给同学讲故事

一些学生很乐意为其同伴讲故事,并表现出很高的热情。而有些学生则对此感到畏惧。听故事涉及很多倾听技能,而讲故事则需要语言能力的延伸与发展。讲故事——语言交流的令人愉悦且有效的形式,可以训练学生把握语言的节奏、音调及语言的细微差别。有兴趣在自己班上鼓励学生讲故事的教师可以考虑以下的指导原则:

讲故事的指导原则

(1)教师亲自示范如何讲故事。

(2)教师将当地擅长讲故事的人请到班中,同时,教师还需要了解学校附近是否有故事协会,或者像在费城那样,有一位全市公认的"故事大王"。

(3)教师帮助学生从各个领域寻找故事题材,这些领域包括:课堂内容、梦境、家庭或学校事件、学生已经知道的故事、文学选集或者对年长市民的采访等。

---

[1] 阿尔伯特·梅拉比安(Albert Mehrabian),一位具有工程和自然科学背景的著名心理学家,以其在身体语言方面的先驱性贡献而闻名。梅拉比安博士在理论方面的主要成就是创建了描述和测量情绪的三维数学模式,该模式可以用来描述不同的人在情绪智能以及成就等方面的差异。

(4) 教给学生一些讲故事的技巧，如：
- 以引人入胜的开场白开始
- 能够控制故事中的人物数量
- 确信倾听者能够"看见"或想象出故事中所包含的形象
- 鼓励学生运用明喻和暗喻
- 运用声响效果、语态、手势及肢体动作，使故事中的重点内容更加生动
- 保持声音嘹亮，使声音具有表现力，且语速适当
- 与听众进行眼神的交流
- 考虑是否会有听众参与

(5) 教师与全班学生一起练习讲故事。教师可以选择一个故事，一部分一部分地读给学生，让学生加以润色以使故事更加生动有趣。教师也可以将全班学生分成小组，给每个小组分配一部分故事内容，让他们对自己这一部分的故事内容进行记忆，然后按顺序讲述。

(6) 教师让讲故事的新手在有4~5个同伴的小组中讲故事，而不是给全班同学讲，这样，可以消除他们的焦虑和恐惧。那些自愿讲故事的学生则在规模更大的小组中讲故事。同时，教师让新手给年幼的孩子讲故事也可以缓解他们不必要的紧张。

（二）课堂讨论

几乎每个年级的所有学科中都有班级讨论。教师需要提出一些讨论前的准备工作，如物理空间的安排、使每个人都参与交谈的讨论方式等，这样，讨论才会是积极有效且令人满意的。例如，教师可以考虑如何摆放学生的桌椅，考虑现在的桌椅安排是使学生之间的讨论更加便利，还是更加困难了？摆成U形——使桌椅面对面地摆放，还是围成圈？哪一种更适合人际互动？

人际互动会影响班级讨论的质量。教师应该引导一些学生学会不要占据整个讨论，而同时应该使另一些学生进行更多的参与。让讨论不脱离主题，提出高水平的问题，以及教会学生如何承担更大的引导班级讨论的责任，对于教师来讲，所有这些都十分具有挑战性。为强调这样或那样的问题，同时也为了使所有的学生都能公平地参与讨论，下面提出一些建议，以便于启动、实施及汇报讨论的情况。

班级讨论的五个阶段

正如理查德·阿伦兹[1]（Richard Arends）(1994) 在《学会教学》（Learning to Teach）一书中所指出的，有效的班级讨论一般包含五个阶段。当教师对这些阶段进行有意识地规划时，就能促进学生的讨论，并能揭示出教师应在哪个阶段进行干预。一些教师认为，讨论与讲课或合作学习相比，需要较少的计划。然而，事实并非如此，尽管自发性和灵活性是讨论的重要方面，

---

[1] 理查德·阿伦兹（Richard Arends），中康涅狄格州立大学（创办于1849年，康涅狄格州最早的公立综合性大学）的教授，同时还在教育系担任了9年系主任，教育方面的著述颇丰。

但正是通过教师的预先计划，这些特点才可能显现。当要进行课堂讨论的时候，教师可能需要对下面的五个阶段进行规划，以确保教师与学生之间，以及学生与学生之间的讨论更富有意义。

（1）说明讨论的目的。教师应该说明将要讨论什么以及学生适当的行为标准。教师可以提出问题、提出论点，或者呈现出令人迷惑的情境，以此引发学生们的交谈。

（2）进行讨论。教师可以向学生提出具体的问题或者让自愿者来启动谈话。重要的是要保证，学生们能够有礼貌地倾听他人的反馈。可以让学生自愿地在黑板、挂图上，或通过投影仪，列出要讨论的内容或对这些内容进行思维导图。该过程可以避免学生们的讨论脱离主题，也可以防止出现内容重复。

教师可以通过用多种方式回答学生的问题来示范有效的讨论技能。例如，要反思学生的观点，教师可以做出诸如"我听见你说……"或者"非常有趣，因为……"的陈述，这是很有帮助的。教师要设法鼓励学生考虑不同的观点或各种不同的可能性，这时，教师可以担任唱反调的角色，或者提问"关于这个论题你已经提出了一种观点，还有其他观点吗？""你的观点与……的比起来怎么样？"。来自哈佛大学的心理学家戴维·珀金斯[1]（David Perkins）称这种提问为"分解思维"。

教师也应该为学生们提供等待的时间，让学生有足够的时间思考问题。教师在向学生提问后，应该为学生提供大约1分钟的时间来思考答案。教师也应仔细地观察学生的参与情况，鼓励那些不能在课堂上轻松自在地讲话的学生，同时，也要防止一些学生垄断整个讨论过程。

（3）保持讨论不跑题。学生们经常会提出一些与当前主题无关的论点。教师可以温和地指出谈话的中心已经发生了偏移，讨论应该返回到原先的主题上。如果很多学生看起来都对一位同学所提出的话题十分感兴趣，教师则可以为这位学生留出一部分课堂时间，稍后再继续探讨其他主题。

（4）结束讨论。像其他课程一样，讨论也应该适时地结束。教师可以总结所说的内容，将讨论与其他课堂内容相联系，或者将讨论作为强调新信息的一个过渡手段。

（5）询问讨论情况。教师和学生都会从关于讨论将如何继续进行的谈话中获益匪浅。教师可以提这样的问题，如："今天的讨论进行得怎么样？""哪些因素会使讨论更有成效？""每个人都有参与的机会吗？""我们是否有效地倾听了每个人的发言？"类似的询问方法还有很多。

学生一旦经历过有教师示范的卓有成效的讨论，并了解了这种讨论的各个阶段，他们就能够承担起引导小组讨论或组织全班讨论的职责。

---

[1] 戴维·珀金斯（David Perkins），哈佛大学教育研究所零点方案的创始人之一，他自1971年开始就一直担任该方案协同主持人的职务。由于对思考教学有深入研究且成绩斐然，珀金斯在教育界备受重视。

让所有学生参与讨论

在全班讨论中,很多教师会发现,仅仅有一小部分学生积极参与讨论。以下策略能够帮助教师鼓励所有学生平等参与。

(1) 教师指派某一学生担任讨论的监督者。该学生要对其他所有同学的参与情况了如指掌。如果他注意到某一同学出现重复发言的情况,就可以提醒他,要等到其他同学都轮流发言后再发言。

(2) 教师可以给每位学生3~4张"发言券"(talking tokens)。"发言券"用过一次后,就不能再用了。当某一位学生所有的"发言券"都用完以后,担任讨论监督者的学生就不应该再让他发言,以此鼓励其他还有"发言券"的学生继续讨论。

(3) 教师可以运用"发言圈"(talking circles)。具体做法是,教师让学生坐成一圈,把诸如羽毛或石头等物件顺时针地从一个学生手里传到下一个学生手里,学生必须在拿到该物件时才能发言。教师可以通过让学生仍然坐在座位上,但要求他们在举手或收到物品之后才发言,通过这种方式对该程序做适当的调整。

(4) 教师还可以鼓励学生运用多种语言发言。教师可以鼓励那些英语学习者或者不能讲标准英语的学生运用他们自己的母语发言。这种做法为教师和学生思考语言的多样性提供了机会。随后,教师可以重新叙述和润色学生发言所提及的内容。教师也可以认真而审慎地对比社区中使用的语言与教室中一般使用的标准英语之间的差异。

使小组讨论更加有效的方法

很多学生和成人不愿意参加大型讨论或所有人都参加的讨论,而愿意与较小规模的人群进行交流。教师可以运用下面所提供的合作策略,扩大小组讨论过程中所有学生的参与面。

思考—配对—分享 为鼓励学生对演讲、电影或具有激励性的问题进行反思,教师可以提出一个问题或摆出某一论点,给学生1~2分钟的时间,让他们独自思考。然后,教师让学生用大约5分钟的时间来结伴讨论他们所进行的思考。最后,每对同学都与全班同学分享他们讨论的内容。

蜂鸣(Buzz)小组 教师可以将3~6名学生安排为一组,来讨论关于某一特定主题的观点。每个小组都指派一个人担任记录员,记下小组成员提出的所有观点。讨论几分钟后,教师让每个小组的记录员总结他所在小组所表达的观点或意见。

鱼缸(Fishbowls)活动 "鱼缸活动"是一种应用于课程单元进行中或课程单元即将结束时的有效的小组活动。要实施一次"鱼缸活动",教师需要将教室里的桌椅围成一个大圈,大圈的里面再围一个小一点的圈子,小圈子以摆放4~6个人的座位为宜。那些坐在里圈的人就是在"鱼缸"里,他们的任务是讨论主题,而其他同学则在大圈倾听他们的讨论。"鱼缸"里的任意一位学生在说完他们想说的内容时,就空出里边的座位,观看者可以自由填充到里面的任何空位中。在讨论得出自然的结论或者教师结束该程序以后,"鱼缸活动"也就随之结束了。

(三) 记忆

尽管强调记忆在很多课堂中已不再流行,但就丰富学生的心智,使他们全神贯注于口头表述或写作作业这些方面来讲,没有其他比记忆基本事实、诗歌或戏剧线索更好的方法了。另外,由于很多作品都十分生动,所以十分易于我们记忆,并且当我们回忆起这些作品的时候,它们总能带给我们平静、愉快和催人奋进的感受。

很多低年级的学生喜欢记忆一些儿歌、韵律简单的诗句,或短小而生动的诗歌,如吉尔·贝内特(Jill Bennet)《喧闹的诗歌》[1](Noisy Poems)中的诗歌。教师可以先让学生集体朗诵以增强他们的信心,然后再让那些愿意单独朗诵的学生读给全班同学听。大一点的学生可能更希望记住长一点的诗歌,如玻(Poe)的《渡鸦》[2](The Raven),或者兰斯顿·休斯(Langston Hughes)的《怀有梦想者》[3](The Dream-keeper),并展现给全班同学,或许他们在朗诵时还会选用一定的音响效果、背景音乐或服装等来辅助表现。所有年龄阶段的学生在集体朗读的时候,教师都可以培养他们的音域和音调的灵活性,并鼓励他们

以此传递声音的韵律,并表现相应的情感。由于唱歌经常能提高一个人音质与声音的灵活性,因而,教师让学生唱那些有配乐的诗歌,对学生们将会很有帮助。

学生或教师也可以自己创作诗歌或韵律简单的诗句,以此作为一种记忆策略来记忆许多学科信息。如在历史、科学或地理学科中,师生可以创作韵律简单的诗句来记忆太阳系中行星的顺序或水循环的过程。实际上,历代医学学生都是用韵律诗句来记忆手及人体各部分骨骼的名称的。另外,运用一定的记忆术甚至还可以提高一个人的拼写技能。

增强记忆

教师们意识到这一点是十分重要的,即无论教师让学生记忆哪些内容,只要没有学生的积极参与,而只是单纯机械地重复,学生记忆的效果都是微乎其微。如果没有有效的记忆编码,对于学生来说,输入的信息将会是左耳朵进、右耳朵出。为帮助学生记忆重要的信息,我们建议教师使用以下策略:

(1) 学生可以首先浏览一下他们要记忆的全部内容,以此就对记忆任务有了一个总体的看法并为后面的学习提供了心智准备。

---

[1]《喧闹的诗歌》,其中充满了各种声音,如吃意大利面的声音、火车在轨道上行走的声音、雷雨的声音以及大牦牛的叫声,等等。
[2]《渡鸦》,其作者玻有意识地运用了视觉和声音的效果,让黑乌鸦栖息在雅典娜(希神智慧与技艺的女神)白色的大理石雕塑上,同时玻还在诗歌中运用了头韵、类韵以及中间韵等。
[3]《怀有梦想者》,其作者描述了两代人:百岁老人以及他的孙子——一个困惑的17岁少年,故事通过描写该少年为自我发现而去游历的过程来展开,以此为我们展示了美国复兴的传奇。

(2) 学生可以把需要记忆的内容的各个部分进行形式上的拆分重组，或"集结成组"，或"分解为块"，并为每部分记忆内容创造视觉形象。学生可以将这些视觉形象画下来，也可以仅仅对其进行想象。

(3) 学生也可以为需要记忆的内容配乐以便长时记忆。

(4) 学生可以用录音带录下他们想要记忆的内容。他们可以重复听录音带以促进对记忆内容的回忆。

(5) 教师可以告诉学生，实际上，花费较短的时间来记忆比花费较长时间来记忆更有效，并向学生说明，每次记忆的时间不应该超过30分钟。

(6) 教师可以告诉学生，按照时间表复习对于保留信息是十分必要的，并向学生说明，在记忆后的第二天、一周后、一个月后对记忆的内容进行复习将会大大增强记忆效果。

（四）报告

教师可以经常要求学生在班里做报告。从小学低年级开始，学生们可以在课堂上进行"展示和讲述"，到了中学阶段，学生们就可以经常在课堂上进行正规的研究报告。教师布置的报告，通常在内容、形式及评价标准上都各不相同。对于学生们来讲，如果他们能够清楚到底该如何组织并完成他们的报告，他们将会获益匪浅。以下是关于正规报告的一些普遍的指导原则：

> **报告的指导原则**
> - 选择一个适合于听众的主题
> - 组织报告
> - 设计一个引人入胜的开场白
> - 运用丰富的奇闻逸事及具体例证
> - 让听众参与一些活动
> - 设计令人印象深刻的结束语
>
> **关于口头报告的其他建议**
> - 选用适合报告主题和听众的词汇
> - 与听众进行眼神交流，并运用肢体语言
> - 语言清晰、文理通顺
> - 避免讲冗长而漫无边际的句子
> - 表达方式有效且富有变化
> - 避免使用"啊""嗯"等多余的词汇

教师可以激发学生为做报告而进行研究的兴趣，可以引导学生确认他们所选的主题的事实、假设及存在的问题。学生们可以提出的问题包括：

- 我很确信地知道什么？
- 我认为我知道什么？
- 我想要知道什么？

当学生与其同伴回顾他们的书面报告时，听众对于报告的反应首先应该是积极的，并通过"赞赏三明治"[1]的模式对学生报告进行反馈。该反馈模式由三部分组成：先详细说明报告的哪些方面是好的，再提出改进建议，最后再以另一种正面评价结束。

---

[1] "赞赏三明治"，该评价方法分别在开头和结尾进行积极评价，而在中间插入针对不足需要改进的建议，其形式很像三明治，故而被形象地称为"赞赏三明治"。

（五）访谈

对他人进行访谈是学生发展其口头收集信息技能的一种方法。在进行访谈之前，学生需要区分访谈与谈话之间的差别。尽管两者都是口头交流形式，但谈话是双方对于感兴趣的主题所进行的非正式的谈论或思想交流；相反，访谈有预先设定的目标，访谈过程中，访问者努力寻求需要的信息，并尽可能避免那些他认为与主题无关的信息。例如，医生访问病人的症状；记者对一些人进行采访以收集关于某一事件的素材；中学生访问各类专业人士以了解不同的职业；人事主管主持面试，对那些未来的职员提出询问。教师和学生可以用头脑风暴法列出访谈情境，并进一步讨论每种情境的内在目的。对学生而言，访问那些来自不同文化背景、不同职业或专业的人士，对于充实他们的学业研究再合适不过了。学生们可以在他们的学校里访问低年级的学生或者访问著名的运动员或艺术家，或者访问社会活动家，还可以访问学校董事会成员，或者可以在同学间互相访问。

学生应该了解哪些因素构成了有效的访问技能，这对他们的实际访谈很有帮助。教师应该帮助学生们在进行正式访谈之前，先进行适当的练习。教师可以将全班同学分成小组来帮助学生为访谈做准备，学生们可以扮演不同的角色模拟访谈情境。在小组中，学生运用头脑风暴法为每种情境提出适当的问题，并分不同角色扮演访谈活动。当两个学生在进行角色扮演时，其他小组成员可以观察访谈的效果并提出改进建议。这些活动可以帮助学生培养他们将要进行的真实访谈的技能。这些建议可以用来为学生的访谈活动做准备，或访问结束后，教师可以据此对学生的访谈进行评价（见表1-3）。

七、读

文学作品可以作为发展完整的言语－语言智能的基本手段。故事、小说、传记、散文、戏剧及诗歌是发展学生的讨论和倾听技能的起点，也是学生制订演讲计划及进行创作和分析性写作的起点。文学作品提供了精神食粮，为学生示范了对语言的有效使用，并能激发他们智能的发展。

越来越多的课程设计者和教师正在用真正的著作来补充或代替传统的课本内容，这些书籍能提供各流派的最优秀的作品，并且事实证明，它们也更符合学生的兴趣。

（一）收集资料

教师可以让学生们阅读班级图书室中的材料，用以补充或代替课本里的内容。学生们的阅读材料可以包括小说或非小说类的古典作品，教师还可以对阅读材料进行扩充，将杂志、手册以及小册子等都包含在内。

开发班级图书室

教师可以通过多种途径来创设他们的

表 1-3　有效访谈的技能

- 为访谈做好准备。知道你想要提的问题及访谈的目的。你可以提前为访谈对象提供要访谈的问题。
- 将访谈安排在双方都同意的时间。
- 明白你将如何做记录，并备有适当的设备。如果是用录音记录访谈，在访谈前要先征得访谈对象的同意。
- 要问开放性的问题，这些问题仅仅用"是"或"否"是不能回答的。所运用的问题提示语有"您对于……的经验或意见是什么？""能请您描述一下……吗？""能举出一个关于……的例子吗？"等等。
- 要保持友好的面部表情，选用积极的肢体语言，而且要有礼貌。
- 要做一个认真细心的倾听者。不要插入你自己的意见。
- 不要让访谈跑题。
- 将访谈控制在预定的时间内。
- 访谈结束时，回顾访谈的内容以使信息能够长时间保存。
- 给访谈对象写感谢信。

班级图书室，具体包括：

- 与学校图书管理员和公共图书管理员以及大众传媒专家紧密合作
- 请同事、教授以及来宾推荐适当的阅读材料
- 请父母推荐和捐赠书籍
- 与社区文化小组和新闻工作人员建立联系
- 会见平装书经销商以购买特价书籍
- 让学生评论及推荐阅读材料，并对这些材料进行分类
- 获取包括图画书、诗歌集、传记手稿、经典小说、方法指南以及当代非小说类作品在内的各种多元文化材料
- 引导学生应用电子数据库和网络来获得他们感兴趣的最新信息

对教师而言，即使班级规模很大，确认每个学生的发展水平和兴趣也是很重要的。当那些不愿意读书的学生有机会阅读他们感兴趣的书籍，如有关他们的爱好、宠物、发明创造、科学发现、最喜欢的体育运动、乐队以及其他国家的书籍时，也会精神振奋。阅读材料也应适合学生的阅读水平。学校图书管理员可能是帮助教师选择适合不同能力水平学生的阅读材料的有益支持者。

（二）教室里的文字

通常，在每个教室的墙上、布告栏以及黑板上都有解释班级规则、复习词汇、作业列表以及描述日常作息的文字。教师可以有意地运用教室里的这些文字来提高学生的阅读技能。以下是教师可以用来激

发学生阅读兴趣的促进性因素。

激发学生的阅读兴趣

（1）教师每天公布引文或问题，以引发学生对学业内容的兴趣。

（2）教师创设"词汇墙"，展示出易于阅读的大型文学作品中的词汇。教师可以将这些词汇按照一定的范畴组合成群，如：高频词、形容词、学科领域的词汇、经常拼写错误的词汇以及主动动词等。每个星期可以增加5个或5个以上的词汇，在需要时，学生可以查阅词汇墙上的词汇。一般而言，随着时间的推移，学生对墙壁词汇的依赖会逐渐消失。

（3）教师鼓励学生为教室海报、黑板报和学生的作业添加名字或标签。

（4）教师设置留言板或在讲台上放置笔记本，以此激发学生的非正式的阅读和写作。学生会对他们的同伴和老师所写的内容感到好奇，并会积极地将新的内容阅读出来。

教室里其他重要的阅读材料是学生使用的学生作业单。教师应该尽可能地经常以学生的课堂体验和词汇表为基础，来为每个学生准备他们自己的工作单和练习。对于学生而言，这些材料通常比大众化的书面课本更加贴切。由于每个学生都以不同的学习速度和不同的学习方式进行学习，所以他们都需要教师对课本与作业练习册进行一定程度的改编和扩充。

很多学生因为自己拙劣的阅读技能而备感苦恼。不过，幸运的是，现在，教师可以用多种方法提高学生在各个内容领域的阅读数量和质量了。以下就为教师提供了一些教授跨课程阅读的方法建议。

（三）跨课程的阅读

（1）教师要向学生清楚地示范自己的阅读过程，以使学生明确阅读程序。

（2）教师应告诉学生阅读某一部分内容的明确目的。

（3）教师应询问学生有关该主题他们可能已经知道的内容，并让他们将自己已经知道的知识应用于要阅读的内容。

（4）教师应指出词汇表中新的词汇和短语，并让学生在阅读时查字典。

（5）教师应说明文章的特色，如它的标题、图表，并帮助学生预测相应的图片，同时，让学生进行预测并检验他们的预测。

（6）教师可以将阅读内容分成5～10分钟的若干阅读单元，让学生单独阅读每部分内容并标出其核心思想，然后配对核查并修正他们的观点。

（7）教师可以与全班学生反思，从指定的阅读内容中，读者获得的核心思想是什么。

（8）教师要鼓励学生进行趣味性阅读，如为学习数学而阅读运动方面的统计数据，或为学习科学而阅读科幻小说。

（四）为理解而阅读

科登·考尔提（Cordon Cawelti）在《提高学生成绩的研究手册》（*Handbook of Research on Improving Student Achievement*）一

书中引用了多项研究，这些研究显示，学生在校内外阅读大量材料能够促使他形成有效的词汇技能和理解技能。同时，教师如果能将课堂时间划分成独立的阅读时间段，并向学生教授理解技能，同时让学生分享和讨论他们所阅读的内容，这些看似一般性的练习却能产生意想不到的积极效果。下面我们列出了教师可以用来提高学生理解技能的具体策略。

提高阅读理解的能力

（1）学生可以运用三类问题来提高他们的理解能力：阅读所选内容之前提出的问题、阅读所选内容的过程中提出的问题、阅读所选内容之后提出的问题。

①阅读前提出的问题范例有：
- "关于这个主题我已经知道了什么？"
- "我应该学什么？"
- "关于该内容我能做出哪些预测？"

②阅读过程中思考的问题包括：
- "该故事中最重要的事实或部分是什么？"
- "课文的结构如何帮助我们理解它的思想？"
- "对于目前为止已经阅读过的内容，我将如何加以总结？"
- "此前，我做出的预测是否实现了？"

③阅读后提出的问题包括：
- "我获得了哪些信息？"
- "重点是什么？"
- "我的预测是否实现了？"
- "我是否应该重新阅读某些内容？"

（2）每星期，学生可以对自己所选择的材料进行两次默读。这样的阅读，学生们可以在校内进行，还有一些可以在校外进行。学生可以坚持每星期阅读日志，每个月阅读一定的页数，并制订最后的阅读方案，在该方案中，学生要作为读者对他们自己进行反思。

（3）学生可以运用相应的教学技能，以自己的方式完成阅读任务。这些技能包括：预测、阐明、质疑以及总结所阅读的内容。例如，为阐明所阅读的内容，学生可以重新阅读所选材料的部分内容，可以对所阅读的内容进行小组讨论，也可以进一步阅读原文，看自己是否清晰地理解了原文的意思，或者将阅读的内容与自己的实际生活相联系。

（4）当学生思考与内容和方法相关的问题时，他们的理解力就会得到提高。与内容相关的问题可以是"核心思想是什么？"；与方法相关的问题可以是"你是如何得出答案的？"。

八、写

写不能同其他的语言活动相分离。写可以经由说、听、读得以加强。将语言艺术活动充分地融入各内容领域可以帮助学生更有效地交流、更透彻地学习。同说一样，写具有明确的目的和意义，写可以将思想从一个人那里传递到另一个人那里。学生可以通过各种各样的写作活动培养读者意识，并且将写看作发生在他们自己之间、他人之间以及社会之间的一种相互关联的行为。

如同在言语－语言智能的其他领域里那样，教师有必要为学生示范有效的写作技能，有必要向学生展示写作过程中的愉悦以及改善写作技能的努力。有兴趣提升自己写作能力的教师可以在诸如威廉·津瑟（William Zinsser）的《善于写作》（*On Writing Well*）、纳塔莉·戈德堡[1]（Natalie Goldberg）的《记录文章的框架》（*Writing Down the Bones*）或帕特里夏·奥康纳（Patricia O'Conner）的《不善言辞》[2]（*Words Fail Me*）这样的资源中获得帮助和鼓舞。每个教室中都应该备有字典、辞典以及斯特伦克（Strunk）和怀特（White）所著的《风格的要素》[3]（*Elements of Style*）一书。

教师可以随时向学生示范具体的写作技能，比如，说出教师就如何选题所做的思考，向学生阅读他们自己所写的范文，并对该文章进行评论（当然，这需要教师有一定的勇气），或者非常认真地在学生所办的报纸上不定期地撰写长篇评论。教师还可以与学生分享他们的某一作品在不同阶段的样子，并向学生说明有关草稿修改与校正的次数。

（一）写作的分类

詹姆斯·布里顿[4]（James Britton）在其经典著作《语言和学习》（*Language and Learning*）一书中，以某种方式对写作进行了分类，使学生可以理解教师布置的各种书面作业。通过阅读以下布里顿对四种写作类型的描述，教师可以找出适合自己课程的不同的写作方法。

布里顿的分类体系中包括的第一类是机械性写作，如多项选择题、填空、简答、数学运算、从书面或口头材料中抄录及翻译。

第二类是与信息有关的写作，如记笔记、记录经验（以报告或日记的形式）、总结、分析、具有理论或游说性质的写作。

第三类包括与个人相关的写作，如日记、日志、信件及杂记。

第四类是想象性写作，如故事和诗歌。

尽管能准确而恰当地写好第一类和第二类写作作业对学生来说是至关重要的，但集中提高学生其他两类写作能力也非常关键，因为这两种类型的写作对练习和培养学生的言语－语言智能大有裨益。

（二）跨课程的写作

对于很多其他学科的任课教师来说，他们在本学科中就有大量内容需要教授，因而就不愿意再承担语言教师的角色。然而，在所有学科中，都存在能够促进语言技能发展的方法，这些方法能够加深学生对主题的理解。以下简要概括了以培养语

---

[1] 纳塔莉·戈德堡，诗人、教师、作家以及画家。纳塔莉·戈德堡认为创造性的秘诀是削减创作时的规则。
[2] 《不善言辞》陈述了很多有效写作的实用见解，非常有趣、生动，也非常有价值。
[3] 《风格的要素》是一部有关如何清楚准确地写作方面的杰作，是最不可或缺的写作资源之一。
[4] 詹姆斯·布里顿，伦敦大学退休的教育学教授，其著作有《语言和学习》等，他也为儿童写了很多书。

言技能为基础的各学科领域的活动。

历史和社会领域的学习

（1）学生可以制订有关当地历史的学习方案，然后将他们所学的内容编成报纸或新闻广播。

（2）在一些学校，具有技术专长的学生可以在计算机网络上为他们的政府立法机关做研究。有关地方社会问题的信函也可以电子邮件的方式发给杰出市民或团体。

（3）城乡两地的学生之间可以通过通信进行联络，以此使他们能够洞察两类群体间相同或不同的经历。

世界语和双语教育

（1）在聆听完一些外文歌曲之后，学生可以用陌生的或熟悉的词汇为一些流行歌曲的歌词写简短的解说，或写出歌词的反义词、同音异义词或同义词，以此来玩自己的文字游戏。

（2）学生把他们的学校环境和当地风景拍摄成照片，并将照片带到学校，在照片背面写出该照片所描绘的内容。在一些学校里，这样的活动已经得到拓展，这些照片已经成为新生、不讲英语的学生及其家庭的学校指南。

（3）教师可以从不同的文化中选择一些民间传说、诗歌、谜语及字谜，读出所选作品的一部分内容，然后让学生将作品补充完整。教师也可以将学生所建议的结局与原创文学作品的结局进行比较。

科学和数学领域的学习

（1）日记或日志可作为学生记录课堂上所讲内容的解释或例证的笔记，也可以作为罗列他们的问题、疑惑或评论的笔记，以及作为提供改进课堂学习经历的建议的笔记。

（2）数学和科学课上布置的带回家的方案可以围绕当地社区的一些问题。例如，学生可以研究和写出关于当地发展以及影响地方环境和经济方面的内容。

（3）学生可以观看电视上的科幻节目，并就此简单分析哪些部分是现实的，哪些部分是虚构的。

语言艺术学科的学习

英语教师通常不愿意将科学或社会研究的内容纳入他们的课程中。然而，很多科学和社会问题为学生提供了可以思考的具有启发性的主题。这些内容包括环境的、社会的、政治的问题，也可以涉及空间项目、基因工程、电脑、电动游戏、能源替代以及营养等方面。另外，还有一些学生乐于写有关流行文化或当前及未来职业市场状况的文章。

（三）可供选择的各内容领域的写作任务

在任何学科领域，学生在实地考察旅行之后，在看到示范或录像带之后，在聆听完来宾有趣的演讲之后，都可能会产生特殊的写作冲动。那么，教师就可以在听

取学生对这些经历的汇报时，在布告栏上记录下学生的评论，并将学生分组，各自讨论不同的主题。例如，在小学低年级的学生参观完动物园之后，教师可以问他们看到了哪些动物，动物生活的环境是什么样的，观察完不同动物的生活习性之后，他们学到了什么。学生可以使用这些记录下的词汇（这些词汇的拼写已被确认是正确无误的），同时添加自己的观点，选用任何一种格式写就一篇文章。

其他激发手段

正如在本书第五章中所提到的，学生也喜欢描写录制好的音响效果、生动而戏剧化的音乐作品，或神秘的音乐作品。正如在本书第三章中所描述的，教师也可以选取哑剧和具有创意的戏剧活动作为有趣的写作题材。任何年龄阶段的学生都能以诸如"在公元2050年的第一天，我……""你永远不会相信，但……"等套语开始，尽可能快速地写5～10分钟而不注意其写作技巧，这便是以"快速写作"来生成写作主题。这样的写作程序通常能够激发学生潜在的创造性思想。

教师可以为学生提供多种可供选择的写作任务。与每个学生都完成相同任务的传统写作不同，在这里，学生可以自己决定，选择一种最符合他们兴趣的主题与写作形式。所有的学生都应该努力达到教师所要求的结果，如有效地使用写作技能，用个别学生所提供的例子和证据说明核心思想的细节等。当然，正如下面所列出的建议，写作形式可以有所变动。

可供学生选择的写作任务

- 戏剧、电视剧本或广播稿
- 研究成果
- 诉状
- 虚构的日记
- 说明书或方法指南
- 自传材料
- 从第三人称的角度来写作
- 歌曲
- 布告栏
- 画卷
- 广告
- 教室内的时事通讯
- 诗歌
- 民间故事或神话
- 小册子或宣传手册
- 信件
- 对话
- 裁决书
- 海报
- 书皮
- 某一内容领域的帮助建议
- 自由写作的范例
- 自我评价
- 核查表
- 续编
- 访问
- 目录单
- 社论文章

教师向全班同学展示学生的书面作品

可以为作者自己及其他同学提供从不同的语言维度看待同一主题的有效学习机会。学生也可以参照先前制定的写作标准，通过对同伴进行反馈来练习自己的评论技能。

（四）启动写作

尽管学生可能会对某些主题产生有趣的想法，但任何年龄阶段的作者在开始写作时，通常都会感到无从下笔。为克服这一障碍，专业作家提供了一些建议。一位作家通过播放轻音乐来舞出她自己的思想并开始每部分的写作。另一位作家制作"思维束"或进行思维导图，在纸上尽可能迅速地填充自然流露的思想。该作者在写书时，直接从她的思维导图出发，在电脑上创作。还有一些作者喜欢用特定种类的笔和纸以及其他特殊的工具来写作。另外一些作家则发现，变换环境——进入另一个房间、做简短的运动，或在感到舒适宜人的地方写作——很有帮助。另有一位著名的作家，在开始写作前，他会用 10～15 分钟的时间来阅读他最喜欢的作家的作品。他说，这样他就能够使这一天的写作拥有一个良好的开端。

其他迅速启动写作的方法包括：跳过开头先从中间部分着手来写，或先从结尾开始写；伴着音乐来写，或不要音乐伴奏来写；用彩色笔或在彩色纸上草草记下笔记，或在电脑上迅速写；运用意识流写作，与朋友谈论思想，将自己的想法录成录音带或者与同学进行头脑风暴，以此来激发灵感。

还有一种非同寻常的写作思想，以至它常常会导致令人吃惊的结果。这种方法就是"造词"（Glossalalia）。造词就是对语言进行合成或者随意编造。学生可能会尝试用编造的词汇来写完整个段落（用的词越古怪越好），然后再把它翻译过来。在学生自己进行创作之前，教师把下面的这段话提供给他们，让学生进行翻译，可能会对他们有所帮助。

Weinst guek einc ei! Ptionsiu dfetkj, atin et tetp slier ae ads etioj aseint. "Laeltij, iaeltij, iaelti," giaj Skloiae. "Lawei di Ieti？"

这种启动写作的方式可以用钢笔或铅笔来完成，但在电脑上操作可能会更有趣，它还能以此为各个年龄阶段的作者提供独特的热身练习。

（五）实际写作

当很多学生收到老师修改过的覆盖着红色标记的论文后，都深感羞愧。对于学生而言，修正语法、拼写、发音方面的错误似乎是写作的最后一个步骤。然而，正如我们所有人亲身体会的那样，写作是一个过程，我们不仅需要对最初手稿进行校对，也需要对其进行多次修改和精加工。对于学生而言，重要的是要意识到多数专业作家在将他们的作品交给编辑之前也都花费了相当多的时间来重写、修改、删除、添加、变更词汇及短语和段落，以及对整篇文章进行润色。教师可以使用很多方法，使学生真正融入写作过程。下面提供了一些建议。

培养学生对写作过程进行评价的能力

(1) 教师可以与学生一起评论专业作品范例。举例而言,他们可以要求学生通过模仿来写文章,例如写一篇800字的简洁明了且能吸引读者进一步阅读的新闻专栏文章。学生可以分析一下,是什么因素影响了他所选择的内容是否生动,并联想作者为创作出优秀的作品可能做过的选择。

(2) 当地的作家可以把他们早期发表过的作品的手稿提供给学生们,并解释他们是如何进行修改的,以及为什么要这样或那样修改。而后,学生可以分析他们自己的作品的手稿,并决定对他们最初的作品进行怎样的改进。

(3) 在学生练习写作技能时,能够得到他人及时而频繁的反馈是很重要的。学生可以从同伴那里获得反馈,也可以从与同伴的合作写作中获得反馈。而在学生写作某一作品的不同阶段,学生与教师的单独会谈,将是学生获得教师的反馈和指导的重要机会。

(4) 教师可以对学生作品的第一稿提供具有建设性的建议,并且只给最后一稿打分。通常,学生在讨论关于作品该如何修改和校正的过程中,对语言技能的学习最为敏感。如果脱离一定的情境而鼓励其学习标点符号、演讲的部分内容及语法的使用,学生就不一定都能很好地加以掌握。而当学生正在试图解决一些难题时,在这种"教学时机"下进行的活泼而生动的课程,很可能就是使学生的学习效果最明显也是最持久的方式。

(5) 那些运用电脑文字处理程序的学生,他们创作的作品经过电脑精细地格式化,看起来得到了很好的润色,但这种类型的文章可能最需要修改。学生会发现将第一稿以双倍行距的格式打印出来,再进行手改是很有帮助的,这样,学生就可以对每一次修订的记录加以整理保存。

(6) 将所有的手稿按顺序放置在作品集里,为学生和教师都提供了写作进步的完整记录。可以在本书第十章中找到有关作品集的具体信息。

(六) 写作小组

多数教师没有时间修改学生创作的所有作品。由于目前还没有更好地教学生学习写作的方法,所以,设法对学生进行及时有效的反馈始终是教师面临的重要挑战。教师能够确保学生获得反馈并使其评论技能得到发展的一种方法便是运用写作小组。这种类型的小组一般包括3～4名学生,小组成员一起工作的时间可以持续到完成一个方案或贯穿一个学期,或在某些情况下进行更长时间的合作。小组可以作为讨论某个写作主题的机构,也可以对文章的初稿给予反馈,倾听阅读文稿,进而提出改进建议,以及审查从开始到结束的写作方案。无论如何,最重要的是,写作小组为改进写作这一极富挑战性的任务提供了必要的支持和帮助。

第一章 驾驭文字的方式：言语-语言智能

在组织写作小组的时候，教师引导学生对如何提供建设性的反馈意见进行讨论是很重要的。教师可以对只谈论不足的负面作用，以及以积极的方式表达建议的重要性加以解释。

总之，学生和教师都需要确定适当的方式以对他人的作品做出反馈。以下就提供了一些建议：

- 在阅读作品时，仔细倾听，并进行思考。
- 标注出作品中特别好的地方，要尽可能具体地说出在内容、技能、主题、语气、词汇、形式以及全局的构思中，哪些方面做得好。
- 标注出可能对作品进行改进的方式，再一次提供具体的建议。
- 轮流对作者提供反馈，每一次反馈都要从积极的评价开始。
- 文章的作者要认真倾听他人的反馈，并记笔记以便指导今后的修改。

就像本书介绍过的很多其他策略一样，写作小组将教师的角色转变为"在一旁指导"者。由于学生对他们的学业承担了更多的责任，他们必须组织、管理及总结他们自己的学习，同时，他们也要对他们的同伴提供帮助。当学生被赋予了这样的责任时，他们通常能够尽心尽责而又随机应变，既使学习本身更符合他们个人的兴趣和倾向，同时，也令他们的教师更加满意。

九、提高言语-语言智能的技术

正如在15世纪，印刷机的出现使人类的学习和思考发生了翻天覆地的变化一样，如今，计算机也引起了类似的革命性影响。通过世界范围内的数据库和计算机网络，学生可以直接获得最新的信息。在各个知识领域，由于教师和学生都在学习使用多媒体技术，教育系统也正在发生变革。

由于软件更新的速度非常迅速，在此，我们就尽量不推荐具体的程序，而是确认一些能够源源不断地提供最新建议和信息的资源。例如"国际教育技术协会"[1]（International Society for Technology in Education, ISTE），以及里弗迪普[2]（Riverdeep）的学习公司，都为教师提供了更广泛的资源。

那些还不能阅读的孩子正在计算机上运用软件来创作故事，当他们写好以后，这种软件可以重复阅读他们所创作的故事。新的计算机程序允许孩子们在类似字谜的文本中写作以及插入图形，或者使孩子们可以将写作方案编排成不同的形式、以不同形式和大小的文字写作、添加伴奏性声响效果，以及在文本周围添加说明性的语言。这些程序对于那些刚开始学习写作的人和那些更熟练的作家同样具有高度

---

[1] ISTE，这是一个在教育科技领域拥有遍及全球的会员和占据主导地位的非营利性专业组织。他们致力于促进合理地运用信息技术，支持与提高K—12教育教学、科学技术和管理。ISTE的主要作用——为会员提供信息、网络机会，指导他们在学校里面对新技术信息的挑战。
[2] 里弗迪普公司，该公司始建于1995年，学习公司现在是里弗迪普公司大家庭中的一个成员。

的激励作用。

现在的计算机银行里充满了各种能想象得到的主题信息，还有在线专家，包括大学教授、研究者以及科学家，这些都为学生提供了无穷无尽的信息。任何学科的课程内容都能被这些资源加以丰富和更新，并且，学生可以频繁地接触和分享信息。有关言语－语言智能的资源在"文学作品指南"（The Literacy Directory），全美英语教师委员会，"全美文学机构"（National Institute for Literacy），以及"全美英语学习和成绩研究中心"[1]（National Research Center on English Learning and Achievement）的网站上都能找到。

用户容易掌握的计算机程序使词汇、形象以及声音等不同形式的信息结合在一起日益成为可能。学生可以将信息、参考书目等进行储存、分类，并相互参照，还可以创作多媒体报告以进行学习探索。教师则可以开发他们自己的课程软件，创设与文件相联的数据库，用影碟播放预先编排好的幻灯片展示，并运用本书后面各章节中进一步描述的用于发展各种智能的技术丰富自己的课程。教师教学方案范例在"乔治卢卡斯教育基金会[2]网"（George Lucas Educational Foundation），"学习新视野网"[3]（New Horizons for Learning），以及"学习空间"[4]（Learning Space）的网站上都能找到。

计算机激发了学生修改和重新写作的热情，这样就能培养出学生更加流畅而有效的写作风格。用手重抄或者用打字机重新复制经常会妨碍学生正在进行的修改或校正，但计算机使这一过程方便多了，并且赋予了学生对其写作过程的更强的控制感。当学生看到他们的作品具有与专业作家相类似的形式时，他们对学习及技能的掌握无疑会更有兴趣，这样，也会使他们的文章最终变得更加精练而优美。

目前，对于小学低年级的学生来说，学习键盘操作与学习用铅笔写字同样重要，学习文字处理程序与学习打字也同样重要。教师应该鼓励学生运用这些技能与远方的学生就各种方案进行交流与合作，这种交流与合作要通过日益增加的电子网络如iEARN或者全美地理儿童网（National Geographic Kids Network）来实现。各教室中都应该安装该程序所必备的电话以及调制解调器。

当学生发现，他们可以与全美和全世界的新朋友交流时，电子技术对于讲话技能发展的影响也就显示出来了。正如计算机提高了写作技能一样，磁带录音、录像

---

[1] 全美英语学习和成绩研究中心，该中心由纽约州立大学奥尔巴尼（美国纽约州的首府）校区开办，与威斯康星州麦迪逊大学合作。中心旨在提高英语的教与学水平，包括学生口头与书面语言和写作的提高。中心不仅提供有关K—12方面的英语教学，还提供其他方面的学业科目，包括历史、数学和科学。
[2] 乔治·卢卡斯教育基金会，该基金会是非营利性的组织。基金会设有网站来分享资源、研究、专业发展以及技术运用方面的范例。网站上的内容包括了1997年以来所有的有关多媒体内容方面的信息。
[3] 学习新视野网，该网通过"学习新视野"在线杂志提供有关教育变革方面的前沿性的资源。为有效的教与学的实践提供指导，并帮助还未成为主流的思想得以实现，同时与其他著名的网站和学习社团协调合作。
[4] 学习空间，它为教育工作者提供开发、实施和分享对技术的有效使用，从而提高学生的学习。

带录像以及电视会议对于口语流畅性的发展也具有积极的影响。当学生观察和倾听他们自己说话的音像时，他们就能学会更有效地表达自己。

科技为具有多方面障碍和有"不同能力"的学生提供了新的交流与学习机会。例如，那些能够移动但不能说话的学生可以在计算机上写，然后由计算机"说出"他们所写的内容。那些身体不能移动的学生可以对着计算机说，由计算机写下他们所说的内容，或者，他们可以用点触式设计的嘴部或头部触头来写，或者通过简单地将目光集中于键盘上特定的键或对特定的键眨眼来操作计算机。现在，还出现了适用于单手者使用的键盘、展开的键盘或代替鼠标的特殊的输入装置。一些对阅读感到困难而丧失学习能力的学生，可以得到扩大其特征的声音合成装置的帮助，同时，他们还可以获得针对盲人的布莱叶[1]盲文点字输入装置的帮助。

适用于那些具有特殊需要的学生的辅助性技术的广泛信息资源可以从这些机构获得，如华盛顿大学的DO-IT方案（残疾人、机会、互联网及技术）和北美康复工程与辅助技术社。

所有人的语言技能的发展都可以由这些新的非凡的电子工具予以促进，这种工具可以以前所未有的方式评价和管理信息、增进交流、促进学习及发展智能。

十、小结

我们该如何帮助学生热爱语言？对语言的热爱可以引导学生去品味语言的声音，去负责任地尊重和应用语言的威力，去挖掘它们在意义上的细微差别，以及以无穷的方式来运用它们、来表达爱或同情、来赢得辩论、解释复杂的任务、来教孩子，或仅仅为了享受与他人交流的乐趣。

在应用多元智能理论的课堂中，有很多对文字情有独钟的学生。作为本书的作者，琳达·坎贝尔和布鲁斯·坎贝尔1999年在写《多元智能与学生成绩》一书时发现，学生在那些强调严格的和多种模式的学习方法的课堂中会获得更好的发展。事实上，当在肯塔基州莱克星顿市的卢塞尔（Russell）小学里、在明尼苏达州圣·保罗市的优异小学（Excellence Elementary School）的博览会上、在印第安纳州印第安纳波利斯市的奇异学习社区[1]中，教师们运用多元智能进行教学时，白人学生和少数族裔学生在成绩上的差异显著地缩小了。

在上述三所学校中，教师不仅对学生的学习实施补救方案，还对他们实施提高方案。学生的合作代替了竞争，教师对每个学生都怀有高度的期望。有的案例中，运用多元智能教学三年后，学生的读和写的分数是原来的两倍，在另一些案例

---

[1] 布莱叶（Louis Braille，1809—1852），法国盲人教育家，盲文点写法的设计者。他设计的点字法是一种凸点符号文字。

中，学生们在标准化测验中的成绩超过了该地区和该州的同等年龄水平。在这些地方的学校中，教师和学生都相信，每个人都在一些方面具有天赋，而在另一些方面则面临挑战。这种信念意味着，每个人都必须努力学习某些学科。因此，对于那些在语言任务上表现逊色的学生而言，他们需要投入额外的努力但丝毫不需要感到羞耻。同时，学生的强项可以用来克服写或读中的不足。正如本书在后面章节中所指出的那样，在传统方法无效时，运用诸如视觉化的写作提纲和动觉方法来理解文学作品，可以使学生获得学业上意想不到的成功。

我们在本章为教师们提供了在课堂中融入言语-语言智能基本成分的建议。需要指出的是，即使各项技能专注于语言智能的不同方面，我们也不能将它们归于某种单一的智能。实际上，某种智能会自然地与其他智能融合在一起。以本章提到的语言策略为例，大多数策略都依赖于人际关系智能以及动觉智能的参与。总之，本章强调了语言智能的四个核心成分：读、写、说、听。为帮助读者对本章的内容进行总结与反思，我们提供了如下内容。

---

[1] 奇异学习社区（Key Learning Community），目前国内已有文献认为"key"一词主要有两种译法：一为"奇异"；另一为"关键"。考虑到该学校是美国首所以多元智能理论为指导建立起来的学校，在教学理念、课堂设计等一系列教学实践中都有着令人振奋而欣喜的创新与大胆尝试，故此处将"key"一词直接音译为"奇异"。

十一、应用言语－语言智能

(1) 我从本章获得的重要观点和启示：
_____
_____
_____

(2) 我想更深入地学习的领域：
_____
_____
_____

(3) 在我的教学中我可以利用这些信息的方法。请注意，本章中提到的策略已提供在下面，并附有空格以提示每个策略是如何融入课堂教学的。

言语－语言策略	课堂应用
创设言语－语言智能的学习环境	
通过倾听来学习	
有效倾听的要点	
听故事和大声朗读	
倾听诗歌	
教师给学生讲故事	
听讲	
说	
学生给同学讲故事	
课堂讨论	
记忆	
报告	
访谈	
读	
收集资料	
教室里的文字	
跨课程的阅读	

　　为理解而阅读　　　　　　　　　　_____

　写　　　　　　　　　　　　　　　

　　写作的分类　　　　　　　　　　_____

　　跨课程的写作　　　　　　　　　_____

　　可供选择的各内容领域的写作任务　_____

　　启动写作　　　　　　　　　　　_____

　　实际写作　　　　　　　　　　　_____

　　写作小组　　　　　　　　　　　_____

提高言语－语言智能的技术　　　_____

参 考 文 献

Arends, R. (1994), *Learning to Teach*. New York: McGraw-Hill.

Britton, J. (1970). *Language and Learning*. Harmondsworth, England: Penguin.

Campbell, L., & Campbell, B. (1999). *Multiple Intelligences and Student Achievement: Success Stories from Six Schools*. Alexandria, VA: ASCD.

Cawelti, G. (1999, 2nd Ed.). *Handbook of Research on Improving Student Achievement*. Arlington, VA: Education Research Service.

Diamond, M., & Hopson, J. (1999). *Magic Trees of the Mind: How to Nurture Your Child's Intelligence, Creativity, and Healthy Emotions*. New York: Dutton.

Gardner, H. (1993; 1983). *Frames of Mind: The Theory of Multiple Intelligences*. New York: Basic Books.

Goldberg, N. (1986). *Writing Down the Bones: Freeing the Writer Within*. Boston: Shambhala Publications.

National Council of Teachers of English. (1996). *Standards for the English Language Arts*. Urbana, IL: Author.

O'Conner, P.T. (2000). *Words fail Me: What Everyone Who Writes Needs to Know about Writing*. San Diego: Harvest Press.

Sandburg, C. (1950). *Complete Poems*. New York: Harcourt Brace.

Steil, L. (1983). *Effective Listening*. New York: McGraw-Hill,

Strunk, W., & White, E.B. (2000, 4th Edition). *The Elements of Style*. Boston: Allyn and Bacon.

Zinsser.W. (1998). *On Writing Well*. New York: Harper Reference Books.

第二章

运算的智慧：逻辑-数理智能

> 宇宙，是一本永久展现在我们面前的广博巨著。只有当我们学会了语言，并逐渐熟悉了它所写就的特点时才能将它读懂。这部巨著正是用数学的语言写就，缺少了数学这个工具，就意味着，人类甚至连其中一个词汇也不可能理解。
>
> ——伽利略[1]，1663

钟爱数学

在丹尼尔两岁大的时候，每当他的母亲说出任意一连串的数字，比如21、47、63、150、2679的时候，小丹尼尔就会高兴地尖叫起来。

实际上，不仅数字的声音令丹尼尔高兴得不得了，就是那些抽象的符号本身，在丹尼尔看来，也都是有待他去探究的神秘事物。丹尼尔不仅要把碗中的谷类食物一粒一粒地数出来，并且要用数字把数出来的数目记下来。他还喜欢数马路中的石子以及他的玩具箱中的玩具，并且也一一进行记录。丹尼尔3岁大的时候，向大人们询问时间和顺序成了他最主要的嗜好。对他来说，半个小时就意味着看一段他喜欢的电视节目的时间或者是开车去食品店所用的时间。令小丹尼尔的父母备感惊奇的是，一次，丹尼尔在观看了计算机程序的一系列操作步骤以后，他居然自

---

[1] 伽利略（Galileo Galilei, 1564—1642），伟大的意大利物理学家和天文学家，科学革命的先驱。历史上他首先在科学实验的基础上融会贯通了数学、物理学和天文学三门知识，扩大、加深并改变了人类对物质运动和宇宙的认识。为了证实和传播哥白尼的日心说，伽利略献出了毕生精力。由此，他晚年受到教会迫害，并被终身监禁。他以系统的实验和观察推翻了以亚里士多德为代表的纯属思辨的传统自然观，开创了以实验事实为根据并具有严密逻辑体系的近代科学。因此，他被称为"近代科学之父"。他的工作，为牛顿理论体系的建立奠定了基础。

己打开了那个计算机程序。不久，事实证明，丹尼尔对乘法运算更感兴趣，因为乘法运算能让他按照可预知的模式对数字进行一系列操作。当丹尼尔玩幼童篮球的时候，他便给每个球篮标上一个数字，于是，他一边投篮，一边练习乘法口诀。这样一来，在他掌握了乘法口诀的同时，他的投篮分数也随之迅速提升。

丹尼尔上小学一年级的时候，他又迷上了负数概念。为顺应丹尼尔的这种兴趣并促进其数学能力的发展，丹尼尔的老师开始用四年级的数学课本来对他发出挑战，同时，老师还用能引发高级思维技能的开放性问题向他提问。无疑，在整个小学阶段，数学成为这个孩子最喜欢的科目。在校外，丹尼尔又萌发了新的兴趣：计算运动方面的统计数据、将物体按相似性进行分类、计算全球各地的时间差，以及提出有关空间的问题。

现在，作为一名中学生，丹尼尔在数学上的兴趣不仅表现在高等数学课上，而且体现在解决真实世界中的一系列数学问题上。出于对数学的喜好，丹尼尔总是让他的母亲用应用题来"考他"，他还喜欢帮助家人在家庭预算方面进行决策。在他13岁的时候，丹尼尔就已经找到了许多解决数学难题的捷径，并能够轻而易举地胜过成人，甚至有的时候，在人机对抗的游戏或任务中，丹尼尔还会打败计算机而获胜。他还经常利用闲暇时间对收藏的运动卡进行分类和定价、测量距离。在学校里，丹尼尔曾经获得国家数学竞赛的最高分。同时，他对时间问题要求非常精确，他喜欢指责他人不完美的推理。如今，在与他人谈话的过程中，当有数字出现的时候，丹尼尔的脸上仍旧会露出微笑。无论如何，不管丹尼尔在中学以及中学毕业以后将会继续学习什么，数学很可能是他最主要的学习内容。

一、定义：理解逻辑－数理智能

加德纳认为，皮亚杰[1]的从感知运动向形式运算活动发展的认知发展模式重点描述了一个领域，即逻辑－数理智能领域的发展。皮亚杰将逻辑智能描述为从儿童与环境中的物体的交互作用开始，到发现数字，从运用具体物体再转向抽象符号的过程，最后，考虑假设命题及其他们之间的关系和含义。加德纳所考虑的是，皮亚杰这套认知发展理论是否可以应用于人类能力的其他领域之中。

像丹尼尔的故事所表明的那样，逻辑－数理智能包括许多方面：数学计算、逻辑思维、问题解决、演绎推理、归纳推理，以及辨别模式和关系。数学思维的核心是认识和解决问题的能力。尽管事实已经证明，这种智能在西方社会备受珍视，并且人们经常将人类历史的进步归功于它。但加德纳认为，逻辑－数理智能并不必然地优于其他智能，也不应该受到如此普遍的高度重视。实际上，每种智能在其本质上都有不同的问题解决程序，每种智能都有各自的运行机制、原则、核心操作与媒介，而这些方面恰恰都是逻辑－数理智能所不一定强调的。

二、核查表：逻辑－数理智能的特征

加德纳将逻辑－数理智能描述为一种包括多类型思维的智能。他认为，这种智能包括三个宽泛的而又相互联系的领域：数学、科学和逻辑。尽管不能开列出一张简单的清单，以涵盖所有个体的数学表现，但我们可以提供如下一些建议性描述。逻辑－数理智能发展良好的人可能具有这些特点：

（1）能察觉环境中的物体及其功能。
（2）熟悉数量、时间和因果等概念。
（3）能够运用抽象符号来表征具体事物和概念。
（4）展示出解决逻辑问题的技能。
（5）能察觉模式和关系。
（6）能够提出假设并加以检验。
（7）能够运用各种数学技能，如评估、运算规则、解析统计，并能用图表形式来视觉化地呈现信息。
（8）喜欢复杂的运算处理，如计算、物理、计算机程序或研究方法。
（9）能够通过搜集证据、形成假设、设计模型、提出反例、建立有效论点来进行数学思维。
（10）能够利用技术解决数学问题。

---

[1] 皮亚杰（Jean piaget，1896—1980），当代最著名的儿童心理学家和发生认识论专家。皮亚杰的研究中心设在日内瓦，所以皮亚杰学派又称为日内瓦学派。皮亚杰的心理学偏重于儿童认知、智能和思维发展方面的研究。他把生物学、数理逻辑、心理学、哲学、科学史等方面的研究综合起来，并吸收各派心理学的特点，综合成比较完善的体系，建立了自己的结构主义的儿童心理学和发生认识论。

(11) 对会计、计算机技术、法律、工程和化学等职业表现出兴趣。

(12) 在科学或数学领域，能创造新的模型或洞悉新的见解。

三、逻辑-数理智能的学习过程

近二十年来，由专业人员和学术组织所撰写的许多论文，都在呼唤数学教学的新形式的出现。"全美数学教师委员会"（National Council of Teachers of Mathematics）的一系列报告都建议，数学课程应强调如下方面：对数学在社会中作用的认识和了解；运用数学进行推理和沟通的能力；解决问题的能力；将数学运用于日常生活中的能力。

很显然，科学教育方面存在着类似的建议。很多团体，如"全美科学教师委员会"(National Science Teachers Association)，"全美科学学会"（National Academy of Science）——该组织在1995年创设了国家科学教育标准（National Science Education Standards）——都已经确定了科学教育的原则、内容和教学应用。他们提出的一些教学建议包括：教授科学探究的方法技能，正确运用科学的基本概念，在日常决策中运用科学，以及帮助学生认识科学、技术和社会之间的相互影响。科学与数学的教育工作者都在倡导：要发展学生的高级思维技能，要教授学生解决问题的技能和制定决策的技能。

我们在本章并没有强调如何提高数学或科学的教学，也没有假定教师应该把这些学科视为孤立的学科主题而仅以该学科自身的特征来进行传授。相反，我们认为，教师应该运用一些教学策略将数理逻辑思维整合到不同的学科领域中去。在这样的教学中，逻辑智能在思维和学习中都将起到更重要的作用。例如，在任何课程中，教师都可以运用图表来呈现信息，概率理论则可以预测体育运动的结果或时事演变的趋势。本章将描述的策略包括：

创设逻辑-数理智能的学习环境
教授逻辑
　科学实证法
　跨课程的科学思考
演绎逻辑
　三段论
　韦恩图
归纳逻辑
　类推
促进思维和学习
　中介学习
　提问策略
数学思维过程
　模型
　图解
数字运算
　平均数和百分比
　测量
　运算
　概率
　几何

> 跨课程的应用题
> 排序
> 各学科领域中的数学问题
> 提高逻辑－数理智能的技术

四、创设逻辑－数理智能的学习环境

2000年，"全美数学教师委员会"发表了题为"学校数学的原则与标准"(Principles and Standards for School Mathematics)的最新报告，描绘了数学教育的新视野。除对丰富课程的原则和要素提出了建议以外，文件还将学生描绘为天生具有数学智能的个体。报告指出：

> 儿童从小就对数学概念感兴趣。在对日常生活的体验中，他们逐渐发展出有关数字、模型、形状、数量、数据和尺寸的一系列复杂的非正式概念。而实际上，很多这样的概念都是正确的并富有生命力的。

教师要想以先前的知识为基础，同时又深化学生对数学的理解，就必须使学生成为主动的学习者，学生需要投入到远非只像先前那样由记忆和计算占主导地位的数学教学中。提高逻辑思维能力的主动学习方法包括：

- 教师运用不同的提问策略
- 教师提出开放式问题
- 教师鼓励学生将数学运用到真实世界情境中
- 教师要求学生运用具体物体来展示他们的理解
- 教师要求学生预测和证实逻辑结果
- 教师引导学生察觉各种现象中的模式和联系
- 教师引导学生证明或证实陈述或观点
- 教师为学生提供观察与调查的机会
- 教师运用技术手段来教学，并拓展学生的理解
- 教师引导学生将数学概念和其他的学科问题内容联系起来

读者在本章的后面就会发现，某些数学运算可以运用到所有的课程领域中。通过操作实物，学生能主动地投入到问题解决当中去。教师还会发现，在课堂中运用模型积木、游戏、谜语、图片、尺子、圆规、量角器、计算器、电脑和各种软件是很有用的。由于这些物品并不是所有的学科领域都必须考虑的基本用品，尤其在中学里更是如此，所以这些用品可以从数学教师那儿借用，而且这些作品要制作得易于相互转借。教师可以把所需的用品放在塑胶桶中，附上一张清单，这样教师和学生只要看一下就知道什么东西可用，而什么东西可能丢失了。教师也可以让学生代表负责定期清点材料。

下面的学习方法扩展了传统的数学教育概念，它取代了仅仅将数学视为一门发展计算和代数技能的学科概念。实际上，当今的数学包括问题解决、推理、形成联

结等有益于任何研究领域的技能。以下的学习方法或许在一定程度上增加了数学和科学教育工作者的工作，但通过该方法，教师可以帮助学生更为自信地将逻辑思维运用到他们所有的学习过程当中。

五、教授逻辑

逻辑作为一门学科是由亚里士多德[1]创建的，该学科主要关注论证、有效性、证据、定义和一致性。毋庸置疑，在形式逻辑被认可之前，人们就能以一致性和富有逻辑的方式进行推理。然而，亚里士多德是第一位确认这一哲学分支并制定相应规则的哲学家。中世纪，阿拉伯和欧洲文化都对该领域做出过贡献，在19世纪和20世纪，数理逻辑有了更为迅猛的发展。

教师要想向学生介绍形式逻辑，那么，向他们解释逻辑检验中的论证是如何建构的将十分有用。典型的逻辑论证包括两部分陈述：陈述论据的前提和由前提得出的结论。逻辑试图告诉我们：假如前提为真，则什么样的结论为真。通过教授逻辑推理的过程，教师能为学生提供进行精确的心智训练的机会，能帮助学生了解推理的各个环节是否有效。

有几种类型的逻辑，最常见的是演绎和归纳。在演绎逻辑中，结论紧接着事先陈述的前提。在归纳逻辑中，结论是由特殊到一般，一步步推导出来的。科学方法会综合运用两种类型的逻辑：假设通常是由演绎推理发展而来，而结论则是建立在归纳思考基础之上的。

（一）科学实证法

科学实证法是一种思考问题和解决问题的方式，它涉及逻辑的更广泛的运用。科学家已经得出了科学实证法的一般程序，它分五个步骤以有序的方式来解释并解决问题。科学实证法的这五个步骤是：

> 陈述问题
> 形成假设或解释
> 观察和实验
> 解释数据
> 推导结论

科学实证法试图通过检验因果关系来解释现象。一个实验通常是在使其他变量保持不变的情况下操作一个变量，这样就可以把某一自变量所引起的效果分离出来。假如经过重复试验后，结果是可以预测的，那么科学实证法就给科学家提出了这样一个问题："我们的信念的根据是什么？"在实证过程中，科学家尽可能以最少的变量来设计实验，因为，只有当我们的信念建立在未受控制的变量数最少的实验基础上时，我们才认为我们的信念是更加可靠的。

---

[1] 亚里士多德（公元前384年—公元前322年），古希腊著名哲学家，柏拉图的学生。亚里士多德的第一大功绩就是在没有先驱的情况下，创立了一门崭新的科学——逻辑学。

（二）跨课程的科学思考

如何将这种实证思维融入课堂教学呢？事实上，无论哪一个学科领域都要呈现信息，形成假设或解说，从研究、实验或观察中发现实例，进行数据检验，并得出相关结论。下面所列举的假设能让学生投入到跨课程的科学思考中。学生的任务在于检验这些假设，并解释他们是如何得出相应结论的。

运用科学实证法研究的假设

（例如，操纵一个自变量并且观察因变量的结果）

- 将一粒阿司匹林或一枚硬币放入花瓶中可以使鲜花保持时间更长。
- 当你抚摸小猫时，它总是喵喵叫。
- 有氧运动能够降低休息时的心跳节律。
- 蓝光减缓紧张。
- 将黄色和蓝色混合能产生绿色。
- 黄色吸引蜜蜂。
- 抽烟使人更受欢迎。
- 高利率导致房地产市场萎靡不振。
- 男孩的反应时比女孩的反应时短。

除实证的研究方法外，还有多种类型的逻辑命题可以对推论是否正确提出质疑，在运用演绎逻辑时，学生可以运用三段论和韦恩图来确定前提是否有效；而在运用归纳逻辑时，他们可以进行类推以揭示命题间的关系。三段论、韦恩图和类推这三种逻辑方法都能运用于很多学科领域。例如，科学中的类推就可以帮助学生发展出一系列新概念，社会研究中的三段论或韦恩图则可以用来比较或对照不同的文化领域和地理区域。

六、演绎逻辑

演绎推理是从一个普遍的规则开始，试图证明数据与概括的一致性。学生经常在活动中看到这样的逻辑问题。如果校长宣布，任何在操场上扔雪球的人都要承担他们的行为后果，而安迪仍然在扔雪球，那么其后果就是可以预测的。或者，教师在美术课上说明，使用太多的胶水就会使绵纸渗透，而莫利使用了大量的胶水，则她手上和衣服沾上染料也就不足为怪了。这种类型的推理代表了三段论在实际生活中的应用。三段论是结构化的论证，由两个前提和一个结论组成，是演绎逻辑的范例。

（一）三段论

亚里士多德是最早运用三段论来解决逻辑问题的著名哲学家。他曾教导说，三段论是获得科学结论的主要工具。亚里士多德断定，如果前提为真，那么某些命题就可以推导为真。例如：

所有的人都会死；
苏格拉底是人；
所以，苏格拉底也会死。

三段论的结构总是固定的。第一行提供一条信息或一个前提，将某个名词（人）

描述为是某一集合体（会死）中的一员。第二行提供另一个前提，描述一个与子项（人）相关的新的名词（苏格拉底）。第三行的陈述是结论，在三段论中是基于集合体与子项的从属关系（因为人都会死；苏格拉底是人；所以，苏格拉底一定会死）来得出逻辑结论的。在这个范例中，结论得到前提的支持或证明，所以这是一个有效的三段论。

三段论中的措辞很严谨。例如，前提从"全部""全无"或"部分"开始。前提中所运用的动词包括"是""全是"或"全无"。结论以"所以"开始。进行三段论论证时所面临的挑战是，要确定结论是否有效。因为，实际上，有很多三段论是无效的。例如：

所有的野草都是植物；

树是植物；

所以，所有的树都是野草。

在上面的三段论中，前提不能支持结论，所以是无效的。注意，要使三段论有效，第二个前提的宾语必须是第一个前提的主语。学生可以用图解来表示基于这些前提的逐渐缩小的子集合（见图2-1）。

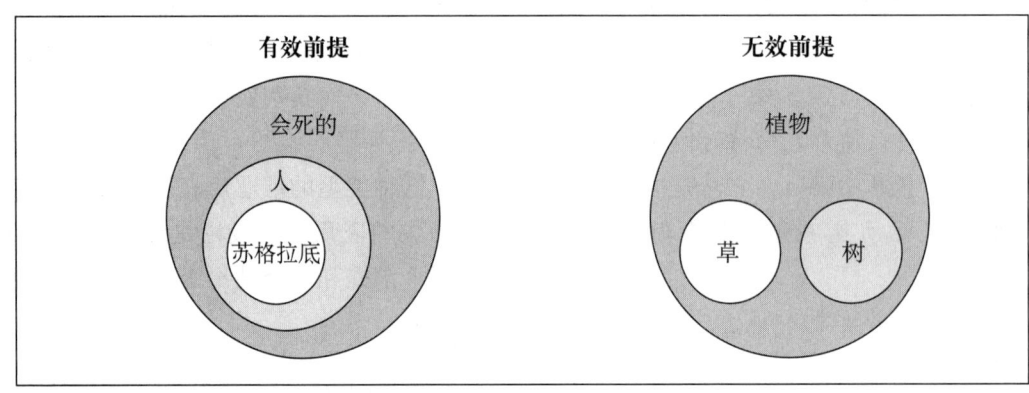

图 2-1

三段论教学生建立前提，并确定逻辑的和非逻辑的结论。例如，教师和学生可以将三段论应用于不同的学科。在有关欧洲地理的社会研究单元中，教师可以提出如下问题：

所有的欧洲国家都在赤道以北；

西班牙、意大利和希腊是欧洲国家；

所以，_____。

或在生物课中，教师可以运用如下三段论：

所有的爬虫类都是冷血的；

_____是爬虫类；

所以，_____是冷血的。

教师需要确定已经完成的三段论是否有效。上述所举的两个三段论的例子都是有效的，在评价学生时，教师可以提供多个三段论，其中有一些是有效的，另一些则是无效的，以此来确定他们的学习成效。另外，即使三段论的内容是无效的，其逻辑仍能是有效的。学生在运用三段论时，教师应该分别对其内容知识和逻辑推理进行谨慎地评估。

(二) 韦恩图

韦恩图是形象化的三段论。约翰·韦恩（John Venn）设计了韦恩图，该图运用重叠的圆圈来比较或对照信息集。通常，两个交叠的圆圈可以划分成三个独立的区域（见图2-2）。

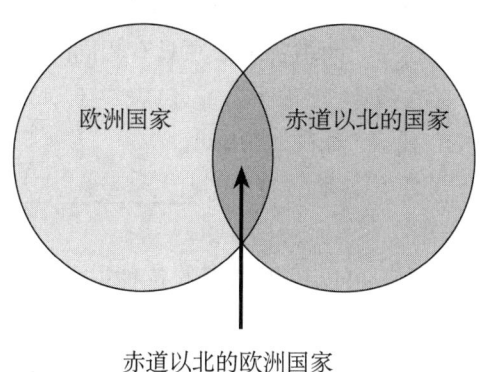

图 2-2

上面这个例子中，左边的圆圈代表所有的欧洲国家。右边的圆圈代表所有赤道以北的国家。重叠的区域就是必须同时拥有这两种属性的国家（既是欧洲国家，也是赤道以北的国家）。赤道以北的非欧洲国家就不在这个区域内了。

韦恩图在帮助学生关注事物的属性以及比较事物之间的相似性与差异性方面尤为有效。学生应当具有将物体归入预制的韦恩图中的学习经历，然后，教师可以激发他们设计自己的韦恩图。这里指出了一些可以用于设计韦恩图的属性：

- 植物的特征—动物的特征
- 短篇小说—长篇小说
- 你—同学
- 民主—专政
- 社论—纪实小说
- 用作名词的词语—用作动词的词语
- 足球规则—橄榄球规则

在更复杂的韦恩图中，学生可以画三个重叠的圆圈，进而形成七个独立的区域（事实上，圆圈的数目可以无限增加）。下面的例子就是让学生将几何图形归入更为复杂的韦恩图中。

把梯形、正方形、菱形、平行四边形和矩形放入正确的位置（见图2-3）：

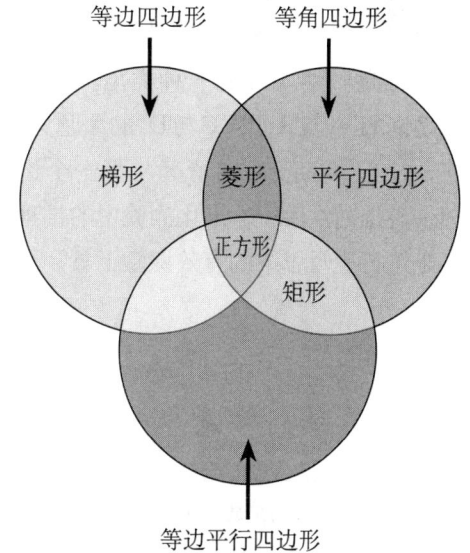

图 2-3

学生通常乐于接受诸如"我的规则是什么？"这样的问题挑战。教师可以在教室的地板上画两个交叠的大圆圈，当学生进入教室的时候，把他们划分成几个保密的类别（如长筒靴、网球鞋和二者兼有），然后，让学生猜猜看，你是根据什么属性将他们分到各个类别中去的。

七、归纳逻辑

逻辑之父亚里士多德曾指出，归纳逻辑是"从特殊到一般的过程"。归纳逻辑涉及从特殊事例到普遍结论的推理。当我们试图解决一个没有唯一答案的问题时，我们就会运用归纳逻辑。例如，在确定上哪所大学、农作物的最佳收成时机、在星期一如何向学生介绍一个新的单元时就必须运用归纳逻辑。在运用归纳逻辑时，我们可以应用一条条信息形成最终结论。

类推是归纳推理的一种类型。类推揭示的是诸如"A与B如同C与D"的命题关系，是将一个已知的项目或情况与另一个进行比较。类推通常用于标准化测验中的推理测验，是进行逻辑思维的有效课堂工具。

类推

类推由两对或两组词构成。第一对揭示一种逻辑关系。在完成类推之后，第二对也要揭示与之相类似的逻辑关系。两对词的主题可能不同，但显示的关系是相同的。要解决一个类推问题，学生先要观察第一对词以决定它们之间的关系，然后观察第三个词来决定它与第一个词之间存在什么样的关系，从而确定丢失的词。当确认被填入空格的词时，它必须揭示出与第一组词同样的关系。例如：汽车与陆地如同船与＿＿＿＿＿（水）。在类推中要注意的另一事项是，两组字词必须具有相同的顺序。

在数学中符号"："代表"与"，符号"∷"代表"如同"。因此，

鸟：鸟巢∷蜜蜂：＿＿＿＿＿＿＿（蜂窝）。

教师可以运用如下的各种主题训练学生们的类推思维：

（1）丘吉尔：英国∷斯大林：＿＿＿＿
（2）电子：原子核∷行星：＿＿＿＿
（3）熊：哺乳动物∷响尾蛇：＿＿＿＿
（4）奥尔巴尼[1]（Albany）：纽约∷塔拉哈西[2]（Tallahassee）：＿＿＿＿＿＿＿
（5）尼克·波顿[3]（Nick Bottom）：仲夏夜之梦∷福斯塔夫[4]（Falstaff）：＿＿＿＿

---

[1] 奥尔巴尼，美国纽约州的首府。
[2] 塔拉哈西，美国佛罗里达州的首府。
[3] 波顿，莎士比亚喜剧作品《仲夏夜之梦》中的人物，书中波顿是个织工。该剧具有浓重的宫廷假面剧的气息。
[4] 福斯塔夫，莎士比亚的喜剧作品《温莎的风流娘们儿》中的人物，书中讽刺了封建社会解体时期以福斯塔夫为代表的没落骑士阶层纵情声色、寡廉鲜耻的市井无赖行径，歌颂了人文主义者们积极向上的乐观主义生活态度。

(6) 莫奈[1[（Monet）：印象派::布鲁克（Braque）：_____

(7) 氢：元素::水：_____

(8) 摩比·迪克（Moby Dick）：赫尔曼·梅尔维尔[2]（Herman Melville）::草原上的小屋：_____

(9) 五：十::五十：_____

(10) 三：三角形::五：_____

同一方法也可以改用图形来取代词，或二者相结合。一个学生可以用下面的方式来对一个类推进行图解（见图2-4）：

图2-4

标准化测验中的类推通常是封闭式的，在多个选项中只有一个正确答案。而对于学生和教师来说，他们可以创设更为开放的类推作业以供课堂上共同练习。最初，对于学生而言，从补充第二组词开始较为容易，而后再开始练习创作一个完整的类推。例如：

"光明"与"黑暗"如同_____与_____

"分钟"与"小时"如同_____与_____

2/5：10/25::_____：_____

马达加斯加：非洲::_____：_____

然后，学生可以通过填补诸如下面的空格来进一步创作他们自己的简易的类推：

_____与_____如同_____与_____

_____：_____::_____：_____

八、促进思维和学习

一些学生可能会发现，三段论、类推或其他结构性思维的过程很艰难。在这些情况下，教师也将面临挑战：如何最大限度地帮助那些学习有困难的学生，尤其当教师不能确定需要增进学生的哪种认知技能时，这个问题可能就会变得更加复杂。而以色列临床心理学家鲁文·佛斯坦[4]（Reuven Feuerstein）博士已经确认出潜在

---

[1] 莫奈（Claude Monet, 1840—1926），印象派最具代表性的大画家。19世纪末到20世纪初流行于欧洲各国的印象派，注重人对生活的感觉和印象，主张到大自然中去，尊重自然和人的感觉印象，影响力极为深远。

[2] 梅尔维尔（1819—1891），在美国文学史上是与霍桑齐名的重要作家，他的名著《摩比·迪克》（又译作《白鲸》）以其充实的思想内容和沉郁奇丽的文笔，使他占据了美国文学史的重要一节，作品中被白鲸摩比·迪克咬掉了一条腿的船长埃哈伯，是世界文学画廊中一个璀璨夺目的艺术形象。

[3] 卡罗尔（Lewis Carroll），查尔斯·路德维希·道奇森（Charles Lutwidge Dodgson）的笔名，他既是英语作家，也是牛津大学的数学讲师，最有名的作品是《爱丽丝梦游仙境》和《透过玻璃看世界》。

[4] 鲁文·佛斯坦，出生于1921年，罗马尼亚人，是耶路撒冷学习潜力提高中心的联合主席和主任，专攻中介性学习经验的应用，学习潜力评估策略和教学丰富项目都旨在帮助有特殊需要的学习者。

于人类思维和学习中的一些基本认知技能。佛斯坦和那些在他教授智能技能的项目——如教学丰富项目[1]（Instrumental Enrichment）和学习潜力评估策略[2]——中的工作人员都宣称，有目的地调整基本智能过程能引发个体极大的认知收获。在很多情况下，当学生的学习下降时，佛斯坦的方法表现出能够启动学生学习的效果。出于促进学生思维的目的，世界各地的教育工作者都在关注佛斯坦的名为中介学习的认知项目。

（一）中介学习

佛斯坦最初提出他的具有革命性的中介学习经验（Mediated Learning Experience，MLE），是为了解决数以万计的难民儿童的教育需求，他们是在北非的大屠杀或贫困状况中幸存下来的儿童。佛斯坦发现，由于被剥夺了教育环境和生活经验，这些儿童的认知技能严重匮乏，佛斯坦创造的学习策略则能够极大地提高这些儿童的逻辑思考和学习能力。在最近的40年里，事实证明，佛斯坦的方法对不同的群体以及各个年龄与能力水平的群体都是行之有效的。

通过应用中介学习，有学习障碍的学生和具有优异能力的学生都取得了不菲的成绩。佛斯坦的这一系统方法已经被世界各国所采用，目前，美国大部分州也已经把他的方法引入学校、学区和团体训练项目中。1990年，法国总统授予佛斯坦最高荣誉奖章，以表彰他为250个法国公司的职工进行的再教育。1991年，佛斯坦获得了国际多样化俱乐部（International Variety Club）颁发的人道主义奖，以表彰他在促进各种能力的学习方面所做的工作。1999年以来，他获得了多项荣誉博士头衔、杰出公民奖，并受到美国和欧洲的大学和专业组织的赞誉。这究竟是一种什么样的方法，它为什么会受到如此广泛的推崇呢？

佛斯坦把中介学习描述为"一种具有交互特性的……当自己介入学习者、儿童和整个世界中时，就会使得世界易于被儿童所理解的学习。"当个体有计划地介入到刺激因素与学习者之间以传递知识或促进理解时，中介学习也就随之出现了。

许多父母、教师和训练者都会直观地或明确地通过中介来促进他人的学习。然而，也有许多人并不这样做，因而这就限制了个体有效的认知功能的发展。佛斯坦声称，所有的人都需要相同的基本智能技能来理解信息和世界。

---

[1] 教学丰富项目，是使个体成为独立的学习者的认知干预方案。可以帮助学习者为有效的学习而产生认知上的先决条件。该项目包括14本纸笔任务方面的小册子，内容涉及比较、分类、对空间和时间关系的感知以及演绎推理等。教学丰富项目中所讲授的认知原理能够为不同的内容领域搭桥。该项目也可以运用于从儿童到学习困难者到天才学生到产业部门所雇用的劳动者等各种各样的学习者。

[2] 学习潜力评估策略，是用来评估学生发展的动态的认知评估策略。该策略不是依据既定的标准来评估学生的表现，而是要评估学生通过学习而改变其认知结构的能力，即学生的学习潜力。评估结果为个体的学习能力以及未来可能取得的学习成就提供了信息以及如何实现的建议。该评估策略共包括15个评估任务，旨在评估学生在感知、记忆、注意、逻辑推理和任务解决方面的能力。

佛斯坦的理论广博而复杂。然而，美国的教授和研究者凯瑟琳·格林伯格（Katherine Greenberg）博士对这一理论进行了修订，使它更容易为学生家长所接受，并有助于专业人员的实际操作。格林伯格的项目称为"认知丰富项目"（Cognitive Enrichment Program，COGNET），该项目是在诺克斯维尔的田纳西大学进行的，它作为1995年的国家批准项目而受到联邦政府的赞誉。

格林伯格注意到，佛斯坦最初确认的认知功能超过了28个。这些技能是思维过程的基础。在运用中介学习时，中介者评估学习者的认知能力，并试图改善其所有的弱点。格林伯格在此基础上把基本认知能力的数目缩减为10个，也就是她所谈到的10个"思考积木"。认知丰富项目是运用中介学习的众多方法之一，它主要强调，教师要帮助学生理解和运用这10个思考积木。

格林伯格的10个思考积木

着手完成任务 指一个人如何开始、持续和完成一项任务。收集信息，思考情境，以及表达自己在努力学习方面的思考和行动，也是着手考虑任务的组成部分。

精细与精确 指正确运用语言的能力，必要时能正确地模仿，并能确切无误地理解即将到来的学习活动的构成情况。

时空概念 指理解事物的大小、形状、距离和顺序等基本空间概念。这种积木也包括理解时间和/或随时间变化的能力。

思维整合 指同时整合和运用多种资源信息。

选择性注意 指在考虑想法或事件时选择相关信息的能力，以及忽视无关信息的能力。

进行比较 指确定事物异同的能力。

联系事件 指将一个活动与另一个活动联系起来并以有意义的方式运用这种联系的能力。

工作记忆 指从记忆中编码和回忆信息的能力，以及在收集的信息间建立联结的能力。

获得主要概念 指发现与共有的多条信息相关的基本要素的能力。

问题识别 指在给定情境中体验和确认引发失衡感的原因的能力。

学生可能会对使用这种积木中的几项感到困难，尤其是当他们面对一个新的或麻烦的任务时，特别是当他们受到挫败时，常会出现焦虑或表现得缺乏动机。学习者经常出现的这些感觉表明，他们的某个或某几个思考积木可能尚未得到发展或正在被误用。表2-1是由本书作者所编制的核查表，能帮助教师确认学生可能还需继续努力或进一步掌握哪些思考积木。教师可以运用该核查表观察正在学习的学生，或要求学生自己单独完成这个核查表，也可以针对已观察到的学生的认知缺点进行干预。有关格林伯格对佛斯坦工作修订的其他信息可以在她2000年出版的《丰富认知的优势》（*Cognitive Enrichment Advantage*）一书中获得。

表 2-1　思考积木

姓名：_____

　　通过核查下面相应的单元，对学生进行评估，看他们是否可以熟练、有效地运用每个思考积木。学生正表现出：

	熟练	低效
通过……着手完成任务：		
搜集完成活动所需的信息	_____	_____
制订完成任务的计划	_____	_____
通过……达到精细和精确：		
假如有不清楚或不明白的事物，寻求帮助	_____	_____
清晰而准确地表达想法	_____	_____
精细而精确地实现任务目标	_____	_____
通过……形成空间和时间概念：		
正确地运用大小、形状和距离	_____	_____
适当地排序	_____	_____
解释事物如何随时间变化	_____	_____
通过……实现思维整合：		
有效地对信息分组	_____	_____
能把片段的信息组织成完整的思想	_____	_____
保留情境需要的相关片段信息	_____	_____
通过……实现选择性注意：		
识别重要的信息	_____	_____
忽视不重要的信息或刺激	_____	_____
通过……进行比较：		
识别类似的项目	_____	_____
识别不同的项目	_____	_____
通过……联系事件：		
联系过去、现在和将来的事件	_____	_____
确认因果关系	_____	_____
觉察相关事件	_____	_____
通过……获得工作记忆：		
在记忆中对信息进行编码	_____	_____
从记忆中提取信息	_____	_____
通过……获得主要概念：		
确认与多条信息相关的基本要素	_____	_____
通过……识别问题：		
澄清问题	_____	_____
发展陈述问题的方法	_____	_____

核查表的首页可以揭示一种或多种需要加强的认知功能。教师经常会遇到有学习障碍的学生，但却很难确定他们的问题出在哪里。思考积木能帮助教师和学生确认学生特定的认知缺陷，并提供改善学习困难的重要线索。另外，虽然中介学习能被整合到任何科目的课堂教学中，但这需要调整好很多日常的课堂互动。

数学和科学教师可能会发觉，格林伯格的思考积木与"全美数学教师委员会"所制定的数学课程标准中提到的数学推理技能和科学处理技能有些类似。实际上，思考积木以跨学科的方式改写了那些思维过程。教师能够运用这种积木来激发学生逻辑-数理智能的发展，而无论具体的题材或教学主题如何。

（二）提问策略

熟练地运用提问策略最能展现精湛的教学艺术。正是由于熟练地运用提问策略，能使我们的思想清晰而生动，能迅速地激发我们的想象力，能刺激我们去思考并能引发我们的行动。

——查里斯·狄嘉默[1]（Charles DeGarmo），1911

早在苏格拉底时代，提问就被作为教学中最常见的策略之一。课堂上所运用的提问方式差别很大，它们对学生的思维有着不同的要求。许多问题需要一个正确的答案就能回答：西班牙和美国的战争发生在什么时候？氢的化学符号是什么？介词短语的定义是什么？因为儿童的认知表现是与教师的教育技能相联系的，所以对于教师来讲，重要的是要能够找到能对学生思维和反应发出挑战的方法。引发事实性回忆的提问固然是必要的，因为儿童必须掌握基本的知识。然而，要让学生投入到高级思维过程中，教师就必须运用多种提问策略。

本杰明·布卢姆[2]（Benjamin Bloom）的分类法是一个众所周知的资源，它能确定和评估不同类型的思维，同时为教师提供了提问的框架。布卢姆的分类法确定了六个认知领域，包括：回忆、理解、应用、分析、综合和评价。通过反思课堂讨论或学生作业中所运用的提问的特点，教师能够有意识地根据布卢姆的分类范畴来提问，从而引发学生的高级思维。

一些后续的策略也能改进学生课堂思维的品质。一般而言，教师提问之后往往不足3秒钟，就要求其他学生回答或自己回答。然而，假如教师等待10秒钟或者更长的时间，学生的回答质量就会得到提高，进而达到教师的要求。提供等待时间的益处包括，它能够提高学生对讨论的参与度，增加推断答案时的推理活动，增加

---

[1] 查里斯·狄嘉默，深受德国赫尔巴特教育哲学的影响，并将这种哲学引入校园。狄嘉默会堂就是以其名字来命名的。
[2] 本杰明·布卢姆，美国著名心理学家，他把控制论应用于教学，把教学和评价结合起来，从而提出反馈教学原则以及一系列教学方法。

更多的推测性反应。当学生做出回答之后，教师在评论答案之前也提供一段等待时间的话，类似的益处也会随之出现。

在让全班学生集体回答问题之前，教师可以先让他们彼此配对提问，这样也能提高回答问题的质量。这种策略可以让大部分学生都参与教学，让学生"听到"他们自己的思考，还能鼓励他们倾听和理解他人的观点。

当杰伊·马太[1]（Jay McTighe）在马里兰州教育部工作时，他和他的同事们开发了一种简单的提示方法，即教师在课堂讨论、提问和回答问题中使用一个书签。书签的一面是以鲍勃·马瑞诺[2]（Bob Marzano）所著的《思维的维度》[3]（*Dimensions of Thinking*）一书的问题为开头。书签的另一面是课堂讨论策略。本书附有该书签的示例（见表2-2）。教师可以复印这张书签并把它作为一种教学工具，以便于在课堂活动中参考并加以应用。

九、数学思维过程

数学通常被视为是一门典型的既抽象又精确的学科，事实上，它可以作为各门课程和课程单元的极佳整合点。对于先前对数学不感兴趣的学生而言，模式、图表、编码和解码等活动可以重新唤起学生对事物是如何运作以及问题是如何解决等方面的好奇心。教师可以从以下建议的各种策略中进行选择与修改，以激发学生对数学思维过程的兴趣。

（一）模型

通过观察和解决涉及模型的问题，学生开始注意到逻辑、自然和宇宙的潜在关系。模型存在于一切事物之中，从地板砖到星云的形状，从蜂窝到现代绘画，从树木的横切面到果园的布局，从纸箱中的鸡蛋到分子中的原子。识别和运用模型的技能是十分有价值的解决问题的工具。通过在各个学科中建构模型，学生能够探索、发现并创造出和谐的设计，同时也深化了他们对重要的数学概念的理解。

积木模型

积木模型是一套木制的或塑胶的几何形体，可以组合出无数的结构，是小学数学课堂教学中常用的教具。有些模型可以以图章或塑胶模板的形式出现，以便学生可以在纸上画出或印出他们自己的设计。这些教具实际上代表了抽象的数学符号，它们能够激发那些喜欢用触摸、观察和实验的方式来学习的学生的学习兴趣。

---

[1] 杰伊·马太，曾长期担任马里兰评价协会的主任，在发展课堂表现性评价任务和评分工具的过程中具有开拓性的贡献。他出版了很多文章和书籍。马太去过很多地方，在那里，训练教育工作者有效地教学与评价。
[2] 鲍勃·马瑞诺，哥伦比亚的一名研究者，用多年的时间开发了名为"思维的维度"的方案。
[3] 《思维的维度》，由于很多课堂活动和课堂交流模式无助于思维的发展，本书的作者马瑞诺在《思维的维度》一书中提供了很多试图改变这种状况的尝试，提出了一种旨在成为课程发展项目和教职员工培训项目基础的框架，组织并阐明了各种资源包括哲学和认知心理学中所提到的研究及理论，对于教育实践工作者而言非常有用。

第二章 运算的智慧：逻辑－数理智能

表 2-2

提问 追求高品质的思考	策略 扩展思维
回忆 何人，何物，何时，何处，如何_____？ **比较** 什么相似？_____什么相异？_____ **确认属性和成分** _____的特征或部分是什么？ **分类** 我们如何对_____进行分类？ **排序** 根据_____对_____进行排序。 **识别关系和模式** 发展_____的大纲、图解或网络。 **表达** 可以用其他哪些方式来展示或解说_____？ **确认主要概念** 什么是_____的重要概念或议题？ 用自己的话重述_____的主要概念。 **确认错误** _____的错误是什么？ **推论** 我们从_____可以推论出什么？ 我们可以从_____得出什么结论？ **预测** 如果_____可能会发生什么？ **精加工** 你可以给_____增加什么观念或细节？_____ 举例：_____ **总结** 你能总结_____吗？ **建立标准** 你用什么标准来判断或评价_____？ **证实** 有哪些证据支持_____？ 我们如何证明或确认_____？	**记住两段"等待的时间"** 在提问后和回答问题之后至少提供 5 秒钟的思考时间。 **询问"接下来呢？"** 例如，"为什么？你是怎么知道的？你同意吗？你能举个例子吗？你能告诉我更多的情况吗？" **对开放式问题提供提示** 例如，"这个问题并非只有一个正确答案。我要你考虑其他的可能。" **运用"思考—配对—分享"** 给个体思考的时间，和同伴讨论，然后全班讨论。 **随机提问学生** 避免只提问举手学生的模式。 **询问学生"开启他们的思维"** 例如，"请描述一下你是怎样得出答案的。" **要求做总结以促进积极的倾听** 例如，"你能够总结一下迄今为止我们所讨论的内容吗？" **扮演唱反调的人** 要求学生针对不同的观点来为他们自己的观点进行辩护。 **班级调查** 例如，"有多少人同意作者的观点？"（拇指向下或向上） **让学生来提问** 例如，"理查德，你要请谁来回答呢？" **鼓励学生提问** 提供让学生自己提出问题的机会。

尽管积木模型通常被教师用来介绍几何或对称，但它也是各种手工活动和问题解决活动的有效工具。例如，一节富有创造性的化学课是让学生们用积木模型来复制元素周期表中的元素微粒。颜色鲜亮的积木也可以用来描绘立体派艺术，模拟穿越草原的马车，或围绕原子核的电子等。当学生面对开放式问题解决活动时，他们可以运用各种视觉图像描绘可能的解决方案。下面列出了各门课程中运用积木模型的一些可能的方法：

- 示范太空中不同类型的星系结构。
- 展示蜂窝的内部几何形状。
- 制作各大洲地图。
- 发明音符体系。
- 设计建筑物，用不同的颜色或形状代表不同的房间或楼层。
- 复制显微镜下所看到的细胞形状。
- 创作包括积木模型的画谜故事。
- 创制韦恩图来对积木模型进行分类。
- 用积木模型呈现特殊的三段论。
- 用成对的积木进行类推。

假如课堂上有可供使用的积木模型，学生自己将会找到使用积木模型的方法。例如，在一所学校，五年级学生用积木创作了"五月花号"的复制品，八年级学生则用积木来展示水中食物链。在另一所学校里，学生乐于创造一些重复的对称图形，以此来为他们即将学习的几何课做准备。

数据模型

从重现战争的历史到股市的变化，从天气模型到学生入学情况，在我们周围的机构和现象中都有可观察到的模型。那些想要发现和分析这些模型的学生或教师，可以从每天的报纸、触手可得的参考资料以及从任何学生或教师团体中轻而易举地找到。

许多班级都关注天气变化的情况，他们记录温度、雨量或晴天等数据，并对这些数据进行量化分析，以发现每月或每季气候变化趋势。在许多地区，可预测的鸟类的迁徙时间可以帮助学生观察鸟类生活的模式或周期变化。图解资料就是识别模型的一种方法。

所有的核心学科中都有显而易见的模型，在生命科学中，树的横切面、水的循环和细胞的排列都有模型。在艺术领域中，现代画、维多利亚风格诗中的对仗、小说的结构和音乐作品中的模型也很明显。建筑、棉被、衣服式样、盲文字母以及新轮胎的纹路也都有模型。不管哪种学科类型，教师都能确认或让学生发现他们学习中的模型。学生可以把观察到的模型做成粘贴作品，或者，以不同的主题为线索来制作粘贴作品，自然或文学作品中的对称性就是一例。

代码

在战争期间，军队中最有价值的成员是代码破译人员。而除了用于军事目的之外，代码还有其他用处。政府可以运用代码来彼此传送备忘录，或向驻外领事馆传送备忘录。商业机构经常运用代码以防止

他们的竞争对手获得有关新产品的信息。一些零售商店也在价格标签上加了条码，以便销售时适时调整价格。

代码同样可以丰富课堂学习，使学生参与到主动寻找模型的活动中来。学生们享受着破解代码和解读涉及学科知识信息的快乐。战争中，一个革命将领给另一个将领传送的经过编码的消息，可以为学生提供有关地理、战略或有影响的历史人物的重要信息。其他编码信息则可以提供语法或拼写规则的信息。学音乐的学生可以轻易地把乐谱上的注解转化成可以解读成曲调的代码。学艺术的学生则可以通过制作有视觉凹凸感的作品来进行沟通。

教师会发现用下面所提供的范例规则进行编码会比较容易：

- 制作字母代码，这样，字母表上的每一个字母，都可以代表该字母之前或之后的一个字母，或该字母之前的两个字母。
- 数字代码，可用 1 代表 A，2 代表 B，等等。这种编码可以做很多的变化。数字可以向前数，也可以五个五个地数。
- 传统的点线电报语言——莫尔斯电码[1]（Morse code），可以用声音、闪光或电脉冲来制作。
- 符号码以代表字母或数字的图像符或图示符为特征。计算机键盘和某些文字处理器上所选用的符号系统都是很好的符号码。

（二）图解

图解几乎可以使所有的信息都更易于理解。通常情况下，一个图解由坐标轴上的两个变量组成。当信息标在不同的轴上时，数学关系就变得易于理解。教师能运用这一程序呈现事实信息，或者学生可以用这一程序展示研究或调查中获得的信息。下面的信息样本可以用线形图或条形图来表示：

- 近 10 年特殊学校入学的学生人数
- 本世纪每任总统任期之内的国家预算
- 某地区本土动物的种类和数量
- 学生最常见的写作错误
- 近 25 年来杀虫剂用量的增长情况

某些图解在同一时期会有两条以上的曲线。这对于研究两条曲线之间的关系很有价值。下面是两个例子：一个描绘人口增长的状况，另一个则展示了投篮的技能。

- 过去 20 年来，每 10 年人口调查中主要城市的人口数。哪一个城市的人口增长较快？（见图 2-5）
- 将两个球员在篮球场上的得分数标在图表上很容易。球篮的距离每增加 3 英尺就可以试投 10 次。每个球员都有最佳投篮距离吗？（见图 2-6）

---

[1] 莫尔斯电码，在电报技术中一种早期使用的电码，它由称为点和画的信号元素组成字符。理论上，每画有三个点的时间长度，组成字符的元素由占有一个点的时间间隔分开。字符之间的间隔等于一画的长度，字之间的间隔等于两画的长度。

有些图解是简单的次数分布图，大部分图解对于学生来说都是易于制作的。下面是学生练习制图的例子：

- 一周之内，学生参加不同的活动以及所用的时间
- 在故事书的某页上，字母表中每个字母出现的次数
- 每个月下雨的天数

条形图或圆形图也可以表示这些信息。它们与线形图具有同样的目的，但经常用来表示分类信息（让你比较不同类的信息）。不用看图表上的线条，观察者只需要看条形的相对长度或大小即可。对幼儿来说，条形图是最容易理解和制作的图表类型，因为其易于提供发展顺序的经验，即从具体图表（在格子中放进一个糖果棒）到表征图（在格子中画一个糖果棒），直至发展到抽象图表（见图2-7）。

十、数字运算

由于多数学校都将课程组织成不连续的主题领域，所以除非在学习数学或在数学练习本上进行运算，学生就很少遇到数字问题。然而，在现实中，数字和数学思维在所有学科领域中都很丰富。由于一些学生喜欢数学运算中的精确性，他们发现，把不同学科领域的数字问题放在一起考虑尤其令人愉快。下面诸如平均数和百分比、测量、跨课程的运算、概率以及应用题的活动为学生提供了很多进入人文学科和其他学科的切入点，而不仅仅是与数学学习相联系。

（一）平均数和百分比

计算平均数和百分比是学生可以应用于很多日常情境中的数学操作方法。艺术家可以认真细致地计算暖色与冷色的比例，以达到令人满意的绘画效果。年轻的体育爱好者通常忙于计算击球的平均数、罚球的百分比、赛季中守门员拦截的射门数，或者在网球比赛中第一次发球成功的百分比。一些学生发现，信息的量化方法可以帮助他们轻易地掌握事物的关系和数量。平均数和百分比可以在以下和其他更多的方面加以计算。

- 美国各州中与海洋毗连的州的百分比。
- 每平方毫米叶片上细胞的平均数。
- 每周每天拼写的单词中拼写正确的单词的百分比。
- 每天走着上学、乘公交车上学以及坐小汽车上学的学生的百分比。
- 所画的画中，肖像画、风景画或者静物画的百分比。
- 各伟大作曲家创作的交响曲的平均数。
- 学校乐队中某种特定乐器占全部乐器的百分比。

（二）测量

大小、形状、重量、液体深度、距离、速度或运动、温度，以及时间是我们量化我们周围世界的一些方式。为培养学生的

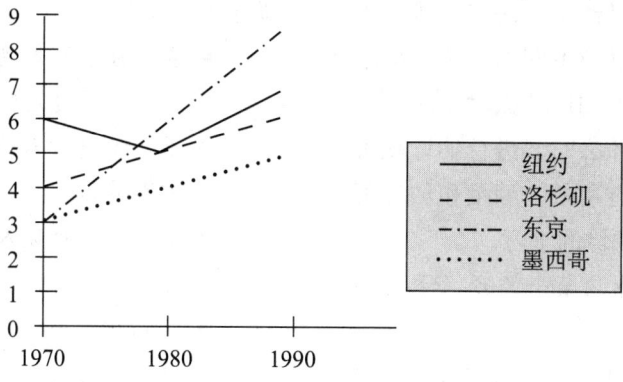

图 2-5

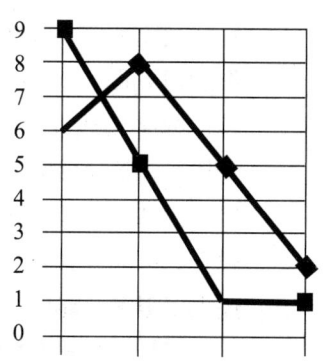

（注：1 英尺≈0.3 米）

图 2-6

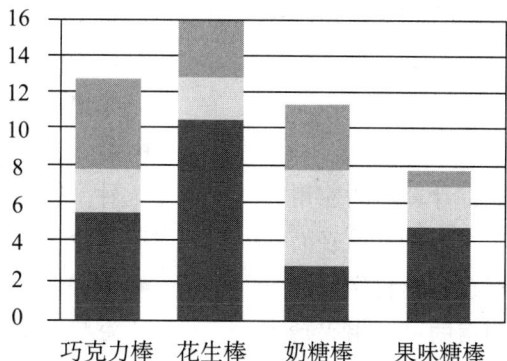

图 2-7

测量技能，教师可以让学生决定，哪些单位最适宜于测量，以及不同的单位类型之间如何换算。让学生知道什么时候应该进行准确的测量，而什么时候进行估计就可以了，这也是非常有用的。测量和估计可以拓展至很多学科领域的学习。

（1）确定当弹球从某一路径滚下时如何测量其加速度。

（2）测量豆类植物每天的生长情况。

（3）学习使用简单的三角测量法测量树的高度。

（4）环绕操场走、跑、骑自行车一圈所花费的时间。

（5）测量不同的探测者所走过的路程。

（6）记录每天的温度、风速或大气压。

（7）在黏土雕塑干燥前后，称其重量。

（8）用简单的日晷[1]来测量操场上影子的长度。

（9）运用地图测量每年鸟类和鲸鱼迁徙时要移动的距离。

进行测量时，在表格中记录信息通常是很有用的。表格的使用可以使比较和对比信息变得更容易。表2-3和表2-4是运用表格的范例。

（三）运算

教师可以轻而易举地将计算器的应用融入班级工作、家庭作业中，也可以轻而易举地把它贯穿到所有年级和学科领域的评价中。计算器是易于利用的可以用来帮助学生的工具：

- 要专注于问题解决的过程而非与问题相联系的运算过程。
- 不仅仅进行与运算技能相关的数学方面的活动。
- 探究、发展以及强化包括判断、计算、近似值以及参数等的概念。
- 实验数学思想并且发现模型。
- 进行在问题解决情境中处理实际数据时所引起的乏味的运算。

课堂上，计算器可以用来解决问题、发展较高水平的思维、理解数学运算以及作学习判断。这使学生能够自由练习诸如确认数字模式或验证判断和假设等高级思维技能。教师感谢计算器，因为计算器使他们能集中于问题解决的过程而非仅仅生搬硬套一系列计算方法。计算器也为数学学习提供了很多可能性，计算器可以被用来：

（1）计算平均数和百分比。

（2）解决学科领域的数学问题。举几个简单的例子如下：

- 如果在波士顿的茶话会期间从船上扔下两吨茶叶，有32个人参与了这一行为，如果他们每个人扔的重量都一样，则每个人扔了多少？
- 如果皮肤细胞分裂一次需要12秒钟，则单个细胞在36秒钟能分裂出多少子细胞？1分钟呢？3分钟呢？
- 如果一天内有56个美国人感染艾滋病病毒，一年内将会有多少美国

---

[1] 日晷，指示某地太阳时间的一种仪器，通过一个中心突出的指针在刻有标准刻度的石盘上的阴影来指示时间。

表 2-3　记录所列举的项目在干燥前后的重量，以确定水分含量的表格

物体的名称	干燥前物体的重量	干燥后物体的重量	重量上的变化	水分的百分比
1.				
2.				
3.				
4.				
5.				
6.				
7.				
8.				
9.				

表 2-4　记录圈数和时间的表格

学生的姓名	跑的圈数	时间总计
1.		
2.		
3.		
4.		
5.		
6.		
7.		
8.		
9.		

人感染该种病毒？如果感染的人中有42%是妇女，则会有多少妇女感染艾滋病病毒？如果这些妇女中有23%的人的婴儿受到了感染，则有多少婴儿感染了艾滋病病毒？

- 如果太阳到地球的距离是9300万英里[1]，光的速度是5.26万英里/秒，则从太阳发出的光到达地球需要多长时间？如果海王星到太阳的距离是8亿英里，则太阳发出的光到达海王星需要多长时间？

(3) 练习连加和连减，例如：

- 计算放学后和周末班级所有学生花费的全部阅读时间的总和。当每个学生进行单独汇报时，其他班级成员继续在计算器上进行连续的运算。或者在估计一个大的数目如罐子里豆子的数目后，一些学生主张进行连加，而另一些学生则用手数豆子。

(4) 计算年级平均成绩。

(5) 进行班级及个人的财政预算。

(6) 基于学生的个人兴趣和经历创作数字问题，并用计算器来寻求完成他们自己或者相互之间工作的方法。

(7) 玩计算器游戏（两个游戏者用一个计算器玩的游戏）。例如：

- 游戏者以在计算器中输入15开始该游戏。游戏者轮流减去1、2或3，然后输入"="。使计算器中的结果成为"0"或小于0（负数）的游戏者就输掉了比赛。

(8) 编码和发送信息，或者编写带有数学谜语的应用题。学生可以通过对彼此的问题进行解码来回答。试试下面的问题：

- 昨天放学后，我在石头下藏了1美元。那块石头在枫树街一座房子的前院。房子的地址是：
37982 − 5514 + 80174 − 96225 + 1003 − 8502 = ＿＿＿＿枫树街

(9) 执行一项具有个人挑战性的任务。让学生在一周之内携带小型的便携式计算器，以探究这种工具在日常生活中的多少种用处。

尽管了解如何使用计算器是一项重要的技能，但这并不能代替对数学事实的掌握，掌握基本的知识仍然很有用。并且，我们在全书中也建议了便于学习数学事实的多样化的方法。

（四）概率

我们多数人都会面临各种机会。同样地，对于什么可能发生而什么不可能发生，多数人也有各自的看法。把握机会以及未来的思考与数学中的"概率"这一概念有很大关系，概率就是一件事发生的可能性。当你买奖券、兑换、买保险或者投掷硬币时，你正在将概率论应用于行动中。

尽管概率涉及猜测，但想要更好地猜测或者估计则需要逻辑思维。科学家依靠

---

[1] 1英里＝1609米。

概率，就像将军、政治家、艺术家以及作曲家一样。教师也依靠概率，这样，他们的课程计划才会更加有效。

在教室里，教师可以从处理具有特定结果的直观概率开始。让学生运用下面的量表在进行概率的数学模式运算之前，确定某种特定结果的可能性。

某事情发生的可能性（见图2-8）。

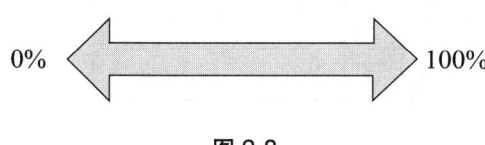

图 2-8

这里有一些能够帮助学生按照直观概率进行思考的范例性问题：

- 如果把两块磁铁放在一起，它们是相吸还是相斥？
- 南北极的冰帽融化的可能性有多大？
- 核电厂安全吗？
- 今年三月，灰鲸迁徙将经过加利福尼亚吗？
- 下一届美国总统是民主党人、共和党人还是无党派人士？

具有特定结果的数学概率公式为：

概率＝某事件以某种方式发生的次数／所有可能结果的总次数

例如，如果你扔一次硬币，其正面（头像）的概率是1/2或者50%（即正面向上1次／两种可能的结果：正面或反面）。

帮助学生确定简单的单阶段事件的范例性问题包括：

- 从一副纸牌中抽出"一点"的概率是多少？
- 在你第一次看到红绿灯时，看到绿灯的概率是多少？
- 你家庭中新生儿是男孩的概率是多少？

单阶段事件可能涉及结果的合并，使得有必要在决定概率前发现所有的可能的合并。表2-5和表2-6显示了一些简单事件的所有可能的组合。

表 2-5

投掷两枚硬币		
	硬币1：正面	硬币1：反面
硬币2：正面	正面，正面	反面，正面
硬币2：反面	正面，反面	反面，反面

总共可能的结果：正面，正面：1次；正面，反面：2次；反面，反面：1次。
两枚硬币都是正面的概率＝1/4＝25%

表 2-6

掷一对骰子

	1	2	3	4	5	6
1.	1, 1	1, 2	1, 3	1, 4	1, 5	1, 6
2.	2, 1	2, 2	2, 3	2, 4	2, 5	2, 6
3.	3, 1	3, 2	3, 3	3, 4	3, 5	3, 6
4.	4, 1	4, 2	4, 3	4, 4	4, 5	4, 6
5.	5, 1	5, 2	5, 3	5, 4	5, 5	5, 6
6.	6, 1	6, 2	6, 3	6, 4	6, 5	6, 6

一个骰子是 6 而另一个骰子是 3 的概率 = 2/36 = 5.5%

两个阶段的事件需要不同的数学模式。如果硬币投掷一次后，着地的是正面，则再次出现正面着地的概率是多少？硬币第一次正面着地的概率和第二次正面着地的概率相同。两次的投掷是相互独立的事件。另外一个相互独立的事件的例子是，是否每天会下雨或者某人是否会在若干牡蛎中发现珍珠。然而，当问这样的问题"连续投掷两次正面的概率是多少？"时，数学问题就发生了变化。在这种情况下，我们将每次事件发生的概率按顺序相乘（见图2-9）。

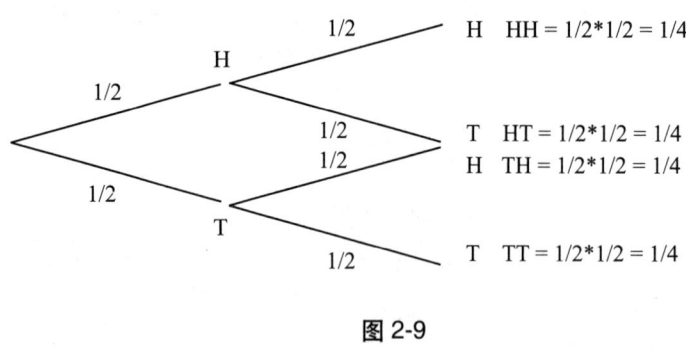

图 2-9

运用逻辑，我们可以回答下列问题：
- 如果我赢过一次，是否会影响我再次获胜的概率？
- 三个事件如天空晴朗、满月以及周五的晚上，同时发生的概率是多少？

（五）几何

从立体画到教堂，从细胞到摩天大楼，

从帕台农神庙[1]到金字塔，以及从沙丘到海盘车，我们都可以从中看到明显的几何原理。不管是自然界还是人造的世界，它们都反映了对称、拓扑、点、线、面、曲线、立体、当然，还有测量和数学。在这两个世界中，我们都能发现圆、六边形、矩形、球体、三角形、立方体、圆柱体、圆锥体、棱锥和棱柱。

"几何"（geometry）一词，从拉丁文"土地"（earth）和"测量"（measure）的意义而来。最初，几何涉及在诸如埃及的地方的农田里进行测量，在这些地方，每年尼罗河的河水会淹没河谷，每年都必须重建边界。甚至现在的测量也是早期几何形式的扩展。

建筑师、技工、时装设计师、工程师、建筑工人、飞行员、航海家、艺术家以及裁缝师的工作都需要运用几何。随着几何在我们世界中的盛行，几何在学校课程中的应用也日益广泛。以下提供一些如何将几何意识融入各种主题领域的建议：

（1）研究世界各国国旗上的几何设计，并让学生用一般的几何形体创作他们自己的旗帜。

（2）查看历史上的建筑结构（金字塔、神庙、寺院、政府建筑物、大教堂、宫殿以及摩天大楼），并比较这些建筑物的风格、相似性以及不同的几何特征。

（3）用直尺、圆规以及量角器在自然界重新创造设计图，如又直又高的树木所组成的森林、海滩上圆圆的石头、落入地平线上太阳的余晖、远处参差不齐的山顶、太阳花的圆形花瓣、眼睛的特写镜头、鹅卵石打在平静的池塘水面上所泛起的涟漪、雪花、切割成的矩形石块、芦苇和草的叶片、不同相位的月亮、湖泊的远岸、叶脉、龙卷风、羽毛、水母、蜘蛛网或者腐烂木头上细胞的基层组织。

（4）创作著名历史人物对称的轮廓。

（5）研究几何图形在立体派或其他融合明显的几何形状的艺术形式中的使用风格。

（6）写三行的三角形诗，每一行的结尾是另一行的开始（见图2-10）：

图 2-10

在三角形诗中，没有预先设定的起点和终点，每一行都可以成为第一行或最后一行。学生尝试着写完三角形诗后，他们可以试验着写正方形诗、六边形诗或五边形诗。

（7）鼓励学生发现隐藏的几何图形。运用各学科领域中获得的图形让学生确定图片中规则的和不规则的多边形和多面体

---

[1] 帕台农神庙，希腊雅典祭祀雅典娜女神的神殿，相传建于公元前438年。

（惠特尼[1]的轧棉机、人体循环系统、热带雨林、西班牙舰队、中国的万里长城、阿特拉斯[2]助推火箭、伦敦桥或者城市轮廓图）。教师可以让年幼的学生在自然景物中画入隐藏的形状、进行复制以及让学生确定和标注隐藏的几何形体。

（8）教师可以让学生制作动画卡片，通过将事实信息放在几何形状的卡片上来学习词汇表中的单词、学习州和州首府、演讲稿的部分内容、分子构成或其他任何信息。矩形卡片是常见的，但六边形和椭圆形的卡片呢？也可以将这种方法变形为将几何形体画在一般的矩形的动画卡片上，作为记忆装置的视觉线索。

（9）学生可以将圆形、三角形、平行四边形或者菱形从不同颜色的手工纸上剪下来，粘贴成艺术作品。墨西哥籍美国艺术家卡洛斯·梅里达（Carlos Merida）就是这样的一个例子。

（10）教师可以引导学生研究几何的历史。几何的历史可以追溯到古代，在古巴比伦和古埃及时代，人们就已经使用几何来研究天上的星辰、都市计划、角度的测量、大型建筑的结构。后来，希腊人用几何原理来发展数学论证所需要的推理和逻辑。我们知道，这种方法直到今天仍在使用。

（11）从不同颜色的纸上剪下用来代表电子、质子和中子形状的纸片，用以表现由原子核与围绕在核外边的电子轨道所组成的各种原子的构造。也可以用同样的方法来表示不同分子中的原子，或绕着太阳运转的各大行星。

十一、跨课程的应用题

"应用题"这个名称或许会让许多学生听了就吓一跳。然而，如果教师把应用题变得饶有兴趣并且富有意义，就能够把逻辑－数理思维融入几乎所有的学科领域。下面是一些例子：

- 布莱尔给布什打电话。当时是伦敦时间上午1点。布什在华盛顿特区。他们谈了两个小时。当布什挂断电话时，华盛顿是几点？
- 如果一个青蛙卵孵化成蝌蚪需要22天，那么10个青蛙卵依次孵化成蝌蚪需要多少天？
- 如果杰夫在某个星期的每个晚上都必须造8个句子，不过他的女朋友梅莉莎为他做了一半，他的姐姐也为他造了14个句子，他丢失了4个已经造好的句子，那么该星期杰

---

[1] 惠特尼（Eli Whitney，1765—1825），出生于一个农民家庭，毕业于耶鲁大学，毕业后在佐治亚州工作，当时美国南方各州盛产一种绿籽短纤维棉花，但是由于籽和棉不易分离，难以利用，迫切需要一种分离棉籽的设备。为解决这一难题，惠特尼经过努力钻研，制造出一种轧棉机，这种轧棉机的结构十分简单，但十分有效。轧棉机的发明使南方的棉花生产变得更加有利可图，大大促进了南方的棉花生产，促进了南方的农业繁荣。18世纪末，惠特尼改变了步枪，将传统的由单个工人从生产所有零件到完成装配的生产方法转变为先大量生产可以互换的零件，然后再装配成步枪，生产过程大大加速。这种先生产可以互换的零件而后再装配的标准化生产方法，开辟了美国大工业生产的新时代。
[2] 阿特拉斯，受罚以双肩掮天的巨人，擎天神，阿特拉斯神被宙斯降罪来用双肩支撑苍天。

夫造了多少个句子？
- 如果莫奈（Monet）、高更[1]（Gauguin）和梵高[2]（Van Gogh）一起调配颜色，莫奈将红、黄、蓝三原色混合，高更调入二级色彩，他们三人一共用光了23罐颜料，那么梵高调入了多少种颜色？
- 如果宾特和妮娜在周二离开西班牙，玛利亚晚一天离开，到下周一时，宾特已经航行了500英里，妮娜也在相同的时间航行了560英里，假如玛利亚航行的速度和妮娜相同，那么玛利亚落后他们多少英里？
- 10月17日是星期六。列出4月的星期六有哪几天？

十二、排序

把事物按照逻辑顺序排列是几乎与任何任务都相关的技能。从做一个金枪鱼三明治到建一座花园，遵循一定的顺序都是很重要的。在学校里，我们按照一定的逻辑顺序进行写作，按顺序上演戏剧，按照顺序建造事物，按照事先预定的步骤进行实验，并且，我们按照事先计划的方式度过学校里的每一天。下面是一些让学生练习排序技能的作业。这些活动可以随情境的要求设计得或简单或复杂。

写商业书信
将下面的项目按正确的顺序排列：
(1) 打出或写上日期。
(2) 打出或写上结尾。
(3) 从课桌上拿起信封。
(4) 把信件折叠好，放进信封。
(5) 打上收件人的姓名和住址。
(6) 封上信封。
(7) 说明这封信的目的。
(8) 到邮局去寄这封信。
(9) 将邮票贴在信封上。
(10) 打上或写上问候语。
(11) 在信封上写自己的姓名和住址。
排列的顺序是：＿＿＿＿＿＿＿＿

在美国一项法案怎样成为法律
将下面的项目按正确的顺序排列：
(1) 把法案呈交参议院。
(2) 把法案呈交总统。
(3) 向众议院介绍法案。
(4) 政府文印局印刷法案。
(5) 提出新的法律想法。
(6) 两院协商委员会制定具体条款。
(7) 法案由众议院或参议院的一名议员提出。

---

[1] 高更(1848—1903)，后印象主义画派代表人物，高更的早期作品追求形式的简化和色彩的装饰效果，但还没有摆脱印象派的手法。后来，他多次到法国布列塔尼的古老村庄进行创作，对当地的风土人情、民间版画及东方绘画的风格产生兴趣，逐渐放弃了原来的写实画法。高更的艺术对现代绘画影响极大，他被称为"象征派的创始人"。

[2] 梵高(1853—1890)，荷兰画家，是"后印象主义画派"中的一位杰出画家，他和塞尚、高更等人代表了印象主义之后的另一种倾向。这群画家不同于印象主义之处是不满足于客观主义的表现和片面地追求外光与色彩，而强调抒发自我感受，表现主观感情和情绪。后印象主义重视形和构成形的线条、色块和体、面。强烈的内心化和个性化是他们创作的特色。梵高已被誉为"表现主义"的先驱。

(8) 法案成为法律。
(9) 众议院的发言人签署法案。
排列的顺序是：＿＿＿＿＿＿＿

食物如何在人体内消化

将下面的项目按正确的顺序排列：
(1) 唾液腺分泌唾液。
(2) 胆囊储存肝所制造的胆汁。
(3) 大肠储存并分解最后的残渣。
(4) 食物经由食道送进胃里。
(5) 十二指肠接受胆汁和胰岛素。
(6) 牙齿咀嚼食物。
(7) 小肠完成消化，将养分送进血液。
(8) 肝脏和胰脏制造出小肠用的消化液。
(9) 胃搅拌食物并加入消化液。
排列的顺序是：＿＿＿＿＿＿＿

十三、各学科领域中的数学问题

尽管教育工作者经常讨论跨学科的读写问题，但通常较少听到跨学科的数学问题。尽管它的主要功能（包括思维过程）对所有的学科都是有价值的，例如确定和表示模式与关系、问题解决以及准确地沟通，但数学常从其他的领域中孤立出来。教师将逻辑思维融入任何学科领域的一种方式是对数学中的一些概念加以丰富。教师可以围绕这些主题组织课程单元，或让学生研究一些和课堂内容相关的主题：

对称　　随机　　透视法　　符号化

迭代法[1]　乘法　　模型　　无穷大
空间　　对立　　平衡　　回归
等比级数　无秩序　会聚　　除法
无穷小　　等值

通过在课程中强调这些主题，学生就能跳出他们的数学和科学课本来看待真实世界的建造和设计、保存记录和分配资源，并进行运动和游戏，也可以进而探索物理世界。

十四、提高逻辑－数理智能的技术

对许多学生来说，通过黑板或纸张上的数字以抽象的方式来学习数学是枯燥无味的，也是无效的。然而，同样是那些学生却可能发现，当他们有机会在多媒体环境下通过模型探索或通过模拟工具箱来学习时，就有可能理解数学。事实上，这可以帮助各种水平的学生更深刻地理解数学。富有挑战性和创新性的多媒体技术可以练习和发展逻辑－数理智能。学生可以经常通过有趣的软件程序更有效地学习，这些软件程序可以提供及时反馈，而且超越了训练、练习和"计算机上作业练习册"的限制。许多这样的软件都提供了练习和发展问题解决中基本的高级思维技能的挑战机会。软件程序变来变去，但是我们认为有长期记录的一些软件程序将会持续受到欢迎。

---

[1] 迭代法，计算机程序设计中的一种处理方法，即重复进行相同的一系列处理步骤，直到一个预定的状态或转移条件实现时为止。

现在，通过瑞佛迪普（Riverdeep）学习公司提供的伊马（Edmark）的"米莉的数学屋"（Millie's Mathhouse）这个令人欣喜的成功的计算机方案，学前儿童和低年级儿童就可以了解数字和数学概念。该方案有非常生动的颜色、声音和图形，还有可触摸的屏幕。

当儿童建构活生生的虫子、操作甜饼制造机、数着晃动的生物，以及用表情丰富的动物和图形来制作模型时，计算机程序就在向他们介绍基本的数学概念。在儿童进行探索和发现时，他们了解了数字、图形、大小、模型和问题解决。

"几何发明家"（Geometry Inventor）也是由瑞佛迪普学习公司开发的，它为6—12岁的学生提供了建构和操作几何图形以及分析数学关系的机会。这些工具对于那些还没有准备好掌握更高等数学概念的青少年尤其有帮助。这个公司是在幼儿园到12年级交互式课程方面最早的出版商之一，同时他们也吸取了其他主要软件公司的资源。

"视频发现"[1]（videodiscovery）为科学教育和数学教育出版了革新性的多媒体产品，也提供了广泛的视觉数据库、课程计划以及运用生动的戏剧录像来进行的批判性思考和问题解决的模拟过程。例如，他们的多媒体录像盘"运动物理学"（the physics of sports）、"飞行物理学"（the physics of flight）以及"操作物理学"（the physics of work）都运用真实的事件将物理学及其实践运用联系起来。当学生用科学和数学术语分析真实世界的事件时，物理学的规则就变得更加有意义而且也与他们的生活更有联系。该公司也提供了计算机评估软件，帮助学生和教师评估科学探究技能。

由范德比尔特大学（Vanderbilt University）认知和技术小组开发的"贾斯珀·伍德伯里奇遇"（the adventures of Jasper Woodbury）通过"抛锚式教学"[2]（anchored instruction）为发展真实世界情境中的数学思维和问题解决提供了丰富的背景。录像盘中有12个戏剧情节，呈现了复杂的数学挑战，为学生提供了许多机会来发现问题、解决问题、推理、沟通，并与其他领域如科学、社会研究、文学和历史建立了联系。

在第一个奇遇"布恩牧场营救"（Rescue at Boone's Meadow）中，展现了一个尽快将严重受伤的老鹰转移到65英里（105公

---

[1] "视频发现"，是用于科学和数学教育的一种新颖的多媒体产品，它能紧跟教育技术的变革，为从幼儿园到12年级（相当于我国高中三年级）的课堂教学提供了最适宜的途径。视频发现的产品包括附带课程设计的广泛的视觉化数据库，适合所有的课程，也可用来进行批判性思维以及问题解决。

[2] "抛锚式教学"，该教学设定在对学生具有吸引力的真实世界事件中，目的是创建富有兴趣的真实背景，以鼓励学习者对知识的主动建构。抛锚式教学的观点强调，学生在面临的情境中要获得成功，必须解决所遇到的问题，而这些问题只是达到目的的手段，其本身并不是目的。最终教给学生的是可迁移的一般技能，而非特定情境下的特定技能。一般技能的获得，可在真实的情境中，通过灵活的教学系统与学习者的主动建构得以实现，反映了情境学习关于迁移的观点。

里)远的兽医那里的任务。由于地形困难重重,学生必须运用卡车、超轻型飞行器和徒步行走来设计最优的组合,同时还要考虑燃料、净载重量、重量和不同出发点的问题。学生运用随机储存的视频、地图和计算机来共同创设可供选择的问题解决方案。一般的五年级学生都被这个任务深深吸引,教师已鼓励他们用超过15个步骤的方案来解决这个问题。

在许多类似的新颖的"真实性学习"方案中,学习者成为学习共同体中协作性知识构建的贡献者。在由"技术教育研究中心"(Technical Education Research Centers,TERC)组织的全球实验方案(Global Lab)中,一个由教师、中学生和全球气候变迁的研究者组成的国际性团体运用臭氧测定仪、用来监测土壤和水的离子选择性(ion-selective probes)探测仪、现场数据标度仪(field data loggers)等工具,合作研究区域和全球的生态变化。学生学习收集、分析和报告数据。在哈佛大学的微型天文台(MicroObservatory)方案中,中学生则运用计算机遥控的光学望远镜实施他们自己的天文学研究方案。

TERC和NASA是为中学生开发的为期1年的多学科性课程(interdisciplinary year-long course),他们是用天文学来组织其课程结构的。通过NASA教学者资源中心网络,这个组织为教育者提供了存取和运用科学、数学以及技术教学产品的手段,这些产品是按美国国家标准推出的。

斯坦利·波格娄(Stanley Pogrow)的"HOTS"(高级思维技能)程序将小组中苏格拉底式的思维与运用计算机技术的活动结合起来。这个程序关注学习如何理解和问题解决,清楚地展示了大部分学生,包括那些处于"学习边缘"的学生和"学习困难"的学生在内,他们不仅有能力学习基本技能,而且能够在学习过程中发展和运用高级思维技能。

许多娱乐游戏也能提供大量新的智能挑战。例如,西拉(Sierra)的"大脑博士遗失的智能"(Lost Mind of Dr. Brain)在富有挑战的难题和问题解决活动中锻炼了学生的所有智能。逻辑和数理技能、预测性思维、快速决策、符号性思维以及有效的推理都成为玩家遇到的各种不曾预料到的挑战。当他们整理出反向的曲调、破译密码、游走迷宫、运用检索系统查找混乱的文件,以及操作和旋转心象时,玩家就获得了对"整个大脑的充分锻炼"。他们可以选择玩几种不同难度水平的游戏,同时能从大脑博士的实验室助理那里获得有用的"支架"线索。当在课堂中运用时,教师可以在该游戏后紧随着开展相关活动,以确保学生们出现的技能,并使之保存与迁移。

上面所描述的工具也与目前有关"情境认知"的研究理念相一致。这个研究想要论证的是,学习和思维总是情境性的,认识和做是紧密联系的,因此,真实性学习活动和直接经验为成功的学习提供了丰富的机会。

"全美数学教师委员会"的网站提供了相关研究,以及有关各种水平上数学教学的评论。该网站囊括了该方面的活动、想法、策略、课程、有用的连接，以及有关数学教育问题的及时的报告。

十五、小结

本章介绍了跨学科整合逻辑－数理思维的方法，我们认识到，对许多数学和科学教师本身而言，这一点也很有价值。一些人正在努力将多元智能理论整合到他们的学科领域中。正如我们在1999年出版的《多元智能与学生成绩》一书中所发现的那样，中学里，数学和科学学生得到了以多元智能为指导的有效的教学。例如，在埃德蒙顿和华盛顿，一位中学科学教师让她的接受特殊教育的学生承担"通过照管小动物来学习生物"（Biology through Caretaking）方案。为了学习基本概念，例如变化、因果、结构和功能、系统和多样性，以及为了发展假设、数据收集和综合的技能，这位教师要求学生选择并照管植物或动物。这整整一年的任务教会了学生们如何开始和进行一个方案，如何证明和演示数据，如何丰富和展示专业知识，以及如何对他们的学习进行自我评价。通过发展在科学课堂中具体体现出的一系列智能，学生们在地区和州测验中都获得了很好的成绩。同样，走在走廊里，数学学生能从动觉的角度来学习代数。当他们研究如何图解方程时，他们则走向了室外。在那儿，他们在大的、正方形的人行道水泥砖上画线来确定X和Y坐标，在水泥轴上将它们标上坐标。数学教师主张，通过物理化的图解，学生在课堂学习中要比在一个月的课本学习中学习到更多的方程式知识。实践证明，这些学校中的数学学生在州和国家测验中比他们的同龄人做得更好。

不是所有的教师都教数学和科学，但是所有的教师都能开发出他们自己以及学生们在逻辑－数理智能方面的高级思维技能。当学生运用演绎逻辑和归纳逻辑、研究模式和利用技术的时候，他们的数学和科学兴趣显然增强了。学生们可能会决定继续从事这些学科的研究，为将来从事的职业做准备，那时，他们就可以将他们所学的知识运用到职业生涯中了。

为帮助读者总结及反思本章的内容，我们提供以下内容。

十六、应用逻辑－数理智能

（1）我从本章获得的重要观点和启示：
_____
_____
_____

（2）我想更深入地学习的领域：
_____
_____
_____

（3）在我的教学中我可以利用这些信息的方法。请注意，本章中提到的策略已提供在下面，并附有空格以提示每个策略是如何融入课堂教学的。

逻辑－数理策略	课堂应用
创设逻辑－数理智能的学习环境	_____
教授逻辑	
科学实证法	_____
跨课程的科学思考	_____
演绎逻辑	
三段论	_____
韦恩图	_____
归纳逻辑	
类推	_____
促进思维和学习	
中介学习	_____
提问策略	_____
数学思维过程	
模型	_____
图解	_____
数字运算	
平均数和百分比	_____

第二章 运算的智慧：逻辑－数理智能

测量 _____

运算 _____

概率 _____

几何 _____

跨课程的应用题 _____

排序 _____

各学科领域中的数学问题 _____

提高逻辑－数理智能的技术 _____

参 考 文 献

Bennett, A., & Foreman, L. (1991). *Visual Mathematics Course Guide, Volume I.* Portland, OR: Math Learning Center.

Burns, M. (May/June 1993). "Math Standards in Action." *Instructor*, Vol 102, No. 9.

Campbell, L., & Campbell, B. (1999). *Multiple Intelligences and Student Achievement: Success Stories from Six Schools.* Alexandria, VA: ASCD.

Feuerstein, R., Rand, Y., & Rynders, J. (1998). *Don't Accept Me as I Am: Helping Retarded People to Excel.* Arlington Heights, IL: Skylight Professional Development.

Feuerstein, R. (1980). *Instrumental Enrichment: An Intervention Program for Cognitive Modifiability.* Baltimore: University Park Press.

Gardner, H. (1993). *Framesof Mind: The Theory of Multiple Intelligences.* New York: Basic Books.

Greenberg, K. (1989). The Cognitive Enrichment Network (*COGNET*). The University of Tennessee Follow Through Sponsor Project.

Greenberg, K. (2000). *Cognitive Enrichment Advantage.* Arlington Heights, IL: Skylight Professional Development.

Kennedy, J.G. (1959). *A Philosopher Looks at Science.* New York: Van Nostrand.

Kleiman, G.(October, 1991). "Mathematics Across the Curriculum." *Education Leadership*, Vol. 49, No.2. Association for Supervision and Curriculum Development.

Liem, Tik. (1987). *Invitations to Science Inquiry.* Chino Hills, CA: Science Inquiry Enterprises.

Lovell, R. (1993). *Probability Activities for Problem Solving and Skills Reinforcement.* Berkeley, CA: Key Curriculum Press.

Marzano, R., Brandt, R., Hughes, C., Jones, B.F., Presseisen, B., Rankin, S., & Suhor, C. (1988). *Dimensions of Thinking: A Framework for Curriculum and Instruction.* Alexandria, VA: ASCD.

Merseth, K. (March 1993). "How Old Is the Shepherd? An Essay about Mathematics Edu-cation." *Kappan*, Vol. 74, No.7: Bloomington, IN: Phi Delta Kappa.

National Academy of the Sciences. (1995). *National Science Education Standards.* Washington D.C.:

National Academy of the Sciences.

National Council of Teachers of Mathematics.

National Council of Teachers of Mathematics. (2000). *Standards and Principles of School Mathematics*. Reston, VA: National Council of Teachers of Mathematics.

National Council of Teachers of Mathematics. (1991). *Professional Standards for Teaching Mathematics*. Reston, VA: National Council of Teachers of Mathematics.

Zemelman, S., Daniels, H., & Hyde, H. (1998). *Best Practices: New Standards for Teaching and Learning in America's Schools*. Portsmouth, NH: Heinemann.

第三章

动中学：动觉智能

啊！如果你只用舞蹈就能把刚才所说的全部内容表现出来，那么，我就完全理解了。

——尼古斯·卡赞特扎吉斯[1],《佐巴的世界》[2]

波 拉 之 舞

上小学一年级的时候，波拉（Paula）被学校评定为学习有障碍的学生。于是，在接下来的四年时光里，波拉被安排在实施特殊教育的班级里，她因此几乎再也没体验到任何学业上的成就感。

在基本技能方面，波拉一直落后于她的同龄人两个或更多个年级的水平，这大大挫伤了她的自尊心，同时，她的厌学情绪一天天滋长。在五年级学年末的一天早上，波拉竟然用躲在床底下的办法来逃避上学，而在六年级开学前的那个暑假，她甚至曾试图自杀。最终，还是波拉的父母意识到了问题的严重性，他们认识到，他们的女儿必须拥有一个成功的六年级，于是，他们把波拉调回到普通班级里，恰巧，该班的班主任是一位非常富有同情心的老师，正是在这位老师的引导下，波拉得以重归主流。

当波拉刚刚进入这位老师的班级时，老师发现这个女孩儿有着出众的身体优势——她走动时

---

[1] 尼古斯·卡赞特扎吉斯（Nikos Kazantzakis，1883—1957），20世纪希腊著名的作家、诗人和哲学家，去过欧洲和亚洲的很多国家，写了很多旅行见闻，在1956年获国际和平奖章。
[2]《佐巴的世界》（Zorba the Greek），尼古斯最出名的一部小说，1964被改编成电影，十分受欢迎。故事讲述的是一个天才作家（以作者本身为原型）与一个未受过教育的人——佐巴（Zorba）之间发生的事情，佐巴喝酒、工作、恋爱和生活，但他不看书，因为他认为生活经验和自身体验比学术知识更重要。

泰然自若、大方得体；她比同龄孩子高；她走路和跑步的动作都十分轻松优雅；她长长的头发一动一动映射着身体的摆动。看着波拉，仿佛有一位舞者出现在了老师眼前……于是，一天，老师找到波拉，问她以前是否学过舞蹈。波拉回答说，她曾经上过芭蕾课，并且也非常喜欢上，但后来由于费用问题而不得不中断了。这让这位老师不由自主地想到：是否可以通过运动来使波拉进行更加有效的学习。

当时，虽然波拉已经是一名六年级的学生了，但她的拼写技能却仅仅相当于那些二年级学生的水平。她根本不愿意阅读、写字，也不愿意练习拼写单词。面对这种状况，老师本着自己对波拉具有动觉天赋的直觉，建议她用身体来表现26个字母，并以此来创作一个运动字母表。例如，为了演示字母"T"，她可以身体站直，双腿并拢，双臂展开。有些字母如"m，b，w"实在是很难创作，但它们很有启发意义，处理起来也饶有兴趣。波拉表示她将考虑老师的这个提议。第二天上课前，波拉匆匆赶到教室，告诉老师，她有东西要给老师看。于是，波拉开始了她的表演——她先把字母表上的字母一个一个地跳了出来，然后再把它们用一个连贯的表演串联起来。波拉带着自信与技巧展示的"字母芭蕾"在一片肃静中完成了。波拉对自己的表演表现出由衷的喜悦，老师也十分震惊。这个女孩简直就是个舞蹈家！老师又问波拉，她是否能用舞蹈表演出她的名字，波拉毫不费力地完成了，而且还加上了她的姓。接下来，波拉又把黑板上的字用舞蹈演示给大家。那天晚上，波拉还在家练习了一列单词拼写，第二天又用舞蹈给同学们表演了一遍这些单词。

一周之内，波拉迅速地从用舞蹈表现字母和单词转向用纸笔书写字母和单词。起初，她先用舞蹈表演个别字，然后写下来。接下来她把整句话都用舞蹈演示出来。随着学习信心的增强，波拉的拼写分数和写作分数也开始提高。

四个月后，令所有人惊讶的是，波拉不再用舞蹈演示写作了，而是和其他同学一样，她坐在座位上写作业。在六年级结业前，波拉的写作和阅读水平已达到该年级要求的水平。

四个月的动觉学习、四个月的通过身体内部潜能驱动进行的学习，改变了波拉的学业经历和自我形象。七年级的时候，波拉进入了地方初中，在那里，所有的班级都是普通班，而波拉的成绩则处于中等偏上的水平。

一、定义：理解动觉智能

并不是只有波拉一个人需要用身体运动来体会所学的知识。许多儿童和成人都感到，仅凭视觉和听觉通道来理解和记忆信息是不够的。实际上，这些个体对信息的理解和保存有赖于触觉或运动通道，并且必须通过操作或体验他们所学的知识，他们才能完成对信息的理解与保持。触觉敏锐的学生通过触摸和操作物体来学习，动觉敏锐的学生的整个身体都参与到活动中，或者用具体的、真实的生活经验来学习。无论是靠触觉学习的学生还是靠动觉学习的学生，他们都有一个共同点，那就是他们都通过"做"和多元感官体验来学习。

在学校里，其他解决问题的方法通常颇受重视，而恰恰是运动学习过程常常被低估。加德纳在《智能的结构》一书中曾指出，心智和身体的分离在近代文化传统中已经出现。他引用说，希腊的理想"……一种身心的和谐——训练心智以更好地使用身体，训练身体以对心智的表现力量做出回应"已经丧失。

身体－动觉智能即把身体和心智联合起来实现完美的身体活动的能力。动觉智能从对无意识的、自发运动的控制开始，发展到以高度分化的、熟练的方式来运用我们的身体。所有娴熟的表演都要求有精确的时间感，并能把目的转化为行动。高度发达的动觉智能体现在演员、运动员、舞蹈家身上。它也体现在那些双手灵巧或能熟练操作物体的发明者、珠宝商、机械师的工作中。由于我们正是通过感觉运动经验来体验生活，因而，身体－动觉智能是我们人类认知的基础。

课堂中的身体活动能够集中学生的注意力，并通过身体的神经肌肉对学习进行编码来帮助学生记忆。我们都拥有"肌肉记忆"，这可以被有效地运用到学科学习当中去。

罗伯特·麦金（Robert Mckim）1972年在他的著作《视觉思维经验》(*Experiences in Visual Thinking*) 中曾这样描述动觉思维的力量：

> 想一想那些在操作黏土时进行思考的雕塑家吧，想一想那些通过操作立体分子模型而思考的化学家吧，或者再想一想那些通过组合和重新安置纸板结构而思考的设计家吧。他们中的每一个都是通过观看、触摸和移动材料来思考，他们通过把心智过程外显在操作物体的活动中进行思考。
>
> 外化的思维与内化的思维相比有以下几个优点：第一，对材料的直接感官参与提供了"感官营养"——也就是提供了"思想食粮"。第二，通过操作真实的构造物而进行的思考，可能会有意外收获——愉快的突发事件、意想不到的发现。第三，在直接的视觉、触觉和运动环境中进行的

思维能够产生直观、真实且活灵活现的感觉。

最后，外化的思维结构为我们提供了批判性思维的对象，也提供了可以和同事分享，以及能够在彼此之间进行明确交流的直观形式。

然而，非常不幸的是，当学生升入越来越高的年级时，他们的学习经常会变得越来越内隐。随着积极的、参与式的学习机会越来越少，同时由于被动的、抽象的教育越来越多，许多学生开始逐渐变得对学习不感兴趣。体育——在完全意义上讲——应该属于每一个课堂。本章列举的活动可以使学生的学习变得更积极、更生动，也更加令人难忘。

二、核查表：动觉智能的特征

在加德纳看来，那些使用身体或身体部位，诸如手，来熟练解决问题的人具有高度发达的动觉智能。运动员、舞蹈员、编舞者、哑剧演员、演员、外科医生和工艺家都表现出高水平的动觉智能。需要特别注意的是，一个人在一个运动领域出色并不必然代表他在其他领域也同样优秀。例如，一个人或许在哑剧艺术方面很有天赋，然而在体育运动或手工艺方面则表现平平。

下列条目是用来辨别具有运动才能的个体可能存在的特征。然而，请注意：并不是每个学习者都表现出下面所有的特征。个体的一些领域可能比另外一些领域更为发达。有高度发达的动觉智能的人可能会：

（1）通过触觉和运动来探索环境和物体。喜欢接触、处理或操作要学的东西。

（2）发展出协调性和时间感。

（3）在直接的参与和操作中学习效果最好。人们对他印象最深的方面是他做了什么，而不是说了什么或看了什么。

（4）喜欢具体的学习经验，如实地旅行、建构模型、参与角色扮演、游戏活动、组装物体或锻炼身体。

（5）在通过局部的或整体的身体运动而进行的工作中表现出灵活性。

（6）对身体状况和身体系统感觉敏锐、反应迅速。

（7）在动作、运动、舞蹈、缝纫、雕刻或键盘输入方面表现出相当的技能。

（8）在身体动作中表现出平衡、优雅、灵活和精确。

（9）有通过心智和身体的结合达到和谐、完美的身体表演的能力。

（10）理解和享有健康的身体状况。

（11）可能对诸如运动员、舞蹈家、外科医生或建筑师等职业表现出兴趣。

（12）发明运用身体技能的新方法或创造出舞蹈、运动等其他身体动作的新形式。

其实，我们大家都会表现出一些运动倾向和需要，然而，那些非要坚持墨守成规地学习的人就很少有机会这样做。运用多种感官进行学习的方式很少在课堂上出现，因为，教师对这样的方法尚不熟悉。作为教育工作者，我们缺乏可以效仿的楷模，也没有什么资源可以利用。然而，运动学习经常会给所有的学习者都提供最有效、最快乐，也最值得记忆的教育经验。一位美国权威的教育研究者约翰·古德拉德在他的著作《一个叫作学校的地方》（*A Place Called School*）中就曾经说道：

"在不考虑学业科目的情况下，学生们都表示喜欢那些能积极参与或能与他人一起工作的活动。这些活动包括实地旅行、制作电影、建构或绘画物体、收集物品、采访别人、演出和执行方案。"

的确，学生在学习中都想成为积极的参与者，而不是被动的信息接收者。接下来将描述几个鼓励学生在操作中学习的过程。

三、动觉智能的学习过程

有多种触觉－动觉活动可供教师利用，来提高对各年龄段学生的教学水平。在本章，我们将根据以下分类目录来描述身体学习的经验：

创设肢体学习的物质环境
教室区域
戏剧
正规戏剧
角色游戏
创意戏剧
模仿
创造性运动
理解身体知识
介绍创造性运动活动
通过创造性运动学习基本技能
创编特定内容的运动活动
舞蹈
舞蹈热身的要素
通过舞蹈学习的步骤
操作物
任务卡
任务拼图卡
抽屉里的废旧操作物
图章
课堂游戏
狩猎大搜寻
大型地板游戏
全身反应游戏
一般的复习游戏
体育
接受过体育训练的个体的特征
探究学习
课间活动
快速热身
站式放松功
八段锦
眼保健操
唤醒
入静
实地旅行
实地旅行指南
提高动觉智能的技术

以上这些项目还远远不够全面。实际上，它只是引导教师把各种运动过程融入学术领域。一旦教师熟悉了这些技能，他们经常就会信心十足地把运动形式添加到各种课堂教学中。

四、创设肢体学习的物质环境

我们生活和工作的环境从身体上和心理上影响着我们的发展。大多数人都十分注意家庭环境的布置，他们在居所环境、内外墙壁的颜色、家具、照片安置、每个房间的艺术品、室内空间及花园的装修和设计等方面费尽心思。实际上，这样的考虑同样也应该用在教室里，但教室环境的设计常常为人们所忽视。

事实上，当我们把教室进行了精心的安排或设计以后，这个环境及其所包含的内容将对学习过程产生十分重大的积极影响。一位在新墨西哥大学专门研究学校环境设计的建筑师安妮·泰勒（Anne Taylor）认为，教室的功能是"一个积极的、立体的课本或教学工具，而不是一个装满零散东西的被动空间"。

教室可以被教师转变成一个富有思想的、热情的，而又遵循设计计划的促进学习的环境。泰勒和其他的建筑师提议，教师应该在每个教室里建立几个具有特定功能的"区域"或彼此分离的空间，这些区域在视觉上和功能上都是各不相同的。通过把教室重新设计为特定的区域，教育者或许会更好地适应有运动倾向的

儿童的触觉和运动需要。教师也可以简便易行地给儿童提供从一个工作间走到另一个工作间的机会，使他们能舒展他们的身体，为他们提供随意移动和活动的机会。适宜于中小学教室的潜在活动区可以包括以下方面：

教室区域

入口区 学生一到教室，就在入口处受到欢迎，入口处装饰有植物、悬挂的纺织品、挂满学生艺术作品的隔墙和当天事件日程表。

工作区 为适应多元教育模式，教师可以在教室四周建立几个工作区，布置个别的、小组的或集体的活动空间。合适的话，可以建立学习中心或学习站。为了使教室富有审美意味，可以用地毯、学生艺术作品、好的艺术印刷品或植物等来装饰房间，以创造一个舒适的、家一样的氛围。强化教室课程的复制的艺术品、海报、照片或标语等可以从视觉上加以展示。传统的嗡嗡响的、一闪一闪的照明灯可以换成全光谱照明灯。如果条件允许的话，教师和学生可以考虑将桌椅放在工作区内是否合适。如果可能，教师还应该准备诸如画架、大纸垫、座板、记号笔、颜料、铅笔、纸、建筑块等学习材料。

贮藏区 贮藏系统可以包括个别椅子、箱子和彩色的塑料托盘等，以此来充当"教室橱柜"。需要让学生清楚地认识并遵循维护教室环境的责任规则。

展示区 为了避免视觉负担过重，可

以在固定的空间里装饰一些艺术品、警世名言和照片。通过使用艺术品的悬挂技巧和阴影空间，以及展示墙或隔板甚至可以达到博物馆那样的水准。

图书区 教室参考资料、文学作品、放映机、打字机和计算机也可以安放在这个区域。这里经常是一个适合个别活动和小组活动的地方。

放松区 许多学生喜欢教室里有客厅那样的氛围。在放松区，学生们可以阅读、懒散地坐着、玩安静的游戏、参与小组讨论或创作戏剧。这一区域对于那些喜欢在地板上或长沙发上展开身体看书的学生们来说是非常合适的。

运动区 可以划分出一个单独的空间来表演角色游戏、小戏剧，或者是进行热身、放松练习。在运动区，家具应该容易搬动，以适应小组活动或集体活动的不同需要。教师或许还需要反思教室里现存的交往模式，想想学生如何从一个地方移动到另一个地方。如果教师能够对学生的运动进行有目的地计划，那么教室里的运动活动效果会更好。

从以上的这些区域设计可以看出，对教室环境的精心设计能够更好地适应教师及学生的身体、学业和心理需要。教师可能需要对他们的教室进行适宜的设计，通过有意识地预先规划学生课桌的排列，教室空间可以将学校变为健康的、人性化的和令人激动的学习场所。实际上，如果给学生们自己提供这样的机会，他们通常非常乐意成为设计师，进而创设出符合自己

需要的学习环境。

五、戏剧

从有文字记载的历史开始，戏剧就是人们学习和记忆的一种方式。原始人洞穴墙壁上的绘画描述了大狩猎和英雄事迹。古希腊人的戏剧不仅用来娱乐和抒发情感，而且同样用作教育。在中世纪的教堂和神庙台阶上演出的戏剧，教给人们宗教的道义和历史。今天的剧院和电视也是社会中强有力的教育力量的载体——只不过其影响效果有好有坏。

身为教师的本书作者们经常会这样问：如果没有戏剧，教学将如何进行？的确，戏剧给学生提供了许多真正的学习机会，它也是一种把学习内容引入生活的有效方式。通过戏剧来进行学习对任何年级的学生来说都是非常有价值的，尤其在中学里更是这样。因为，此时，荷尔蒙、身体和心理的各种变化使得学生运用抽象方式进行学习变得那样困难。

实际操作中，无论学生是在观众面前表演正规戏剧，还是参与非演出性的戏剧游戏，结果都会促进他们的学习。

（一）正规戏剧

正规戏剧作品与各种智能有着动态的联系。阅读剧本、扮演角色、记忆故事情节和动作、制作戏服和道具、排练音乐和舞蹈、最后在邀请的观众前表演等都会为学生带来乐于记忆的经验，增强他们的自

信心，并促进他们的心理平衡，进而使学习持续他们的一生。

记忆著名剧作家写的剧情概要可以从小开始。最近，一个二年级班的学生怀着极大的兴趣表演了他们自己改编的莎士比亚戏剧《仲夏夜之梦》（*A Midsummer Night's Dream*）。他们的父母在餐桌上听到孩子们引用莎士比亚戏剧台词时感到十分惊讶——这为他们以后更进一步学习这样的戏剧奠定了多么扎实的基础啊！

一些八年级的法语班学生花费了整整三个月时间把《汉塞尔与格丽塔》[1]（*Hansel and Gretel*）中的歌词翻译成法语，并制作了道具和戏服，编排了舞蹈，记忆了歌曲和对话。最后，他们表演给学校的其他人看，这一过程显示了他们在词汇量和语言流畅性方面所获得的前所未有的进步。

有些教师用一部莎士比亚戏剧如《罗密欧与朱丽叶》（*Romeo and Juliet*）或《李尔王》（*King Lear*）作为全年跨学科课程的主题。在这样的课上，数学作业与道具设计结合在一起；历史以伊丽莎白时代为基础；科学与当时的天文学、解剖学和生物学知识相关；艺术与戏服的设计有关；健康与当时的传染病相关。

把传统剧院和教室结合在一起的教师们解释说，学生们的学习已经远远地超出了戏剧脚本、舞台展示和综合的学习内容。实际上，在舞台上获得成功所需要的心理、身体和技能训练是在实际生活中获得成功同样需要的。另外，通过排练和表演，学生们重要的认知技能得到了发展，其中包括组织思想、感受和分析、评估和推理、把整体分成部分、圈点复杂和含糊之处、与他人合作以实现共同的目标等。剧院表演给学生们提供了一个为将来在真实世界中解决问题而做准备的丰富而生动的教育经验。

（二）角色游戏

角色游戏不如剧院表演那么正规，它使教师和学生可以自由地根据班上正在学习的主题创作戏剧。与正式戏剧表演不同的是，角色游戏的过程比结果更为重要。几乎任何学科领域都可以被转变成角色游戏，包括数学应用题、科学过程、演讲言辞和动作，或历史事件。角色游戏在语言基础上添加动作，是传授信息，也是发展人际交流、自知自省和解决问题的能力的有效工具。

对不熟悉这一过程的教师来说，在准备角色游戏时有三个主要步骤：计划，排练和演出，以及评估。以下提供的指导原则可以帮助教师完成准备工作。

第一步：计划

（1）为了给学生准备一个角色游戏，教师首先要确定好教育目标，这是首要条件，并给学生规定要获得的学习效果。

---

[1]《汉塞尔与格丽塔》（*Hansel and Gretel*），神话故事，讲述的是汉塞尔与格丽塔兄妹俩克服重重困难，回到父亲身边的故事。

（2）目标确定后，教师或学生概述角色游戏，并对情形、问题或基本事项进行识别。

（3）接下来，教师应该为选定的演员发展角色和剧情。

（4）教师应确定，演员们是要记忆已有的台词还是自己编写脚本。

（5）教师对需要的准备时间做出规定。

（6）如果角色游戏中有学生观众，教师应向观众解释他们的作用及其适宜的行为，同时明确说明，观众应该听什么和看什么。

（7）教师要安排好适宜的物质环境。

（8）维护好必要的资源，如设备、戏服或舞台道具。

第二步：排练和演出

一旦设计好剧情，清楚了目标和内容，学生们就应该开始准备排练。需要有充分的时间来做准备。教师应该提醒所有不参加演出的学生对演出给予支持和建设性的评价。

当排练完成后，教师应确定演出的时间、日期和地点，并询问演员们是否邀请外班同学或父母来观看。如果没有，教师就应该尊重他们的要求，只给同班同学表演。

有时候，如果演出过程中演员情绪低落或双方互动不当，教师可以介入。在这样的情况下，教师可以就发生的事情提供一个简短的反应，然后允许他们重新开始调整后的角色游戏或者另外进行排练。

第三步：评估

演出结束后，教师应该让学生讲述他们的体验。讲述的问题可以是学业内容、表演技巧、对自己表演的反思以及观众的反应，并且学生观众可以提出哪些地方做得好、哪些地方可以再改进。教师在评估中可以选择一个角色，也可以不选择角色，仅泛泛而谈。

几乎针对任何科目，教师都可以很容易地设计角色游戏。学生们可以饰演控诉偏见并深受其影响的人们，可以饰演攻破医学难关后举行新闻发布会的科学家，也可以饰演一个在减法重组方面有学习困难的儿童，并与一位协助者共同解释该过程。生活中的不同角色以及他们对环境的依赖都可以用角色游戏表演，就像有各种社会问题或行为问题的个体一样。并且，他们可以把当前的事件和历史事件都演出来。

角色游戏的另一个在中学的例子是致力于展开一项关于政治任命的不同观点的表演。全班同学可以研究和讨论委任状、它的细节，以及对个人政治历程可能起支持或反对作用的事实。接下来，学生们确认与任命过程有关的不同人物，"担任"适当的角色；准备情节，包括委任小组成员的名单；决定观众是否可以真的在演出过程中作为互动的群众出现。角色游戏开始时，可以是被委任者自我介绍、委任小组的成员提出质疑或表示支持。几分钟后，全班同学表决是否同意任命，并说明原因。

还有一个小学的例子，讲述的是课间休息时一个不受欢迎的规则：禁止在学校期间玩如棒球之类的硬球，这一规则同学们很不喜欢。提供的角色包括那些支持这一规则的学生、公正无私的学生、学校护理员、行政人员、父母和邻居。角色游戏之后，教师紧接着就让每个参与者讨论和解说他们自己的看法。教师会发现，让学生解释一种与他自己实际想法不同的观点经常会很有益处。角色游戏一结束，全班同学可以写一份建议，并上交给学校管理者。

（三）创意戏剧

因为创意戏剧的台词和情节都是随着剧情和场景的发展而临时创作的，所以它不如角色游戏那么正式。为提高演出效果并采纳各种不同的建议，进而重新上演剧目是这种戏剧活动的重要特点之一。为了使学生集中注意力、忘我地投入到表演中，常常在演出时不需要有观众在场。

教师引导学生在教室里即兴创作戏剧，可以用一种比较容易的方法开始：让学生扮演"人物群"。例如，一位小学教师给同学们讲一个故事，其中有一位老人、一个小女孩和一个巨人。学生们可以把每个角色用童话剧的形式表现出来，配以适当的音乐，并以此培养扮演个人角色的自信。

教师讲完故事后，学生可以回忆故事情节，讨论如何表演它，自由分配不同的角色、设计道具和演出的舞台。舞台督导掌管剧情开始和结束时的"拉幕"。演出一结束，全体学生评论哪些地方做得好、哪些地方还需要改进。

一旦一个班级有了这类活动的经验，他们就可以开始即席创作和改编结果更为开放的剧情，如组织由指定官员和选举官员组成的州政府办公室，探讨动物灭绝的原因和后果，议论两极相互吸引或排斥的磁铁，或者是预测在美国成年人当中发生了什么事。

一个很有说服力的创意戏剧的例子发生在四年级的科学课上，教师发现学生不能理解课本里所描述的光合作用。于是他决定尝试使用动觉方式来教学，他指导学生志愿者扮演五个与光合作用过程有关的主要角色：植物、叶绿素、水、二氧化碳和阳光。

教师让学生将用卡片做成的简单记号牌用大头针别在每个演员的身上。教师作为讲述者，志愿表演者用戏剧形式表演一株植物的一片叶子上的叶绿素，植物的根扎在地下喝水。演水的人在地上和植物的"脚"上洒水。突然，阳光照在树叶上（用闪光灯演示），这使得叶绿素吸收能量（灵活的肌肉）。叶绿素从阳光那里吸收了能量后，从空气中获得水和二氧化碳，使它们结合在一起形成糖（棒棒糖），然后培育整个植物。

这个短小的表演被三组不同的学生志愿者重复三次，每次大约五六分钟时间，极大地加深了学生对概念的理解。表演完后，学生把光合作用的过程画在笔记本的一张纸上，再用语言讲解给同伴听。一周之后，班上大多数（90%）的学生在一个书面测验中能准确地描述光合作用。

再举一个例子，来自高二年级一个班的学生在学英语时要研究乔叟[1]（Chaucer）的作品，但学生刚开始时没什么兴趣，直到后来，学生在教师的引导下，把乔叟的《坎特伯雷故事集》[2]（Canterbury Tales）用创意戏剧表演出来，他们才有了热情。他们的老师以富有感情和幽默的声音大声朗读开场白，让学生讨论这些形形色色的人物。接下来，教师把每个学生的名字都分别写在一顶中世纪的帽子上，让大家每人戴一顶。第二天，重新读完材料后，学生们以其所选角色的身份来到教室。四个人组成一组，他们在一个自己喜欢的地方——路上或路边的小酒店——聚会，并且依照他们所要扮演的角色来即兴创作对话。真是立竿见影，短短几天之内，学生们就纷纷主动要求教师教他们讲中世纪英语了。

（四）模仿

模仿也是一种有效的学习工具，因为，它使学生置身于一个他们将来必须面对的真实世界的环境或情形中。只要教师手头有适宜的内容，模仿很容易开展，以下是教师们可以在课堂上使用的一些例子。

- 参观一家饭店，学生可以在这里用外语点菜。
- 用一节课时间，让学生体验一段重要历史时期的"生活"，如文艺复兴、南北战争。
- 举行一个审判会，内容可以是针对美国内战时没收的土地、新的参议院提案或参战努力等。
- 重新上演艾里斯岛上移民的到来。
- 设立一个班级的小型联合国。
- 在学校、医疗或环境危机等问题上进行决策。
- 在有限的人力和物资条件下生活在一块月球殖民地上。

设计模仿

教师自编的模仿或商业性的模仿都可以用来教授不同的学科内容。以下的步骤概述了教师如何设计模仿过程的一些方面。

（1）像角色游戏一样，首先要确定学习目标。

（2）接下来，认识模仿规则以便能记住真实生活情景中的内在约束。

（3）搜集和组织模仿所需要的一切资源或材料。

（4）提前决定模仿的逻辑顺序，如把班级分成小组、安排工作空间和分配时间。

---

[1] 乔叟（Geoffrey Chaucer，1343—1400），英国著名的诗人和文学家。
[2] 《坎特伯雷故事集》（Canterbury Tales），乔叟的代表作，它奠定了乔叟的文学地位。它由24个短剧故事组成，讲述的是坎特伯雷的朝圣者在去往圣地的路上发生的事情。乔叟用简短生动的文字介绍了每一位朝圣者，也是从不同角度对社会上各种人物的精练描述。

(5) 规划一个讨论或写作会议，让学生报告他们已经完成的模仿经验。

完全有准备的科学和社会学习模仿可以用商业手段获得，有适合小学、中学和高中学生的内容领域。

无论是正规戏剧、角色游戏、创意戏剧还是模仿，为避免教室混乱，计划都是必不可少的。创作自由必须建立在明确的设计与计划指导框架中。教师使用剧院策略的主要目的是鼓励学生把他们所学的知识演示出来。对一些学生来说，这将是他们真正吸收和理解学习内容的方式。同时，对大多数人来说，这也是他们进行记忆的好方法。

六、创造性运动

像鲁道夫•拉班[1]（Rudolf Laban）和亨利•伯格森[2]（Henri Bergson）这样的运动理论家都非常强调非语言运动经验和抽象符号思维之间的关系。通过运动，我们可以感知和表达我们经验中的意义。同样的，通过把创造性运动融合在教室里，教师可以要求学生用身体分析和解决问题，同时，在这一过程中，还可以培养学生们的创造性想象。

正如著名人类学家爱德华•霍尔[3]（Edward T. Hall）在他的《超越文化》（*Beyond Culture*）一书中所说的，"……西方人否认部分能构成整体，而珍藏那些致使经验支离破碎的部分，最终给自己带来了混乱"。为了把身体和心智结合起来，有必要重新介绍有关我们自己的身体的知识。

教师们常常不习惯在教室里使用运动，这或许是因为他们没有感受到身体活动的价值，或者他们认为自己在身体活动方面并不在行，再或者是由于他们对这一过程尚不熟悉。以下创造性的运动策略通过一些对教师和学生来讲既舒适又实用的方式介绍了这些概念。策略的范围包括思考身体知识、内部的创造性的运动活动、剧院游戏和把创造性游戏运用到基本技能指导上。我们建议你通读所有的策略，然后从中选择一些最适宜你的策略。

作家佩吉•哈克尼（Peggy Hackney）也是一位国际上公认的"拉班运动分析"（Laban Movement Analysis）权威专家，哈克尼给教师和学生列出了以下问题，目的是强调运动的敏感性并增加他们的身体意识。

---

[1] 鲁道夫•拉班（Rudolf Laban，1879—1958），出生在奥匈帝国，从1919年开始在德国、法国等地开创了多所运动艺术学校，教育宗旨是让观察者理解那些能感知到的运动要素，能从身体姿势的表现中感知到信息。

[2] 亨利•伯格森（Henri Bergson，1859—1941），法国著名的哲学家，1927年获诺贝尔文学奖。他认为直觉经验比知识更为重要。

[3] 爱德华•霍尔（Edward T. Hall，1914—2009），美国著名的人类学家，他把学习分为三种水平：非正式水平、正式水平和技术水平。非正式水平的学习与情感有很大的相关性，不需要有意识的注意和记忆；正式水平的学习须遵循一定的规则，如认真听讲、做笔记等；而技术水平的学习则需要极少的情感，主要是探究规则的原因。

（一）理解身体知识

（1）在一张纸上，快速写下"应该"与"身体"一词相关的联想、图像、声音、感觉、思想、概念、信念。

（2）为自己画一张像。在画像上标明身体的哪些部位分别代表你生活中的不同内容，如学校、家、运动、家人、朋友、宠物、嗜好和工作。

（3）接下来，思考你所了解的身体的独特形式：

- 当你和他人有不同意见时，身体的哪一部位会有敏感反应？
- 观察别人几分钟。他的身体传达了什么非语言的信息？
- 当你做出一个决定的时候，身体的哪一部位会感觉到它的正误？
- 当你为教学和创作学校教学方案冥思苦想时，灵感来自哪里？

以上这些问题说明了动觉智能的多样性和身体认知的智慧。进行任何一个活动时，稍微思考一下如何运用我们的身体、感官和身体觉悟的形式，都是十分有益的。这样，我们就能在运动中感知知识，并且能够通过倾听身体语言和运动来学习和评估。

除了联系身体知识外，运用创造性运动来学习也是可能的。哈克尼提供了以下通过在教室运用运动来学习的建议。

（二）介绍创造性运动活动

（1）通过个别活动或小组活动，用身体来表示一个动物、一片云彩、一棵树、一个概念或一件事。这些认识可以使学生感知事物的关系并加深他们对物体或事件的认识。运动实验可以和诸如水循环、历史事件、数学公式和一个短篇故事结构之类的课程内容直接联系起来。

（2）区分学校中和生活中的习惯性运动。学会在你的身体感觉舒适、在你屏住呼吸，或者在你转移视线时留心观察身体感受。这样的暗示信号常常表明身体不舒服，并且可能伴随有身体压力。相反，注意那些使你感到有精神、好奇和舒适的情景。思考从这些认识中可以领悟到什么以强化生活中的其他活动。

（3）想象一下意念如何活动。产生一个想法，并用身体运动来表示它。在课堂上给学生提供5分钟或再长一点的时间让他们通过运动来表达所学的概念。如果学生开始时有点迟疑，让他们只使用四肢。然后，要求他们解释通过运动体验都学了些什么。

教师示范身体活动，使之成为加强学习和个人意识的方法是十分重要的。如果教师这样做时感觉不好，可以向学生讲出这种不适，征求他们的意见和支持，或者邀请嘉宾到教室来帮助学生和教师加入这种活动。

（三）通过创造性运动学习基本技能

创造性运动活动对许多学生来说都非常具有吸引力。教师们可以通过一些问题来激发这样的活动，这类问题有："如何用运动来强化这个概念呢？""如何利用教室空间来介绍今天的数学概念呢？""你如何通过运动来表达已经学过的知识呢？"当教师习惯于把运动作为学习工具时，答案就会迅速出现。

教师可以把创造性运动与基本的教学技能结合起来，建议教师这样教授数学和语文。

语文 学生可以通过猜字游戏来学习词汇。他们可以用角色游戏来表达讲话内容、适当的纲要形式、文学要素或人物及他们的动机。他们可以发展手指或身体字母表，或是用通心粉、剃须刀、纱线或胶水来练习拼写。全班学生可以在阅读的时候静静地用手势把故事表示出来。学生们在写作中用身体来加标点符号，方法可以是从座位上跳起来表示感叹号，每只手伸出两个手指头表示引号，弯曲手臂表示逗号。

数学 教师可以在学生小组中演示应用题。学生们可以在地毯上或水泥地板上画流程图来解释减法、除法或代数问题的解决。一旦画好了，学生们就可以按步骤来运算数学过程。学生们可以通过制作风筝、角色扮演定理和公理、用胳膊表示直角、钝角和锐角来学习几何。学生可以通过测量教室或学校操场的距离来学习面积和周长，他们还可以通过制作纸飞机来学习公制测量体系。

对想用创造性运动授课的教师来说，思考下列问题会有助于设计合适的活动。

（四）创编特定内容的运动活动

（1）如何把身体运动添加到课程中？学生们如何使用他们的身体来"成为"学习主题？

（2）如何给需要通过运动来学习的学生提供学习机会，又同时照顾到那些不需要通过运动来学习的学生？

（3）何种类型的指导能清楚地说明运动身体要做些什么？

（4）如何鼓励学生来描述他们运动之后学到了什么？

（5）学生们如何参与关于选择自己进行何种运动的头脑风暴，以帮助其更加有效地学习？

（6）什么样的班级管理策略能够鼓励学生都参与进来？

七、舞蹈

创造性运动的另一种形式是舞蹈。通过舞蹈，学生有机会用创编舞蹈的方式来学习、综合和展示他们所学的知识。对那些有兴趣将舞蹈融入教室的教师们来说，有两个很好的学习资源：《通过运动来教读写算》(*Teaching the Three R's through Movement*)，由安妮·格林-吉尔伯特（Anne Green-Gilbert）著，麦克米伦（MacMillan）出版社出版；《运动体验：为儿童和那些热爱儿童的人而舞》(*A Moving Experience: Dance for Lovers of Children and the Child*)，由特雷莎·本兹威（Teresa Benzwie）著，西风（Zephyr）出版社出版。这两本书都说明了教师如何通过把舞蹈与认知学习相结合来帮助儿童发现空间、时间、数字和节律等特质。

无论用创造性运动的何种形式，教师带领学生在探索舞蹈之前进行热身运动都是很重要的。以下热身不仅有助于教师引导学生为运动活动做准备，而且介绍了一些舞蹈要素。它们由戴比·吉尔伯特（Debbie Gilbert）和乔安妮·佩特弗[1]（Joanne Petroff）提供，这二位都是惠斯勒普舞蹈公司（Whistlestop）的负责人。

（一）舞蹈热身的要素

时间

（1）教师把时间要素运用到工作中，要求学生以不同的速度如快、中、慢来体验走路。建议使用其他的身体运动，如滑行、跳动、爬行和飞跃。选择和播放速度不同的录音，以不同的节奏击鼓或找到一个乐手为运动伴奏。

（2）教师要求学生从学生工作中选择一个"角色"，可以是人、地方或事情。要求学生在房间里四处走动，就像那个角色在使用最合适的动作。

空间

（1）教师要求学生使用他们的身体来创设和探索一个小空间、一个大空间、一个高空间和一个低空间。

（2）教师建议学生探索一个想象中的山洞，其中有羊肠小道、巨大洞穴、高高的峭壁和低矮的隧道。可以使用乐器或声音来制造音响效果。

体态

（1）当音乐响起的时候，教师要学生在室内空间穿梭；音乐结束时就停下来，观察他们在音乐静止时音乐雕塑的形态。

（2）教师让学生一起组成一个小组，建议他们摆出25个姿势，每次随着击鼓或音乐的变化而调整。

（3）在许多小组中，教师让学生创造教室课堂中的形态，诸如一个等腰三角形、一个氢分子、许多引号或一个有历史意义的日子。

（4）教师从学生的学业研究中，选择一个大的、复杂的形态，如一个几何定理、一个政府系统、一个分子结构、一篇散文的各部分或一种传染病的传播等，以让学生在小组中共同创作。

能量

（1）教师提出要求，当奏乐或击鼓时，学生首先用"旋转"能量来运动，然后用"摇摆"能量，最后用"平稳"能量，并找出一些声音来伴奏各种形式的能量。

（2）教师让学生围成一个圈，让大家

---

[1] 戴比·吉尔伯特（Debbie Gilbert）和乔安妮·佩特弗（Joanne Petroff），两人都是美国著名的舞蹈课程设计家、艺术教育专家。

都能看到对方，每个学生依次作为领舞者。"领舞者"选择一种能量特质并展示它，然后其他人模仿这位自发的编舞者。

（3）教师引导学生从班级课程如除法、借贷、探索、研究或编辑中选择"动作"，并使用各种能量特质把动作转变为舞蹈。

一旦学生练习了这些热身运动，他们就可以使用舞蹈要素来给故事、诗歌、历史事件和数学运算等编舞。

（二）通过舞蹈学习的步骤

（1）教师让学生选择一个故事、事件或过程并将其改编成舞蹈。可以为学生提供备用的乐曲选段或鼓。

（2）教师把选出的内容分成几个场景或情节。

（3）教师给每一部分安排一个小组。

（4）教师让小组成员探索使用舞蹈要素的方法，并为学生提供时间来为各部分编舞。

（5）作为一个完整的小组，教师让学生创编一个开始的形态或入场和结束的形态或退场。

（6）教师选择一个讲述者来阅读或解释每一部分。

（7）教师把以上部分组合在一起。当讲述者解释动作的时候，学生用舞蹈传达信息。讲述者可以使用手敲鼓或播放音乐来强调内容、提示动作、营造气氛或鼓励演员。教师也可以录下舞蹈以便将来观赏，并给观众现场演出或播放演出录像。

已经有许多教师发现了把舞蹈融入传统课程领域的一些富有创造性的方法。一位教三年级的教师在讲述太空这一单元时，创编了一个星球舞蹈。学生们模仿星球的转动快速旋转身体，在轨道上按逆时针方向准确转动。学生们扮演太阳、月亮、彗星和流星，彼此之间的运动保持着适当的相对位移。

一位高中的教西班牙语的教师则请学生用西班牙语写歌，并把它们和舞蹈结合在一起。学生的词汇迅速增加，并且测试分数也提高了，尤其是在那些先前学习新语言有困难的学生当中，成效就更加明显了。

各个年龄段的学生都喜爱身体运动。不愿意在同龄人面前跳舞的学生可以从简单运动开始，使用热身活动和运动游戏来克服畏难情绪。教师应该首先带头进行创造性运动，创编源自他的学科领域的创造性运动，而这个过程本身就是一种创造性的爆发。另外，运动或跳舞都没有所谓正确的方法，因而，我们每个人都可以发现属于我们自己的、我们自己喜欢的方式来运动、跳舞和学习。

八、操作物

三年级时，杰森（Jason）喜欢上了建构物体，他的工具有积木、拼图、牙签、棒冰棍以及任何可用的东西。在学习古代历史的一节单元课时，杰森建造出了可以研究各种文化的物体。他用乐高（Lego）玩具积木搭建巴比伦宝塔，用牙签和小软糖搭建埃及金字塔，用他自制的黏土砖块搭建中国的长城，用包装电脑的塑料泡沫搭建了希腊的帕台农神庙，用棒冰棍和大头针搭建罗马的桥梁，用从一套旧科技配件中淘出来的塑料片搭建玛雅神庙。在大多数班级活动中表现冷淡的杰森，在他的这些建筑项目中则表现出高度的热情。当他构建所学习的每个领域和文化中的结构时，历史活生生地呈现在他的面前。

皮亚杰和其他心理学家都曾指出学习过程中使用操作性材料的重要性。经常使用模型积木、塑料方块、彩色棒、七巧板和其他操作性材料，无疑能够满足学生的触觉和运动能力发展的需要。这些操作物可以通过搭建几何体来复制希腊建筑、复杂的糖分子。学生在环境中所看到的和他们实际操作的物体能使他们的学习以崭新的方式进行，而这种方式是传统的阅读和讲课所不能取代的。

许多买来的制作材料可以用来提高教师在数学、拼音、科学、阅读或几何等方面的教学。然而，有时候，教师在某个单元需要的特殊材料可能在市场上买不到。下面将要描述的作业卡和拼图卡给教师提供了一些可能的选择，使他们有机会自己制作廉价的课程操作物。

（一）任务卡

丽塔（Rita）和肯尼思·丹（Kenneth Dunn）在他们1978年的著作《通过个性化学习方式进行教学》（*Teaching Students Through Their Individual Learning*）中提出，教师应该把任务卡的创作作为教育目标。

任务卡可以扩充任何一门科目的教学，并且可以引入、强化或复习学习内容。由于容易制作，这些操作物能够同时满足观看和触摸的需要。

制作任务卡需要的材料很少。必要的工具是：便条卡（3厘米×5厘米或4厘米×6厘米），剪刀和一套彩色记号笔。每张卡片剪成锯齿状的两张。问题写在卡片的其中一半，而相应的答案则写在另半张上。或者是，一半写单词，另一半写相应的定义。

下面是几个例子（见图3-1和图3-2）：

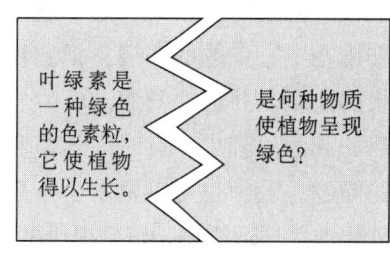

图 3-1

图 3-2

一旦准备好一套卡片，学生就可以结成对子或小组，轮流拼任务卡，并就这些内容彼此进行提问。除了触觉经验，学生应该口头解释每一个完成的任务卡，以此来巩固学习成果。有些时候，学生可以给出一个口头理由，把卡片按顺序放好。

学生们完成了第一套任务卡的制作以后，对于以后制作卡片的一般方式也就清楚了。一些设计可能会采用活动的部分、彩色的编码、自我修订的选项。学生们可以自主创作他们自己的卡片以巩固学习或用它们来教别人学习。卡片可以贮存在装饰好的或有标记的盒子里。

（二）任务拼图卡

任务卡的另一种形式是任务拼图卡，这需要有一张面积为8厘米×11厘米或更大的纸板。标题写在中央，副标题或补充细节安排在中心主题的四周。把它切割成锯齿状的小块，并混在一起。学生在把拼图放到一起的过程中，有时间学习和思考手头的问题。教师也可以要求学生用另外的信息装饰每一个拼块，解释提供的知识，或者创作他们自己的任务拼图卡。

本章提供了一个运动学习过程的锯齿状拼图卡作为范例。实际上，任何内容领域都能够用这种方式进行快速介绍或复习（见图3-3）。

（三）抽屉里的废旧操作物

教师和学生在家中的抽屉里完全可以找到一些操作物。玛利亚·蒙台梭利（Maria Montessori）就是在罗马的旧货堆里找到了她教室里要用的材料。纽扣、大豆、鹅卵石和硬币只是可以用于数学计算的几种物品。比如，用软糖或浸泡了整夜的干豌豆连接起来的牙签可以成为制作几何体、房屋或宇宙飞船的精美的建筑材料。彩色电

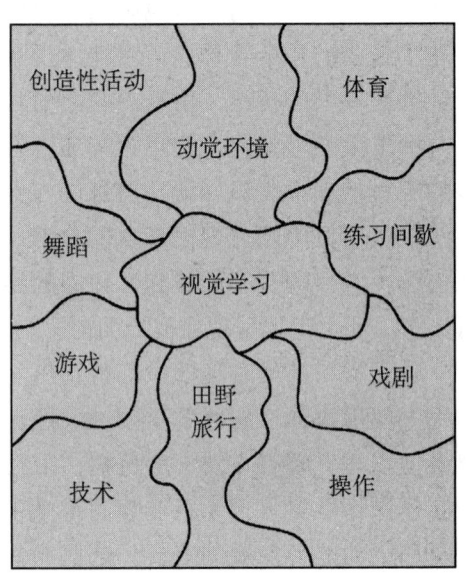

图 3-3

线也可以弯曲和缠绕成不同形状在许多学科领域使用。这种容易操作的材料可以对植物、动物和机构的解剖进行复制，使学生能按大小比例雕刻它们。旧鞋盒可以作为各种透视图的美丽背景。橡皮泥或黏土也可以重现故事中的场景或人物。只要稍微发挥一点想象力，我们就可以发现或制作出操作物，来为每门课程都添加一种美妙的真实感。

（四）图章

图章和块状印刷工具也是随手可得的课堂操作物。它们可以从日常材料如蔬菜、植物、海绵、泡沫、鸡蛋盒、橡皮膏、油地毡和硬纸板中制作出来。通过用胶水把这些物品串到一个钉子、线轴、滚筒或面棍上，一个"滚动"的图章就制作好了。甚

至手指头也能成为有用的图章。

制作教室图章和印制图像

制作持久、耐用的图章的一个既经济又简便的方法是使用旧车轮的内胎橡胶。它们在任何轮胎店都是免费的。

（1）教师用剪刀把橡胶剪成周长约为5厘米的正方形，然后把它们分给学生。

（2）教师把小木头块一分为二，每个学生一块。从木材厂要2.5厘米×5厘米的木块，它们最好使，就像把厚木块切成5厘米长的木块一样。

（3）学生们首先在纸上画一个模型图章设计图或模板。当模板完成后，可以用剪刀把它从橡胶上剪下来。

（4）接下来，学生们把设计图案用胶水粘在木块上。（记住：像镜面反射一样，它们印出来的与看见的是相反的。）学生可以在两头各放一个印章。多数胶水都比较好用，然而，用充分的时间晾干它是很有必要的，最好是一整晚。

（5）图章印色因为有印泥，不需要怎么清洗，所以很好用。块状印泥看起来最持久、最专业，而胶画虽然便宜却看起来脏乱。小学生可以直接用记号笔作图章来创作简单的图案。

从简单的自制图章到市场上买来的图章，它们可以有很多的使用方法。一旦制作出来，教师要让学生以各种不同方式使用这些图章：在数学课上，问题和答案都可以用图章说明；"签名"图章可以识别学生的作业；在艺术、音乐或数学课上可以用图章来学习模型；在科学课上，图章可以用来创作分子链、电路、细胞组成；在语文课上，图章可以用作标点符号。任何艺术史和多元文化单元，如果不用图章说明将是不完整的，因为，在人类各个历史时期的文化中，图章的使用遍及一切事物，从书法手稿到结婚礼服的装饰，可谓无处不在（见图3-4）。日常生活的设计如箭头、星星、心形和其他符号都可以用作学生工具，或仅仅为了美化课堂作业。

图3-4

有一个班的学生，他们使用暴风雨、太阳和雨水的图章，盖在州地图和美国地图上，以此来跟踪、分析和预测天气状况。还有一个班的学生，他们使用图章为小孩子创作谜语故事。虽然市场上制作的图章在教育器材店和文具店里可以买到，但学生通常更喜欢亲自制作和使用它们的过程。

九、课堂游戏

很多学者倡导以游戏为基础的教学。约翰·杜威（John Dewey）在1990年曾指出，因为游戏提供了积极的、肯定的学习体验，所以游戏本身就是教学。乔治·赫伯特·米德（George Herbert Mead）是杜威的同事，他也认为游戏对儿童健康的社会化有重要意义。他认为，通过游戏，儿童学会模仿和扮演不同的社会角色。同样，皮亚杰也强调儿童认知发展过程中游戏活动的重要性。

游戏使学生进入富有想象性和挑战性的情境中，这增加了实用知识、做出决策和人际交流技能的发展。当通过游戏学习时，大多数学生充满好奇地、热切地探究他们的学习项目。

游戏可以采取许多不同的形式来进行，可以是精致的技术模拟或者是简单的"圣人说"。也有许多现成的课堂游戏，如"起飞"或"Yotta"。然而，在实际教学中，教师们通常想要掌握有关特定学科内容的游戏。以下部分描述的游戏恰好适应于任何学科领域，并且易于开展。它们包括狩猎大搜寻游戏、大型地板游戏、仿效詹姆斯·阿谢尔（James Asher）外语学习方法发展而来的全身反应游戏和一般的复习游戏。

（一）狩猎大搜寻

中小学生特别喜欢玩的一个游戏是修订后的狩猎大搜寻。狩猎大搜寻游戏是一个充满趣味的研究过程，适宜于收集任何主题的数据。以下是创设该游戏的指导原则。

创编教室中的"狩猎大搜寻"

为创设一个"狩猎大搜寻"的游戏，教师首先需要确定一个学生准备学习的主题。有必要列出10个到30个该单元将包含的关键概念。一旦整理好，这些条目就可以作为搜寻的基础并用来指导学生研究。当教师将"搜寻"目标分类后，也同时把学生分成小组。在小组中工作时，每个学生负责收集2～6个列表中的项目。当所有的目标都收集起来后，各小组向班上其他小组汇报自己学到的知识。可以采取班级竞赛的方式进行活动，也可以在活动中忽略竞争而着重强调合作精神。

一位高中历史课教师想让学生学习罗马衰亡的历史，并大致了解文明的循环历程。于是，她列出了以下搜寻项目：

（1）找出三份描写罗马帝国衰亡历史的书面材料。比较和对照这几种版本中所记载的事件的异同。

（2）找到并观看一部有关罗马灭亡的电影或录像带。

（3）找到并采访一位了解罗马衰亡原因的博学者。这类博学者包括：高中里其他的社会学科老师、社团成员或当地大学里的历史教授。

（4）收集有关罗马金融系统及其弱点的资料。

（5）收集有关罗马领袖人物和军队的资料。

（6）收集罗马周边国家及它们不断强大的资料。

（7）汇集整理以上所有相关的信息。

（8）制作一个表，解释与罗马衰亡相关的潜在原因和后果。

（9）除以上引用的理由外，对罗马衰亡做一个合理的推测，并验证这一推测。

（10）制作一个可以解释你们小组成员对文明循环的看法的视觉辅助材料。

（11）将你们小组的文明理论与当今的美国文明进行比较和对照。

"狩猎大搜寻"是一个有效的活动学习过程。学生们可以用2～3周的时间来搜集信息，并为同班同学准备小组报告。教师将发现，有必要在布告栏、工作台或桌子上留出一些地方来展示学生们搜集来的资料。

（二）大型地板游戏

大型地板游戏可以强化任何种类的学习内容。诸如纸盘子和彩色记号笔之类的简单材料是创设以下描述的游戏所需要的工具。

纸盘子游戏

一个有效的身体学习形式是纸盘子游戏。教师把事实写在纸盘子上，这些纸盘子放在地上，彼此相隔约60厘米。例如，一位科学教师可以设计一个游戏来帮助学生们复习化学元素的名字和符号。他在三四个盘子上写"C"（carbon，碳），在另外几个盘子上写"Ca"（calcium，钙）、"H"（hydrogen，氢）、"Mg"（magnesium，镁）。有必要在三四个盘子上写每个符号，以便有多个副本。接下来，教师选择4～6个志愿者，组成小组来做游戏。

在此，必须解释一下玩游戏的两个简单规则：学生在游戏的时候决不能和他人讲话或接触。他们需要安静地得出他们认为正确的答案。准备就绪后，教师说一个元素，学生就跳到写有那个元素的纸盘子上。观众来判断游戏者是否选择了正确的答案。

学生们通常很喜欢玩这个游戏，该游戏也可以很好地应用在科学、数学、语文、外语、健康或艺术领域中。

运动流程图

很多类型的大型地板游戏都可以从简单的流程图中制作出来。这个游戏最适合的学习内容是程序性的，在情节结构、数学公式、食谱、科学过程或历史事件中都能找到。教师或学生首先在笔记本的纸上设计流程图，然后把它们转换到大牛皮纸上或纤维纸上。教师或学生开始制作一个运动流程图时，首先要考虑在以下的表格里填写什么信息（见表3-1）。

表3-1

制作者可以把这些表格裁开，并按照逻辑顺序进行排列。箭头可以表示相关步骤的顺序。只要制作者对这个流程图的模型满意，就可以把它转换到一大张纤维纸或牛皮纸上，如图3-5所示。

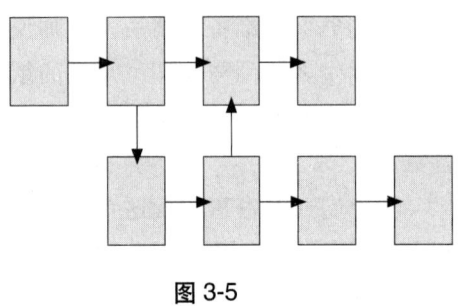

图 3-5

当流程图准备好后，学生可以真实地在流程图上穿行或跳跃，并解释踩到的信息。这些语言表现强化了学习内容的运动学习。关于流程图的举例，请参考本书接下来的第四章中的相关内容。

（三）全身反应（TPR）游戏[1]

詹姆斯·阿谢尔[2]（James Asher）博士是"TPR"第二语言学习法的创始人。这种以活动为基础的学习方法使学生在语言学习过程中融入了游戏和身体活动，类似于婴儿学习母语的方法。教师的口头指令和相应手势传达了他的语言要表达的意义。学生重复指导者的活动，同时，教师鼓励学生在他们感到有信心这样做的时候再使用词汇。"全身反应"（TPR）游戏目前在国内外已被很多第二语言学习者广泛采用。那些有兴致学习更多TPR语言指导策略的人可以阅读阿谢尔在2000年出版的著作——《通过动作来学习另一种语言》（*Learning Another Language through Action*）一书。

实践证明，TPR取得了成功，它的内容也因此已经被应用到一般教学中。该方法类似于游戏的本质使它易于被迁移至各学科领域的教学中。下面是涉及基本技能领域的一些简单游戏。

数学 教师把学生分成三个小组，如小数、分数和百分数。给每组大约10分钟的时间来决定作为一个小数、分数和百分数的好处及目的。然后每一组尝试说服其他两组相信他们计算过程的优越性。

学生围成一个圈，把一个球抛给一位同学。由一位教师或学生念数学题，知道答案的学生举起手来，把球抛给说出正确答案的学生。再问一个问题，拿球的同学把它扔给举手的同学。每次问一个问题，当有人回答正确时，就传一次球。那些感

---

[1] TPR（Total Physical Response），是一种语言教学法，它的前提假设是人类大脑掌握任何一种语言（包括聋人的手势语）都有一个生物过程，这个过程在我们观察婴儿如何学习第一语言时可以见到。这是父母与婴儿之间进行的独特交流。例如，在进行第一次交流时父亲说，"看爸爸，看爸爸"。这个婴儿的脸转向声音传来的方向，爸爸解释："他在看我！他在看我！"这就是一个语言——身体的交流，因为父母说话，婴儿做出相应的反应，并伴有身体动作，如看、笑、转身、走路、抓握、坐和跑等。

[2] 詹姆斯·阿谢尔（James Asher）博士，心理学教授，在新墨西哥大学读大学本科，在休斯顿大学获得硕士和博士学位，博士后学习在华盛顿大学（语言学）和斯坦福大学（教育研究），经过30年的实验室研究，发明了一种学习第二语言的新方法——TPR，取得了很大的成功。

到回答问题有困难的学生在游戏开始之前就被安排去问问题。游戏得分帮助班上每个人体验到了学习的成就感。

科学 学生小组成员可以自愿表演组成不同分子的元素。例如,有一个小组是甲烷(CH_4),另一个是水(H_2O),还有一个是三氧化硫(SO_3)。在为班上其他同学表演时,每一组必须确定有多少个氢分子和碳分子。当他们演示分子式时,观众则猜他们演的是什么,学生们也很快画出一个分子式图。

任何课程领域 用粉笔在水泥地上或地板上画一个大的跳房子格。在每个方格内,写一个学生正在学的单词。学生分组跳格子,只有当他们给方格内的单词做出了正确的定义时,才可以再接着跳。

如果教师有相应要求,学生们将渴望编创以学习为基础的新的游戏方法。教师也可以偶尔把创设班级游戏作为一项学生选做的作业。

(四)一般的复习游戏

为了让学生通过运动来复习所学的知识,教师可以收集几个简单的材料并准备下面的游戏。需要的材料包括:学生每人一个便条卡、彩色记号笔、一个大毛线球。在每个便条卡上,学生写出他们最近在课堂上学习的一个单词、事件或名字。最好每张卡片上包含的信息各不相同。

卡片准备好后,游戏就可以开始了。教师收集并重新分配卡片,每人发一张卡片。然后学生围成一个大圈。教师先开始,把毛线球扔给圈子里的一个学生。这个学生开始游戏,说明他的卡片上写着什么,并以各种方式扩展相关知识。如果学生有困难,他可以请他左边或右边的同学帮忙。大家分享这个知识点后,圈子里的其他同学如果可以解释他们的卡片与刚才所讲的内容有什么相关,就举起手来。拿着毛线球的同学把线缠在自己手指上,再把球扔给举手的一位同学。这位同学解释他卡片上的信息与大家刚才所听的知识有什么相关,并添加一些其他相关的信息。然后其他同学再举手,游戏就这样继续进行下去。

玩第一轮游戏时,每个学生只有一次机会来投接毛线球。如果学生和教师都愿意,后面可以多进行几轮。交织在一起的毛线从视觉和动态的角度呈现了知识是如何相互联系的,同时也使复习活动展开得趣味盎然了。

在游戏期间,教师可以改变问题的难度来发展高级思维技巧。6个或7个学生玩过之后或是在第二轮游戏期间,教师可以要求学生解释他们的卡片与刚才同学所讲的有什么不同、前面的评论是否正确,并且(或者)创造出独特的、富有想象力的新答案。每个人都扔过毛线球后,游戏就结束了,并且在复习结束时,教师应该安排一个学生重新缠好毛线球以便将来再用。

十、体育

体育的新定义是从运动与教育的联系

中产生的。许多团体都呼吁体育不应该被看作每周在体育馆进行3~4次的一门课程，而应该从更广的范围来认识它。1995年，全美体育标准协会（National Standards Association for Physical Education）确认了"接受过体育训练的学生"的特征。这些标准强调了动觉智能的本质内容：认识和参与增进健康的活动的重要性。

（一）接受过体育训练的个体的特征

（1）在许多运动形式中表现熟练并精通几种运动。

（2）能通过各种方式学习和发展运动技能。

（3）保持一种积极运用身体的生活方式。

（4）使身体保持健康。

（5）对身体活动中的个人和社会行为承担责任。

（6）尊重他人生活能力的不同表现。

（7）珍惜在体育活动中获得的娱乐、挑战、自我表达和社会互动的机会。

随着体育定义的扩展，在改进特定身体活动的表现上也有了重大进展。顶尖的运动研究者已经学习了很多有关完善身体及改进学习的技能。他们在体育中强调的一个结果是把身体和心智结合起来提高身体技能。这方面的信息，在本书第七章中有相关讲解。

（二）探究学习

探究学习源于库尔特·哈恩[1]（Kurt Hahn）创造的外部边界方案（Outward Bound Program）。它使学生面对需要克服的学业和身体挑战。就像在荒地方案中，学生学习在小组中和他人一起工作，艰难地完成超过一个人工作量的工作，运用群体的努力来造福于当地社区。

全美有将近100所学校把探究学习用作重新设计课程的方法。在这些学校中，学生参与有关一个主题的长期的、多学科的探索，如爱因斯坦的相对论、公民权利运动或人类、植物和动物的迁徙。教师以一种探险和研究的方式设计个人或小组探究，使课程内容与州政府和地方标准一致。探究也主要由方案、田野工作、服务和总结表演构成。社区成员通过访问学校也积极参与进来以分享他们的探究体验。这些客人可能包括口述历史的讲解员、动物园管理员或作家。

核心练习

作为探究学习基地而重新调整的学校要包含五个核心练习。第一个核心练习是学习探究或长期探索学生在教室内外真实生活中的一个主题。第二个核心练习包括建立一种反思、批判、修订和合作的文化。检测与评估学习内容和过程使学生和教师

---

[1] 库尔特·哈恩（Kurt Hahn），德国教育家，提出了全人教育的思想。他认为教育不只是掌握事实和推理能力，而是发展人的综合素质，发现每个人的强项和自信，培养完整的人。

进入互相尊重的、诚实的对话交流中。第三个核心练习是创设一种鼓励高期望、尊重、合作、探险和超越自我极限的学校文化。第四个核心练习与重新组织时间、学生小组和支持学生学习的资源有关。例如，在许多探究方案中，重新设计日程表以更好地利用大块时间；学生可能和同一位教师或教师小组在一起待一年多的时间。第五个核心练习包括每年教师反思学生的成绩结果、课程、教学法，并为进一步提高教学水平制订行动计划。

小学的探究学习

在迪比克市的平顶山（Table Mound）小学里，一年级学生进行了一个叫作《书！书！书！》的探究活动，目的是成为读者和作者。他们专心于文学和阅读技能的研究，教师要求他们写作有关个人和班级的书，并创设和表演一个班级游戏。他们每天把书带回家，和家庭成员一起阅读，并且在学年开始时就被告知要反思和评论他们写的书。

在佐治亚州迪凯特（Decatur）县的克莱尔蒙特（Clairemont）小学里，四年级学生参加了一个把科学、社会学、语文、艺术和研究结合在一起的探究活动。学生们研究迁徙和移民。他们每个人研究一种动物的迁徙习性，并写一份报告进行说明，同时雕刻这种动物。学生们在合作中研究迁徙，创设壁画来说明种子如何传播。他们也研究移民，目的是搞清楚美国人为什么定居在这儿，是如何实现的，并写作和表演一些移民故事。

中学的探究学习

在纽约城市学校（New York City School）里，学生为当地的公园设计风景。他们做了一个需求评估，考虑了植物和环境的关系，然后为公园开发了一个修复计划。

在马萨诸塞州波士顿市的一所学校中，八年级的学生对新闻和一些曾经是社会活动家的美国人进行研究。通过阅读历史课本、历史文献和观看电影，学生们思考不同历史时期的背景和事件，如奴隶制和废奴主义者。他们练习阅读、写作和采访技巧，并应用这些技能会见当地的活跃人物。为使方案效果达到最佳，学生们编辑关于当前和历史上的著名人物的资料，寻找人们对他们工作的批评，并在把信交给当地报纸和学生自办杂志的编辑之前重新修订自己的工作。

高中的探究学习

在科罗拉多州丹佛市的岩石山学校（Rocky Mountain School）的探究学习中，高中生通过追溯伽利略时代的生活来学习物理。学生们专注于意大利文艺复兴时期，思考那一时期思想的转变和新技术的应用。学生们制作了一个类似于伽利略曾使用过的那种望远镜，分析它如何工作，说明通过它我们能看到什么，思考我们的太阳系如何运转。

在华盛顿州玛丽斯维勒（Marysville）杜拉里普保留地（Tulalip Reservation）中

的杜拉里普传统学校（Tulalip Heritage School），中学生们设计和参加了一个独木舟旅游项目。他们的准备工作强化和扩展了基本技能的学习，同时促进了传统知识和赛利希（Salish）海岸传统文化的保留。

对设计探究学习感兴趣的教师可以在以下两本书中找到有用的信息。它们是：坎贝尔（Campbell）、莱博维茨（Leibowitz）、梅德尼克（Mednick）和鲁根（Rugen）合著的《设计学习探险的指导策略》（Guide for Planning a Learning Expedition）；康塞斯（Cousins）、梅德尼克（Mednick）、坎贝尔（Campbell）合著的《全天读写》（Literacy All Day Long）。

十一、课间活动

学生们经常长时间地坐在座位上，这会妨碍他们充分而自由的呼吸。虽然浅呼吸足可以维持生命，但不能使身体放松和头脑敏捷！打开窗户，进行简短的课间活动——哪怕只是几分钟——也会为学生们带来新的灵感和能量，还可以帮助学生重新集中注意力。

下面要讲的运动活动并不是要反映学习内容，尽管在一些例子中可能涉及了一点。它们真正的目标是激活学生的心智和身体，并且在这样做的同时提高学生的学习效率。我们推荐教师在和学生共同分享之前，先自己选择并预先练习这些建议的活动。

（一）快速热身

当学生在刚上课时或午饭后表现懒散的时候，教师带领学生们花一两分钟的时间进行身体活动能迅速激活他们的大脑和身体。学生们也可以轮流带领他们的同学进行以下熟知的活动：

　　扭扭臀部　　　绕绕膝盖
　　转转脖子　　　耸耸肩膀

摘苹果式的伸展手臂——一次伸出一只手和胳膊，做抓的动作；再换另一只手和胳膊

深呼吸——张开双手伸展胳膊。手掌向上推，吸气，双手高举。呼气，双手下垂至地板

（二）站式放松功

"站式放松功"是一个简单而有效的使身心集中的活动。这个活动由太极和跆拳道的教练联合开发而成。这套身体活动讲述的是利用自己的才能为他人服务的故事。开始时，先朗诵故事情节。这样做是为了帮助记忆活动顺序，有些学生愿意省略该步骤也是可以的。站式放松功缓缓地放松练习者的身体、在平静中集中心智。这套放松功大约要用3分钟的时间。

活动开始，双脚站立，双腿并拢。右手抓住左手的拇指。低头。放松身心。故事情节：你尚未诞生。

吸气，张开双脚，与肩同宽。双臂交叉向后，手指张开。故事情节：你迎接生命。

呼气，放下胳膊，同时在你眼前的空中画一个山形（或三角形）。放松双肩，胳膊重新向后下垂。故事情节：你观看生命中将要攀登的大山。

吸气，手臂向前推出。双手合拢。当手向上走的时候把你的食指和拇指连在一起形成一个三角形。当继续向上举手臂时，透过三角形观看。故事情节：你观看生命中将要走的路程。

前后晃动手臂。呼气，向后向下张开双臂，积聚能量直到双手够到腰部时，轻轻向前弯腰。故事情节：你为生命中的工作做准备。

吸气，举起双手，手腕靠拢，手掌打开，手指朝下。举起张开的双臂到腰部，手腕相应地运动。故事情节：你贡献你的才能为他人服务。

呼气并放松。回到起始位置，头稍稍低下，右手握住左手的拇指，脚并拢，肩放松，头脑平静。故事情节：你从奋斗中歇息下来。

有些教师在上课开始时用"站式放松功"来集中学生注意力，或是在上课期间提供一个必要的伸展间隙。前几次教师可以叙述故事情节，这样有助于学生对动作的记忆。然而，当学生熟悉了这个过程以后，最好让他们自己静静地来做。

（三）八段锦[1]

下面要讲的是被称为"八段锦"的健身活动。这项活动来自中国的太极运动，数百年来，受到不同年龄的人们的欢迎。它对任何年级的学生都是有用的，教师可以用八段锦在清早唤醒身心，在学生开始走神的时候唤起他们的注意力，在午餐后感到困乏的时候提神。具体练习步骤如下。

（1）两手托天理三焦：站立，两脚分开与肩同宽。两手心向上从体前徐徐托起，至头部时翻掌继续向上推，直至两臂伸直如托天，吸气，意想入静。然后两手掌外翻，两臂向身体两侧徐徐落下，呼气，意想放松。

（2）左右开弓似射雕：站立，两脚分开，距离略大于肩宽。两膝弯曲呈半蹲式，两臂及手于体前徐徐提起，至胸部时两手半握拳，左肘屈曲用力向左侧如拉弓弦，右肘由屈曲位逐渐伸直，向右侧推出如握弓，两眼注视右方。自然呼吸，意想射雕。然后向左侧开弓，动作相同，但方向相反。

（3）调理脾胃单举手：站立，两脚靠拢，一手手心向上从体前徐徐举起，至胸前时翻掌向前推出，直至手臂伸直，两眼看手，吸气，然后翻掌向下，手臂徐徐落下，回到预备姿势，呼气。换另一只手做同样的动作。

（4）五劳七伤往后瞧：站立，两脚稍分开，两臂自然下垂于体侧。头向一侧转

---

[1] "八段锦"，为大众熟知的中国气功保健体操之一，流传至今已有八百多年，由八小节如锦缎般优美、柔顺的动作组成，故称"八段锦"，对于强健体魄、调理养神、活血化气有积极的作用。

动至极限，两跟随之后瞧，吸气，头向前转回，呼气。接着做另一方向动作，左右交替进行。

（5）摇头摆尾去心火：站立，两膝屈曲成半蹲位，两手扶膝，臀部后坐。头向一侧摇转，两眼跟随向后瞧，同时臀部向另一侧摆动。自然呼吸，左右交替进行。意想模仿动物之摇头摆尾动作。

（6）两手攀足固肾腰：站立，两脚稍分开，两臂自然下垂于体侧。上体前倾弯腰，两手尽量向下攀足，呼气；回到预备姿势，吸气。意守腰部命门穴。

（7）攒拳怒目增气力：两脚分开，半蹲位，两臂屈曲，两手用力握拳，左右交替向前击出，两眼怒视前方，自然呼吸。意想增气力。

（8）背后七颠百病消：站立，两脚靠拢，两手背后互握。整个身体向上颠跳，中等速度，高度20～30厘米，自然呼吸。意想百病消除。

练习者可以按顺序做这些练习，也可以每次只做其中几项练习。总之，这是放松身体和重新集中注意力的简便易行的方法。

（四）眼保健操

在长时间看书和操作计算机后进行简单的眼保健操是很有用的。

（1）双手蒙住眼睛，在黑暗中看一两分钟。然后头部不动，睁大眼睛，眼球顺时针转动。再逆时针转动。

（2）向前伸出双臂，拇指朝上。划一个大圈，眼睛跟着拇指转，先顺时针，再逆时针。把手放到鼻子前。缓缓伸出一只手臂，手心朝外，眼睛跟着转动。手移进移出几次。

（3）交替看近处和远处的物体。

这样的运动放松了练习者的双眼，有助于促进阅读时眼部肌肉的调节。

（五）唤醒

当学生昏昏欲睡或注意力分散时，教师可以带学生们试试这个简单的练习。向前伸臂，剧烈晃动双手。同时，如蜂鸣一样，发出"Zzzzzzzzzz"的声音，直到头顶也跟着振动。把手臂举过头顶，继续晃动双手，向外朝一边伸，向前往下，一上一下，再次举过头顶，按顺序重复。把双臂举过头顶，深呼吸几次，在胳膊放下时呼气结束。

（六）入静

有时候，学生可能会因为实地旅游或其他活动的过分刺激而显得亢奋，这时教师需要让他们平静下来。缓缓地深呼吸、闭上眼睛做伸展运动、听柔和的轻音乐都是十分有效的镇静法。或者，教师可以让学生想象在温水里缓缓地俯身游泳，并随着手臂运动有节奏地呼吸。

十二、实地旅行

策划得当的实地旅行能给许多学生提供有意义的学习经验，尤其是当旅行与课堂学习内容结合在一起时，更是如此。从简单的自然行走，到有指导地参观博物馆，再到国际交流项目，实地旅行为学生们提供了具体的、实在的学习机会。野外露营和探险以及到商业组织、文化机构和研究中心的实地旅行都使学习充满活力。不愿意只待在教室里学习的学生常常在实地旅行中兴致勃勃地收集信息，以便以后展示给大家。

要使旅行获得成功，教师必须提前计划好学习目标，并在出发前同学生们进行交流。因为，如果许多学生不了解学习目标，他们可能把实地旅行看成娱乐，从而意识不到它的价值。学生们通过参与有准备的、连续的活动，可以发现动手操作和在真实生活中学习的价值。以下是一些组织有效的实地旅行的指南。

实地旅行指南

（1）确定本次活动的目的和预期收获。

（2）提供后勤知识，如：地点、时间、适宜的穿着、材料等。如果需要，应与学生协商并获得家长、学区人员和实地旅行机构的批准。

（3）组织学生小组，并明确各自的责任。建立行为预期。

（4）安排一项任务来完成或是让学生设计他们自己的任务。给学生分配在实地旅行中需要的材料。

（5）全班在一起或是分成小组，讨论旅行见闻、分享日志或艺术作品。

（6）鼓励学生与其他班级的同学、管理员、家长或社区成员分享他们的经验。

因为许多学校考虑到经费预算和交通方面的原因而限制实地旅行的数量，而教师们则经常能发现扩展校外学习的创新性方法。一位教德语的教师每周在德语课期间带她的学生散步，辨认环境中的事物，甚至在沿街行走时变换动词并和动作相匹配。一位小学艺术教师定期把他的学生带到户外为班级艺术项目收集材料：用来编织的长草，可以画画的岩石，装饰用的其他物品（包括杂物），各种树叶、花朵，用来拓印和分析组织结构的树皮。一位中学音乐老师让他的学生在大风暴过后去收集落下的树枝，然后把它们切开或折断制成节奏棒；每个学生制作一对自己的节奏棒，并经常使用它们来学习节奏。一位在高中教美国史的教师，带他的学生出去散步，目的是调查社区的当前状况；回到班里后，学生们写自己观察到的社区里的变化。类似的"实地旅行漫步"也是学习文学的有效方式，因为，学生可以描述他们实地旅行散步期间观察到的物体或讲述相关的故事。无论在城市、郊区还是乡村，散步旅行与公共汽车或小汽车旅行一样，都为学生们提供了各种科学、社会研究和语言经验的学习机会。

十三、提高动觉智能的技术

只要教师合理使用，通过运用技术来学习将是一个具有高度灵活性和互动性的过程。由于计算机在操作时依赖于手眼的协调，这个运动活动本身就可以加强学习，并使学生成为学习过程中的积极参与者。

克里斯托弗·迪德（Christopher Dede）是哈佛大学教育学院学习技术领域的蒂莫西·沃斯讲席教授[1]（Timothy E. Wirth Professor）。他指出，在价值共享、多感官通道吸收、计算机支持下的合作型学习，在知识全球化的环境中，学生完全可以跨越时空障碍与他人接触，许多新技术的应用同样促进了动觉智能的发展。他也在研究一些电脑游戏与学习之间的关系。

因为大多数电脑游戏要求游戏者的注意力高度集中，并有熟练的身体反应，所以对发展学生的动觉智能很有帮助。例如，俄国数学家亚历克斯·帕扎特诺弗（Alexey Pazhitnov）设计的游戏"Tetris"，要求玩者迅速做出决定、手眼协调并迅速检验假设。毫无疑问，这些充满动作挑战的游戏使那些厌烦传统数学课的学生更加投入，虽然二者都属于同一种类的空间和逻辑思维，但对学生来说，学习效果截然不同。

诸如乐高玩具之类的项目给计算机和外部操作之间的联系提供了很多方法，如：乐高积木与注视、旋转和移动等动作。学生们以这些方法起步，通过他们自己开发的计算机项目进而发现各种不同种类的机器来操纵。星相图（Starlogo）是这些工具的一个自然拓展，是进行建构主义活动的一个十分有效的工具。它在MIT的媒体实验室被开发出来，该程序可以在相关的网站上免费下载。

西雅图的一群中学生，最近在与来自北美各地的同伴参与一个"鲑鱼峰会"（Salmon Summit）时，使用了星相图。学生们分成小组，建立一个鲑鱼能够孵卵、行走、回巢、生产和死亡的互动模型。沿着这条路，鲑鱼将遇到各种危险的障碍物，就像它在真实世界中可能发生的情况一样。有必要说明的是，学生正是使用他们学过的一些简单的数学规则建立起了这个体系，并且，他们对这个项目有强烈的研究动机。

把运动活动与逻辑思维的发展结合在一起的另一种方案是布罗德本德（Broderbund）的"个人科学实验室"，实验室里有水源（音源）测距仪（Source Ranger）、照相门（Photogate）的侦察器以及旋转运动、pH值、温度和光的检测设备。学生们通过使用这些工具，可以创造物理或科学实验，其结果被分析和展示在计算机屏幕上。我们看到的只是一整套新的计算机项目的开始部分，它能够使学生体验在日常生活中很少遇到的事情。

---

[1] 讲席教授在美国是级别和待遇最高的教授职位，讲席教授的席位根据捐助者的意愿冠名，如"×××讲席教授"。蒂莫西·沃斯讲席教授，是在蒂莫西·沃斯的捐助下设立的。

通过"贾森方案"[1]（Jason Project）进行的电子实地旅行或许与身体无关，然而当学生们和研究者一起探索鲜有人迹的地域时，他们感到自己仿佛真的在探索大海深处或火山内部。课堂上，同学们可以通过电子技术联系到在地中海深处研究板块的探索者，然后与科学家交流、提问题、要求更近地观看地域或物体。这个方案与一个丰富的教室课程联系在一起，同时也为教师提供了在线科学课程内容。

在华盛顿大学海洋地理学院基础上形成的"海王星方案"（Neptune Project），是为了建立一个太平洋东北部的水下观察站网络。该方案中长达3000公里的光纤和电缆为交流和科学设备提供了能量与可能。研究者第一次和各个年龄的学习者一起参与在海洋地壳上进行的详细研究和实验。"海王星方案"每年会带几组教师去海域，他们在那里探测深度，和国外科学家一起参与研究，并和他们班上的学生取得联系。这个方案也与某些特定课程相联系。

有时候，技术也很容易使学生成为被动的观察者，或者仅仅成为信息接收者，但正如前面例子中所说的那样，教育工作者必须时刻提醒自己：无论何时，学生积极地参与学习不仅是可能的，而且是十分必要的。

十四、小结

本章主要介绍了与个别课程结合在一起的或贯穿整个课程方案的各种动觉策略。我们看到，刚开始时，一些教师和学生可能会自觉地把运动要素添加进课堂中。在这种情况下，教师和学生讨论自己的担心并明确新式课堂活动的潜在好处，常常是很有帮助的。更有可能的是，一些学生渴望参与到运动活动、角色游戏和动手游戏中，并想在活动中领导他人。由此一来，一个可能的结果是，在传统教学中成绩不好的学生将有机会通过运动的方式取得成功。另外，当教师把戏剧、挑战活动以及与真实世界的互动整合到课堂活动中时，学习本身将变成令人难忘的经历。

现实中，学生在学校里常常体验不到探险和刺激的滋味。而当这些要素被融入课堂中的时候，常常会激发出学生的优异表现。正如实施探究学习的学校中所显示的那样，当学生的大脑、身体和心灵都受到激发而达到新高潮时，学生就能够获得学业与行为上的良好表现。

为了对动觉策略进行反思和总结，也为了给个别教育者提供一些更加适宜的教学方法，我们提供了下列内容。

---

[1] 贾森方案（Jason Project），一个多学科综合的方案，目的是激发学生的想象力和改进课堂经验，把冒险和发现的喜悦带到课堂上。该方案带领学生从深不可测的海洋到潮湿的雨林森林，从冰雪覆盖的南极区到赤热带，探索星球的奥秘，让学生与世界顶尖的科学家一起工作来探索有关的生物和地理发现。

十五、应用动觉智能

(1) 我从本章获得的重要观点和启示:
_____
_____
_____

(2) 我想更深入地学习的领域:
_____
_____
_____

(3) 在我的教学中我可以利用这些信息的方法。请注意,本章中提到的策略已提供在下面,并附有空格以提示每个策略是如何融入课堂教学的。

动觉策略	课堂应用
创设肢体学习的物质环境	
教室区域	_____
戏剧	
正规戏剧	_____
角色游戏	_____
创意戏剧	_____
模仿	_____
创造性运动	
理解身体知识	_____
介绍创造性运动活动	_____
通过创造性运动学习基本技能	_____
创编特定内容的运动活动	_____
舞蹈	
舞蹈热身的要素	_____
通过舞蹈学习的步骤	_____
操作物	
任务卡	_____

任务拼图卡
抽屉里的废旧操作物
图章
课堂游戏
狩猎大搜寻
大型地板游戏
全身反应游戏
一般的复习游戏
体育
接受过体育训练的个体的特征
探究学习
课间活动
快速热身
站式放松功
八段锦
眼保健操
唤醒
入静
实地旅行
实地旅行指南
提高动觉智能的技术

参 考 文 献

American Alliance for Health, Physical Education, Recreation and Dance (AAHPERD). (1995). *A Guide to Content and Standards*. Reston, VA: AAHPERD.

Asher, J. (2000). *Learning Another Language through Action*. Los Gatos, CA: Sky Oaks Productions.

Benzwie, T. (1988). *A Moving Experience: Dance for Lovers of Children and the Child Within*. Tucson: Zephyr Press.

Campbell, M., Leibowitz, M., Mednick, A., & Rugen, L. (1998). *Guide for Planning a Learning Expedition*. Dubuque, IA: Kendall-Hunt.

Cousins, E., Mednick, A., & Campbell, M. (2000). *Literacy All Day Long*. Dubuque, IA: Kendall-Hunt.

Dewey, J. (1900). *The School and Society*. Chicago: University of Chicago Press.

Dunn, R., & Dunn, K. (1978). *Teaching Students through Their Individual Learning Styles*. Reston, VA: Reston Publishing Co.

Gilbert, A. G. (1989). *Teaching the Three R's through Movement*. New York: MacMillan.

Gilbert, A. G. (1992). *Creative Dance for All Ages*. Reston, VA: AAHPERD.

Goodlad, J, (1984). *A Place Called School: Prospects for the Future*. New York: McGraw-Hill.

Hackney, P. (1988). "Moving Wisdom" in *In Context Quarterly*. No. 18, Bainbridge Is., WA: In Context.

Hackney, P. (1998). *Making Connections: Total Body Integration through Bartenieff Fundamentals*. New York: Taylor & Francis Group.

McKim, R. (1972). *Experiences in Visual Thinking*. Monterey, CA: Brooks Cole.

Spolin, V. (1963). *Improvisation for the Theater*. Evanston, IL: Northwestern University Press.

Spolin, V. (1986). *Theater Games for the Classroom*. Evanston, IL: Northwestern University Press.

第四章

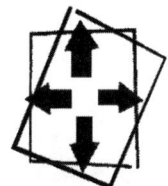

人人都是艺术家：视觉－空间智能

> 我发现，我能够用色彩和形状来表达那些我无法用言语形容的事物。
>
> ——乔治亚·欧姬芙[1]

莎拉的故事

莎拉这个孩子，在学习上表现得一点儿也不积极，而且缺乏自信，实际上，她交上去的作业根本不能代表她的真实能力。

莎拉表现比较出色的一个领域是画画，然而这些画画的技能在多数课堂作业中是很少用得到的。于是，莎拉常常无奈地在作业纸的边上画一些小巧的艺术装饰，或是在纸的空白处填上复杂的抽象图案，以此来释放她对画画的热情与钟爱。但老师并不理解莎拉，并经常要求莎拉克制她的艺术冲动，以便能更好地集中注意力。

在上小学的头几年里，老师们都认定莎拉是个不安分的、注意力不集中的学生。并且，老师们认为，她很少能记住每天所学的知识。而在莎拉上五年级的时候，有位细心的老师注意到，当允许莎拉在上课时间画画的时候，她会变得不仅安静从容，而且表现得专心致志，甚至偶尔还会举手回答问题，这样，莎拉的课堂记忆也随之加深了。

一天，老师讲一节有关地球结构的科学课，莎拉兴奋地给老师看她早上上课时画的一幅画，她用视觉语言表达了自己对地球结构的理解。在她的画中，莎拉用适当的特征和比例以艺术符

---

[1] 乔治亚·欧姬芙（Georgia O'Keeffe，1887—1986），美国著名女画家。

号的形式表示出了地核、地幔和地壳。可以说，莎拉的画准确把握了所学知识的主要内容。

总之，每当莎拉能够用绘画、制图或视觉符号来表现信息的时候，学习对她来说就充满了吸引力。实际上，莎拉拥有多种认知技能，她可以把知识图像化，也可以把材料和概念整合成视觉化的比喻，莎拉的这些能力正是视觉－空间智能的表现。

一、定义：理解视觉－空间智能

视觉形象是认识世界的一种手段，它的历史比语言符号还要久远。化石记录表明，在人类语言出现之前的很长时间里，视觉器官作为早期人类的重要认知工具已经高度发达了。视觉－空间智能产生了人类绘画的最早记录。在冰川时期——公元前6万年到公元前1万年，居住在法国、西班牙、非洲和北欧的山顶洞人把他们自己生活经验中的动物和场景用图画表现出来。这些用图画表示的符号最后发展成为书写和计算。语言的进化从形象到图画再到象征性代码，变得越来越抽象。今天，大多数教育内容强调阅读、书写和计算领域的抽象符号的重要性。

视觉－空间智能包括与图像的区分、认识、设计，大脑想象，空间推理，使用图像及内外图像的复制等相关的各种技能。一个人通常可以表现出这些技能中的某些或全部技能。诸如达·芬奇这样的人，他的视觉智能表现为伟大的艺术作品。其他人，如牛顿，把宇宙形象地看作机器，是相关部件的组合，很显然他们在构造内部图像的技能方面都十分敏感。

虽然视觉化是空间智能的核心，但它并不与视觉直接相关。事实上，盲人可能拥有高度发达的空间智能。在本章中，我们所指的这一智能，既是视觉的，又是空间的，因为人们通过这两种方式感知和加工信息。

在中小学教室里，通过电影、电视、幻灯片、广告画、图表、图解、计算机和视图材料等进行的学习，对许多有视觉学习趋向的学生来说学习效果甚好。运用计算机、望远镜、照相机、模块、符号、艺术传媒、建构和制图等视觉领域的工具可以强化学习。一些运用视觉工具的学习者能实现用独特的、非常规的解决方法表达他们对艺术问题的独特视角。

当视觉幽默成为环境的一部分时，教室环境就变得更为吸引人。与主题相关的动画、广告图片或照片都能传达有关学习的愉快信息。当教师鼓励学生用思维导图、曲线图或生动的图形来感知、处理和证实他们的学习时，学生们的视觉－空间智能也可以获得发展。

二、核查表：视觉－空间智能的特征

罗伯特·麦金（Robert Mckim）1980年在其经典著作《视觉思维经验》（*Experiences in Visual Thinking*）一书中指出，视觉思维渗透在人类所有的活动中。它不仅涉及艺术家，而且涉及外科医生、工程师、商人、建筑师和足球教练。当我们在计划每天的穿着，或在做白日梦时，它都在起作用。

视觉－空间思维强调空间移动的特征，如在下象棋时移动棋子、安排当天工作日程、移动房间里的家具或是在旅行中看地图。不是所有会用视觉学习的人都展示出同样的技能。一些人可能擅长绘画，一些人可能擅长建构立体模型，还有一些人可能擅长艺术评论。一个拥有良好视觉－空间智能的人可能具有以下表现：

（1）喜欢通过观看和观察进行学习。善于区分人的外貌、物体、形状、颜色、细节和场景。

（2）在空间中能够高效地移动自己的身体和物体。包括移动身体钻过洞眼，穿越没有小路的森林找到出路，在拥挤的车流中驾车穿行，或驾驶一只独木舟穿越河流。

（3）能够感知和创作心智图像，用图画思考，把细节视觉化。把使用视觉形象作为回忆信息的辅助工具。

（4）善于解释图像、图表、地图和图解，并用图画形象或通过视觉媒体进行学习。

（5）喜欢涂鸦、画画、上色、雕塑或用其他的视觉形式表现物体。

（6）喜欢制作立体产品，如折叠物体，模拟桥梁、房屋或容器。能在头脑中改变一个物体的形式——诸如把一张纸折成一个复杂的形状并可以看到它的新形式，或者在头脑中移动物体来决定它们如何与其他部件互动，如拆装一件器械的各部分。

（7）能够以不同的方式或者从"新的视角"看待事物，如除了事物本身的形态，还可以看到该形态周围的背景，或发现"隐藏"在一个形状中的另一个形状。

（8）能够感知既明显又巧妙的形态。

（9）善于创作出具体的、视觉化的信息表征。

（10）精通形象设计或抽象设计。

（11）表现出对艺术家、摄影师、工程师、摄像师、建筑师、设计师、艺术评论家、飞行员或其他以视觉定位的职业的兴趣与技能。

（12）善于创作出视觉－空间传媒或艺术原著的新形式。

以上这些只是视觉－空间智能几种可能的表现形式。需要重点说明的是，不能将空间智能完全局限于一系列简单的特征或品质。

三、视觉－空间智能的学习过程

在学习环境中，视觉智能常常被降低到视觉艺术领域。于是，许多学生寻找机会来发展他们的感知、想象和美学技能。但麦金在《视觉思维经验》一书中认为，视觉形象有三个广泛的要素：我们感知到的外部形象，我们幻想或想象的内部形象，我们通过涂鸦、绘画或涂色创作的各种形象。在麦金看来，视觉思维包含我们的所看、所想或所画。本章的指导策略为这三种能力中的每一种都提供了一些活动，包括：

创设视觉化的学习环境
  视觉化工具
  有计划的展示区
  外围刺激
  通过换位改变视角
  非语言交流
图形表现方式
  流程图

视图纲要
单元图
视觉启动图
视觉记录和头脑风暴工具
概念构图
思维导图
聚类
思维描绘
视觉化
课堂意象
视觉记忆技巧
学习材料的视觉多样性
用色彩加以强调
变换形状
讲课、讨论或阅读时的视觉
　辅助方法
棋类游戏和卡片游戏
棋类游戏制作指南
卡片游戏
建筑
学习像建筑师那样思考
从教室里的建筑活动开始
视觉艺术
作为教学工具的艺术
融合视觉艺术与语言艺术
整合艺术与数学
在中学阶段整合各种艺术
跨课程的艺术
提高视觉－空间智能的技术

四、创设视觉化的学习环境

只要学生自己再多一点预先思考、努力和协助，就可以把教室转变成赏心悦目的环境。改进照明可以用全光谱照明灯，再加一两座落地灯。月牙状或环绕成圈的座位模式通常比一排排的座位更受人欢迎，因为学生可以更好地看见对方并进行交流。将舒服的长沙发、椅子或枕头等吸引人的家具摆放在教室里也是很受欢迎的。色彩鲜艳的织物或地毯，摆设好的明亮的艺术品，海报或图表，修剪过的花草或一两种植物，这样就构成了一个富有视觉活力的、令学生愉悦的积极氛围。教师只要在视觉环境上花费一些时间、精力和耐心，就可以很好地把教室变成一个有用的学习工具。为帮助教师提高教室的视觉多样性，我们提供如下建议。

（一）视觉化工具

应该为学生和教师提供多种随时可用的工具，包括纸、粉笔、铅笔、记号笔、颜料、照相机、计算机、录像机和投影仪。为了妥善地保管这些设备，避免分配混乱，有必要对它们进行分类贮藏。

（二）有计划的展示区

为了避免视觉负荷过度，教师可以确定一些空间来展示艺术作品、名言警句或照片。选定用作展示的墙壁、布告栏或隔墙，可以通过悬挂艺术品的方式获得像博物馆一样的感觉。

（三）外围刺激

"加速学习理论"[1]（Accelerated learning theory）表明，通过外围刺激可以很快提高学习的速度和质量，同时，人类对外界环境的感知可以指导和促进长期记忆。加速学习方法的发明者——乔治·罗扎诺夫[2]（Georgi Lozanov）博士认为，外部视觉材料在大脑中被潜意识地记录下来，并且在以后的课堂上受到启发时可以很快地回忆起来。在保加利亚的成人外语学习班及小学的阅读与数学课上，当教师给学生们展示外部刺激物时，即使学生不能直接看到这些视觉材料，他们也能回忆起大量增加的信息。因而，加速学习方法中外部材料的使用，被认为是学生课堂学习中的一个重要视觉要素。

有兴趣在课堂上实验外部刺激物教学效果的教师，需要收集和展示艺术作品、海报、照片、图表、地图或强调所教授主题的引文。然而，需要注意的是，一旦视觉信息被展示出来，常常会很快失去它的趣味和影响。为了保持吸引力，教师每周必须对这些材料进行一次替换或转换。这一任务很费时间，需要教师和学生共同承担。在许多学校，教师们有每周例会，在此期间交换他们开发的视觉材料和其他指导材料。

（四）通过换位改变视角

一般来说，多数学生在教室里的固定位置上就座或学习。教师让学生们改变座位后，学生们的视觉和社会观点也会随之发生改变。教室看起来好像就是新的；当同学们与班级中不同的同学互相影响时，小组互动模式就发生了改变。师生关系也可能会因为座位的调整而得到改善。重新把教室家具布置成圆形、U字形的或是用桌椅分成小组，这些都可以改变学生的视角。

（五）非语言交流

教师的行为和手势传递着很多信息，因为学生常常默默地解释教师通过身体语言所讲的内容。这对学习英语语言的人来说尤其如此。手势和单词之间传递信息的一致性可以积极地影响学习和交流。当教师富有激情地讲课时，其手势反映出这样的情感，并能激发学生们类似的情感。相反，当教师疲倦或有压力时，其身体语言往往反映出这些信息，并在学生中引起类似的反应。

然而，人们常常意识不到自己讲话时的身体语言。学生们每天观察老师的面部表情、手势、身体姿势、身体的空间位置、眼神接触、声音语调和抑扬顿挫、讲话速

---

[1] 加速学习理论，主要是指依靠动手操作的实验，提高每个人的自然学习能力。它是从大脑研究中分化出的一个体系。
[2] 乔治·罗扎诺夫（Georgi Lozanov），加速学习理论的创始人，他发现人们在放松的、专心致志的状态下学习效率最高，于是把音乐和操作活动引入学习过程。

率、习惯行为、笑容或其他在讲话中流露出的语音语调，所有这些都是态度与情感的交流。教师们为了确定是否传递了恰当的非语言信息，可以把自己的讲课过程用录像带拍下来。这样做可以揭示学生们每天观察些什么。教师们为了巩固教学可以更加有目的地运用非语言交流。

五、图形表现方式

通过用图表、图示或照片来支持书面语言和口头语言，学习可以变得更方便并且记忆也更深刻。常言道，"一画抵千字"，这也可以用在教室里。图形符号具有很大的教育功能：它们介绍、定义、解释、操作、综合和证明事实。视觉可以澄清概念，给学生提供另一种感官形式来理解和交流他们所学的知识。然而，许多教师和学生在使用图画符号时犹豫不决，因为他们不熟悉图画技巧，并且错误地认为这些形象必须是用艺术手法制作的。实际上，教师和学生不应该强调优雅的艺术展示，而应该基于动手探索学科主题的目的把它们作为工具使用。

有很多图画工具都可以被很好地用在教室里。在本部分描述的有：流程图、视图纲要、单元图、视觉图模板和记录策略。

（一）流程图

流程图可以用来描述概念的结构、表现观点之间的流动方向。无论是在数学、历史、科学、健康、文学领域还是在教育领域，任何"因果"现象都易于用流程图的方式来阐明。教师用这种形式讲解课程内容时，有些学生更容易掌握概念。

无论简单或复杂的流程图，都可以是任何大小和形状的。画在牛皮纸上、展示牌上或其他织物上的一大张流程图，可以放在地板上，学生在经过流程图的每一步骤时，可以动态地体验流程图的流动方向。几何形体（如长方形、圆、三角形）或如云形的自由形体，都可以用来给所要解释的概念"制作"流程图。另外，流程图并不是只能一步一步往下走，而是这个图的任何一个因素都可能有一定的或多样的扩展方式。图4-1描述了大于一位数的数字的加法，图4-2提供了对美国内战爆发原因的一种简单解释。

教师可以把他计划要教的知识填入流程图内，或者让学生用它们来说明一些概念的顺序。制作流程图的过程很简单。开始时把长方形或正方形分成小格子。确定一个要用视觉展示的概念。应确认关于这一概念的事实，然后在每个格子上一次填写一个事实。一旦列出了所有的事实，就可以剪开格子，按顺序把它们排列，加上箭头或其他符号来表明观点的流程。

（二）视图纲要

另一种使用图表的方法是让学生把准备写作的段落、报告或文章"填入表格"。这些视图纲要帮助学生确认了一些有关书面作业的必要要素。它们也澄清了教师期望学生们写些什么。

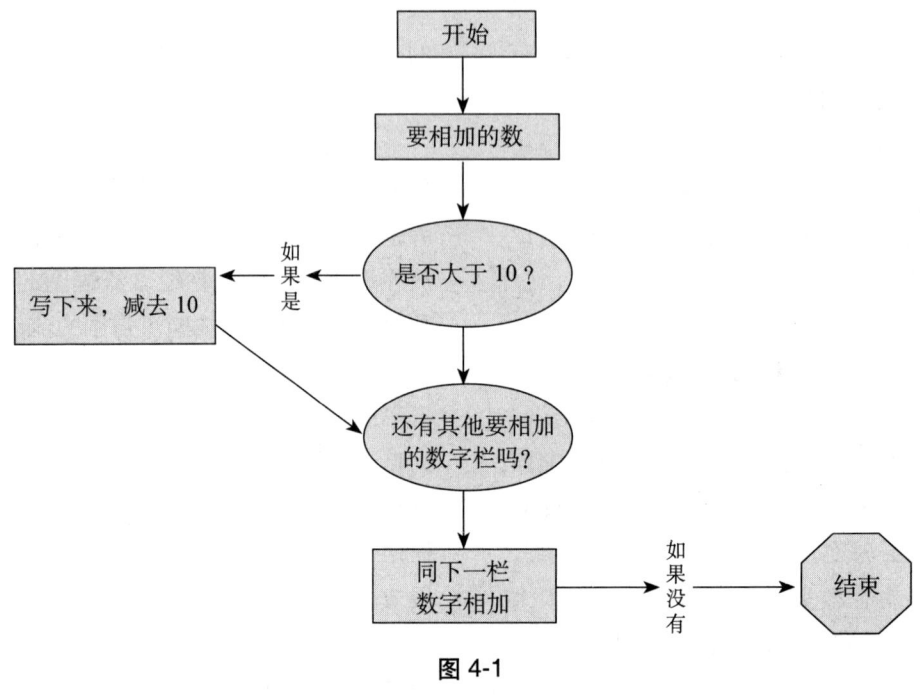

图 4-1

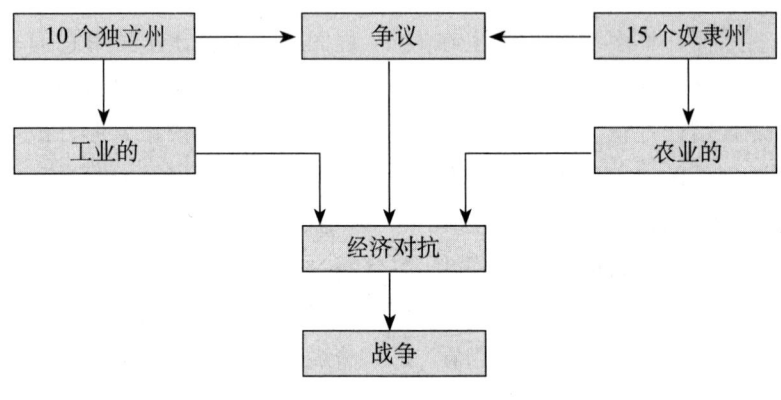

图 4-2

这里提供了两个例子。第一个说明段落的各部分（见图4-3）；另一个说明一篇有三个段落的作文的要素（见图4-4）。教师应该自由地发展纲要，使其符合自己的需要。

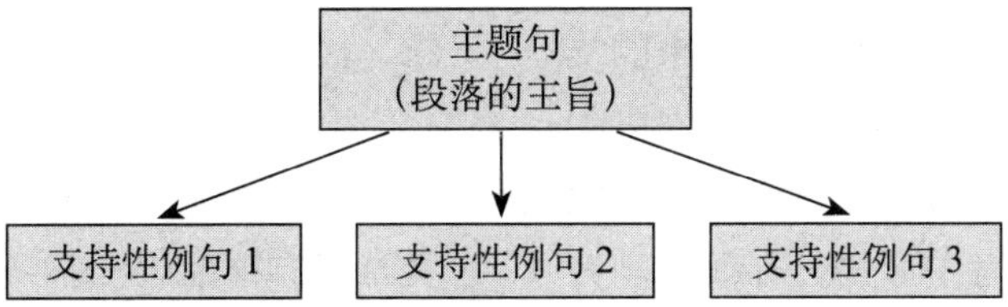

```
            主题句
         （段落的主旨）
         ↙    ↓    ↘
支持性例句1  支持性例句2  支持性例句3
```

图 4-3

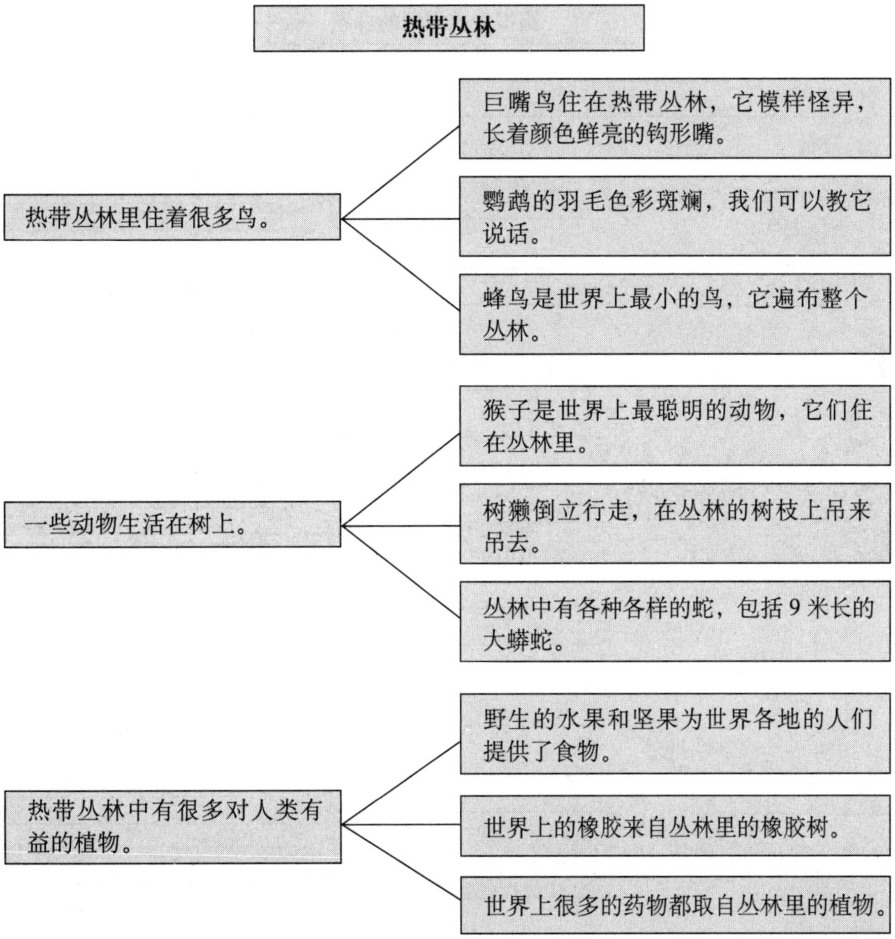

```
                    热带丛林

                    ┌─ 巨嘴鸟住在热带丛林，它模样怪异，
                    │  长着颜色鲜亮的钩形嘴。
热带丛林里住着很多鸟。─┼─ 鹦鹉的羽毛色彩斑斓，我们可以教它
                    │  说话。
                    └─ 蜂鸟是世界上最小的鸟，它遍布整个
                       丛林。

                    ┌─ 猴子是世界上最聪明的动物，它们住
                    │  在丛林里。
一些动物生活在树上。──┼─ 树獭倒立行走，在丛林的树枝上吊来
                    │  吊去。
                    └─ 丛林中有各种各样的蛇，包括9米长的
                       大蟒蛇。

                      ┌─ 野生的水果和坚果为世界各地的人们
                      │  提供了食物。
热带丛林中有很多对人类有─┼─ 世界上的橡胶来自丛林里的橡胶树。
益的植物。             │
                      └─ 世界上很多的药物都取自丛林里的植物。
```

图 4-4

举一个例子，正在学习"热带丛林"知识的小学生可以把"热带丛林"填入图4-4中的标题一栏。在这一主题句下，它们的条目可能包括居住在树林中的小鸟和动物，以及对人类有用的植物。接下来的支持句可能像图中所示那样被加上去。然后，可以加上一个引言和结论，并把这个完整的图转换成传统的写作形式。有很多刚开始写作受挫的学生，在使用视觉图组织他们的思想时就感觉好多了，因为学生要先写一个草稿，然后把草稿重新写成标准的书面报告。使用这些视觉处理过程，学生不仅阐明了他们对作业的理解和教师的要求，而且学会了用视觉方式组织思想。

会运用视觉工具拓展写作的学生可能会发现，视觉纲要对组织一篇书面报告或文章很有帮助（见图4-5）。

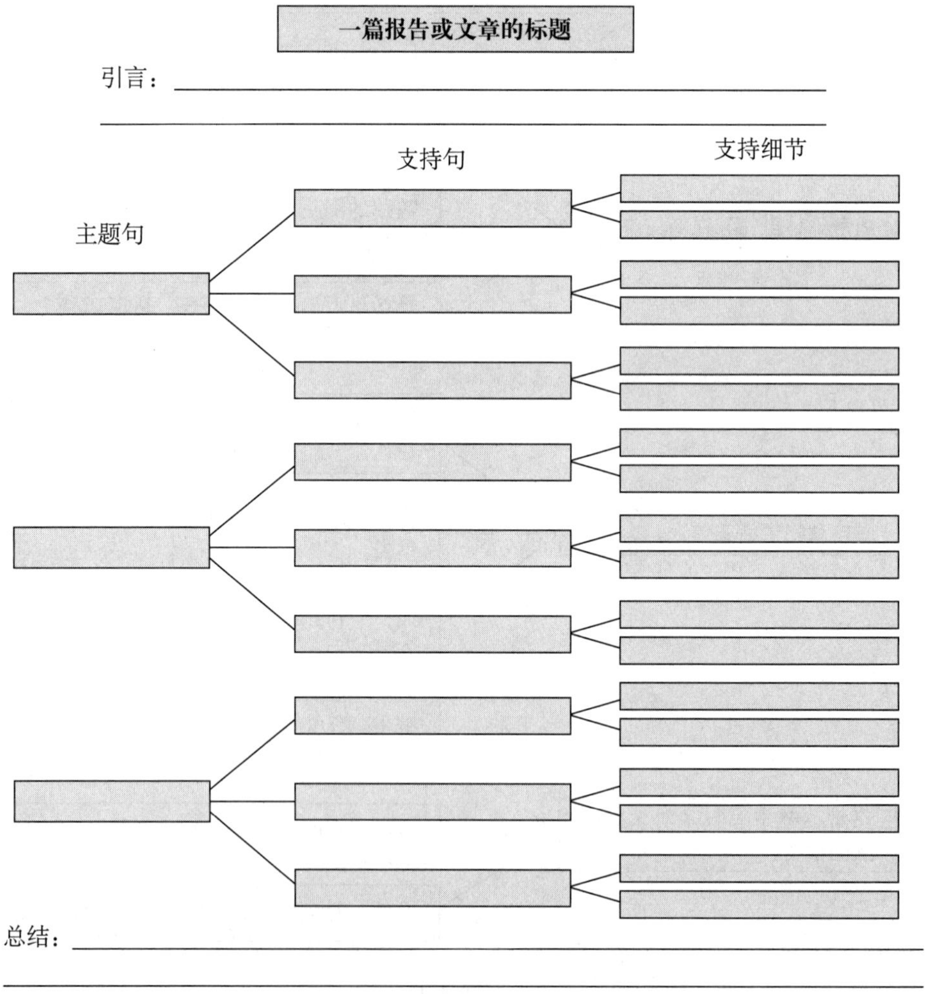

图4-5

（三）单元图

教师可以在黑板、布告栏或学生笔记本上展示视觉图，用来跟踪记录某一学习单元的进展。当学习一个新单元时，教师则可以用单元图来确认学生要学的主题。这对那些识别主要观点有困难的学生来说尤其有帮助。开始时，用流程图或视觉纲要模板列出标题及其主要概念。随着学习的进行，学生可以在适当的时候填写另外的信息。学生们有了这样一个学习工具，就可以一眼看出自己的学习进行到了哪里，已经学了些什么，什么还没有学。下面是一个单元图的例子（见图4-6）。

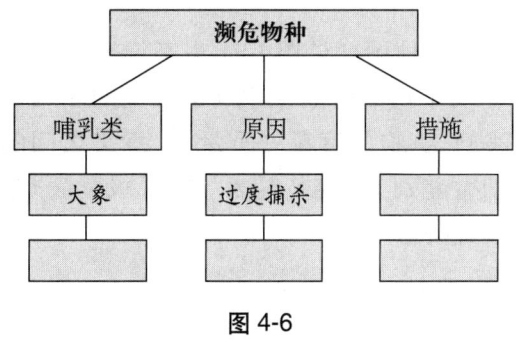

图4-6

（四）视觉启动图

用图表表示信息的方法有很多种。教师和学生通过学习以下几个图表"模板"，可以很快地扩展他们选择操作和交流信息的方式。

北部中心地区教育实验室（North Central Regional Educational Laboratory）的前任项目主任、作家博·弗莱·琼斯（Beau Fly Jones）开发了很多简单易用的模板或"思维框架"。它们是提高对学习内容理解程度的有效工具。琼斯指出，图表设计者必须适当地反映正在学习的课文结构。例如，做一般的章节作业，学生应该先略读材料以确定如何安排结构。需要考虑的问题是：信息的呈现是否有层次、是否能进行比较或对照、是否能用一条时间线索贯穿下来。一旦确定了适当的图表结构，学生便可以在头脑中按视觉启动图来阅读。接下来，学生可以在纸上创作图表形象，并与他人的图表结构进行比较，最后用口头报告或书面报告的形式进行总结或批评。

在接下来的几页中呈现了很多教师和学生可以运用到学业内容学习中的图形模式设计。这些图形模式给教师和学生提供了把书面信息视觉化的各种选择；然而，在熟悉了这些方法后，更重要的是产生原创性的图表和图解，设计自己的图形要求，用最适合个人需要的形式综合与表达信息。当教师检查学生自制的图形时，可以区分出完整的和不完整的思维，并提出改进意见。在一些课程上，教师也可能会发现，要求学生创作信息表征图与创作用书面形式来解释图表中所包含信息的"白纸"都很有帮助。

另外一个图形组织者可以利用的例子是戴维·海尔勒（David Hyerle）在1996年所创作的《建构知识的视觉工具》（*Visual Tools for Constructing Knowledge*）。海尔勒的这本书解释了如何在不同的课程和年级中为了不同的目的发展和使用视觉工具。他也逐步训练读者创作视觉图形来生成、加工和记忆信息。

图示是对口头陈述内容的视觉化阐述。图形框架由一系列问题或分类组成，它们是理解一个既定主题的基础。下面是九种常见的图表形式及其相应结构。

蜘蛛图

这种图（见图4-7）用来描述一个中心思想：一个事物（一个地理区域），过程（减数分裂），概念（利他主义）或有事实支持的主张（实验性药品应该可以用在艾滋病患者身上）。

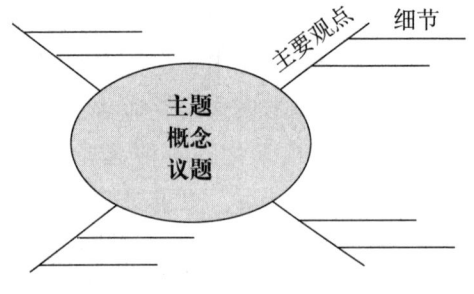

图 4-7

关键的框架问题：中心思想是什么？它的属性是什么？它有哪些功能？

系列事件链

这种图（见图4-8）用来说明事物的发展阶段（灵长目动物的生命周期）；线性程序的步骤（如何中和酸）；有序事件（封建制度如何导致民族国家的产生）；或者是一个历史人物或小说角色的目标、行为和结果（拿破仑的兴衰）。

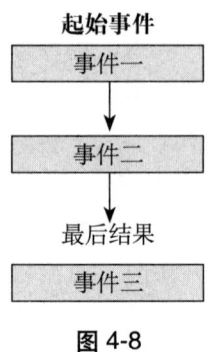

图 4-8

关键的框架问题：什么是目标、程序或起始事件？有哪些阶段或步骤？它们如何引发另一事件？最后的结果是什么？

连续/等级

这种图（见图4-9）用来说明历史事件或年代的时间线索（学校里的年级水平），事物的度量（重量）、意义之间的细微差别（里克特量表[1]）或等级量表（学校成绩）。

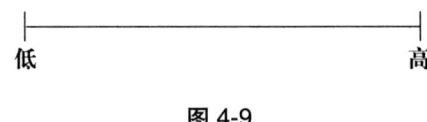

图 4-9

关键的框架问题：目前正处于什么等级？终点是什么？

比较/对比模板

这种图（见图4-10）用来说明两个事

---

[1] 里克特量表（Likert scales），1932年，雷尼森·里克特发明了一种测量法，用来测量人的态度，所以就称其为里克特量表。

物（人物、地点、事件、观点等）之间的相似性和不同点。

	姓名 1	姓名 2
属性 1		
属性 2		
属性 3		

图 4-10

关键的框架问题：比较的是什么事物？它们如何相似？它们有何不同？

问题 / 解决纲要

这种图（见图4-11）用于提出一个问题，尝试着解决，并得出结论（国家债务）。

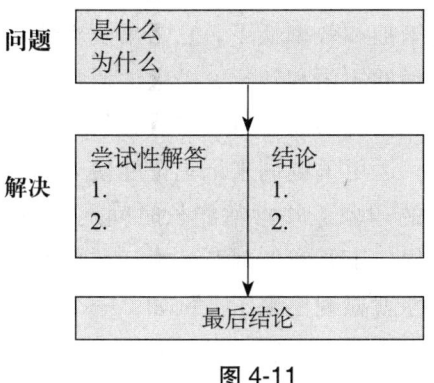

图 4-11

关键的框架问题：是什么问题？谁有问题？它为什么是一个问题？对于解决这个问题已经做了哪些尝试？这些尝试成功了吗？

系列事件链

这种图（见图4-12）用来说明某一单一事件或概念的阶段或亚种类（大萧条的影响）。

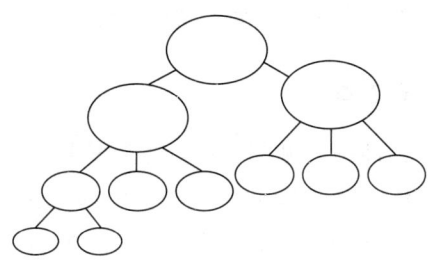

图 4-12

关键的框架问题：概念或引发事件是什么？事件的阶段或顺序是什么？概念的亚种类是什么？起始事件或概念如何引发了接下来的事件？有多少阶段或步骤是明显的？什么后果是明显的？

系列事件图

这种图（见图4-13）用来说明人与人之间、团体之间互动的本质（欧洲定居者和美洲印第安人之间）。

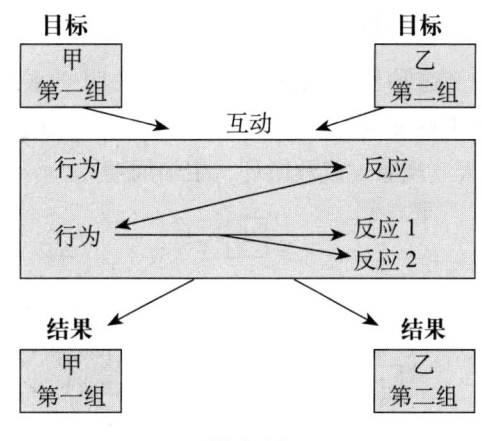

图 4-13

关键的框架问题：这些人（甲和乙）或团体成员都是谁？他们的目标是什么？他

们之间是充满矛盾斗争还是相互合作？每个人或每个团体最后的结果是什么？

鱼骨图

这种图（见图4-14）用来说明一个复杂事件（一次选举，一次核泄漏）或复杂现象（青少年犯罪，学习困难）的各种原因之间的联系。

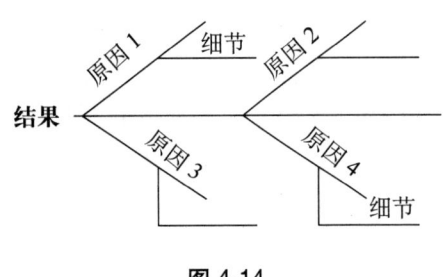

图 4-14

关键的框架问题：某事件发生的原因是什么？它们之间如何相互联系？该事件产生的原因与使它持续下去的原因一样吗？

循环图

这种图（见图4-15）用来说明一系列的事件如何反复互动以产生一系列的结果（天气现象、成败循环、生命周期）。

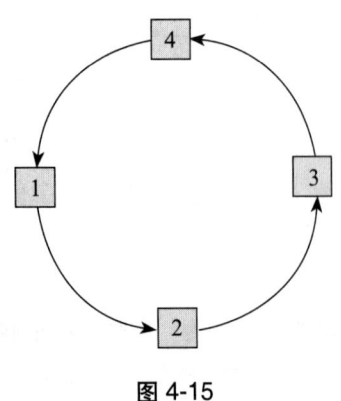

图 4-15

关键的框架问题：循环图中的关键事件是什么？它们如何联系在一起？它们通过什么方式实现自我强化？

六、视觉记录和头脑风暴工具

大多数人都发现做笔记能保证更好地回忆信息。密歇尔·豪（Michael Howe）是埃克斯特大学的一位研究员，他做了一项关于学生学习和记笔记的研究，结果发现经过记录的内容比那些没有经过记录的内容更容易被记住，效果相差6倍之多。记笔记不同于逐字抄录，它有几个很有意义的作用，包括：贮存信息，编码和组织材料，产生联想、推论和解释，集中注意重要问题。

与记录关键词的方法相比，传统的记录显得笨拙和效率低下，它常常要求使用语法正确的短语和句子。关键词通常是名词和动词，在书面材料或口头材料中会比较突出。运用关键词来记笔记能使人产生更深刻的印象，并常常能长时间地保留。如果回想一下儿童如何开始说话，关键词的重要性就显现出来了。例如，一个两岁的孩子可能会说"爸，球"，只用必要的词来说明他的要求。再后来，这个孩子将会用非关键词来填充他的要求，如"我想要玩球"。

有些人认为关键词可能只占了语言的5%～10%，所以用传统方法做笔记的学生可能处境不利，因为他们浪费时间和精力、遗漏信息，并且关键词混乱。

而做笔记的视觉形式与传统记录形式

相比，就显示出许多优点。它们利用了增强记忆的几个因素。记下必要的关键词，强调关系和联系，要求有意识的参与，利用个体的视觉组织。以下部分描述了四种视觉记录的技巧，包括概念构图、思维导图、聚类和思维描绘。

（一） 概念构图

约瑟夫·诺瓦克（Joseph Novak）和鲍勃·高恩（Bob Gowin）1984年在他们的著作《学会学习》（*Learning How to Learn*）中提到了图画工具的使用，他们称其为"概念构图"。诺瓦克是康奈尔大学的生物学教授，他使用视觉技能来给学生讲授科学程序，并说明概念之间的顺序和关系。他还把概念构图用作评估工具，因为它们能显示学生对生物过程是否有清晰的理解。这一方法起初是为了科学而发展起来的，但在其他学科上也同样有用。下面是两个简单的概念图。一个是七年级的科学课上一组学生写的（见图4-16）；另一个是历史课上的一个学生写的（见图4-17）。这两个概念图都在记录时使用了动词和关键词。

为了创作概念图，学生可以快速阅读一篇课文或听一个讲座，并确认所呈现的关键概念。接下来，他们汇集一系列主要概念，给它们分级，从最一般的、包容性最强的概念到最专门化的概念。有等级顺序的概念要求学生寻找他们听到的或读到的内容的意义所在。

概念图的形状类似树，顶端是最宽泛的、综合性的概念。用线把2～5个次级概

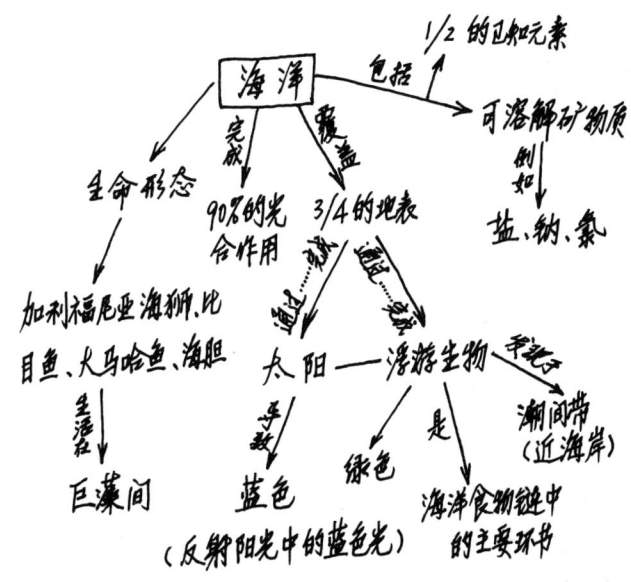

图 4-16

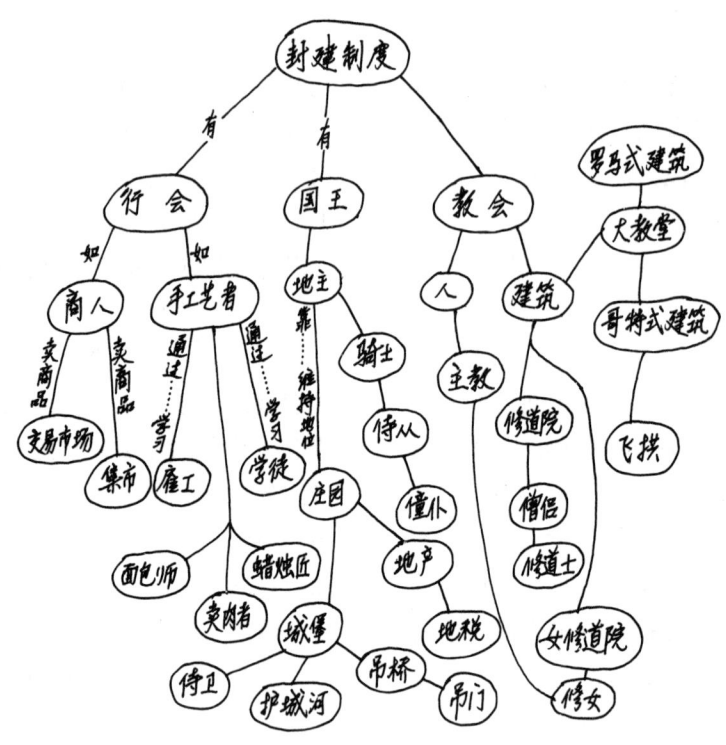

图 4-17

念与第一个概念相连。把动词加在连线上以说明关系。再加一个三级水平的等级，以确保将所有重要的观点和关键概念都包括在内。添加概念之间的横向连接以说明概念图各部分之间的关系。教师和学生都会发现概念图对于构建各种学习内容中的重要概念都十分有用。

(二) 思维导图

另一个有效的视觉化记录方法是思维导图。这种空间的、非线性的记录方法使大脑的各种能力以综合的、相互联系的、复杂的方式工作。思维导图与绘制概念图类似，像树状一样的信息分支展示了关键概念以及它们之间的关系。思维导图方法与线性的概念构图不同，采用的是立体的方法。开始时写出一个中心思想，学生很快创作出有关其主题的一幅"大图"。

思维导图有以下几个功能。它们可以帮助学生组织和记忆书面知识或口头内容，为写短评做准备，计划和评估方案或事件，制作一份会议过程的视图记录。在会议上，他们可以记录讨论内容、跟踪会议进程、删减多余内容、鼓励大家"站在"他人的立场上思考。教师和学生都会发现这个方法有多种用途。思维导图可以通过增加颜色和图形来提高效果，使知识更容易记忆。

许多有视觉天赋的学生喜欢制作思维导图，他们创作象征符号或形象来说明概念，同时也美化了他们的作业。然而，事实上思维导图对所有学生来说都是富有吸引力的，因为它分类组织细节，这种空间模式把分开的各部分又综合到了一起。

为了记录或进行头脑风暴而创作一张思维导图，应该把核心概念放在一页纸的中央。从各个方向由中间向外围散开，如果愿意，关键词或图形可以很快地被记录下来并对其进行色彩编码。思维导图中的字应该被打印出来并放置在连线上，这样能加强视觉记忆。颜色、图像和代码可以作为记忆图案服务于个人表达以及用视觉方式转换和综合信息。下面是一个思维导图的例子（见图4-18），是由教师兼艺术家萨拉·威尔士（Sarah Welsh）制作的。读者可以通过它来复习本章的内容。

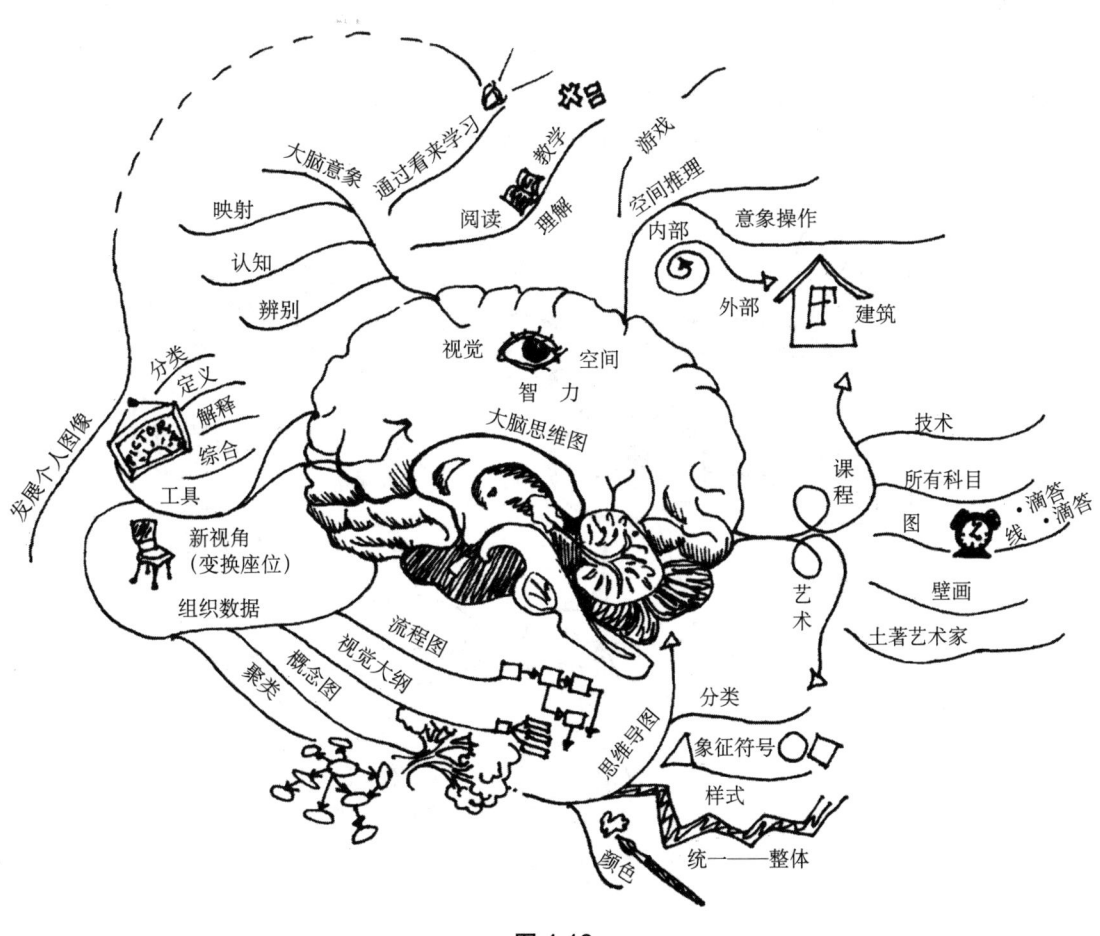

图 4-18

（三）聚类

聚类是加布里埃尔·里科（Gabriele Rico）1999年在他的《自然写作方法》（*Writing the Natural Way*）一书中提出的，这是一种产生创新性观点的具有开放式结果的过程。聚类作为一种几乎对任何形式的写作都有效的方法，能被学生用来思考创造性的写作方案、文章、报告、论文，甚至是书籍。里科写他自己的书的方法是：创作聚类，然后直接从中挑出内容进行描写。

为了使用聚类来进行创造性写作，把主要概念放在纸的中央，然后在它周围画一个圈。把这个主题作为出发点，自由地联想尽可能多的观点，把它们单独圈起来，再与中心相连接。和产生想法的过程一样，记下大脑中随时闪现的每一个观点是十分重要的，即使它或许看起来不相关。无关的观点常常会和有用的观点发生冲撞。当这页纸被填满后——此处整洁与否并不重要——或许就出现了一个主题。里科称之为"感觉切换"（felt shift）。然后抓住这个问题，在群集下面移动一点写几行内容。聚类过程对许多人来说都是进行创造性写作的十分有用的方法，它通常在比喻和洞察方面有丰富的体现。下面是一个学生用聚类法完成的一个最终的写作范例（见图4-19）。

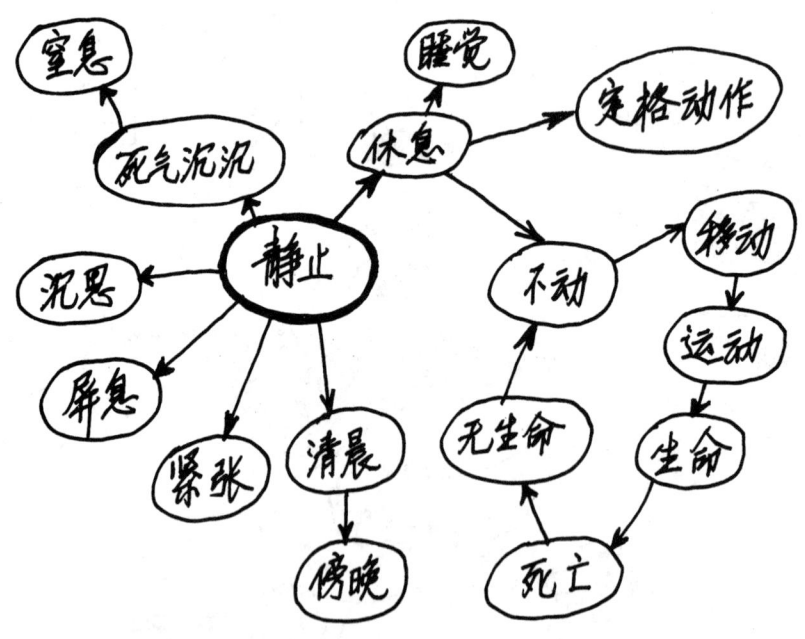

图 4-19

奔 跑 者

他静止不动，
定格在了摄像师的镜头里，
因为他将要突破终点。
再近距离地看一看他吧，
看看他的表情，
他的面孔扭曲着，
十分痛苦。
看看他的身体，
他的肌肉紧绷着，
像钢筋一样。
他全身都已湿透，
他汗流浃背，
双臂随意地摇摆着。
再看看他的步伐，
疲倦的奔跑者的小步子。
他几乎耗尽了所有体力，
几乎，
但非全部。

他静止不动，
定格在了摄影师的镜头里。

（四）思维描绘

南希·马古利斯（Nancy Margulies）在2002年发明了一种几乎不用文字而仅用图画形式从文章和书本中摘录抽象信息的方法。她在《勾勒内心空间》（*Mapping Inner Space*）一书中，指导那些非艺术工作者创设视觉形象，这些形象把信息从语言形式转换成视觉图形。马古利斯自己经常"描绘"会议，在主席台旁边用画板创作每个演讲的视觉记录。这些彩色作品被安置在房间四周，当会议开始的时候给每一个讲演提供了一份视觉回顾。

思维描绘不仅强化了学习和记忆，而且可以用来记日记、设计个人课程、创作有趣的纲要或促进新观点的产生。马古利斯提供了对于大多数想用图画开始工作的人来说易于复制的视觉符号（见图4-20）。

图 4-20

每一种图解方式——视图纲要、空间组织、概念构图、思维导图、聚类或思维描绘,都具有明显不同的目的和优势。有些方法在本质上更加线性,并主要用来做分析性的作业;而另外一些则更加综合,适用于创造性目的。没有一个学科内容是难教或难学的,它们给教师和同学提供了一系列完成各种与学习过程相关的作业的方法。

七、视觉化

视觉化是在头脑中构思或回忆视觉形象的能力。许多伟大的发现都源于一个想法、一个清晰的形象或一种幻觉。例如,爱因斯坦第一次感知到他的一般相对论,是在一个阳光和煦的日子里"做白日梦"时产生的,他想象人骑在一束光上穿越太空。德国化学家弗雷德里克·奥古斯特·凯库勒(Friedrich August Kekule)有一天晚上盯着火炉,想象有许多条蛇绕成一个环,每一条蛇的尾巴都在另一条的嘴里,据此解决了另一个科学问题——苯的分子结构。莱昂纳多·达·芬奇(Leonardo da Vinci)在直升机发明一百年之前就想象并画出了这一技术奇迹。人类在各个领域的努力通过从内心想象中收集的灵感得以改进。学生也可以通过在教室里有目的地使用视觉工具,获得学习、认知和发现的新途径。教师鼓励学生制作他们自己的思维导图也确保了他们在这方面能力的发展,毕竟,全球电视、电影、计算机和屏幕上的视觉图形正在日益增多。

(一) 课堂意象

在大多数学习情境中,学生们可以自发地应用简单的视觉形象。教师可以在一堂课的任何时候要求学生运用绘画创造并操作各种形象。例如,在一堂法语课上,学生可以从不同的角度想象巴黎圣母院;在科学课上,想象解剖一只小鸟;在数学课上,想象一个等边三角形;在阅读课上,想象关键词的图像。这些时刻给学生们提供了从视觉上体验和吸收当前信息的机会。

当学生在大脑中创作他们所读内容的意象时,就在阅读理解中表现了他们所获得的有价值的收益。加利福尼亚州的玛乔丽·普雷斯利(Marjorie Pressley)进行了一项研究,教孩子们如何区分阅读中的关键词,并创作出这些词的意象。虽然这个项目只进行了9周,但是学生们的阅读测验分数有了很大的提高。阅读理解能力几乎是上一年的3倍,速度和准确率提高了1倍,记忆水平则提高了12倍。

在数学课上,学生们把视觉形象与机械记忆结合起来也是十分有效的学习方法。五年级学生苏尼还没有掌握加法表,在数学学习上的进步严重受阻。老师知道苏尼有绘画天赋,于是断定,如果苏尼能用艺术形式来学习加法,她将体验到成功。本着这一直觉,老师要苏尼闭上她的眼睛,像艺术家那样想一想81或9×9看起来像什么。苏尼很快解释说,81看起来像蓝绿色、粉色和紫色线条从不同的方向交织到一起。老师要苏尼在记录卡上把她所想的画出来。这个图案很快就呈现在眼前,老师要求她把9×9写在图案的顶端,答案81写在记录卡的背面。苏尼对"81"的视觉化形象见图4-21。

图 4-21

苏尼受到第一次数学视觉化的鼓舞后,继续用图画表示其他的加法运算及其形象。在两周结束时,苏尼已经完成了一套美丽的数学艺术卡片,每一个都有它自己独特的视觉符号。在这个过程中,她轻松地记住了加法表。

受苏尼的启发,其他许多同学也给各科知识制作了他们自己的系列艺术闪光卡。通过创作内外形象结合的图形,学生们不仅学习了学业内容,而且创造和表达了他们自己的视觉与符号语言系统。

(二) 视觉记忆技巧

古希腊人用神话故事中伟大的神灵——摩涅莫绪涅(Mnemosyne)来解释人类记忆的现象。这个神话描述的是,在宇宙早期,众神统治着宇宙,有着巨大的形体和能力。摩涅莫绪涅是最早出现的一位神,她拥有一个特别的才能:像头发一样长的记忆。摩涅莫绪涅作为掌管记忆的神,知道从宇宙诞生以来发生的每一件事情。有一天,摩涅莫绪涅决定要分享她的知识,于是她把女儿们——九个缪斯——召集到她身边,给她们讲宇宙的故事。她解释了地球、星星和月亮的创造过程。她谈到了地球上伟大的诸神和勇敢的英雄们。九个缪斯很珍惜母亲所教的故事,于是决定保存这些神奇的故事。为了实现这一心愿,缪斯们把摩涅莫绪涅讲的传说改编成诗歌、故事和歌曲,以确保人们不会忘记它们。通过这些方法,缪斯们可以和众人分享她们的知识,以便人类能了解和记住所有重要的内容。

从对记忆的这种解释中可以看出,希腊人用故事和联想创造了改进记忆和获得超人记忆才能的技巧。古代演说家能记住上百项内容,如随便以任何顺序放置的几副纸牌,向后、向前或是随机的日期和数字顺序等,并且事实上他们几乎能记住所有领域的知识。这些技能因为使用了记忆术才成为可能，希腊单词"mnem"，意思就是记忆。记忆术是通过使用视觉－空间智能，使知识便于保留和再现的技能。这些过程也促进了对于意象起作用的能力，而这些能力常常是伟大的创造性思想家的特征。

古代记忆系统的成功建立在一个普遍的原则之上——联想。联想由把拥有一个观点或形象与其他内容联系起来所构成。研究证明，通过使用这种强调相互联系的记忆技巧，人们储存和回忆信息的能力比我们一般期望的要大得多。一本解释记忆系统的很不错的书是：《记忆手册》（*The Memory Book*），由哈里·罗伦恩（Harry Lorayne）和杰里·卢卡斯（Jerry Lucas）合著。

在课堂上，联想技巧可以用来记忆50个州的名字、中国的朝代、杜威进位制（Dewey Decimal System）、《人权法案》的条款或是一系列拼写和词汇。为教授学生记忆策略，教师可以列一张记忆清单，把大家要记忆的内容聚到一起，形成一个班级"故事"，以便用清晰的、不同的形象记住这些条目。

例如，可以要求学生来记忆杜威进位制。这个分类体系把各种书分成10个主要的类别：

000—099	综合科（百科全书、期刊、杂志）
100—199	哲学
200—299	宗教
300—399	社会科学
400—499	语言
500—599	科学
600—699	技术
700—799	艺术
800—899	文学
900—999	地理和历史

为了记忆以上内容，学生们很快创作了下面这个包含着联想和想象的故事情节：

我去综合商店（**综合科**）买99样东西。看见的第一个人是店主费尔（Phil——Philosophy，**哲学**），他给我看200本宗教书籍（**宗教**）。我说我想要的是三箱SOS（SOS——Social Science，**社会科学**）衬垫。当我走在第四通道的时候，我注意到各种各样的人讲着不同的语言（**语言**），然后我买了五个科学元件（**科学**）。在第六通道，我看见计算机（**技术**），但还是决定买7幅油画（**艺术**）。地板上有八卷杂物（litter——Literature，**文学**）。当我捡起它们时，又看见了在地板上画的九张世界地图（**地理**）。然后向左转就回来了，这已是第二天。

这个由学生创作的故事，可以有效地增强记忆效果。讨论这些想象，使它们的脉络更加清晰，并且故事情节要排练1～2次。以后，学生应该会发现静静地回忆这些内容相对比较容易，同时也能正确地写出杜威分类体系，既有数字，也有各种分类。

还有一个从古希腊记忆系统中提炼的有效联想工具，就是把各个条目与家里或房间里的各部分联系起来。通过把每一条内容与房间里的物体相联系，房间里的思想遨游可以帮助记忆。例如，一位教师从一个短故事中给学生们选了几个特别的词：

trapeze	吊架（特技演员用的高空秋千）
juggler	变戏法的人
equestrian	马术师
acrobat	杂技演员
grease paint	演员化妆用的彩油

教师可以要求学生们通过想象他们的卧室里有这些条目来记忆以上单词。吊架可能悬挂在天花板上，变戏法的人在床上，精通马术的人从壁橱里走出来，杂技演员在穿衣镜前，化妆彩油就放在床头柜上。当学生回忆这些单词的时候，他们的大脑先浏览一下房间，记下每一个单词的特定位置，然后在一张纸上写下每个单词。

最终，在学生单独创作他们自己的想象内容时，这些技巧就显得十分有效。正如以上例子所说的，一旦学生掌握了这些技巧，任课教师应该停止提供一系列的问题或测验，而是要求学生根据记忆创作这些条目。例如，在全国各地星期五的课上，学生们通常进行拼写测验。教师通常阅读要拼写的单词。当学生学会联想记忆法后，他们一般可以回忆目录并正确拼写单词。教师可以指导学生在拼写测验时准备他们的论文，静静地回忆他们的记忆故事，然后列出并准确拼写单词。用这种方法，既可以测试学生的记忆力，又可以测试他们的拼写技能。

由于学生经常发现记忆这些故事会保留很长时间，所以有人怀疑他们的大脑是否堆满了那些愚蠢的故事情节。其实他们完全可以放心，没有这种可能性。有研究者指出，如果人类大脑在我们一生的每一秒钟都吸收10条新信息，我们到老年时仍然有记忆空间可以享用。联想技巧不会加重我们的记忆负担，它们只会强化记忆。

在学生必须学习加法表、拼写单词和记忆词汇、原理、公式时，有效回忆和保存事实的记忆技巧显得尤其有价值。虽然技巧和实践对记忆一定的事实和技能很有用，但他们降低了意义和理解的重要性。教给学生事实、技能和概念也是很重要的，它们是丰富的多通道感知和交互式经验的一部分。记忆技巧可以用在这类学习中，但它们不应该成为教育的唯一动力。复杂的、实验性的学习机会在使学习富有魅力和价值的同时，也参与了人类记忆的广阔领域。

八、学习材料的视觉多样性

学习材料的趣味性和刺激性可以通过色彩、形状和形象的视觉替换而产生。色彩是视觉思维的一个重要成分。它能够区分观点、指导注意力并强化记忆。色彩可以强调学生小组、讲课内容、黑板视觉、布告栏、班级记录和作业等方面的信息。

（一）用色彩加以强调

色彩也可以用作重要的教学工具。解决数学问题的步骤可以通过使用色彩来进行区分。例如，长除法式的第一步可以用红色写，第二步用蓝色，第三步用绿色。

拼写错误也可以通过使用色彩来校正。书写正确的单词的字母用一种颜色，校正的字母用红色或橘黄色以此来强调必须要记住的地方。但有一点很重要，就是教师要在教室里示范颜色的使用，当学生可以自由选择颜色和工作方法的时候，他们经常会建立个人视觉语言体系。

具有开放式结果的、创造性的问题解决步骤也可以用色彩加以强调，如下面所示：

（1）黑色——创造性解决问题的第一步是确定一个场景的人物、事件、时间和地点。这些事实可以用黑色墨水写下来。

（2）红色——第二步是给主要问题下定义，这可以用红色写。

（3）绿色——多种解决办法可以用绿色来写。

（4）蓝色——选出最好的解决办法，用蓝色圈注。

（5）橙色——形成一个用橙色写成的行动方案。

在接下来的任何内容领域的指导、记录或记忆顺序都可以使用类似序列的色彩步骤进行。当教师用这种色彩序列的方法工作时，他们便可以很快地看出学生在解决问题过程中的难点所在。

（二）变换形状

计算机提供了把视觉多样性添加到课堂中的又一个便利方法。这就是把图解、大小写字母、框符、符号和横幅等简单地添加到学习材料中。例如，为了纠正一个学生对某些单词的错误拼写，拼错的单词可以被放大，以从视觉上"引起"注意并改善其记忆（见图4-22）。

rec**e**ive　　**a**isle　　conven**ie**nce

图 4-22

帮助学生注意关键词、概念或拼写练习也很容易，教师可以建议学生把这些单词和它们的形状用视觉化形式表现出来（见图4-23）。这些单词的布局形状可以做如下强调：

图 4-23

学生们可以画出单词的外部形状，随后让别人填写里面缺少的单词。他们也可以创作句子或数学命题的外观形状，他们可以自己读，也可以给他人读。

（三）讲课、讨论或阅读时的视觉辅助方法

虽然许多教师对自己的绘画技术并不满意，但一些学生会自愿"说明"正在学习的内容，并创作出班级海报进行展示。有

时候，教师可以先识别出一个能迅速画出口头信息的学生，然后鼓励这个学生在黑板上速写、记录讲课或讨论期间发言者的讲话内容。

教师也可以鼓励学生用色彩、涂鸦、符号以及不同的形状来装饰自己的书面作业。在一个阅读作业开始前，建议学生预习书面材料中的照片和图片，因为视觉扫视为书面信息创造了头脑"引擎"，并增进了对内容的理解。一旦学生开始阅读，教师可以建议他们把关键词或事件转换成他们自己个人的"头脑电影"，以提高以后的回忆水平。

九、棋类游戏和卡片游戏

棋盘游戏是最古老的广为人知的游戏之一。大约在公元前2500年，埃及人坟墓上的雕刻就描绘了对弈的过程。奈菲尔塔利（Nefertari）皇后坟墓上的壁画显示出皇后在用移动的棋子玩一个棋盘游戏。古巴比伦人、古代中国人、古罗马人和阿兹特克人（Aztecs）都玩游戏，而且这些游戏常常有指导规则，并要运用逻辑思维技巧。有一些游戏是空间性的，用来指导城市周围的道路或者是偷偷靠近猎物的多种路径。因为棋类游戏在今天仍然像古时候那样受欢迎，所以它们经常可以用来激发学生的学习热情。

用移动棋子进行的游戏常常能激发玩家的洞察力、想象力，并锻炼记忆力与视觉－空间智能。象棋是一种古老的游戏，发源于亚洲，于公元5世纪传播到波斯，然后进入中东、西班牙，再传遍整个欧洲。今天，象棋成为一种众所周知的娱乐项目，有些教育者在寻求它的教育价值，把它用作一种工具来加强学生的思考和学习能力。委内瑞拉的一些研究显示，在学校经常玩象棋的学生，在传统的智商测试上成绩明显突出。或许有些成就的获得是因为在象棋中要求练习各种高难度技能，这些技能包括批判性思维、做出决策、空间推理和执行策略。

虽然有许多现成的游戏可供课堂使用，但教师经常想要发现在商店里不容易买到的、适用于特定课程的游戏。幸运的是，棋类游戏可以很容易地应用于任何一门科目。

对那些有兴趣创设自己班级游戏的老师来说，最容易设计的是"强手"游戏，游戏者沿着一条路行走，遇到与主题问题相关的障碍或奖励。简单描述如下，如"遇到英国士兵，退后5格"或者"说出169的平方根，获得多玩一轮的机会"或者"芬恩和吉姆被认了出来，丧失了下一次机会"或者"哥白尼有了一个重大发现，抽一张奖励卡"，所有这些都教授学生一些重要事实或是强化他们的学习。为了示范如何建构这些游戏，下面举了一个例子（见图4-24）。

图4-24是一位小学教师在他的学生们学习非洲大陆时制作出来的。对那些有兴趣自己设计游戏来介绍主题、教授科目或是复习学习内容的老师来说，可以参考下

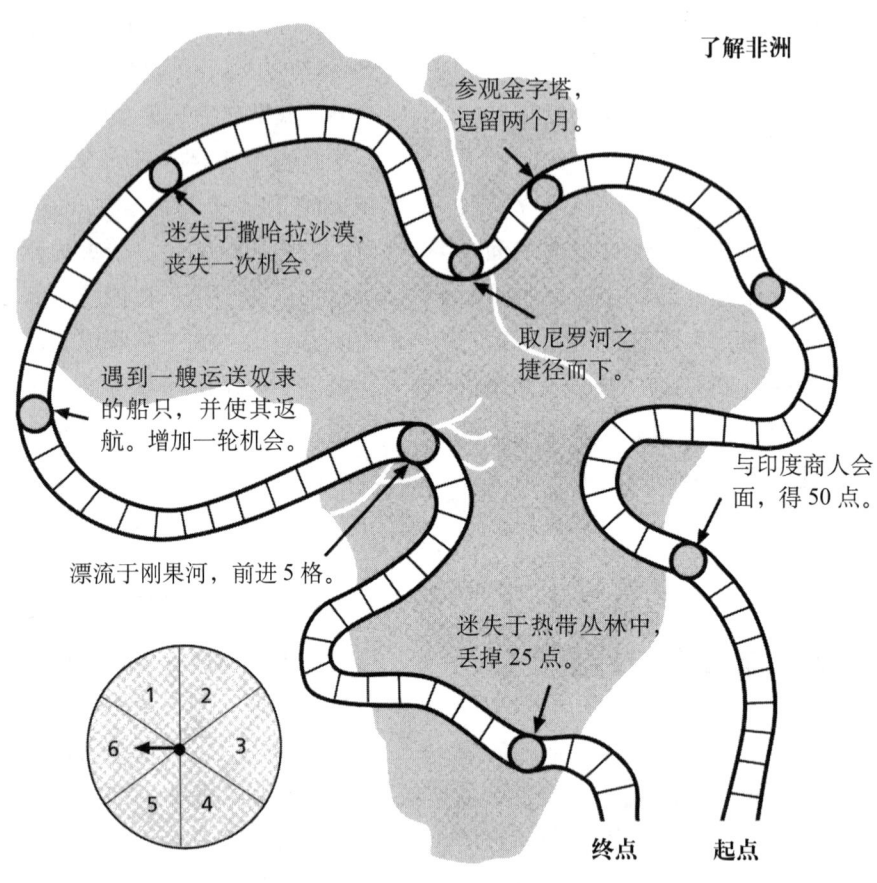

图 4-24

面的指南。

(一) 棋类游戏制作指南

(1) 确定游戏的学习目的和目标。它能告诉学生学习新知识、复习旧知识、评价一个单元或所有这些方面吗？

(2) 考虑如何把知识和技能传授给学生。商业化的游戏可以激发许多课堂游戏的结构和形式，如"全神贯注"(concentration)、"20个问题和涂鸦"。有现成的经调整可提供有效教学结构的商业化游戏吗？有更加合适的自创游戏吗？

(3) 为了制作棋盘游戏，在一张大纸上画一个粗略的草图，创设一个路径或方案以适应主题的需要。游戏板可以呈现出世界地图、DNA分子、太阳系、一个小镇或城市、一个简单路径的形状。

(4) 一旦路径或方案设计好，就决定游戏如何结束。是先走完全部路程的第一人，还是积分点或物体数量加起来是第一的那个人赢，或者是通过正确回答问题第一个"参观"了棋盘上一定数量地点的人来结束游戏？

（5）游戏者需要能在游戏棋盘上来回移动的一种方式。设计者常常将转盘设计成一个圆圈，分成弧形的或馅饼状的各部分。用钉子直接把转盘固定在游戏棋盘上，并在棋盘上画一个箭头。学生快速旋转轮子，箭头指向将要移动的格数。在棋盘上的移动可以用骰子或卡片指向数字或它自己在棋盘上的方向。

（6）如果学生喜欢用骰子在棋盘上移动，可以用立方体木块制作他们自己的骰子。和砂纸与记号笔一样，数字骰子可以很容易地成为最能符合一定游戏需要的特定目的的棋子。例如，可以在骰子的每一面上刻上不同种类的动物、国家、总统、标点符号或诸如化学元素字母的符号。

（7）如果需要，从卡片中分出用以提问、奖励或惩罚的各类卡片。

（8）最后一步是把粗略的草稿转换成大木板、纸板、三合板或其他更耐用的物体表面上的游戏。

教师可以在与同事分享游戏中获益，同时，学生们经常积极地发明以他们学习内容为基础的游戏。当学生发明了游戏后，可以请他们和同班同学分享游戏，以增加通过游戏来学习的机会。

（二）卡片游戏

卡片游戏也是十分有效的视觉学习工具。"作家"游戏帮助许多儿童和成人学习文学人物以及他们书面作业的标题。在"作家"游戏中，游戏者需要收集多套有关每个作者的四张卡片，每张卡片有不同文学作品的名字以及作家的图像。收集卡片套数最多的人获胜。类似的游戏也可以用在发明家、作曲家、探索家身上。

同一类型的卡片游戏可以用在多数主题领域中。一个代数游戏可能由二次方程式或多项式展开。游戏者必须收集一套4张卡片。还有一个简单的卡片游戏的例子是演讲的各部分。游戏者必须收集4个动词、4个形容词、4个名词和4个副词。学生们或许是为了另外的视觉效果装饰他们自己的卡片，并为了长久保存而把制成的纸牌压上塑膜。如果时间不允许，涉及广泛的主题（包括濒危物种、数学论据和词汇表等）的商业化教育卡片游戏可以适用于许多科目，并能在教育用品目录上找到。

十、建筑

在一次实地旅行中，亚历克（Alec）和他的同学在去博物馆的路上，穿过停车场时，突然停了下来。他盯着附近水路上的一个高跨度的弓形桥发呆。老师找到他时，他不用任何技术术语，正在兴奋地解释分担载重量和支撑建筑物巨大重量的钢筋柱子的结构。亚历克对桥的着迷没有很快消失。在接下来的两个月里，他画了一系列复杂的桥。他的兴趣启发了老师，于是有一天老师让同学们思考是什么让建筑物和桥梁耸立起来。这就发起了一个在大多数五年级的班级里很少见的研究——探究包括数学和物理原理在内的解释。

在学校课程中，建筑学的目标超出了训练未来建筑师或加强美学意识的范畴。一些教育者认为，建筑学给学生提供了一种有效的学习方法，可以学习和应用数学、物理学、批判性思维和创造性思维、空间推理、问题解决与合作等技能——这都要通过动手操作的项目来实现。对许多学生而言，建筑学提供了对先前抽象的和不值得学的内容的切入点。例如，学习面积和体积计算的学生会发现，当用建筑的模式来思考这些概念时，它们变得很有意义。

建筑学可以与许多学科结合起来，适用于任何年级水平。当教师思考建筑环境如何与不同的教育内容结合时，可以发现教育内容与建筑学之间的联系。另外，人们通过把人类看作环境的一部分，建筑就变得与所有的生命活动结合在一起，并且不再作为单独的科目了。

许多学校中的建筑项目应运而生，它们都教导学生如何通过在真实世界应用并展示他们学习时获得的建筑师般的空间思维能力。新墨西哥大学的建筑学教授安妮·泰勒（Anne Taylor）于1991年开发了一项创新性的课程，叫作"建筑学和儿童"（Architecture and Children）。这个项目通过在建设、自然和文化环境中使用建筑、设计和创造性的问题解决等方式来教给学生基本技能和学科内容。学生们通过把数学、科学和艺术结合在一起，在为物质环境进行建筑设计的活动过程中创造性地解决问题。

（一）学习像建筑师那样思考

泰勒的"建筑学和儿童"课程通过一系列的问题来指导学生，这些问题教给学生设计过程的步骤。这种学徒制的认知学习方法不是要训练学生成为建筑师，而是运用真实生活的项目以便让学生体验专家如何解决问题。"像建筑师那样思考"的一些最初的活动，要求学生把那些包含乒乓球、快餐店或儿童剧院的建筑物进行视觉化。学生也可以用象征手法画出一个气泡出现、漂浮和爆裂时的场景。当教师吹出10个或更多的气泡时，学生仔细检查它们的形式和功能。告诉学生不要画气泡本身的样子，而是尝试大致地描绘在它的"生命周期"里发生了哪些事情。"大气球比赛"（the Great Balloon Race）是一个与之相类似的作业，学生在教室四周不同的方向用弹弓射四个气球，同时通过画箭头和线条来描绘它们在空间上的移动以及它们的空间关系。

为了提高空间推理能力，学生们学习如何对建筑结构进行设计规划。第一个任务是画一个房子区域的气泡图解。接下来，学生把气泡图解扩展成其结构的设计视角，其后，他们把它制作成一个模型，再进一步转变成一个想法，即用视觉图画出把建筑物盖起来会是什么样子。接下来，学生为抓住空间和深度的视觉，画一个速写。而后，学生拿出他们的计划方案，制作一个建筑物的三维模型。如果条件允许，一些学生可以用计算机辅助设计软件画出他们的计划。只要学生完成了他们的模型，就可以展示给同学们看。这一设计过程的步骤鼓励同伴反馈与学生自我评估，并最终产生一个视觉档案袋。

许多教育建筑项目要求学生重新设计他们的教室。一位在纽约工作的五年级教师，允许学生们自由改造教室环境。学生们为了执行方案，必须测量、制作比例图和立体模型、进行预算和实施计划。在学生们进入建筑领域之前，他们的数学成绩都低于年级水平。在教室重新设计后，学生们在教师设计的测验和标准测验中的数学分数都提高了。然而，这些分数还没有测量出学生在学习中展现出的积极态度和动机。

另外一种环境设计的方法是让学生学习有纪念意义的里程碑式的建筑物。例如，他们可以研究一个公共建筑物，并用文献证明它的历史、外观设计和内部设计、建筑材料和环境因素。这些项目可以制作成一本书，包括学生的绘画、采访和观察记录。有些学生还可能进一步烤出一块与建筑物结构相似的蛋糕。

多琳·纳尔逊（Doreen Nelson）以前是一位任课教师，她创设了"城市建筑教育项目"（City Building Education program），并对此进行了很好的研究。这个项目使学生设计有效的班级交通模式或者人们可能居住、工作和购物的地方。开始时，学生们先展示一个发明，接下来持续改变和重新分配变量以保证其结论正确。例如，在艺术领域，可以要求学生创作一个以前从没见过的花朵的安静生活。在科学领域，可要求正在学习"腐蚀"的学生指出使用大量泥土或岩石的方法，这能够限制对一座小山的进一步破坏。采用"城市建筑教育项目"一年时间的小学和中学都意识到了它的巨大收效。六年级有65%的学生都进了高级数学班，三年级中那些英语非母语的学生也获得了两个或更多个年级水平的基本技能的增长。

（二）从教室里的建筑活动开始

有兴趣把艺术结合到课堂中的教师会发现以下几个材料很有帮助。通过与美国建筑协会的当地部门联系，教师可以邀请一些愿意来学校工作或愿意提供技术支持的建筑师。一些州的艺术委员会给学校建筑居所项目提供资金。建筑和设计领域可以提供给教育者多种培训项目。其中包括：纽约市立大学的建筑环境萨尔瓦多利（Salvadori）中心，新墨西哥大学的泰勒开发的课程"建筑学和儿童"，以及城市建筑教育工作室。其他一些对教师有用的资源包括：由内森·温特斯（Nathan Winters）所著的《建筑是简单的：通过建筑概念进行视觉思维》（*Architecture Is Elementary: Visual Thinking Through Architectural Concepts*）；《作为学习催化剂的构思》（*Design as a Catalyst for Learning*），该书用文献证明了从幼儿园到高中阶段城市建筑教育30年里所取得的成效。

十一、视觉艺术

国内的一些学校正在重新思考艺术教育的价值。随着20世纪90年代早期美国国家标准的推动,艺术已经获得了描述它们学业内容和教学法的机会。在1994年,美国国家艺术教育协会在四个学科——音乐、舞蹈、剧院和视觉艺术上确定了我们的读写要求。这些以文献为基础的标准保证了公共教育中的艺术内容以及它们在提高社会文明中的作用。

许多学校通过以下两种方式开展艺术教育:把艺术作为单独的学科内容来教;把艺术作为教学法工具来提高教学。这样,绘画、油画、雕塑、设计和拼贴画等视觉艺术常常被结合在一起用在小学课堂上。然而,当学生逐渐长大后,这些活动明显地从他们的学习活动中消失了,并且仅作为单独的课程,提供给那些敢于承认自己有一定艺术天赋的成人。

(一)作为教学工具的艺术

纽约市一项名为"通过扩展的艺术研究和学术项目进行学习"(Learning through an Expanded Arts and Academic Program, LEAP)的项目发现,动手操作的艺术实验有助于从幼儿园到高中各阶段的学生学习学业内容。事实上,97%的项目参与者对学校有了一个更加积极的态度,并对自己的学习感到更加自信。

LEAP是纽约市的一个非营利性教育组织,它的使命是提高从幼儿园到高中阶段所有学生的教育质量,这些学生包括城市内的少数族裔、经济处境不利者和居住在偏远地区的中产阶级家庭的学生。LEAP在美国东北部已经有450家学校和机构。它每年通过200位专家为20多万名学生服务,这些专家直接与教师和他们的学生一起工作。LEAP项目的目标是通过以艺术为基础的活动提高学生在语言艺术、数学、科学和社会研究领域的成就。接下来介绍一些适用于小学和中学学生的LEAP课程的例子。

(二)融合视觉艺术与语言艺术

为了提高小学生的读写能力,教师可以使用文学、木偶戏和壁画来使儿童参与阅读、写作、讲话和表演。有一个以艺术为基础的LEAP项目始于教师和学生一起大声朗读故事。而后,学生们自愿在一个两人小组中工作:一些人制作木偶,另外一些人绘制油画。

全体学生都学过如何速描人物画像和制作故事板,使它们能从视觉上抓住每一场景的主要思想。紧接着,慢慢地重读故事,在每一幕结束时有适当的停顿。学生在听的过程中,一幕一幕地创作故事板,然后按顺序讲完整的故事。一旦学生能够回忆故事顺序,接下来就要求他们识别每一场景的主要思想。如果完成这一任务有困难,教师可以给学生提供备有答案的故事板。指导者也可以建议学生,当被问到某个情节或故事的主要思想时,学生可以考虑如何用一张单独的画把它画出来。接下来，他们选择故事中唯一最重要的事情，并对这一选择进行辩护。

另外，木偶戏创作的课程包括重读故事、制作木偶或画主要人物以反思其性格特征和身体特征。教师要求学生想象一下，如果主要人物的性格发生改变，故事将会如何改动，或者是要他们设想出不同人物的一些观点。这些活动既提高了阅读技能，又强化了高水平的思考技能。一些愿意这样做的学生用适当的词汇为故事中的不同情节写对话台词，其他人则可以大声地朗读故事并用木偶来扮演。

同时，壁画绘制者列出时间、地点的形容词，识别故事的场景以及对每一位置的描述。学生小组选择要油漆的布景，并开始用彩色粉笔在大张牛皮纸上把背景粗略地画出来。然后用颜料给背景涂色或是用可粘贴的纸贴画来填充。

接下来，用与木偶戏小组同样的方式把故事人物展示出来。壁画绘制者为每一场景的人物制作纸形象，并用胶水把它们粘到背景中。只要做好了前面的壁画，就让学生重读故事，以便发现每一场景中包括的其他细节。学生们识别出应该包括哪些细节以及原因是什么，并且要把这些细节画出来，剪下，用胶水粘到情节中。这些场景被整合到一起，并且在读故事的时候，要学生指出每一场景的主要观点和细节。然后对讲故事进行排练，最后邀请其他班级的同学来听故事、观看木偶表演和壁画。

（三）整合艺术与数学

整合艺术与数学的一个特别有效的方法，已经在LEAP的"分数被单"（fractions quilt）项目中得到证实。为了介绍分数概念，教师给学生们提供剪刀、铅笔和四张正方形的手工纸。一定不要给学生裁剪好的纸，因为他们必须通过亲自分割纸来理解分数概念。要教给学生的第一个分数是1/2。教师指导学生把一张正方形纸对折，在中间剪开。接下来他们沿着每半张纸的中间画一条线，同时教师给大家解释这条线不再涉及整体，而只是一部分。要学生识别它们现在有几部分并写下数字2作为证明，这个数字就表明他们把纸分成了几部分。拿出一张纸，学生在上面把1写作分子，帮助学生了解分子表示它们占整体的比例数量。为了说明几个一半的部分构成一个整体，学生们把两半放在一整张手工纸的上面。这样，折叠、剪裁、书写和把各部分放到一起的过程反复重复，用来解释1/4和1/8，有时候也可扩展到其他分数。

对分数有了基本了解后，学生现在就可以建构一个"被单"。在一大张正方形手工纸上，他们把不同尺寸的纸安放进不同的"被单"模式中。接下来把所有的分数模式安放在教室的墙上，使其看起来像一个被单。在每个分数模式之间留出空隙，以便学生可以在每个模式之下写方程式。接下来学生分解等式，把它们约分到最小的公分母。

有兴趣了解更多关于LEAP项目（包

括课程计划、方案和培训磁带）的教师，可以登录其网站。

（四）在中学阶段整合各种艺术

LEAP项目并不仅仅针对小学生。它也提供中学水平的数学、物理和科学课程。例如，有一堂课教学生板块构造论。学生们被分成小组，给他们提供四块彩色的石膏黏土和有关板块构造的影印信息，接下来制作模型板块。学生们浇铸黏土，并把黏土压成彼此能放在四个层面上的小条：第一层代表山谷地面，第二层代表一座大山中的火山灰熔岩，第三层是海底残留物，第四层是火山熔岩。经过口头的和视觉上的指导后，学生继续制作大山、岛屿并试验板块的移动。当他们学习地球表面如何移动的时候，他们可以思考史前的大陆漂移说并要求画出从现在起五千万年后地球可能呈现出的样子。

有一个叫作"合作者：为学生服务的艺术家和学校"（Partners: Artists and Schools for Students，PASS）的项目，其主要目标是把高中生的学习与艺术实验结合在一起。到2000年之前，在高中教师和组织者之间的这个合作在圣保罗（St.Paul）市和明尼阿波利斯（Minneapolis）市已经有5000名学生、30个艺术组织和16所高中参与了进来。该项目在寻求证明教授、学习和生活方面艺术的复合效应。在2000年当中，该项目的研究显示，"合作者"（PASS）项目中学生的成绩、解决问题的能力、对多元文化的理解和在校率都提高了。学生们的退学率和缺席率也减少了。另外，高中生父母的参与也增多了。

纽约市的其他一些高中教师还使用艺术提高了学生的数学和阅读成绩。例子如下：

成绩不好的阅读者每天一次在一个工作室会见一位艺术教师，这位教师与阅读专家一起开发课程。建立在艺术经验基础上的课程，强调四个专门的阅读技能：单词识别、理解、学习技巧和略读。一个理解单元包括做比较。学生阅读有关毕加索的作品，讨论他艺术风格的转变。他们用书面文字形式在人物绘画与非人物绘画之间做比较，同时给自己画一个抽象的静止不动的生命画像。

在艺术工作室，每日的课堂部分始于黑板上的词汇和书写指导。学生在他们的个人日志中，记录当天的词汇课、书写他们的项目计划、列出从工作室阅读角找到的书目。每周一次，学生要以他们的笔记、计划和阅读为基础写一篇论文。这些论文保留在一个写作档案袋中，一份艺术档案袋中则包含学生视觉项目的记录。为了突出阅读水平的提高，每个项目最多有两套记录。

同样，数学教师和艺术教师都体验过数学和艺术的结合。在每天两小时的时间段里，学生们花费第一段时间学习能使他们建构模型的数学概念。在第二段时间里，一位艺术教师掌管数学模型的建构。学生们用这种方法学习并建构产品，以证实他们的素数、模运算、几何模型和定理的知识。学习也是合作性的、分享的，学生们之间彼此交流资源和思想。教师要求学生通过他们的建构活动，掌握基本的运算技能和概念。

正如前面的例子所显示的，当学业领域的教师与艺术领域的专家结成小组实施教学或制订合作计划时，就产生了吸引人的、以艺术为基础的课程。学生们不仅学得好，而且还能从解决问题、自我表达和发明创作等基本艺术过程中受益。然而，如果教师无法与艺术专家在团队内进行合作教学，仍然可以给学生提供通过视觉艺术学习和验证知识的机会。下面有一些建议。

（五）跨课程的艺术

（1）每间教室可以开设一个艺术角，布置有记号笔、颜料、各种尺寸和质地的彩纸、布、天然物品和人造物品。材料应该经常清洁，并要鼓励学生使用它们。

（2）与绘画、建构、照片评论、激光打印机和模型建构有关的课堂项目使任何课程领域的学习都很生动。为每个学习单元至少提供一个艺术选项。

（3）拼贴画给从视觉上解释观点提供了机会，并能说明班级课程。教师可以收集、贮存适合不同学科领域的旧杂志和期刊，并拿来给学生用。

（4）学生用颜色、形象和奇怪的背景修饰的时间线、地图和图表来引起注意和增强记忆。

（5）可以通过教室装饰带把一些重要的事情带到学校生活中来。一位初中教师把她的教室用希腊和拉丁语字母组成的装饰横条围起来，每个学生做一个或更多个视觉形象以展示其单词的意义。几乎可以在任何课程领域制作和展示彩色的装饰横条。

（6）像墙壁尺寸那么大小的雕塑可以使教室突显个性化，并有可能使学生看见他们正在学习的概念。那些有艺术才能的学生可以为同班同学画壁画，让大家来涂色或做标记。

（7）用牛皮纸和摁钉钉成的大小卷轴能把许多知识做成很好的图画展。有一个七年级班的同学在200英尺长、4英尺宽（大约60米长、1.2米宽。——译者注）的牛皮纸上创作了一幅古代文明史的图画。图画中的场景集中在四大文明古国对今天仍然起作用的生活风格、习俗和主要历史事件上。学生们也就这些主题作了诗，并把它写到卷轴上。这个项目开始后，学生们分配了不同的角色，包括策划者、素描者、涂色者、写作者以及设计和制作卷轴的机械师。

（8）学生们可以通过拼图或方格技术来制作名画、地图及其他绘画的复制品。例如，有一个班的同学制作了两张12平方英尺（约1平方米。——译者注）的东半球和西半球地图。学生们先在大牛皮纸上把各大洲素描出来，然后在背面画出拼图线，把每张地图分成25份，即班上同学的数量。把它们分成块以后，每个学生拿一块。接下来，学生们决定这些小块分别要放在地图上的什么位置，哪些可以构成陆地、水域和大洲，以及如何把相邻的各块连到一起。还有一所学校，他们的一个学校项目是创作一幅巨型壁画——梵高的《星夜》。这幅巨画占了该中学图书馆的一整面墙，用数十张大正方形纸制作而成，每一张对应于原始图画上的一个方格的缩小图。每个学生在他的格子的那个数字方块上面画一个放大的图像。此时彼此协调很有必要，尤其是当一个星星、房屋或树木在一个平面上跨越两个格子时。

（9）可以用与主题相关的印刷品、海报和照片来装饰教室，同时这也为讨论和激发学生的艺术创作提供了起点。霍尔特（Holt）、莱因哈特（Reinhart）和温斯顿（Winston）等艺术家有一个《艺术作品集》（Art Works），其中包括来自不同文化的性别均衡的各类艺术作品。教师们通过给艺术博物馆写信索要目录，可以发现丰富的资源。从明信片到相同规格的印刷品再到艺术家的作品，都可以直接带到教室里来。当地的美术展览馆和艺术品商店常常有多种印刷品可以选择。

（10）用于绘画和构图的计算机软件可以增加课堂作业和展览的视觉效果。

（11）对艺术特别敏锐的初中生可能会设计一个以艺术为基础的课堂活动，并把它教给同伴。

（12）教师可以邀请一些当地社区的艺术家或艺术机构成员到学校与学生分享他们的艺术体验。

（13）教师可以利用以下各种图书资源，如：由穆里尔•西尔伯斯坦－斯托弗（Murial Silberstein-Storfer）和马布里•琼斯（Mablen Jones）合著的《一起做艺术》（Doing Art Together），乔•迈尔斯•舒尔曼（Jo Miles Schuman）的《大众艺术》（Art from Many Hands），安妮•怀斯曼（Anne Wiseman）的《制造产品：创造性发现手册》（Making Things: The Handbook of Creative Discovery），以及玛格丽特•鲁万（Margaret Ryan）的《文化旅程：体验全球84种艺术和社会科学》（Cultural Journeys: 84 Arts and Social Science Experiences from Around the World）。也可以在网络上搜寻一些艺术资源。

当然，有些教师和学生可能想发展自己的视觉技能。《和儿童一起画》（Drawing with Children）和《和大孩子及青少年一起画》（Drawing with Older Children and Teens）两书的作者、莫纳特视觉艺术学校（Monart Visual Arts Schools）的创立人——莫纳•布鲁克斯（Mona Brookes）相信，人人都是艺术家。她自己的绘画思想包含五个基本方面，这对于从幼儿园到高中的任何一个儿童来说都很容易学习和应用。然而，布鲁克斯重申，刚起步的艺术家应该学习利用各种绘画手段。为了培养学生的艺术才能，教师可以鼓励学生使用幼年期的象征性思维和人物绘画。指导员面对4岁左右的儿童或任何年龄的初学者时，可以参考布鲁克斯的书来培养大众艺术家。

为了丰富教学，教师可以从基斯特勒（Mark Kistlers）的《绘画小组》（Draw Squad）中节选一些动画。为培养学生对艺术史的意识和艺术鉴赏能力，教育工作者也可能在洛杉矶格蒂教育中心（Los Angeles Getty Center for Educaiton）的以学科为基础的艺术教育（Arts' DisciplineBased Art Education）项目中获得帮助。该项目旨在通过把画室艺术、艺术史、艺术评论和美学等包含在学校教育中来提高艺术教育的质量。当年长的学生准备制作生动的模型绘画和捕捉艺术风格时，他们或许想要在某件艺术精品的指导下进行，如尼克莱兹（Nicholaides）的《自然绘画法》（The Natural Way to Draw）。

十二、提高视觉－空间智能的技术

随着幻灯片、电影、电视、投影和摄像的出现，世界已经变得越来越视觉化，而数字技术的发展又把它推上了一个新台阶。例如，我们现在有交互式数字电视，使用者可以观看节目并同时通过网络链接获得相关信息，这样就创造了"电视计算机"。许多教室的幻灯片放映都已经被PowerPoint演示所取代，并且现在许多学生有便携式手提电脑，甚至更小的可以随身使用的手提装置。无线移动装备使得人们可以在世界各地上网，即使是那些没有电线或电话线的地方也可以。

光盘（CD-ROM和DVD）使得人们可以在任何地方存取信息，也可以使整个项目尚未完成时就进行讨论。经常有机会来讨论学生已经领会的内容和将要了解的内容，使得对于教育过程而言重要的预期性学习和参与式学习更加成为可能。现在有许多学生使用摄像机把事件拍成电影，在计算机上存储下载，并在线编辑，以创作出自己的移动电影。高清晰的电视和放映大屏幕给观看者创设了一种新的真实感，现在也经常有在真实环境中玩的教育游戏。

华盛顿大学的人类界面技术实验室（Washington's Human Interface Technology Laboratory, the HIT Lab）正在对一种发明于日本的"魔术书"进行探索和进一步开发。这些新产品看起来像真书一样，但需要戴一副连接到计算机上的特殊眼镜才可以阅读。当物体似乎在页面上跳动时，读者可以观看到一个活灵活现的故事。读者可以从任何一个角度查看它们，人物角色可以移动、流出真眼泪和在树林里玩捉迷藏游戏。这些图像化的真实工具在诸如科学、数学、建筑和医学等教学领域有巨大的应用价值。

在人类技术界面实验室，还有一个项目是，让处境危险的学生学习如何创设视觉化的真实游戏，并制作一个对抗艾滋病病毒免疫系统的游戏。这个游戏以药物、行为和环境的形式进行各种挑战。对许多学生来说，这是他们融入学习过程并在学习过程中获得成功的为数不多的经历之一。

加利福尼亚大学在圣地亚哥(San Diego)的一个研究小组——感统局（the Senses Bureau），已经创设了一种建立在科学基础上的虚拟现实的冒险游戏，叫作"虚拟探索者"（Virtual Explorer），可以免费提供给学校、博物馆和研究者们。这种教育游戏，现在也能在光盘中见到，是一种通过漫游人类免疫系统而进行的模仿互动过程，在游戏期间学生可以与真实环境里正在学习的概念产生互动。学生们驾驶一个显微镜"纤马蝇幼虫号"轮船通过自己的血管和神经系统。使用者在选择好扮演哪一个细胞角色后，表演诸如细胞航行、认识白细胞和分子等各种功能。这种虚拟环境有制作的彩色动画和四个频道的形象化的声音。

全美地理儿童网（National Geographic Kids Network）是一个为了提供丰富的课堂资源而把世界各地的儿童连接到一起的无线电通信系统。学生们可以用计算机制作的地图和表格来分享彼此关于地理和科学试验的知识。也有许多教室在继续使用地理电视（Geographic Television，GTV）。它由国家地理协会和鲁卡斯电影（Lucasfilm Ltd）联合制作，把计算机的互动功能与对由国家地理图片组成的影碟的即时访问结合在一起。

另外一种高质量课堂素材的极好来源是，由美国教育电视台与UnitedStreaming合作开发的视频点播，满足了大家期待已久的需求。这个项目包括教师的指导和幕后管理，可以用Mac或PC播放。把1200多个标题细分成12000个具有特定内容的电视短篇，可以用关键词、科目、年级和教学要求等来进行查询。

有特殊需要的学生也可以通过视频媒体以新的方式获得帮助。例如，通过IBM的语言阅读器，那些言语有障碍的人可以从视觉反馈中真正看见自己的讲话模式，进而做出相应的改变。那些不能移动肢体的学生可以把讲话录到计算机里，用计算机打印出他们的讲话内容；那些能动但不会讲话的人可以通过计算机打出他们写在屏幕上的内容。语言发展滞后的儿童可以通过使用一个"Wolf"的板获得帮助，该板有覆盖的图或字，当人触摸它时，它会说出相应的内容。

计算机通过互动技术使得那些擅长视觉化学习的学生可以运用他们的强项进行学习。在对最后的书面文本进行复制之前，学生可以观看和操作自己以多种形式评估和创设的材料。如桌面出版社发行的斯坦利（Stanley）的《探索图画设计：一堂简短的课》(*Exploring Graphic Design: A Short Course in Desktop Publishing*)，就提供了有关设计的基本原理以及如何把它们运用到编辑出版物的过程中的有用信息。

因为越来越多的学校把展示学生作业作为一种评估手段，与传统测试相比，多媒体报告是一个极好的替代或补充。报告可以包括电影片段、幻灯片、照片和其他展示，或者可以用数码电影的形式。这些多媒体作品让学生通过多种形式学习知识，从而使学习成为一个极富吸引力的过程。学习大屏幕（HyperScreen）是一个软件程序，包含字形建构、剪接艺术和绘图工具。每个屏幕可以包含15个"热点"或按钮，应用者可以把它与课程或报告联系起来。学生可以用这个程序中的剪接艺术、背景、边界、字形、音乐和声音效果等来设计自己的屏幕。

画图程序不断增加，如Adobe Photoshop，Adobe Photoshop Elements，Serif Draw，Adobe Illustrator，Corel Draw，Macromedia Freeland等，与图画设计有关的技术程序，为学生们提供了多种提高艺术创造性和流畅性的经验。学生们在探索这些组成设备如透视图、平衡和色彩时，可以创作他们自己的艺术作品或修改已经存在的艺术作品。

进行一个有趣的实验——看看网络为理解和欣赏艺术提供了些什么，使用一些性能良好的搜索引擎并键入"格尔尼卡"。你会发现很多有关毕加索绘画的网址，提供有关画家及其生活年代、西班牙内战、选题内容的历史和神话来源的信息。同样，你也可以在艺术欣赏课上发现其他著名艺术家的信息。

我们可以从以下网站和机构中找到其他与视觉艺术相关的资源。

"献身艺术的美国人"，提供课堂内外的艺术案例资源。包括研究课题、工具箱、案例、一个视听图书馆和一个电子时事通讯。

格蒂教育网是一个很宏大的网站，运用五光十色的、交互式的、吸引人的方法来探索和延伸它们的展品。该网站包括一些诸如"科学史"和"作为科学家的艺术家"等主题方面的教学工具、课程计划和课程理念。

肯尼迪中心通过对技术的创造性使用和恰当使用，支持艺术教育在课程中的中心地位。

艺术教育的Perpich中心是一个政府机构，由明尼苏达立法机关主管，目的是把艺术教育引入幼儿园到高中的教育中来。它包括一个公立艺术高中，一个专业发展机构和一个研究、评估和课程部门，位于明尼阿波利斯市郊区的一个占地30英亩（约12万平方米）的校园里。要了解关于该项目的更多知识和资源，参见相关网站。

艺术教育进步协会指导教师们如何使用艺术来教授社会学、科学、数学和语言艺术，以及如何把它们综合到课程中。

虽然视觉-空间工具本身并不代表学习过程的本质，但它们确实通过让学生运用视觉-空间智能，为他们提供了吸引人的、启发性的方法，并为各类学生设计了较易理解的主题。对那些身体有缺陷或有其他特殊需要的学生而言，它们确实具有十分重要的意义，并且，它们经常激发那些边缘儿童的学习动机。事实上，艺术把对许多人来说是毫无意义的抽象内容转化成了好理解的、可见的和便于记忆的现实。

十三、小结

虽然并不是视觉－空间智能的所有方面都与艺术相联系，但的确有许多方面是这样的。本章已提到过，在幼儿园到高中阶段的学习中，创设和操作视觉形象是十分有力的辅助学习工具。在2002年，一项称为"批判性链接"的艺术教育研究纲要探索了艺术在提高认知能力方面的作用。

同时，有将近3000项研究表明，空间技能会影响我们理解口头语言和书面语言的能力。随着我们越来越多地理解绘画、设计、建筑模型和其他艺术形式在学习中的作用，艺术很有可能会越来越多地渗透到从幼儿园乃至高中阶段的课程和课堂活动当中。

下面列出了本章所涉及的视觉－空间技能，读者可以从中总结和找出适合在自己班级中使用的方法。

十四、应用视觉－空间智能

(1) 我从本章获得的重要观点和启示：
_____
_____

(2) 我想更深入地学习的领域：
_____
_____

(3) 在我的教学中我可以利用这些信息的方法。请注意，本章中提到的策略已提供在下面，并附有空格以提示每个策略是如何融入课堂教学的。

视觉－空间策略	课堂应用
创设视觉化的学习环境	
视觉化工具	_____
有计划的展示区	_____
外围刺激	_____
通过换位改变视角	_____
非语言交流	_____
图形表现方式	

  流程图
  视图纲要
  单元图
  视觉启动图
视觉记录和头脑风暴工具
  概念构图
  思维导图
  聚类
  思维描绘
视觉化
  课堂意象
  视觉记忆技巧
学习材料的视觉多样性
  用色彩加以强调
  变换形状
  讲课、讨论或阅读时的
   视觉辅助方法
棋类游戏和卡片游戏
  棋类游戏制作指南
  卡片游戏
建筑
  学习像建筑师那样思考
  从教室里的建筑活动开始
视觉艺术
  作为教学工具的艺术
  融合视觉艺术与语言艺术
  整合艺术与数学
  在中学阶段整合各种艺术
  跨课程的艺术
提高视觉－空间智能的技术

参 考 文 献

Arts Education Partnership. (2002). *Critical Links: Learning in the Arts and Student Academic and Social Development.*

Brookes, M. (1986). *Drawing with Children.* Los Angeles: Tarcher.

Brookes, M. (1992). *Drawing for Older Children and Teens: A Creative Method for Adult Beginners, Too.* Los Angeles: Tarcher.

Consortium of National Arts Educational Associations. (1994). *National Standards for Arts Education: What Every American Should Know and Be Able to Do in the Arts.* Reston, VA: Music Educators National Conference.

Davis, M., Hawley, P., & Spilka, G. (1998). *Design as a Catalyst for Learning.* Alexandria, VA: ASCD.

Gardner. H. (1993, 1983). *Frames of Mind: The Theory of Multiple Intelligences.* New York: Basic Books.

Hyerle, D. (1996). *Visual Tools for Constructing Knowledge.* Alexandria, VA: ASCD.

Jones, B. F. (1988). *Graphic Forms with Corresponding Text Frames.* Aurora, CO: North Central Regional Educational Laboratory.

Lorayne, H., & Lucas, J. (1996). *The Memory Book.* New York: Ballantine Books.

Margulies, N. (2002). *Mapping Inner Space.* Tucson, AZ: Zephyr Press.

McKim, R.(1980 2nd Ed.). *Experiences in Visual Thinking.* Monterey, CA: Brooks/Cole Publishing.

Novak, J., & Gowin, B. (1984). *Learning How to Learn.* New York: Cambridge University Press.

Rico, G. (1983). *Writing the Natural Way.* Los Angeles: Tarcher.

Rico, G. (1999). *Writing the Natural Way.* New York: Putnam.

Taylor.A. (1991). *Architecture and Children.* Albuquerque, NM: American Institute of Architects.

第五章

和谐的旋律：音乐智能

与语言相似，音乐也是人类灵魂的体现。伟大的音乐家们已经向人类传达了其他任何语言都无法言表的事物。如果我们不想使这些事物成为毫无生气的古董，我们就必须尽最大可能去使尽可能多的人理解音乐的特别表现方式。

——佐尔丹·柯达伊[1]

丹 尼 之 歌

美国歌手、作曲家丹尼·迪尔德福（Danny Deardorff）在婴儿时期就患上了小儿麻痹症。在病痛的折磨下，他的脊柱弯曲了，脚跛了；但是从很小的时候起，他就通过歌声来表现其坚强的意志了。

当丹尼还是孩子时，他就开始编写歌曲，歌唱沿街走过的邮递员，歌唱将小虫子挡在外边、将凉风送进屋内的纱门。他所见到的一切都被他转化为歌词和音乐。

如今，丹尼已成为享誉世界的作曲家、演奏家、制片人和富有灵感的演讲家。他荣获了不计其数的国家级奖项。丹尼相信音乐是一种非常有效的交流形式，它通过激发情感来触动心灵。丹尼的音乐传达着重要的社会性信息，例如学会投入地去爱，爱护环境，体会不同个体之间的差异。

---

[1] 佐尔丹·柯达伊（Zoltan Kodaly，1882—1967），匈牙利著名作曲家、民族音乐家、音乐教育家。他所创立的柯达伊音乐教学法享誉全球。

丹尼曾创作并与洛兰·贝叶斯(Lorraine Bayes)合作录制了一首歌《每个人能力各异》(*Everyone is Differently Abled*)。歌词将"伤残"改为"能力各异",丹尼声称这首歌词适用于每个人,它强调的是我们能做的事情,而不是我们不能做的事情。

这首歌与霍华德·加德纳的多元智能理论相映生辉:

每个人能力各异,
每个人都有能力。
每个人能力各异,
每个人的生命历程迥异。

你可以坐着轮椅到处跑动,
你可以用手势无声地讲话,
你可以用百万种方式去做绝大多数事情。
有些人热爱跳舞,
有些人偏爱唱歌。

现在你可以让导盲犬帮你看路,
或者,你可以用嘴和脚来画画、来作诗。

你可以以百万种不同的方式生存。
事实上,我们都相互依赖地生活在一起。
定义我的不是我的局限,
而是我的可能。
我们能对周围人的需要做出反应,
最好的能力是反应能力。

每个人能力各异,
每个人都有能力。
每个人能力各异,
每个人的生命历程迥异。

第五章 和谐的旋律：音乐智能 157

这首歌被收录在一张名为《让我们成为朋友》（*Let's Be Friends*）的专辑中，该专辑由获过奖的儿童表演团体"快乐旋律台风"（Tickle Tune Typhoon）录制完成。

一、定义：理解音乐智能

无疑，音乐是最古老的艺术形式之一，它把人的声音和肢体作为天然的乐器和自我表现的手段。音乐伴随着我们来到人世。当我们还在母亲的子宫中时，就已经倾听了9个月的母亲的心跳。我们都在自己的心跳、呼吸和更微妙的新陈代谢节奏以及脑波活动的伴奏下生活。我们生来就拥有音乐能力，并能开发自己和他人的这种能力。

早期的孩童时代是音乐智能发展的关键期。4—6岁时，儿童对声音和音调的敏感性迅速发展。在该阶段，丰富的音乐环境可为日后的音乐能力打下基础。在《开发幼儿潜力》(*Developing Talent in Young Children*)一书中，布卢姆（Bloom）指出，在他所研究的天才钢琴家中，多数人并不来自音乐世家。但是，这些钢琴家的父母都支持子女对音乐的兴趣。另外，这些音乐家的第一任教师总是对他们和蔼可亲、关怀备至并采取肯定的态度。在后来的职业生涯中，又总会出现帮助他们规划工作的人士。

音乐智能有其自身的规则和思维结构，因而它不必与其他智能相联系。斯特拉温斯基（Stravinsky）[1]曾说，"音乐表现自身"，这就强调了音乐这种人类能力的独特性。音乐是一种听觉语言，包含三个基本要素：音调、节奏、音色或声音品质。这三个要素之间的无尽组合产生了传唱于世界各地的异彩纷呈的音乐。音乐也有其自身独特的符号系统。

霍华德•加德纳在《智能的结构》一书中宣称，任何一个发育正常并经常接触音乐的人士都能巧妙地处理音调、节奏和音色，并能以某些技巧参与到包括作曲、歌唱或演奏乐器在内的音乐活动中去。对音乐的兴趣奠定于学生幼年时的家庭环境，并且学生的这种音乐经历可以被整合进整个学校的课程中。

这种可以整合进学校课程的音乐经历包括歌唱、动作、倾听和演奏乐器等探索声音的活动。另外，学校课程中的音乐文学多以民歌、古典音乐及来自不同文化、不同风格和不同时期的音乐为特征。

由于与情绪联系紧密，所以教室内的音乐可提供一个有助于学习的积极的环境。教师可以有目的地利用音乐来加强那些伟大的文学作品和历史故事中的悬念、忧伤、悲剧或欢乐气氛。甚至，音乐可用于达成幽默的目的。如巴赫（P. D. Q. Bach）所运用的音乐双关就是练习倾听和专心技巧的有趣工具。

二、核查表：音乐智能的特征

古代的许多哲学家将音乐视为教育的重要组成部分。柏拉图宣称："节奏与和谐渗透到心灵的最深处，并在此获得最稳固

---

[1] 斯特拉温斯基（Igor Fevdorovich Stravinsky, 1882—1971），美籍俄罗斯作曲家，现代乐派的领袖。

的位置,节奏与和谐可以带来肢体和心灵的优雅,而这种优雅只体现在以正确方式抚养长大的成人身上。"亚里士多德也是一位广义音乐教育的较早倡导者,他相信:"因为音乐,我们获得了我们人格中的某种特质。"

孔子认为,音乐对个人和政治均有影响,他希望上层人士努力促使音乐成为完善人类文化的手段。当这样的音乐得以普及,人们被引向理想和愿望的时候,我们就可以看到一个伟大民族的出现。在中世纪和文艺复兴时期,音乐和几何、天文以及算法同被列为学习的四艺。

然而,在当今这个时代,当学校的财政受到削减时,音乐却常常遭受厄运,成为第一批被踢出学校课程的科目。我们的学业标准和绩效体系致使许多管理者将更多的时间投入到阅读、数学和科学等科目的教学中去。然而具有讽刺意味的是,被踢出课堂的音乐却可以成为一种重要的手段来发展社会期望美国学生获得的技巧。例如,2002年一本名为《关键连接》(*Critical Links*)的音乐教育研究手册出版了。由艺术教育合营公司(Arts Education Partnership)出版的这一文献表明,包括培训键盘技巧在内的音乐教学可以发展空间推理技巧和时空技巧,这些技巧在理解与运用数学思想和概念时将起到关键作用。

诸如组装乐器、演奏乐器、上课等音乐活动可以发展学生的表演技能,提高学生在团体演出中演奏或演唱的水平,提高其舞蹈技巧及欣赏音乐会的能力。当音乐成为学生所接受的教育中一个必不可少的部分时,上述音乐活动就向学生提出了积极的挑战。在纽约州布鲁克斯区(Bronx)的圣奥古斯汀艺术学校中,所有的学生都拥有接触音乐的机会。进入该校的学生几乎都来自贫困的、未受到良好教育的家庭,然而该校是美国学术水平最高的几所学校之一。该校是1994年圣丹斯电影节上获奖纪录片《源自我内心》(*Something Within Me*)主题的原型。

与他人相比,有些学生更具有音乐天赋,而且其才能会在很小的时候就显现出来。就像霍华德·加德纳所指出的那样,尽管很令人费解,但音乐潜能确实比人类其他领域的智能显现得更早。这些独特的具有潜能的儿童被推动着去学习音乐,但对他们的发展起关键作用的是,这些儿童有机会去体验并创造音乐。然而,像先前所指出的那样,事实上每个人,包括那些听力困难和失聪的学生在内,都具有发展其音乐能力的可能。

虽然不是每个人都喜爱音乐,但是多数学生和成人喜爱节奏和旋律,并喜欢聆听或参加音乐活动。即使先前未接触过音乐的人也往往会喜欢通过音乐的方法去学习,或在教室里执行不需语言的任务时喜欢欣赏音乐。

确定哪些学生具有音乐才能或具有发展良好的音乐智能是件复杂的事情。音乐能力的范围很广泛,似乎没有什么人能同时拥有所有的音乐才能。有许多这样著名的案例,一些音乐家的某些音乐活动取得了成功，而另一些音乐活动却失败了。有传言说柴可夫斯基曾因为其拙劣的指挥而差点毁掉了他的第六交响乐的首次公演。肖邦是一个天才钢琴作曲家，但他好像没有丝毫的兴趣为任何其他乐器作曲。有些人可能在音乐理论课上体验了失败，但在演唱上却展现出天资。还有一些人具有一种杰出的能力，比如路易斯·阿姆斯特朗（Louis Armstrong）[1]，他在没有阅读音符的情况下，就能以某些音乐风格进行即兴表演。这样说来，通过使用仅囊括这一复杂智能少数维度的核查表来描述音乐智能的全貌是不可能的。然而，下面的描述仍然可以帮助教师确定具有音乐能力的学习者的一些特征：

（1）有兴趣倾听包括人的嗓音、环境里的声音和音乐在内的不同声音，并能做出反应，将这些声音组织为有意义的模式。

（2）喜爱并寻找机会倾听学习环境中的音乐或该环境中的其他声音。渴望被音乐和音乐家包围并能从音乐中获益。

（3）通过指挥、演奏、创作或舞蹈能对音乐做出肢体动觉反应；通过回应音乐气氛和节拍做出情绪反应；通过讨论和分析音乐做出智能反应；通过评价和探索音乐的内容和意义做出审美反应。

（4）辨认并讨论不同音乐风格、不同音乐类型和不同文化下音乐的差异。对音乐在人类生活中曾经扮演以及仍将继续扮演的角色表现出兴趣。

（5）搜集不同形式的音乐作品和音乐信息，既有录音制品又有印刷品。并能收集和演奏包括合成器在内的乐器。

（6）发展单独或合作演唱和（或）演奏乐器的能力。

（7）会使用音乐词汇和音符。

（8）提出欣赏音乐的个人参考标准。

（9）喜爱即兴音乐表演和用声音表演，当听到一个音乐片段时，能够以有意义的方式表述音乐。

（10）能够解释某一作曲家通过音乐想传达的内容。也能够分析并评论音乐选段。

（11）表现出对歌手、乐器演奏家、音响工程师、（广播等节目）主持人、音乐评论家、乐器制造人、教师或指挥等与音乐相关的职业的兴趣。

（12）可以创作原创的乐曲和（或）制造乐器。

三、音乐智能的学习过程

本章所建议的活动并不是要在音乐教育中提供一种全面的或连续的音乐课程，也不想取代那些接受过培训的音乐教师教授的课程。通过本章所提供的这些被设计用来发展演奏、倾听、创作及反思音乐等技巧的课程，孩子们和年轻人可发展他们的音乐能力。全国各地的学校中有很多优秀的适合不同水平的音乐课程。此类音乐课程的标准可从美国国家音乐教育协会

---

[1] 路易斯·阿姆斯特朗（Louis Armstrong，1901—1971），美国伟大的小号演奏家。

(National Association for Music Education)的网站上获得。

事实上，下列音乐活动是用来促进其他学术内容的学习的。许多教育者回避使用音乐教学策略，因为他们自己缺乏音乐教学的经验。然而，将这些活动纳入课程之中并不需要特别的培训。这些音乐策略为那些需要培养积极的音乐态度并想要认识音乐与其他学习之间关系的学生和教师提供了成功的方式。当教师将音乐纳入课堂学习时，最终会出现一个额外的好处：音乐欣赏能力和音乐技巧在那些先前并不爱好音乐的教师和学生中获得发展！

本章所描述的策略包括：

> **创设音乐智能的学习环境**
> 　　将音乐引入课堂
> **倾听音乐**
> 　　惬意区的歌曲
> **塑造技巧的音乐**
> 　　音乐拼写
> 　　音乐和学习技巧
> 　　通过音乐教授阅读
> 　　用音乐促进语言技巧
> 　　贯穿全部课程的音乐
> **唱前热身**
> 　　无意义的声音
> 　　集体朗诵
> **音符**
> 　　介绍音符的概念
> **创编课程歌曲**
> **用音乐启动创造性**

> 在课堂中制造乐器
> 　　创造性地使用乐器
> 提高音乐智能的技术

四、创设音乐智能的学习环境

音乐可以成为任何教育环境的重要组成部分。当学生进入到教室环境中时，音乐能提供宜人的气氛；当学生完成体育活动后，音乐能发挥平静情绪的效果；音乐能使课堂上的过渡变得顺畅；音乐能使人的精力在灰暗的日子里得以恢复；音乐减轻了伴随考试或其他学术压力而来的紧张心情。

有一位校长，他发现在某些教师的课堂上，背景音乐具有稳定和平静学生情绪的作用，所以就决定在学校走廊这一学生行为问题多发区播放音乐。作为一项实验，他在走廊和餐厅播放了斯蒂文•哈尔彭(Steven Halpern)的《光谱组曲》(*Spectrum Suite*) 和其他一些安静的选段。学生们的行为戏剧化地得以改善，而且音乐变成了整个学校环境的基本组成部分。

当学生进入教室时在背景中播放一些轻柔的音乐，可以集中学生的注意力并提高学生身体的能量。学生们通常带着不同的喜好、不同的情感和各自关心的问题进入教室。此时，音乐可以营造积极的气氛帮助他们专心致志地学习。

将音乐引入课堂

那些对通过播放背景音乐来增进教室

气氛感兴趣的教师首先应该想到的是提高学生对音乐改善生活的方式的认识。我们被来自收音机、电脑游戏、CD、镭射光盘和电视等的各种声音所环绕，而且音乐伴随着我们的许多日常活动。为了增强音乐意识及音乐对我们生活影响的认识，教师可以组织全班学生讨论他们通常怎样以及何时收听音乐。这种讨论也可以提醒教师，既然学生们常常收听流行音乐作品用于消遣，那么学生也有可能想要扩展对其他种类音乐的认识，从而发现各种音乐风格提高生活品质的不同方式。

在将音乐作为教室环境的一部分之前，教师要考虑几件事，包括音响设备的状况，要播放的音乐类型，以及何时播放这首乐曲，其文化的因素是否恰当。对于想要创造音乐教室环境的教师来说，可参考如下指导意见。

在教室里使用背景音乐的指导意见

（1）音响设备，以质量好为佳，应该放置并安装于教室之中。用置于教室中不同方位的有两个独立扬声器的声音系统播放出的音乐效果最佳。当两个扬声器之间保持一定距离时，所有学生都能较容易地收听。

（2）绝大多数学校缺少高品质的音响系统，但是音质低劣的设备发出的声音会分散学生注意力并打消其学习的积极性，意识到这一点很重要。教师可以通过从学校或家庭获得的设备来增加教室里更多的设备选择。

（3）由于多数家庭不会存有不同类型的音乐唱片，教师们应该和他们的学生分享包括管弦乐队、室内演奏团或独奏者演奏的包括当代的、浪漫主义的、巴洛克[1]的和经典乐章在内的大范围音乐代表作。世界各国的优秀的音乐也应包括在内。本章后文介绍了一些选段。

（4）决定何时以及如何在教室里播放背景音乐非常重要。通常，在学生进入教室时、安静的阅读时间、个人工作期间、学习过程中、考试时，以及课堂过渡时播放音乐比较有效。最后，教师和学生会通过调整一天或一节课的起始、中间或结束的时间来进行实验，以此决定对每个时间段而言什么样的音乐最有效。可以选择一些音乐选段来使那些活跃的或好动的小组平静下来，或用音乐使疲乏的或昏昏欲睡的学生重新焕发活力。

（5）有些研究表明音乐可能会干扰语言工作，有些学生在从事学术工作期间可能会被音乐分散注意力。通常，我们建议只偶尔在教室中播放背景音乐。仅仅几分钟的音乐就能够起到连接科目和活动的桥梁作用。这种有限时间内的背景音乐会使喜爱音乐环境的学生受到旋律的刺激，又不会使那些觉得音乐分散其注意力的学生感到不适。

（6）如果教师计划在播放音乐时讲话，

---

[1] 巴洛克（Baroque），一种流行于16—18世纪，以情感强烈、铺张浮华为特点的反古典主义的艺术风格。

音量应被调至不影响他或她的嗓音的大小。

（7）学生们常常会反馈他们对室内音乐的反应，这些反馈是有价值的。通过班级讨论可以确定学生们偏爱的音乐选段、音量大小、播放的时间以及声音系统的类型和放置地点等。确定这些要素之后，学生和教师就能合作创建一种积极的音乐学习环境。

如果学生和教师在教室里用音乐背景进行过实验，他们就会发现使用音乐的额外好处。保加利亚索菲亚（Sophia）地区的精神病医师和教育家乔治·洛扎诺夫（Georgi Lozanov）博士的研究显示，音乐强有力地影响着我们的放松、恢复活力和集中注意力的能力。他的研究工作还表明，音乐整合了学习者的情绪、体力和认知的维度，并增加了学会及记忆的信息量。

除了创造愉快的教室气氛外，音乐还可用来达成特殊的目的。很多教师有计划地以四种方式来使用音乐：放松、鼓舞、集中学生注意力或使过渡更容易。例如，当学生们表现得过度兴奋时，某些选段如亨德尔（Handel）[1]的《水上音乐》（*Water Music Suite*）、泰勒曼（Telemann）[2]的《三提琴和管弦乐协奏曲》（*Concerto for Three Violins and Orchestra*）常常能够帮助学生放松。午饭后，学生通常昏昏欲睡，其他乐章如莫扎特[3]的《嬉游曲》（*Divertimento*）或里姆斯基-柯萨科夫（Rimsky-Korsakov）[4]的《野蜂飞舞曲》（*Flight of the Bumble Bee*）均对学生有鼓舞作用。当需要高度集中注意力时，维瓦尔第（Vivaldi）[5]的《四季》（*Four Seasons*）和莫扎特的《C大调钢琴协奏曲》（*Piano Concert in C Major*）之类的乐曲可以提高学生的注意力。如果教师愿意为达成上述目的而使用音乐，那么他们也许可以回顾一下个人的收藏，将他们的唱片集或磁带分为放松、集中注意力、鼓舞和过渡四类，或将具有这四种功能的音乐放在任何适合这些目的的地方。

下面提供了一些使课堂倾听多样化的当代和古典乐曲。

一些音乐选段

用以放松

《四季》	维瓦尔第
《内在旋律》	兰迪·克福顿
《水上音乐》	亨德尔
《牧神的午后》	德彪西[6]
《丰盛的早餐》	雷·里奇
《绿袖子幻想曲》	佛汉·威廉斯[7]

---

[1] 亨德尔（George Frideric Handel，1685—1759），德裔英国作曲家。
[2] 泰勒曼（George Philipp Telemann，1681—1767），德国作曲家。
[3] 莫扎特（Wolfgang Amadeus Mozart，1756—1791），奥地利作曲家。
[4] 里姆斯基-柯萨科夫（Nikolay Andreyevich Rimsky-Korsakov，1844—1908），俄罗斯作曲家和音乐教育家。
[5] 维瓦尔第（Vivaldi Antonio，1678—1741），意大利作曲家、小提琴家。
[6] 德彪西（Claude-Achille Debussy，1862—1918），法国作曲家，音乐评论家。
[7] 佛汉·威廉斯（Ralph Vaughan Williams，1872—1958），英国作曲家、著作家和指挥家。

用以集中注意力	
《长笛协奏曲》	维瓦尔第
《大协奏曲作品4第10—12号》	科雷利[1]
《飞云》	喜多郎[2]
《加速学习的音乐》	斯蒂文·哈尔彭
《C大调钢琴协奏曲》	莫扎特
《雪花飞舞》	富田勋[3]

用以鼓舞

《亚历山大的宴会》	亨德尔
《梦游者之舞》	唐·坎贝尔
《十二平均律[4]曲集》	巴赫[5]
《嬉游曲》	莫扎特
《骗中骗》[6]	电影原声音乐
《拯救野生生灵》	曼海姆轧路机[7]

用以过渡

《皇家焰火音乐》	亨德尔
《圣河》	库斯科
选自《皮尔·金特组曲》的《挪威婚礼进行曲》	格里格[8]
《微风吹》	乔治·本森[9]
《新弗拉门戈》	奥特玛·李伯特[10]

上面所建议的乐曲的使用依赖于音乐的主题，并需要以能够影响身体节律和心理变化的模式和对称的方式进行编排。如果使用恰当，音乐将成为教室里教师和学生的得力助手。

五、倾听音乐

在教室里欣赏不同风格的音乐和乐曲可为提高学生的音乐品位和欣赏水平奠定基础。为所有孩子提供倾听、演唱并以舞蹈形式表现本国和其他国家民歌的机会很重要。学生们也应该接触独奏的精美乐曲及大小剧团所演奏的古典和现代音乐。鼓励学生研究音乐在世界文化中的作用以及不同作曲家和演奏家的人生可以激发学生对音乐的兴趣。教师可以创建一个"每月作曲家学习中心"，在那里学生可以独立地探索、研究有关的唱片、专辑、照片和文学作品。

为了使学生们能从音乐学习环境中获益，教师必须让学生去做更多的事情，而不仅仅是被动地倾听一些音乐选段。学生也应该学习主动地倾听，把注意力集中于音乐本身。为了从对背景音乐的倾听转向主动的、建构的倾听，教师可以让学生针

---

[1] 科雷利（Arcangelo Corelli，1653—1713），意大利作曲家、小提琴家。
[2] 喜多郎（Kitaro，1953—），日本音乐人。
[3] 富田勋（Isao Tomita，1932—），日本古典音乐电子化大师。
[4] 十二平均律，顾名思义便是将一个音级分成12个相等半音的调律，每半音间的频率差2开12次方Hz。
[5] 巴赫（Johann Sebastian Bach，1685—1750），德国作曲家，巴洛克时期欧洲最具代表性的作曲家，同时也是现代西洋音乐的开山鼻祖，故有"音乐之父"之称。
[6] 《骗中骗》（The Sting），第46届奥斯卡最佳影片。
[7] 曼海姆轧路机（Mannheim Steamroller），一个以圣诞音乐闻名于美国的乐队。
[8] 格里格（Edvard Grieg，1843—1907），挪威作曲家。
[9] 乔治·本森（George Benson，1943—），美国杰出的爵士乐吉他演奏家和R&B歌唱家。
[10] 奥特玛·李伯特（Ottmar Liebert），新弗拉门哥风格的创始人。

对一首乐曲的品质及该乐曲对个人的影响等进行讨论。为了协助学生进行构建性的倾听，教师可以选取一段乐曲播放一至两次，并预先提出如下问题，以便学生能够为他们的倾听体验做好准备。

倾听时讨论的问题

(1) 这段音乐让你想起了什么？它是否表现了色彩、想象、图案或景色？

(2) 这段乐曲激发了你什么样的情感？

(3) 你听到了什么乐器在演奏或什么歌词内容？

(4) 作曲家是否反复运用了某种声音类型？你能将这些音乐类型演唱出来或用手拍打出来吗？

(5) 你特别喜欢该音乐的哪些部分？是什么使它们富有吸引力？

(6) 你能想象一个最适合该乐曲的演奏场景吗？

(7) 该曲是否使你想起了另一首乐曲？它们的相似之处是什么？

(8) 你能想象伴随着该乐曲的动作或舞蹈吗？如果能，你能以那种方式做动作或舞蹈吗？

(9) 如果可能的话，你想以某一方式改变该曲吗？怎样改变？

(10) 你认为，在创作该乐曲时，作曲家努力想去表现的是什么？倾听者会听到完全不同的内容吗？

上面列举的问题并非要发展学生对音乐的复杂的理解能力。这些问题主要用来帮助学生主动地、批判地倾听。教师可根据自己的兴趣和专长增加其他问题。学生们还可以以非语言的方式对音乐做出反应。当教师让学生们倾听乐章并将音乐用作激发灵感的资源时，学生们可以进行素描或绘画，可以用黏土或金属丝进行建造，还可以做出动作和舞蹈。

如果可能，学生们应该有机会观看那些技艺高超的音乐家的演出。有些学生可能会像黑塞（Hesse）[1]的《长官卢迪》（*Magister Ludi*）一书中的那个12岁的孩子约瑟夫·奈彻（Josef Knecht）一样体验到音乐那强烈而富有感召力的品质：

> 男孩望着演奏者那灵敏而白皙的手指，其思维的发展过程隐现在他那聚精会神的表情里，这时他的眼睛在半掩的帽檐下保持着平静。约瑟夫因为对大师的崇拜和热爱而感到兴奋，他的耳朵沉浸在神游的状态下。似乎这是他人生中第一次倾听音乐。在当面创造出来的音乐背后，他感受到了心灵的世界，愉悦和谐的法则以及工作和规则的自由。他放弃了自我，并发誓献身于那个世界和那位大师。在那个瞬间，他看见了自己及自己的生命；看见了被音乐精神指引、规定并解释的整个宇宙。

---

[1] 黑塞（Hermann Hesse，1877—1962），德国作家。

惬意区的歌曲

含有课程信息的歌词是非常有价值的教学工具。多数学生发现通过歌曲来记忆歌词比较容易，而且通过创作音乐来记忆学术内容同样很容易。最近我们结识了一位欧洲房地产交易员的培训师。工作的难度使这位培训师面临着挑战，因为每个国家都有一套不同的房地产法律，而记忆某个国家制定了某部法律是很困难的事。这位培训师将每个国家的法律都用该国的代表音乐表现出来，从而解决了这一难题。例如，西班牙的法律用西班牙探戈表现，意大利的法律用意大利街曲（street song）表现，德国的法律用皮短裤歌曲表现，法国的法律用浪漫的民谣加以表现。这样，培训师明显地减少了所要求的培训时间并使学员记住了更多的关键信息。

教授课程的歌曲资源

唱歌不仅能帮助学生想起重要的信息，还能使课堂学习充满活力。教育者也面临着一个挑战，即确定包含要教授概念的磁带或唱片。一般学校都提供有分类列出的唱片，而同事中的音乐教师是另一种资源。在学校和教材公司中还可以找到附有唱片的音乐系列课本。绝大多数学区的多媒体中心也出借含有以课程内容为基础的歌曲磁带、光盘和唱片。学生和同事也可能有其他建议，这些建议有可能促使学校的图书馆得到发展，进而使全校都分享这一成果。

为不同课程领域录制的歌曲

当前我们可以找到一些令人愉悦的资料来帮助教师教授普通的课程主题。埃米·帕特森（Amy Patterson）和彼得·布拉德（Peter Blood）的畅销书《唱起来》（*Rise up Singing*，1992）是一个拥有1200首歌曲的优秀资料。这些歌是根据城市、自由、食物、战争和身体残疾等课程话题编排的。杰夫·格林（Jeff Green）的《基于科目的歌曲绿皮书：流行音乐的主题指导》（*The Green Book of Songs by Subject: The Thematic Guide to Popular Music*）一书的涉及面甚至更广。出版于2002年的该书第五版拥有1800类35000首歌曲，并涉及一系列令人印象深刻的主题。该书中所有的音乐类型均具有特色，而且在编排上也便于教师找到歌曲以补充任一级别的课程内容。

其他歌曲资料还有罗塞拉·华莱士（Rosella Wallace）的《敲打起来，律动起来：主动学习的轻拍、歌曲、击掌和巧妙比喻的韵律诗句(幼儿园到八年级)》(*Rappin' and Rhymin': Raps, Songs, Cheers, and Smartrope Jingles for Active Learning, Grades K-8*)。该书利用歌曲、击掌和轻拍来教授大洲、大洋和行星的名字，以及词汇表里的单词和数学问题。

另一个适于小学课堂的内容丰富的歌曲资料可从儿童表演团"快乐旋律台风"那里获得。该团体曾因其极其专业、具有社会价值并总是充满趣味的音乐而荣获七个奖项，这一团体已经发行了多张CD、光盘、磁带和唱片集，这些都提供了大量的歌曲资源来丰富许多教学单元。我们还可得到一些网上资源。M.U.S.I.C，即"为课堂歌曲而联合的音乐家协会"（Musicians United for Songs in the Classroom）在网站上提供了一些有关歌曲的指导意见和课堂策略。

用在科学方面的歌曲

我们可以找到一些针对普通课程主题的优秀的特定主题资料。用在科学方面的一些资料如下。凯瑟琳·卡罗尔（Kathleen Carroll）的《唱首科学歌》（*Sing a Song of Science*，1998）一书包括19首关于物理和生命科学的歌曲、节拍和故事。其中一首歌曲名为《能源的优势和不足》（*Advantages and Disadvantages of Energy Sources*）。歌词大意如下[1]。

风，	Wind,
风能成为很棒的能源。	Wind can be a terrific source of energy.
你知道，它非常、非常便宜，	It's very, very cheap you know,
但是，有时候它不会吹动。	But then sometimes it doesn't blow.
我们需要能源，	We need a source of energy,
为了加热，为了运输，为了电力。	For heat, transportation, and electricity.
水，	Water,
水能成为很棒的能源。	Water can be a terrific source of energy.
它可以把物体带到这儿，又带到那儿。	It turns things here, it turns things there.
但是，你却不能在每个地方都找到它。	But you can't find water everywhere.
我们需要能源，	We need a source of energy,
为了加热，为了运输，为了电力。	For heat, transportation, and electricity.
煤，	Coal,
煤能成为很棒的能源。	Coal can be a terrific source of energy.
它便于储藏，	It's easy as can be to store,
但是，它又确实会污染我们的空气……	But it pollutes our air that's for sure…

---

[1] 中文译文只能表达歌曲的歌词大意，不能表现其韵律，故附上原文做参考。下同。

该书所配备的磁带上的这些歌曲方便记忆，且旋律优美，由埃林顿公爵[1]艺术学校的学生演唱。这些歌曲有效地强化了幼儿园至小学六年级学生的科学概念，并可以激发学生为科学概念谱写歌词。在"快乐旋律台风"的《歌唱科学》（*Singing Science*）中也可以找到类似的灵感。2001年，这张获奖CD因其骄人的销量和教育价值而获得人们的认同。

中学生们喜欢体会那些探索地球与太空科学、生命科学和物理科学等方面歌曲的幽默感和复杂性。许多歌曲和资料都包含了有趣的歌词，你可以在相关网站上找到这些歌曲。其中的一个网站以教师、科学家和音乐家谱写的课程歌曲为特色，其中包括《不是只有土拨鼠吧》（*Ain't Nothing But a Groundhog*）、《伊萨克·牛顿爵士[2]和运动三定律民谣》（*The Ballad of Sir Isaac Newton and the Three Laws of Motion*）、《爱护肝脏50法》（*50 Ways to love Your Liver*）和《物理民歌》（*Physics Pholk Songs*）。在该网站所获得的CD、磁带和课时计划可以保证学生获得愉快且便于记忆的学习。

用在数学方面的歌曲

幸运的是，那些具有音乐天赋的人士已经为数学教学创作了教学资料。在中学层次上，有高中教师鲍伯·葛林理（Bob Greenlee）编辑的一张带有数百首数学歌曲的CD。

在幼儿园到小学六年级的数学教学层次上，也有许多可利用的资源。其中有：米茨·费尔（Mitzi Fehl）和鲍比·威廉姆斯（Bobbie Williams）的《唱合作数学学习歌的15种乐趣》（*15 Funs to Sing Collaborative Math Learning Songs and Activities*）；马西娅·米勒（Marcia Miller）和马丁·李（Martin Lee）的《时间曲：教学乘法知识的12首超级快乐歌和操作活动》（*Times Tunes: 12 Super-Fun Songs and Hands-On Activities That Teach Multiplication Facts*）；肯·谢尔登（Ken Sheldon）的《独自歌唱并学习奇妙的数学：12首快乐的学习歌》（*Sing Alone and Learn Marvelous Math: 12 Delightful Learning Songs*）。

几乎所有的学生都愿意通过音乐来激励学习并以此代替重复性的操练和练习。音乐带给学习的不仅仅是一种乐趣，更是一种效果明显的发展记忆技巧的辅助手段。歌曲帮助信息"附着"在学生头脑中，就像很多收音机和电视广告每天提醒我们同一内容那样。

---

[1] 埃林顿公爵（Duke Ellington，1899—1974），美国爵士乐作曲家、钢琴家。
[2] 伊萨克·牛顿爵士（Sir Isaac Newton，1642—1727），英国伟大的数学家、物理学家、天文学家和自然哲学家。

六、塑造技巧的音乐

多数人都认识到了音乐对提高打字、游泳或有氧运动等身体技巧的显著作用。音乐节奏和旋律可以通过人们喜欢的方式增进学生的协调性、一致性及活动的速度。对年幼的孩子来说,随着音乐跳跃、队列行走、跑步或舞蹈可以发展节奏感和身体的优雅性。对年长的孩子和成人来说,音乐伴奏可以使沉闷的锻炼和日常活动变得充满乐趣。音乐在发展时间感方面也有作用,如音乐在准备运动中的"1—2—3—跑"上的使用,又比如在学习如何传达故事里的妙语中的作用。继而,音乐在塑造技巧方面的影响可以从运动领域扩展到学术领域。

(一) 音乐拼写

利用音乐来学习拼写新单词不仅有趣,还可以加快学习速度。例如,有两个女孩,她们在拼写单词方面均存在困难,但她们都喜欢弹钢琴。于是,本书的一位作者让她们将字母表里的字母贴在琴键上,这样女孩就可以在她们的键盘上"弹出"单词。后来,在进行拼写测验时,让学生回忆每个单词的声调和发音,然后写出相应的字母。结果,这两个钢琴演奏者不仅提高了拼写成绩,还开始思考利用音乐来处理其他"声音"文本。不久,她们将同学的名字演奏了出来,并谱成了完整的句子。让大家高兴的是,两位钢琴演奏者与其同学共同体验了一场生动的语言和音乐的联合过程。教师也可以帮助学生通过有节奏的吟唱来拼写单词,提醒学生注意要重读那些常常被遗漏或混淆的字母(见图5-1)。

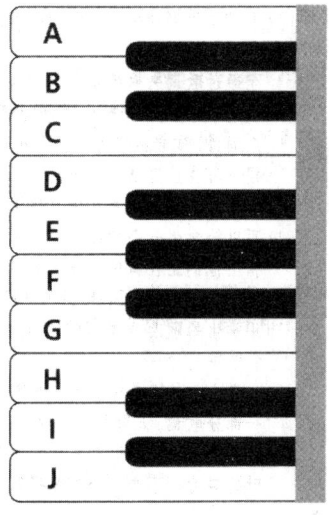

图 5-1

(二) 音乐和学习技巧

下面的这两项研究显示背景音乐可以提高学生的学习技巧。1952年霍尔(Hall)进行的实验表明,当在学习大厅中播放背景音乐时,高中三年级学生的阅读理解水平就会上升。最近,1997年由考克顿(Cockerton)、摩尔(Moore)和诺曼(Norman)进行的一项研究显示,播放音乐时,大学生会明显地意识到自己的思考水平和认知技巧有所提高。但如果学生安静地学习的话,上述的收获并不明显。尽管在此问题上还需要更深入的研究,但是教师和学生可以去考虑背景音乐是否能够提升学生的学习和研究技巧。

(三) 通过音乐教授阅读

尽管很多教师不是音乐家，但帮助这些教师将音乐用作教学策略还是有简便方法的。密歇根州立大学的希拉·菲茨杰拉德(Sheila Fitzgerald)提出了一种音乐方法，该法不以正规的音乐教学来教授阅读。面向那些对通过节奏和音乐发展阅读技巧有兴趣的教师，希拉·菲茨杰拉德提出了如下程序：

(1) 鼓励学生在每日活动中唱歌。小学班级的教师可以确定一些孩子们可能喜爱的歌曲，并将这些歌曲作为每日活动的一部分来教授。教师最好使所选择的歌曲成为学生经验、学习环境或学生所创作内容的一部分。

(2) 一旦学生们熟悉了歌曲中的词语，他们就做好准备去阅读书面歌词了。教师可以将歌词写在黑板上或一张大表上。通常，当第一次看到歌词的时候，学生们会很兴奋。学生通过歌词来熟悉音乐这种方式会使由歌曲向阅读转化更加容易。

(3) 接下来学生们会进一步从歌曲表上阅读单个词语。学生可以自愿指出写在黑板上的单个词语，或者他们可以指出在歌曲里出现一次以上的词语。另外，教师还可以为学生提供写在标签纸上的单词或词组，其大小与单词表上相同。这样学生就可以把他们的标签纸放在歌曲表的适宜位置上，从而使学生的标签纸和表格搭配起来。

(4) 可以给学生一个歌曲书签来帮助他们学习歌词。为了提高视觉阅读技巧，学生们可以指出他们正在演唱的歌曲中的单词，然后和朋友一起阅读（或演唱）这些歌词，为不了解这首歌的人阅读（或演唱）歌词，或当他们听其他人唱这首歌时指出这些词语。用学生的歌曲书作参考，学生们还可以成为词语探测者，来确定印制在其他课本里的这首歌中的词语。

(5) 当学生们已经多次歌唱并阅读了自己所喜爱的歌曲后，他们也许就能够根据记忆至少写出一部分歌词。儿歌很适合这一活动。教师应该鼓励学生通过音乐来解决问题，例如上面提到的通过音乐来练习拼写，而且教师和学生应该鼓励并重视刚开始进行歌曲创作时的努力，不要过分注意拼写的正确性和完整性。

(四) 用音乐促进语言技巧

在帮助英语学习者提高他们的口头语言和书面语言技巧时，音乐可以成为绝佳的服务工具。1992年，教育工作者蒂姆·墨菲（Tim Murphey）分析了许多流行歌曲的歌词，他发现这些歌词的特征对那些学习英语的人会有帮助。绝大多数流行歌曲使用了交流性的语言，重复的词汇和语法结构。这些词常常以低于口语的速度进行吟唱，歌词的意思便于理解。这些品质使许多歌曲成为语言技巧练习的绝佳工具。

有很多听、说、读、写的策略是以歌曲为基础的。学生可以听一首歌，与此同时教师向其提供有关这首歌的故事梗概和主题摘要。然后学生可以进行小组工作来口述歌词并大声地朗读歌词。学生们还可以将歌曲中的文化假设同本文化的假设进行比较。

为了进行阅读，教师可以将歌词分割成几段让学生按顺序进行排列。为了从事该活动，教师可以先从互联网或唱片的歌词单中找到这样的歌词。歌词也常常提供了可以充实学生理解能力的丰富的词汇资源。适合语言技巧学习的歌曲有很多，例如甲壳虫乐队的《昨天》（*Yesterday*）、卡罗尔·金（Carole King）的《太晚了》（*It's Too Late*）[1]和皮特·西格（Pete Seeger）[2]的《那些花哪儿去了？》（*Where Have All the Flowers Gone？*）等。

（五）贯穿全部课程的音乐

1990年，著名词曲家唐·谢尔茨（Don Schiltz）向位于田纳西州纳什维尔的美国国家音乐教育委员会递交了一封公开信。信中他描述了音乐对当时作为中学生的他的重要性：

> 我想告诉你们一门曾使我获得……音乐体验的课程。我实在没有办法把它当成一门课。我把它视为去唱歌的一段时间。在那段时间里，我们了解了英语怎样精确地表现了作家的思维和情感，从这个意义上来说，歌曲是一种交流的形式。我们通过一个民族的歌曲学习着它的历史。这堂历史课比我生命中的其他任何历史课效果都好。我们也学习着数学，我们发现了部分之间的关系以及作曲所遵循的数学规律。并且，我们学着去倾听；如果不倾听的话就不能学习。音乐体验联结着我的整个学习。

就像唐·谢尔茨在上文中解释的那样，音乐促进了学生贯穿全部课程的学习。例如，由于音乐是任何历史年代的有机组成部分，所以它就为确定特定时期的热点话题、观点、事件和价值观提供了有效途径。学生们还可以通过倾听歌曲、歌剧或音乐喜剧来学习政治和社会焦点话题。例如，学生们可以歌唱17世纪末的歌曲《来到北美》（*Come to North America*）讨论人们离开英国来到新世界的原因，或在听完具有平静心灵作用的《窃走》（*Steal Away*）之后，学生们可以讨论隐藏在歌曲背后有关奴隶的信息。

作为在所有文化中使用的语言，音乐提供了一种激励人们学习多元文化主义的方法。一个奇妙的资源是提顿（Titon）、富杰（Fujie）和洛克（Locke）的《音乐世界：世界各民族音乐入门》（*Worlds of Music:*

---

[1] 卡罗尔·金的《太晚了》（*It's Too Late*），第14届格莱美（1972）年度最佳唱片奖。
[2] 皮特·西格（Pete Seeger，1919—2014），美国歌手。

An Introduction to the Music of the World's People,1996)一书。该书及其附带的CD对音乐创作、音乐发展和在不同文化中音乐所扮演的角色进行了多角度的透视。这本书为学生们提出了一些关于音乐活动的建议,这样,学生就能够体验到各国丰富的民族音乐传统(见图5-2)。

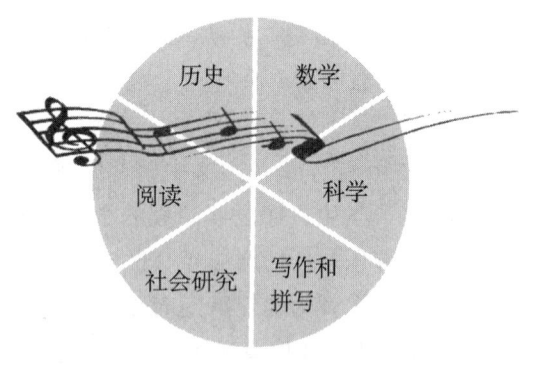

图 5-2

数学可以通过音乐来教授,而且对于一些学生来说,那些以其他方式来教可能会令人迷惑的抽象事物此时就会变得清楚明白了。例如,在学习理解分数时,学生们可以伴随着一首简单的歌曲如《一闪一闪小星星》来工作。演唱这首歌时,第一组学生以四分音符随着每个节拍轻轻拍手,另一组仅拍击每个小节的第一拍,第三组拍另外三拍,第四组则在每一小节拍手八次。通过上述拍手的方法,学生们就可以比较全音符、二分音符、四分音符和八分音符,并将这些音符与以相同比例划分的圆形联系起来。为了学习数学知识,学生可以以熟悉的旋律来说唱或吟唱加法、减法、乘法和除法问题。大一点的学生可以利用音乐来学习几何或代数公式。

斯彭伯格(Sporborg)的《每一课堂中的音乐:将音乐整合到幼儿园至八年级全部课程中的资源指导》(*Music in Every Classroom: A Resource Guide for Integrating Music Across the Curriculum*,1998)一书就是能够帮助将音乐整合到整个课程中的一种资源。该书不仅建议用音乐增加课堂内容从而丰富所有主要科目,而且书中突出了那些经常被人们提及的主题,典型的有移民和妇女的历史、职业、民权运动和科技。

七、唱前热身

学生和教师都常常羞于演唱,当教师在课堂上介绍歌曲时,应该强调演唱的目的并不在于将学生变成技艺娴熟的歌手,而是要让学习过程重新富有活力。同时,人们则通过唱歌来学习正式的演唱。教师可以通过确定演唱或演奏的起始音来增加歌唱的准确性(多数孩子适宜在中央C和C以上这个范围内演唱)。一首2/4拍或4/4拍的歌曲,其节拍和节奏可以通过数"1,2,准备——唱"来确定,而3/4拍歌曲可以通过数"1,准备——唱"来确定。应该鼓励学生充满激情地演唱,而不是大声地唱,要与其他同学的嗓音和谐一致。

为了学生减轻对嗓音的顾虑,学生和教师可以通过先说唱无意义的声音来向唱歌过渡。说唱无意义的声音强调了制造声音的娱乐性,并且不用担心自己是否以完美的音调歌唱或是否像著名歌手那样发声。过一段时间后，教师可以帮助学生从说唱前进到以一种"高嗓音演讲的"方式来夸大这些词，接着再过渡到演唱。同时，鼓励学生去辨别自己"讲话时的嗓音"和"歌唱时的嗓音"之间的差异很重要。

（一）无意义的声音

下面这首歌使用了无意义的声音，这种方法可以成功地在不同年龄的学生身上运用。

将班上的学生分为四个等组。分别为一到四组。第一组唱：

啦-啊-嗒-嗒　啦-啊-嗒-嗒　啦-啊-嗒-嗒……

当第一组按照自己的声部继续演唱时，第二组加入：

布姆-哒　布姆-哒　布姆-哒……

随着前两组的进行，第三组唱：

非奏-威奏　非奏-威奏　非奏-威奏……

第四组这时就开始以《一闪一闪小星星》的旋律唱A-B-C歌。当学生们将他们的四部分歌曲演唱了两三遍以后，就可能会想将他们的演唱录制下来。渐渐地，在唱片所提供的重要信心的推动下，这首歌听起来将超出所有人的意料。

开始练习时，这一独特歌曲的歌词是演唱字母，但是一旦掌握了这种技巧，就可以解决更复杂的学科内容，可以用50个州、冲突解决过程的步骤、西班牙词汇或周期性因素等来代替A-B-C的歌词。另一种歌唱无意义音节的方法是创作副歌以使那些不愿意唱歌的学生容易仿效。例如，附加类似于"—咿咿—啊—啊—叮—哇啦—哇啦—乒—乓"的声音会为大声唱出的乐节增添有趣的声音效果。年幼的孩子可以利用旋律来学习自己的家庭住址和电话号码。音乐已经变成了联合并记忆抽象事物的一条线索，就像是珠子被串成了项链。

（二）集体朗诵

一旦学生在制造无意义的音节声音方面取得了成功，他们就可以向集体朗诵迈进了。教师可以找到一些需要在节奏、音调、情绪或语调方面进行声音变调的短诗、文学短文或著名的引言，鼓励学生以新的方式使用他们的声音，同时在大声朗读时注意流利性、自信和表达技巧，诸如梅尔（Mare）[1]的《路盗》（*The Highwayman*），兰斯顿·休斯（Langston Hughes）[2]的《思乡布鲁斯》（*Homesick Blues*），玻（Poe）[3]的《渡鸦》（*The Raven*）或弗罗斯特（Robert Frost）[4]的《修墙》（*Mending Wall*）就是一些具有诗意的片段，这些样本诗歌适合于学生进行有趣的集体朗读。

---

[1] 梅尔（Walter de la Mare，1873—1956），英国诗人、小说家。
[2] 兰斯顿·休斯（Langston Hughes，1902—1967），美国杰出的现代黑人诗人。
[3] 玻（Edgar Allan Poe，1809—1849），美国作家、文艺评论家。
[4] 弗罗斯特（Robert Frost，1874—1963），美国诗人。

能够整合课堂内容的原创性写作也可用于集体朗诵活动。下面摘录的内容是一位教师为其学生学习旧石器时代的历史而创作的诗。

做好准备参加派对，	Get ready for a party
到登场的时候了。	Time to set the stage
故事发生在很久以前，	It happened long ago
就在旧石器时代。	In the Old Stone Age.
围绕着篝火我们坐在一起，	GATHER ROUND THE FIRE
抓起一块大石头。	GRAB A BIG STONE
随着旋律敲击，	BEAT IT TO THE RHYTHM
用一块老腿骨。	WITH AN OLD LEG BONE.
这儿来了一位妇女，	Here come the women
带来了可口的根茎。	Bringing tasty roots
他们采集了新鲜的草莓，	They gathered fresh berries
还有其他野果。	Anil other wild fruits.
围绕着篝火我们坐在一起，	GATHER ROUND THE FIRE
抓起一块大石头。	GRAB A BIG STONE
随着旋律敲击，	BEAT IT TO THE RHYTHM
用一块老腿骨。	WITH AN OLD LEG BONE.

上面的选段可以使用不同的方式进行表演。集体朗诵可以将班级分成几部分，形成男生组和女生组，可以为诗歌附加吵闹的或安静的选段，还可以变换诗歌的节奏。运用无意义的声音和集体朗诵时重要的一点是让学生以更丰富的表情、更宽阔的音域、更多的技巧来熟练地使用他们的嗓音。这种初步的热身练习可以使学生准备好去充满信心地享受歌唱的欢乐。

八、音符

音乐……像数学一样，它自己就近乎是一个世界；它包含了经验的全部范围，从感觉因素到最终的智能和谐。

——乔治·桑塔耶纳[1]

---

[1] 乔治·桑塔耶纳（George Santayana，1863—1952），美国哲学家。

除非学生上过正规的音乐课,否则他们很少有人会去学习阅读音符。如果缺乏必要的接触,那么这个抽象的音乐符号系统在学生们的生命里会一直成为一门他们所不熟悉的外语。为了减少音符的神秘感,学生们首先可以创造自己的符号系统,然后再去领会标准的音符,这样会使学生感到更容易。雷娜·乌皮提斯(Rena Upitis)的研究(1999)表明,开发个人的音乐符号系统可以促进音乐思维的发展。她的《这也是音乐,我能为你演唱我的歌曲吗?》(*This Too Is Music and Can I Play You My Song?*)一书是解释个人化符号的有用工具。同时也为在班级中应用这种个人化的符号系统提供了许多可操作的意见。

介绍音符的概念

为了向学生们介绍不同的图形代表不同的声音这一概念,唐·卡普兰(Don Kaplan)的《用你的耳朵去看》(*See with Your Ears*)一书建议用不同方式画出声音"啊",以此来演示对音符的掌握。老师和学生们可以用下列"啊"来体验音高、音色、音量和音长(见图5-3)。

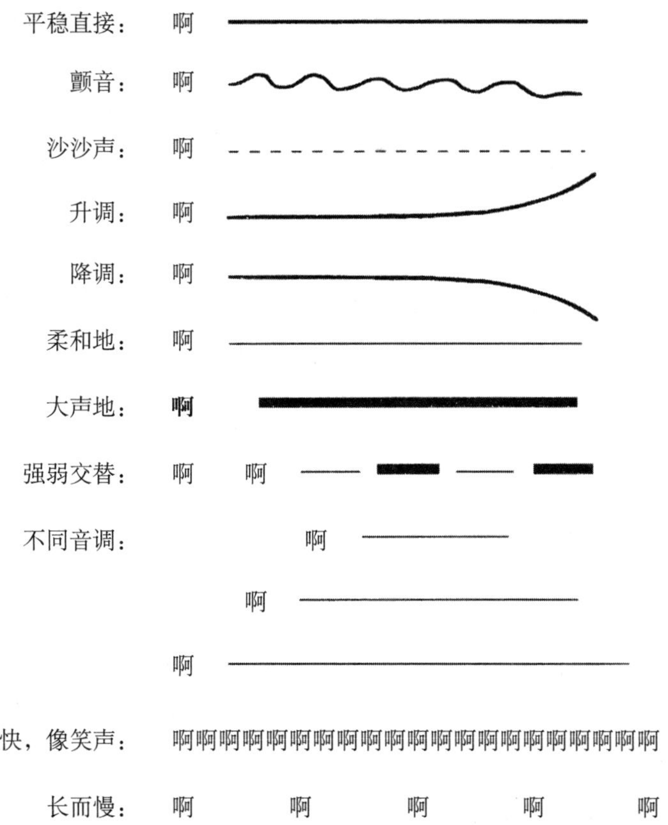

平稳直接:	啊 ———————————
颤音:	啊 ～～～～～～～
沙沙声:	啊 - - - - - - - - - - -
升调:	啊 ／
降调:	啊 ＼
柔和地:	啊 ———————————
大声地:	**啊** ▬▬▬▬▬▬▬
强弱交替:	啊 啊 — ▬ — ▬
不同音调:	啊 ——
	啊 ——
	啊 ——
短而快,像笑声:	啊啊啊啊啊啊啊啊啊啊啊啊啊啊啊
长而慢:	啊　　啊　　啊　　啊　　啊　　啊

图 5-3

在学生演唱并学习了这些声音及相应的"符号"后,教师给他们每人发一张画有上述符号的音符卡。将学生分为5~6人的小组,每个组都可以阅读并练习使用上述符号,可以让学生们谱一段曲子来为班上的其他同学表演。

下面这一方法将学生们带到了直观的音符画面中。教师可以先向学生说明每一小节代表着每个音符在一首歌曲中的时间长度。例如,"玛丽有一只小羊羔……"可以这样表示(见图5-4)。

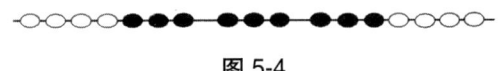

图 5-4

为了将该系统扩展成标准符号,同样的小节线可以摆放在五线谱里(见图5-5)。

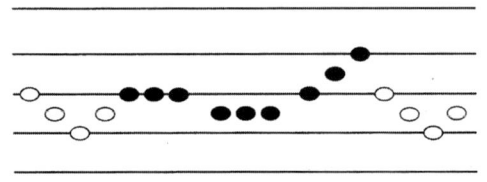

图 5-5

学生们可以创造他们自己的图解符号来改编一些简单的歌曲如《一闪一闪小星星》、《划呀,划呀,划小船》(Row, Row Your Boat)或《嘀嗒嘀嗒嘀》(Hickory, Dickory, Dock)。

下面,我们还提供了另一种简单而有趣的把音乐与艺术相结合的音符表示法:

在选择了一段令人兴奋的教学音乐之后,教师要向学生说明他们将听到一首音乐的选段,在倾听的过程中,学生们必须根据所听见的内容画出简单的符号。教师应该给所有的学生分发白纸、彩色记号笔或蜡笔。在学生准备倾听时,让他们想象音乐本身所代表的线条、形状和色彩。提醒学生音乐会播放第二遍,最后他们将"画出"自己所听到的东西。

学生们可能会特别关注重复的音乐类型,用相同的视觉符号来代表乐曲的这些重复的部分。或者,学生们可能会专注于表现音乐的重拍、节拍或节奏类型。如果音乐中动态的变化(大声和轻柔)非常突出的话,学生们可能会想要画出这些变化。诸如巴哈贝尔(Johann Pachelbel)[1]的卡农曲(Canon)[2]将呈现出乐曲的流线或层次。那些专心致志于音乐的学生将能够领悟每一首乐曲的独特特征。为了有效地关注并表现音乐中所"发生的事情",学生们需要多次倾听这些选段。

学生们在倾听并画出了音乐之后,教师需要组织学生进行简短地讨论,要求学生通过指出哪一符号或色彩代表哪种声音来"解释"他们所画的内容。学生们也可以自愿演唱他们音符中的一部分。下面是一个六年级学生创作的音符样例(见图5-6)。

---

[1] 巴哈贝尔(Johann Pachelbel,1653—1706),德国中世纪的著名音乐家和作曲家。
[2] 卡农曲(Canon),一种曲式的名称,这种曲式的特征是间隔数音节不停地重复同一段乐曲。

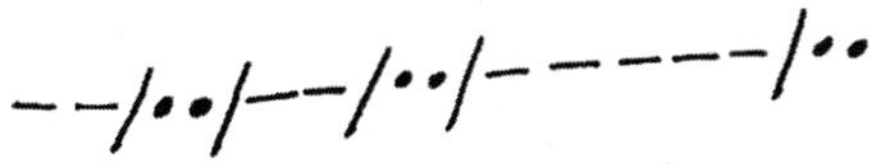

― ― / • • / ― ― / • • / ― ― ― ― / • •

图 5-6

尽管学生们创造的音乐系统对他人而言可能是抽象的或难以读懂的，但是这种创作往往为学习者学习"阅读"音乐提供了有效的途径。

另一种表示音乐符号的方法是帮助学生学习键盘演奏。将一个小型的音响合成器或键盘带到教室里，教师可以用1—8的数字来标记键盘刻度。通过这种标记学生们就可以演奏很多简单的优美乐曲了。例如，歌曲《玛丽有一只小羊羔》就可以这样读（见图5-7）。

3-2-1-2-3-3-3
2-2-2
3-5-5
3-2-1-2-3-3—3
3-2-2-3-2-1

图 5-7

数字1代表音阶上的中央C，2代表D，如此类推。通过使用这种简单的系统，学生们就可以熟练地演奏大量的优美乐曲，并创造出他们自己的数字系统来为经典歌曲伴奏。

不论学生们是在用数字、杂乱的线条还是其他代表音符的符号进行工作，这些方法都可以使学生更加容易地过渡到阅读标准音符。当学生首次创造出自己的符号系统时，往往会因此而获得用抽象符号来工作的信心。

九、创编课程歌曲

因为并非所有课程单元都有录制好的歌曲，所以学生和教师可以自己创作适合某一内容领域的歌曲。通过为简单的、众所周知的优美乐曲填词来创作歌曲并不需要多少音乐天资。例如，有位教师根据《划呀，划呀，划小船》的曲调创作了一首关于水循环的歌曲。

落、落、从天上落下来	Drip, drip, drip from the sky
落到小溪里，	Into a little stream,
沿着大山，穿过平原，	Down the mountains, through the plains,
流到大海里。	And out into the sea.
上、上、往上飘	Up, up, up it goes
飘到天空中，	Up into the sky,
到它再次吹拂的大山上，	Over the mountains it blows again,
看那雪花飞舞。	Then watch the snowflakes fly.

根据学生的年龄水平和成熟程度，他们可以创作并记忆长一点的歌曲。教师和学生可能想通过大脑风暴的方法列出所有熟悉的音乐选段，然后用这些音乐选段为原创的、适合课程的歌词提供节奏和旋律。当然，也可以创编出原创的曲子为歌词伴奏，这种原创性的乐曲将为课程方案添加上另一种魅力。但是，通常情况下，教师和学生可能会使用熟悉的曲调来为其歌词提供节奏和旋律。接下来列举了一些多数人都熟悉的乐曲：

熟悉的乐曲
《你是我的阳光》
《一闪一闪小星星》
《铃儿响叮当》
《当强尼再度回家时》
《喔，苏珊娜》
《扬基歌》[1]
《她将绕过山脉走过来》
《圣者进行曲》[2]

下面的歌曲是课程歌曲的一个样例，它是由一些小学生根据《当强尼再度回家时》的曲调编写而成。这首歌代表了某小学社会研究单元中关于多元文化艺术主题的高峰。每个学生小组都为创作这首《艺术遍布世界》（Art Around the World）提供了一段关于不同文化艺术的文字。

苏美尔[3]、埃及、中国，喔，好哇，好哇，
非洲和美洲，好哇，好哇，
日本和希腊有好多东西可瞧。
在历史中前进啊前进，
他们都拥有我们已经知道的艺术。
（叠句，在每段歌词结束后重复）

中国人造纸并在纸上书写，
他们造出了宝塔和能飞起来的风筝，
他们画出了翱翔于空中的巨龙，
他们在各个地方演奏音乐，

Sumeria, Egypt, China, Oo, Hooray, Hooray
Africa and America too, Hooray, Hooray
Japan and Greece have much to see
On and on through history
And they all had art that we have learned about.
(Refrain, repeat after each verse:)

In China they made paper and they printed on it too.
They also built pagodas and made kites that really flew.
They painted dragons in the air,
They played their music everyivhere,

---

[1]《扬基歌》（Yankee Doodle），美国人非常喜欢的一首儿歌。
[2]《圣者进行曲》（When the Saints Go Marching in），美国乐曲，新奥尔良的经典名曲。
[3] 苏美尔（Sumeria），公元前3500年到公元前3200年，在美索不达米亚即两河（底格里斯河和幼发拉底河之间）地区，人们的社会生活和文化生活建立在城市的基础上，这是地球上的第一片文明开化之地。美索不达米亚最发达的地区是位于其最南部的苏美尔地区，因而人们把公元前3200年到公元前2000年这段时期称为"苏美尔人时代"。

他们拥有我们已经知道的全部艺术。	And they all had art that we have learned about.
非洲人一直在敲打，好哇，好哇。	In Africa, they kept the beat, Hooray, Hooray.
他们用手敲鼓，用脚跳舞，好哇，好哇。	They played their drums and danced their feet, Hooray, Hooray.
他们用明亮的图案织染衣服，	They dyed their cloth with patterns bright
他们用镂刻金属来捕捉光线，	And sculpted metal to catch the light.
他们拥有我们已经知道的全部艺术。	And they all had art that we have learned about.
很早以前，美洲人用纺线工作，这是真的。	Long ago in America they worked with yarn, it's true.
玛雅人、阿兹特克[1]人和印加人也同样工作。	The Mayans and the Aztecs and the Inca people too.
他们有像金字塔那样的庙宇，	With temples like the pyramids,
他们有配着精美盖子的大泥壶，	Big clay pots with perfect lids,
他们拥有我们已经知道的全部艺术。	And they all had art that we have learned about.
日本人写三行俳句诗，好哇，好哇，	In Japan they wrote Haiku, Hooray, Hooray.
他们还折彩纸，好哇，好哇，	They folded colored paper too, Hooray, Hooray.
他们把花园整理得极其精美，	Their gardens they made perfectly,
他们品茶的时候也极其美妙，	And did the same when they drank tea,
他们拥有我们已经知道的全部艺术。	And they all had art that we have learned about.

教师可以为学生分配课程歌曲所涉及的内容。例如，在学生研究了当今世界上的冲突，或阅读了关于个人之间或群体之间冲突的文学作品之后，教师就可以让学生创作一首关于解决冲突策略的歌曲。针对这样一首歌，教师可提供的指导建议是：

（1）确定那些卷入冲突的人所采取的行动。

（2）为那些直接卷入冲突的人的行动和情感提供理由。

（3）建议可供选择的解决办法并针对可能的结果进行头脑风暴。

（4）选择最佳的解决办法。

（5）考虑相似的情景以及是什么解决了或恶化了冲突。

（6）确定可否从先前解决冲突的尝试

---

[1] 阿兹特克（Aztecs），兴盛于1325—1521年的中美洲古文明之一。

中吸取教训。

（7）如果适当的话，修改某人提出的解决办法。

（8）总结可能发生的冲突及最好的解决方法。

然后，学生们组成小组来编写他们的课程歌曲。为了完成上述要求，学生可以为冲突解决过程中的一或两个步骤创编诗文。例如，在反思所有南非人的权利冲突中，一个高中组这样开始他们的歌曲：

当所有的南非人失去了权利和
表达的自由时，
当权的白人由于种族压迫而受到谴责，
黑人起来反抗争取自决，
白人则想维护他们的高级地位。

多数学生喜欢这种演唱和歌曲的写作方式。当整个班级演唱课程歌曲的时候，不仅可以创造性地表现出学科的内容，而且整个班级的情感气氛也得以发展。同时在那些为了娱乐和学习而演唱同一首歌的学生之间常常会创造出无形的情感纽带。而且一个常见的令人惊喜的现象是，许多学生在学年末宣称他们还记得几个月之前所写的课程歌曲。

十、用音乐启动创造性

人们认为，学校有能力帮助我们表达自身。但是，假如没有了音乐，我们就被剥夺了一种独特的交流形式。

——肯尼·伯德（Kenny Byrd），一位学生，在1990年的纳什维尔音乐教育委员会的会议上发表过上述言论

当教师要求学生们创编故事或作诗时，学生们总是抱怨不知从哪儿或怎么开始。音乐可以激发学生的创作灵感，它可以刺激学生的想象和情感，激发出要编写的故事情节。当孩子们伴随着音乐写作时，他们的创造的潜力就能够被释放出来，从而使他们更多产、更快乐、更轻松、更有深度地进行创作。

下面的活动样例可以激发课堂上的创造性写作：

（1）教师负责将学生引入由音乐所产生的潜在想象和意识流中，让学生想象自己是电影制片人，因而他们必须创作出适宜下列乐曲某一部分的故事情节：普罗科菲耶夫（Sergei Prokofiev）[1]的《彼得和狼》（Peter and the Wolf），穆索尔斯基（Modest Petrovitch Mussorgsky）[2]的《图画展览会》（Pictures at an Exhibition），德彪西的《云》（Clouds）、《焰火》（Fireworks）或《丑黑怪步舞曲》（Golliwog's Cakewalk），或者更抽象的乐曲，如肖邦的前奏曲、施特劳斯的华尔兹或巴赫的赋格曲[3]。听完乐曲之后，学生们可以讨论他们头脑中的幻想和电影

---

[1] 普罗科菲耶夫（Sergei Prokofiev，1891—1953），前苏联作曲家、钢琴家。
[2] 穆索尔斯基（Modest Petrovitch Mussorgsky，1839—1881），俄国作曲家，"强力五人集团"的成员。
[3] 赋格曲（fugue），一种多声部的乐曲，模仿并用复调方法发展主题。

片段，接下来在这个大脑风暴过程的基础上生成诗文或描述性的文章段落。

（2）学生们也可以从按顺序播放的唱片中生成一些短小的故事来。首先教师播放音乐或环境录音如"热带雷雨""英国牧场的早晨"或"缓慢的海"，可以同时要求学生在心中描绘想象中的环境或写下他们对环境的描述。接下来，教师播放代表第一角色的录音。这段录音可以是任何一段生动的乐曲，甚至是一段流行音乐。学生们就可以在头脑中画出或书面描写出他们在音乐里"看见"的角色。注意在介绍角色时不要使用"他"或"她"，甚至不要暗示这是个人。学生们可能会在音乐中看见动物、风或幻想的物体。

接下来，演奏一段对比较明显的音乐并以相同的程序表现第二个角色。最后，当学生"看见"故事情节围绕着他们创造的角色展开时，再返回到最初的"环境"声音或音乐中。教师也可以使用类似的程序来利用音乐激发学生去创作诗歌。这种写作练习将推动多数学生以非凡的富有创造性的方式表达他们自身。

（3）让学生生成一个能描述所录制的音乐的形容词词库，然后，使用这些词汇创造出能够描述音乐的诗歌。这些诗可以包括音乐的题目和作曲家的名字。

除了写作活动，学生们也可以探索其他方式来用音乐驱除昏睡并点燃创造力。当学生准备课堂项目、默读、在合作小组中工作、做测验、记忆事实或片段或者在电脑上工作时可以播放音乐。通过协调自己的内在旋律和需要，学生们就可以开始确定音乐何时能够完善他们的学习了。

十一、在课堂中制造乐器

制作乐器不仅能使学生们享受到手工操作活动的乐趣，而且也能增进学生对音乐本身的理解。可以用一些日常物品来制造简单的乐器。平底锅的盖子、砂纸、咖啡罐、钉子、盒子、钓鱼线、竹子、导管、硬木头、生牛皮等都具有潜在的音乐用途。如果教师把课堂所需要的材料告诉家长，那么家长常常会很高兴地提供家里的废弃物和要丢弃的压箱底的东西，这些东西多数都可以变成乐器的重要组成部分。

当提供给学生从家里和学校收集来的物品时，教师可以安排出一天时间让学生制作乐器，并要求每个学生发明一件能发出声音的器具。教师可以从众多的乐器制造书中选择一本，根据其指导语来帮助学生制造自己的乐器。我们知道有两个绝佳的简制乐器资源，即丹尼斯·华林（Dennis Waring）的《制作并演奏酷纸板乐器》（*Cool Cardboard Instruments to Make and Play*，2000）和杰伊·哈维格斯特（Jay Havighurst）的《制作乐器》（*Making Musical Instruments*，1998）。学生还可以根据丹尼斯·华林的《制作并演奏伟大的民族乐器》（*Great Folk Instruments to Make and Play*）中的意见来制作民族乐器。学生可以通过装饰制作的民族乐器来表现这些乐器所来源的文化的设计风格。

一旦乐器被制作成功，学生们就可以单独播放、倾听和讨论了。如强/弱、高/低、明快/昏暗、沉闷、清脆、刺耳和活泼等音乐术语可被用来描述乐器的声音。接下来，学生可以组成一个小型的乐器组合或全班性的管弦乐队来登场表演。

教师可以建议学生用自制的乐器来表现交响乐队里的四种乐器：弦乐、木管乐、铜管乐和打击乐。另一种建议是根据民族音乐家通常运用的描述世界各地乐器的归类法来划分乐器种类：膜乐器（振动膜），弦乐器（振动弦），非膜质打击乐器（振动表面），管乐器（振动气柱），电子乐器（振动电流）。

创造性地使用乐器

在课堂上有了乐器之后，学生和教师就能够尝试着创作原创的乐曲，为歌曲填写伴奏，或表演器乐作品。学生们可以以小组为单位进行工作，创作出一个简短的音乐作品。学生们可以先用单件乐器进行独奏，然后再使用多件乐器合成声音。为了开始他们的谱曲，学生们可以使用自己喜欢的儿童文学作品或最近在学校观看的录像来启动工作。学生们可以为这些文学作品或录像中的对话即兴创作歌剧，并为作品或录像中富有情感色彩的情节和有节奏的运动添加乐器伴奏。另外，我们还可以找到许多将学生吸引进课堂作曲中的意见，可参见约翰·佩因特（John Paynter）的《声音和寂静》（*Sound and Silence*，1970）一书以及盖尔·伯纳福德·法雷尔（Gail Burnaford Farrell）发表的文章。

学生们也可以用诸如《她将绕过山脉走过来》等熟悉的歌曲进行工作。例如，教师可以要求学生对该歌曲进行音乐改编，要求为每个独唱声部添加不同的声音。学生们可以借助打拍子或交替打拍子来为独唱声部添加声音，也可以根据歌词的节奏来演奏不同的声音。教师应该帮助学生仔细挑选适当的声音以适合音乐的品质和特色，而且注意提醒学生不能让这些声音掩盖歌曲本身。当然，不必让每位学生都不停地演奏，教师要强调在适当的地方添加伴奏。如果只添加少数几种乐器的话，改编往往更具有音乐性。

学生们还可以探索管弦乐的改编活动。教师可以将学生分成两组来制造回声，先省略某些乐器然后在歌曲的后来部分将其加入，或者逐步省略乐器直至只剩下一种乐器轻柔地演奏。渐渐地，学生就会好奇于管弦乐队是如何有机组合的，他们就会想知道哪种乐器应该放置在哪里。在经历了课堂上的动手操作之后，学生们就可能更加重视对高中音乐课的观摩或对距离最近的交响乐团的实地考察。

十二、提高音乐智能的技术

音乐是所有文化的关键组成部分，它建立在人类对有节奏的声音和运动的需求之上，并为世界增添着美丽。音乐智能的发展可以通过科技来加以提升，就像语言的流畅性可以通过语词处理器来提高一样。例如，一位毫无经验的作曲家可以将哼唱出的曲子录入Ensoniq[1]或卡西欧等公司制造的音响合成器中，经过这种音响合成器的编排，这首曲子听上去将像是众多乐器中的一种，并好像完全是在电子格律的伴奏下完成的。音乐设备数字接口[2]（MIDI）也为在电脑中给不同的乐器谱曲和编写管弦乐曲提供了方便。

PG软件的"盒子里的乐队"[3]使学生们能够借助熟悉的爵士乐、流行音乐、摇滚乐和民间音乐来即兴创作。这种软件也以编辑能力著称，通过使用它，学生们就能够开创自己的音乐风格。学生的即席创作和谱曲可以被保存在MIDI文件中，并可以通过音乐软件发送到如"夜莺"等音乐打印程序中，这一程序可以为其他乐器创作出音符。

有人可能会怀疑是否有了这样的"人造"声音后，就会消除理解与学习和弦、音符、谱曲和阅读音乐的需要。事实上，在倾听了这种"人造"声音之后，许多学生都被这些通过音乐技术创造出来的声音所激励，他们被激励着学习每一知识领域更深奥的内容。

人们逐渐发现，将数码音频与视觉输入结合在一起的数码技术可以让许多学生了解那些对初学者来说往往太复杂和难以理解的音乐元素。旅行者公司开发的贝多芬第九交响曲的交互式多媒体压缩盘就是数码技术的一个代表，这种压缩盘使倾听者能够通过音乐、历史、文化和政治等不同侧面来理解乐曲。该公司出品的斯特拉温斯基的《春之祭》（Rite of Spring）的内容甚至更宽泛，从简单概念到复杂概念无所不包，并且任何知识水平的学生都能使用。上述程序是了解和创造音乐的令人激动的方式。另外，华纳公司的"音乐探梦"（Music Exploratorium）光盘包含了本杰明·布里顿（Benjamin Britten）[4]的《青少年管弦乐队指南》（Young Person's Guide to the Orchestra）一书的全部内容，该书主要介绍了管弦乐队的各方面知识。"音乐探梦"光盘以视频和音频相结合的方式展现了有关作曲家、指挥家、表演者、乐器和乐曲结构等信息。这种交互式音乐光碟能够帮助使用者"发掘"单独的乐器，并可以倾听某件乐器的独奏。这种光碟还可以使人在倾听音乐演奏的过程中查看该曲的音符，确定该曲的特定主题或优美的曲调。这些光碟上的信息"是随机录入"的，这就使学习者可以以自我指导的方式在任一能力水平上遵循某一特定的兴趣线索进行学习。

音乐教学科技协会（Association for Technology in Music Instruction，ATMI）每

---

[1] Ensoniq，美国一家著名的音频技术公司，主要生产电子乐器、多媒体声卡和专业声音处理器。
[2] 音乐设备数字接口（Musical Instrument Digital Interface），一个硬件标准，同时也是一种软件协议，它主要用于在音乐设备和计算机之间传输音符和音效信息。
[3] "盒子里的乐队"，一种自动伴奏软件。
[4] 本杰明·布里顿（Benjamin Britten，1913—1976），英国作曲家。

年都会出版一本目录，该目录将列举并归纳出现有计算机程序、光碟、电影、光盘和其他市场上出现的音乐科技信息。

那些想将音乐纳入课程的音乐教育工作者和研究者现在可以找到大量网站。

M.U.S.I.C，"为课堂歌曲而联合的音乐家协会"，该非营利性组织促进了流行音乐在教育中的跨学科应用，而且该协会的网站包括一个歌曲目录、一些课堂策略和一些连接，还包括一个在音乐的激发下学生们自己创作的写作艺术和视觉艺术展厅。

美国国家音乐教育协会的网站包括了针对所有年龄学生的音乐课程和评估信息。该网出版的资料解释并说明了音乐教育的美国国家标准。

音乐疯狂网（the Music Madness Site）中有课时计划、软件评论、新闻和儿童音乐游戏。

音乐学习科技指导网，这是个提供"有效的"音乐科技的网站。

这种有关音乐学习和音乐欣赏的科技支持系统可以帮助学生们获得熟练的音乐技巧以及对音乐的更深理解。同时，学生们的音乐思维和创造性——音乐智能本身——也将因而得以丰富和发展。

十三、小结

每年，肯塔基州莱克星顿地区的卢塞尔小学二、三年级的学生都会演出一场歌剧。该校所创办的公司——"小人办大事歌剧公司"真正名副其实。在公司中，学生们自己创作剧本，谱写歌曲，发放上映消息和邀请函，凭自己的表演获得奖项，并且通过这些活动来促进自己的学术成就（Campbell & Campbell，1999）。

1995年，经美国大都会歌剧院协会（Metropolitan Opera Guild）同意，这所市内学校允许学生们在课程中添加歌剧。在获得上述许可之前，卢塞尔小学已经因为其普通音乐课和钢琴实验室中大量的音乐成分而成为一所多元智能学校。

卢塞尔小学的学生每年都根据他们自己的生活经历创作一部歌剧。他们曾经演出了一场名叫《行为的责任》（*Responsibility in Deed*）的歌剧。该剧描述了一个名叫查克的男孩在放学后照料他生病的父亲，而他的母亲则找了两份工作来支付医药费。为了照顾父亲，查克放学后不能出去玩耍，他的朋友们都很想念他。于是，这些朋友决定赚钱来帮助查克的家庭。男孩们找了好多临时的工作并将赚来的钱攒起来。可是一天，有人发现查克的一位朋友拿着一大袋钱。旁观者认为这钱是偷来的。歌剧的其余部分突出了查克及其朋友这种经历的社会意义。

在一位同学悲惨地死于公寓火灾之后，卢塞尔小学的学生们又创作了一出反映防火安全的歌剧。学生们演唱防火安全歌，阅读并朗诵火灾幸存者的日记。他们还为学校、公寓和家庭设计火灾逃生计划。该剧也获得奖项并已经被用作防火安全教育的辅助教学工具。

卢塞尔小学的这种丰富的音乐经历已

经吸引了很多家长的参与。自从学生们在家长面前展示了他们的潜力,并对感兴趣的社区问题进行宣传之后,家庭在活动中的参与就开始增加了。

本章包括倾听、演唱、增进记忆、激发创造性和音乐制作等内容,这些内容将被介绍给那些乐于进行音乐学习的学生和教师。为了概括、反思并综合本章的内容,我们提供了如下内容。

十四、应用音乐智能

(1) 我从本章获得的重要观点和启示:
___
___
___

(2) 我想更深入地学习的领域:
___
___
___

(3) 在我的教学中我可以利用这些信息的方法。请注意,本章中提到的策略已提供在下面,并附有空格以提示每个策略是如何融入课堂教学的。

音乐策略	课堂应用
创设音乐智能的学习环境	
将音乐引入课堂	___
倾听音乐	
惬意区的歌曲	___
塑造技巧的音乐	
音乐拼写	___
音乐和学习技巧	___
通过音乐教授阅读	___
用音乐促进语言技巧	___
贯穿全部课程的音乐	___
唱前热身	
无意义的声音	___

集体朗诵　_____

音符　
　　介绍音符的概念　_____

创编课程歌曲　_____

用音乐启动创造性　_____

在课堂中制造乐器　_____

　　创造性地使用乐器　_____

提高音乐智能的技术　_____

参 考 文 献

Arts Education Partnership, (2002). *Critical Links: Learning in the Arts and Student Academic and Social Development.* Washington, DC: Author.

Burnaford-Farrell, G. (2002). *Integrating Music Across the Curriculum: Opportunities for Classroom Teachers.*

Campbell, L., & Campbell, B. (1999). *Multiple Intelligences and Student Achievement: Success Stories from Six Schools.* Alexandria, VA: ASCD.

Carroll, K. (1998). *Sing a Song of Science.* Tucson, AZ: Zephyr Press.

Cockerton, T., Moore, S., & Norma, D. (1997). Cognitive test performance and background music. *Perceptual and Motor Skills, 85,* 1435-1438.

Gardner, H. (1983). *Frames of Mind: The Theory of Multiple Intelligences.* NY: Basic Books.

Green, J. (Ed.) (2002). *The Green Book of Songs by Subject: The Thematic Guide to Popular Music.* Nashville, TN: Professional Desk References.

Hall, J. (1952, February). The effect of background music on the reading comprehension of 278 eighth and ninth graders. *Early Child Development and Care, 66,* 85-91.

Havinghurst, J. (1998). *Making Musical Instruments by Hand.* Gloucester, MA: Rockport Publishing.

Murphey, T. (1992). The discourse of pop songs. *TESOL Quarterly, 26*(4), 770-774.

National Association for Music Education.

National Standards for Arts Education. (1994). *Dance, Music, Theatre, Visual Arts: What Every Young American Should Know and Be Able to Do in the Arts.* Reston, VA: Music Educators National Conference.

Patterson, A., & Blood, P. (1992). *Rise Up Singing.* Bethlehem, PA: Sing Out! Publications.

Paynter, J. (1970). *Sound and Silence: Classroom Projects in Creative Music.* New York: Cambridge University Press.

Sporborg, J. (1998). *Music in Every Classroom: A Resource Guide for Integrating Music Across the Curriculum, Grades K−8.* Westport, CT: Libraries Unlimited.

Tickle Tune Typhoon. *Let's Be Friends.*

Titon, T., Fujie, L., & Locke, D. (1996). *Worlds of*

Music: An Introduction to the Music of the World's Peoples. New York: Macmillan.

Upitis, R. (1992). *Can I Play You My Song?* Portsmouth, NH: Heinemann.

Upitis, R. (1999). *Tins Too Is Music*. Portsmouth, NH: Heinemann.

Wallace, R. (1992). *Rappin' and Rhymn': Raps, Songs, Cheers, and Smartrope Jingles for Active Learning, Grades K－8*. Tucson, AZ: Zephyr Press.

Waring, D. (1999). *Great Folk Instruments to Make and Play*. New York: Sterling.

Waring, D. (2000). *Cool Cardboard Instruments to Make and Play*. New York: Tamos.

第六章

相互理解：人际交往智能

如果要想使文明得以延续，我们就必须发展人类关系科学——使所有人、所有物种和平共处于同一世界的能力。

——罗斯福[1]

合作就能成功

"飞行的卡拉玛耶夫兄弟"（Flying Karamazov Brothers）是享誉世界的戏法/喜剧四人组合，他们相信通过合作可以办到人们认为不可能办到的事情。

看着他们四人娴熟而幽默的表演，人们可能会认为，对这个四人组合而言，戏法和喜剧得来容易。他们四人的技能看起来似乎在很大程度上源于他们的多年合作。当他们一边以诙谐的妙语机智地应对观众的问题、一边得心应手地表演复杂的戏法时，卡拉玛耶夫兄弟无论在思维上还是在行动上都配合得非常默契。他们说他们配合得天衣无缝、"恰到好处"。照这些表演者的说法，正是这种"非完全集中"（nonconcentration）式的合作使他们拥有看起来几乎不可思议的戏法绝技。

20年前，保罗·马吉德（Paul Magid）和霍华德·帕特森（Howard Patterson）在大学不期而遇，并开始在学校的重大聚会上表演杂技。几年后，山姆·威廉姆斯（Sam Williams）和蒂莫西·福斯特（Timothy Furst）加入了他们的队伍。他们四个人相信，幽默是他们表演的"连接线"。幽默不仅渗入了他们的表演，而且为他们的合作赋予了灵感。他们每个人不仅按计划表演，而且根据

---

[1] 罗斯福（Franklin Delano Roosevelt，1882—1945），美国历史上唯一的一位连任四届的总统。

各自出于预料的意见或突发事件即兴表演。他们将这种即兴表演视为"冲浪",而他们的观众则对此予以热烈的回应。每次演出时,"飞行的卡拉玛耶夫兄弟"都想方设法与观众互动。他们四人擅长激励观众唱歌、制作音乐、提供杂耍物品和讲幽默风趣的笑话。而他们四人的人际交往技巧也影响了其他表演者。最近,卡拉玛耶夫兄弟邀请了几位初出茅庐的表演艺术家与其一同巡回演出。这样的表演不仅提高了年轻艺术家的知名度,同时也帮助卡拉玛耶夫兄弟创造出了吸纳不同马戏演员和带动观众积极参与的当代杂耍表演。

然而,卡拉玛耶夫兄弟是怎样描述他们的人际交往智能发展的呢?据他们说,当他们还是孩子的时候,他们四人都是厌倦学校常规的独行侠。他们的人际交往技巧是在他们开始合作之后,并在他们的合作中全面发展起来的。如果他们四人有机会通过本章所描述的小组项目来练习人际交往智能,或许他们会发现,学校教育远比他们那个时候更有趣,也更具挑战性。

一、定义：理解人际交往智能

人际交往智能使我们能够理解他人并与他人交流，使我们能够注意到人们在情绪、气质、动机和技能方面存在的差异。人际交往智能包括能够与他人形成并维持关系，并且能在群体中承担不同的角色，如小组成员或小组领导者。人际交往智能在那些拥有娴熟的社会技巧的人，如政治或宗教领袖、经验丰富的家长、教师、临床医师或咨询人员身上表现显著。那些真心诚意地致力于改善他人生活，并擅长改善他人生活的人就展示出发展良好的人际交往智能。

人际交往技能娴熟的学生喜欢与各个年龄段的人交往。由于这些人具有影响其同伴的能力，因而也往往在小组工作、团队努力与合作项目中表现出色。有些人对他人的情绪反应敏感，对生活风格的多元文化差异感到好奇，或者对课堂研究的社会价值有兴趣。有些人能够接受有关任何社会或政治话题的多元化观点，并能经常帮助他人体验不同的价值观和观点。

当学生创编出风趣的幽默故事，或是在分析诸如马克思兄弟（Marx Brothers）或劳雷尔（Laurel）和哈蒂（Hardy）等老喜剧团队以幽默而讽刺的方式展现各种人际交往技巧的光碟时，只要学生能将他们的朋友和教师逗得开怀大笑，他们的人际交往智能也就能通过幽默而得以展现。

二、核查表：人际交往智能的特征

英国心理学家汉弗莱（N.K.Humphrey）认为，社会智能是人类智能最重要的特色。汉弗莱声称，有效地维系人类社会是对人类智能最富创造性的运用。很多人由于深谋远虑、通情达理，而能够考虑到他们自己行为的后果，能够预期他人的行为，确定潜在的利益和损失，并能成功地处理各种范围内的人际交往问题。

人际交往智能发展良好的人可能会：

（1）与父母关系密切并能与他人积极互动。

（2）能够形成并维系一定的社会关系。

（3）能确认并运用不同方式与他人取得联系。

（4）能认同他人的情感、思想、动机、行为和生活方式。

（5）能参与合作，并在团队活动中适当承担从追随者到领导者的各种不同角色。

（6）能影响他人的观点或行为。

（7）能以言语和非言语方式来有效地理解和交流。

（8）能根据不同的环境或群体以及根据他人的反馈来调节自己的行为。

（9）能在任何社会或政治话题中考虑各种不同的观点。

（10）发展调解技能，能以一般的理由组织他人，或与不同年龄或背景的人一起工作。

（11）对诸如教学、社会工作、咨询、

组织或政治等具有人际交往倾向的职业感兴趣。

（12）能发展新的社会技巧或模式。

三、人际交往智能的学习过程

绝大多数教育工作者都认为，如果不把学生配对或分组的话，他们将无法进行教学。本章描述了当前很多班级中都在使用的合作学习过程，同时也描述了其他多种人际交往学习活动。

创设积极的人际交往环境
  有效群体的标准
  确定班级价值观和班级规则
  确定全校价值观
  班会
合作学习
  合作分组需要考虑的因素
  学生角色
  社交技巧
  合作学习活动
冲突处理
  冲突的一般起因
通过服务学习
  将服务纳入学校课程
  反思服务学习
  服务资源
体验差异
  教授学生学习风格
发展多元视角
  我们是谁
  理解多样化的观点
  从不同视角对当前事件进行角色扮演
  课程中的全球视角
  系统轮
地方和全球问题解决
多元文化教育
  从多元文化的视角进行教学
  通过艺术理解文化多样性
  文化表
提高人际交往智能的技术

四、创设积极的人际交往环境

在今天这个飞速变化的社会中，很多学生无法与照看他们的成人建立密切而牢固的人际关系。因此，一些学生在来到班级时，带着未被满足的人际交往需要。面对学生中存在的大量社会和情感需要，或许学校更愿意忽略学生的这种需要，然而，我们的教育机构最终必须通过发展成为支持性的、关怀性的社区来补偿学生这种缺失的社会和情感需要。

尽管学生们以集体生活的形式度过了他们的学校生涯，然而集体生活的潜在益处极少得以实现。当我们所关注的焦点主要集中于获得竞争性的、个人化的目标时，学生们就是彼此孤立的，我们通常也会忽视学生们的情感和社会需要。但是，新近的很多研究表明，当学生们具有归属感，并且当班级发挥着关怀性社区的功能时，学生的学习就会变得更高效、更有趣。然而，如何创设这样的环境呢？首先就是要将班级中大量的独立的个体聚合为一个有效的、具有凝聚力的群体。在此，我们提供如下建议。

（一）有效群体的标准

在对有效群体的研究中，我们已经确立了有效群体的一些共同特征。下面所列举的这些有关有效群体的标准尽管并不详尽，却能够使教师评估他们当前的班级环境。了解了下面的清单中所列举的这些标准后，教师就可以确定当前他们班级中所呈现出的特征，并努力完善他们的班级环境。

（1）班级环境是温暖且具有接纳性的。师生之间广泛而积极的互动表现明显，并能使学生产生"学校是我家"的感受。

（2）由师生共同建立的班级规则规定了学生适宜的行为规范，这些规则建立在友好互助和公平公正等人类价值观念的基础之上。由师生共同提出行为问题的解决方案。

（3）侧重于合作学习，消除了在很多班级中盛行的胜利或失败模式。传统的、相互独立的、竞争性的学习往往被需要全体学生共同参与并做出贡献的相互依赖的过程取代。

（4）学习是班级明确确定的学生的使命。教师和学生都认同他们的主要目的就是从课程、相互之间以及生活经历中学习。

（5）平均分配领导职能。由学生共同承担班级和小组任务的职责，这样所有的学生就都能将自己视为班集体中有价值的成员。

（6）学习活动令人愉快。在学习中，运用各种各样的教学和评估手段。偶尔由学生们自己决定学习的内容以及学习的方式会使学习富有趣味感和幽默感。

（7）除了发展学术技能外，学生还有机会发展社交技能、情感技能和道德技能。

芝加哥大学的行为科学教授米哈伊·斯克珍特米哈伊（Mihaly Csikszentmihaly）博士（1991）提出了有关一个重要群体——家庭的有趣观点。斯克珍特米哈伊博士研究了高成就人士的家庭背景，他发现，那些成就最高、最幸福的学生来自这样一种家庭环境，在这种环境中，父母不仅向孩子传递着明确的规则和高期望，同时这种环境也是温暖、积极而具有教育性的，并为孩子提供了多种选择的机会。教师也可以将教室创设成这样的环境。

（二）确定班级价值观和班级规则

对每个班级而言，在重要的人类价值观的基础上建立明确的行为规范都相当重要。当学生明确教师对他们和他们的同伴所持的期待时，就更容易发展积极的同伴关系。最有效的规则往往是由学生自己制定的。通过民主程序来确定班级的价值观和适宜的行为，学生就会对其行为负责，同时，他们也能对其以小组成员身份而成功地参与小组活动承担责任。

很多教师都在学年或新学期之初，让其学生参与确立班级价值观和参与制定班级规则。有个简单的方法就是让学生确定有益于学习的行为。学生们必须明确,他们应如何做才能创设并维持积极的班级环境,以及作为一个集体,他们想要纳入诸如公正、同情或帮助之类的哪些价值观。

学生们可以针对班级价值观和行为规范写出他们自己的想法,并单独回答上述问题。然后可以让学生组成3~5人的小组,讨论这些问题的答案。每个小组制作一份班级价值观和行为意见表。当与全班成员共同分享他们提出的班级价值观和行为规范时,可以总结出大多数学生都支持的价值观或行为规范。教师可以强调指出,成功的集体生活需要在个人需求和他人需求之间达到平衡。他们可在教室中突出展示由大家共同参与制定的班级规则和价值观清单。

最近,有个五年级的班级决定以下列规则来引导全班同学的行为:

(1) 班内的每个成员都有学习的权利。
(2) 我们将变得富有创造性和原创精神。
(3) 我们将以多种方式思考和学习。
(4) 我们将享受学习的乐趣。
(5) 我们将与群体成员合作。
(6) 我们将相互尊重。
(7) 我们将成为朋友。

这些五年级的学生不仅希望能获得创造性的学习机会,而且希望在班级里能满足他们的社会和情感等多方面的需求。

在建立班级规则以及开展班级活动之后,可以发动学生就群体规则和行为进行明确的讨论,这样可以强化重要的社会技巧。师生也可以定期开会以共同解决班级中出现的纪律问题。有些班级可能会选举或指定一个委员会来监督本班的工作。由约5~6人组成的轮班委员会可以向全班同学和教师介绍一些社会所关注的事情。

在这样的一个班级管理体系中,包括教师在内的每个班级成员都只有一张选票,由委员会来贯彻执行全班成员投票决议的事项。在每个学年中,非常重要的是让全班所有的学生都有机会担任委员会成员。很多教师宣称这样的活动可以帮助学生内化班级规则,并能承担起班级成功运作的职责。通过为班级的利益做贡献,很多学生愿意遵守他们的学校所确认的重要的行为规范和价值观。

(三) 确定全校价值观

除了单个班集体试图确立行为规范外,有些学校还确立了全校范围内所有学生共享的价值观。例如,明尼苏达州圣·保罗市的优异小学博览会创制了一套行为课程来教授个人智能。该课程在某种程度上建立在苏珊·科瓦利克(Susan Kovalik)(1994)的"生活技能"模式的基础之上。科瓦利克曾建议,学生可以通过照料、问题解决、保持灵活性、合作、坚持和其他技巧来达到"个人的最佳状态"。博览会的学生和教师确定这些品质,分角色扮演这些模型,并对其进行评估。

肯塔基州莱克星顿市的卢塞尔小学是采用学校范围内行为价值观的另一个突出例子。每年秋季,卢塞尔小学的学生都会收到品格教育手册,手册中列举了本年度将要教授的技巧。每周都会增加介绍一项新技巧，并让学生加以应用。典型的技巧包括求救、使用自我控制、完成任务、认同他人的情感、有效地应对困难及诚实等。这些持有明确价值观的学校认为，学术和健康态度、积极的自尊以及持之以恒是学生的核心品质。

（四）班会

一旦班级规则和价值观发生效用，就能够加强同伴关系。这一点往往可以通过每天一次或每周一次的班会来实现。这样的会议通常具有开放的议事日程，可以让学生讨论差异、解决个人或学术问题，并学着相互倾听、互相支持。班会可以促进班内所有学生的情感、社会和道德发展。

很多小学教师在每天开始时，都要留出几分钟的时间让学生们互相问候、共同讨论重要的问题，并将学生的注意力集中在当天的学习任务上。一些中学教师每周抽出一节课中20分钟的时间召开班会。这些教师在教室里贴出每周的日程表，并让学生在日程表上自由罗列他们想要讨论的话题。

为了确保成功而积极的班会，建立基本规则至关重要。这里提供如下召开班会的指南。

班会召开指南

（1）确定班会的常规日程表和会议大致持续的时间。

（2）让学生们将椅子或课桌摆成一圈，这样每个人都可以平等地参与。

（3）选出一名会议助手。对年幼的学生来说，这个角色通常由教师或家长来担任。但年长的学生也可以承担这个角色。

（4）教师可就会议的相关内容向学生解释，以促进群体气氛，并给学生机会来提出自己所感兴趣的问题和所关心的问题。

（5）为每个学生提供讲话的机会。当一个学生讲话时，其他人不能打断。有些教师使用美国本土传统的"演说棒"——一根修饰过的小树枝或浮木——来组织学生轮流发言。要将"演说棒"传给那些想要发言的学生。当学生拿着"演说棒"时，他必须简短地、真诚地、发自内心地来讲。讲完后，再将"演说棒"传给下一个想发言的人。

（6）教师向学生解释，他们必须在会上自由地表达他们的情感和观点，所以不允许彼此之间消极地评论。

（7）每个学生在会议上都要有开放的头脑和心灵。他们应努力去考虑班级成员共享的多元化观点。

（8）通过感谢每个学生的参与，回顾讨论过的主要问题或确定尚未解决而应在下次会议提出的大家所关注的问题来结束本次会议。

班会培养了学生之间相互联系的感情，也活跃了师生之间的支持性关系。同时，学生还可以在相互倾听和互相尊重中萌发出积极的群体认同感。这样的会议有助于使班级转换成为人际的、人文的和关怀的集体。

五、合作学习

合作学习是在美国得到最全面研究的教学技术之一。很多合作学习的理论研究者提出了有关合作学习的大量研究范式并提供了反映不同研究观点的大量材料。大家较为熟知的著作包括：戴维·约翰逊（David Johnson）和荣格·约翰逊（Roger Johnson）的《班级中的合作学习》（*Cooperative Learning in the Classroom*，1994）；罗伯特·斯拉文（Robert Slavin）的《合作学习：研究、理论和实践》（*Cooperative Learning: Research, Theory, and Practice*，1994）；伊丽莎白·科恩（Elizabeth Cohen）和约翰·古德拉德（John Goodlad）的《设计小组工作：异质班级的策略》（*Designing Groupwork: Strategies for the Heterogeneous Classroom*，1994）。在回顾对合作学习所做的上述研究之际，人们就合作学习能促进学生的成就、加速学习、加强记忆力和回忆，并可形成积极的学习态度方面已达成广泛的共识。约翰逊兄弟确认了成功学习方法的两个核心组成部分，包括：

个人绩效 只有当小组的每个成员都能展示出他们已经掌握了所要求学习的材料时，小组才能取得成功。当小组的成功依赖于所有小组成员测验成绩的总和时，或当依据每个小组成员对团队项目的贡献而对这些小组成员予以评价时，学生的成就会上升。如果仅仅给学生小组一张工作表或一个项目，而没有明确说明学生的个人任务和责任时，学生的成就会下降。

积极的相互依赖 小组的成功依靠一种能力，这种能力使其成员能彼此合作，在诸如再认、评级、奖励或自由使用时间等方面达到所期望的结果。教师仅仅要求学生合作并不能确保他们就能掌握社交技巧。因为这样的技巧必须有计划地予以教授。

（一）合作分组需要考虑的因素

当学生们开始学习合作时，合作小组应是由2~4名成员组成的小型团体。当学生们的合作技能获得发展时，他们就能在较大的群体中参与合作了。考虑小组合作时间的长短也很重要。在持续的一段时间内定期聚会的小组成员比那些仅仅偶尔在一起合作的小组成员更成功。

教师可以依据不同的目的，以不同的方式对学生们进行分组。有些研究者以成就小组和工作小组来进行区分。成就小组是同质群体，根据学生的成就水平进行划分并组织教学，以满足学生的需求。相比而言，工作小组是较为异质的群体，组织工作小组旨在提升学生的社会互动和学术表现。两者都依赖于小组成员之间的相互合作。

有些教师做了有关性别分组的实验，但研究结果发现混合分组更成功。混龄分组与混合能力分组同样很有效。研究显示，异质分组能够促进低成就学生的表现，而资质好的学生则可以从与其他高成就学生至少部分时间的合作中获益。教师可能需要试验一下各种不同的分组形式，以确定哪种分组形式最适合他们的各种班级活动。

(二) 学生角色

当为学生在小组中安排了个人角色后，他们就能够成为学习过程的积极参与者，并对学习任务承担个人责任。学生角色有解说员、记录员、信息员、助手、方向指导者（direction-giver）、记录时间者（time-keeper）、总结者和汇报者等特定工作形式。有时，教师可以为各种学生角色指定不同的数字代码，这样，教师就可以喊某个数字代码（如"3"）来指代一位负责收集整个小组产生的信息的学生。教师可以根据学生们的座位，通过画任务卡、教师任命或小组协商的方式来分配角色。

(三) 社交技巧

教师有必要把社交技巧作为合作经验的一部分教给学生。学生并非生而具有人际交往技巧，学生的人际交往技巧也不会因为教师将他们安置在合作小组中而自动形成。因此，有必要让学生有计划地去学习人际交往的重要性。教师可以教授的一般社交技巧包括：组织有效的小组，演示适宜的行为，使用有效的学习技巧以及合作评论和评价观点等。所有这些社交技巧都需要学生反思、实践和不断地提炼，而且所有这些社交技巧都适合于从学前期到成人的任何年龄阶段的课堂学习。在小组成员从事任何小组任务之前，教师可以为小组确定一项需要融入活动中的社交技巧。一旦学生将这样的社交技巧内化，学生就能够在促进学术成就和增加像成人那样成功机会的同时，与他人有效地合作。

(四) 合作学习活动

《构建合作学习：教师课程计划》（*Structuring Cooperative Learning: Lesson Plans for Teachers*, 1987）是荣格·约翰逊和戴维·约翰逊的众多著作之一。从该书中选取的下列三种活动可应用于绝大多数班级。这三种活动是七巧板、出声的合作或问题解决和小组合作讨论文学作品。

七巧板

七巧板是一种培养小组成员之间积极的相互依赖的有效技术。七巧板活动适合于学生学习部分课本内容或其他任何内容领域的书面材料。下面是七巧板活动的步骤：

（1）选择一项学生们应该练习的社交技巧，如管理技巧、释义或总结彼此的观点等。向学生说明专门练习这一特定社交技巧的理由。

（2）将学生分成3～5人的小组。

（3）给每个小组发一套材料。将这套材料分配给小组的各个成员。这样，每个成员都能拿到该套材料的一部分。

（4）让各个学习小组中分到同一部分材料的学生组合在一起。然后，共同学习他们的材料，并计划如何将这部分材料教给他们原来小组的成员。

（5）让学生回到自己原来的小组，轮流将自己学到的专门知识教给小组里的其他成员。

（6）让每个小组成员测试其他成员，直至他对每个人掌握信息的情况满意为止。

（7）以适宜的方式评价每个学生对信息的掌握情况，以及对所选择的社交技巧的掌握情况。

出声的合作式问题解决

该活动可以同时教授清晰的问题解决技巧和社交技巧：

（1）确定要发展的一项社交技巧，并说明选择该社交技巧的主要原因。

（2）将学生分成大约4人一组，并为每个小组提供一份工作表。让小组成员在他们之间平均分配问题。

（3）从工作表中找一个问题向学生们示范如何出声地解决问题。要确定所有的小组都理解了正确的问题解决程序。

（4）让小组的每个成员轮流通过语言交流解决问题以启动小组活动。小组的其他成员则检查问题解决策略的严密性以及答案的精确性，并在问题解决过程中建议各种可能的选择。每个小组成员也应该努力去鼓励其他成员。

（5）为了使每个小组成员都能获得成功，建议小组内的每个成员都必须了解工作表中的所有信息，并且每个组都必须确定其成员已经掌握了材料。

（6）为提高绩效，教师可以给学生另外一份有类似问题的工作表。这次，学生们可以单独回答问题并在他们个人分数的基础上得分。另外，教师可以奖励那些其成员达到预定优秀标准的小组。在评估学生的表现时，也应关注所练习的社交技巧。

小组合作讨论文学作品

学生可以在中级水平上练习高级社交技巧。在下列活动中，学生可以学习在评论别人观点的同时参与讨论。

（1）安排一篇学生们要阅读的文学作品。

（2）准备"谈论"卡和"评论"卡。"谈论"卡由具有足够红色方格的纸或红塑料片制成，给每个学生发3张卡。"评论卡"可以用蓝色的纸或蓝塑料制成，给每个学生5张。

（3）准备用以鼓励学生解释故事人物、主题和事件所要讨论的问题。将学生分成小组，并为每个小组提供一套要讨论的问题。

（4）向小组解释，每当一个成员回答了其中的一个问题时，他就需要将一张红色的卡片放到桌子中央。同样，每评论一次，就需要放上一张蓝色卡片。教师向学生强调，他们的评论应是基于观点的共享，而非贬低或直接针对个人。每个学生都必须回答所有的问题，并且每次谈论时，都必须放一张卡在桌子上。由于每个人的谈论或评论都被限定在分配到的卡片数量之内，所以就不会有人支配整个交流活动。

（5）教师尽可能地要在讨论期间对小组讨论加以监控，以确定正在讨论的对象是观点而非个人，同时，确定所有的学生都在平等地参与讨论。

（6）可以采用个人评估、小组评估或

两者兼顾。

上述活动仅仅提示了课堂内合作学习的多种可能性。由于合作技术在教授社会技巧和促进学术成就方面的效果，一些研究者将之推崇为教学的主导模式，占据了课堂时间的60%。不管教育工作者是否将其大部分教学精力投入到该方法中，合作学习都使学校变得富有乐趣，并促进了学生和教师的成功。由于学生通常热衷于和其同伴一起工作，所以对这种活动的热情使教学更加有趣。

多语言班级中的学生合作

斯坦福大学伊丽莎白·科恩提出的另一种小组工作的方法，强调了异质班级中语言、人种和技巧方面存在的差异。科恩（1994）的模式称为"综合教学"（Complex Instruction），指当学生彼此学习将对方当作自己的语言和学术资源时，就能培养不同人种和种族之间的信任。"综合教学"一词是指不同学生小组在教室里的不同学习地点同时工作。每个学习中心都为小组提供一张活动卡，并附有个人工作表。只有当小组中的每一个成员都完成了工作后，小组才可以转到下一个中心。这些任务在本质上都是多种形式的，并强调"做中学"。同时提问或要解决的问题都是开放性的，并且没有唯一正确的答案。

教师应为每个小组成员都指定一个角色以明确各自的责任。每个小组中有一人还要作为助手提供服务，并确信所有的人都得到了他们所需要的帮助。要让学生轮换角色以使每个人都有机会担任领导角色。要教学生将他人当作资源，并能利用班级规则。这些班级规则包括学生有权向小组中的任何一个成员求助，同时也有义务帮助小组中任何需要获得他人指导的成员。

教师通过描述每一任务所要求的不同技能来介绍日常的任务。要让学生们明白没有人擅长所有的任务，但每个小组成员很可能至少在一项任务上表现出色。教师还应特别致力于认同那些典型的在班级中没有地位、缺乏威信的学生所具有的技能。一旦学生开始在中心工作，他们就被赋予了权威，也就是说要鼓励学生信赖他们的同伴而非教师。斯坦福大学历时十年的研究表明，综合学习显著促进了学生的成就获得，减少了文化差异学生的地位问题。教师不应将班级中存在的语言、种族和技能差异视为一种负担，而应将之看作提供给学生在其中相互学习的丰富环境的有用财富。

六、冲突处理

在幼年时期，我们就形成了自我感觉，并且发展了应对挫折和冲突的方法。由于学校在影响儿童的态度和价值观方面的作用仅次于家庭，所以学校在教授处理冲突的方式上可以承担重要作用。冲突是生活中不可避免的一部分，这样，我们可以将教授冲突处理看作一种具有挑战性的活动。在这项活动中，学校以积极且具有建

设性的方式教授学生如何陈述分歧。

介绍冲突处理的一种方式是确定冲突的一般起因。教师可以让其学生尽可能地列举出他们能够找到的冲突的潜在原因。当学生们列出清单后，他们就可以将自己所列的清单和下列清单进行对比。

冲突的一般起因

(1) 个人需求未得到满足。
(2) 彼此之间不公平地分配权力。
(3) 彼此之间交流无效或缺乏交流。
(4) 彼此的价值观或优先考虑的事情不同。
(5) 彼此对某种情况的理解不同。
(6) 彼此的学习方式或个性不同。

当讨论过上述内容之后，学生可能就会在清单中添入更深层的原因。学生可以分析个人、学校、社会或世界事件来洞察冲突的潜在原因。当学生清楚地说出产生冲突的原因后，往往发现寻求积极的解决方法会更容易一些。

冲突的另一个有趣的方面是个体如何应对冲突。人们在处理冲突的过程中往往展示出不同的冲突处理风格，主要有：对抗、合作、回避、和解、妥协。

讨论完上述冲突的应对方式之后，让学生标明在冲突情境下他们最常用的处理方式可能会引发学生的兴趣。学生们还可以继续探讨他们想要有意识地培养的冲突处理方式。

处理冲突的方法有很多种。教会学生简单的冲突解决过程可以使他们和平地处理异议，而无须成人干涉。以下是从托马斯·戈登（Thomas Gordon）博士的著作《家长效用培训》（*Parent Effectiveness Training*，2000）中选取的冲突处理过程的六个步骤，这一方法被广泛地应用于儿童和成人的冲突处理过程。当班级中出现冲突时，可以应用该方法：

> **戈登的冲突处理过程**
> 步骤1：确定并阐述冲突。
> 步骤2：进行大脑风暴，考虑可能的解决方法。
> 步骤3：讨论潜在的解决方法。
> 步骤4：选择最佳的解决方案。
> 步骤5：提出实施解决方案的计划。
> 步骤6：实施解决方案，然后回顾并修正解决方案。

为了向学生介绍上述过程，教师可以让全班学生提出一个他们经常在学校看到的问题，如逃课或打扰别人。志愿者可以分角色扮演逃课的学生和关心其缺勤的教师。角色扮演应将戈登的六步过程与全班学生对该程序的观察结合起来。接下来，教师可将学生分成小组，让每个人选择一个不同的冲突，并用六步法来解决。有组织的处理冲突的实践为学生处理校内外矛盾提供了准备。教师可以鼓励那些学习该过程的学生在不同情境下加以运用，事实上，很多学生会自发地使用该方法。

作为一名初中教师，本书的一位作者遇到了两名在观点方面长期存在严重分歧的七年级学生。至少每周有一次，他们会因意见不合而打架。几天后，该教师听见这两个男孩在她的教室门外争吵。她以为这次又需要她干预，但当她听到男孩在用戈登的六步法处理他们之间的冲突时，她惊讶了。一场争斗避免了，这位教师意识到，男孩们不仅学到了一种策略，更重要的是，他们能够有效地加以应用。

有几种可用来教授学生有效的冲突处理技巧的资料。包括：荣格·费舍（Roger Fisher）、威廉·尤里（William Ury）和布鲁斯·巴顿（Bruce Patton）的《达成一致》（Getting to Yes, 1991），是针对高年级学生的冲突处理的经典著作。有一本针对小学生的冲突处理著作是纳奥米·德鲁（Naomi Drew）的《学习调解技巧》（Learning the Skills of Peacemaking, 1995）。其他针对学前到六年级学生的冲突处理材料还有玛娜·舒尔（Myrna Shure）的《我能解决问题：一种人际交流认知的问题解决程序》（I Can Problem Solve: An Interpersonal Cognitive Problem Solving Program, 2001）。这一获奖的程序教孩子们以非暴力的方式去解决每天遇到的问题。"我能解决问题"（ICPS）程序教孩子们去考虑自己的行为对他人造成的影响以及多样化的问题解决途径。其25年的研究表明ICPS减少了急躁、好斗和社会规避行为，而上述行为正是产生诸多日后问题，如暴力、药物滥用和逃学等的危险指标。通过将这一程序应用于全国各城市内成千上万名中低收入家庭儿童，ICPS已持续提高了儿童积极的同伴关系，促使他们关心他人、愿意分享、能与

人合作，以及乐于帮助那些身处困境的人。该程序具有长期的益处，可以预防青少年出现社会和情感问题。

七、通过服务学习

青年人服务美国（Youth Service America），是一个针对社区服务计划的国家情报交换所。据报道，从1984年到1997年，参与社区服务的K—12学生人数已从2%跃升至25%。一项针对2001年秋季升入700所高校的400000多名大学新生的研究显示，被调查者中，有83%的人报告说他们曾参加过志愿工作。还有些人认为，学生的利他行为是我们这个时代所报道的最少的事情之一。

服务对学生具有很多重要影响。通过为他们的社区做出重要贡献，学生能够在亲身体验中学习公民职责，可以将学术研究应用于现实生活情境，能够练习个人的主动性以及能够体验到向成人阶段过渡的经历。最近的研究也表明，服务促进了学生的学术学习，增进了社交能力，巩固了自信心。

（一）将服务纳入学校课程

很多教师和研究者正在寻找将社区服务融入他们学校课程的富有创造性的方式。在一些学校中，社区服务是学校课程必不可少的一部分。而在其他一些学校里，学生们可以选择社区服务作为其志愿活动。对服务学习感兴趣的教师可能会从如下盛

行的服务学习模式中选择一种或几种。

志愿信息中心　有些学校通过在校内建立为学生提供志愿活动机会的中心来支持服务学习。当学生在某个中心张贴的海报中发现适当的服务机会时，他们就可与该中心取得联系。而且，如果感兴趣的话，他们还可以与该中心签订一个实施服务的合同。由管理中心的人士——往往是教师、社区志愿者或学生自己——对学生服务的实施情况做追踪调查和评论。

俱乐部或合作课程活动　学生们通常通过课后俱乐部或合作课程组织来实施社区服务。一些方案如"钥匙俱乐部"将志愿活动视为其核心使命，而其他的如"荣誉协会"则常常将服务作为其所有成员的一项责任。在该模式中，教师扮演建议者的角色，学生不会因为其提供的社区服务而在学校中获得额外学分或获准请假。

社区服务学分　很多学校不仅鼓励学生参与服务学习，同时还为那些在遵守学校基本方针的前提下提供志愿服务的学生提供学分。在有些方案中，学生可以选择已预先设定时间的社区服务。而在另一些方案中，学生必须完成规定时间的志愿服务才能毕业。为了获得社区服务学分，学生通常要就其所参与的社区服务，写一份详细说明活动、时程、目的和成果或要达成的目标的建议。由一位提供建议的教师或计划协调人员检查学生的建议，并在学生完成项目后，对其进行评论。在这种类型的服务学习中，学生们通常将课外的服务项目当作一项独立活动来进行。

作为现存课程情景化应用的服务　在该模式中，学生以收集、测试并应用现存学校某门课程信息的方式来开展服务。例如，学习世界语的学生可以为那些讲他们正在学习的语言的移民当家庭教师。进行社会研究的学生可以和那些无家可归的家庭一起工作来直接研究这一复杂的政治和经济问题。学习工业技术的学生可以为有特殊需要的人设计并制作家具。这样的志愿尝试可以是以前做过的项目或正在进行的工作，并可作为额外的学分或课堂要求来对待。

社区服务班　有些学校提供的社区服务课程，往往是开设一学期的社会研究课。很多服务课一次要上两个小时，以保障学生能有足够的时间来从事该项目。这些长一些的课程可以提供两个学分，同时，教授该门课程的教师也相当于是上了两节课。一周中，学生通常用四天的时间进行实地考察。返回班级后，他们还要用一天的时间来反思那些使服务获得成功的经历、技巧、信息和原则。

作为学校义务的社区服务　在一些学校和学区中，社区服务不是孤立的活动，而是整个学校计划的有机组成部分。例如，学校的每个院系都确定有能够应用其学科知识和技巧来提高地方社区生活质量的方式。这样，计算机专业的学生就为非营利组织提供服务，英语专业的学生就为上了岁数的人或有特殊需要的人写信，科学专业的学生可以在附近河流为政府机构采取水样，艺术专业的学生可以设计宣传社区事件的广告。在校内实施服务则可以通过将跨年龄的家教整合到学校的课程中来提供。2002年,有200所初中和高中被确定为服务学习的示范典型。

(二) 反思服务学习

那些采用某种形式服务学习的教师会鼓励学生经常反思他们的经历。这样的反思有助于学生在真实生活中解决他们所遇到的问题,清楚地阐明他们可能关心的事情,确定处理问题的积极方法以及认识到他们经历的益处。很多学生乐于在他们的服务活动中练习阅读、书写和讲话技巧。这样的反思可以用不同方式加以促进:通过每周的班会,通过与教师和(或)社区成员单独会面,以及通过日记写作等。有一些可以帮助学生更认真地构建他们的反思与写作的指导方针。其中包括如下一些可能的问题:

- 就你的服务项目而言,你感到最满意的事情是什么?
- 就你的服务项目而言,你感到最困难的事情是什么?
- 为了成功完成你的工作,需要运用哪些个人品质?
- 从你的工作中,关于你自己、社区和他人,你学到了什么?
- 在你的项目中,你遇到的最出乎预料的事情是什么?
- 作为一个完成工作的人,你是否在发生变化?如果有变化,是通过何种方式实现的?
- 如果要对自己的工作负责,你将会做哪些改变以推进服务或计划?

(三) 服务资源

有一些资源(如:一些信息机构和网站)可以协助教育者通过班级服务或学校服务来促进有效的学习。

服务学习不仅培养了校内关怀,形成了社区的道德规范,也建立了学校和其社区之间积极的伙伴关系。通过服务学习,学生们认识到,教育不仅仅是信息的同化,还是一种促进他人生活的手段。很多学生也从他们的服务经历中获得了深刻的洞察力。也许这一点在如下学生们写作的反思日记中反映得最为突出。一个在无家可归者庇护所工作的学生说:

> 对我而言,这次经历让我大开眼界,打破了我原有的刻板印象,并改变了我的态度。我确实很留恋庇护所里的一些孩子,很想回去再看看他们。想当初,我反对整个服务学习项目……但是我的态度几乎完全转变了(对我而言,这种情形并不常见)。人们可以告诉你有关贫困的任何事,直至你认为自己已经听到了要了解的一切。然而,除非亲临现场,目击了贫困者和无家可归者的真实状况,否则没有什么能对你产生如此大的震撼。面对他人的人道主义需求,亲自参与并付出自己的关怀并不会占用你太多的时

间。我确信社区服务中所要求的一点时间会促使人们终生致力于帮助他人。

另一位在少年逃跑者庇护所工作的学生写道：

> 那个周六的深夜，我所意识到的事情使我自己获益最多。我的自我感觉良好，事实上，我是在进行一次小型的自我旅行。毕竟，只是想看看我都做了些什么——我一定是用了13个小时来整理衣服，在烤箱那儿忙碌了5个小时，还吃了一些花生黄油甜饼。我那个周六的所有时间几乎都用在了填饱肚子上。但是看到这些与我相比，物质财富如此匮乏、对我视为垃圾的东西感到非常满足的十来岁的孩子之后，我开始发现了真相。一个极不舒服的想法悄悄潜入我的脑海——如果情形不同的话，这些孩子要比我出众。问题不在于他们能拥有什么，而在于他们是谁。

八、体验差异

亨利·戴维·梭罗（Henry David Thoreau）曾说："如果一个人不能和他的同伴步调一致，也许是因为他听到了不同的鼓点与节奏。那么就让他走近倾听的音乐，而不管这是精确还是相去甚远。"梭罗所指出的差异已令心理学家们着迷了几个世纪。希波克拉底[1]曾记述了抑郁质、多血质、胆汁质和黏液质四种人格类型。20世纪之初，心理学家卡尔·荣格描述了个体之间通过"感知"或"知觉"认识世界并在"情感"或"思考"的基础上做出决定的不同偏好。

用以描述人类学习差异的术语多种多样，有心理学类型、人格类型、认知风格和学习风格。自20世纪70年代以来，教育工作者就已经对在班级中应用学习风格感兴趣。所谓学习风格是指在接受、处理及交流信息方式中所呈现的个体差异。

为帮助学生发展体验差异的能力，行为示范和使用能清晰阐明学习风格概念的策略都很重要。在辨别个体差异时，重要的是应向学生说明风格差异并没有好坏之分。一个人的习惯或特点并不比其他人的好，它们只是不同而已。下面介绍一些有关风格概念的观点。

---

[1] 希波克拉底(Hippocrate，公元前460—公元前377)，希腊名医。

教授学生学习风格

- 帮助学生理解风格差异的感知活动和智能游戏有很多,简单词联想是其中之一。教师说出"橘子""贝壳""玩耍"或"桌子"等词,学生简要记录由此而想起的词或词组,然后同他人的相比较。通过这种方法,学生们很快就会发觉个体之间存在的差异,这样,就可接着进行有关个人化理解的讨论。

- 有很多视错觉和视觉理解任务也可以说明这一点,比如在很多视错觉书中都很常见的那个"脸和花瓶"的双歧图形设计。还有一些是在句子中多写了一个词,比如"春季的巴黎"(Paris in the the springtime),当念得很快时,多余的"the"常常被忽略。

- 可以为学生提供一道有待解决的难题或简洁而又适于发展的逻辑问题。教学生观察他们用于问题解决的过程,而不要集中于单一的正确答案上。通过对比他们的问题解决策略,学生们就会发现人们在解决相同任务时的显著差异。

- 学生们可以讨论与他们自己的生活相关的问题,如最喜欢的音乐、学骑自行车、玩电脑游戏或其他消遣活动。当问及为什么某些活动令人愉悦时,学生们就渐渐意识到个人的偏好是独特的,不存在对与错。

- 当学生完成了一个项目后,让其讨论他们是如何开展该项目的是非常有用的。涉及的问题可能会包括:"你是怎么开始的?""你是如何做出那个决定的?""当遇见挑战时你是怎样做的?""如果再次进行该项目,你会做得不同吗?""哪些部分比较难?""哪些较容易?"在小组中讨论这些问题,可以突出人们之间在学习方式上存在的差异。

- 儿童表述他如何完成任务之际,也是教师抓住"教学时机"的机会。例如,有的学生可能借助辅助车轮来学习骑自行车,并不断提高辅助车轮的高度,直到他不再依赖该车轮为止。而另一个学生则很可能用周六一整天的时间在她家门前的街道上反复练习,来学习骑自行车,摔倒了好多次,膝盖擦伤多处,直至获得成功。演奏乐器的学生会发现,当讨论他们如何进行练习时,存在显著的个人差异,但他们工作的最终效果却相差不远。

- 很多教师都会进行问卷调查和测验,从而让学生确定他们自己的学习风格以及那些应用这些风格的正式活动。

也许,最重要的是,教师必须在学校中为他的学生示范其对个体行为差异的尊重。教师可以期望每个学生发展相同的技巧并获得一样的能力——例如学习阅读、知道如何进行分数乘法运算、正确地拼写单词或理解事件的历史意义——但教师必须对这样一个事实做出反应，即并非所有的学生都以相同的方式学习和发展能力。对所有学生都抱有高期望值，同时尊重并赞扬学生多样化学习方式的教师，通过他们尊重学生的行为比仅仅通过策略教给学生们的东西更多。

九、发展多元视角

我们对他人以及不同情形的理解源自我们的生活经历、价值体系、假设和期望。尽管声明每个人对世界的理解不同相当简单，但这样的概念难以内化。通过别人的眼睛去看世界、从多样化的视角去理解当前的形势需要我们持续不断的努力。在这个愈发复杂的世界中，学生们可能需要去发展著名的美国全球教育工作者斯蒂文·拉米（Steven Lamy）所提倡的"智能多元论"（intellectual pluralism）。智能多元是指分析或评价不同或相反观点的能力。

本章前面的部分"体验差异"，向学生介绍了人们以不同方式进行学习的概念。接下来的活动是教学生在与他人的互动中考虑多元视角。所提到的策略包括认同他人的视角，理解多样化的观点，从多个角度来反思当前事件，考虑全球意义并通过考虑人类行为对自然和人造体系的影响来学习系统地思考。第一个策略聚焦于学生及其对彼此的理解。

（一）我们是谁

学生们常常惊讶地发现，别人看待他们的方式往往不同于他们自己看待自己的方式。下面的活动通过探究自我理解与同班同学对其看法之间的差异来为学生们介绍有关多元视角的概念。

拼贴肖像

可以让学生在家里创作"拼贴肖像"，其中不要使用可以确认其身份的名字或图片。当学生把这些肖像带到班上来展示时，同学们就可以猜测这些肖像分别描绘的是谁。然后就可以针对学生们如何较好地相互理解这个问题进行讨论。

为了启动活动，让学生在家里收集他们的拼图要用到的物品。教师应提供粘贴板和废弃的杂志给那些可能会使用这些材料的学生。一旦材料收集完毕，就让每个学生在家里制作表现其最喜欢的美好时光的拼图，可以是婴儿时或幼年时的照片、旅行经历、英雄或有关重要问题的个人观点等。拼图必须是匿名的，也就是说在该艺术作品中不要透露姓名、照片或能够确认其身份的任何标记。

在指定的一天，学生们将其拼图藏在食物袋或其他包装袋中带到班里。当学生们走出教室时，教师将这些拼图分散放置，并直接在每个拼图下放一个信封。当学生们返回教室后，让他们观察这些"肖像"，并努力猜测其作者分别是谁。然后，将他们的猜测写在纸上，并放入相应的信封里。当每个人都观看了所有的拼图后，就开始进行汇报。在这个过程中，小组可能讨论的问题包括：

- 通过拼图辨认同学容易还是困难？
- 作为创作其拼图的艺术家，哪些学生容易确认？为什么？
- 你了解到哪些有关他人的新的或令你感到惊奇的东西？
- 你认为你在多大程度上了解你的同学？
- 你是否找到了每幅拼图及每个人的独特之处？
- 你现在能以新的视角理解每个同学吗？如果能，该如何理解？

学生们可以通过反思在未真正了解他人之前就先形成看法可能出现的问题来结束讨论。

（二）理解多样化的观点

向小学生介绍多元视角概念的一种方法是以多样化的视角来研究故事。有个有趣的资料是琼·赛斯卡（Jon Scieszka）的《三只小猪的真实故事》（*The True Story of The Three Little Pigs*，1995）。该书阐释了"三只小猪"这个故事中狼的想法。在这个故事里，肉食动物狼不再是先前的故事中所描述的那个大坏蛋。狼先生解释说，它仅仅是因为别人对它的反感，才大发脾气并极力吹嘘的。学生们既喜欢阅读故事，又喜欢彼此讨论这些截然相反的观点。年长一些的学生可能会想将他们的社会研究课本中记录的历史事件如哥伦布到达美洲，与霍华德·辛恩（Howard Zinn）的著作《美国的民族史》（*A People's History of the United States*，2000）中的相应部分进行对比，找出其中的异同。

帮助学生探索观点的另一种方式是鼓励他们去分享他们对不同情境的反应。首先是有必要列出一张事件清单，如参加足球赛或要阅读作为家庭作业的神话等。教师可以每次向全班同学阅读一件这样的事情，然后让学生自愿表达他们对这些事情的反应。这样，可以鼓励学生分享不同的观点。当有几位学生已经对这些事情做出反应之后，教师可以挑选一位学生默读清单中的下一事件，并形成自己的看法。然后，全班同学努力去猜测这位学生将采取的反应。只要学生乐于比较彼此反应之间的异同，该活动就可以继续下去。

> **事件表**
> （1）你赢得了埃及之旅。
> （2）你被邀请去参加篮球比赛。
> （3）挑选你为校报写一篇特写故事。
> （4）妈妈为你买了一架钢琴。
> （5）有位亲戚建议你将来成为一名医生。
> （6）有人让你在学校比赛中担任领导角色。
> （7）教师将你的一本精选书目布置为课外阅读书。
> （8）你想收到的一件生日礼物是……

可以通过让学生讨论他们对同学反应的预测是否准确（如果不准确，为什么？）

来结束该活动。让学生讨论他们是否认同他人观点的合理性也很重要。

掌握了有关观点的概念之后，可以让学生反思他们自己生活中的事件。例如：校车司机会怎么看待那些在车上大声喧哗的学生？学生会怎样看待他们自己的行为？他们大声喧哗的原因是什么？为什么汽车司机希望他们小声讲话？

（三）从不同视角对当前事件进行角色扮演

年长一些的学生可以通过分角色表演当前的国内或国际事件来理解多元视角。有个简单的活动就是让学生把那些报道有争议或冲突问题的报纸文章带到班上来。把学生分成小组，各小组学生都简短地讲述一篇文章。然后小组选择一篇文章按照如下步骤做更深入的探究：

（1）由一位学生志愿为小组阅读该文章。

（2）小组确定文章中的冲突和冲突中的多样化视角。

（3）学生们确定涉及该冲突的可能角色。

（4）每个小组成员都担任一个角色。

（5）小组成员分角色表演多样化观点。

（6）每个小组都讨论分角色表演。反思他们所设想的角色、所表达的多样化观点的合理性以及他们获得的所有看法。

（7）小组思考如何通过双赢方式来解决冲突。

（8）小组与全班同学分享他们的经历。

（四）课程中的全球视角

通过他人的眼睛、头脑和心灵来看的另一种方式是将全球视角融入所有的课程领域，包括艺术和科学、文学以及课外活动。随着世界变得愈发相互依赖，并且随着学生有更多与其他文化中的人士进行交流的机会，不再简单地将文化差异评判为对或错是至关重要的。

教育工作者可以思考他们是否鼓励了学生去理解多元文化的复杂性。为了将全球视角贯穿于课程始终，教师可以通过思考如下问题来开启活动：

- 学生何时有机会去思考不同的世界观？
- 他们对国际问题和国际事件是否了解很多？如果不，如何才能将国际事件纳入课程之中？
- 学生们如何才能理解人们在态度、文化和经历方面存在多样性，但拥有共同的人类需求和目标？
- 学生们在课程的哪些地方认同多元世界体系是相互依赖的？
- 可以教学生什么策略以使其参与到地方、国家和国际问题与国际背景中？
- 学生们是如何获得有关决策制定、信息分析和公民参与的能力的？

通过使用绝大多数社区可获得的资源，学生们可借助不同国家的文学、音乐、游戏或艺术来探索文化间存在的差异和相似性。艺术家、嘉宾演讲者、互派留学生、讨论的引导者以及资源材料等都可以用于丰富各科目的内容。由丹尼尔·哈尔彭（Daniel Halpern）所编著的《故事艺术：世界当代短故事选》（*The Art of the Story: An International Anthology of Contemporary Short Stories*，2000），选编了世界各地有生活经验的作者所创作的短小故事，为我们提供了极佳的资源。该书以来自35个国家的78位作者讲述他们在个人、社会和政治方面的世界观为特色。

（五）系统轮

获得观点的另一方法是考虑行为后果。例如，最近几年我们已经见证了人类行为对自然和人造体系所造成的长远影响。当代的很多问题都揭示了文化、生态、经济、政治和科技系统之间的相互联系。为扩展学生思维，寻求长期的问题解决方案，教师可以确定在任何问题中都涉及的多元因素和潜在影响。下面称为"系统轮"的五步练习是预示潜在影响的有用工具：

（1）让学生确定一个问题或制定一个与课堂内容有关的预言。当学生选好了问题或做出预言时，让他们在一张白纸的中心画一个圆圈，并将问题的题目写在圆圈中。例如，假设上科学课的学生将"日益严重的空气污染"定为他们要讨论的问题。

（2）接下来，学生们应针对受日益严重的空气污染影响的全球系统进行头脑风暴。实例可包括自然环境、国际关系、技术、世界经济或政治体系。一旦确定了全球系统，学生们就可以从第一个圆圈那里往外画适当数量的轮辐，并在每一轮辐的末端再画一个圆圈。在每一个新的圆圈内写上受空气污染影响的全球系统（见图6-1）。

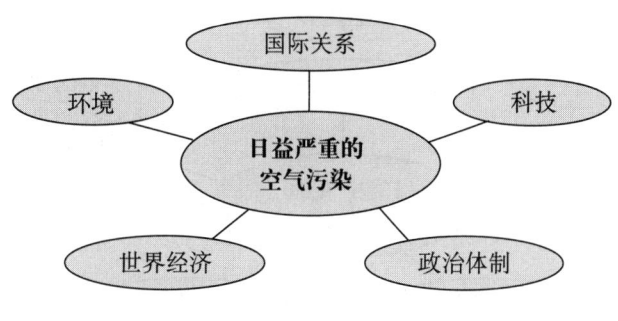

图 6-1

（3）从第二圈往外画第三套轮辐和圆圈来指明空气污染的潜在影响。第三套圆圈环预示了空气污染对第二个环内所确定的全球体系的可能影响（见图6-2）。

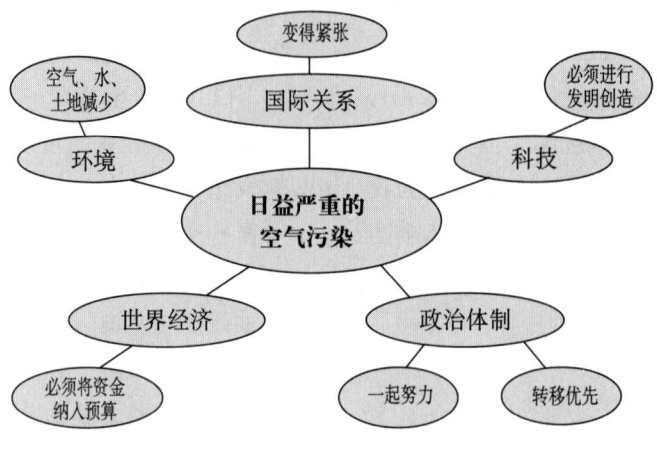

图 6-2

(4) 学生们继续扩展他们所能预见的影响环。他们可能会去预示多少年后,人们才能发现这些影响(见图 6-3)。

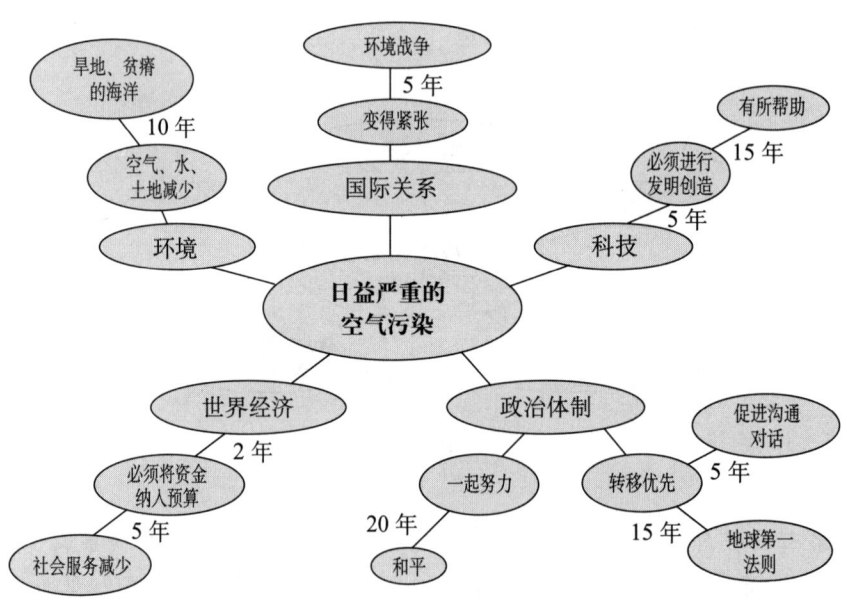

图 6-3

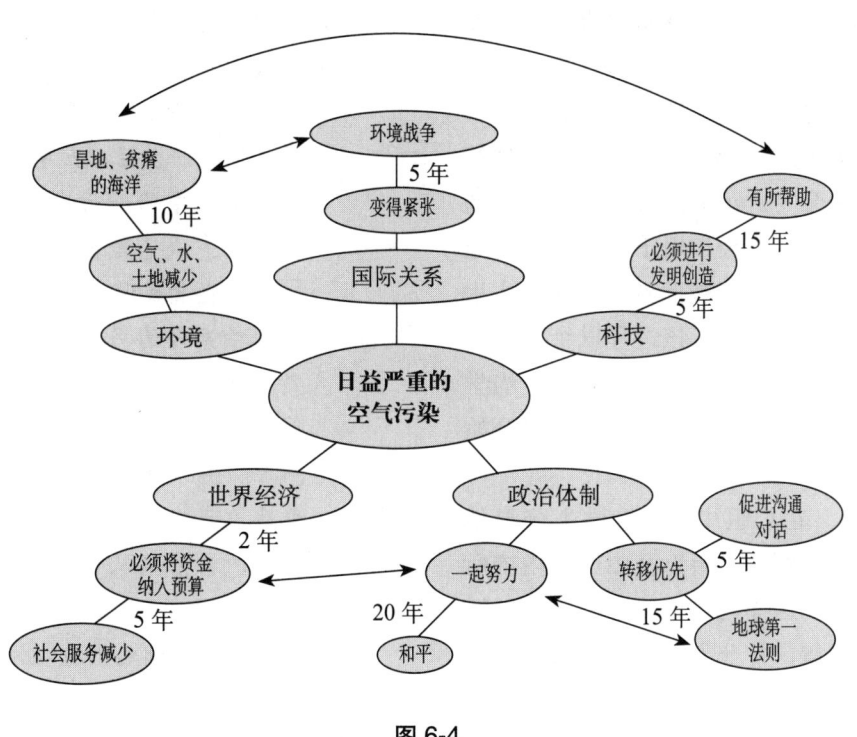

图 6-4

(5) 接下来学生们通过用相同颜色为相关圆圈涂色或画关联线来确定彼此之间存在相互关系的圆圈（见图6-4）。

学生们可以在小组里分享他们的系统轮，并通过注意同学预测之间的异同来结束该活动。然后，他们可进行研究和班级讨论，综合并修改他们的预测，并确定适宜的行动方案。

十、地方和全球问题解决

学生们往往渴望去处理现实的生活问题。当提供了有关当前地方或世界问题的信息，并教授了问题解决方法时，孩子们和年轻人常常因其提出迫切要求的直率方式而使成人感到惊讶。例如，20世纪80年代期间，有一群苏联和美国的学生共同合作来倡导限制核武器扩增。为增强宣传效果，他们将废弃火箭制成的饰品作为世界和平物来销售。他们还创制了一种有醒目视觉符号的旗帜：一半是苏联国旗，另一半是美国国旗，并将这两部分用一个大的心形图案连接在一起。学生们的视觉想象和所制作的饰品获得了地方市民和国家广播电台和电视台的关注。

可以向学生教授一定的问题解决过程，让他们思考地方和全球所关注的事情，而且或许最重要的是，他们可以采取行动来实施他们自己的创造性解决方案。下面建议的问题解决过程引自西风（Zephyr）出版社出版的名为《我们唯一的地球》（*Our Only Earth*）的全球教育系列丛书。这些策略是青年峰会（Youth Summit）所取得的一部分成果，并已经被用于个别班级乃至整个学校中，同时还被世界各地的学生用来解决现实生活问题。该过程以个别学生或小组研究地方或全球问题为开端。当学生们完成了他们的研究之后，就可以开始下面的问题解决过程。

步骤1 在小组中，鼓励学生分享他们对所研究问题的了解以及由这些内容所激发的情感。这样的讨论使小组成员能够逐渐互相了解，并分享彼此对所研究问题的情感反应。

步骤2 让学生回顾他们就该问题所了解的内容，并对小组产生的关键想法分类。学生们可能会想在一张大纸上拷贝一份如下的数据检索表来综合他们的知识（见表6-1）。

该表可以通过下列两种方式中的任何一种来完成：

a. 每个学生都在姓名栏中填入其姓名，并在适当的栏目中归纳并添加信息，以完成表中的一行内容。当每个成员分别完成了他们的工作之后，数据检索表就展现了可供参考的信息。

b. 数据检索表的另一用法是从不同的角度考虑问题。学生们针对关注该问题的个人、组织或国家进行头脑风暴，并从不同的角度思考。每个学生在姓名栏下写出小组或国家的名称，再分别从他们的角度来填写一行问题。然后，在表中呈现的多样化视角基础之上进行讨论。

一旦该表得以完成，可以进行如下的问题解决过程。

步骤3 学生们确定一个他们想要解决的特定问题。刚开始时，题目可以是很含糊或不切实际的。例如，学生们可以表明他们想要帮助解决空气污染问题，但这

表6-1 数据检索表

姓名	人物	时间	地点	原因

样的一个问题太大而难以处理。然而,如果学生们将他们的焦点缩小至空气污染与人类呼吸疾病或跨国的工业污染时,问题就变得具有操作性,而且项目越具体就越容易成功。

为了缩小他们的问题,让学生从不同角度来思考问题。人、动物、植物、商业或国家是如何看待这个问题的?当从多个视角来思考该问题时,有哪些子问题变得突出了?学生们应该针对与原来问题相关的子问题进行头脑风暴。然后,让他们回顾他们的表格来确定那些最能吸引小组去探索的子问题。

一旦选择了某个子问题,学生们就需要对该问题进一步提炼。使该活动得以开展的最佳方式是提问而不是陈述。例如,如果学生们选择了空气污染这个主题,他们可以提出"我们怎样才能从家用汽车方面减轻空气污染?"或"我们怎样才能提醒我们的社区氯氟烃(CFC)的危险性?"之类的问题。当学生提出问题时,让学生们尝试运用不同动词来回答,因为这些动词将暗示即将采取的行动。

一旦学生们形成了他们的问题,他们就会发现有进一步研究的需要。如果这样的话,小组可以设计一种收集信息的策略,并分配时间去从事这项工作。

步骤4 学生们在小组中进行头脑风暴,想出针对步骤3中提出的问题的多元解决方案。

步骤5 根据他们提出的解决方案清单,建议学生选择他们可能会真正实施的前两个方案。每个小组通过表6-2来评估其解决方案的优劣之处。这样的分析表明,即使是经过深思熟虑的方法也常常会产生某些负面影响。因此,在实施解决方案之前,

表6-2 青年峰会解决方案评价过程

解决方案 按顺序排列你首选的两个解决方案和清单	积极结果 列举每一个解决方案的三种积极后果	消极结果 列举每一个解决方案的三种消极后果	可能的短期和长期影响 列举你的解决方案可能会在1年、5年、10年和20年的时间内产生的影响。在每个影响前附加一个"+"或"−"来标明该影响是积极的还是消极的。			
			1年	5年	10年	20年
解决方案1:						
解决方案2:						

考虑该方案的短期和长期影响相当重要。

一旦完成了对潜在结果和影响的分析，学生们应该选择最佳的解决方案。然后，每个小组讨论其最终的解决方案，并进行必要的修改，从而将潜在的负面效果减至最低。

步骤6 学生们计划如何执行他们的解决方案。这一步需要足够的深思熟虑，以使学生们将他们的解决方案应用于更广泛的社区中。为了组织他们的行动计划，学生们可以运用下面的小组行动计划表和个人义务表（见表6-3）。

步骤7 根据所选择的问题和行动计划，每个小组为班级和（或）学校、家庭，以及社区成员准备一份报告书（见表6-4）。

步骤8 实施该项目，并策划庆贺活动，认可学生所付出的努力。

参与青年峰会问题解决过程的学生已形成了很多解决地方和全球问题的方法。他们的某些行动计划包括有关塑料对环境影响的游戏；向联合国、学校、社区团体以及教会提交的有关国际青年交流对世界和平重要性的报告书；就海洋污染对他人进行教育的地方事务所；推行反对药物滥用的全校范围的自尊方案；创编有关野生动物挣扎求生的影片等。这样的项目帮助学生获得了解决复杂的现实生活问题的技巧。就像9岁的詹森·施密特（Jason Schmidt）在参加完青年峰会后指出的那样：

我更加关心世界了。我觉得我们能够改变世界。

表6-3 青年峰会小组行动计划表

小组话题：_____ 小组成员：（请列出姓名） _____ _____ _____ 描述你们小组决定要解决的特定问题： _____ _____ 描述你的最佳解决方案： _____ _____ _____	罗列你的小组将要实施的解决方案的特定步骤，以"首先，其次，再次"等作为开端。还要列举那些将对每一步负责的组员的姓名。 _____ _____ _____ 创制标明完成上述步骤日期的时间表： _____ _____ 描述你们努力的最终结果。确切地说，你将完成些什么？ _____ _____

表 6-4　青年峰会个人承诺致力于全球关注领域的声明

姓名：_____
全球关注领域：_____
_____
_____

列举你的小组在峰会上做出的承诺：
_____
_____

请在下面描述你愿意单独承担的附加义务：
_____
_____
_____

签名：_____　　日期：_____

（感谢你为世界变得更美好所做出的努力！）

十一、多元文化教育

人口统计资料的变化实际上是美国实施多元文化教育的最强有力的理由之一。人口普查局已经预言在高加索人口将于1990年至2030年增长25%的同时，非裔美国人口将上涨68%，亚裔美国人、太平洋岛屿美国人和美国印第安人将上涨79%。西班牙裔美国人将上涨187%。人口资料局预言，到2080年，24%的美国公民将是拉美人，15%为非裔美国人，12%为亚裔美国人，高加索人将超过50%。[1] 罗伯特·梅纳德·哈钦斯（Robert Maynard Hutchins），芝加哥大学的前任校长曾说："让人满意的最好的教育是最好的全民教育。"如此，最优质的教育应是那些面对所有人种、种族、社会、学术和语言群体的每个学生的多元文化教育，因为每个个体都将融入日趋多种族化的未来之中。

很多教师可能认为多元文化教育仅仅限于种族、人种或文化群体等这些内容，而与很多学术学科无关；然而，事实恰恰相反。理论上说，多元文化教育应该成为一个面对所有学生的持续的、整合的、多学科的过程。詹姆斯·班克斯（James Banks），一位在该领域著作无数的知名专家，认为多元文化教育要求改变学校的

---

[1] 考虑到不同种族美国人的种族谱系之间可能会有交叉，因而美国人口资料局对2080年美国人口种族构成的预测数据中，各种族分支的比例相加大于100%。

教学方式和学校环境。为了将多元文化视角融入教学中，班克斯提倡调整教学内容，帮助学生识别他们认知建构中存在的偏见，确保所有学生的学术成就，并创造一种在整体上尊重并珍视多样性的学校氛围。下面是班克斯提出的将多元文化教育贯穿课程始终的建议，选自詹姆斯·班克斯的《多种族教育：理论和实践》(第三版)(*Multiethnic Education: Theory and Practice. Third Edition. Boston: Allyn and Bacon,* 1994，pp. 3-15)。

(一) 从多元文化的视角进行教学

将多元文化信息整合到教学内容领域

为成功地将多元文化教育贯穿于课程始终，教师发现有必要在所有学科领域选用各种文化的例子和内容。在这样做之前，教育工作者必须首先了解多元文化的贡献，并让其学生提供来自他们各自文化、种族遗产的其他例子。只要根据各自的特殊兴趣上网并输入关键词查询，教师就可以在几乎所有的学科领域找到大量资源。

反思知识的建构 教师可以帮助学生确定文化假设和偏见对一门学科的知识建构的影响。学生可以从不同人种、种族和文化群体的视角和经历来思考课堂上所教授的概念、事件和问题。例如，在"美洲的发现"这一单元中，学生们可以阅读弗雷德·奥尔森（Fred Olson）的《追踪阿莱沃克斯》(*On the Trail of the Arawacks*)和克里斯托弗·哥伦布（Christopher Columbus）日记中的相关内容，从而辨别欧洲人和印第安人在该事件上的不同观点。通过这样的对比，学生们发展了批判性的思维技能，并能主动地建构他们的知识，而不是消极地吸收课本内容。

公平教学 所谓公平教学是指调整教学方法以确保来自不同人种、文化、性别和社会阶层的学生群体的学术成就。通过使用合作学习、多形式教学和个人化的、自我指导的学习方法，学生们拥有了更多的成功机会。

研究显示，当采取合作学习模式而非竞争性的教学模式时，能提升很多学生的学术成就。教师在教授每个单元之前，让学生了解该单元所要涉及的内容，简要说明教授这些内容的原因也很重要。有些学生在头脑中对所学内容进行概念构图时，学习效果最佳，因为这样的概念显示了较小的信息或内容组块是如何融入整个知识背景中的。

创建强有力的学校文化 教师可以放弃按成绩分组、贴标签或特定课程设置中的不均衡等不公平现象，来营造积极的学校氛围。这也有助于促进课堂内外不同种族和人种的教职员工以及学生之间的积极互动。

有一所市内高中想真正地认同其学生群体的多样性。他们在学校邮局的走廊里绘制了大型的世界地图。并在地图上用五颜六色的标记卡标注了学生移民的国家，而且每月他们都会在地图上对节日和世界大事做出提示，以此来增强校内外的多元文化意识。

多元文化教育的一个重要目标是使学生获得知识和技巧，这样，他们就可以采取能促进民主和民主生活的个人、社会和市民行动。当学生们从那些对地方和国际文化有影响的人的视角来学习有关他们国家和世界的内容时，他们就在准备以多元化国家和世界公民的身份而有效地参与服务。

（二）通过艺术理解文化多样性

很多社会学家和人类学家都认为，艺术源自文化环境。一种文化的风俗、品位、意识形态和哲学体系都会从根本上影响艺术的表达。在鉴赏文化作品之际，有必要思考社会影响力对这些创造品的作用。反之，通过分析某一文化的艺术作品，我们也可以深刻了解影响这些艺术作品的风俗。

一位对文化影响艺术感兴趣的加拿大教育家玛格丽特·安德鲁斯（E. Margaret Andrews）提出了一项多元文化教育方案，该方案通过艺术向孩子们介绍了文化的多样性。通过成为"人类学家"或"文化侦探"促使学生们从表现该文化的艺术视角来思考另一文化。下面描述了该过程的六个组成步骤：

（1）学生们成为"人类学家"或"文化侦探"。通过收集、组织并解释文化资料的方式来调查另一文化。教师和学生可以通过确定要探究的主题（如中国的文化和艺术）来开启活动。一旦该主题获得了一致认可，则每个学生就有了特定的个别学习目标。

（2）学生们通过收集照片、海报、杂志图片、书籍图片和物品等视觉材料来开启活动。也可以收集与之相关的故事、传奇、歌曲和舞蹈等。他们可以通过书籍、杂志、互联网或他们可能认识的个体来获得这些相关资料。

（3）一旦将这些材料带到教室里，学生们就可以鉴赏和讨论这些收集品。让学生们去观察、描述、分析并解释这些收集资料的意义。要讨论的内容可聚焦于：

- 所展示的艺术类型，如是属于美术、民间艺术、实用艺术、观光艺术还是本土艺术。
- 所展示的艺术功能，如它是用作装饰还是个人服饰、日用（家具、容器）、休闲娱乐、典礼和庆贺或是促进政治、经济或商业事务。
- 文化艺术形式的相关历史，该艺术背后的创作动机；艺术中反映的价值观和信仰。
- 分析风格、符号或材料之间的异同，并进行跨文化比较。
- 艺术品中使用的材料和技术。

（4）在对艺术品及其文化内涵进行讨论的过程中，教师可以向学生提供要实施的艺术项目。可将拥有特殊艺术专长的课堂参观者作为该阶段的无价资源。

（5）可以利用追踪学生所掌握的最有意义事情的日志以及学生的小组参与情况来评估他们。这样的日志可包括个人见解、文化觉察以及个人和小组目标的达成情况。

（6）通过学校展示，如木偶表演或文化相关事件来定期分享一些文化主题，可

以促进学生的学习。可以在面向其他班级、家长或社区成员的多元文化艺术节上展现他们文化研究的成果。

安德鲁斯以调查为基础的多元文化教育，使学生熟悉了多元的文化观点以及与之相关的实践。当学生们开始认同并尊重文化多样性的时候，他们也获得了重要的学习和思考技能。

（三）文化表

探索文化多样性的另一种方式是由杨百翰大学的戴维·M.肯尼迪国际研究中心提供的。该中心声称为文化表的研究程序提出了多元文化群的剖面图，旨在培养人们的跨文化理解。该中心指出，世界上大概有两万种文化，并且，该中心已经为170多个国家创制了可以经常更新的文化表。由于理解人类文化的任务太繁重，所以他们提出了该文化表，以使其作为一种组织并理解不同文化及其特征的有效手段。

文化表是一种从不同维度收集某一文化信息的研究成果。实施了该研究，并对其研究资料进行整理后，可以通过个人的相关经历以及通过采访所研究文化中的个体以核实其有效性。由于人们对文化行为的阐释彼此相异，所以更新和有效性是研究过程的重要组成部分。

文化表中包括24个广阔的研究领域。有兴趣让学生以这样的文化剖面图来开启活动的教师，可以让学生去选择一个或多个研究领域，而非研究文化表中所有的领域。可以通过图书馆的材料、大使馆、国外服务、文化支持组织以及采访来开展研究。文化表中所包括的24个研究领域有(已获得杨百翰大学的戴维·M.肯尼迪国际研究中心的许可)：

(1) 问候
(2) 访问
(3) 交谈或演讲
(4) 会面
(5) 角色关系
(6) 手势
(7) 个人外貌
(8) 通过年龄、性别、地位展示的一般态度表达
(9) 语言
(10) 宗教和哲学
(11) 特定假日和宗教节日
(12) 家庭
(13) 约会、求婚和结婚
(14) 社会和经济水平
(15) 团体贡献
(16) 工作
(17) 饮食风俗
(18) 娱乐、休闲、运动、艺术
(19) 历史和政府
(20) 教育
(21) 交通和运输系统
(22) 健康、公共卫生和医药设施
(23) 土地和气候
(24) 其他独特的风俗、礼仪、情形

当学生们收集完材料之后，他们可能想要访问一些该文化中的人士，以检验他们的研究是否有效。然后，可以用书面形

式或视觉形式整理和分享这些信息，同时也为那些想了解该文化的人保存这些信息。研究文化表中的任一或所有组成部分向学生们介绍了一种文化的诸多重要方面。文化表促进了对他人的理解和与他人的交流，尤其是当其得到本文化人士证实的时候。

可以在书店和网上定购由杨百翰大学的戴维·M.肯尼迪国际研究中心提供的双卷本的《文化表》（*Culturgrams*）。

十二、提高人际交往智能的技术

现代社会中电子技术的发展使人们可以通过无限制的数字方式取得联系，从而扩展了人际交往智能发展的可能性。虽然，这些新的交流手段是发展远距离人际关系、维持并扩展会面时的人文接触、提供合作机会的重要方式，然而，它永远不可能代替人们之间面对面的直接接触。不管怎样，这些新的交流手段为我们提供了跨时空联系的革命性的方式，并且成为教育工作者和学生的有用工具。

可用于发展人际交往智能技巧的电子技术越来越多，包括手机、互联网电子邮件、聊天室、信息板、信息组、多人虚拟环境（MUVEs）、网上会议以及超越了网络函授课程的远程学习。

通过互联网，日本政府资助了一个联合美国南达科他州斯皮尔菲什（Spearfish）市和日本坂出（Sakaide）市的教师项目。该项目致力于通过网上活动和互访网站来增进日本与美国的学生和教师之间的相互理解。这个项目是富布莱特法案纪念基金的骨干教师项目（Fulbright Memorial Fund's Master Teacher Program）所资助的项目之一。

另一个借助互联网来进行人际交往的范例是国际教育和资源网（International Education and Resource Network，iEARN）的"人民第一项目"（First People's Project）。在该项目中，学生们通过在网上分享他们的故事、诗歌、照片和艺术作品以及利用邮件递送包裹，从五大洲了解彼此及其各自的文化。iEARN这一非营利性组织，由近100个国家的4000多所学校组成，提供了100多个由教师和学生设计并辅助的项目。

《多元智能和教学技术》（*Multiple Intelligences and Instructional Technology*）一书的作者沃尔特·麦肯齐（Walter Mackenzie）创建了一个丰富多彩的多媒体网站，其中充满了有趣的合作性学生项目。

将诸如摄像机一类的技术应用于课堂的方式有很多，这可以促进人际交往智能。例如，学生表达或表演时，可用录像机对他们进行拍摄。接下来，学生们就可以观察自己的面部表情和肢体动作，以察看这些是否促进或干扰他们想要交流的东西。学生小组可以讨论他们对彼此的观察，理解他们应该以积极的观察作为开端和结尾，以及只能以建设性的方式提供建议。

这一具有极强教育性的项目的预定目标之一是产生成功的学习者，同时让学生发展成为能在成人世界里成功发挥作用的和谐的人也很重要。发展完好的人际交往智能，对于个人和职业生活而言都是非常有用的财富。随着上述新技术在课堂和虚拟环境中的应用越来越普遍，将这些新技术与现实环境中的各种人际互动相结合就显得尤为重要。

十三、小结

霍华德·加德纳认为，人际交往智能的积极发展决定了个体能够导向成功而完满的成人生活。在我们与周围的、社区的、国家的乃至整个世界的人共同生活及工作时，都需要人际交往智能。学会在生活中互相合作并有效地处理冲突，对个人和国家而言，都是必不可少的技能。

阿尔伯特·爱因斯坦曾说：

世界信息的一般水平很高，但往往带有偏见。受国家偏见的影响，我们成为了我们国家的公民，而非世界的公民。

我们可以扩展学生的地方和全球问题视角，这样就能够确保他们既是国家的公民，也是世界的公民。与固守个人的文化根源相比较而言，超越国家界限而与他人合作，使我们有可能共同处理人类所面临的复杂问题。

本章论述了生活在日益相互依赖的世界上，个体获得必需的重要的人际交往技能的方法。其中包括：①创建有效的小组；②合作学习；③冲突处理；④通过服务学习；⑤通过了解学习风格体验差异；⑥发展多元视角；⑦地方和全球问题解决；⑧多元文化教育；⑨人际交往技术应用。为了总结、反思并综合本章的内容，我们提供了如下内容。

十四、应用人际交往智能

(1) 我从本章获得的重要观点和启示:

(2) 我想更深入地学习的领域:

(3) 在我的教学中我可以利用这些信息的方法。请注意,本章中提到的策略已提供在下面,并附有空格以提示每个策略是如何融入课堂教学的。

人际交往策略	课堂应用
创设积极的人际交往环境	
有效群体的标准	
确定班级价值观和班级规则	
确定全校价值观	
班会	
合作学习	
合作分组需要考虑的因素	
学生角色	
社交技巧	
合作学习活动	
冲突处理	
冲突的一般起因	
通过服务学习	
将服务纳入学校课程	
反思服务学习	
服务资源	
体验差异	

教授学生学习风格
发展多元视角
  我们是谁
  理解多样化的观点
  从不同视角对当前事件进行
    角色扮演
  课程中的全球视角
  系统轮
地方和全球问题解决
多元文化教育
  从多元文化的视角进行教学
  通过艺术理解文化多样性
  文化表
提高人际交往智能的技术

参 考 文 献

Andrews, M.E. (1983). *Tlie Innovation Process of Culturally-Based Art Education: A Qualitative Analysis of the In-Service Programming and Implementation Processes of an Innovative Multicultural Art Curriculum in Canada.* Unpublished doctoral dissertation. University of Bradford, Yorkshire, England.

Andrews, M. E. (1981). The Study of Art in Cultural Context. *The Annual Journal Canadian Society of Education Through Art.*

Banks, J. A. (1991). The Need for a Broad Definition of Multicultural Education. *Multicultural Leader, Vol. 4.* No. 1 Winter/Spring. Educational Materials and Services Center, 144 Railroad Ave. Suite 107, Edmonds, WA 98020.

Campbell, L., & Campbell, B. (1999). *Multiple Intelligences and Student Achievement: Success Stories from Six Schools.* Alexandria, VA: ASCD.

Campbell, L., & McKisson, M. (1998). *Our Only Earth: A Global Problem-Solving Series.* Tucson, AZ: Zephyr Press.

Cohen, E., & Goodlad, J. (1994). *Designing Group Work: Strategies for the Heterogeneous Classroom.* New York: Teachers College Press, Columbia University.

Csikszentmihaly, M. (1991). *Flow: The Psychology of Optimal Experience.* New York: Harper Rowe.

David M. Kennedy Center for International Studies. (2000). *Culturgrams: The Nations around Us.* Chicago, IL: Ferguson Press.

Drew, N. (1995). *Learning the Skills of Peacemaking: An Activity Guide for Elementary-Age Children on Communicating, Cooperating, and Resolving Conflict.* Rolling Hills Estates, CA: Jalmar Press.

Fisher, R., Ury, W., & Patton, B. (1991). *Getting to Yes: Negotiating Agreement Without Giving In.* New York: Penguin.

Gardner, H. (1993). *Frames of Mind: The Theory of Multiple Intelligences.* New York: Basic Books.

Gordon, T. (2000). *Parent Effectiveness Training.* Three Rivers, MI: Three Rivers Press.

Halpern, D. (Ed.) (2000). *The Art of Story: An International Anthology of Contemporary Short Stories.* New York: Penguin.

Humphrey, N. (1976). The Social Function of the Intellect. In P. G. Bateson & R. A. Hinds (Eds.). *Growing Points in Ethology.* Cambridge, England: Cambridge University Press.

Johnson, D. W., & Johnson, R.T. (1994). *Cooperative Learning in the Classroom.* Alexandria, VA: ASCD.

Kovalik, S. (1994). *Integrated Thematic Instruction: The Model.* Kent, WA: Susan Kovalik & Associates.

Scieszlca, J. (1995). *The True Story of the Three Little Pigs by A. Wolf.* New York: Dutton.

Shure. M.B. (2001). *I Can Problem-Solve (ICPS): An Interpersonal Cognitive Problem-Solving Program.* Champaign, IL: Research Press.

Slavin, R. (1994). *Cooperative Learning: Research, Theory, and Practice.* Boston, MA: Allyn & Bacon.

Zinn, H.(2001). *A People's History of the United States.* New York: Harper Perennial.

第七章

内心世界：自知自省智能

和存在于我们内心的一切相比，存在于我们周围的所有事物都显得微不足道。

——奥利弗·温德尔·霍姆斯[1]

比尔的内心世界

当比尔·科奈克（Bill Knake）还是个孩子的时候，他的母亲发现他很难管教。他学东西很慢，时常侵犯他人，还有行为障碍。

由于婚姻破裂，比尔的母亲既要在家带两个孩子，又要返回工作岗位，这使她感到力不从心。在比尔刚刚过完9岁生日后，比尔的母亲就把他送到一个州立的为智力障碍者开设的机构中，在那儿，比尔度过了12年的岁月。

进入这个为智力障碍者开设的机构后，比尔结束了童年时代的正常生活。他与他的家庭、朋友以及他所生活的小镇隔离了。同时，比尔也与语文学习隔离了。由于被当作智商在50以下的"不可教育者"，从来没有人教过比尔读或写。在这个州立机构中，比尔像仆役一样，做着繁重的杂务，艰难度日。

离开这个为智力障碍者开设的机构之后，比尔在一个社区机构的资助下生活。这个社区机构致力于帮助那些曾经被收容过的有缺陷的成年人，以使他们能够过更丰富、更独立的生活。这

---

[1] 奥利弗·温德尔·霍姆斯（Oliver Wendell Holmes，1809—1894），美国著名的内科医生，哈佛大学解剖学和生理学教授。霍姆斯还是一位著名的诗人、幽默作家和散文家。

个机构要求比尔每年都追求一个个人目标,并以此来帮助他融入当地社区的生活。在比尔31岁时,他确立了一个新的奋斗目标:学会读和写。

那个资助比尔的社区机构为比尔请到了一位运用多种模式进行阅读指导的老师。比尔马上向老师表达了想要给他已经疏远的母亲写一封信的愿望。比尔详细地把他的想法告诉了老师,然后开始练习阅读信件的一些段落。在几周的课程中,比尔和他的老师一起阅读了雷内·富勒(Renee Fuller)的《球,棒子,鸟》[1](Ball, Stick, Bird)系列丛书。他们也阅读香烟包装盒、粮食包装箱、公路标志、食物和药物标签以及报纸的标题等。比尔先用彩色记号笔练习写一些单词和句子,然后用老师提供给他的打字机进行练习。

比尔如饥似渴地练习,他在笔记本上写满了句子,然后在下一次学习时骄傲地向老师展示。比尔写下他自选的阅读材料,设置并实现个人目标,所有这些举措都取得了积极的效果,极大地提高了比尔的读写技能和自信。在经过了仅仅一个月的读写学习后,比尔设置了一个新的目标:写一本书。

当比尔将他要写一本书的愿望告诉老师时,老师显得有点犹豫不决,她怀疑比尔的这个想法是否现实可行。似乎是为了回应老师这无言的怀疑,比尔告诉老师,他已经确定了该书的书名《内心世界》(The Inside World),要描述他在那个收容机构中的生活。六个月后,比尔写完了这本书。下面这些选段摘自比尔·科奈克的《内心世界》一书。

> 但愿我能够帮助其他人学习阅读。我会是一个好老师。我能将我所知道的一切教给他们,帮助他们发现他们想要知道的词语。我擅长与人合作。我能真正理解人们以及他们存在的问题。我想要知道自己是否能够帮助他人。我明白,许多人不知道如何阅读。我想要开办一所学校教他们阅读。阅读是一件有趣的事情。我们可以活到老,读到老。我想帮助那些不能阅读的人,从而改变他们,使他们能够阅读。

> 自从学会了阅读,我感到自己更棒了。我总是想要阅读。我为自己感到骄傲。我想在阅读和写作方面继续进步,还想写一些更好的书。到目前为止,我一直在描述我住过的那个州立收容机构。我还想去写一些其他方面的事情,一些诸如我们怎样才能与他人和睦相处的事情。到目前为止,我对自己和自己的生活都感到非常满意。

---

[1] 《球,棒子,鸟》系列丛书是一个用来教低智商者(一般IQ在70以下)和患有诵读困难症者的阅读方案。该书作者年幼时曾患过诵读困难症。

比尔坚忍不拔的精神和对他人的同情心正是自知自省智能的两种品质，这两种品质已经帮助并激发了成千上万的人去设定并实现那些他们以前认为根本不可能实现的目标。现在，比尔生活和工作在华盛顿州的维农山（Mt.Vernon）。

一、定义：理解自知自省智能

处于我们内心世界核心的是我们赖以理解自己和他人，赖以想象、计划和解决问题的力量。在我们的内心世界也存在着诸如动机、坚定、伦理、诚实、执着及无私等品质。如果没有这些内部资源，我们就很难在完全意义上活出一段丰富而有价值的人生。

大多数研究者认为，我们一出生，个人智能[1]就开始在遗传、环境及经验的共同影响下发展起来。婴儿与其父母及其他抚养人之间建立代际关系能够确保婴儿的情感安全。而对婴儿持续的养育则能促进婴儿发展健全的自我认同感（sense of identity），促进婴儿形成积极的社会关系。所以，从一开始，自知自省智能就与人际交往智能互相依赖，互相支持。

对于处于成长过程中的孩子来说，父母或其他抚养人以及教师对示范自知自省智能与人际交往智能起了关键作用，他们所营造的积极的、有益的、充满刺激的环境也是孩子智能、情感健全发展以及身体健康发育的基础。

自知自省智能包括我们的思想和情绪。我们越是能把我们的思想和情绪带到意识层面，我们就越能够把我们的内心世界与外部的经验世界联系在一起。有时候，当我们发现自己在无意识地做某件事情的时候，不妨中断这种行为，再重新开始做这件事，并仔细而谨慎地观察自己的行为，这种做法极有好处。这种批判性的自我观察（self-observation）是一种能够使我们更深入地理解我们内心世界的方法，也是一种对教师和学生而言都同样重要的意识。

在本章后面的内容中，我们要探讨一些能够使我们更好地认识自己、自己的愿望和目标以及情感本质的方法。这样的自知自省意识对于成长中的学习者而言极其重要，这些学习者不仅展示了积极的独立性与相互依赖，与此同时，他们在伦理道德、生产产品的能力以及创造性方面也在不断成长。

不必把自知自省智能看作一种神圣的品质。事实上，能够自嘲自己身上存在的某些小缺点或小错误就表明个体已经具备了认识自己的能力，而这种能力恰恰是加强自我理解（self-understanding）的一种毫无危险的方式。应该积极地帮助学生认识到，犯下一个善意的错误不应自动地导致自我鄙视、羞耻或愤怒。相反，当我们能够自嘲我们所犯的错误时，我们通常能够重新开始一项工作。当教师在学生面前示范如何轻松愉快地自我肯定（self-regard）时，教师实际上就是在示范一种基本的生存技巧。

二、核查表：自知自省智能的特征

年幼的孩子们经常对他们自己的内心

---

[1] 在多元智能理论中，个人智能指的是自知自省智能和人际交往智能。

体验感到好奇，并能从各种自知自省活动中获益。这样的活动包括：自我指导的独立学习、寻找机会想象以及在安静的时间和私人空间中工作和反思。另外，学生还可以从学习处理个人的感情问题，设定和实现目标以及获得自知（self-knowledge）和自尊（self-esteem）等策略中获益。提出关于生命和个人雄心壮志的问题，并寻求对这些神秘问题的解答，对孩子与成人来说都很有价值。

当我们试图去描述自知自省智能发展完好的个体的特征时，重要的是要指出个体不可能表现出自知自省智能的全部方面。例如，一个人可能具有准确的内在自我意象（self-image），但缺乏积极的自尊；另一个人可能容易自我满足（self-contentment），却不努力进行自我实现（self-actualization）。以下清单说明了这种复杂智能的一些指标。具有发达的自知自省智能的个体可能：

（1）能意识到自己的情感范围。
（2）能找到表达和排遣自己情绪与思想的方法。
（3）能形成准确的自我感知（sense of self）。
（4）具有设定并追求目标的动机。
（5）能建立一套道德价值体系并以此来指导生活。
（6）能独立地工作。
（7）对生命中的"大问题"，如生命的意义、生命的价值和生命的目的等感兴趣。
（8）能促使自己持续不断地学习与成长。

（9）试图挖掘和理解内心的体验。
（10）能察觉自我与人类环境的复杂性。
（11）能努力实现自我。
（12）能激发他人的力量。

三、自知自省智能的学习过程

在本章中所提到的学习过程可分为几大范畴：自尊、目标设定、情感处理技巧、日记写作、对价值与目的的阐述、自我指导学习的课程模式，以及提高自知自省智能的技术形式。这些教育方式能够培养自知自省智能，但应该指出的是，深刻的自知需要在终生的生活与学习中来发展。本章所描述的具体策略包括：

创设培养自我感知的环境
 培养学生自尊的学校特征
提高自尊的方法：学会自爱
 赞美圈
 个别赞赏
 同伴支持
 提高自尊的指南
设定并实现目标
 鞭策学生学习
 奥运选手的目标设定法
思维技能
 元认知
情绪智能的教育
 把情感融入课堂
 创设允许表达情感的环境
 情绪识别

情感表达
关于人类价值的教育
日记写作
写作课堂日记的建议
表达个人观点的日记
通过他人逐渐了解自己
从人际交往反馈中洞悉自知
自省智能
思考生命的奇迹与目的
培养好奇心的课堂活动
探究学校活动和生命的目的
自我指导学习：一种自知自省的学习方式
对实施自我指导学习的建议
提高自知自省智能的技术

四、创设培养自我感知的环境

许多教育方案都试图提高学生的自尊（self-esteem）。尽管没有唯一的、普遍认同的定义，但一般认为，自尊（self-esteem）是人们对自己看法的总和，包括狭义的自尊感（sense of self-respect）和自我价值感（sense of self-worth）。要想具有高度的自尊，人们必须把自己看成有价值的、聪明的、有能力的，并且能够以积极的方式对他人做出贡献的人。具有高自尊（high self-regard）的学生都对自己及自己的能力深信不疑。他们参与学校活动和其他活动，他们能从自己的错误中吸取教训，同时对不"完美"的事物也能坦然相对。

可以将学校环境组织起来以提高所有学生的自尊感。学校通过创设一种温暖而又充满关爱的氛围，坚持民主的议事程序，培养人的尊严，推动文化的多样性，可以使学生感到自己是受欢迎的、被接纳的。那些成功地培养了学生的自尊的学校表现出如下共同的特征。

培养学生自尊的学校特征

公平 现实中存在一个全校性的信仰体系，该体系认为所有的学生都能够学习知识，并确保所有学生都有机会接受高质量的教育。

社区 学生、学校工作人员、家庭和社区成员拥有一个共同的目标：使学校成为一个积极的、有实际价值的、有意义的地方。

参与 学生积极参与学校管理、课程计划和评估。

合作性分组 经常按照学生的异质性分组，以使学生重视彼此的依赖关系及文化的多样性。

主动学习过程 学校课程重视动手操作，并以问题为中心或以方案为基础，强调学习内容对个人和社会的价值。

那些有损学生自尊感的学校情境包括：教师对学生学业和行为的期待不明确，学生和教师之间互不尊重，学生之间竞争激烈，教师对学生消极的或低水平的期待，等等。将学生按成绩分组，由权威来做出决策，同伴竞争以及单一文化的课程设置等，诸如此类的做法限制了学生的自我价值感。提高教师的自我意象以使他们感到积极、肯定和受鼓舞也是需要全校努力的一项重要工作。那些关心和尊重自己的教师更容易关怀、尊重和接纳他人，这样他们示范和鼓舞了学生之间更大的自我接纳（self-acceptance）。

坐落在加利福尼亚州西米谷（Simi Valley）的阿波罗高中正致力于帮助300多名有学习困难的学生提高他们的自尊感。学校为那些在传统中学课程中不能取得成功的学生提供了其他选择。为了培养学生的自我价值感，阿波罗的教师们把他们的方案建立在四个A的基础上：关注（Attention）、接纳（Acceptance）、欣赏（Appreciation）、慈爱（Affection）。

阿波罗高中的学生们帮助制定并遵守学校规则，还把这些融入自己的学习经历中。在经常举行的师生会议上，学生们讨论他们对学校的意见。学校的工作人员重视并尊重学生的想法与建议，并经常调整课程以吸取这些建议。

阿波罗模式建立在威廉·格拉瑟[1]（William Glasser）的控制理论[2]（Control Theory）基础之上，该理论认为，人类的行为由生存、归属感、权力、自由和享受这五种需要所激发。布拉德·格林（Brad Greene），阿波罗中学的前任校长及格拉瑟机构的顾问，帮助教师和学校的管理人员构建了学校的环境，使之符合这五种需要。在阿波罗中学，是通过让学生参与问题解决的方式，而非按传统的方法来组织安排课程的。用如下方法可以解决很多普通高中存在的问题：

- 当学生学会画壁画后，墙壁上的乱写乱画现象消失了。
- 不再勒令酗酒者和吸毒者退学，而是通过让其参加帮助他们戒毒的支持小组来获得学分。
- 通过能够迎合其学习风格和兴趣的课程来激励那些不能生产出有效产品的学生。

阿波罗模式确实行之有效。这就是为什么格拉瑟（1998）要将其《高质量的学校》（*The Quality School*）一书献给阿波罗高中的原因。

五、提高自尊的方法：学会自爱

除了全校性的努力外，教师也可以做许多事情以提高学生的自我概念（self-concept）。在本部分内容中，要强调的是在课堂内发展学生自尊感的各种方式。然而，很重要的一点是要认识到，由于个体差异与文化差异，有些学生会因为得到集体的承认而健康发展，而有些学生则更喜欢进行个别反馈和交往。然而不管怎样，所有学生都会从同伴的支持和反馈中获益。

（一）赞美圈

本书的一位作者第一次参加这种活动

---

[1] 威廉·格拉瑟（1925—），美国心理治疗学家，现实治疗法的创始人。
[2] 控制理论，该理论认为人类所有的选择和行为都是由上述五种需要激发的。而在各学科出现的问题中，有95%是因为学生被误导去追求权力而造成的。

是在一次教师会议上。当时，会议负责人把教师们分成6～8人的小组，并注意把这个大的城郊中学中平时彼此交往很少的教师们分进同一小组。会议负责人指导教师们轮流给出并接受小组中每个成员的赞美。一些发自内心的评价会使教师仍然铭记在心并感激至今。

在为班级中的学生组织赞美圈之前，必须考虑一些重要的基本规则。在学年中，每个学生都应该至少充当一次接受赞美者的角色。在一个25～30人的班级中，一次循环大约需要半个小时，所以也必须考虑时间因素。一些教师为学生的生日举办赞美圈，使之分散在一个学年中。另一些教师设计在学年末举办赞美圈，还有一些教师在"需要"时举办该活动，例如，当某些学生可能从他人积极的肯定中获益时，就为这些学生举办赞美圈。

在组织赞美圈时，首先要把椅子摆成一个圆圈，指定接受赞美者坐在中央。教师要确保每个学生都理解下面的程序：接受赞美时，接受者只需微笑或说"谢谢你"。坐在圆圈四周的每一个人都必须想出一些诚实而真诚的事情说给同学听。不允许"跳过不说"或重复别人的话。一些教师喜欢指派两人记录学生们所说的内容，以形成一个书面的赞美记录。然后把它送给接受赞美者。这样的文稿通常成为学生终生珍视的东西。

另一种组织赞美圈的方式是用磁带记录下学生们的信息。可以在房间的一角放一个录音机，记录整个在校日中，学生所接收到的赞美。在这一天结束之前，教师可以把磁带送给接受赞美者带回家。

对一些学生来说，赞美圈可能成为其道德的助推器和自我意象的改造者。例如，一个叫戴夫（Dave）的八年级男孩打过几次架，并且，他在学校中几乎没有朋友。他的一位老师为他设计了一个赞美圈。当他听到来自同伴的28次赞美时，他显然受到了震动。后来，他对他的老师解释说："我过去不知道大家是这样看我的！"在通过同学的眼睛看清自己并发现自己身上值得欣赏的新品质之后，戴夫的举止行为都温和下来了。

（二）个别赞赏

一些学生相对不喜欢接受公开赞扬，而另一些学生则既想在公众面前又想在私下里获得承认。通过个别地表达对学生的关心与支持，教师可以推动学生自尊的发展。像所有教师所知道的那样，额外花费一点时间与学生相处，通常是教师认识和肯定学生价值的重要机会。教师们可以肯定学生在学术的、社会的或现实世界事件中获得的成功，同时也要给学生适当的建议以使学生能够将这些技能或品质迁移到课堂学习中。

在教师与学生单独的接触过程中，学生也可以向教师表达自己的顾虑。通过积极地倾听，教师可以尽力理解学生内心深处的担心，并可以重述学生的谈话以证实这些信息。对教师们来说，很重要的一点是避免加入自己的信息，如建议、观点、判断、疑问或解决方法等。在积极的倾听过程中，教师要尽可能准确地表达学生所说的内容，这样，通常可以营造一种积极的私人关系。许多学生可能因此决定更全面地融入学校生活。

在个人或小组讨论过程中，很重要的一点是要表现出对学生成绩的高期望值。即使一些学生可能面临着自身或学术所带来的困难，教师们仍要表达对每个人都能完成学习目标的信心。通过私下里向学生建议促进其学习的各种方法，许多学生可以找到实现这些期望的方法。

一方面，在学生有效参与了班级的各项活动之后，教师私下里向学生表达的真诚的认可通常会鼓励他们不断参与班级活动。另一方面，教师应该避免不恰当的称赞方式。一些学生可能会将赞扬和关心当作对他们低期望值的体现。因此，有必要使给出的赞扬对学生所完成的工作而言既真诚又恰当，特别是在描述学生所做的工作时更应该恰如其分。与教学的许多其他方面一样，提高自尊的工作也很复杂，教师必须时刻保持对学生需要的敏感性。

（三）同伴支持

有些学生在完成其年级水平的工作时感到困难，但通常，这些学生在教导更年幼的孩子时会取得成功。许多学校已经针对高中生与小学生，或同一所学校中不同年级的学生，提出了系统的混龄教学计划。一般而言，总是那些具有高成就的学生拥有成为领导者的机会，这使那些低自尊的学生很难参与各种各样的学生交往。混龄教学则提供了更多的机会让学生去体会因帮助他人而获得的满足感，在这个过程中，同时也促进了他们自尊的发展。

一些教师已经尝试建立同伴支持工作网，这种工作网中既容纳了那些缺乏自信的学生，又包含了那些喜欢社会交往的学生。这样的工作网为学生提供了一组提高自尊感和学术成就的方法，并提供了学生之间发展友谊的机会。下面是建立积极的年轻人工作网的指南。

同伴工作网

（1）组织一个成员为偶数的学生小组，这些学生同意每周会面一次，会面时间可以在放学后，也可以在午饭期间，或者在上学前。学生们必须愿意每晚与他的同伴通话。学生参与同伴支持小组的活动至少应坚持一个月。

（2）在第一阶段，要求学生在一张纸制的图表上列出自己的学术强项与社交强项。可以复制多份这样的图表，然后分发下去作为小组其他成员的资源。向学生解释他们可以打电话给资源库中的任何一个人求助。

（3）在第一阶段，请每一位学生思考他们可能遇到的学习困难和社会挑战，以提高他们在学校获得的经验。

（4）为每名学生指派一位同伴，他们可以在一起工作一个月或更长时间。同伴们应该列出需要他们合作完成的所有作业或社会工作，并负责每晚通话以发现他们存在的问题,并确定是否取得了进步。

(5) 在既有同伴工作成员又有班级教师参加的周会上,学生们讨论并改善他们的支持工作网。对明显的进步应该庆祝一番,当完成目标时,如果学生自己愿意,他就可以退出工作网。

同伴支持工作网可以帮助学生正确认识并使用对他人有价值的技巧。通过这种积极的相互依赖,学生们不仅提高了自尊,而且提高了他们的学术技巧和社交技巧。

(四) 提高自尊的指南

由于在课堂上提高自尊的途径不胜枚举,所以在此要提供一些简短的建议以发挥这种班级学习的重要作用。

(1) 每天,以口头的或非口头的方式肯定课堂上的每位学生。

(2) 保持并表现出对每位学生的高期望值。

(3) 通过使课堂学习更有价值、更有意义的方式,努力让学生提供意见。

(4) 使学生参与建立班级制度,设置课程和确立评估方式。

(5) 提供给学生动手的、多种形式的学习经历。

(6) 使用各种分组方法,包括配对及选择大小组型。

(7) 帮助学生确认其强项。

(8) 以适合于每个人的方式,肯定学生积极的品质和做出的贡献。

(9) 帮助学生认识到退步也是学习过程的一部分,退步通常预示着未来的成功

道路。

(10) 为自己示范积极的自尊。

许多教育工作者提高学生自我价值的努力已远远超出了课堂的范围。在一些中小学中,教师鉴别了一些将从额外时间和额外关注中获益的学生。教师们自愿持续指导一个或多个这样的学生。指导的职责包括下列任何一项或所有的项目:在预定的准备时间内定期与学生会面,偶尔给学生打电话或家访,参与学生参加的课余活动,提供家教帮助,扮演学生在校时的支持者,帮助学生及其家庭与适当的社区机构建立联系,以及其他看起来适当的活动。伴随着这些时间、关注与爱的付出,教师可以帮助学生发现他们自己是有价值的、可爱的。学生取得的这种积极的自我认同有助于他们在校内外的生活。

六、设定并实现目标

通过确定自己的兴趣、强项和偏好的赞赏方式,学生可以发现其内在自我的各个方面。教师向学生指出这些信息对他们有好处,这样可以使学生的这些品质更加明确,并且能够为教师们提供进行个别指导的资料。表7-1的调查要求学生思考他们的兴趣、关注点和喜欢的表扬方式。可以将调查应用于很多方面:当一个新的小组成立时可以作为"破冰船"来使用,或者作为含有机密信息的数据资源来使用,也可以作为小组讨论的工具来使用。在使用这项调查之前,明智的做法是先请学生明

表 7-1　学生兴趣调查表

学生姓名：＿＿＿＿＿＿＿＿＿＿

1. 能够形容我的三个词是＿＿＿＿＿＿＿＿＿＿＿＿＿＿＿＿＿＿＿＿＿＿＿＿＿＿＿＿＿＿＿。
2. 在校外时，我想要做的事情是＿＿＿＿＿＿＿＿＿＿＿＿＿＿＿＿＿＿＿＿＿＿＿＿＿＿。
3. 在学校里我最擅长的科目是＿＿＿＿＿＿＿＿＿＿＿＿＿＿＿＿＿＿＿＿＿＿＿＿＿＿＿。
4. 我想学习更多关于＿＿＿＿＿＿＿＿＿＿＿＿＿＿＿＿＿＿＿＿＿＿＿＿＿＿＿＿＿＿＿＿。
5. 将来有一天我想要＿＿＿＿＿＿＿＿＿＿＿＿＿＿＿＿＿＿＿＿＿＿＿＿＿＿＿＿＿＿＿＿。
6. 当＿＿＿＿＿＿＿＿＿＿＿＿＿＿＿＿＿＿＿＿＿＿＿＿＿＿时，学习就能成为一件快乐的事。
7. 假如我可以在学校做我想做的事，这件事是＿＿＿＿＿＿＿＿＿＿＿＿＿＿＿＿＿＿＿＿。
8. 我期待因为＿＿＿＿＿＿＿＿＿＿＿＿＿＿＿＿＿＿＿＿＿＿＿＿＿＿＿＿而获得表扬。
9. 在学校里，当我把事情做得很好时，我想得到＿＿＿＿＿＿＿＿＿＿＿＿＿＿的肯定。
10. 我感到疑惑的是＿＿＿＿＿＿＿＿＿＿＿＿＿＿＿＿＿＿＿＿＿＿＿＿＿＿＿＿＿＿＿＿。
11. 我喜欢的人＿＿＿＿＿＿＿＿＿＿＿＿＿＿＿＿＿＿＿＿＿＿＿＿＿＿＿＿＿＿＿＿＿＿。
12. 有时候我担心＿＿＿＿＿＿＿＿＿＿＿＿＿＿＿＿＿＿＿＿＿＿＿＿＿＿＿＿＿＿＿＿＿。
13. 当＿＿＿＿＿＿＿＿＿＿＿＿＿＿＿＿＿＿＿＿＿＿＿＿＿＿＿＿＿＿时，我学得最好。
14. 一件真正使我烦恼的事是＿＿＿＿＿＿＿＿＿＿＿＿＿＿＿＿＿＿＿＿＿＿＿＿＿＿＿。
15. 对我构成挑战的是＿＿＿＿＿＿＿＿＿＿＿＿＿＿＿＿＿＿＿＿＿＿＿＿＿＿＿＿＿＿＿。
16. 使我了解自己的一件事是＿＿＿＿＿＿＿＿＿＿＿＿＿＿＿＿＿＿＿＿＿＿＿＿＿＿＿。

确说明哪些项目是他们希望保密的。

学生完成了调查之后，他们可以讨论那些愿意与他人、与小组或与教师分享的项目。请学生思考如下问题：从这项活动中他们获知了关于自己的什么信息？关于他人的什么信息？他们又发现了自己与同伴之间有哪些异同？用什么可以说明这些差异？从学生的兴趣调查表中收集来的资料可以帮助教师计划课程、制订能够吸引个别学生的个性化方案。

一旦确认了自己的兴趣和困难，学生就可以朝着制订奋斗目标的方向前进。设定目标是一个重要的过程，因为它提供了可以确定和监测工作进展的具体的、真实的标准。并且，当学生确定了个人目标之后，他们的学习态度就会不断提高，从而促进他们学业成绩的提高。

为了使学生确定的目标有效，必须满足几个标准：目标应该是具体的而不是一般化的，应是短期的而不是长期的，应是较难实现的而不是很容易实现的，目标应是现实的而非理想化的，目标应是积极主动的而不是消极被动的。表7-2可以用于帮助学生了解和实现他们的个人目标。

设定目标的做法可以应用于任何年级的任何学习内容中。除了学术课题外，目标也可用于提高社交技巧，如谦虚、分享、合作解决问题，或诸如发言前举手、按时

表7-2　学生个人目标表

学生姓名：_____　　　　　　　　　　　　　　　　　　　　日期：_____

今天（本周）（本方案）我的具体目标是 _____
_____
_____

为了完成这个目标我需要的技巧是 _____
_____
_____

我认为我能完成这个目标的理由是 _____
_____
_____

我可能遇到的困难是 _____
_____
_____

我能够求助的资源和人是 _____
_____
_____

（请在活动结束后回答下列问题）

我实现或没有实现目标是因为 _____
_____
_____

从这次经历中，我学会了 _____
_____
_____

我对所完成工作的满意程度是 _____
_____
_____

我对本方案的感觉是 _____
_____
_____

完成作业、定期上课等。

当学生完成了他们的目标后,重要的是要向学生指出,他们的成功来自他们个人的努力。教师向学生指出他们所用的促使他们成功的技术也很有帮助。相反,当学生未能成功时,要向他们解释,他们之所以失败是由于他们缺乏适当的策略而非缺少智慧或潜能。由于许多学生并不理解他们失败的原因,所以至关重要的是,要使学生领悟将来能够提高他们成绩的方式方法。

(一) 鞭策学生学习

有时候,学生追求的目标可能会过难或过易。当学生在简单的课堂活动中获得成功时,他们通常把成功归因于工作的简单。而当他们通过艰难的努力取得成功时,又通常把成功归功于运气。这两种成功的方式都不能提高学生的自我价值感。自豪感和成就感来自学生在略微超出他们能力水平的活动中取得的成功,用苏联心理学家维果茨基的话说,就是要使学生所从事的活动处于他们的"最近发展区"内。学生需要有机会去学习那些他们刚好不能掌握的内容。

在开发具有挑战性的课堂程序时,师生们可以共同讨论怎样设定富有刺激性的目标。教师可以询问学生他们的目标是否处于其"最近发展区"内。下列问题可以帮助学生学会确定适当的挑战水平。

(1) 对我来说,哪种能力水平具有挑战性?

(2) 游戏、模拟或练习活动怎样帮助我进行学习?

(3) 假如有机会,我将会深入地探究什么?

(4) 哪种学习机会对我最有意义?

(5) 什么激励我做到最好?

(6) 我使用的是哪种学习过程?

(7) 还有其他可能更有效的学习过程吗?

(8) 我如何从自己的错误中学习?

(9) 哪种反馈是有帮助的?这种反馈来自谁?

(10) 我想获得什么样的评价?

那些能成功地激励学生的教师会对学生的努力提供反馈,以维持学生的自信,鼓励学生控制自己的学习。通过培养学生的冒险精神,并赞扬他们所取得的成功,教师向学生们灌输了热爱学习的精神,这种精神可以帮助学生自信而又充满好奇地面对世界。

(二) 奥运选手的目标设定法

玛丽莲·金(Marilyn King)曾经是奥运选手,她对使那些顶尖的运动员们攀上竞技顶峰的因素做了研究。玛丽莲本人就是1972年和1976年美国奥运代表团的成员,她参赛的项目是现代五项全能。在她为1980年的奥运会做准备时,背部不幸受伤,这使她不得不卧床休养四个月。在那段日子里,尽管不能进行身体的训练,但玛丽莲观看了成功的五项全能运动员的训练录像,并在心里设想和反复排演自己做同样动作时的情景。尽管没有参与实际的排练，但玛丽莲在比赛中仍取得了第二名的好成绩，她认为她的成功取决于她良好的心理准备状态。

经过几年的训练，并多次参加奥运会比赛后，玛丽莲开始感到好奇，为什么她的实际运动技能仅仅略好于普通人，却能如此完美地完成身体的运动呢？为了回答这个问题，她决定去访问其他奥运选手，以了解他们取得优秀成绩的经历。玛丽莲希望找出这些顶尖运动员们的共同特点。

在这些运动员们讨论的过程中，他们确定了致使他们取得成功的三个共同因素。他们认为，那些取得优异成绩的运动员似乎都富有激情、乐于幻想和勇于行动。这些运动员们认为激情就是能"从内心深处懂得什么是真正重要的东西"。奥运选手们认为那些在他人看来是意志力的或自律的东西实际上正是自己内心的激情与情感的投入。他们认为，对某件事情的激情可以释放能量与创造性，这些对完成一个目标来说必不可少。

奥运选手们取得优异成绩的第二个因素是乐于幻想。幻想指的是详细地想象某人将要取得的成绩和"如何"完成这个目标的情景。运动员们认为，理解设想的各种运动情节对实现预定目标以及学会控制自己内心的想象很重要。

奥运选手们取得优异成绩的第三个因素是勇于行动。该因素强调的是运动员们根据要实现的目标设定计划，并按照计划每天采取行动的重要性。这样的行动计划包括短期、中期和长期目标，以及每日面临的挑战。这些奥运选手们坚定地认为，尽管身体技能对他们很重要，但良好的身体技能并不是取得优异成绩的首要因素。富有热情、乐于幻想以及为实现目标而勇于行动才是取得成功更为重要的因素。

奥运选手们取得优异成绩的另一个有趣的方面是得到社会支持。奥运选手们认为，他们的家人并没有逼迫他们从事这些运动，相反，家人总是力图使他们相信，以他们的能力能够成功地实现目标。有时候，提供这种社会支持的不是家人而是他们的教练或朋友，这些社会支持的提供者们相信运动员，并随时在他们身旁给予鼓励。奥运选手们总结到，高成就的运动员并不是因为有着特殊的天赋而表现出色。相反，他们拥有的内在能力我们也有，只要我们决定去发展这些能力。

现在，玛丽莲不遗余力地致力于教其他人如何应用这种能力以取得优异的成绩。她已经和多个学校和地区合作，以帮助学生们取得优秀的学业成绩。为了在实现目标过程中使学生的身体、心理和精神方面都能发挥作用，玛丽莲建议他们遵照下列指南，以努力将其能力推到一个更高的极限。

取得优异表现的指南

（1）确定你真正关心的，真正想要做的或真正想要达到的目标。

（2）确定要实现期望的目标所必需的技能、特征和特质。

（3）确定你已经具有的品质和有待发

展的品质。

(4) 选择你想要获得的特征。

(5) 找到一个知识渊博，并且愿意帮你发展新技巧的导师。

(6) 找到另一个也在追求成功，并愿意成为你的训练伙伴的人。

(7) 确定你必须克服的所有障碍，并制订行动计划来解决它们。

(8) 创设某种形式的衡量标准或奖励，对训练过程的成功予以肯定。

(9) 签订一个完成目标的短期合同。

(10) 每天都坚信你马上就会实现你想要实现的任何目标。

取得优异表现的这一过程，不仅可以用来成功地培训奥运选手、宇航员及公司管理者，同时也可以用来成功地培养内城青年，使这些年轻人抵制他们所具有的大量不平等劣势，成功地拿到高中毕业证书。这些成功者所具有的共同品质是：富有热情、乐于幻想和勇于行动。当普通人用同样的方法把玛丽莲所确定的这三种品质应用于他们的行动中时，也同样能够出色地实现目标。

七、思维技能

很多教育家、哲学家和心理学家都认为，教育的一个重要目标就是培养学生的思考能力。今天的社会需要的是富有创造性和批判性的思考者。然而，那些强调答案非对即错的教育方法并不能使学生形成思维技能。学生们必须随时准备去面对这个飞速变化的世界，在这个世界中似乎充满了没有答案的问题，并需要个体在其中做出复杂的决定。

思维技能的教学可以满足个人与社会的需要，并且对二者都有好处。我们的国家机关、私人企业和民主制度的成功都有赖于人类分析问题、谨慎地决策和创造可行的解决办法的能力。在21世纪早期，符合道德的、无私的、富有创意的、长远的思维技能是一个受过教育的人所向往的、不可或缺的品质。通过学会有效的思维技能，学生们可以探寻自己内在的天性，学会自我监控（self-monitor）和自我调节（self-adjust），并进一步区分在个人生活和职业生涯中，他们是谁以及他们可能成为谁，他们的职业是什么以及他们可能从事的职业是什么。

美国已经有很多学校开发并实施了思维技能方案。阿瑟·科斯塔（Arthur Costa, 2001）的《开发大脑》（*Developing Minds*）一书回顾了过去30年中思维技能方案的实施情况。科斯塔和其他专家都警告说，不要把思维作为一门独立的课程来教授，相反，他们建议教师把思维技能融合在正常的课堂内容中来教。他们建议教育工作者为学生提供丰富有趣的内容和各种认知技能，以使学生能够有目的地将这些信息不仅用在学业上，同时也扩展至社会和个人的层面。假如教师能够向学生示范自己思维技能的发展过程，如对知识的好奇心、思维的变通、设定目标和解决问题等的发展过程，则对于鼓励学生做同样的努力很有帮助。

思维技能有多种类型。一些常用的术语包括高级思维技能（higher-order thinking skills）、学会学习的思维技能、提问策略、做出决定、解决问题和元认知。尽管探索全部思维技能超出了本书的范围，但下面的内容中仍引入了致力于元认知过程的课堂活动。

元认知

人类区别于其他生命形式的特点就在于我们能够反思自己的思维。"元认知"一词的字面意思就是"关于思维的思维"。通过反思自己在学校如何学习，学生能够获得关于个人思维过程的元认知观点。元认知涵盖了几个方面，其中包括对自己喜欢的学习模式、对自己工作的坚持性、对设定目标、看待教育的态度，对冒险精神和注意力等问题的意识。为了帮助学生获得元认知意识，教师可以召开班级讨论，或设计调查问卷要求学生反思对作为学习者的自己的认识。这样的过程可以帮助学生洞察自己的特征和态度，而这些特征和态度对发展其思维不仅有好处，而且起着决定性作用。

通过自我观察，学生们可以洞察自己在学术领域内所具有的控制能力。但对自己的承诺、态度、注意和坚持的责任感最终仍取决于他们自己。这种元认知意识可以鼓励学生做出积极的选择，以有效地修正自己的行为。

控制学习过程

元认知的另一个方面，是负责为学生提供控制自己学习经历的工具。任务开始时，教师要使学生了解人们对他们的期望以及他们如何才能更好地发展。理论上讲，应该告诉学生他们必须掌握的事实与概念，以及获得成功所必备的策略与程序。教师要频繁地请学生考虑在工作前、工作过程中和工作完成后都发生了什么。这样做可以提供给学生有效管理其学习的信息。例如，假如要求学生用图表解释光合作用的过程，学生可以先自问他们是否有足够的信息去完成这一任务，他们是否需要获得额外的信息，如果需要，他们从什么地方以及怎样才能找到这些信息。在画光合作用的模型时，学生应该确定他们是否已有充足的信息，他们的模型是否准确，如果不准确，需要怎样做修改。在完成图解之后，学生可以考虑他们学到了什么以及还想学习什么。

为了教给学生管理其学习的方法，以下提出了一些可用于组织其学习任务的问题图表（见表7-3）。

直到最近几十年，都很少有人认识到这一事实，即应该教授和学习思维技能。上面的信息仅仅提供了将思维技能整合进教学指导的几个关键因素。当我们把思维技能应用到课堂指导中时，学生就可以更有效地学习，能够改善他们的学习过程，并对其作为学习者的天性获得有价值的领悟。

表 7-3　作业计划与反思表

学生姓名：_____

在开始作业前，回答下列问题：

对作业的简短描述：_____

_____

关于这一主题，我已掌握的知识是：_____

_____

完成本作业，我必须了解或学习的事实或概念是：_____

_____

必要时，我可以求助的资源是：_____

_____

帮助我在这一作业中取得成功的活动包括：_____

_____

在开始作业之前，我想要做的是：_____

_____

完成了作业之后，请回答下列问题：_____

_____

为了完成作业，我做了什么：_____

_____

在完成作业过程中，我发现自己学到了下列的事实和概念：_____

_____

我现在好奇的是：_____

_____

对这项工作，我的感受是：_____

_____

八、情绪智能[1]的教育

神经科学的研究显示,长期以来,一直被人们认为是彼此分开、各不相同的情感与认知,实际上是联系在一起的。保罗·麦克莱恩(Paul MacLean)博士,国家心理健康机构的前研究员,提出信息不仅由控制高级思维过程的大脑皮质来处理,而且也由作为大脑情感中心的脑边缘系统来处理。

麦克莱恩认为,积极的情感,如爱、幽默等可以便利大脑皮层的高级思维过程,而消极的情感,如紧张、恐惧、愤怒或怀疑等则会阻碍学习和高级的思维过程。学生是否能学会所学的内容,至少部分地取决于影响所有思维过程的情感。情感也是自知自省智能的一个关键因素。教师可以用积极的、能引起学生情感反应的方式来帮助他们在课堂上表达情感。这样做,可以提高学生的学习效果。

(一)把情感融入课堂

有一些课堂活动忽视了情感问题,然而通常情况下,正是自知自省智能的这一侧面——情感——决定了学术成功和终生成功的机会。正如丹尼尔·戈尔曼[2](Daniel Goleman, 1995)已经指出的那样,情绪智能使我们能够认识自己的感情、做出积极的决定、控制忧虑的情绪,并对生命充满希望和抱有乐观的态度。对那些有兴趣培养学生自知自省智能的教师来说,在教育环境中培养学生健康的情感交往的方法有很多。这些方法包括创建积极的课堂环境,教给学生认识自己的情感和适当表达情感的方法,为情感性行为提供反馈。下面是一些针对课堂上的情感问题的建议。

(二)创设允许表达情感的环境

课堂环境应为教师和学生的情感表达提供便利。要想确定课堂上是否包括了足够的情感问题,教师们可以反思他们自己是否便于表达自己的情感。教师可以思考下列问题:

- 我是以有感情的表达方式来教授课程的吗?
- 课堂上鼓励哪种情感?这种情感来自于谁?
- 师生以什么方式表达情感——口头的,肢体的,还是视觉化的?
- 学生们拥有哪些表达情感的工具?他们可能需要哪些工具?

---

[1] 情绪智能,即通常所说的情商(EQ),在20世纪90年代作为一种理论提出。它是由美国心理学家彼得·萨洛韦(Peter Salovey)和约翰·梅耶(John Mayer)教授在吸收认知心理学、情绪心理学以及教育学研究成果的基础上提出来的。他们认为,情绪智能包含准确地觉察、评价和表达情感的能力,接近并(或)产生感情以促进思维的能力,理解情绪及情绪知识的能力,以及调节情绪以促进情绪和智能发展的能力。其核心要点在于强调认知和管理情绪(包括自己和他人的情绪)、自我激励以及正确处理人际关系这三方面的能力。

[2] 戈尔曼(Daniel Goleman),《纽约时报》专栏作者,根据情绪智能理论撰写了《情绪智能》一书,对情绪智能理论做了通俗化的诠释。该书一出版就在全球引起轰动,一时间,情商、EQ广为人知,从而使EQ成为当代教育界引人注目的一种思潮。

- 师生在什么时候表达情感——在午饭时，休息时，还是在数学课上？
- 在课堂上，如何鼓励恰当的情感表达？

回答上述问题可以帮助教师洞悉课堂上的情感氛围，以及教师自身在学校环境中表达情感的能力。

为了在课堂上营造一种积极的情感氛围，教师们可以有意地增加教学中的情感力量。学生可以对教学内容和教学形式做出反馈。在计划课程时，突出掺杂在不同科目或主题中的潜在情感因素也是有可能的。教师可以看看是否可以强调诸如幽默、悲痛、鼓舞或感兴趣等情感，以使学生能够全身心地沉浸在他们的学习中。

一位高中代数教师每次给学生布置应用题时，他的学生都表现出消极的反应，这位教师对此感到厌烦。他决定解除学生的焦虑。一天，在一堂数学课上，他戴上一个怪物面具，宣布他是应用题怪物。他发出令人恐惧的、低沉的声音，狠狠地跺着教室里的地板，哀叹应用题残忍的本性，并且号叫着说出学生们对这类作业的抱怨。老师幽默风趣的表演使学生们感到快乐，他们急切地攻克了当天的作业，并很高兴地完成了后面几周的数学作业。

除了充满感情地进行教学之外，教育者还可以通过恰当的角色示范教会学生表达情感。通过辨别和表达自己的情感，学生们认识到课堂能够提供这一方面的人生体验。教师可以思考当前与学生有关的情感问题或事件，然后，试着向学生说出心底的感受。这种做法的可能后果是学生们将友善地对此做出回应。

请学生分享他们对课程的情感反应，可以使学生以较安全的方式表达自己的情感。这样的讨论通常会揭露出有关课程的出乎意料的看法，并为学生提供机会去思考他们在学校工作中的情感经历。通过鼓励学生诚实的回答问题，教师们可以监测、调整作业以减轻学生的焦虑或厌烦。然后，师生们可以交流关于积极情感对提高学习重要性的看法，并且一起努力，使课堂氛围和课堂活动尽可能积极向上。

也可以每周、每月，或在需要的时候，找时间召开班级会议，学生和教师们可以公开讨论他们共同关心的问题。在分配出时间讨论具有情感教育责任的话题时，教师们要说明，这样的讨论是有价值的学习机会。发生在课堂上的自发性的情感事件也为学生提供了丰富的思考机会。

通过示范恰当的情感表达方式和发起关于情感问题的谈话，教师们能够建立一个全面培养学生的班级。当学生触及他们的情感本质时，他们就与力量的源头建立了联系，他们可以将这一力量应用到学习与记忆中。

（三）情绪识别

通过肯定和体验各种情绪，教师为学生奠定了使其生活多姿多彩的坚实的情绪基础。然而，通常情况下，许多孩子缺少用以分辨情绪的词汇，他们只能说明有限范围内的情绪，如"快乐"或"悲伤"。建立一个情绪词汇表可以帮助学生命名和理解内心的体验。下面的一些方法能够扩大有关情绪的词汇量。

请学生给各种情绪命名。为达到这个目的,一种方式是为字母表中的每一个字母确定一种或多种情绪。另一种方式是建立广义的情绪分类,如快乐、悲伤、愤怒、困惑、强烈、软弱、恐惧。在进行情绪分类时,可以请学生进行头脑风暴,至少说出每种情绪的10个同义词。例如,在"困惑的"一类中,学生可能添加上"糊涂的、焦虑的、为难的、迷惑的、烦扰的、混淆的、不知所措的、窘迫的、模糊的、慌乱的、混乱的、迷茫的、惊慌失措的、不确定的"。

在确定了几种情绪后,请学生思考在所列出的情绪中,他们个人已经体验到了多少种,这些情绪怎样影响了他们的身体和智能的发展。当体验这些情绪时,他们的感情发生了怎样的变化和为什么会有这种变化。

教师可以列出情感字母表或对情绪分类,以使学生在讨论或写作时可以随时取用这些信息。这样的列表也可用于唤起学生通常发生在内心的情感体验。

(四)情感表达

学生们需要有机会来表达自己的情绪并把这些情绪以建设性的方式发泄出来。一旦学生能够清楚地表达他们的情感经历,赋予他们选择自我表达(self-expression)方式的权利是较恰当的做法。为了评估当前的情感行为,教师可以要求学生回答下列调查表(见表7-4)。

学生完成调查表之后,请他们重新浏览表格,并添加上相处时能使他们感到高兴、烦恼或兴奋者的名字。然后,把学生分成小组,讨论当前他们以什么方式表达感情,并分享两种或多种他们愿意与其他同学讨论

表 7-4　情感调查表

大多数人都以不同的方式体验和表达着情感。在通常情况下,你如何对不同的情感做出反应:
1. 当我高兴时,我通常 _____
2. 当我烦恼时,我 _____
3. 当我自信时,我 _____
4. 当我沮丧时,我通常 _____
5. 当我厌烦时,我 _____
6. 当我兴奋时,我 _____
7. 当我受到惊吓时,我可能 _____
8. 当我困惑时,我 _____
9. 当我难过时,我有时 _____
10. 当我感到满足时,我 _____

的情绪。不应期望分享学生列出的个体的名字。教师还要请学生思考他们的情感反应如何影响他人。然后，小组要为每一个调查项目形成备选的反应。在讨论结束后，可以分享每一个学生的反应，这样，就可以用多种方式来表达同一种情感。一个八年级的学生小组一直在讨论他们对不同生活事件的反应，他们建立了下面的清单来展示在他们的课堂上如何表达情感：

> **当你感到沮丧时，你能够……**
> (1) 和你信任的人讨论。
> (2) 出去散步、跑步，或做一些体育运动。
> (3) 听你喜欢的音乐。
> (4) 做一些自己选择的艺术工作。
> (5) 写一篇日记。
> (6) 淋浴。
> (7) 大哭！
> (8) 购物。
> (9) 用头脑风暴列出所有能用于应对这种境况的可能的方式，并选择一种方式。
> (10) 弹奏乐器。
> (11) 与宠物谈心。
> (12) 玩游戏。
> (13) 寻求意见。
> (14) 看电视或看电影。
> (15) 知道你的情绪会转移和变化，所以对自己要有耐心。

通过艺术表达情绪

对情感行为进行有目的的指导可以促进自知自省智能的重大发展。可以用很多富有创造性的方式来培养课堂上的情感。艺术（包括视觉艺术、戏剧、运动或音乐）可以帮助学生评估他们的情绪，同时减轻压力、伤害或过度的兴奋。当教师们意识到课堂上出现了应该被处理的情感行为时，他们可以参考下列建议以确定哪一种方式可能更合适：

视觉艺术 建议学生用色彩、抽象的形体或图像画出他们的情绪，以此表现他们所遭遇的问题。学生们也可以观看讨论他们所关心问题的电影或录像。

音乐 当学生想要通过放松活动来缓解情绪时，让他们倾听具有平静情绪作用的背景音乐。学生们也可以尝试自己作曲或创作歌词以表达情绪。一些人甚至想要为熟悉的或自己创作的音乐设计舞蹈动作。可以演奏某些音乐选段以激发特定的情绪，如柴可夫斯基（Tchaikovasky）的欢快的《胡桃夹子组曲》[1]（*Nutcracker Suite*），德沃夏克[2]（Dvorak）的悲伤的《E小调第

---

[1] 《胡桃夹子组曲》，芭蕾舞剧《胡桃夹子》是世界上最优秀的芭蕾舞剧之一，剧本是根据德国名作家霍夫曼的童话《胡桃夹子和鼠王》改编的，全剧共分两幕，描绘了儿童的独特天地。舞剧的音乐由柴可夫斯基创作，充满了单纯而神秘的神话色彩，具有强烈的儿童音乐特色。剧情大致为：圣诞节，女孩玛丽得到一只胡桃夹子。夜晚，她梦见这只胡桃夹子变成了一位王子，领着她的一群玩具同老鼠兵作战。后来胡桃夹子王子又把她带到果酱山，受到糖果仙子的欢迎，快乐地享受了玩具、舞蹈和盛宴。这部作品是柴可夫斯基三部芭蕾舞剧的代表作品之一，也是世界舞蹈舞台上久演不衰的舞剧精品之一。

[2] 德沃夏克，美国作曲家，《新世纪交响曲》的作者。他出身农家，本人又是美国移民，因而其作品深刻地表达了美国移民的信念。

五交响曲》(Symphony No.5 in E Minor)、爱德华·格里格[1](Edvard Grieg)的忧伤的《皮尔·金特组曲》[2](Peer Gynt Suite)。

角色扮演 可以演出假设的、即兴的情景以突出情感问题。小型戏剧能用虚构的角色处理真实的事件。

创造性写作 以作为其中心概念的情绪开始进行写作的学生可以创造出概念群或思维图。学生也可以将自己的联想综合成诗歌或段落。写意识流日记或故事也可成为学生发泄情感的一种恰当方式。

雕塑 学生们可以使用黏土以抽象的或有代表意味的手法雕塑出他们正体验着的情感,如雕刻出"愤怒"或"快乐"的外形。

尽管艺术提供了表达情绪的语言,但是仍有一些学生需要其他表达情感的方式。对那些特别具有侵犯性或特别易怒的学生来说,安排一些暂停活动,如到体育馆跑两圈或打打沙袋,可以解除过度的紧张。教给这些学生控制冲突的技巧特别重要,这些已经在第六章介绍过。在教室里一个安静的角落,或在外面的门厅处和同学聊天,通过这种方式来控制情绪对一些学生会起作用。

在许多小说或非小说的故事、书籍、文章中,都包含着与情感教育相关的问题,这些文学作品为讨论和表达情绪提供了跳板。在确定了大家分享的片段之后,教师让学生准备一些背景材料,阅读这些材料,然后全班学生开始讨论。有一些可以通过文学作品深入学生情感生活的极好资料,这些作品包括琼·法斯勒(Joan Fassler, 2001)的《帮助孩子处理问题》(Helping Children Cope)、克劳迪娅·朱伊特·贾瑞特(Claudia Jewett Jarratt, 1994)的《帮助孩子应对分离与失去》(Helping Children Cope With Separation and Loss)、吉姆·特里利斯(Jim Trelease)的《大声朗读手册》(The Read-Aloud Handbook, 2001)和《全部阅读:大量大声地阅读关于青春期前和青春期儿童的故事、诗歌和报纸》(Read All About It: Great Read Aloud Stories, Poems, and Newspapers Pieces for Preteen and Teens)。

偶尔,学生的情感需求需要得到学校顾问、调解员或危机专家、心理学家或精神病专家等的帮助。教师和学生都应该知道,在现有的社区资源中可以向谁求助。

---

[1] 爱德华·格里格(1843—1907),挪威最杰出的作曲家。15岁时去德国莱比锡音乐学院学习。后去哥本哈根师从加德。1864年结识了作曲家里夏德·诺德拉克后,二人共同从事研究挪威民间音乐的工作。格里格能巧妙地将主题用古典结构形式和现实的传统音调紧密地世结合在一起,从而使它与真正的民间音乐难以分辨。在创作中,他经常突破一些清规戒律。1868年创作了《a小调钢琴协奏曲》,使他成为当时作曲家中的佼佼者。后期作品,一般都采用短小抒情的形式,十分成功。其代表作为交响组曲《皮尔·金特》。柴可夫斯基、西贝柳斯、德彪西等都曾受到他的影响。

[2] 《皮尔·金特组曲》,该组曲是格里格根据1874年易卜生的同名话剧剧编出的两套交响组曲,它们各是四首曲子,尤以第一套的四首——《晨曲》、《亚瑟之死》、《安尼特拉之舞》、《在山神殿》和第二套的末曲《索尔维格之歌》最为动听。曲目清新动听,甜美迷人,该作品面世至今已有一百多年历史,至今仍是最受爱乐者喜爱的音乐会曲目之一。它以挪威民间传说为题材,讲述了自私、放荡的农家子弟皮尔·金特的生活故事,具有讽刺意义。

教师也可以要求学生确定在需要时他们可以信任的人。表7-5可以证明确定这样的资源是多么有用。

为了更好地满足特殊的情感需要，一些学校开始把人性服务整合进他们的计划中。他们打破了传统上教育与心理健康、福利救济之间的界线，这样的学校通常被称为"全方位服务学校"（full service school）。学校提供了精神健康计划、去除药物和酒精依赖服务、职业咨询以及家庭福利救济服务。

当学校有意识地教给学生情感表达的方式时，学生能够体验到情感的积极成长。到目前为止，上述活动旨在创设健康的课堂环境，提高学生对情感的意识，使学生能够从他人那里获得支持，并学会积极地自我表达。然而，自知自省智能还有其他方面的内容没有被考虑到，那就是学生们也需要有机会去理解价值，并最终发展他们自己的价值体系。下面将讨论学生的这些需要。

表7-5　用于支持个人的资源

考虑谁是你信任的人，列出他们的电话号码：	确定下列可利用的社区资源的名称和电话号码。你或你的朋友将需要这些服务：
朋友：_____ 号码：_____	紧急电话（911）：_____
	急难事务电话：_____
	儿童保护服务电话：_____
教师：_____ 号码：_____	预防年轻人自杀中心：_____
	心理健康中心：_____
	逃犯报警热线：_____
邻居：_____ 号码：_____	医院：_____
	酒精或药物帮助电话：_____
	年轻人服务中心：_____
亲戚：_____ 号码：_____	家庭服务中心：_____
	社区信息电话：_____
	公共健康电话：_____
顾问：_____ 号码：_____	其他：_____
其他：_____ 号码：_____	

（五）关于人类价值的教育

价值一词起源于拉丁词"valere"，意思是值得的，坚固的。价值指的是我们生命中有重要意义的理想，由家庭、学校、社会、宗教以及我们个人的信仰系统所建立。一些人的价值可能终生不变，而另一些人的价值可能会随着经验和成熟而改变。

尽管对学校是否应该教学生价值这一问题还存在争论，但学生们每天都面临着各种各样的困惑。尽管学校在教授价值的问题上看起来似乎存在愿意与否的问题，但实际上，学校必须从事某些形式的道德教育。其中可取的一种方式是教授被普遍接受的、构成传统宗教和世俗原则基础的价值，如正直、无私、公正、诚实、保持人的尊严、勤奋。所有学生都需要有机会去确认他们的道德观点，从个人的价值体系中发现内在的目的和方向，然后把这份承诺迁移到日常的行为中。

许多学校科目中都充满了道德问题。例如，通过请学生们去思考人物角色的道德困境，教师们可以轻而易举地激发学生对文学作品思想的讨论。在科学和技术课上，学生们可以思考技术进步的前景以及科技在当今社会和政治上的优势。在历史课上，学生们可以分享对同一事件差异明显的叙述，探索每一种观点中最基本的道德看法。

通过确定和定义一些概念，教师可以帮助学生分辨个人所具有的价值观。教师可以给学生提供下列清单。在小组中请他们定义并举出例子，以说明在日常生活中如何表达这些价值。

一些共同的价值		
无私	诚实	怜悯
谦逊	尊重	正直
勇敢	相互依赖	礼貌
公正	创造力	和蔼
坚决	爱	尊贵
忠诚	勤奋	仁慈
执着	耐心	热情
和睦	卓越	尊敬
信仰	责任	谅解
自制	友好	容忍
慷慨	信任	帮助
	正当	

学生们可以确定哪些价值是他们目前所具有的，哪些是他们可能要发展的。通过使用前面提到的设定目标法，学生们可以选择一种新的价值以整合进他们的行为中。不用多说，教师和父母所代表的生活模式比上述清单中所提供的任何一项都更为有效。也可以举行全校性的与家庭、社区的对话，以使在学校内反复灌输的价值观与家庭、社会所追求的价值观相一致。还有必要向学生指出，假如学生想要建立一个价值体系并据此生活，那么就必须按照这种信仰去行动。按照某种价值观说话、做事并终生保持，这是一个将生命建立在完整个人基础上的人的象征。

当学生详细阐明和表达他们的价值观时，他们也需要面对别人的价值体系。学会捍卫自己的信仰，而又不损害他人的不同观点是他们需要发展的重要技巧。教师可以在课堂上示范尊重个人的言论自由，这是民主制度的需要。通过与具有不同价值体系的人的接触，学生们可以发现他们的人际交往智能和自知自省智能都获得了提高。

你已经从那些只会恭维你、善待你、礼让你的人那里吸取教训了吗？难道你还不能从那些权力反对你、同你争论不休的人那里吸取更大的教训吗？

——华尔特·惠特曼[1]，1860

九、日记写作

几年前，一项对耶鲁大学毕业班高成就学生的研究试图确定这些人士的成功是否具有共同的特征。结果发现，名列前10%的那些优秀学生都能非常明确地把精力集中在他们的目标和志向上。这些优秀学生中，名列前1%的学生最引人注目的特征是他们都花时间写下自己的目标和志向。在接下来的10年中，对这些学生的追踪研究表明，那些能够清楚地陈述他们对未来幻想的学生在他们所选择的工作领域中是最成功的人，并且即使是那些最成功的人仍然需要花时间写下他们的目标。

一些最伟大的思想家、发明家，以及历史长河中的那些创造天才们都有记日记的习惯。达·芬奇[2]（Leonardo da Vinci）的笔记填满了关于他的艺术工作和发明的想法、观察、领悟、草图和计划。17世纪的塞缪尔·佩皮斯[3]（Samuel Pepys）因其日记而为人们铭记至今。爱因斯坦和阿尔伯特·施魏策尔[4]（Albert Schweitzer）也都有记日记的习惯。

看起来似乎是简单的写作活动能够把抽象的东西变得真实和形象。《以自然的方式写作》（Writing the Natural Way）一书的作者加布里迪·里科（Gabride Rico）在一次采访中指出，"写作是一种我们随时可用的探索方式，写作可以引导我们去发现、认知我们周围的世界，也可以引导我们对我们自己、我们的情感以及世界产生新的认识"。

---

[1] 华尔特·惠特曼（Walt Whitman，1819—1892），美国19世纪杰出的民主诗人，他的诗体现了美国的民主理想，反映了美国独立战争和内战的重大史实。《草叶集》为其代表作。
[2] 达·芬奇（1452—1519），意大利文艺复兴中期的著名美术家、科学家和工程师，文艺复兴三杰之一，以《最后的晚餐》和《蒙娜·丽莎》等画驰名。他的艺术成就奠基于他在光学、力学、数学和解剖学等自然科学领域的研究。达·芬奇以博学多才著称，在数学、力学、天文学、光学、植物学、动物学、人体生理学、地质学、气象学以及机械设计、土木建筑、水利工程等方面都有不少创见和发明。
[3] 佩皮斯（1633—1703），英国17世纪的大人物，事业巅峰时官至海军部长、皇家学会会长。令佩皮斯名垂千古的是他的6本日记。日记（1660年元旦至1669年5月底）是用速记密码写的，死后同他的藏书一道赠给了母校剑桥大学莫德林学院。直到1825年，才被人发掘破译并整理出版。在日记中，他"赤裸裸地记录下"一个"真我"，率性地流露出虚荣心、进取心、贪心和良心。日记的价值在于记录者对自己内心世界真实的剖析。
[4] 阿尔伯特·施魏策尔（Albert Schweitzer，1875—1965），德国哲学家、内科医生和人道主义者。由于他对改善非洲人民医疗条件所做出的巨大贡献而获得1952年度的诺贝尔和平奖。

如果教师鼓励学生们在所有重要的主题领域中都记日记，学生通常也会以同样的方式发现自己的内心世界。这些领悟来自自知自省智能无限的资源，并且可以被带入意识层面与现实中。

（一）写作课堂日记的建议

在课堂上应用日记写作的方法有很多。如下建议可供参考。

请学生每天一次或每周一次写下一件或多件事情，这些事情与他们所学的内容或技艺相关。从理论上讲，尽管学生们是在课堂上写作，但还是应该允许他们对自己的日记享有隐私权。无须多言，个体写作的主要价值在于，他们相信自己所写的日记不会被评分和公开。然而，教师可以阶段性地请学生阅读他们前些日子的写作成果，并让学生观察自己的进展情况，或者让学生节录他们愿意与他人分享的特定内容。再说一次，绝对不要评分！

日记写作可以很轻松地补充教师的目标，帮助学生记录自己的进步。日记可以被用于开发各学科的思维。有时候，在阅读过我们以前写完的东西之后，我们可能会惊讶地发现我们已经学会了自己所思考的东西。

在开始学习一个主题之前，教师先请学生写出他们已经掌握的与该主题相关的内容，这可以成为学习该主题的基础，并且可以使学生对该主题有一个预期的设想。在一个新的主题开始时，让学生用3分钟或多一点的时间进行这样的写作可以很好地补偿学生事先所花费的精力和事后的反思。

在课程结束前，教师让学生用5分钟的时间写日记可以帮助他们巩固先前的学习，同时，这也是在一个效率较高的时间内回顾学习内容的过程。教师们可以提出一些问题以促进学生写日记。例如："今天所学的哪些知识对你来说是新的？""你对这种学习经历有什么感受？""你如何把所学的知识应用于其他学科或生活中的其他领域？""根据今天所学的知识，你预测今后我们要学习什么？""明天提出哪两个问题是恰当的？""依你个人的经验来看，你认为可以把什么内容添加到这个主题中？"

在学生习惯了写日记之后，教师就可以建议他们进行一个5分钟或10分钟的"快速写作"。"快速写作"是指尽可能快速地写下刚刚学到的、仍然记得的每一件事。或者，学生可以在写作之前，先制作一个思维图或概念群。正如前面所讨论过的，对许多人来说，写日记可以激发学生去触及那些还没有被认识的情感、洞察力和联系。我们可以为这种类型的日记设计格式，如左面一页用于思维图，右面一页用于写作。也有一些学生会把这两部分内容放在同一页。

很多教师和学生都发现，写日记可以显著地提高学生的理解力和记忆力，而这两种能力恰恰能够提高标准化测试和表现性测试（performance measures）的分数。另外，通过写日记，学生们还可以确定他们对课堂学习的情感反应和领悟程度。

（二）表达个人观点的日记

写日记也是探索自知自省智能的一种方式。当学生在写作过程中强调自我意识（self-awareness）和自我接纳（self-acceptance）时，他们其实也就是在探索自我认同感的某一方面。为此，教师可以指定学生写日记的过程，在这个过程中，年龄大一点的学生能够思考自我意识。下面是一些简单的过程：

（1）请学生写出10个"我是……"的句子，用于表现他们的自我理解。在准备写作的过程中，学生可以思考他们所获得的知识。这些知识可能来自他们的生活经历，来自与他人的接触，也可能来自他们自己的世界观，以及他们想要发展的品质。

（2）为了促进自我接纳，请学生确定他们已经具有的积极品质和他们想要改变的其他品质。在写出了10个"我是……"的句子之后，请学生把这些句子分成几类：①身体特征；②情感特征；③心理品质；④在与他人，如姐妹、儿子或朋友的关系中所担任的角色。学生可以按照是否能促进他们的成长来评价这些答案。然后，可以再另外写几个句子，例如"我缺少……"，然后他们可以自然而然地联系到"我将……"，接着是"我想要……"，最后是"我是……"。

（3）学生也可能思考自我接纳的其他方面，如他们试图追求的自我形象，他们必须适应的永久性变化，以及一些必须解答的人生问题等。他们也可以评估自己的自尊水平，并确定提高他们自尊的方式。

（4）教师要向学生解释，自我实现包括将自己的优势与能力资本化，做出最符合自己和他人利益的决定，并对生命中的各种可能性和事件保持灵活而开放的心态。当学生思考他们实现自我的能力时，他们可以描述自己的潜力，计划实现自我的方式，以及确定这样的自我实现最终将如何有益于他人。教师为了帮助学生朝着这些方面发展，可以请学生将自己的目标以及为了实现目标可能采取的步骤具体化。

（5）在完成上述一项或所有活动之后，学生可以把他们愿意同小组成员共同分享的内容具体化。在小组讨论中，学生们可以分享、讨论、接受他人对自己日记条目的反馈意见，并使自己专注于以某种方式促进自我成长。

十、通过他人逐渐了解自己

加德纳认为，各种个人智能之间不可避免地会有所联系，通常情况下，任何一方的发展都不能孤立进行。个体也正是通过与他人的联系才获得了有关自我的知识。观察他人怎样对我们做出反应可以为我们提供很多信息，这些信息能够帮助我们形成自我认识。当自知自省智能获得高度发展时，这样的自知（self-knowledge）通常可以帮助我们平衡个人目标和更大的社会目标之间的关系。最终，使我们可以通过清楚地认识自己来为他人的发展做出贡献。正如加德纳所认为的那样，个体的自我感觉，来自人际交往知识和自知自省知识之间的有机结合。

本书其他章节中所提到的很多策略也可以帮助我们促进自知自省智能的发展。每当学生与他人相接触时，他们的自知自省知识就会通过反思他们的所学而得到提高。提出一些简单的问题也可以提高自我意识。例如：他们从他人处得到什么反馈？他们怎样对这些反馈做出反应？反馈是正确的吗？为什么正确或为什么不正确？从自己对活动的反应中，学生获知了关于自己的什么看法？这些反应中，哪些是他们感到较好的？他们希望去改善的一件事是什么？

教师们也可以开发一些活动，以鼓励学生思考其不断变化的自我感觉。下面是一些建议。

从人际交往反馈中洞悉自知自省智能

（1）请学生们作为一组具有开拓性的人物互相访谈。可以用访谈中所获得的信息来介绍班上的同学。可以用于访谈的问题如下：

- 你的生活格言是什么？
- 你最想实现的三个愿望是什么？
- 什么样的价值观引导着你的行为？
- 谁是你心目中的英雄或女英雄？
- 你的一个忧虑是什么？
- 如果你能够改变所有与自己有关的事情，你要改变的是什么？
- 如果你能够改变所有与世界有关的事情，你要改变的是什么？

- 介绍完毕后，学生们可以自由地向被介绍的同学提问。

（2）让学生配对探索彼此的个人认识。以下问题可以引导学生进行诸如此类的谈话：

- 我认为我是谁
- 你认为我是谁
- 我认为，在你心中我是谁
- 你认为你是谁
- 我认为你是谁
- 你认为，在我心中你是谁
- 谈话结束后，请学生们在日记中写下如何比较自我知觉(self-perceptions)与他人的知觉。

（3）学生们可以选择一个对他们的生活具有特别意义的物品进行描述。也许这个物体影响了他们的个人发展，也许这个物体具有情感价值，或者是他们未来的一个象征。学生们可以把这些物品带到班级中，描述这些物品的意义，并讲述关于这些物体在他们的生活中所扮演的角色的故事。当一个简短的描述结束后，同学们之间可以互相提问。

（4）学生们可以列出关于自己特征的提纲。因为这些提纲要与班里的其他同学分享，所以开始时要使用虚构的名字，也就是提纲要用匿名。在学生描述他们自己的特征时，学生可以总结有关他们自己、他们的行为、他们行为的原因、他们的愿望和目标以及他们所能意识到的对他人产生的影响等一系列细节。在一个大家一致同意的日子里，让学生们将这一匿名的描述带到教室里，并在文章的背面附上其真实姓名（真实姓名要隐藏起来）。然后教师可以把学生组织成几个小组，让小组成员传阅这些描述特征的作品，并让他们进行讨论。每一组成员都应该确定他们读的是关于谁的描述，并解释符合某人或不符合某人的原因。

十一、思考生命的奇迹与目的

> 对我们所有人而言，生命都是一个伟大的秘密。"宇宙是什么？""宇宙来自哪儿？""我是谁？""我的目的是什么？"诸如此类的大问题是我们所有人都终将面对的问题。
>
> ——赫波特·马丁，加利福尼亚州立大学教育系教授

"教育"（education）一词来源于拉丁语"educare"，意思是引出或引导前进。从这里我们可以看出，教育最原始的定义是指，学校教育要使学生能够轻松自如地表达存在于他们智慧（mind）、心灵（heart）以及内心最深处的东西。无论是儿童还是成人，都在寻找他们经验的意义，并试图解答人类永恒的问题。尽管我们所有的人都在试图解释生命的秘密，但是对班级而言，我们可以创造一种充满好奇与敬畏的环境，以促进我们的发展。教师鼓励学生表达自己的观点，可以帮助他们掌握生命的意义，这其实就是在以有价值的、富有深远意义的方式进行教育。

我们怎样培养孩子们的好奇心呢？我们怎样帮助他们表达自己的观点、提出重大问题呢？教师可以选用的一种方式，就是在学生面前展现用八种智能丰富了的课程。学生可以用语言来反思和讨论情感、思想以及对每个学生而言都非常重要的理想；数学向学生揭示了整个自然界乃至整个宇宙运作的数字原则；游戏能够激发学生的挑战和快乐，而放松和想象则能使我们的身体和大脑做好冥想的准备；园艺或者看护动物揭示出了不同的生命体之间的相互依赖关系；舞蹈、视觉艺术和音乐都通过艺术符号系统表达了个体的观念；个人智能为我们提供了更好地认识、了解他人及自己的机会。各学科的教学和学习使我们能够透过多面镜子来理解内心世界的整体性。这种强调整体的教学也使孩子们发现了他们自己天生的兴趣与爱好，而这些兴趣与爱好可能会激励孩子用一生的时间从事个人或职业追求。

一些教师想要激发学生的好奇心，鼓励他们提问，并形成自己的生命意义。我们提供下面的过程用以发展学生的想象力，鼓励他们思索生命的各种可能性。

（一）培养好奇心的课堂活动

（1）学生可以创作具有原创性的诗歌、神话、传奇及夸张故事，用以解释生命的神秘。

（2）学生可以将那些改变其生活的事件，以及从这些经历中学到的知识作为写作、绘画或创作歌曲的素材。

（3）教师可以建议学生进行时光旅行，

从一个长远的视角来回顾自己及自己所关心的事。教师可以建议学生设计一个未来报纸的标题，以说明他们所取得的成就。

（4）学生可以就生命中重要的、有价值的问题进行讨论。

（5）请学生确定故事、电影或新闻中有特色的品质、价值和行动。

（6）向学生展示艺术作品，请他们以口头的或非口头的方式做出回应。

（7）建议学生给一个不认识的人写一封信，通过描述他们自己的外貌、活动、兴趣、他们生命中重要的人物，以及他们的愿望和对未来的畅想来进行自我介绍。这封信可以是寄给一个未来的笔友、一位雇主或他们想要结识的某人。

（8）画出一个菱形、一个圆或一个鸡冠形，让学生创作自画像。学生所创作的自画像可以包括如下内容：身体特征、智能品质、艺术才能、情感特征、社会品质、恐惧、希望和梦想、主要的转折点以及基本价值观。然后学生可以在每一部分写出或画出最能描述自己的东西，如果愿意，他们还可以和其他同学分享自己的自画像。学生也可以用这样的活动来创作他们未来的自画像，如画出从现在开始一年后或五年后他们希望获得的特征和品质。

（9）可以鼓励学生去关注他们天赋的直觉，并用理性来检验直觉的准确性。

（二）探究学校活动和生命的目的

教育工作者在计划教授任何主题或概念的课程时，都应该反思一个重要的问题："如此又怎样？"学生们想要了解也应该了解他们所学习的内容在生活中的实际价值。学生们通常会对"我能使用这一信息做什么？""我们可以将这些知识用在学校以外的世界吗？""这些知识将如何有益于他人？"等诸如此类的问题感到好奇。教师在开始教授新的内容时，应带领全班同学讨论构成这一课程基础的更大目的。除了教师的观点之外，学生们也可以自己表达课堂作业对他们的意义。理论上说，每个学生都应该能够为自己在学校工作中投入的时间、精力和努力找到一个正当的理由。事实上，加德纳已经断言，所有的教育努力都应该始于现存的问题，如"我们是谁？我们为什么在这儿？"，然而，加德纳也认识到，学业标准和测试损害了人们对现存问题的兴趣。

有一些教师对和学生探讨所有问题中最大的一个问题——生命的目的——感兴趣。有一些人通过给驱使我们去行动的目的下定义来开始这一问题的讨论。这种讨论可以不断地揭示整个生命的过程，同时也为我们提供了定向感（sense of direction），以及为完善他人而做出贡献的方法。

书写练习是学生们追求自己目的感（sense of purpose）的一种方法。书写练习能探索出学生内在的动力。教师让学生准备好纸和笔，并安静地坐在座位上放松。教师还要向学生解释你将问一系列用于探索内部方向感的问题。在你提问时，学生们应该写下关键词和词组或者记下所有稍

纵即逝的影像。教师要向学生们解释你将慢速提问，同时会给他们提供时间以从内心寻找答案：

- 你擅长什么？
- 你原本就了解什么？
- 你一直喜欢什么？
- 你感到被迫去做的是什么？
- 你最关心什么？

问过这些问题之后，建议学生继续安静地坐一两分钟，记下他们的想法或影像。然后，让学生们配对或以小组的形式分享他们自愿提供的观点。对那些在练习中内心未曾闪现任何想法和影像的人来说，建议他们写出看起来最适合的答案。学生们也可以讨论，学校教育的哪些方面可以帮助他们理解生命的目的。

对生命目的的反思看起来可能对青少年最有益，但实际上，年幼的孩子们通常具有非常强的定向感。事实上，沃尔特斯（Walters）和加德纳（1986）都认为，一些孩子在还非常幼小时就有一种"晶体经验"（crystallizing experience）。在这个时候，他们会对一个主题或领域——如玩具对解决数学问题或对演奏美妙音乐的作用——产生兴趣。这种兴趣通常能激发学生去终生追求某一职业或爱好。通常情况下，年幼的孩子们很重视那些使孩子们相信自己儿童时代的梦想能够实现的成人的肯定。教育工作者可以开启儿童的好奇心。

十二、自我指导学习：一种自知自省的学习方式

自我指导学习是自知自省教育的一个典型案例，因为这种学习建立在学生自己选择和自主自治的基础上。一些刻板的教育方式以专制原则为基础，在这些原则中，教师们扮演权威人物，很少提供机会让学生参与决策。然而，在自我指导的课堂上，是学生而非教师处于决策的核心地位，自我激励（self-motivation）和自律（self-discipline）是成功的关键。在教师的引导下，学生们自己选择并管理自己的学习过程，包括要研究的话题、要实现的目标、要使用的学习策略以及要利用的资源等。在选择展示和评估自己成就的方式时，学生们也同样具有发言权。在自我指导学习的影响下，教师们的角色从教授知识内容转向教授学习过程，这样的转换使学生们可以自己设计和管理自己的学习经验。

一些教师使用自我指导学习作为教学的主要形式，还有一些教师在一个学期只使用一两次。多数自我指导课程或单元是用学习合同组织的。通常情况下，合同是由学生、家庭和教师互相协商而制定的。下面是一个合同样本（见表7-6）。

很显然，从自我指导学习合同中可以看出，是由学生们来决定学什么、怎样学、学习的时间进度、用以展示他们最近获得的能力的方式以及检验他们能力的人员。在学习合同中，教师的作用包括与个人或

表 7-6　自我指导学习合同

姓名：＿＿＿＿＿＿＿＿＿＿＿＿＿＿＿＿＿＿＿＿＿＿＿＿＿＿＿＿＿＿＿＿＿＿＿

项目标题：＿＿＿＿＿＿＿＿＿＿＿＿＿＿＿＿＿＿＿＿＿＿＿＿＿＿＿＿＿＿＿＿＿

目标（你想要学会什么？）＿＿＿＿＿＿＿＿＿＿＿＿＿＿＿＿＿＿＿＿＿＿＿＿＿＿
＿＿＿＿＿＿＿＿＿＿＿＿＿＿＿＿＿＿＿＿＿＿＿＿＿＿＿＿＿＿＿＿＿＿＿＿＿＿＿

学习策略（你准备怎样学习？）＿＿＿＿＿＿＿＿＿＿＿＿＿＿＿＿＿＿＿＿＿＿＿
＿＿＿＿＿＿＿＿＿＿＿＿＿＿＿＿＿＿＿＿＿＿＿＿＿＿＿＿＿＿＿＿＿＿＿＿＿＿＿

资源（谁和什么能提供信息？）＿＿＿＿＿＿＿＿＿＿＿＿＿＿＿＿＿＿＿＿＿＿＿
＿＿＿＿＿＿＿＿＿＿＿＿＿＿＿＿＿＿＿＿＿＿＿＿＿＿＿＿＿＿＿＿＿＿＿＿＿＿＿

工作和时间表（你将在何时完成什么工作？）＿＿＿＿＿＿＿＿＿＿＿＿＿＿＿＿
＿＿＿＿＿＿＿＿＿＿＿＿＿＿＿＿＿＿＿＿＿＿＿＿＿＿＿＿＿＿＿＿＿＿＿＿＿＿＿

证明（你将怎样证明你已经学会了？）＿＿＿＿＿＿＿＿＿＿＿＿＿＿＿＿＿＿＿
＿＿＿＿＿＿＿＿＿＿＿＿＿＿＿＿＿＿＿＿＿＿＿＿＿＿＿＿＿＿＿＿＿＿＿＿＿＿＿

评估（用什么标准来评估你的工作质量？）＿＿＿＿＿＿＿＿＿＿＿＿＿＿＿＿＿
＿＿＿＿＿＿＿＿＿＿＿＿＿＿＿＿＿＿＿＿＿＿＿＿＿＿＿＿＿＿＿＿＿＿＿＿＿＿＿

小组一起工作、诊断学生的能力、协商合同、为学生要完成的合同制订计划、帮助学生解决规划、时间管理和资源利用等方面的问题。

由于学生学习的动机主要来自他们自己的需要、兴趣和渴望，所以那些使用自我指导学习的教师们就不需要依赖物质奖励或竞争来激励学生学习。当学生们选择了他们想要学习的内容时，通常他们会充满热情地追求他们的兴趣。

在实施自我指导模式的过程中，教师和学生们需要逐步调整计划。许多学生并不熟悉所选择的练习，也不习惯于控制自己的学习，并且，一些教师发现学生自己很难决定他们将要学什么，也很难让学生对自己的学习结果负责。大多数教室都没有准备好独立学习所需要的工作网以及可整合的社区资源。对多数有兴趣用这种自知自省的方式进行工作的教师们来说，下面提供了一些具有实际意义的建议。

对实施自我指导学习的建议

（1）鼓励从幼儿园到高中各年龄段的学生提出个人有兴趣在整个学年中都研究的主题。

（2）教师教给学生独立学习的技巧，包括决策、解决问题、设定目标、管理时间以及自我评估。

（3）为学生列出可得到的学校与社区资源。

（4）对小学阶段的孩子们来说，教师们可以在教室里建立各种学习中心，让学生在"自选时间"内选定一个学习中心，并在其中工作。

（5）对中小学生来说，可以大约每两个月设计一个独立的方案。方案可以用学习合同来组织。

（6）对中小学生来说，可以重新组织学校的时间表，使每天都有用于传统的学术学习的时间段，以及用于自我指导学习的时间段。

（7）一些学校试图在家庭和管理机构的支持下创造一个完全的自我指导学习方案。用由学生、教师和家长共同开发的相应内容来取代传统的科目、等级系统和学习活动。如果可能，教师可以为混龄儿童，甚至是孩子们与成人，提供一起学习的机会。基于民主决策的指导方针，学生们应该有机会利用学校的操场、图书馆、实验室、教室及社区资源。在这样的方案中，鼓励学生们长期专注地工作，集中于某一兴趣、快乐和想象。在通常情况下，要依据学生的兴趣来决定是选择家庭教师制还是学徒制。为了进行评估，教师和其他评估人员经常要会见学生，让学生们展示他们已经学会的内容，并确定下一步将要学习的内容。

（8）在采用自我指导学习时，重要的一点是预测这一方式将遇到的挑战。刚开始，当学生们要承担自己学习的责任时，他们通常会满怀热情。然而，当他们面对规划其学习过程的困难时通常又会焦头烂额，他们在学习进度安排和解决问题的方法方面，需要得到教师的帮助。在从传授信息到促进和监测学生工作的角色转换中，教师们也经常遇到困难。

尽管任何教育经验的最终目标都是培养出有能力的、独立的学习者，但具有讽刺意味的是，许多学生从来都没有在学校行使过选择权，也没有控制自己学习的权利。通过实行一些自我指导的选择权，所有从幼儿园到高中的学生都将获益，这样的选择权可以帮助学生发展成为自主的学习者，从而，在整个生命历程中促进自己个人和职业的成长。

十三、提高自知自省智能的技术

可以运用许多新技术来培养自知自省智能。自知自省智能可以使我们反思思维本身；能够将内部的情感世界和思想世界转化为外部的经验世界；能使用诸如决策、解决问题等高级思维技能。新技术可以帮助人们更深入地追寻思想的轨迹，并"头脑风暴"出具有创造性的选择方式。

随着越来越多的教室成为咨询中心，许多教师和学生也在寻找探索和开发智能的方式，并且建立了"心理模式图"（mental models），以使头脑中形成有关学生的想法与更多主题之间关系的图像。超媒体以类似于人类大脑加工过程的方式，为人类提供了多媒体材料，就像包含着词句的超文本一样，多媒体在思想与图像之间建立了联系。

我们可以将一些计算机程序，如"灵

感"（Inspiration）或"Kidspiration"，看作通过图片与文本的结合来掌握思想和理解的关系的处理器。这些计算机程序使个体更容易进行头脑风暴，并且当我们产生了一些想法时，可以将这些想法聚集起来形成思维图或传统意义上的提纲。这些程序允许学生以最适合于其思维的方式来处理思想，并且当学生积极地开发自己的学习潜力和理解能力时，教育事业的个人所有权也开始有所发展。

还有一些提供图形处理器的网站，这些图形处理器可以帮助学生进行头脑风暴，以组织、计划、创造、洞悉思想间的关系、发现模式、澄清思维，以及处理、组织、优先排列新信息。SCORE语言艺术教师活动库用图解的方式提供了写作元认知日记、学习日志、思考日记，以及对学习效果进行推测等的工具。

由学生与教师合作开发的个别学生的学习计划或个人成长计划，也能促进自知自省智能的发展。通过那些可以持续修改和升级的计算机程序，可以轻而易举地制订这些计划，并且，教师可以电子形式或多媒体文件形式记录学生工作的完成情况。

智能监护系统与早期的计算机辅助学习程序之间具有很大的差异。在智能监护系统中，在如何学习课题，保存学生更喜欢的学习方式等方面为学生提供了选择的机会。同时，还为学生提供了某种形式的信息，使学生有可能通过他们的强项进行学习、练习，并提高学生还没有获得较好发展的技能。

在网络上进行研究较为便利，它使人能够专心于所期待的结果，能提出经过完善定义和受到限制的问题，并能跟踪对特定或相关问题的探索。那些快而准的研究工具可以使这个过程更加方便。

很明显，即使没有上述工具，仍有很多种成功的方式可以帮助学生发展自知自省智能，这些工具不仅为学生，也为教师们提供了开发人类大脑与智能的有趣机会。它们也为学生提供了更多可供选择的学习方式，并且可以帮助学生成为终生独立的学习者。

十四、小结

卡尔·罗杰斯[1]（Carl Rogers）在他的《成为人》（*On Becoming a Person*，1961）一书中，描述了在生命的整个成长过程中，自知自省智能某一方面的发展。他写道：

> 成为人意味着个体朝着本真、认知和接纳的方向发展，这是人内在而实际的发展过程。在这一过程中，人远离了非我，远离了虚伪的存在。他并没有带着不安全的情感或夸大的自卫，而试图去探寻比原来的自我更多的东西。当然，他也没有带着内疚的情感或自我批判，而削减原来的自我。他日益聆听到心灵与情感最深层的隐秘处的存在，并且更确定而深刻地发现自己更愿意成为的那个最真实的自我。

要想获得深刻的自知和由这种自知所带来的内心的安宁，需要丰富的生活经验。随着时间的推移，自知自省智能会日趋发展完善。在课堂上，自知自省的过程不仅需要时间进行计划和教学，也需要有时间让学习者展现其内心世界。通过教学来培养学生的自我知识是非常重要的，因为自知是人生成功和自我实现的基础。本章已经论及了自知自省智能的许多方面，包括：①创设培养自我感知的环境；②提高自尊的方法；③设定和实现目标；④思维技能；⑤情感技巧；⑥日记写作；⑦通过他人逐渐了解自己；⑧思考生命的奇迹与目的；⑨自我指导学习；⑩自知自省的技术形式。为了便于读者总结、思考和综合本章内容，我们提供下面的内容供教师用于反思。

十五、应用自知自省智能

(1) 我从本章获得的重要观点和启示：

_____

_____

_____

---

[1] 卡尔·罗杰斯（1920—1987），美国人本主义心理学家，创立了一种非指导性治疗方法，在教育学中，又被称为非指导性教学。这种教学理论强调教学以学生为中心，重视对教学过程中师生之间关系变量的研究，突出情感与态度因素在教学活动中的作用。

(2) 我想更深入地学习的领域：

_____

_____

(3) 在我的教学中我可以利用这些信息的方法。请注意，本章中提到的策略已提供在下面，并附有空格以提示每个策略是如何融入课堂教学的。

自知自省策略	课堂应用
创设培养自我感知的环境	
培养学生自尊的学校特征	
提高自尊的方法：学会自爱	
赞美圈	
个别赞赏	
同伴支持	
提高自尊的指南	
设定并实现目标	
鞭策学生学习	
奥运选手的目标设定法	
思维技能	
元认知	
情绪智能的教育	
把情感融入课堂	
创设允许表达情感的环境	
情绪识别	
情感表达	
关于人类价值的教育	
日记写作	
写作课堂日记的建议	
表达个人观点的日记	
通过他人逐渐了解自己	
从人际交往反馈中洞悉自知自省智能	

思考生命的奇迹与目的
　　培养好奇心的课堂活动
　　探究学校活动和生命的目的
自我指导学习：一种自知自省的学习方式
　　对实施自我指导学习的建议
提高自知自省智能的技术

参 考 文 献

Costa, A. (2001). *Developing Minds: A Resource Book for Teaching Thinking.* Alexandria, VA: ASCD.

Fassler, J. (2001). *Helping Children Cope.* iUniverse.com. www.iuniverse.com.

Fuller, R. (1988). *Ball-Stick-Bird Publications.* Williamstown, MA: Author.

Gardner, H. (1993). *Frames of Mind: The Theory of Multiple Intelligences.* New York: Basic Books.

Glasser, W. (1998). *The Quality School.* New York: Harper Perennial.

Goleman, D. (1995). *Emotional Intelligence: Why It Can Matter More Than IQ.* New York: Bantam Books.

Jewett Jarratt, C. (1994). *Helping Children Cope with Separation and Loss.* Boston: Harvard Common Press.

Knake, B. (1989). *The Inside World.* Mt. Vernon, WA: Author.

MacLean, P. (1990). *The Triune Brain in Evolution.* New York: Plenum Press.

Rogers, C. (1961). *On Becoming a Person.* Boston: Houghton Mifflin.

Trelease, J. (2001). *New Aloud Handbook.* New York: Penguin.

Trelease, J. (1993). *Read All about It!: Great Read Aloud Stories for Preteens and Teens.* New York: Penguin.

Walters, J., & Gardner, H. (1986). The Crystallizing Experience: Discovery of an Intellectual Gift. In *Conceptions of Giftedness*, R. Sternberg and J. Davidson (Eds). New York: Cambridge University Press.

第八章

我们周围的世界：自然观察智能

人类的幸福取决于人类与各种生物之间的相互关系。

——格雷戈里·贝特森[1]，《精神与自然》

雷切尔·卡森的遗产

雷切尔·卡森（Rachel Carson）是一位作家、科学家，远在"生态学家"这个词流行之前，她就已经是一位生态学家。

卡森终生热爱大自然，晚年时，她曾回忆说："我无时无刻不对户外以及整个自然界充满兴趣。"早在孩提时代，卡森就在写作方面获过很多奖项，读大学时，她曾因为把专业从英文改为动物学而使她的朋友们感到震惊，并为之惋惜，因为在1932年，动物学是个不适合女人从事的领域。从约翰·霍普金斯大学毕业后，卡森受雇于美国渔业局，负责撰写关于海洋问题的广播稿。由于想要在职业生涯中获得更大的发展，卡森参加了行政机关聘选行政人员的考试，成为第一位受雇于渔业局的女生物学家。卡森在担任刊物的主编期间，写了一些关于环境保护与自然资源方面的小册子，并编辑了一些科学刊物。卡森利用业余时间撰写了《在海洋下》（*Under the Sea*，1941）和曾经蝉联《纽约时报》（*New York Times*）81周畅销书排行榜的《我们身边的海洋》（*The Sea Around Us*，1952）。后来卡森又撰写了成为《纽约时报》另一畅销书的《海洋边缘》（*The*

---

[1] 格雷戈里·贝特森（Gregory Bateson，1904—1980），人类学家，控制论者，20世纪最重要的社会科学家，其著作有《走近大脑的生态学》（*Steps to Ecology of Mind*）和《精神与自然》（*Mind and Nature*）。

Edge of the Sea，1955）。

在卡森的所有著作中，她都试图使人们了解生物界的美丽与神奇。她强调人类是广阔的生物界里的一员，而不像人类自己所误以为的那样，可以通过自己的力量来改变大自然，在某种意义上，人与自然的这种关系是不可颠倒的。

前面所述著作使雷切尔·卡森为人熟知，而她的《寂静的春天》[1]（*Silent Spring*，1962）一书则由于唤起了全世界的环保意识而改变了人类历史的进程。卡森在《寂静的春天》一书中论证了使用杀虫剂的消极后果。她向人们普遍接受的农业科学家和政府的做法发起了挑战，号召人们改变化学药品的用法。该书发行第一年的销售量就达到25万册。美国最高法院的法官道格拉斯（William O. Douglas）将此称为"本世纪人类最重要的史事"。在美国，《寂静的春天》一书促使人们制定了杀虫剂的使用条例，并最终改变了我们看待自然界的方式。

由于卡森的工作成就，她获得了很多奖项，其中包括动物保护组织（Animal Welfare Institute）的施魏策尔奖章[2]（Schweitzer Medal），以及年度联邦野生动物协会（National Wildlife Federation）的"自然资源保护者"称号。卡森也是获得美国国家奥杜邦协会[3]（National Audubon Society）奥杜邦奖章[4]（Audubon Medal）的第一位女性，该奖项是自然保护成就最高团体奖。1970年，一座以卡森的名字命名的、方圆1800万平方米的雷切尔·卡森国家野生动物保护区（Rachel Carson National Wildlife Refuge）在缅因州韦尔斯（Wells）附近建成。在美国的508个保护区中，雷切尔·卡森保护区是仅有的三个以女性的名字命名的保护区之一。1980年，在卡森去世多年之后，她被授予国家最高公民勋章：总统自由勋章。在授勋讲演中，卡森被描述为：

> 一位嗓音清晰而温柔的生物学家。卡森很高兴她的听众和她一样热爱海洋，同时，她用清晰的声音警告美国人要关注人类自己对环境造成的危害。她总是忧心忡忡，总是能言善辩，她掀起了环保意识的高潮，至今，这一高潮仍未落幕。

---

[1]《寂静的春天》，该书在1962年问世时，引起了很大的争议。书中预言了农药对人类环境的危害，而在20世纪60年代之前，人类尚未有保护环境的意识。因此，该书受到了与之利害攸关的生产与经济部门的猛烈抨击，而且强烈震撼了社会广大民众。在该书出版两年之后，作者心力交瘁，与世长辞。而由于《寂静的春天》的影响，仅至1962年年底，已有40多个提案在美国各州通过立法以限制杀虫剂的使用。

[2] 施魏策尔奖章，该奖项是1951年由阿尔伯特·施魏策尔（Albert Schweitzer）博士授权动物保护组织设立的，用于奖励在动物保护工作中做出杰出贡献的人。

[3] 美国国家奥杜邦协会，美国一个非营利性野生动物和环境保护组织，该组织位于纽约市。

[4] 奥杜邦奖章，一项奖励那些在自然资源和环境保护方面做出杰出贡献的，在美国国内和国际上具有重大影响的人的奖项。由美国国家奥杜邦协会设立。

一、定义：理解自然观察智能

1995年，霍华德·加德纳在他最初的七种智能清单中又增加了第八种：自然观察智能。原先，加德纳认为自然观察智能是"逻辑-数理智能"和"视觉-空间智能"的一部分。然而，基于他所建立的辨别智能的标准——这些标准包括：智能应是核心技能和操作技能，智能应具有进化的历史，智能应有一个符号系统，智能应有发展的时间表，同时还应该有一些个体在某一种智能上表现优异或具有严重缺陷——加德纳假设自然观察智能也应被当作一种独立的智能。他把自然观察者（naturalist[1]）的核心技能描述为"能够识别植物群和动物群，能够对自然界里的各种物种分门别类，并且能够使用自然观察智能（在打猎、农业、生物科学等领域）生产出有效产品"。此外，自然观察者通常擅长确认属于某一个群组的成员或物种种类，擅长区分这些成员或物种之间的差异，发现存在的其他物种，以及认识不同物种之间的相互关系等。

当我们在辨认人、动物、植物以及环境中的其他特征时，我们都要使用自然观察智能。我们通过与周围物质环境之间的相互作用，形成了因果观念，并因此认识到相互作用与行为之间可预测的模式，如季节性气候与相应的动植物变化之间的模式。我们利用自然观察者的感知能力，可以比较材料，对事物的特征进行归类，提炼事物的内涵，提出并验证假设。

加德纳论证说，自然观察智能是从早期人类的生存竞争中演化而来的，早期的人类要想生存，就必须能够辨别有用或有害的物种，能够改变气候环境，并且能够获取食物。然而，在进入21世纪时，我们很多人所赖以生存的环境已经大大不同于一千年前甚至一百年前的环境。现在，很少有人能够轻易地进入到生存有各种动物与丰富植物的未曾开发过的广袤土地。由于很少有机会接触大自然，孩子们与年轻人只能在室内或柏油路上消磨掉他们的大部分时间。然而，开发自然观察智能并非必须得接触自然。我们也可以在人造社会中开发并运用观察、分类及归类技能。例如，孩子们可以通过整理各种运动卡、邮票或珠宝来发展自然观察智能。因此，开发自然观察技能并不依赖于与自然界的直接接触，也不像很多人所认为的那样，必须依赖于视觉观察。加德纳指出，盲人可以通过触摸来分辨物种或人造物，还有一些人则可以通过辨别声音来区分不同的物种和人造物。

自然观察智能在科学调查的许多领域表现明显，为生物学、植物学、动物学或昆虫学等成体系的科学所专用。这些科学探寻生物的起源、生长及构造，也建构详细的动植物分类系统。

---

[1] naturalist，本书译作"自然观察者"，也有人译作"博物学家"。

自然观察技能不仅涉及分类技能，还包括与各种动植物协同工作的能力以及从人类所从事的各种活动中辨别出可能存在的各种物种形态的能力。加德纳推测，艺术工作以及涉及自然界各方面的精神实践都表现出自然观察者的感知技能。加德纳本人感到好奇，也许他自己对多元智能理论的证明也恰恰源于察觉模式、进行分类的自然观察能力。

所有文化都珍视那些能够分辨有用或有害的物种的人，或者那些能够依据物种的特征及用途对物种进行分类的个体。因此，很多文化也特别珍视厨师、园丁、农夫以及猎人所展现出的技能，他们正是利用了自然观察智能才得以表现出这样的技能。一些具有高度发达的自然观察智能的人所创造的产品或理论超越了文化的边界，影响了一代又一代人。这些自然观察智能发展良好的人具有广博的关于生物界以及生物的知识，这些人包括查尔斯·达尔文[1]（Charles Darwin）、乔治·华盛顿·卡弗[2]（George Washington Carver）、卡森、卢瑟·伯班克[3]（Luther Burbank）及简·古多尔[4]（Jane Goodall）等。

这些人对生物界的好奇心及详细分析有助于我们理解大到宇宙的无限空间，小到单个细胞的缩影在内的各种现象。

二、核查表：自然观察智能的特征

我们生来就是自然观察者，急切地盼望能通过自己的各种感官来探索世界。由于人类身心所固有的天赋，我们可以运用我们的感知能力积极观察，并对我们所感知的内容进行反思与质疑，以此来体验我们周围的生存环境。

自然观察智能在儿童身上以多种方式得以展现。一些儿童试图理解事物运作的原理，另一些儿童则可能着迷于事物生长的规律；一些儿童想探索自然环境、关心生活在这些环境中的居民，另一些儿童则乐于对物体进行分类、确认其形态；一些儿童擅长确认并记忆物体之间存在的差异，并表现出对大自然的强烈热爱，以及与生态系统友好相处的热望。尽管我们用一张清单难以把握自然观察者的全部特征，但我们还是提供了如下一些可供参考的特征。我们认为，自然观察智能高度发达的个体可能会：

（1）充满兴趣、满怀热情地探索人类与自然环境。

（2）寻找机会观察、辨别、接触或关注物体、植物或者动物。

（3）能根据物体特征进行分类或归类。

（4）能辨认物种成员间或物体等级间

---

[1] 查尔斯·达尔文(1809—1882)，英国著名生物学家，"生物进化论"和"物种起源学说"的创始人，著有《物种起源》。
[2] 乔治·华盛顿·卡弗（1865—1943），美国农业化学家。他的研究对开发农产品的工业应用做出了很大贡献。
[3] 卢瑟·伯班克（1849—1926），美国著名园艺家。他一生都在进行果树种植实验，这些成功的实验使他享誉世界。
[4] 简·古多尔，自然资源保护者，世界上最有影响的黑猩猩研究权威。她帮助数以百万的人们理解了保护野生动物对地球的重要性，因此于1984年获得了 J. Paul Getty 的野生动物保护奖。

的模式。

(5) 热衷于了解动植物群的生命周期或人造物的生产。

(6) 愿意了解"事物的工作原理"。

(7) 对系统如何变化发展感兴趣。

(8) 对物种之间的相互关系以及自然系统与人工系统之间的依赖关系感兴趣。

(9) 能使用显微镜、双目镜、望远镜、观察笔记、计算机等工具去研究生物体或生物系统。

(10) 学习动植物的分类系统或其他语言结构或数学模型分类系统。如斐波那契数列[1]或分形[2] (fractals)。

(11) 对生物学、生态学、化学、动物学、森林学或植物学等职业有兴趣。

(12) 探索出新的分类系统或生命循环理论，或者揭示出物体间或系统间新的模式和相互关系。

三、自然观察智能的学习过程

本章的首要目的是为教育工作者提供一套具有指导价值的教学策略，该策略能把自然观察智能的思考技能整合进各门学科的教学中。加德纳提出，自然观察智能包括观察能力、反思能力、建立联系的能力、分类能力、综合能力、交流及对自然世界和人造世界的感知的能力，有了这些认识，整合就变得易于完成。自然观察智能的这些思维技能可以丰富所有学科的学习。

自然观察活动使课堂上的学习具有研究性，并富有个性。下面所提供的许多策略主要建立在一个跨学科问题的基础上，这个问题是"为什么该项目（一个数学事实，一片叶子的形态，一行诗等）与另一项目相似？"。教师可以在各个不同的学科中向学生反复提出这个问题，以鼓励学生独立地建构学习的内涵。一旦学生开始用自己的理论阐述为什么事情是他们看起来的样子时，学生就可以把他们的思想与同学的思想以及与那些得到普遍认可的学科知识相比较。通过这样的课堂研究活动，学生们可以获得关于世界的基本知识，关于世界如何运转的基本知识，以及有关用于认识世界的广阔框架与结构的基本知识。

我们承认，环境教育在发展自然观察智能中具有举足轻重的作用。但是，特别强调这一特殊领域似乎又超出了本章的范围与内容。相反，我们同意卡森的主张：

假如一个孩子想要使他与生俱来的好奇心持续不衰……他至少需要一位能够与他分享这份好

---

[1] 斐波那契数列来源于中世纪数学家斐波那契（Fibonacci, 1175—1250）提出的一个问题：一对刚出生的兔子过两个月后可以繁殖一对新兔子，问原有雄、雌各一只兔子，经过11个月后能繁殖出多少只兔子。斐波那契数列的公式是：$H_n=H_{n-1}+H_{n-2}$。

[2] 普通几何研究对象一般都具有整数的维数，如零维的点，一维的线，二维的面等。而分形几何的基本思想是：客观事物都具有自相似的层次结构，局部与整体在形态、功能、信息、时间、空间等方面具有意义上的相似性，即自相似性，如：一块磁体每一部分都像整体一样具有南北两极，不断分割下去，每一部分都有和整体磁体相同的磁场。适当放大或缩小几何尺寸，这种自相似的层次结构，不会发生变化。分形不仅应用于数学领域，也应用于自然界与物理学、流体力学、光学、化学等领域。

奇，和他一起重新发现世界的快乐、兴奋与神秘的成人伙伴。

提供如下活动，以帮助教师培养孩子在探索自然世界和人造世界时所体验到的兴奋与神秘：

创设自然观察智能的学习环境
　　大的图景
　　教室博物馆
自然观察的课程主题
　　自然科学主题
　　作为课程的自然
　　超学科主题
提高观察能力
　　非视觉观察
　　近距离观察
　　近距离观察来绘画
　　田野日志
察觉关系
　　指出相似物体间的不同
　　分类
　　收集
　　更多的分类建议
　　认识依赖关系
　　与社区建立紧密联系
假设与实验
　　培养好问的心理结构
自然观察学习中心
　　装备自然观察中心
　　自然观察中心活动
　　户外自然观察活动

> 自然地学习
> 提高自然观察智能的技术

四、创设自然观察智能的学习环境

要发展自然观察思维，不一定非得亲自前往沼泽地和自然保护区，学生们完全可以愉快地探索他们的学校、家庭、冰箱、杂货店、水坑，甚至他们的手掌或广阔的天空。他们也可以选用各种技术手段漫游海底或攀登高峰。

我们也不必把自然观察环境仅仅局限于"远处的"或自然界的东西，相反，通过扩展环境概念，我们可以通过"理解事物间的关联性"来处理学习与教学。爱德华·T. 克拉克（Edward T. Clark），一位环境教育教授和多篇获奖论文的作者，提出了一个变通的环境概念结构：

> 　　当我们把"环境"一词理解为我们生活的整个背景，以及生物学、技术和文化间的相互关系时，环境教育必定被看作对所有学习都有意义的更大图景。

（一）大的图景

帮助学生理解"更大图景"和"事物间的关联性"的一种方式是和学生分享一张影像：那张从太空拍摄地球的著名照片（见图8-1）。这一功能强大的影像显示出行星是一个彼此独立而又相互联系的系统。所有自然的现象和人类的现象都是更大行星系统的亚系统。就像人的心脏和肺是单个人体的亚系统一样,自然系统和人工系统也是更大系统——地球系统的一部分。所有系统都是彼此依赖的。尽管所有学术科目本身就是一个系统,但它们都只是一个更大系统的一部分,是人类试图理解自己的经验以及他们与环境的关系的一部分。

图 8-1

通过发展学生的自然观察思维技能,可以使他们察觉事物之间的相互关系。在本章后面的内容中,读者会发现,我们明确地提供了用以发展观察、归类及调查研究技能的建议。然而,在概述这些过程之前,我们建议学生积极管理与之直接相关的教室环境。抛开那些坐在座位上的探索,通过担任自己创办的以学科为基础的展览的管理者,学生可以对自己及他人的学习负责。他们能把教室转变成学生们自己建造的博物馆。

(二) 教室博物馆

"博物馆"一词源于古希腊九个缪斯的神话。缪斯掌管人类所有的知识,并把这些知识分为人文科学与自然科学两大类。因此,"博物馆"一词最初指的是进行启发和研究的地方。如今,大多数词典里把"博物馆"定义为展览和收藏有价值物品的机构。

尽管通常我们认为博物馆就是汇集了艺术、科学或历史方面有价值的作品的建筑,但也可以将教室改造成与博物馆相类似的进行启发和研究的地方。如果这样做,学生就承担了收集者、研究者、馆长等多个角色。作为"馆长",学生的角色发生了转换,他们不再是知识的接收器,而是在创设可以查询和学习的环境。

另外,通过收集和展示收藏品,学生们使用了许多自然观察思维技能。他们理解、加工信息,对资料进行归类和排序,并以高度个性化的方式描述所学的知识,扩展其在教室内所学的理论。下面提供的是建立一个教室博物馆的简单步骤。

建立教室博物馆

(1) 和学生一起回顾一个他们一直在研究的主要概念。

(2) 分派学生以单独或合作的方式组织展览,用以揭示他们对概念的理解。

(3) 明确说明一个成功的展览所包含的内容标准,包括下面任一项或所有项:

- 对概念的定义
- 三个或三个以上可以写、画或摄影的概念范例
- 简要说明概念为何和如何发挥其功能
- 描述概念与其已研究的其他概念之间的异同

- 解释概念在学生生活中的实际价值
- 用来引导参观者观看展览的简短小册子或记录

(4) 明确说明一个成功的展览所包含的视觉标准，包括下列任一项或所有项：

- 展览能够表现概念
- 展览能吸引参观者的注意力
- 展览具有视觉魅力和趣味
- 恰当地选择物体
- 内容的逻辑顺序
- 展览的布置、陈设或其他展示特征

(5) 分派学生负责收集、研讨并组织展览。为那些需要如下材料者提供手工纸、张贴板、彩色记分笔和杂志。

(6) 明确展览中墙壁、书桌或餐桌将占用的空间。请学生提前确定他们所需要的空间，这样在展览日就能轻而易举地安排展出品。

(7) 在一个预定的日子里，分派一半学生担任馆长角色，呈现其展览。一旦将展览品安排就绪，作为观众的其他同学就可以参观展览，并根据教师向每一"馆长"所建议的展出标准对展览做出书面的或口头的反馈。在预订的其他时间里，让学生们互换角色，进行上述活动。

如有需要，教师可以让展品在教室中陈列一个星期或更长时间，教师也可以创设各种博物馆展览，用于表现学生即将学习到的最重要的概念。也可以邀请其他班的学生和家长参观展览。假如可行，学生可以到附近的博物馆进行一次实地考察，约见当地馆长，学习专业化的展览怎样把参观者引导到受欢迎的作品前，以及怎样以令人耳目一新的方式呈现信息。

五、自然观察的课程主题

那些来自自然科学的概念能够支持和丰富其他学科的研究。例如，当我们考虑一种独立的自然现象，如季节现象时，需要考虑很多跨学科的联系。在社会研究中，学生可以思考季节性失业，季节与乡村和城市交通状况的关系，与消遣性娱乐活动的关系，与宗教节日和假期的关系，以及与政治事件的关系等问题。同样，健康课可以研究季节性的生理状况、情绪状态、睡眠状况，或蔬菜、水果的季节问题等。通过在课程中引入自然科学主题，学生能够体验到与更广阔的环境相联系的博大感。

（一）自然科学主题

以下是一些可能的自然观察主题：

相互依赖	变化	适应	平衡
资源	多样性	竞争	合作
相互关系	循环	形态	种群

（二）作为课程的自然

除了要把自然科学主题整合到课程之中，课程也可来自自然现象。在计划一节课、一个单元或者长至一学年的课程重点时，我们可以问："在我即将教授的这一主题中，自然将承担什么作用？"假如我们思考过这个问题，学生就可能思考为什么早期文明会起源于某一特定的地理位置，或者天气怎样影响了农业、世界经济、食物以及服装设计等。通过把自然作为中心主题引进教室，学生可以和教师一样更深刻地认识自己与周围世界之间的相互联系。

（三）超学科主题

像多数从事新闻报道的高中生所知道的那样，在所有的文章中都必须回答五个简单的问题。这些问题包括：时间、地点、事件、人物、原因。同样，作家玛丽昂·布雷迪（Marion Brady）也认为，要想理解一种经历，需要具有以下信息：①时间；②环境；③参与者；④活动；⑤动机（如果有人参与事件的话）。一旦知道谁在何时、何地、为何做了何事，则经历就显得富有意义。布雷迪建议，事实上，所有学科的知识，就其本身的现实性来说，都是通过一个概念结构来组织的，这一概念结构包括以下五个基本要素：

　　时间　环境　参与者　活动　动机

布雷迪对现实的超学科观点为所有的普通教育课程奠定了基础。上述简单的结构使我们更容易掌握课程的形态、结构和相互关系。学生可以在其任意一个或所有研究中确定这五个要素。另外，学生也可以探索这五个要素之间的相互关系，以及最终由这些关系的变化所引起的系统的变化。通过教给学生这些作为人类经验及学科研究基础的共同要素，学生可以真正理解世界运作的原理。像自然观察者一样，学生将能够把他们观察到的结果联系起来思考，并能理解复杂的相互关系。

六、提高观察能力

通常，当教师分配学生去解释一首诗，记忆分数乘法的步骤，或者绘制静态的生活图景的一部分时，他们都会对学生糟糕的观察能力感到失望。尽管学生们糟糕的观察能力可能是因为他们看了太多的电视节目，或过于缺乏观察的动力或想象力，但似乎并非所有学生都显示出这种不足。按天来计算，我们的感官记录下来的资料的数目远远超过我们所能意识到的数量。假如我们要评估、关注并记录这些资料，我们就必须要像自然观察者那样充分利用我们的观察能力。为了改善学生的感知能力，可以通过新奇的、开放式结尾的实验来提高他们的观察力。下列活动能够吸引学生的注意力。

（一）非视觉观察

埃兹拉·庞德[1]（Ezra Pound）把观察天赋形容为"在常人看见一件事的地方看见十件事的能力"。有时候，亲自动手搬动某一物品也可以增强我们的感知能力。在下面的两个热身运动中，不允许学生使用视觉，但他们可以使用其他感官来观察环境。

---

[1] 埃兹拉·庞德（1885—1972），美国诗人，对定义和促进诗学现代主义的审美观做出了重要贡献。

像自然观察者那样，他们可以使用其他的所有感官全神贯注、坚持不懈地"观看"。

蒙眼行走

首先要确定一个安全有序的、大约5分钟的蒙眼行走场地。最理想的路线是在学校的操场上，学校的门厅或教室内的通道也可以。把每两个学生分为一组，给每组一只蒙眼绷带，选派一名学生为引路者，另一名被蒙上眼睛者为随行者。并交换上述两种角色以使每名学生都有机会体验这两种不同的角色。

教师让学生在指定地点集合后，为每组中的一名学生蒙上眼睛。由引路者慢慢地、小心翼翼地引导着蒙眼者沿着人行道行走，并指导蒙眼者使用触觉、嗅觉、听觉去探索环境。回到起点后，蒙眼者摘掉绷带，角色互换。两名学生都完成了引路者和蒙眼者的角色之后，他们开始讨论非视觉观察的结果。下面是一些问题范例：

- 学生对这项活动的反应是什么？
- 他们主要依靠哪种感官去收集资料？
- 他们注意到了哪些依赖视觉观察可能忽视的东西？
- 他们遇到了多少不同种类的物体？
- 他们能形容物体的特征吗？

为了进一步扩展该活动，学生可以写出对引路和蒙眼随行的反应，引路者的特征和由这种经历所激发的感想。教师可以提供路线图，学生也可画出他们遇到的物体，并确定沿途所需的步数或测量单元数。

神秘袋（mystery bags）

另一种"非视觉"活动要求收集一些自然物品，如松果、贝壳、皮革、花或蔬菜等，把每一个物品分别放在一个纸袋中，使学生看不到该物品。选择一个纸袋进行第一轮提问。

将全班同学分成3~4组，从每组中选择一名观察者。观察者们来到教室前面，悄悄观看纸袋，不能向小组中其他成员提供任何有关所装物品的线索。

然后，观察者返回其小组，其他组员通过向观察者提出用"是"或"否"来回答的问题猜测袋内的物品。猜出后，再选另一名学生为观察者，开始另一轮的猜测活动。可通过如下问题来获得相关线索：

- 什么问题最有帮助？
- 什么问题最没有帮助？
- 哪一特征帮你辨认该物体？
- 你获知了以前不知道的该物体的什么特征？

为了扩展这项活动，学生可以设计一张高效能的问题表，写出对上述问题的反应，或者为全班同学设计他们自己的"神秘袋"。

在"神秘袋"游戏中用到的思维技能包括确认形态、辨认特征、进行推论和假设。在笔记卡上写出概念，把卡片放在袋子中，或传递给同学，这样，这一游戏和思维过程可以被扩展至任何学术问题上。例如，在数学课上，学生可猜测不同的数学或代数等式，测量单位，或几何图形。

同样，在社会研究中，也可用这一过程来辨认著名人物、历史事件或者诸如"民主""工业化"等概念。

（二）近距离观察

为了发展自然观察技能，有必要排除漫无目的的观察，学生应积极地进行提问，他们可以试着问自己："我看到了什么？""我怎样描述我的观察？""正在发生什么？""为什么？"通过观察和有意识地提问，成人与孩子都能建构出知识的内涵，并形成新的研究问题。

赫然放大

手持式放大镜或珠宝商用的高倍放大镜都是小巧而便宜的放大工具。它们能帮教师把一个新的视觉世界引入教室。使用放大镜观察常见的或罕见的日常物品，能够直接把学生的注意力集中起来，从而强化和提高学生的视觉体验。

珠宝商用的放大镜，外形酷似礼帽，通常，那些鉴别宝石的珠宝商所戴的就是这种放大镜。也可以为学生们买便宜的5倍放大镜。克里·鲁夫（Kerry Rueff）的《私人侦探方案》[1]（*The Private Eye*）一书是提供放大镜和其他自然观察学习材料的绝好资源。

通过观察培养跨学科智慧

在《私人侦探方案》一书中，鲁夫概述了跨学科使用放大镜和高级思维技能的方式。这一课程模式由四个步骤组成：

- 步骤1：学生用放大镜观察日常物品，以增强视觉印象，提高观察技能，同时满足其对自然界的好奇与兴趣。
- 步骤2：对放大的观察物进行类推，这样能够使学习富于个性，并增强其专注的程度。
- 步骤3：画出不同倍数的放大镜下所看到的物像，获得审美体验。
- 步骤4：通过论证"为什么这一物体类似于另一物体？"研究在自然界中物体的功能怎样决定形式，像科学家那样做研究，并形成理论。

推论并形成理论

鲁夫的方案在西雅图学区进行了几年令人振奋的实验之后，教师们发现，运用日常物品、珠宝商用的放大镜以及简单的问题能够在幼儿园到高中（K—12）的学生身上开发出"天才般的结果"。下面是一些跨学科计划的范例：

- 语言艺术：如实地记录观察结果，或用这些记录来推动故事情节的发展。
- 地理/科学：观察一粒豆荚种子，

---

[1]《私人侦探方案》，是一个关于近距离观察世界，通过分析进行思考，改变观察比例并将观察理论化的方案，该方案的设计目的在于培养学生的高级思维技能、创造性和科学常识。该方案的内容跨越多个学科，同时可以培养交流、解决问题和集中注意力等技能。已在美国和加拿大200多万学生身上得到应用，并取得了良好的效果。

确定它的传播方式及传播范围。
- 艺术：用素描、绘画或草图绘制出作为艺术品的放大的拇指指纹图。
- 职业教育：把一颗钉子放在雨中，使之生锈，观察钉子发生的变化，研究生锈的化学过程，以及为什么要在铁桥的梁上涂漆。
- 数学：按照不同的放大比例，精确地绘制出一个物体。
- 社会研究：用放大镜观察并分析公路图。

（三）近距离观察来绘画

"我已经了解了我从未画过的，从未真正看到过的东西，并且当我开始画一件普通的物体时，我能意识到它是多么不同寻常。"

——弗雷德里克·弗朗克，《看的真谛》

无论何时着手绘画，我们都会高度集中注意力。这样做时，我们就能融合内在的心理现象和外在的想象，从而形成近距离观察。绘画是记录、解释、放大观察结果的有效方式。尽管许多学生，尤其是八九岁以上的学生都声称他们不会画，然而如果他们将时间投入绘画，并同时尽量减少对物体画得像不像的顾虑，那么大多数学生都会非常喜欢绘画。

有一些小技巧可以帮助各个年龄阶段的学生把绘画当作一种愉快的体验。首先，教师可以向学生解释一些有关绘画的基本知识。莫娜·布鲁克斯（Mona Brookes，1996）已经开发出一种用以教授绘画基本要素的方法。在《与孩子一起画》（Drawing with Children）一书中，她解释说，孩子只需要掌握五种基本的形状就可以画出任何物体，这五种基本形状包括：点、直线、角线、曲线和圆。布鲁克斯的绘画技巧可以帮助学生画出自然界中的各种元素（见图8-2）。

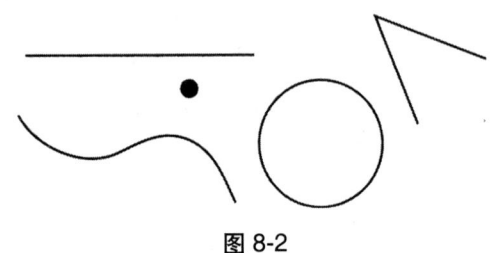

图 8-2

释放我们绘画能力的首要步骤之一就是要打破陈规，也就是绘画时的"非视觉、自言自语"，诸如一边绘画，一边自言自语道"这是眼睛""这儿有一根树枝"等。相反，如果我们专注于眼睛或树枝的曲线、角、圆、点或直线，我们就能更准确地认识并复制任何物体。

推动学生绘画技能发展的一个简单方法是让他们快速地勾勒出一个记忆中的简单物体，如苹果或铅笔。然后向学生展示一个真实的苹果或铅笔，让他们通过观察该物体的五种基本图形，画出该物体。大多数学生会取得令人惊奇的效果。

有助于提高观察技能的方法不计其数，例如：①画出物体某部位的特写。②使用放大工具画出所观察到的物体。③从远处，或从不同角度，如从侧面、背面或上方画出物体。还有一种有效的方法是让学生制作出一个约5厘米×8厘米，或10厘米×16厘米大小的卡片框（cardstock frame）。他们可以使用这个卡片框来确定绘画空间，从而避免视觉分散，提高视觉的集中程度。每当学生绘制物体、思考作品时，教师都可以要求他们重新审视作品，在作品中增加更多细节，离所观察物体更近一些，这样做的目的在于使学生们认识并质疑他们所观察到的结果。

（四）田野日志

对一个自然观察者来说，与自然相接触的一个重要作用在于能够不断记录所遇到的物体。通过保存田野日志，可以在日后回顾那些资料、草图、问题、反思，并与他人分享。由于自然观察者经常就其所观察到的内容提问，所以建立一种既能涵盖事实又能保存思绪的连续的日志格式就很重要。表8-1的双条目日志是一种可选格式。

记录观察日志需要意志努力和不断练习。开始时，可以先观察一个单一的、短暂的场景或事件，逐渐发展到记录结尾更开放的经验，这样做很有益处。学生可以用各种对他们最有帮助的方式来修改日志格式。例如，可以在一些日志中增加条目或艺术速写页。

在田野中观察什么

如果可能，学生应有机会在自然环境中练习使用田野日志。在学校附近、当地公园或居所附近，都可能有绿色空间。或者，教师可以把散步当作一堂课或者给学生留作家庭作业，下面提供的问题能够指导学生在野外记录日志和画草图：

- 这一区域的温度、湿度和光照如何？
- 当地地形如何？它是多丘陵的，还是多草的，或是平原？
- 描述当地的土壤特征。它是岩石质的、黑色的、沙质的还是多水草的？

表 8-1

所观察物体的细节与事实	对所观察物体的问题、思考、感觉

- 该地区有多少动物和植物？它们都是同一种类的吗？
- 这些动植物看起来都健康吗？
- 这些动植物的存在能够告诉你关于当地环境的什么特征？
- 你认为这些动植物为什么生活在这一栖息地？
- 某一区域的动植物与另一区域的有什么不同？
- 画出一种或更多种你想深入研究的动物或植物的草图。
- 在观察中，使你惊讶的是什么？

返回教室后，帮学生鉴定他们所观察的动物群和植物群，鼓励他们探索个人问题的答案。

对话日志

在偶然情况下，教师和学生们发现了使用"对话日志"的激励作用。这些日志收录了日志记录者与教师或同学之间的对话。读者对观察结果及日志记录者记录的问题做出反馈。对话日志的格式可以包括反馈列，或者答复者可以在该页的空白处或背面简单地写一些反馈意见。在使用对话日志时，重要的是确保学生拥有对他们不想与人分享的内容的隐私权。

田野日志不仅限于记录自然现象的资料和问题。它们也可以评述课堂上的互动、解决问题的过程，以及学生对所学内容的反应。一些教师发现，由于日志能够帮助他们洞察学生的知识内容以及解决问题的方式，所以日志可以用作非正式的评价工具。

七、察觉关系

我们分辨相互关系的能力基于三个基本的认识过程：①区别异同；②根据不同标准对物体分类；③察觉相互关系。许多自然观察者非常擅长这些思维过程。这些人都是着迷于事物间相互联系的系统思维者。同时，这些自然观察者们愿意详细地思考那些他们想要了解的生物的名字、特征，以及这些生物在更大生命网中所处的位置。下列活动可以使学生进入比较、对比、分类以及察觉依赖关系等自然观察的思考过程。

（一）指出相似物体间的不同

这一活动使学生能够敏锐感知类似物体间的细微差异。学生将比较、对比乍看上去相似的两个物体。在开始这一过程时，首先提供给每位学生一张"比较与对比图表"（见图8-3）。教师和学生一起浏览图表，并向学生解释他们要做的第一步工作是在图表上方写下所观察物体的名称（如石头、羽毛、苹果等）。其次，让学生区分成对的物体，并为每一个物体命名。再次，列出物体间的相同点，然后，确认物体的外形、长度、重量、颜色、条纹及大小等具体特征以做比较。最后，由学生们完成图表中的"不同点"部分。

学生们可以配对或组成小组来开展这一活动。给每组两个物体，如：两个胡萝卜、两个苹果、两只贝壳、两块石头，或者两

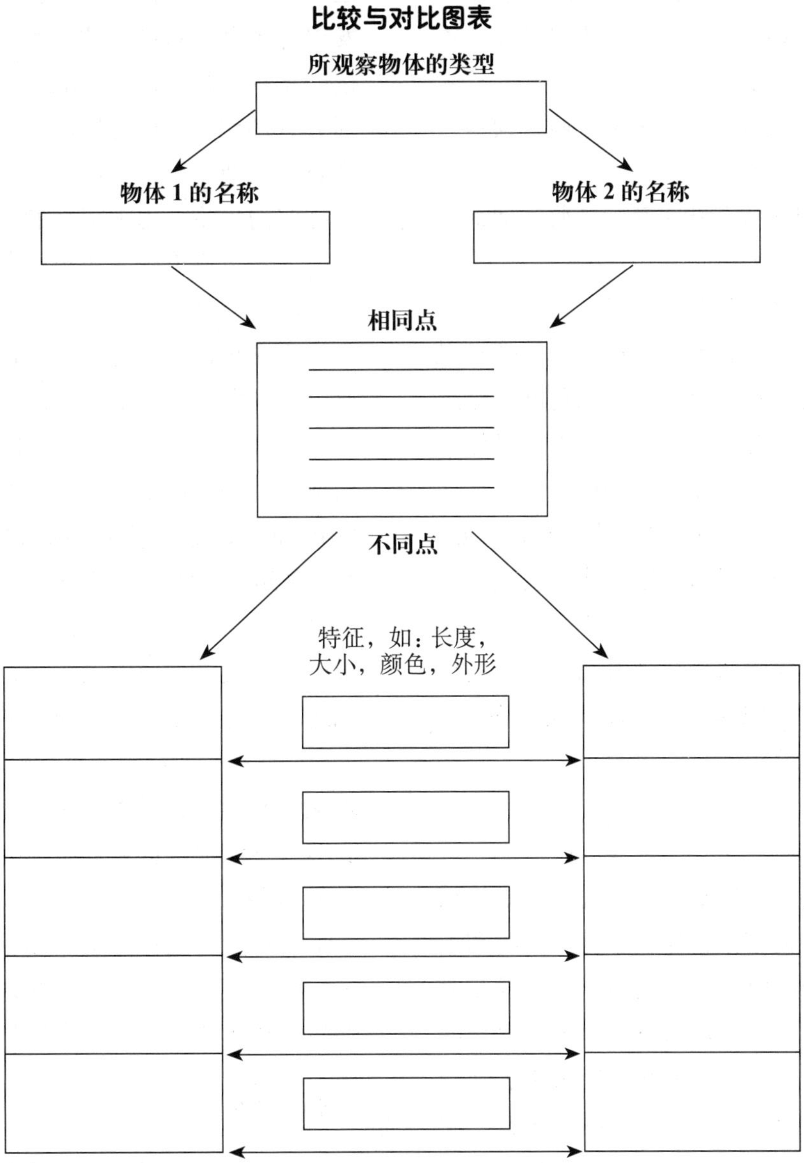

第八章 我们周围的世界：自然观察智能

比较与对比图表

所观察物体的类型

物体1的名称　　　　物体2的名称

相同点

不同点

特征，如：长度，大小，颜色，外形

图 8-3

片鸟羽，让他们完成图表。然后教师以下列问题进行引导，获取有关活动情况的信息。如果需要，学生可以先在小组内讨论其图表，然后再与全班同学讨论：

● 他们对成对物体的最初印象是什么？
● 他们的印象发生了怎样的变化？

- 他们使用哪些感官去观察成对物体？
- 在这些物体中，相同点更多还是不同点更多？
- 他们认为是什么导致了物体间的相同之处？
- 他们认为是什么导致了物体间的不同之处？
- 有办法证明他们的假设吗？

为了进一步提高观察技能，教师可以改变学生所观察的成对物体的角度。经过多次这样的成对观察之后，学生可以思考他们观察细节能力的明显变化。

这一过程可以应用于所有课程。例如，教师可以复制若干份表格，让学生比较州政府内选举的官员与任命的官员，名词和动词，或者食草动物与食肉动物之间的异同。注意，在第四章中可以找到另一种"比较/对比模板"。

（二）分类

分类是一种基本的认识过程，是指根据共同的特征，把物体、事件、生物和现象归到一个群中。分类的另一个方面是给每个项目群贴标签，用以说明该项目群的本质特征，这一点在元素周期表中表现明显。通过分类，可降低环境的复杂性，使物体变得便于确认，使学生能集中注意力，使资料具有组织性，并能觉察物体间的相互关系。

数千年以来，人们一直竭力对动植物进行分类。到目前为止，生物学家已经开发出许多分类系统，这些系统使所有生物按一定秩序排列，早期的分类体系把生物划分为两组：①有用的，②有害的。这种分类方法似乎是恰当的。随着人们发现越来越多的生物，出现了新的对自然现象分类的方法。亚里士多德根据是否有脊骨设计了动物分类系统。他又根据植物的大小与外表，把植物分为草本、灌木和树木三类。亚里士多德的分类方法沿用了约两千年。

现代分类的基本构思来自18世纪的瑞典自然观察者卡尔·林尼厄斯[1]（Carl Linnaeus），他根据动植物的构造进行了分类，并给每一物种起了一个可辨别的名字。他对动植物的分类方法沿用至今，这就是所谓的分类学。像成人一样，许多孩子也沉迷于学习环境中自然现象的名称。事实上，一些孩子对特定的自然物种（如蜘蛛、恐龙等）的知识量令人惊奇。并且，他们能够自发地提供信息或将他们所了解的内容教给他人。为此，我们建议如下活动，让学生对物种进行分类和贴标签。在这个过程中，可以丰富学生的知识内容，并改善他们对认知这一重要过程的运用。

（三）收集

戴维·阿腾伯勒（David Attenborough, 1989）在《地球上的生命》（*Life on Earth*）一书中讲述了达尔文24岁时的一个故事。那是1831年，达尔文作为一名自然观察者

---

[1] 卡尔·林尼厄斯（1707—1778），瑞典植物学家，对分类学的形成与发展做出了巨大贡献。

搭乘英国皇家海军舰艇毕尔格号（Beagle）前往南美洲。在里约热内卢郊外的一个森林中，仅用一天的时间，在一个小小的区域内：

> 达尔文收集了68种各不相同的小甲壳虫。仅仅一类生物就有如此丰富的种类，令他感到震惊……他对丰富多样的物种形式深感困惑。

28年后，达尔文（1859）发表了《物种起源》(Origin of the Species by Means of Natural Selection)一书。

向学生教授分类方法，并培养他们近距离观察自然现象与人工现象能力的一种方法是收集物品，这种方法可以让学生动手操作。学生们可以收集动物群或植物群、书籍、数学问题、社会问题、食物偏好、汽车、音乐等任何最适合于教学的内容。一旦学生们收集了一些"样本"，他们就可以通过不同的类别来对物体进行分类了。

学生作为收集者

收集的四个简单步骤包括：
（1）确定收集对象；
（2）寻找适当的收集容器或书籍；
（3）有鉴别地收集；
（4）对收集物进行分类、标示。

在学生开始个人收集之前，全班一起收集一些物品是有帮助的。例如，每个学生可以将一枝花或一片叶子带到班上。教师提供一个容器，可能是一个被分成20～30份的长方形的盒子，用于盛学生的样本。可以根据其一般名称和科学名称对带到班中的物品进行分类和标示，这些物品的名称可以在许多手册中找到。其后，学生可以对如何组织这些收集物提出分类建议。再分派一两个人根据已确定的分类标准进行挑选。而后全班一起，区分所找到的叶子类型，画出条形图或圆形图，用以表示某植物的一种类型与该植物其余类型的比率。

下面将进一步详细描述收集的四个步骤：

步骤1 开始收集时，有必要确定适于收集的物品。在社会研究课上，适于收集的物品可能包括照片、城市、州、国家、著名女性，及不同政府组织结构的手写卡。在科学课上，可收集画有细胞、云、星星或星系的"交换卡"(trading card)。在数学课上，学生可以收集收据、报纸上的温度报告、股市清单或广告。

步骤2 确定装学生收集物的适当容器。这些容器可能包括笔记本、鸡蛋盒子、小鞋盒或卡片盒（可以用细长的卡片把它们分成几部分）、塑料容器、珠宝盒，或手制的空白书本。剪贴簿最适用于收集平展的物体，如压好的花或叶子、交换卡、邮票、照片等。

步骤3 当学生准备好开始收集时，可以回顾一下相应的收集规则。在收集自然样本时，学生应克制自己不去采集保护区内的物种或私人财产的欲望，并避开有毒的动植物，必要时要戴上手套或其他工具，以尊重所有生命。收集人工物品时，收集前，要先征得家庭、学校或其他地方机构的许可。

步骤4 一旦收集好了样本，学生可对其分门别类，如种子、花、叶子或树皮。对这些物品进行整理时，不应限制类别的数量和类型。由于收集到的物品不仅仅包含动植物群，所以有一些分类可能包括年龄、品种、类型、商标、功能、成就、产地、团队、打击率（batting averages）。自然物种可以根据功能、大小、外形、颜色、年龄或种类进行整理。

应小心而富有艺术地将样本放入容器中，并且学生要为自己所收集到的每一个物品贴上标签。假如标签的对象是动物群或植物群，则要求标出其一般名称与科学名称。在图书馆和书店中可以找到大量的手册帮助学生确认动植物的名称。罗杰·托里·彼得森[1]（Roger Tory Peterson）的分类系列非常有名，学生也可以找到其他关于鸟类、树木、昆虫、花、菌类、哺乳动物、濒危动物的分类系列。名为《野外首要指南》[2]（First Field Guides）的新奥杜邦系列也是极好的参考资料。

多感官收集

并非所有的收集都需要视觉参与。一些收集可能由嗅觉、味觉、触觉或声音来完成。例如，在一节高二的化学课上研究世界各地主要的茶叶，包括亚洲的红茶、绿茶以及流行的草本茶。学生们创造了许多描述不同茶叶的味觉与嗅觉的形容词进行评估和分类。然后他们查询古老的茶书，寻找先人提出的鉴定茶叶的标准。依靠其他感官系统进行收集，能够提高我们的感官意识，扩大我们的词汇量。

（四）更多的分类建议

像在第四章所提到的那样，使用图表工具可以帮助学习者快速掌握概念，发现从属思想间的相互关系。通过视觉媒体，可以有效地传达分类系统。由于分类系统像家庭树一样具有很多分支，所以它们可以以一定的格式用视觉化的形式呈现出来。下页的图8-4是一个"分类树"样本。

分类树不仅对记录和阅读分类系统有帮助，而且可以应用于对其他资料的分类中，例如地理分类树（见图8-5）。

实际的和想象的动物分类

如果学生所从事的是他们真正感兴趣的主题，他们会迫不及待地投入分类工作。他们感兴趣的一个主题是动物。许多学生（甚至成人！）都对动物、动物的行为以及怎样最好地照顾动物等问题着迷。表8-2是另一种类似的图表分类工具，其使用方

---

[1] 罗杰·托里·彼得森（Roger Tory Peterson），美国博物学家、艺术家和作家，以画鸟及出版鸟类图鉴闻名于世，曾获总统自由勋章。
[2] 《野外首要指南》是由国家奥杜邦协会组织编写的一系列野外指南丛书，包括动物篇、哺乳动物篇、植物篇、树木篇、岩石篇、矿藏篇和气候篇等。

分类树

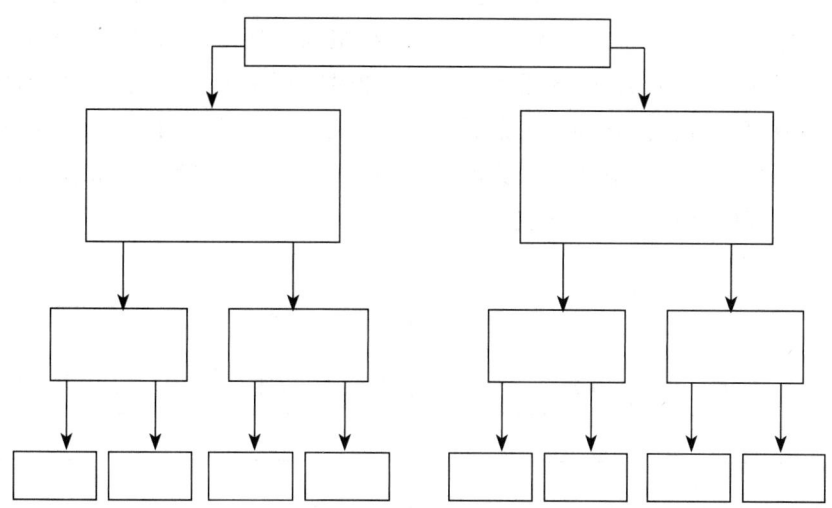

图 8-4

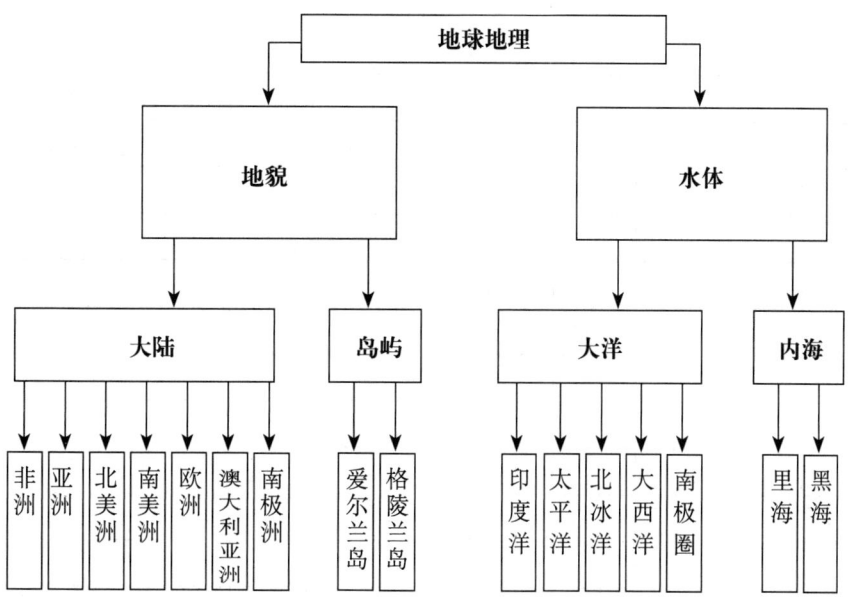

图 8-5

为了教会学生给动物分类，教师可以发给学生下面的表格。让学生们3~4人一组，进行头脑风暴，写出他们熟悉的动物，但要对动物名称保密。在确认了熟悉的动物及其特征之后，所有学生（一人除外）将他们所选择的动物填写在下表（见表8-2）中。要求每组有一名学生不填"动物"一列，而填写表中的特征部分。然后小组间交换他们未完成的表格，尝试着仅通过特征来确定彼此选择的动物。一旦小组完成了这一活动，全班一起检查表格的正确性，并填写表格中未完成的内容。

表 8-2

	动物	习性	天敌	食物	食肉性或食草性	大小（大、中、小）	颜色
1							
2							
3							
4							
5							
6							
7							
8							
9							
10							
11							
12							
13							
14							
15							
16							
17							
18							
19							
20							

虚构生物

学生也可以自己虚构动物来分类。采取个别或小组活动的方式,让学生们通过下列特征来虚构生物:

- 它怎样移动?
- 它能被分为几部分?
- 它的感官是什么?
- 它具有哪种骨骼系统或软体组织?
- 它的身体覆盖的是什么?

确定了上述问题的答案后,学生可以画出他们的虚构生物,标明其特征,给它命名,并根据科学分类系统对它分类。这类活动有可能成为学生终身难忘的学习经历!

(五)认识依赖关系

没有一种生物,无论是动物还是植物能够单独存活。每一种生命形式都依赖其他有生命物和无生命物而生存。为了让学生快速地掌握"依赖"这一概念,教师可以请他们去确认一些他们生活中必不可少的有生命物及无生命物。由于其间的相互关系不胜枚举,所以这是一件说起来容易做起来难的工作。

在本书的其他章节中,我们已经建议学生积极参与演示相互关系的实验。例如,在第六章中,我们推荐了以教室为基础的合作学习技术,某地方社区的服务学习活动,以及环境教育方案的青年峰会技术。了解人们之间的相互依赖关系非常重要,但是理解不同生命形式之间的依赖作用同样很重要。通过食物链可以引入不同生命形式之间的相互依赖关系。

相互依赖的范例:食物链

在学生从事下面的活动之前,可以向他们解释食物链的基本组成部分。可以告诉学生,在一个生态系统(一起生活在一个特定区域的有机生物)中,当生物以彼此为食物的时候,就存在着食物链。通常大的动物以小的动物为食,这样,就形成了一条链。例如,美洲狮以鹿为食,鹿以草为食,草从土壤中吸收营养,土壤又从腐烂的动植物那儿得到养分。在食物链中有三个主要角色:

- 诸如草、树木等制造食物的生产者
- 吃食物的消费者
- 能够分解死亡动植物,把营养返回土壤,以真菌和细菌为主的腐生物(分解者)

几乎所有的食物链都始于阳光,因为阳光能够产生动植物生长所需要的能量。典型的食物链从阳光到植物到食草动物,最后到食肉动物。

认识食物链

学生可以通过一些操作物创造简单的食物链。他们可以在笔记卡(note card)上标出当地环境中可以见到的生产者、消费者、分解者,并按照正确的顺序组织它们。学生也可以进行野外考察,观察动态的简单的食物链。例如,观察吃草叶的蝗虫和吃蝗虫的蛙。教师也可以向学生展示一些有关图示,要求他们确认其中的几条食物链。

然后学生可以画出他们认识的食物链，也可以在一首诗或一幅画中反映生命间的相互联系（见图8-6）。

图8-6

（六）与社区建立紧密联系

像所有教师知道的那样，学生经常提出一些简单却难以回答的问题。由于很少有教师的八种智能都很突出，所以与那些能够回答学生问题的专家建立联系很有帮助，并且这些专家也可能成为发展中的自然观察者的良师。多数社区都可能设有如下一种或多种机构。学生可以查询当地的电话号码与相关人士取得联系。教师也可以与下列机构建立各种关系：

- 水族馆或海洋馆
- 植物园或树木园
- 大学中的生物系、森林学系、动物学系、海洋生物系、环境科学系、生态学系
- 国家合作延伸服务机构
- 环境组织
- 森林业界
- 园艺设计者
- 博物馆
- 国家、州或地方公园
- 自然中心
- 苗圃
- 州农业、森林业或自然资源部门
- 野生生物庇护所
- 动物园

当然，教师和学生可以充分利用网络以获得几乎所有主题的进一步信息。另外，本章后面将要介绍的几种新技术方案也能够激发学生探索自然界的好奇心。

八、假设与实验

在自然环境中的简单观察可能发现非常重要的问题。例如，一天，当著名的自然观察者洛伦·艾斯利[1]（Loren Eiseley）在费拉德尔菲娅动物园（Philadelphia Zoo）附近散步时，开始思索为什么池塘中的鸭子身上有如此漂亮的花纹。从这次观察以及这个问题开始，艾斯利又对自然选择的概念，以及自然选择对鸭子多彩羽毛形成的作用提出疑问。自然观察者使用

---

[1] 洛伦·艾斯利（1907—1977），在人类学、考古学、教育学等领域颇有建树，同时还是一个诗人与作家。

他们的观察能力既提出问题，又找到可能的答案，他们通常对寻找自己问题的答案富有兴趣。

通过许多教室内的实验，学生能够提出问题并寻求答案。在"逻辑-数理智能"一章，我们描述了科学的实验方法，并提供了假设范例让学生去学习。可以肯定地说，同样的实验程序也可以应用于研究自然现象。下面是一些关于植物的实验范例。

教室内的种植问题

（1）学生可以不同方式开展种植植物的试验，如用种子、球根和插条。他们可以找到促进植物生长或妨碍其生长的方法。

（2）比较有肥料的植物生长与没有肥料的植物生长之间的异同。学生可以猜测需要多少肥料才能影响植物生长。为了回答这一问题，有必要进行一个控制实验变量和其他测量变量的实验。

（3）比较不同变量条件下植物的生长速度。他们可以提出问题，"湿度、热量或水对植物有什么影响？"如有必要，可再进行一次控制实验，每次测量一个变量。

学生通常喜欢教室研究中所提供的动手机会。然而，通常情况下，教室不可能经常提供从事类似研究项目的机会。我们每天所能做的就是教会学生提问，并激发其内在的好奇心。

培养好问的心理结构

通过提出没有现成答案的问题，可以培养自然观察者的好奇心。为此，学生可以从关于所教学科的争论及开放结尾的问题中学习很多知识。在学年之初，确定一个或两个需要整年思考的问题。例如：可以问学生，调查研究以何种方式丰富了我们的生活，或者它通过什么保证了他们的学校环境具有自我维系的特征。在教学单元开始时，学生可以陈述自己的观点或假设，然后随着研究的深入，修改其假设。这样，在一个尊重神秘与发现的学习环境中，学生可以培养出好问的心理结构。

九、自然观察学习中心

通过设置简单的自然观察中心，教室可以成为自然世界的缩影。这样的自然观察中心使学生认识自然现象，鼓励他们延伸自然与其他课程领域之间的关系。中心还鼓励观察、探索、实验。教室的角落通常是设置自然观察中心的好位置。它可以简单地用一张桌子建成。如果可能，最好在窗户附近种植植物，将放有架子的地方用于展览或储藏。在中心，鼓励学生展示他们发现的人工制品。如果可能，可以在中心放置简单的参考书以便于学生随时取用，这可以扩展学生的兴趣，或帮助学生找到他们所提问题的答案。每两个月要增加新的活动项目以维持和激发学生的好奇心。在中心，学生可以为其所收集的信息做出总结或图解，或者使这些信息成为个人日志上的条目。在学生开始中心的工作前，教师应该再次指导学生使用材料的方法和适宜的行为准则。

自然观察中心的标准设备由一些简单的、容易找到的物品组成。这些物品可能包括：

（一）装备自然观察中心

采集工具

纸与塑料杯	塑料包装纸	清理过的分类容器
镊子	滴药管	

观察与测量设备

珠宝商的高倍放大镜	放大镜	温度计
显微镜	双目镜	汤匙和套杯
天平	尺子	计算器

动物设备

笼子，盒子，盆	昆虫笼子或广口瓶	鸟屋
鱼缸		

种植设备

鸡蛋盒子	被剪掉一半的牛奶盒	花盆
盆土	园艺工具	动植物培养箱

假如需要，可设水洗台设备

试管	塑料容器	筛子
漏斗	海绵、软木塞、洗涤器	食品颜料

记录材料

记号笔	笔记卡	录音机
摄像机	纸	绘画垫子

样本

岩石	贝壳	豆荚
细树枝	昆虫样本	纤维
谷物	种子	树叶
骨骼	羽毛	

随着教室内自然观察中心的建成，学生可以从事各种可以扩展至任意学科的活动。下面一些范例可用于培养学生的自然观察技能、确认形态的技能、分类技能及实验技能。

（二）自然观察中心活动

（1）要求学生把样本放在显微镜下，或用珠宝商的放大镜观察。为了进行分类、辨认形态、分析及推理，学生可以回答如下问题：

- 这使我想起了什么？
- 这与……比较起来怎么样？
- 这与……哪里相同？
- 为什么目前的方式会是这样？

教师可以将这一活动进行变通，比如，可以要求学生制作一个至少有三个物体取自于自然观察中心的个人收集。受其收集物的启发，学生可以写出一些比喻，并可以将研究内容与其他事物联系起来。例如：

- 社会研究内容：叶子叶脉的分权与繁殖类似于殖民时代北美洲人口的增加。
- 科学内容：树皮上毛刺的排列看起来就像在磁石的吸引下铁屑的排列。

（2）在中心栽种各类种子，如草种、南瓜种、向日葵种，或者干豆籽。要学生选择一粒种子进行预测，然后测量两周内种子的生长速度。问学生他们是否预料到种子大小与发芽速度之间的关系。学生可以进行自己选择的实验，如空气和阳光怎样影响了植物的发芽与生长。他们的假设可以通过其观察和学校课本得到验证。我们可以将预测、观察及证明的能力迁移到其他领域，如创编故事、作曲、推测历史事件、观察天气或海洋形态。

（3）要求学生在自然观察中心观察各种样本。不是要让学生根据物体通常的名字，如岩石、羽毛或种子来分辨物体，而是要求他们为每一物体起一个富有创意的名字。这样做可以使学生感觉到好像是第一次发现这个物体。向学生解释科学家通常以下列方法为事物命名：

- 以事物本身命名
- 以事物的颜色或表面特征命名
- 以事物的发现地或生活地命名
- 以事物看起来像的东西或使科学家所联想到的东西命名

经过这一活动之后，学生通常会对分类系统及物体怎样获得其名字产生更大的兴趣。教师可以建议学生进入不同学科范畴，如语言的词类或周期表的元素，并假定这些分类的原因。

（三）户外自然观察活动

到户外是进入自然观察世界的一种有效方式。这样的观察机会为学生提供了他们一直渴望的经历：到外面活动，接触自然，检验假设。户外活动的可能方式多种多样。我们提倡以下三种对于多数班级来说更便于控制的活动。

自然散步

确定约30分钟的户外散步很容易落

实。散步的场所可以选在学校操场内外。在走出教室前，回顾下列散步时希望学生注意的项目：

- 观察一种比学生的手还小的自然物种。画出草图。
- 观察比一座房子还要大的物体。花一点时间把它的形象留在脑海中，并快速勾画出该物体的轮廓。
- 尽力改变你的视觉角度。从侧面看，从近处看或从远处看。略记一些关于景色变化的笔记。
- 倾听远处的声音和近处的声音。略记下你所听到的内容。
- 触摸粗糙和光滑的东西，并简要描述你的感觉。

学生散步之后，把他们带回教室，让他们反思下列问题：

- 他们最喜欢哪种感觉经验？为什么？
- 他们得到的意外经验是什么？
- 他们遇到什么具有挑战性的事物？
- 这次活动中，出现了什么问题？
- 关于自然观察者的思考和工作方式，他们学到了什么？
- 他们可能在其他什么地点使用散步期间的一些活动去强化其学习？

观察一棵树

教师在学校中挑选一棵树，让学生在整个学年中定期观察。学生可以预测一年中树可能发生的变化，然后观察、记录树实际发生的变化。学生可以收集并画出树叶、树枝、树芽以及树上的昆虫，把这些物体分类，确定相关的食物链。他们可以把树的生活周期与人类行为的季节变化进行比较。

便捷框

华盛顿州莱西地区的六年级教师玛吉·迈耶（Maggie Meyer）和她的学生使用一种叫作"便捷框"（A Quick Quadrat）的工具。"便捷框"指的是科学家用来收集资料的方框。这一活动的目标是加强学生观察与收集资料的能力。在到室外之前，让学生配对。给每对学生一段剪成12米长，两端系在一起的纺线。坐下后，学生在桌面上练习制作边长3米的方框。接下来全班一起预测，室外有哪些物体将出现在他们的便捷框中。并把这些预测罗列在黑板上，用于以后比较。

到了室外后，教师应带领学生到事先选好的、能提供最丰富的自然物种的地点。在那儿，学生布置他们的便捷框。如有必要，他们可以使用牙签标明并固定方框的四角。每名学生都在资料单上列出自己观察到的物体，出现在其便捷框中的物体数量，并画出一个或多个物体。

返回教室后，通过回答下列问题，学生们可一起分享他们所收集到的资料：

- 发现了哪些物体？
- 学生的预测中有哪些是准确的？
- 有哪些是不准确的？
- 用什么可以解释这些不准确之处？
- 为什么一些物体会聚集在一起出现在便捷框中？

- 关于他们的便捷框，特别有趣的是什么？
- 他们选择的其他观察。

还有许多"便捷框"的扩展活动可以用于其他学科领域。学生可以构建资料图表或象形图。他们可以创编数学应用题，或者制作艺术展览。他们可以用虚构的或非虚构的方法解释一个物体怎样出现在学校操场上，或者这些物体怎样与学校周围更广阔的环境相联系。

十、自然地学习

当校园环境中技术设备占据越来越大的比重时，让学生有机会接近自然环境就显得很重要。一些学校社区中采用由新奥尔良建筑师史蒂文·宾格勒（Steven Bingler）所开发的独特的参与式、系统化的设计工艺，让学生参与规划其学习环境。宾格勒促进了教育家、心理学家、建筑师、城市规划者、软件开发者、学生、家长、社区商业代表及非营利组织之间的沟通。他认为这样的社区设计，将导致"新的学习环境的形成，这一环境能够涵盖终身学习者所创造和使用的丰富多样的学习范围"。

几个校区已经在着手实施这个过程。在加利福尼亚州斯托克顿（Stockton）的林肯高中西校区，学生们认为，他们所能想象的最丰富的学习环境是农场形式。在规划新的学校时，学校的乡村背景越来越清晰，在这一背景中，学生被美丽、宁静的大自然所包围着，这正是他们在新校园内最想得到的。建成后，学校将坐落在乡村环境中，但是它仍然设有一个宽敞的计算机技术中心，该中心可以召开电信会议，并有一个礼堂，有若干大型会议室。还有一个商业会议中心，可将其提供的收入用于支持学校的开支，校园内还设有健康中心，该中心也可作为一种社区资源，为学校获得额外收入。

在听说了林肯高中的规划过程之后，斯托克顿北部的西普莱塞校区（Western Placer School District）也决定实施允许学生与社区广泛参与的地区设施计划。当地的一个房地产开发商已经为学区捐赠了68万平方米地产以及2000株柑橘树。果园每年都为校区提供总计40万美元的收入。一个经过周密计划的、富于创造性的环境研究课程能让学生在自然环境中接受可动手参与的科学教育，同时，学生们还要学会管理这项计划。

这种将学术与自然相整合的范例不仅仅出现在乡村背景下。在明尼苏达州，一个富有创造性的学校设计方案是"动物园学校"，该学校坐落于方圆80万平方米的明尼阿波利斯动物园（Minneapolis Zoo）内。动物园捐出它们的土地供一所两年制的公立高中使用，同时动物园的科学家也参与授课。这所中学的入学竞争很激烈，学生是否录取部分取决于他们撰写的为什么要进入该校就读的小论文。在该校所提供的综合主题课程中，包括社会研究、语文和环境科学。许多在其他学校中表现不好的学生在"动物园学校"表现优异,该校允许学生以富有创造性的学习方式积极融入非同寻常的环境中。在这里,学生的自然观察智能获得了很好的发展。

十一、提高自然观察智能的技术

最近,在日本举行了一次关于多媒体技术对人类发展影响的讨论会。会议第一天,就提出了很多问题,如通过新技术学习、"寓教于乐媒体"、设计和利用各种新型学习空间、使用互联网、虚拟实境方案、网络时代的科学教育、在多媒体环境中成长以及"电脑儿童"的未来等。在会议结束前,观众席上的一位日本教师请求发言,她说:"上周,东京下了一场雪。我记起了小时候在雪地里玩耍的情景,体验着雪花落在脸上的感觉,堆雪人、打雪仗等令人兴奋的事情。我向窗外望去,令人奇怪的是雪地里竟然没有脚印!"像这位教师一样,许多教育工作者开始关心把业余时间花在屋内看电视、玩电脑游戏的大量儿童。这些儿童没有其他可开展的活动,以适度地平衡他们的生活。

尽管电子技术越来越普及,并且已经开始融入我们的生活,但从根本上说,电子技术不能取代人类与自然的交往和由此而获得的体验。然而,电子技术终究是使科学研究、科学探索和其他自然观察活动更加便捷的极好工具。电信传送技术让学生理解了与其直接相关的环境以外的世界,向他们展示了其活动怎样影响了世界。

在下面所示的例子中,这些工具使学生可以更详细、更深入地理解真实的经验。

许多学校使用手提电脑架起了教室与野外实验的桥梁。在芝加哥城郊的一所高中,老师们指出,手提电脑提高了所有学科的生产效率,这些学科包括:语言艺术、科学和社会研究。一位生物教师通过红外线向学生们的手提电脑"发送"作业,然后,学生使用电脑在野外收集资料,并把资料输入学校的电脑中。这些学生用手提电脑处理资料,与同学讨论资料,并在返回教室后,用电脑写报告。

在另一个项目中,在亚利桑那州,20位六年级学生使用各种科学工具去测量土壤与水温,风速及土壤的组成。他们也使用与当地的无线电区域网及步话机相联系的可移动计算机,彼此合作并交流所收集的资料。学生、教师和技术人员被分为三组,在不同地点收集资料。他们与另一个基地营组交流所收集到的资料,由基地营组负责提供设备,协调活动,向24千米外的学校内另一小组传递信息。学校内的小组负责建立结果资料库。自然观察者与这一小组一起工作,以提高他们的理解能力,并提供要反馈给野外学生的更深入的信息。

尽管学生不太可能真正去探索一些地方,诸如地中海深处、活火山口、加拉帕戈斯群岛(Galapagos Islands)或冰岛,但是通过本书第三章中提到的JASON计划,他们可以获得身临其境的体验。通过这一计划,有数以百万的学生与现场的探险家们进行了真实的交流。JASON计划是由罗伯特·巴拉德（Robert Ballard）博士创建的，巴拉德博士是泰坦尼克号残骸的发现者，并一直积极参与这个计划。JASON计划把真实的兴奋带到科学课上。通过技术手段，学生参与了为期两周，并与全年课程相联的年度科学探险活动。学生们与教师们陪同JASON科学家们到达探险现场，承担在线示范与实况广播的任务。在互动的第一现场（primary interactive sites，PINS），学生可以通过卫星连接进入博物馆、教育机构、研究机构的网络，与科学家进行交流，可以通过对探究现场的遥控设备来操作机器人及科学设备，他们还可以看到并参与现场转播的最新探险活动。

虚拟探险的另一个例子是"国家地理杂志的亚马逊探险"（National Geographic's Amazon Quest）计划，该计划是探险家布特纳（Dan Beuttner）组织的几个计划之一。亚马逊探险是在一个坐落着五十多个仍然"互不接触"的土著部落的地方进行的，这种探险经历可以帮助学生去理解当地人所面临的挑战。在无线计算机、卫星发射器和手提式电子发生器的帮助下，布特纳和他的队员们实现了远程现场访问，放映了远程露天电影（post movies），进行了远程野外报告，并和数千名坐在教室内的学生进行了交流。每天，学生们都要去讨论并选择亚马逊探险所面临的道德难题，如：是否购买那些可能会有助于杀害濒危动物的产品。布特纳说："我们的目标不仅在于使用技术把人置于驾驭者的位置，而且要使人真正有所发现，实际上，是他们主导了数千英里以外的探险"。

另一个虚拟实际工作的计划是"鲑鱼峰会"（Salmon Summit），对来自于阿拉斯加、不列颠哥伦比亚及华盛顿州的学生们来说，这是一个合作学习的经验。学生们花了5个月的时间来研究各自地区的"太平洋鲑鱼"各方面的特征，并研究是如何保护这种鱼的。然后，他们转换角色，成为了为了彼此的控制权，为了起草代表各地区利益的关怀宣言（Statement of Concern）而争论的代表。学生们的研究及在线合作促使"太平洋鲑鱼会议"（Pacific Salmon Summit）于2002年3月召开。当时，所有学生都聚集在温哥华和不列颠哥伦比亚，面对面地磋商代表美国政府和加拿大联邦政府的"联合关怀宣言及行动计划"。在线参观者也可以收看、收听，并实时参与会议活动。许多使用语言艺术、视觉艺术、科学及数学的学生方案的出现是这一计划的另一个积极效果。

许多既包含内容又包含技术的只读光盘也可供学生使用，如为各年级学生准备的"视频发现式数字图书馆"（Video-discovery's Digital Library）科学媒体。该图书馆藏有3万张图片和电影，都附有易于理解的描述和课程。其中，"健康侦测秘笈"（Health Sleuths "mysteries"）以标准课程为基础，提供了解决问题所面临的困难和有针对的策略，推动了关键推理技能的发展，既妙趣横生、引人入胜，又充满刺激。"地球科学"系列则包括了地理学、海洋学、气象学与天文学等内容。为了帮学生以生动的方式掌握内容,每一个计划都强调高级思维技能的发展。

在总结关于电子技术提高自然观察智能发展的观点之前,让我们回到最基础的自然研究上:人类本性及大脑生态的研究。不久以前,多数研究还都是在外科手术及对大脑损伤病人的观察中进行的。现在,使用诸如PET和CAT扫描等不扩散技术不仅能够看到大脑的构造,而且通过功能性磁共振成像(MRI)技术可以看到大脑的活动。而我们才刚刚开始认识到这一信息对我们的提示:个体之间存在学习差异。关于这一话题,一个信息丰富、界面漂亮而又有趣的网站是爱瑞克·库德勒(Eric Chudler)博士的"孩子们的神经科学"网(Chudler's Neuroscience for Kids)。也可参考"学习新视野"网(New Horizons for Learning's)"来自于神经科学的新闻"(News from the Neurosciences)。

其他与自然观察智能有关的值得推荐的网站包括:WISE网,一个以WEB技术为基础的调查环境科学网站;探险调查机构网;TERC网(数学、科学和技术教学与学习网);科学教育电子期刊网档案页;劳伦斯的科学讲堂网;科学教育中心;SCI中心(用于高中科学指导)。

除了上面提到的以外,能够帮助发展自然观察智能的重要的电子工具还包括:Inspiration and Kidspiration网;IHMC Concept Map Software网;FileMaker Pro网。

用技术来活跃、激发、丰富和深化现实学习活动的方法正急剧增加,前面提到的工具与资源仅仅是其中的几个例子。这些案例也为学生提供了工具与机会,使他们可以在那些要求确认自然界中的各种形态与各种联系,比较资料、分类、对比、阐述并验证假设的项目中实践自然观察智能。当学生与教师可以自由地进行世界性的学习时,实际上科学课堂的围墙正在倒塌,教师与学生可以与科学家、探险家们合作探索、构造关于我们的星球及其居民的知识体系。

十二、小结

"我想要认识所有我所不熟悉的石头、花朵、昆虫、鸟或野兽。"

——乔治·华盛顿·卡弗

卡弗是当代世界最需要的自然观察者的典范。随着人口的加速增长、饥饿以及资源的消耗,人类需要那些能够观察、察觉关系、提出并验证假设、交流提高生活质量方式的人所具有的技能。卡弗不仅是一个自然观察者、艺术家、发明家,更重要的是他的工作是以他对他人的怜悯为动机的。正如传记作品《植物学家:乔治·华盛顿·卡弗》(George Washington Carver, Botanist)的作者吉恩·阿代尔(Gene Adair)所写的那样,卡弗解释说:

我全部工作的最初动机就是帮助穷人装满他们空空的饭盆。

我的想法是帮助"最底层的人"。这就是我使每一过程都尽可能简单的原因,我要使人们能够达到他们所确定的目标。

卡弗的目标反映出自然本身的效率。卡弗知道如果我们听从他的建议,则我们中的任何人都可能成为发现者。

现在就开始着手研究自家院子中的小东西吧,从已知迈向最相关的未知……

本章的活动强调通过观察、提问和实验所获得的一些自然观察技能与观察态度。需要指出的是,自然观察者对自然界持有深深的尊重和热爱,并且他们能够意识到自己对自然界的强烈责任与义务。为了总结、反思、综合本章的内容,我们提供下列内容。

十三、应用自然观察智能

(1) 我从本章获得的重要观点和启示:

_____

_____

_____

(2) 我想更深入地学习的领域:

_____

_____

_____

(3) 在我的教学中我可以利用这些信息的方法。请注意,本章中提到的策略已提供在下面,并附有空格以提示每个策略是如何融入课堂教学的。

自然观察策略	课堂应用
创设自然观察智能的学习环境	
大的图景	_____
教室博物馆	_____
自然观察的课程主题	
自然科学主题	_____
作为课程的自然	_____
超学科主题	_____

提高观察能力
  非视觉观察
  近距离观察
  近距离观察来绘画
  田野日志

察觉关系
  指出相似物体间的不同
  分类
  收集
  更多的分类建议
  认识依赖关系
  与社区建立紧密联系

假设与实验
  培养好问的心理结构

自然观察学习中心
  装备自然观察中心
  自然观察中心活动
  户外自然观察活动

自然地学习

提高自然观察智能的技术

参 考 文 献

Adair, G. (1989). *George Washington Carver, Botanist*. New York: Chelsea House.

Attenborough, D. (1989). *Life on Earth*. Boston: Little Brown and Company.

Boyer, E. (1995). "The Educated Person" in J. Beane (Ed.) *Toward a Coherent Curriculum: The 1995 ASCD Yearbook*. Alexandria, VA: ASCD.

Brady, M. (1995). "A Supradisciplinary Curriculum" in J. Beane (Ed.) *Toward a Coherent Curriculum: The 1995 ASCD Yearbook*. Alexandria, VA: ASCD.

Brookes, M. (1996). *Drawing with Children: A Creative Method for Adult Beginners Too*. New York: Jeremy Tarcher.

Budwig, L. (1992). "Breaking Nature's Silence: Pennsylvania's Rachel Carson." *Pennsylvania Heritage*, Vol. XVI 11, No. 4.

Carson, R. (1956). *The Sense of Wonder*. New York: Harper and Row.

Clark, E. T. (1991). "Environmental Education as an Integrative Study." In Ron Miller (Ed.) *New Directions in Education*. Brandon, VT: Holistic Education Press.

Eiseley, L. (1959). *The Immense Journey*. New York: Vintage Books.

Gardner, H. (1995). "Are There Additional Intelligences? The Case for the Naturalist Intelligence." *Harvard Project Zero*. Cambridge, MA: President and Fellows of Harvard College.

Gardner, H. (1998). "Are There Additional Intelligences? The Case for the Naturalist, Spiritual, and Existential Intelligences" In J. Kane (Ed.) *Educational Information and Transformation*. Englewood Cliffs, NJ: Prentice Hall.

Lear, L. (1998). *Rachel Carson: Witness for Nature*. Springdale, PA: Rachel Carson Homestead Association.

Meyer, M. (1998). *Learning and Teaching through the Naturalist Intelligence*.

Ruef, K. (1998). *The Private Eye: Looking/Thinking by Analogy*. Seattle, WA: The Private Eye Project.

第九章

通过多元智能开发课程

> 最终，我们对任何一个复杂概念的全面理解都不应被某种单一的理解模式或单一的表现方式所局限。
>
> ——霍华德·加德纳，《未经训练的大脑》

科学中的艺术

"……400位与会者全体起立，迫不及待地为学生们所扮演的科学戏剧角色欢呼鼓掌。"

在一个高中三年级的科学课上，学生们正在学习地质年代和动植物的生命进化。教师以主题的形式来组织这节科学课。教师首先提出了"起源"单元，试图以此激发学生对星球及其生命形式的起源和转变的兴趣。在该单元的某一个环节中，教师要求学生们参加一个个人或小组项目。为了启动他们的研究，学生们被组织起来以集中力量提出要研究的问题。在寻找所研究问题的答案的过程中，学生们还要查找大量的课内外资料。经过两周时间，在工作即将结束的时候，全班同学分享了彼此所完成的项目，而后真正的工作开始了。学生们彼此都很欣赏对方的工作内容及工作质量，因而他们都反对就此结束工作。当确定他们的材料饶有趣味并得以恰当展示以后，同学们想知道如何可以更好地同他人分享自己的学习。

有人提出了编排戏剧的主意，也就是把所学内容联系起来编排成一个连贯的戏剧来和其他班级的同学及其家长分享，该提议一经提出便立即受到欢迎。学生所学的内容被重新编排成简短的戏剧进行即兴演出。每场演出都以提出问题开始，这些问题依照一个地质时间线索依次排列，从而引出学生们的研究和小品短文。演出的舞台背景是一幅打开的巨大画轴，有30米长，上面描绘有各种动植物的形态，史前事件的诗赋以及各式石窟。来自当地社区的舞蹈设计者协助完成了题为"起源"的舞蹈创作，同时，一位身为音乐家的家长与一组志愿者共同谱写了一首歌曲《适时地前进与后退》(Backwards and Forwards)。

结束剧目是为其他班级同学及家长表演题为"生命及你想知道的一切"的戏剧。最后，该剧还为一场国际教育会议进行了表演，400位与会者全体起立，迫不及待地为学生们所扮演的科学戏剧角色欢呼鼓掌。

"起源"这一课程单元所获得的成功是由诸多因素所促成的。如：学生们以多种方式学习材料并以不同方式与材料进行互动；他们讲述了一个故事并画出了时间线索；他们画出、唱出并舞出了所学内容；他们得到了技术娴熟者的帮助指导；他们获得了家长和社区成员对其努力的反馈。

当提供给学生开放式结尾的学习时，学生们通常能够从不同角度来理解概念并在新的背景中运用这些概念，而不仅仅是简单地再现教师所教的内容。另外，当教师把多元智能理论融入课程单元时，对每个学生来说，至少会有一种方法将促进他的学习。

在前面的章节中，我们考察了用以扩展教学范围的环境因素和教学策略，同时，我们也为学生提供了更多选择，以促进他们的学习。但是，如果教师不对教学实践中的另一方面——课程开发——进行反思，那么前面章节所提供的内容将是不完整的。正如加德纳的理论对教学法有着深远的意义一样，这一理论也同样为课程、单元以及学校项目提供了富有启发性的多种选择。

一、多元智能理论对课程开发的启示

许多教育者把霍华德·加德纳的工作诠释为，它为课程与教学提供了大量的切入点。也有许多人认为多元智能理论通常可以在任何学科中促进学生的学习。然而，在该理论被实际运用到课堂上以及全校性的课程中时，它实际上采取了多种形式。

例如，一些教师坚持认为多元智能理论预示了早期智能的发展。因而他们主张，每个学生的天赋一经显现马上就要进行培养。而另一些人则坚持认为，多元智能可以使某门课程得到扩展，以便容纳一系列课程，特别是容纳视觉艺术和表演艺术课程。这些人认为，在整个课程中，艺术课程应与其他课程占有相同的时间。美国的第一所多元智能学校——奇异学习社区——就是一个案例。在那里，从幼儿园开始课程就被扩展，并以视觉艺术、音乐、创作性戏剧、舞蹈为特色。除作为通才型的小学教师外，奇异学习社区还雇用了一些专业艺术领域的注册教师，以确保学生所获得的艺术教育的质量。

在接触到加德纳的理论之后，一些教师开始质疑教育的目的。他们会问：如果不致力于使每个学生的能力得到最大化的发展，那么学校教育的目的又是什么呢？

加德纳本人已经草拟了一项"个人中心课程"，在这一课程处于理想化状态时，学校能够根据每个学生不同的需要，为学生提供多种教育选择。为此，一些渴望鉴别并培养每个学生智能强项的教师为他们的学生确立了学徒制或个别指导制等学习方式。

还有一些教育者将加德纳的工作诠释为强调学生深入理解的重要性。确信学生理解了并能够在新的环境中运用他们所学的知识，并非一个轻易就可以达到的教育目标。以方案为基础的教学，为进入教学内容提供了多个切入点，同时减小了参与者的压力。因而许多教育者采取方案教学的方法以达到为理解而教的教育目标。

霍华德·加德纳本人曾表示，就完善课程而言，多元智能理论就像一个罗夏墨迹测验[1]。每一位教师和每一所学校都可以以不同的甚至冲突的方式运用多元智能理论。加德纳主张，对于他的理论，没有哪一种应用必然就是"对的"，而另一种就是"错的"。通常，这些应用方法都可以加以调整，直至适用于其应用的环境。

正如一些课程改造的简短案例所示，多元智能理论既可以用于一种以学科为基础的模式，也可以作为一种教学方法来应用。有趣的是，我们多方面的思维能力已经从每一种智能中演绎出一些完整的学科。例如，文学发端于我们的语言智能，而数学和地球科学发端于我们的逻辑－数理智

---

[1] 罗夏墨迹测验，主要用于心理评价和心理测验。由10张带有对称的、有墨迹的卡片构成。实验人依次将卡片交给被测者，并要他说出在每张卡片上看到了什么。然后，从各种答案中分析被测者个性的各个侧面。

能和自然观察智能。因此，我们可以认为传统的以学科为基础的教学实际上根源于多元智能。另外，加德纳的理论也可以被作为一种教育工具来加以解释和运用。

本章讨论了不同的多元智能课程模式。那些采用多元智能课程指导其教学实践的教育者可据此反思那些对他们的学生和社区显示出益处的课程模式。本章描述的课程模式包括：

> **通过多元智能计划课程**
> 　教学清单
> 　课程计划模型
> 　课例
> 　跨学科的单元课程
> 　通过多元智能教学的跨学科计划
> 　深入发展的跨学科计划
> 　中学全校普适的跨学科方法
> 　智能小组
> 　分组的益处
> 　为发展智能而进行的课程开发
> 　学习中心指导模式
> 　光谱方案
> **课程偏差**
> **基于方案的课程**
> 　有效的方案指导方针
> 　运作方案的八个步骤
> **学徒制**
> 　作为正规课程一部分的学徒制方案
> 　课后学徒制
> 　学徒制的前景

> **为理解而教**
> 　为理解而教的原则
> 　为理解而教的主题表
> 　为理解而教的课程开发主题表

二、通过多元智能计划课程

多元智能理论建议教师们将多元模式的学习策略融入他们的课堂教学之中。由于大多数教师习惯于在课堂教学中应用两到三种智能，所以增加额外模式的尝试必然带来一些风险性和不确定性。但一旦这些模式取得了成效，那么这种努力的回报就是显而易见的。在观察到学生们智能提高的同时，你同样会体会到他们的热情、投入和成绩，这是十分令人高兴而满足的事情。

前面章节所描述的大量教学策略都可以应用于每天或每周的课程中。首先必须明确的是，教师没有必要在课程中运用全部的八种能力。本书的作者们建议教师运用三种或四种智能来作为引入内容的窗口。这一做法将为学生接触教学信息提供多种机会，但同时也向教师提出了挑战，它要求教师们必须以新的方式进行工作。教师们经常会反映，在以多元模式思考课程计划的第一年中或一年后不久，这种对课程计划的多元思考模式便成为他们的第二本能。

在开始计划课程时，教育者首先可以确认一个要教的概念以及最适合沟通这个概念的智能。为了将多样化的教学模式引入课堂，下面所提供的教学清单可以帮助教师们通过头脑风暴的方式想出扩展教学内容的更多选择。

下面这些清单为教师提供了进行教学的多种选择，教师们还发现了这些清单的其他用途。一些教师提供给学生们下面清单的复印件，要求他们自己确认开展学习的方式。这样一来，多元教学的部分职责就从教师那里转移出去，多数情况下，这一部分责任被转嫁到"如饥似渴的"学生们身上。

（一）教学清单

运用言语－语言智能的清单
- 运用讲故事来……
- 进行一场关于……的辩论
- 写一篇关于……的诗歌、神话、传奇、短剧或新闻故事
- 为……叙述一个小故事或小说
- 进行一个关于……的展示
- 领导一次关于……的课堂讨论
- 创作一个关于……的广播节目
- 写一篇关于……的新闻书信、手册或字典
- 为……创制标语口号
- 制作关于……的录音带
- 进行一次对……关于……的采访
- 向……写一封关于……的信件
- 运用术语写……
- 你的其他选择……

运用逻辑－数理智能的清单
- 为……创作应用题
- 将……转换成一个公式
- 创制一个关于……的时间脉络
- 设计并实施一个关于……的实验
- 发明一种……的策略游戏
- 运用一幅韦恩图来解释……
- 编制三段论来论证……
- 建立类比来解释……
- 运用……的思考技巧来……
- 为……设计一个代码
- 将关于……的事实分类
- 描述……之中的图案或对称
- 运用技术计算……
- 你的其他选择……

运用动觉智能的清单
- 角色扮演或模仿……
- 创作一系列动作来解释……
- 创编一段关于……的舞蹈
- 发明一种棋类游戏或地板游戏
- 为……完成任务或制作拼图卡
- 搭建或建构……
- 参加一次将会……的田野旅行
- 为……进行简单的动手操作
- 设计一个觅物游戏来……
- 做……的模特
- 运用动手操作材料来……
- 为……设计一个产品
- 运用技术来操作……
- 你的其他选择……

运用视觉-空间智能的清单

- 用图表、地图、柱状图或曲线图……
- 制作一个关于……的幻灯展示、录像带或照片集
- 设计一个关于……的海报、公告板或墙壁
- 运用一个记忆系统学习……
- 创造艺术作品……
- 为……画建筑图
- 为……设计广告
- 改变……的大小和形状
- 对……的过程进行色彩编码
- 发明一个示范……的游戏
- 图解、画、雕塑或建造……
- 运用悬挂式投影仪教授……
- 运用技术画……
- 你的其他选择……

运用音乐智能的清单

- 进行一个有音乐伴奏的关于……的展示
- 为……写歌词
- 唱一曲解释……的说唱词或歌曲
- 指出……中的节奏样式
- 将一首歌的歌词和……相联系
- 解释一曲音乐如何跟……相似
- 演示一小段关于……的古典音乐
- 制作一件乐器并用它来演示……
- 运用背景音乐来促进学习……
- 收集并表演关于……的歌曲
- 为某音乐作品写一个新的结尾来诠释……
- 创作一张音乐拼贴画来描绘……
- 运用音乐技术来……
- 你的其他选择……

运用人际交往智能的清单

- 组织一场会议来……
- 和一个同伴一起，运用"大声说出来解决问题"的方法来……
- 表演关于……的不同方面
- 参加一个小组来……
- 有意识地运用……的社交技巧来学习……
- 为……进行一个服务方案
- 教其他人……
- 与他人合作地计划规则或过程来……
- 运用……评论一个地区或全球问题
- 发出或接受关于……的反馈
- 运用你的优势之一，在小组中扮演一个角色来完成……
- 创制一个关于……的文化图表或系统轮（见本书第六章）
- 运用技术和……打交道
- 你的其他选择……

运用自知自省智能的清单

- 描述将帮助你成功地完成……的品质
- 为……创制一个个人类比
- 制订并追求一个达到……的目标
- 描述你对……的感受

- 解释你关于……的哲学
- 描述你关于……的个人价值
- 运用自我指导学习来……
- 写一个关于……的日志的开头
- 解释学习……的原因
- 进行一个你选择的关于……的方案
- 获得另一个人给你的关于……反馈
- 在……方面，对你的工作进行自我评价
- 运用技术反思……
- 你的其他选择……

运用自然观察智能的清单

- 收集并将数据分类……
- 保持记录关于……的观察日志
- 比较气候现象来……
- 为了……发明分类
- 解释某一种植物或动物物种如何相像……
- 创制一种关于……的分类法
- 使用双目镜、显微镜、放大镜、望远镜来……
- 识别……二者的关系是……
- 喂养动植物来学习……
- 描述……中的循环或模式
- 将……的特征细化
- 参加一个户外田野旅行来……
- 运用技术来探索……
- 你的其他选择……

还有一些教师把上述清单应用于家庭作业。例如，一位教师可能会给学生们分发一张单独的音乐清单，并要求他们运用音乐的方式完成一周的家庭作业。而后，学生们在周五和同学一起回顾或分享他们运用音乐形式所进行的学习。在下一周开始时，学生们将得到一张与上周不同的清单并被再次要求依据列表中的选择来进行学习。经过8周的时间，在课程中轮换使用八种智能，所有学生都可以应对自己弱项的挑战，并通过强项领域的工作而得到快乐。另外，一些教师会在第九周的时候，鼓励学生确认他们喜欢的完成家庭作业的策略。而后，教师便有机会观察学生的偏好，并了解学生在哪些领域遇到挑战。家长们经常反映说，他们很少观察到他们的孩子那样投入地完成家庭作业。对完成家庭作业的多元要求创造了学生们乐于接受的许多新挑战。

教师们还运用清单对学生所做出的各种选择进行评价。浏览菜单之后，学生们就会对展示他们的学习方式做出选择。只要评估标准被清楚地细化为合格的工作、知识和技巧，学生们就可以通过图表、连续的动作、角色扮演或原创歌曲等方式来交流他们的学习成果。

无论被用作教学、评价的手段，还是作为完成家庭作业的工具，上述清单和本书先前描述的学习活动都使学生们认识到，对教育或真正的生活挑战来说，八种智能都是能够有效解决问题的策略。

（二）课程计划模型

没有一种唯一的、被普遍认同的以多

元智能为基础的课程设计模式。教师们都非常擅长设计最符合自己及自己学生兴趣的教学方法。当教师开始尝试将多元智能作为一种教学框架来处理时，他们必须设定符合实际情况的期望。对那些初中教育者来说，由于他们的课程被限制在50分钟内，所以要在这样一个单独时间段内涉及几个智能领域似乎是不可能的。而在一周或两周的时间内涵盖几种智能的教学策略，则显得易于驾驭。与此同时，小学教师可能会发现，在两天的课程时间内，就可以把许多智能整合到课堂活动中来。一些教师已经通过每天确认一种智能并强调该智能，来灵活运用以多元智能为指导的教学。几天过后，学生们已经可以使用几种方式进行工作。还有一些教师让学生们在事先确定好的全天课程中，使用他们选择的一种智能进行工作。

需要指出的很重要的一点是，尽管多元智能理论提供了一个课程计划的有效框架，但我们并不希望将加德纳的理论变成一个死板的教学程式。一位曾经试图通过八项智能来教授所有内容的教师承认，他偶尔会"粗劣地设计"一些活动来完成他当日的课程。当学生们抱怨有些课程要素实际上可有可无时，这种教学实践即宣告结束。多元智能教学中最重要的一点是：教学工具要适合于教学内容。然而，这并不是说，因为某种智能不属于一位教师擅长的领域，他就可以总是回避使用这种智能。与同事合作可以增加学生和教师的学习选择。

少数教师喜欢先开发某种潜能，然后再把它应用到课堂教学中。例如，一些教师已经正式或非正式地认同运用画画、运动或音乐活动进行学习的方式。一旦学生由此获得了信心，教师们就可以和学生分享他们所学到的知识，或将他们的新技巧引入课堂教学。

本书的一位作者曾主持过一项处于职业中期的教师职业准备方案，在该方案中，要求学生们选择一项潜在智能，并在一年的时间里发展该智能。在进入该方案之前，这些准备上岗的候选人还被要求在他们的教学实习期间，结合使用他们的多种智能来进行课堂教学。观察这些成人所做出的关于准备发展哪些智能的选择是非常有趣的。一年中，参加该方案的40位学生中，有两人选择通过上演讲课和调查儿童文学来发展言语技巧；6人通过参加数学恐惧症课程、复习数学课程，以及学习问题解决模式从而潜心于逻辑–数理智能；5人评价了环境教育方案对课堂的用处；10人参与了视觉艺术课程；6人通过体育教育方案尝试动觉智能；8人选择了声乐或乐器课程；两人学习了合作学习过程；1人从事于多方面日志撰写。那些愿意继续提高自身能力的教育者为其他人的学习提供了重要的角色范例，因为这些教育者亲自实践了他们希望在其他人身上培养出来的能力。

表9-1展示的课程计划模型不失为组织多元智能教学的一种选择。请注意，该课程的目标和结果都可以和国家课程标准相对应。这一课程计划模型还要求直接评价陈述的结果，以便教师们了解他们的学

第九章 通过多元智能开发课程

表 9-1　应用多元智能的课程 / 单元计划

课程 / 单元题目：_____

课程 / 单元目标（可以是国家标准）：_____

预期的学习成果（可以是国家标准）：_____

课堂资源或材料：_____

学习活动

言语 – 语言的	逻辑 – 数理的

视觉 – 空间的	动觉的

音乐的	人际交往的

自知自省的	自然观察的

课程 / 单元序列：_____

对学习者成果或标准的评价：_____

生是否已经达到具体的学习目标。读者们会发现，在这一模型的后面我们还提供了两堂完整的课程教学。第一堂关于光合作用的课程整合了八种智能；而第二堂课程则建议应用六种智能。

通过这些课例，我们很容易发现，同样的概念可以通过几种不同的方法来教授。教师在教学前应明确教学结果或课程标准，这样可以避免在以多元智能理论为基础的教学中存在的一个普遍问题，即教师们经常陶醉于利用头脑风暴想出多元教学的模式，而最后他们却常常发现自己已经远离了最初的目标。否则学生们也会迷失于全身心投入的工作之中，结果只得到一些支离破碎的活动经历。运用任何一种教学方法都一样，关键是教育者要明确对学生来讲什么是最有价值的，然后再寻找一种教授那些最有价值概念的连贯方式。

（三）课例

见表9-2和表9-3。

（四）跨学科的单元课程

在传统的教学过程中，各学科之间彼此没有意义上的联系，与学生的生活也不相关联。有了以多元智能为基础的教学以后，具体主题事件之间的差异开始消解，只要教师们愿意，就能够设计出跨学科的单元课程。数学、阅读、音乐、艺术、运动、自然研究以及合作学习或独立学习等，所有与国家标准有关的教学内容都可以在教授任何主题时编排进去。

当所在学校决定采纳跨学科教学时，西雅图学区的一组中学教师表达了对一个多功能课程计划模型的渴望。在这一模型中，除了所包括的多元智能和相应的课程标准以外，教师们还想在他们的一些单元中纳入批判性与创造性思维技巧、家长参与、学生选择，并想要将课程与真实世界联系起来。下面是他们曾经用来组织课程计划的一个模型（见图9-1）：

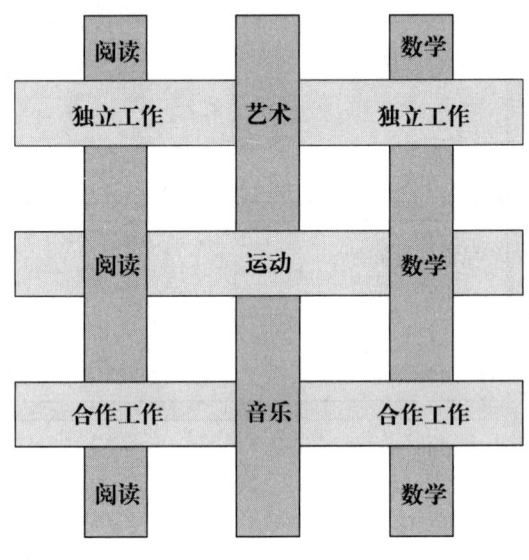

图 9-1

（五）通过多元智能教学的跨学科计划

见表9-4。

（六）深入发展的跨学科计划

上述跨学科模型为学生们提供了大量丰富的学习机会。然而，教师们有时可能需要强调并深入发展与一种或多种智能有关的连续的知识和技巧。要设计这样的一

第九章 通过多元智能开发课程

表 9-2 课例一：结合多元智能的课程/单元计划

课程/单元题目：光合作用：将阳光转化为食物

课程/单元目标（可以是国家标准）：学生们将学习生命过程的一个范例：光合作用

预期的学习成果（可以是国家标准）：学生们将能够解释光合作用的过程并将这一系列转化概念与他们自己的生活实际相联系

课堂资源或材料：展示光合作用过程的挂图或图表，各种不同的音乐磁带或压缩的光碟，播放机，水彩用品，科学课本，事先种下的种子

学习活动

言语－语言的 　　预习关键词汇并阅读描述光合作用的课文部分。	**逻辑－数理的** 　　创制光合作用步骤的时间轴线。标注物质和能量的流动。
视觉－空间的 　　用水彩绘制光合作用的步骤。	**动觉的** 　　对光合作用过程涉及的"人物"进行角色扮演。
音乐的 　　用精选曲目创编一个音乐短剧来表现光合作用涉及的步骤。	**人际交往的** 　　在小组中讨论叶绿素在光合作用中的转化作用并和学生的生活进行横向类比。
自知自省的 　　撰写一篇反映个人转化经历的日志，并把它和光合作用进行比较。	**自然观察的** 　　比较在充足光线中成长的种子和在缺乏光线环境中成长的种子。

课程/单元序列：1. 语言活动　2. 逻辑－数理活动　3. 动觉活动　4. 视觉－空间活动　5. 自然观察活动　6. 音乐活动　7. 人际交往活动　8. 自知自省活动

对学习者成果或标准的评价：1. 以光合作用的步骤和展示质量为标准，评定数学时间轴线和（或）有效展示光合作用过程的图画。　2. 让学生互相评价彼此的角色扮演和（或）歌曲。

表 9-3　课例二：结合多元智能的课程／单元计划

课程／单元题目：求解代数方程式

课程／单元目标（可以是国家标准）：学生们将通过学解代数方程式发展代数意识

预期的学习成果（可以是国家标准）：学生们将能够解释并应用解方程式的概念

课堂资源或材料：课本，彩色记号笔，磁带和为播放《噢，苏姗娜》或其他歌曲的卡式录音机

学习活动

言语－语言的 　　结成对子，学生们阅读、讨论并标出课本信息的重点。	**逻辑－数理的** 　　学生们分小组为解方程式制作流程图。
视觉－空间的 　　教师和学生给解方程式的步骤加彩色编码。学生们求解"彩色的"方程式。	**动觉的** 　　（不使用）
音乐的 　　学生们为《噢，苏姗娜》一曲填词来解释如条件、指数、因子、变量、常量等术语。	**人际交往的** 　　（不使用包含在其他活动中，但着重强调有效倾听、参与、在共同观念上建构的社交技巧。）
自知自省的 　　每个学生独自确认其生活中的两个变量并解释它们是如何类似于一个等式那样运作的。	**自然观察的** 　　结成对子，学生们创制基于自然变量的代数方程式，如兔子和狐狸或毛虫和叶子。

课程／单元序列：1.视觉－空间活动　2.语言活动　3.逻辑－数理活动　4.音乐活动　5.自然观察活动　6.自知自省活动

对学习者成果或标准的评价：1.评价流程图中解决问题的方程式的精确性。　2.为学生们提供代数方程式并要求他们遵循色彩编码过程去解决问题。3.要求每个学生创制一个方程式和一份答卷供其他人解题。

表 9-4 通过多元智能教学的跨学科计划

主题：＿＿＿＿＿＿　　资源和材料：＿＿＿＿＿＿　　单元顺序：＿＿＿＿＿＿

	语言的过程或标准	数学的过程或标准	视觉的过程或标准	动觉的过程或标准	音乐的过程或标准	人际交往的过程或标准	自知自省的过程或标准	自然观察的过程或标准	高级思维技巧 *分析 *综合 *评价	创造性思维技巧 *流畅 *灵活 *精巧 *新奇	与真实世界相联系的过程	家长/家庭团体选择权	学生选择权	评价过程	所需资源
目标															
学生成果															

个单元,教师们首先要明确,在课程单元结束时,学生们应该学会做什么,一项或多项目标智能的发展任务是什么,以及要进行哪些具体的活动。表9-5提供了一个示例。

当教师依据跨学科单元的要求,制订并执行了广泛的课程计划之后(见表9-6),和其他同事分享这一工作是很有用处的。实际上,一些教师和学校开发了一些简便易行的课程,这些课程囊括了所有必需的资源;一个简短的教师指导活动和一个用来更新设备的项目清单。许多学校和地区将这种简便的课程编成分类目录,以为那些对此感兴趣的教师备用。这样,也避免了教师们浪费时间的重复劳动。

(七)中学全校普适的跨学科方法

已经有许多多元智能方案在全国各地的小学中安家落户,而实际上,加德纳的理论也同样可以轻而易举地应用到中学中去,因为在所有的初中或高中,都可以很容易地通过所教授的科目来确认哪些教师是智能专家。为了使学生更加深入地了解知识内容,并减少学生们支离破碎的课程经验,教师们可以计划在全校范围内应用的跨学科单元。

在圣路易斯市的新城市学校中,五、六年级的教师们曾在他们的基本技巧课题领域使用过90分钟的课程单元。教师们将这90分钟分为三个相等的时间段:30分钟的直接教导,30分钟的合作学习,以及30分钟的独立学习。在计划该组合单元时,教师们首先回顾了八种智能,并确认八种智能在一周的时间内,是否能够融入所有的课程中。在对主要课程不做修改的前提下,时间组合段实际上就成为一种更具有跨学科性质的设计。

在新城市中学,包括初中和高中的所有教师每年都会碰一次面,以确认各自在一年中所完成的主要单元。让教师们在一张大挂历上逐月标注出各自教授过的主题是很有帮助的,那样每个人都可以看到某位教师何时教了哪些内容。了解了彼此的课程以后,教师们会发现,同时安排并教授互相补充的单元是很容易实现的。例如,在一所高中的历史系,每年春季教师都要教授一个保护消费者权益的单元。数学系则通常在秋季教授百分比、比率以及概率等知识。通过将数学系的课题调换至春季,并增加有关股票和证券的课程,两系就可以互相丰富彼此的内容了。要想进一步扩大这种合作,艺术系可以让学生们学习广告设计并制作商品包装。在语言文学方面,学生们可以反思班级账目表中潜在的或真实的购买,并思考这些产品反映了学生价值体系中的哪些方面。学生们还可以在英语教师的监督下选择独立的学习方案。体育训练课上,学生们可以学习不同健身方案中的要求及实际结果。科学方面,学生们可以分组思考消费主义对环境产生的影响。音乐课上,可以根据学生所提倡的社会价值对歌曲进行分析,学生们也可以创作评论消费主义问题的短诗。在工艺课上,学生们可以为学生商店建造陈列箱,而在

第九章　通过多元智能开发课程

表9-5　深入发展的跨学科单元计划（模型）

主题：_____　　　资源和材料：_____

	语言技巧	数学技巧	视觉技巧	动觉技巧	音乐技巧	人际交往技巧	自知自省技巧	自然观察技巧
学生成果								
发展任务								
评价手段								

单元序列：_____
单元结束：_____

表9-6　深入发展的跨学科单元计划（案例）

主题：美国的殖民生活　　**资源和材料：**被单和音乐设备，用于舞蹈的宽敞空间，研究方案模板以及人物传记资料，几何图形

	语言技巧	数学技巧	视觉技巧	动觉技巧	音乐技巧	人际交往技巧	自知自省技巧	自然观察技巧
学生成果	撰写传记角色脚本	运用几何图形制作被单	跳利尔舞或传统方格舞	制作被单或挂图	提供音乐伴奏	搜集有关土地利用的不同方面	执行个人选择的研究方案	解释殖民者如何利用当地动植物
发展任务	1. 选择一个来自美国殖民地的个体 2. 从三个来源搜集信息 3. 依据教师标准写草稿 4. 请求教师和同龄人提供反馈 5. 修改草稿	1. 运用彩色美术纸剪出正方形、长方形、不等边四边形、直角等腰三角形和不等边三角形 2. 排列被单图形 3. 辨认几何图形、等角和对称	1. 以弗吉尼亚利尔舞或方格舞的步伐行进 2. 在音乐伴奏中表演步伐 3. 练习舞蹈 4. 给另一个班表演舞蹈	1. 将美术纸被单换成布料织物 2. 学习裁剪和缝补技术 3. 将一块被单和墙上的悬挂物缝在一起	1. 聆听美国殖民时期的音乐 2. 选择教室里的一件简单的乐器 3. 练习演奏乐器 4. 练习给殖民歌曲伴奏	1. 结成对子，分角色扮演欧洲拓荒者和美国印第安人 2. 讨论土地利用事宜 3. 加入另一对同学中 4. 分辨各种不同的观点	1. 确定关于殖民时代的一个兴趣点 2. 运用大量不同资源学习课题 3. 遵循教师提供的研究模式 4. 为分享研究确定并准备一个产品或一种形式	1. 利用互联网或参考资料确认一种或多种13块殖民地当地生产的动物或植物 2. 列出殖民者利用动物或植物的方法 3. 用小笔记本画出动物或植物的草图或写下文字描述并解释殖民者如何利用它们
评价手段	完成符合标准的任务草图的最终摹本	完成有明确几何图形的被单图案	为他人表演舞蹈	展示缝合的被单或墙壁悬挂物	用乐器给一首录音歌曲伴奏	口头解释土地利用的两种不同观点	依照教师模板展示独立研究方案	上交植物或动物备忘录

单元序列：同时通过中心进行

单元结束：为其他班级举办殖民内容的展示会

生活技巧方面，学生们可以比较天然物品和人工合成的产品。通过调用这所高中原有的教师资源，以多元智能为基础的、跨学科的单元自然而然地出现了。

在学生群体高度分化的西雅图高中，教师们曾试探性地组织全校性的以国际意识为主题的多元智能周。在多元智能周，文学教师介绍有关班上的移民学生的文化小故事。商业教育教师谈论国际贸易事宜。数学教师教授国外货币流通课程。体育教师教给学生们来自世界各地的游戏，而在科学方面，学生们学习地区性的和全球性的环境问题。此外，社会研究教师还调查了不同形式的政府管理和公民权利问题。健康教师设计了一个关于传染病的单元，而艺术和音乐教师则让学生们致力于视觉媒体和民族音乐学。

在这个多元智能周的准备阶段，面对着这些课程单元的发展潜力，教师们变得非常兴奋，他们决定邀请家长也加入进来。教师们意识到许多家长需要在白天工作因而无法到学校来，于是，他们就改变了一周的作息时间表，因而多元智能周的时间是从每天下午三点开始到晚上九点结束。这项活动对学生们来说是一个巨大的成功，同时，由于有上百位家长和他们的孩子一起来学校上课，所以对学校来说也是一个巨大的成功。这是这所高中第一次经历如此令人兴奋的家长参与，尤其对于移民家庭来说，更是前所未有。

上述这种短期的跨学科活动将教师们引入学科之间的合作，并且不需要教师承担将其扩展到全年的任务。在这种短期活动中，教师们都在自己的内容领域工作，而不用为计划新课程花费更多的时间。但同时，学生们可以从多方面考虑一个问题或一种观点，并可以觉察到先前相互分离的学科领域之间的联系，因而学生们也大受裨益。在教授完这些单元并加以评价之后，许多教师都对学生们所经历的深入学习大加赞许。一些中学教师声称跨学科单元发展了教学和学习。

（八）智能小组

一些学校在划分教师小组时，其划分标准不是基于内容领域，而是根据"智能小组"进行划分，这种小组划分法根据不同教师各自的智能专长来确定如何分组。小组中通常包括2～4位教师，每位教师承担一种或多种智能的课程计划或日常教学。在教授基于主题的传统课程时，这些教师彼此作为教学资源并为彼此服务。

有许多种方式可以帮助教师们自己组成小组，以把各种智能整合进学校的方案中去。例如，在印第安纳州印第安纳波利斯市的奇异学习社区中，八种智能的专家们直接和教师们一起工作，以将每种能力都融入到每日教学中去。在肯塔基州路易斯维拉的惠勒（Wheeler）小学，教师们按等级水平组成小组，每位教师负责一种或多种智能。学生们可以轮换教室，和那些负责为所有学生提供同样水平的全光谱学习机会的教师一起工作。另外一个普遍的分组方法是，教师们在负责各自的课堂教学的同时，也参加基于多元智能课程的计划。在某些情况下，教师小组的任务划分是这样的：共有四位教师，每人分别负责两种智能（见图9-2）。

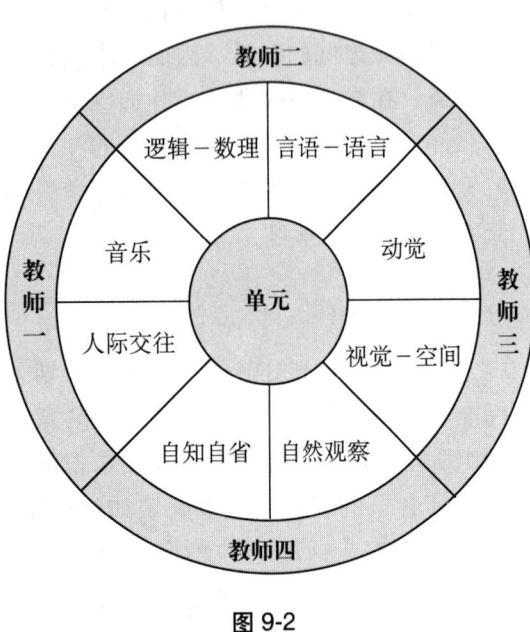

图 9-2

（九）分组的益处

智能小组式的分组有很多益处。当教师们一起工作时，他们可以合作教授课程，可以分享彼此的成功，可以共同应对挑战，因而在发展教学上，小组集体的成就远远超过单个人的努力。当教师们合作时，不会因为标新立异而遭到排挤，他们获得的是集体实践的成果。在合作过程中，关于教学、教育以及个人职业强项的对话不断增加，各种资源也得到整合。当在一起计划课程时，教师们有机会反思并细致地思考他们要教什么，为什么教，以及如何教等问题。学生们也从不断增加的专业对话中取得更多的收获。很多班级中越来越多的学生开始从智能小组的专家那里受益，教师们也开始承担起促进同事成长的责任，就如同为他们的学生所做的那样。

一些教师小组发现，包含了几种智能的课程不仅在内容上提供了更大的深度，同时也要求使用更多的时间来教授。进而，课程方案的重要启示就被引发出来。教师们开始提问："什么是我的学生真正应该获得的基本概念？""我可以将哪些内容从课程中忽略掉？哪些内容应该保留或补充？""当学生达到某个等级水平时应该会做些什么？""如何将学生的选择融入课堂？""一学年中应该教授几个主题？"在谈论这些问题的时候，教师小组开始对学校的课程进行深入思考。经过一段时间，课程方案的改变可能就会引发如下观念的改变：应该保留目前课程中的哪些部分，哪些需要进行变化，如何评价学生的工作，以及在各学科领域之间应该建立怎样的联系。实际上，多元智能教学通常会成为一所学校课程改革的重要驱动力量。

（十）为发展智能而进行的课程开发

尽管多数教师将多元智能理论作为一种促进学习的教学工具来应用，但也有一小部分教师另有其他目标。这些教师希望通过多元智能发展智能本身。这并非轻而易举的事情，因为每种智能都是一个包含大量知识和技能的复杂集群，并且，大多数学校中的课程都已经被挤得满满当当的，这就阻碍了添加额外的教学目的。尽管如此，一些教育者还是大胆创新，努力通过大量不同的方法发展学生们的各种智能。

一些教师在整个学期或学年的课程中确定一种或多种智能加以强调。例如，一位中学教师将动觉智能和音乐智能的一个共同方面——舞蹈——加以结合，贯穿到她所有的课程中去。她选择了以下核心运动要素与技巧来指导她的工作：

（1）基本足部运动，如行走、跑步、滑行、跳跃、向前移动、向后移动、斜向移动及转圈。

（2）来自不同舞蹈风格或传统的步伐、位置及样式。

（3）所选舞蹈的文化与历史内涵。

这三个核心"智能"要素有规律地出现在课程中。例如，当学生们学习柏拉图式立体几何时，他们用基本足部动作进行即兴"舞蹈"。在社会研究中，学生们又学习德国斯堪的纳维亚的民间舞蹈以及有关这些舞蹈的社会背景。课间操或课程过渡时也通常通过练习运动技能来完成。

多元智能成果

当本书的一位作者在教一个三、四、五年级混龄班的时候，在一年的时间内，她将八种智能成果融入了所有课程：

言语-语言智能
　　写作过程
逻辑-数理智能
　　数学学习过程中辨认图形
视觉-空间智能
　　色彩、图形及图案的运用
动觉智能
　　通过变戏法实现眼、手和肢体的协调
音乐智能
　　双声部的节奏
人际交往智能
　　调解冲突
自知自省智能
　　自我目标设定
自然观察智能
　　辨认内外部环境的季节性变化

有些学校进行了更进一步的努力，他们已经确认出一些多元智能成果用以塑造他们所有的课程计划。这些学校确定了他们的基本任务、待取得的成绩以及所有学生应该表现出的思维习惯。在这些学校，课程和评价都由多元智能成果所驱动。圣路易斯的一所六年制小学新城市学校就是实施该类计划的一个范例。该学校确定个人智能是两项最重要的能力，进而在所有班级和课程中强调这两项智能。另一个与众不同的多元智能成果项目也引起了我们的注意，在印第安纳州印第安纳波利斯市奇异学校的幼儿园至十一年级的课程方案中，要求学生毕业时要展示出如下核心能力：

● 以书面形式清晰地沟通的能力
● 用两种语言清楚地进行口头表达的能力
● 熟练歌唱或演奏一种乐器的能力
● 在应用领域运用数学和逻辑智能的能力

- 通过视觉或实用艺术重塑三维世界的能力
- 保持体形的能力
- 选择调查、反思及见习的应用领域的能力
- 参与演示和大自然共享关系的管理活动的能力
- 表现出对全球问题的关注
- 在更大的社会范围内参加某个群体和组织的能力
- 如年满18岁,成为一名积极的登记选民

由此可见,当教育者试图发展智能本身时,他们就不再是通过多种智能而教,而是为了多种智能而教。

(十一) 学习中心指导模式

在成为当地的课程专家之前,本书的一位作者曾成功地教授过一所公立学校中的多元智能班,并且教授时间长达10年之久。该多元智能班包括为混龄小学生准备的八个学习中心。起初,学习中心以加德纳的八个智能项命名;后来,他们用某种智能的代表人物的名字进行命名。中心的名字以一年为周期进行更换。在每一学年之初,学生们研究了8位"智能杰出者",并学习这8个人是如何发展和运用他们的智能的。这样,8位天才就成为小学生们的潜在的导师。表9-7描述了各中心的名称。

这些课程按主题组织起来,并且大多是通过学习中心来教授的。在学年伊始,学生们首先列出他们想要研究的课题。他们的老师则翻阅课本,界定并陈述课程标准,而后依据外部课程的要求,综合学生们的兴趣来确定最后的主题。主题单元的设计花费了4~6周的时间,涉及诸如"世

表9-7 基于多元智能理论的八个学习中心

威廉·莎士比亚中心 (其他人包括马娅·安杰卢,李·波) 言语-语言智能	雷·查尔斯中心 (其他人包括喜多郎,卡门·麦克雷) 音乐智能
阿尔伯特·爱因斯坦中心 (其他人包括玛丽·居里,史蒂芬·霍金) 逻辑-数理智能	特雷莎修女中心 (其他人包括穆罕默德·甘地,佛洛伦斯·南丁格尔) 人际交往智能
巴勃罗·毕加索中心 (其他人包括迭戈·里维拉,弗兰克·劳埃德·赖特) 视觉-空间智能	埃米莉·迪金森中心 (其他人包括安妮·弗兰克,西格蒙德·弗洛伊德) 自知自省智能
玛莎·格雷厄姆中心 (其他人包括吉姆·索普,威尔玛·鲁道夫) 动觉智能	简·古多尔中心 (其他人包括雷切尔·卡森,乔治·华盛顿·卡弗) 自然观察智能

界各地的艺术"，"太空中有什么"，"我们星球上的问题"，以及"古代文明社会的生活"等课题。尽管教师可以在主题单元中有意识地向学生教授学习目标，但这种教授也不必依照课本顺序来进行。

确定主题之后，教师就将主题划分成一系列具体的课程。例如，一个关于外太空的单元可以包括银河系、太阳系、彗星、行星以及宇宙飞船等方面的课程。每天，教师呈现该单元的一个方面，以早间的对当日主题进行概览的"主要课程"为开始，

而后，学生们分成小组，在各个中心工作，在那里，他们可以通过八种途径学习该主题。他们可以阅读、书写、聆听、歌唱、建造、表演、研究、解决问题，并完成艺术和环境方案。一些学生喜欢在八个中心之间有规律地转换。其他学生则更乐于随机地游走于其间。所有学生都被要求在当天完成特定任务，但每个人可以以他或她自己的方式去完成。

表9-8所展示的课程就是太空单元的一个主题，它是以多种方式呈现出来的。

表9-8 运用八个中心的课例

主要课程："彗星"
教师进行一个简短的发言，发言中使用图片和图表等来描述彗星——彗星的体积、组成及轨道。教师还要组织学生通过身体动觉能力来模拟彗星的运行，学生们分别代表太阳和彗星的不同部分，代表彗星的学生围绕着"太阳"沿彗星的轨道"行走"。

学习中心

玛莎·格雷厄姆中心：学生们用小木棍、棉花糖纸把自己装扮成彗星，用丝带做彗尾。而后，像彗星那样沿着一个椭圆形的轨道行进，保持他们的彗尾背向太阳。

巴勃罗·毕加索中心：学生们使用胶水和亮片在彩纸上制作彗星，正确标贴所有部分。

威廉·莎士比亚中心：学生们从科学课本上，从图书馆关于天文学的书籍中，或从百科全书中阅读有关彗星的知识，并回答有关他们所阅读内容的问题。

雷·查尔斯中心：用"一闪，一闪，亮晶晶，满天都是小星星"的旋律，以小组形式共同创作一首关于彗星的歌曲，歌曲内容必须包含几项科学事实。

埃米莉·迪金森中心：学生独自写出个人的生活如何可能与一颗彗星的生命相似。

阿尔伯特·爱因斯坦中心：学生们使用图纸和尺子画出一系列不同体积大小的彗星：彗尾的长分别为10倍于彗头，50倍于彗头，100倍于彗头，以及500倍于彗头。

特雷莎修女中心：在小组中，学生们创造一个关于外太空的游戏，游戏中要使用图像与表述事实的卡片。给"对手"提出的问题必须能够引发其高级思维技巧。

简·古多尔中心：由于用望远镜观察彗星并不切实可行，所以教师可以为学生们提供彗星及其轨道的图片，让学生们根据彗星的相似点将其分类。

由于学生每天的活动都是不同的，所以学生的复习和练习也不再单调无聊或是重复的工作。学生们不断地学习技能，并以各种不同的方式运用这些技能。在各中心的工作使孩子们可以以有启发意义的、多元的方式向他们的同学或其他人展示他们的学习成果。学生们唱歌、跳舞、绘画、角色扮演、观察、计算或书写出他们所学到的东西，这是这些孩子们所经历的普遍而正常的活动，绝非特例。同样普遍的是，每个孩子都以某种形式体验着学业的成功，因为，他们拥有了通过自己的强项来学习的机会。自该项目实施起至今的十年中，所有的学生都至少找到了一个他所擅长的领域。

在这一案例中，主要课程和中心活动占据一天学习的前半部分时间。在中心活动即将结束时，教师可以划出一段时间用来分享个人和小组的主要工作。在自愿的基础上，学生们唱歌或演奏歌曲、朗读诗篇、展示艺术作品或演示他们所发明的游戏。同学们互相评论彼此的产品，并且讨论合格的工作通常由哪些环节组成，以及他们下一步将追寻哪些兴趣等。

除了主要课程时间和中心课程时间以外，在一个学日的剩余时间里，可以让学生们致力于自己感兴趣的个人方案。上午的中心活动与下午的独立方案相结合使得每日日程既具有了固定的结构又不乏灵活机动的安排。并且，这种日程安排使得教师能够兼顾学生们的学业成长和个人成长。

通过下午的方案工作，学生们可以获得重要的自我指导学习技能。学生们学会了提出研究问题、鉴别大量资源、建立切合实际的时间表，并学会了如何开始、实施及结束一项学习活动。在每月的最后一周，教师都会留出一定的时间让学生们展示各自的方案。学生们向同学及他人展示其思想的方式各不相同，同时学生展览主题的种类也十分繁多。当学生以高度个人化的方式对独立方案进行展示时，他们的学业和多方面的沟通技巧都得到了发展。

为了完成方案，学生们频繁地更换课堂主题以进行深入地探索。同时，他们也可以自由地选择非课程主题工作，一些学生会花几个月的时间研究他们感兴趣的一个领域。例如，一个女孩痴迷于化学变化的过程，于是她这一个月的方案就是研究这种过程是如何发生的。这种自由的选择使学生们加深了对学校课程的理解，并提高了他们所选择的那种智能。在标准化测验中，这些学生所获得的成绩令人印象深刻。尽管他们展示出不同的能力水平，但在第一学年结束时，在基本技能方面，学生们的成绩都达到或超过了该年级其他学生的水平。同时他们的思考技巧在该学区水平最高。因而，很多家长强烈要求将他们的孩子安排到多元智能班级中，有关这些显著成绩的消息也通过新闻报道而传遍全国，同时这些成绩也被纳入哈佛大学的零点研究方案中。采用多元智能模式进行教学的班级数目骤然增加。

那些试图在日常课堂中心纳入几种智能的教师面临着大量的挑战。但是，尽管在实施该计划之初会遇到很多困难,但很多教师表示,通过不断进行实践和开发出一整套教学方法,这项任务逐渐变得容易了。教师们还找到了进行每日计划的捷径,如在一个或两个中心提供可以长期进行的课程方案,或请学生们负责计划某个特定的学习中心。

许多教师发现,只要时间允许,一次性地创制一周的计划很有帮助。这一做法将教师从制订计划的工作中解放出来,以便更好地专注于每天的主题和即将进行的课程方案。下面提供的是一个一周课程计划表格案例(见表9-9)。

在以学习中心为基础的课程方案中,当学生们在中心里针对方案进行工作时,教师可以拿出一些时间来与个人或小组交流意见;也可以用于对学生的工作进行非正式评价,并对学生的发展给予反馈;对那些在阅读或数学方面有困难的学生给予指导,并对有天赋的学生提出有挑战性的问题;还可以用来和小组一起设计活动结构,创编舞蹈计划方案。综上所述,该课堂模式的四个主要部分可以用图9-3表示:

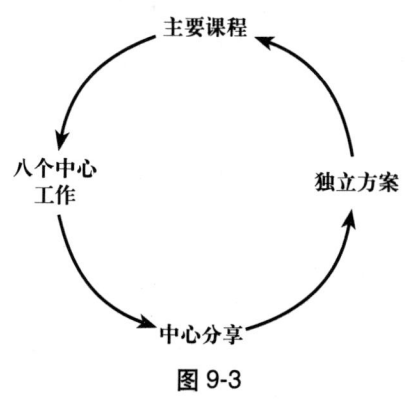

图9-3

尽管大多数以学习中心为基础的班级出现在小学中,但加利福尼亚州斯托克顿(Stockton)市林肯高中的一些教师也曾经在教室里运用基于各智能项的学习中心。在林肯高中,由于教室空间有限,所以以每日为基础来设立的学习中心越来越少。该校的学生们一般首先选择每天要工作的学习中心,而后再组成小组讨论各自的体验。教师们发现,学习中心的运用使教室空间更加分散,并增加了学习的灵活性,使许多学生获得了有效的学习。

在上述这种模式中,任课教师的角色从一位指挥者转变为为学生提供服务的协助者、指导者及资源供应者。此外,教师也具有更多的发展自己新的教学能力的机会。学生们在学习中心所表现出的技能使教师能够通过多元视角进一步观察学生。而不同的教学计划方式经常可以引发教师本人的创造能力。一位运用多元智能方法进行教学的教师就曾这样发问:"到底是谁的变化更大,是学生们还是我自己?"

(十二)光谱方案

以学习中心为基础的另一种教学方法在光谱方案中得到了应用。光谱方案是哈佛大学和塔伏茨大学合作进行的一项历经十年的早期儿童研究方案,从1984年至1994年,该方案寻求开发出符合孩子不同兴趣和不同能力的课程选择。在光谱教室中,孩子们以一天为基本单元,在一天中与丰富的不同种类的材料进行互动,并可以在各种不同的中心学习。这些学习中心

表 9-9　周计划表格

日期：_____

	星期一 课程	星期二 课程	星期三 课程	星期四 课程	星期五 课程
巴勃罗·毕加索中心 （视觉－空间智能）					
玛莎·格雷厄姆中心 （动觉智能）					
雷·查尔斯中心 （音乐智能）					
特雷莎修女中心 （人际交往智能）					
威廉·莎士比亚中心 （言语－语言智能）					
爱因斯坦中心 （逻辑－数理智能）					
埃米莉·迪金森中心 （自知自省智能）					
简·古多尔中心 （自然观察智能）					

并不试图直接提高学生八种智能中的每一项，研究者建立学习中心的目的在于为学生提供机会去反思那些得到尊重的社会角色，或用加德纳的专业术语讲就是反思"成人终极状态"。终极状态不仅仅在学校方案中，而且在成人角色中，都涉及非常重要的技巧。参加光谱方案的学生们通过在中心进行围绕"终极状态"的活动，使得他们的综合运用多种智能的技能逐渐变得娴熟。例如，在名为"自然观察角"的科学中心，研究者们存放了不同种类的动植物标本供学生们观察和比较。该中心致力于发展学生的感知技能和逻辑－数理能力，以及进行自然观察通常所需要的一些技能。

一个光谱教室中设有八个学习中心。这些学习中心及其涉及的核心能力如下：

艺术中心：对视觉艺术的理解、生产及构图能力

语言中心：讲故事、报告和进行辩论的能力

数学中心：数字推理、空间推理、解决问题能力

机械中心：精细的操作技巧，视觉－空间能力，通过机械物品解决问题、理解因果关系的能力

运动中心：肢体控制能力，对节奏的敏感性，肢体表达能力，产生运动观念，对音乐有反应

音乐中心：理解音乐、乐器演奏及音乐合成的能力

科学中心：观察、识别异同点，形成研究假设并进行实验的能力，对自然环境知识和科学现象感兴趣

社会中心：理解自己和他人的能力，能扮演各种不同的社会角色：领导者、协助者、照顾者、朋友

"成人终极状态"要结合各学习中心活动的要点而不断变化。例如，在语言中心，讲故事者、小说家、报告人、律师、剧作家以及诗人的技巧可以在不同时间内分别加以展示。为了更进一步分清不同成人的角色，光谱方案设计了"联结"，一个为孩子设计的社区指导方案。在该方案中，学生们可以在教室里与当地的来自不同职业领域的成人一起工作。这样，孩子们可以对在学校中遇到的材料和学习技巧获得更深层次的理解。

光谱方案课程以主题形式呈现，并涉及了很多智能项。该方案的一些主题包括"白天与黑夜"、"关于我"等，这些主题使教师更容易对学生的八种智能进行评价。主题的形式使孩子们能够理解学科间的关系，并以多元视角来考察一个课题。为扩大孩子们的学习范围，光谱方案也在家庭、学校和社区之间建立了联系。该方案给家长们提出了一些建议性的活动。并且，当地博物馆也被要求举办更容易为孩子们所接受的博物馆展览。通过整合家庭、学校和社区各方面的资源，参加光谱方案的学生们能够将学到的知识进行更深入的内化理解。如想了解有关光谱方案的更多信息，可以从零点方案在线电子书库中订阅

三本书。本章参考书目中也列出了这些书籍。

三、课程偏差

多年来，教育界一直流行着各种课程改革，每种改革都有自己的哲学假设、教学目标以及教与学的过程。随着加德纳理论的到来，教育者们可以通过八个视角来分析任何一种课程模式，考察它是否包含了人类能力的所有方面。当真正以八个不同的视角进行分析时，我们可能会发现，有些课程模式存在着严重的偏差，它们只涉及了一种或两种智能而忽视了其他智能。例如，合作学习很大程度上要依赖于人际交往智能和语言智能。为了确保学生们能以其他方式切入主题，教师可以对合作过程进行调整，使之包括动觉的、视觉的、音乐的、逻辑的、自然观察的以及自知自省的过程。通过这种调整，学生们可以通过他们最强的智能项切入学习过程。

在对诸如跨学科写作、技术整合及其他课程改革的调查中，我们不断发现各种不同形式的偏差。实际上，我们可以问一问那些课程专家，他们所发明出的课程模式是否能够反映他们个人的智能强项。当一位教师、一所学校或一个地区在考虑课程改革时，对任何方案都提出几个问题也许是明智的。下列问题有助于揭示一个模式的优势与不足：

- 该课程的哲学背景是什么？
- 该课程的假设是什么？
- 该课程的主要因素有哪些（例如过程、评价和材料）？
- 该课程强调了哪些智能项？
- 哪些智能项是学生们要获得成功所必须拥有的？
- 教师要具备哪些智能项？
- 该课程忽略了哪些智能项？
- 该课程可以如何进行改造以包含多元智能？

当教师们将加德纳的理论融入学校方案中时，他们也没有必要抛弃现有的或新开发的教学方案。当教师们在对个别课程和单元进行改进时，部门的或全校的课程方案同样可以得到提升和促进。实际上，抛弃仍然奏效的或有可能运作良好的方案是不明智的。相反，教师们应该保留已有的成功的课程，并努力改善以提高它的功效。

四、基于方案的课程

加德纳注意到，大多数具有生产性的人类工作都是在有意义且复杂的方案形式中出现的，于是，他建议学校使用以方案为特征的课程，以此为学生们将来的成人生活做准备。在方案课程中，学生们可以通过对其环境的积极探索和参与真实世界的经历来获得知识和技能。通过社区服务项目、全校旅行或实验室实验，方案课程努力使学生从事对个人或对他人有实际价值的活动。一个方案如果可以提出多种解决方法，并将学生们置于一个"全"情景中去学习，这实际上就是一种开放的课程，这种课程鼓励学生发现该课程的组成部分、各部分的关系、课程的价值以及课程中所提问题的解决方法。

约翰·杜威指出，理想的学校教育应该包括一个完整而连续的体验，而不是一系列由几位教育者所教授的支离破碎的课程。杜威反对为了成人的方便而组织的课程，并强调在真实世界进行体验的价值，这种体验引发了儿童们多方面的天性。在《学校与社会》（School and Society）一书中，杜威（1899）写道：

> 没有任何一门目标课程是仅仅以提供信息的名义而开设的，没有任何一门课程可以取代通过生活在农场中并照看动植物而获得的关于农场与花园中动植物的知识。没有任何一种学校中的感官训练是为了训练的目的而引入的，没有任何一种训练可以比得上从对日常职业的熟悉和兴趣中获得的灵活性与完整性。语词的记忆可以在完成任务的过程中训练形成，一门关于推理效果的特定学科可以通过科学课程和数学课程而获得；但毕竟，和背后拥有真实的动机、眼前可以看到真实的成果的在实践中进行的对注意力和判断力的训练相比，那些课程和训练都是遥远而不切实际的。

尽管大多数学校并非围绕杜威所呼吁的为学生提供一个连续而完整的学习经验来组织教学，但是许多教师还是运用了方案课程将教室与真实的生活经验联系起来。例如，五年级某个班的学生们想到华盛顿去旅行，他们想去参观政府的工作。为达成他们的目标，学生们开发了一个回收废弃物以筹集旅行基金的商业计划。学生们必须确定他们的城镇中有多少常住人口，每周每个家庭平均使用多少个易拉罐，有多少人将愿意参加回收活动，以及计划收集多少易拉罐能够与他们的收入大致持平。同时他们必须减去在计划过程中的相应花销。通过计划和执行这个复杂的真实世界中的方案，学生们最终达到了参观华盛顿的目的。

又如，一些参加光谱方案的小学生想要研究地方鸟类以及它们的筑巢习惯，以此作为一项班级方案。他们设计并建造鸟巢，而后观察这些设计是否符合了鸟类的需要，或者是否还有一些地方需要改进。

华盛顿州雷克伍德（Lakewood）地区的初中生通过进行一个模拟危机的方案学习生物概念。学生们首先进行调查，收集证据，然后想办法解决这些生物危机。一旦危机得以解除，学生们就开始分析那些导致正确答案的解决方法。

加利福尼亚州帕罗·阿尔托（Palo Alto）地区的高中生希望由他们来决定该城市正在开发的一块地产的用途。学生们准备了录像带文件资料向城市委员会展示，通过这种方式提出了他们对土地利用的建议。

纽约州艾瑟卡（Ithaca）地区的高中生

们在一位同学被诊断患有白血病后对癌症治疗变得更加关心了。学生们进行方案研究，访问相关医学部门，参观医院以深入了解疾病，并辨别传统与非传统的治疗方法。

上面的这些方案在时间长度上一般持续1～2周。一些教师在一年中组织三个或更多个这样的方案，他们声称，与传统方法相比，从事方案的学生们获得了更多的信息。这些课程方案在本质上通常是跨学科的，并且在执行中广泛涉及多种智能。许多高中以完成高级方案作为学生毕业的条件。以下是将方案应用到课程中的一些指导方针。

（一）有效的方案指导方针

（1）确定要学习的重要概念或实践并设计一个包括这些知识的开放式结尾的方案。

（2）使学生们参与到包括确定评价标准在内的对方案各个方面的计划工作。有时，学生们还应该创制自己的方案。

（3）确定并提供学生所需要的材料。同时联系社区内具有相关知识的成员、家长或大一点的学生作为资源。

（4）在方案的起始、实施、修正、展示、反思、评价以及计划新的后续目标等不同阶段给学生们具体指导。

（5）在学生实施并完成方案后，选择草稿和最后成品做成档案袋。

（6）要求学生们反思他们的学习过程、确认自己的成就，并把自己作为一名学习者的成长看作方案的成果之一。

（7）让学生们向同学、家长、社区成员或其他将会支持他们并对他们的努力提出建设性批评意见的听众展示他们的方案。

（8）从不同方面评价方案。加德纳建议从如下这些方面进行评价：

- 方案的计划、呈现、执行情况
- 准确性
- 挑战水平
- 创造性与原创性
- 对资源的利用
- 来自有识之士关于方案质量的反馈
- 学生学习的质量
- 学生反思的质量

（9）当学生们完成自己的方案后，让他们反思这些工作向他们揭示了什么——他们的兴趣、强项、挑战，他们是独立工作者还是合作工作者，以及未来应该注意在方案中显示出哪些智能。

教师必须详细教授以方案为基础的学习技巧。学生们通常需要教师给予关于方案该如何进展的指导。在布鲁斯·坎贝尔（1994）《多元智能手册：课程计划及其他》(*The Multiple Intelligences Handbook: Lesson Plans and More*) 一书中，他概括了教学生们完成方案的八个步骤，并建议每个学生拥有一个方案录像带以记录每次展示。这种录像带可以用来与他人分享，也可以作为一个自我评价的工具，并可以在一段时间内捕捉学生们的成长。

基于方案的班级与传统班级大不相同。在以方案教学为基础的班级中，学生们成为自己学习的主动发起者，他们使学校学习变得更生动，更有联系。对于大多数学生来说，方案促进了他们学业水平的提高和个人强项的开发，并发展了大量可用来应对即将经历的真实生活的技能。

（二）运作方案的八个步骤

运作方案见表9-10。

五、学徒制

有些教师和学校想培养学生个体的才能，于是建立了督导方案或学徒制方案。学徒制为学生们提供了有效的机会，使学生们可以与在某一学科或技艺方面有专长的年长学生或成人一起工作。当接受指导时，学生们可以理解他们课堂工作的目标

表9-10 运作方案的八个步骤

1. **陈述你的目标。**
   "我想知道视错觉（visual illusions）是如何产生的。"

2. **将你的目标转换成一个问题的形式。**
   "什么是视错觉及视错觉通过什么方式捉弄了我们的眼睛？"

3. **列出至少你将运用的三个信息资源。**
   关于视错觉的图书馆图书和网络资源。
   眼科医生或大学教授。
   E.C. 埃舍尔的印刷作品。
   艺术老师。

4. **描述为达到你的目标你将采取的步骤。**
   请图书管理员找到关于视错觉的书籍并作为参考来阅读。
   在互联网上研究视错觉。
   和艺术老师及其他人讨论视错觉。
   研究埃舍尔的作品。

5. **列出至少五个你想要研究的主要概念和思想。**
   什么是视错觉？
   人类的眼睛是怎样被戏弄的？
   视错觉是如何形成的？
   有哪些制作视错觉艺术的艺术家？
   我如何制造视错觉？

6. **列出至少三种将用于展示你的方案的方法。**
   解释什么是视错觉。
   制作一张关于人类眼睛工作原理的图表。
   用著名视错觉图制作海报。
   努力形成自己的视错觉。
   给同学们分发关于视错觉的小报作为保存。
   请同学们也努力制造一些视错觉图。

7. **以时间表组织方案。**
   第一周：获得大量资源。
   第一周：访问成人。
   第二周：观察不同种类的视错觉。
   第二周：努力制造自己的视错觉。
   第二周：制作一个眼部图。
   第二周：为班级制作分发物。
   第三周：练习展示。
   第三周：向全班展示。

8. **决定你将如何评价你的方案。**
   在我的父母面前演练并得到他们的反馈。
   在马特和约翰面前演练并得到他们的反馈。
   请求同学对我的展示及视觉资料进行反馈。
   填写自我评价表格。
   阅读老师的评价。
   分析自我展示的录像带。

以及他们可能获得的积极的成人状态。学校学徒制通常以下面两种形式出现：作为日常课程的一部分，或者作为补充的课后学徒制。在此，我们示例如下。

（一）作为正规课程一部分的学徒制方案

许多学校鼓励混龄教学方案，在混龄方案中，年龄较大的学生可以在学校作业方面帮助年龄较小的学生。这一方案不仅帮助学生们发展了积极的相互关系，并且不同年龄学生的学业技巧都得到了加强，同时，年龄大的学生通常很认可以这种具体的方式为他们的学校做出贡献。

纽约市的艺术教育中心为几所12年级制的城市学校提供了有关的艺术指导。例如，在东哈勒姆（East Harlem）的PS 102中学，艺术家们在视觉和表现艺术方面对学生们进行指导。同时，配合学生们的课堂学习，学校为学生提供了家长工作间。相似地，在纽约马丁·路德·金高中里，艺术家们为那些运用歌剧把文学和历史结合在一起的学生们提供了实习机会。该校的英语学习者还通过参加实习来探索欧洲著名的收藏品。

印第安纳州印第安纳波利斯市的奇异学校以豆荚小组为特色。在豆荚小组中，小学生们受到他们选择的工艺或学科方面的教师、家长、社区成员的指导。每位学生每周参加四次豆荚小组活动，使用与一种或多种智能相关的材料，以获得真实世界中的技能为目标进行工作。由于豆荚小组向学校中的每一位学生开放，所以这一小组包括了来自不同年龄的孩子们。豆荚主题包括建筑、烹饪、园艺、歌唱豆荚、专栏作家、想象印第安纳波利斯（一个城市规划小组），以及年轻的宇航员等。

（二）课后学徒制

专家们也可以在正规课程之外对学生的学习进行指导。例如，一所小学的家长教师协会（PTA）组织了一个由家长提供的，贯穿一学年每周进行一次的课后强化方案。相应地，为了增强学生解决问题的技巧，另一所学校的小学教师们创建了八个课后俱乐部，每个俱乐部致力于八种智能中的一种。大多数俱乐部每周碰一次面并为小学生们提供相应的可以独自在家进行的活动。

华盛顿州波塞尔（Bothell）的"天空视野"（Skyview）高中获奖的"突破"项目，鼓励每位学生追求一个个人兴趣并鼓励学生成为自己追求的课题方面的专家。"突破"的主要目标就是鼓励学生们为他们生活的社区做出一些贡献。有些学生选择在当地医院、疗养所或学校工作。另一些学生则为他们选择的事业募集捐款，进行演说和展示，制作符合他们兴趣的艺术品，编写短故事，制作录像或设计计算机软件。每个学生都有一位导师，帮助并引导其进步，并对其所完成的产品进行评价。当学生们选择了将在社区内工作的方案内容之后，教师就可以确定学生必须掌握的技能。这些方案跨越了所有学科，并包括了访谈、记录、统计分析、目标设定以及艺术中的表现技巧。

学徒制的另一种方法在奇异学习社区中表现得很突出。在奇异社区，高中生必须接受180小时的社区专家指导。而这些高中生必须展示他们在社区论坛中学到的知识。想了解关于奇异高中学徒制项目更多的信息。

一些富有进取心的使用多元智能课堂模式的小学教师，决定邀请社区成员来指导他们的学生进行学习。在招募地区公民的时候，教师们承诺他们将以那些同意和学生们一起工作的公民的名字为教室中心命名。学校因此收到大量申请。在每月两次以课堂为基础的学习中，学生们也从那些来自真实生活中的，并与他们分享其专业技能的导师那里获益匪浅。

（三）学徒制的前景

加德纳曾建议学校通过在小学和中学阶段提供学徒制以使学生们的方案更加个性化。但加德纳所指的学徒制并非在早年就将学生们引入职业生涯，相反，这种学徒制将服务于一种更广泛的通才文化教育。学徒制将大约占去学生在校生活三分之一的时间，并且每个学生最好参加三项活动：

（1）艺术形式或工艺方面的活动；
（2）学术领域的活动；
（3）一个体育学科如舞蹈或运动领域的活动。

学生们将投入到他们所参加的学徒制学习中。通过学徒制，学生们可以学到一门重要的课程，而该课程或许通常为当今快节奏的社会所忽略；如果学徒制的确成为学校教育的一个惯例，那么学徒制将使学生们在毕业时拥有可以积极运用到社区中的重要知识和技能。

六、为理解而教

几乎在每一位学生身上都存在着一颗五岁大的"未经训练"的大脑，这种"未经训练"的大脑挣扎着钻出来并表达它自己。

——霍华德·加德纳，《未经训练的大脑：
孩子们如何思考以及学校应该如何教》

在生命中的头五年，孩子们通常积累了大量而丰富的信息——其中包括错误的信息。像加德纳针对这个年龄段的孩子所指出的那样，这些年轻的"直觉学习者"发展着包罗万象的、朴素的理论来形成他对世界的理解。在《未经训练的大脑》一书中，加德纳（1991）提出，这种早期概念后来可能取代学校的教育。当面对死记硬背的学习和毫无兴趣的教育经历时，一个学生早年的理论、经验以及固有观念占据了统治地位；这种早期的概念实际上并未由于学校的教育而消散。而我们的学校教育应该保留年轻智慧的积极特点，同时也要改变学生们习以为常的错误观念。这些目标只有当教师为了理解而教时才会实现。

什么是理解？戴维·珀金斯，与加德纳合作主持哈佛大学零点方案的专家，曾论及人类洞察力的本质。珀金斯（1991）

比较了"理解"和"知道"这两个术语。当一个人"知道"了什么事情时，也就是说他已经在大脑里储存了相关的信息，可以随时记起。而当一个学生"理解"了什么事情时，我们就可以推测，他的技能超越了记忆和重现。珀金斯坚持认为，理解指个体能够运用信息做一些事情，而不是复述这些信息，并且这种理解激发了行动而非仅仅占有信息。当学生们理解了某事物，他们就能够用自己的话解释该事物概念，并可以进行新的分析和概括。实际上，许多新的评价方法通过要求学生们解决问题、制作图表或写出答案来评价他们是否真正理解了学科概念。

那么我们该如何促进教育理解呢？有几种方法可以帮助实现从信息占有向真正的理解转变。加德纳（1999）的《智能的重构：21世纪的多元智能》一书总结了他就这一问题的一些思考。以下内容解释了构成为理解而教的几个因素。这些因素可以融入学年的主要教学单元计划中。

（一）为理解而教的原则

（1）教育者可以确定一些学生将会使用的基本技能、知识以及学习结果。我们可以问自己："哪些核心思想和问题是学生们最该知道的？"在许多情况下，我们可以运用国家教育标准来确定核心概念，但同时，我们要做的不是努力覆盖广泛的课题，而是努力寻求知识的深度。例如：在社会研究方面，可以围绕诸如民主的概念对教育标准进行整合；在科学方面，可以围绕变化和进化等概念进行整合；在数学和音乐方面，学生们可以学习构图和转换，以及个人认同和文化中的价值观。大多数概念可以通过多种不同的方式和媒介进行教授。

（2）一旦确定值得研究的概念，教师们就可以考虑如何将这些概念以最理想的方式呈现给学生们。有些教师围绕广义主题组织课程。这些教师可以提出这样的问题："如果我们想以主题的形式教授课程，那么主题应从何而来？"奇异学习社区建议通过和不同身份的人士进行谈话来确定主题，这些人可以包括：教师、学者、专家、商业领导者和政府领导者、文化机构的人员、父母、学生。教师还可以通过社区参与来确定主题，这样，一个富有创造性的课程就比较容易被多数人所接受，同时，社区参与确定主题也可激励社区成员参与到课程中来。来自奇异学习社区的较典型的主题包括：

- 时空变换
- 与其他文化和谐共处
- 过去和现在的复兴
- 与自然和谐共处
- 此地此刻我们和谐共处
- 让我们有点差异

有些教师更喜欢围绕单元结束时需要学生们来回答的开放式问题来组织课程。例如，公共教育蒙大拿办公室的课程方案，《审美文学框架》（1994）——建议幼儿园至十二年级的英语和语言艺术课程应该通过视觉和表现艺术来教授。在这一框架中，每个单元以一个核心问题开始，通过这个核心问题，学生们就可以找到一条连贯的工作线索。《审美文学框架》所提出的一些核心问题如下：

- 什么是美？谁决定了美的标准？
- 我们从不幸中能够学到什么？
- 从过去我们知道了关于现在的什么？
- 作者为什么写下他们所做的事情？
- 艺术品如何反映其文化？
- 这些作者是如何完成那件事情的？

通过处理这些开放式结尾的问题，学生们不仅获得了基本技能，而且也通过形成并捍卫自己最感兴趣问题的答案加深了对知识的理解。学习这些有价值的问题还使学生们开始考虑为什么他们会为学习而焦虑。

（3）一旦教师确定了核心概念及将这些概念展示给学生的方式，接下来的教学过程就需要一张"地图"来加以指导。教师首先应该确定教学所要到达的最终目的地。这可以在单元学习开始之前，通过细化学生们在研究结束时所应知道的知识和所能做的事情等问题来完成。主题表、完成工作示例或等级标准等形式可以使师生所期待的成果更加具体，更加触手可及。

在教师确定了教学的结果之后，教学过程应该随之被描绘出来。学生们下一步将做什么？将教授哪些基本内容及其标准？哪些智能项可以作为引进内容的切入点？这些智能项的使用是为了处理教学内容，还是为了证明知识本身？这些经历如何帮助学生们达成具体的学习目标？

（4）除了教师主导的教学之外，学生们还可以从课程里的一些偶然发现中受益。十二年级制教育的一个目标是培养终身学习者，学生们需要获得使用自我指导学习技能的机会。这种机会可以通过鼓励学生完成方案或设立个人学业目标来获得，完成方案和设立个人的目标这两种方法都可以丰富一个单元的学习内容。通过这些自我发起的学习经历，学生们加深了对内容的理解，同时也学会成为自主的学习者、思想者和创造者。

（5）另外一种为理解而教的策略是为学生们提供接触拥有专业知识的人士以及练习单元内容的机会。通过和这些专业人士一起工作，学生们将比完成作业答卷或回答书中每章后的问题更容易发展他们的理解技能。这些来自于专业人士的真实世界的案例加强了学生研究的实际价值。

（6）所有学生都应该在整个单元中运用高级思维技巧。学生应该能够概括出他们学习了什么，能为所学习的内容提供示例，能将学习内容与自己的经历联系起来，并能将这些知识运用到新的环境中去。例如，在关于生物起源的单元中，教师可以给学生们介绍一种植物或一种病毒，然后让学生确定有机体是否是活的。学生们还可以向教师解释微生物对健康的潜在影响，将微生物与类似的物体进行对比，并将关于微生物和生命规则的知识运用到类似的问题中去。

（7）在整个单元中，教师的评价是多维度的，并且是整合在一起的。学生们在开始研究之前，教师应该帮助他们建立评价的标准。另外，学生的工作应该通过多元视角加以评价：教师可以正式与非正式的方式对学生进行评价，学生之间可以互相评价，同时，学生也可以进行自我评价。另外，学生们应该就每个单元为他们的教师提供反馈，为今后课程的改进方式提出意见（见图9-4）。

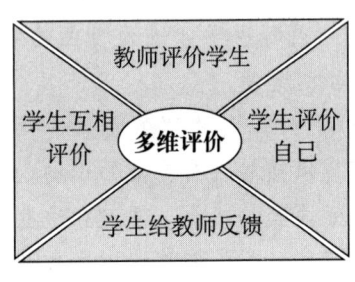

图9-4

（二）为理解而教的主题表

以上为理解而教的元素也许在理论上是有趣的，那么在实践中，这些元素看起来又是怎样的呢？本书的作者们已经开发出了如下主题表，一些教师把这些主题表作为课程开发的一个指导方针，一些教师则把它们当作回顾单元计划或当作在一个同事班级里观察时的反馈工具。

（三）为理解而教的课程开发主题表

见表9-11和表9-12。

七、小结

那些准备采用多元智能方法的教育者们应该清楚，"多元智能"这一概念对他们来说究竟意味着什么。多元智能的教学目标包含了大量的课程内涵。其中一些内涵包括要求教师设计多元的课程设计或加深学生基于学科的学习。而对其他教师来说，一种多元智能方法也许就是指一次基于方案的学习或一个学徒制的机会，但同时，对另外一些教育者来说，多元智能的教学方法可能意味着更有效地教授"五岁的大脑"，以便达到为理解而教的目的。

表 9-11　为理解而教的课程开发主题表（模型）

主题或引导问题：_____

基本内容：_____

成果：

1. _____
2. _____
3. _____
4. _____

单元地图	基于多元智能的学习	思维技巧	在真实世界中的应用	方案

多维评价

同行和客座发言人评价：_____

学生自我评价：_____

教师评价：_____

表 9-12　为理解而教的课程开发主题表（案例）

主题或引导问题：内迁移民：当移民成为美国公民时，这些移民已经经历了什么事情？

基本内容：移民和公民资格的社会研究标准

成果：

1. 学生们将给移民下定义
2. 学生们将给公民资格下定义
3. 学生们将描述一个家庭到美国旅游的经历
4. 学生们将解释成为一个美国公民的步骤

单元地图	基于多元智能的学习	思维技巧	在真实世界中的应用	方案
有关定义的可视海报	有关定义的可视海报	比较和对比相似点和不同点	邀请客座发言人讲述美国之旅的故事	按照每个事先确定的标准，学生们完成制作地图、广播节目或教授他人关于移民和（或）公民资格的知识的服务活动等方案
根据客座发言人的展示制作时间表。调查其他附加信息。主持有客座发言人参加的会议以确认时间表的准确性	时间表	安排并调查以确认日期	客座发言人就时间表的准确性给予反馈并辅助学生研究	
观看并总结史蒂文·斯皮尔伯格拍摄的关于移民的影片《一个美国人的故事》	撰写关于故事的总结或歌词	确定主要思想和支持性细节		
阅读马里萨·莫斯的《非常重要的一天》	对成为一个美国公民进行小组角色扮演	详细说明		
学生们进行访问并随后表现地方移民的故事	新闻文章或流动图表	理解观点分析	访问当地移民	

多维评价

同行和客座发言人评价：关于角色扮演、歌曲和时间表的反馈

学生自我评价：关于移民和公民资格的知识的增长

教师评价：关于海报、时间表、角色扮演以及访问的非正式评价，对方案的总结性评价

八、多元智能在课堂中的应用

(1) 我从本章获得的重要观点和启示：
_____
_____
_____

(2) 我想更深入地学习的领域：
_____
_____
_____

(3) 在我的教学中我可以利用这些信息的方法。请注意，本章中提到的策略已提供在下面，并附有空格以提示每个策略是如何融入课堂教学的。

课程策略	课堂应用
通过多元智能计划课程	
教学清单	_____
课程计划模型	_____
课例	_____
跨学科的单元课程	_____
通过多元智能教学的跨学科计划	_____
深入发展的跨学科计划	_____
中学全校普适的跨学科方法	_____
智能小组	_____
分组的益处	_____
为发展智能而进行的课程开发	_____
学习中心指导模式	_____
光谱方案	_____
课程偏差	
基于方案的课程	
有效的方案指导方针	_____
运作方案的八个步骤	_____

学徒制
  作为正规课程一部分的学徒制方案 _____
  课后学徒制 _____
  学徒制的前景 _____
为理解而教
  为理解而教的原则 _____
  为理解而教的主题表 _____
  为理解而教的课程开发主题表 _____

参考文献

Campbell, B. (1994). *The Multiple Intelligences Handbook: Lesson Plans and More.* Stanwood, WA: Campbell and Associates.

Chen, J., Isberg, E., & Krechevsky, M. (1998). *Project Zero Frameworks for Early Childhood Education, Vol. 2, Early Learning Activities.* New York: Teachers College Press.

Chen, J., Krechevsky, M., & Viens, J. (1998). *Project Zero Frameworks for Early Childhood Education, Vol. 1, Building on Children's Strengths: The Experience of Project Spectrum.* New York: Teachers College Press.

Dewey, J. (1899). *School and Society.* Chicago: University of Chicago Press.

Framework for Aesthetic Literacy: Montana Arts and English Curriculum. (1994). Helena, MT: Montana Office of Public Instruction.

Gardner, H. (1989). *To Open Minds: Chinese Clues to the Dilemma of Contemporary Education.* New York: Basic Books.

Gardner, H. (1991). *The Unschooled Mind: How Children Think and How Schools Should Teach.* New York: Basic Books.

Gardner, H. (1999). *Intelligence Reframed: Multiple Intelligences for the 21st Century.* New York: Basic Books.

Krechevsky, M. (1998). *Project Zero Frameworks for Early Childhood Education, Vol. 3, Preschool Assessment Handbook.* New York: Teachers College Press.

Perkins, D. (1991). "Educating for Insight." *Educational Leadership. Volume 49*, No. 2 October, 1991.

第十章

化解边界——促进学习的评估

> 除非将评估放置在一个真实的领域和社会背景下,否则我们就有充分的理由怀疑这种评估是否足以代表人类智能的全部表现。
>
> ——霍华德·加德纳,《多元智能:理论与实践》

评估成功

在整个小学和中学阶段,加百利(Gabriel)几乎都没有体会过成功的滋味。在被老师贴上"态度消极的劣等学生"的标签后,加百利毫不在乎地接受了老师对他的评价。

在上高中的第一天,加百利就对他的数学老师嚣张地表示:"放弃我吧!"这无疑显露出他对于自己未来的学术成就持有非常低的期望值。老师知道第一印象很重要,所以立刻回答说:"我并不打算放弃你!"加百利冷嘲热讽地反击道:"这只是时间问题而已。"

老师已经知道加百利在数学标准测验中的得分只相当于三、四年级的水平。但是,他还不知道该如何应付这位执拗的学生。为了更多地了解加百利,这位老师不拘形式地观察加百利在课堂内外的表现。他观察到,在走廊里,加百利总是充满活力,他经常和几位学生一起聊天,和他的朋友们诙谐地打打闹闹。在注意到加百利和哪些学生在一起后,这位老师就开始接近这些学生,要求他们告诉自己关于加百利的情况。这位老师得知加百利在当地的一家杂货店有一份工作,同时他非常喜欢玩滑板。老师对于如何让加百利投入数学学习产生了灵感。

第二天,老师向他所教的九年级数学班的学生们提议,他们可以使用设计数学方案的方法来代替学习教科书上的内容。经投票,这个班级的学生一致赞成开发真实世界中的数学学习方案。

这时，老师又解释说他们必须研究那些他们认为有趣的关于产品或者概念的信息，同时他们必须在自己的主题中鉴别一些预先限定的数学原则。在这节数学课余下的时间里，学生们进行自由讨论，评价方案的标准。加百利在整堂课上都耷拉着脑袋，像往常那样看起来无聊和无所事事。当下课铃响起时，老师单独走近他身边说："加百利，我知道你很会玩滑板呀！你的朋友就是这样告诉我的。为什么你不做一个关于滑板的方案呢？你甚至可以带一两个滑板到学校为我们全班同学做一次演示。"对于老师这个充满善意的建议，加百利只是耸了耸肩，不置可否地走出了教室。

老师计划在两个星期内完成这些方案，但他一直不知道加百利是否也参与其中，直到班上另外一个学生脱口说出："等着瞧吧，你们会看到加百利在做什么。"老师才知道加百利在做其中一个方案。老师精神一振——也许，加百利正在选择参与。

当完成任务的最后期限逐渐临近，学生们开始签名展示他们的工作成果。当加百利说他想第一个展示时，他又很快地告诉老师他仅仅是想早点做完了事。

学生们设计了一个分数表来评价彼此的方案。老师向加百利说明，他也要接受同样形式的评价。在方案展示日，加百利第一个和别人分享了他的工作。首先他展示了一张用来比较不同品牌滑板的性能、价格和外观设计的图表；然后他用图表对最畅销的滑板及其性能进行批判性分析；最后，他展示了对同班同学关于滑板运动态度的调查结果。尽管没有使用适当的数学分类学，但是加百利在说明滑板运动时还是涉及了一些数学原则，包括物理学、对称可能性、数学思维和解决问题的技巧。当同学和老师把他们对加百利这个方案的评价表交给加百利时，他的轻轻一笑被大部分老师忽略了，而这位数学老师却捕捉到了。

这是加百利在数学班中第一次参加方案作业。他的参与不仅提升了他的自我形象，同时还显示出他是一位有能力的数学思考者。截止到学期结束，加百利在数学标准测验中的分数明显提高了。尽管他对数学学习的参与程度仍然不及其他同学，但是加百利和他的老师都没有提到过放弃那回事。

一、全国评估

近几十年来,人们对标准测验的依赖正在逐渐增加,同时人们也越来越关注标准测验对于教育资源、课程开发和教学实践的影响。另外,人们对标准测验的批评也越来越集中在这些测验过分重视死记硬背的知识,而未对学生如何应用这些知识进行充分评价的倾向上。

常模的、多项选择的测验对于管理者来说是快捷有效的,但是政策制定者已经开始重新考虑这些测验的价值了。新的州际评估的出现,尽管仍不完美,但是这些评估尝试产生了更真实的关于学生学习的场景。在完成这一目标方面,这种新的州际评估要比简答题评估更具有可能性。许多教师和学区现在使用档案袋和表现为本的任务进行评估。不可否认,新的评估方式仍然处于发展阶段,它们还存在着很多关于时间、可靠性和管理能力方面的问题。但是,很多教育者已经敏锐地察觉到标准化测量工具的不足和局限,他们相信这些新的评估方法会捕捉到更多学生所了解的内容,同时可以在校园内外发挥更大的作用。

不可否认,评估是一个复杂的问题,而且是一个可以引起广泛讨论的问题。处理标准测验中有争议的问题并不是本章的目标。相反,我们要回顾来自加德纳和其他研究者的关于评估如何提升教学与学习成果和策略的问题。

在零点方案的基础上,霍华德·加德纳和其他研究者研究了课堂评估(classroom assessment),他们认为有效监控学生工作的评估不能存在于一个与外界隔绝的环境中。课堂本身可以被改造以便实现有意义的评估。仅仅改变现存的评价过程是不够的,还要改变教学实践以便在我们的学校中塑造一种有效的评估文化。在多数情况下,评估发生在一个单元学习结束前,并且这些评估强调等级和绩效。尽管总结性评价的做法有时发挥着重要的作用,但是这种评价并不必然会改善学生的学习。

当把积极的表现评估(performance assessment)综合运用到整个单元之后,教师们反映,教学相继发生了很多变化。当学生积极地展示自己所学的内容时,学生的动机和成就都得到了提高(Campbell, 2002)。进而,教学实践的变化和所有学生在课堂上的积极均衡参与都表现得很明显。

指导课堂评估的原则
    记录成长过程的评估
    评估是多维度的
    评估激活教学
    非正式的评估很重要
    学生是积极的自我评估者

多种智能评估方法
    光谱方案中对智能的测量
    工作风格
    光谱报告
    发现学生的强项

通过多元智能进行评估
    言语-语言智能评估方法的范本

> 逻辑－数理智能评估方法的范本
> 视觉－空间智能评估方法的范本
> 动觉智能评估方法的范本
> 音乐智能评估方法的范本
> 人际交往智能评估方法的范本
> 自知自省智能评估方法的范本
> 自然观察智能评估方法的范本
> **过程档案袋**
> 　建立过程档案袋的指导方针
> **评估进度表**
> 　全校范围的评估过程
> 　多元智能报告卡

我们的目标是提供一系列工具来拓展课堂上教师的评估范围。我们并不建议把这些技巧应用到所有学区或全国相关学校及研究者的高风险决策上。但是，我们鼓励教师创造一些需要学生去运用而不是简单回忆所学知识的多样化的评估工具。这样做，学生将更好地为以混合方式和表现为本的任务为特色的州际评估做好准备。

二、指导课堂评估的原则

在20世纪八九十年代，哈佛大学的"零点方案"进行了两项重大研究来解决评估问题：一个是光谱方案，已经在第九章论述过；另一个是艺术推进方案（Arts PROPEL）。1986—1991年，艺术推进方案作为一个艺术和人文学科的教学及评估的试点方法，由哈佛大学零点方案、教育测验服务社（Educational Testing Service），以及匹兹堡、剑桥、波士顿等地的教师、管理者和学生共同进行现场试验。艺术推进方案的两个主要目标是观察初中和高中水平的学生如何在艺术中学习，同时设计一种可以提升学生学习和测验成绩的评价方法。最初，艺术推进方案设想它的评价对于中等水平的艺术教学具有实际价值。但是在应用之后，这一方案似乎更适合于小学阶段和其他学术科目。同样，为早期教育而设计的光谱方案的评估工作似乎对于更高年级也具有重要的应用价值。

值得注意的是，推进（PROPEL）一词是学生在评估中应该扮演的三种角色的缩写：PRO代表生产（production），其中的R代表反思（reflection）；PE代表知觉、发现（perception）；而L代表学习（learning）。艺术推进方案和光谱方案的原则可以用于指导那些想要改变教学评估过程的教师。下面是一些评估工具的样本和案例，它们可以帮助教师把评估原则应用到日常生活中去。

（一）记录成长过程的评估

人们经常以一种孤立的、走马观花的方式来评估学生的工作，这一做法掩盖了学生学术成长的长远前景。档案袋则是一种在鼓励持续反思课堂学习的同时，提供有效的学术工作纵向视角的工具。使用档案袋可以为学生、教师、家长和其他人提供被评估者学术进步和内在成长的证据。

只要有机会，学生们愿意在评估中扮演一种积极的角色，并自主决定纵向的学术成果。通过要求学生对比以前的知识与现在的技能及理解能力可以达到上述目的。通过回顾档案袋和日记的内容或一些工作样本，学生可以反思自己在每一学科领域的成长。为了帮助学生进行反思，教师可以提出如下问题让学生思考（见表10-1）。

当教师鼓励学生对其所取得的进步进行反思时，甚至二、三年级的学生都可以回答类似的反思性问题。但是，只有当教师确实向学生提出这些反思性问题时，学生的反思技能才能得以发展。教师提出的其他问题也可以强化这种反思性思维。家长和其他人也可以提出类似的问题。实际上，对学生、教师和家长来说，比较对同一系列问题的不同反应常常是有益的。

（二）评估是多维度的

通常，字母等级评估或分数评估很少能为学生、教师和其他人提供关于学生成绩的有价值的信息。传统的测量工具如数值百分率仅仅说明一个学生在某一学科领域取得了低分、中等分数或高分的成绩。这种单一维度的观点并没有传达出学生已经学习了什么以及遇到了什么困难。例如，在数学班，一位学生可能获得C等的成绩。这种单一的分数无法显示在日常任务中这个学生在数学思维和解决问题方面超出多数学生的高级水平，而这个学生在多数考试和小测验中之所以会失败多是由于考试焦虑而造成的。如果C等的分数被多元指标所代替，那么就有可能进行有意义的相关的教育干预。表10-2所列出的就是一种另类的数学评估表。

与大多数报告式的评估工具相反，如表10-2的这种评估工具可以鉴别出学生的强项和弱项，同时为正在进行中的学习推荐了各种教学选择。

另外一种多维度的评估方法是从多种来源获得对学生表现的反馈。事实上，理想的评估可以包括三个方面：①内容和技

表 10-1　学生对学术成长的反思

回顾最近几个月以来你所完成的工作样例，回答以下问题：
- 你回顾了哪些工作样例？这些作业是在何时完成的？
- 你的工作是如何改变的？它和以前有何不同？你用什么证据证明这些改变？
- 你学到了哪些以前你并不知道的知识？你是在何时、以何种方式学习这些新信息的？你新学习的知识与你以前的知识发生了矛盾还是肯定了你以前的知识？
- 你如何在这门课上、其他课上以及校外使用这些新知识？
- 你工作中的变化是否影响了你把自己看作一位数学家、作家、艺术家等？
- 你达到了足够的知识和技能水平了吗？如果没有，将来你如何获得其他信息？
- 你对自己最近几个月的工作还有其他评价吗？

表 10-2 数学季度评估

学生姓名：＿＿＿＿＿＿＿＿＿＿＿＿　　　　　　　　　　　日期：＿＿＿＿＿＿＿＿
学习的主要概念：＿＿＿＿＿＿＿＿＿＿＿＿＿＿＿＿＿＿＿＿＿＿＿＿＿＿＿＿＿＿

学生表现核查表

	强	一般	弱
理解数学运算，例如二次方程式			
对问题的理解			
对教科书中问题的解决			
开放式问题、真实世界中的问题的解决			
作业的表现			
考试的表现			

叙述性的评价：＿＿＿＿＿＿＿＿＿＿＿＿＿＿＿＿＿＿＿＿＿＿＿＿＿＿＿＿＿＿
＿＿＿＿＿＿＿＿＿＿＿＿＿＿＿＿＿＿＿＿＿＿＿＿＿＿＿＿＿＿＿＿＿＿＿＿＿
＿＿＿＿＿＿＿＿＿＿＿＿＿＿＿＿＿＿＿＿＿＿＿＿＿＿＿＿＿＿＿＿＿＿＿＿＿

鉴定出学生要建立的强项：＿＿＿＿＿＿＿＿＿＿＿＿＿＿＿＿＿＿＿＿＿＿＿＿＿
＿＿＿＿＿＿＿＿＿＿＿＿＿＿＿＿＿＿＿＿＿＿＿＿＿＿＿＿＿＿＿＿＿＿＿＿＿
＿＿＿＿＿＿＿＿＿＿＿＿＿＿＿＿＿＿＿＿＿＿＿＿＿＿＿＿＿＿＿＿＿＿＿＿＿

推荐要加强的技能：＿＿＿＿＿＿＿＿＿＿＿＿＿＿＿＿＿＿＿＿＿＿＿＿＿＿＿＿
＿＿＿＿＿＿＿＿＿＿＿＿＿＿＿＿＿＿＿＿＿＿＿＿＿＿＿＿＿＿＿＿＿＿＿＿＿
＿＿＿＿＿＿＿＿＿＿＿＿＿＿＿＿＿＿＿＿＿＿＿＿＿＿＿＿＿＿＿＿＿＿＿＿＿

能的评估；②来自同伴、家长或知识共同体成员的人际交往的评估；③来自负责评估自己成就的学生的自我评估。

本书的一位作者开发了一项纳入这三种视角并面向小学生的报告卡（见表10-3）。这种报告卡扩大了传统上学校对学生的进步进行学期评价的方法。

（三）评估激活教学

人们经常批评标准化测验或传统的评估方法使教学把重点放在记忆和回忆知识方面。当评估深入到学习的本质和学习的

表 10-3　不同视角的报告卡

姓名：_____　　　　　　　　　　　　　　　　　　　日期：_____

在下列这些类别中你是如何做的？
在"自我"下面的方框中写出一个句子，描述你在每一个领域的进步。
然后，要求一个同班同学来评估你的表现，写在第二栏中。
下一步，把它带回家让父母或其他成人在第三栏中评估你的工作。
比较和对比每一个人对于你的进步的不同观点。你是否同意他们的评论？在这张卡片的背面写出你对这些反映的反馈，完成后把这张卡片放在你的档案袋里。

	自我	同班同学	成人
语言艺术 读 写 说 听			
视觉和表演艺术 音乐 律动 画画			
数学 计算 问题解决			
中心的工作 完成任务 与其他人的合作			
个人计划 研究 策划 呈现			

重要方面时，它就能够以一种积极的方式影响和改善教学。

大多数教育者都会同意，进行有效教学最大的一个障碍就是需要覆盖全部内容。我们经常被要求去考虑大综合主题。但是在使用了多元智能进行教学以后，很多教师声称学习的节奏慢了下来，也就是需要考虑的内容变少了，但是所研究的内容却更加深入了，同时学生对知识的理解提高了。今天，使我们感到安慰的是，我们的社会正在进入信息化的时代。既然我们可能获得的信息多于我们曾经在每一个学科中评价或使用的信息，那么对于学生来说，鉴别什么知识是最根本的和什么行为对于他们的成年生活是有益的就势在必行。

在一些情况下，教师通过遵循"如果重要到需要教学，那么也就重要到需要评估"这一原则来决定对于教学来说最重要的内容。例如，美国西北地区教育实验室（North-west Regional Educational Laboratory，1998）已经鉴定出有效阅读者的一些特质。一些教师利用这些特质来进行阅读技能的教学与评估。这些阅读技能包括解译文字、理解材料、了解背景、解释内涵、综合观点和评论材料。

这项对阅读技能的评估包括一个五级量表，从代表最低级技能的1分到代表最高级技能的5分不等，教师对在学生工作中表现明显的阅读技能进行打分。这一个案中的课程将学生即将学习的内容和评估这些内容的方式整合在一起。学生不仅提前知道他们的任务是什么，而且还知道阅读的标准是什么。

我们可以确认班级课程的基本要素，同样也可以明确全校性的预期目标，以此引导每一学科领域的课程开发和评价。例如，一所中学可能选择以下目标作为所有学科领域必不可少的部分：确定问题、评估信息与资源、学习学科内容、考虑多种视角、在方案中合作、反思个人的成长、有效管理个人的行为。为了帮助学生获得上述这些成果，作为课程一个部分的课堂可能形成开放式问题、小组方案和独立方案、采用技术、多元文化问题、档案袋和积极的学科策略等特色。这样就形成了一种学校性的教学目标，每一学科领域的每位教师都会以同样的目标进行教学并评估同样的结果。阿拉斯加州楚加奇（Chugach）学区的课程是一个特别富有想象力的案例，这一课程使基础教育（K—12）的目标得以整合。在这个个案中，教师已经鉴别出所有年级的阿拉斯加本土学生应该掌握的知识和技能，并且这些知识和技能与小学至中学阶段每一级水平应该如何整合至下一级水平有关。楚加奇学区的学生总是知道他们将要学习的内容，同时很多学生在他们十来岁时就掌握了这些内容，因而，楚加奇学区的学生可以比其他学校的同龄人更早进入大学。

评估激活教学的另外一种方式是为学生确定被评估内容的标准。由教师和学生经过沟通民主商定的分级标准最有意义。理想状态下，任何一个课堂上要求较高的标准都应该同时包括知识的内容和学习的过程两方面。传统的测试过分强调了事实性的知识而忽略了思维的训练和学习的过程，表10-4这个例子将说明分级标准是如何把学习内容与学习过程整合在一起的。

传统上，人们把评估看作一种收集有关学生对知识的理解和表现的数据方法。同时，评估也可以说明教学的质量，揭示应该如何有效地指导学生学习以及学生需要何种额外的辅导。教师们可以通过讨论

表10-4 科学评估

姓名：_____　　　　　　　　　　　　　　　　　　　　　　日期：_____

过程	内容
了解目标概念	
做出有意义的预测	
选择有效的方法	
使用适当的设备	
分析数据	
正确地测量	
用图表适当地描述数据	
如果需要的话，寻求同伴的帮助	
记录观察结果	
考虑下一个步骤	
实验后清洁场地	
其他	

或者通过学生期末主要课程单元的书面反馈来确定什么样的教学是有效的、什么样的教学是无效的。另外，教师们可以观察学生在何时理解概念有困难，然后策划通过其他智能再次教授这些概念。这种观察法对于使用多种模式来评价学生也有好处，因为学生可以展示他们以不同的方式学习到的内容。

不要担心是否所有学生都以同一速度掌握所有概念，或者是否一些学生要比其他学生更需要帮助，教师和学校要关注的是创造支持性的机构来确保更多的学生能够在不同时间内取得成功。在一个学期的开始，教师需要具体说明将要学习的概念以及需要完成的作业。只要能够及时完成课程方案，学生就可以以自己的节奏自由地工作。教师也可以使用其他资源如计算机辅助教学来完成课程方案。通过浏览前几届学生的作业夹或作业本，学生可以借鉴师兄师姐们是如何进入相似主题的，他们是如何解决类似问题的，以及他们是如何实现这些方案的。年长一些的学生或者社区志愿者提供的跨年龄辅导也能够提高学生的成绩。在华盛顿州，一所农村高中的学生们通过传真辅导大约35英里（56公里）外的一些小学生。家庭作业大厅、热线电话或者社区代理中心也可以为学生提供重要的帮助。

教师也可以通过反思成人所承担的被重视的社会角色来重新思考教学和评估。会计、历史学家、新闻记者、博物学者、艺术家、音乐家或者社会工作者他们所承担的事业或任务是什么呢？他们每一个人所拥有的知识和能力又是什么呢？这些知识和能力可以被应用到课堂教学和评价中吗？通常，教师确认包括了基本知识内容的工作的外部表现，同时提供给学生越来越复杂的方案，如在木工工作中架构一个实用的结构，这样的职业教育计划能够成功地解决上述问题。我们也经常以类似的方式组织辩论和艺术计划。

甚至对于学前和小学年龄的学生来说，都可以通过评估来强调那些与受到赞赏的成人角色或者终极状态有关的技能。例如，在光谱方案的语言艺术领域，教师要评价的是儿童讲故事或者根据经验进行描述性陈述的能力（这些技能与新闻记者或者小说家有关），而非评价学生对一系列句子的复述能力。当我们把评估活动放置在真实的世界中时，评估对于儿童、教师、家庭，同时最终对于社会来说都更有意义。

（四）非正式的评估很重要

正式的和非正式的评估都有价值。但与通常用传统的纸笔测量方法记录下的内容相比，非正式评估可以让教师知道更多关于学生的情况。通过定期观察学生在课堂互动中的参与情况，教师每天都可以对儿童进行非正式评估。有时，这些非正式的信息可以通过以下的样本观察清单来清晰地表达出来（见表10-5）。

除了观察法，教师还可以使用小组会议或全体会议的方法让学生评论高质量的工作并思考什么样的教学才是有效的教学。这些讨论不会在纸上留下痕迹，但是却可以使学生洞悉自己的工作成果、课堂经验、成功及挫折。

（五）学生是积极的自我评估者

如果基础教育的目标是培养自主的终身学习者的话，那么学生就需要机会来管理自己的学习并确定自己的成就。当教师为学生提供了自我管理的机会时，学生就可以评价自己的强项和弱项，评价自己已经学习的内容，同时记录下自己所使用的适当的思维方法和学习过程。他们可以在日记中、在同伴评价会议上、在核查表、展示会以及正式的师生讨论中或者从档案袋中捕捉到上述信息。表10-6的档案袋项目反思就是一个积极的学生反思的样本。

当学生按照教师的要求开始反思自己的工作时，学生就成为积极的学习者。他们建构了自己对学科内容的理解。他们了解并开始内化相关的有意义的工作标准。他们认识到自己在工作中所做的选择以及拒绝的选择。这种由学生自己发起的开放

表 10-5 观察清单

教师：_____　　班级：_____　　日期：_____

等级：　＋＝经常
　　　　✓＝偶尔
　　　　○＝尚未

目标技能

学生姓名					内容
1.					
2.					
3.					
4.					
5.					
6.					
7.					
8.					
9.					
10					
11.					
12.					
13.					
14.					
15.					

表 10-6　档案袋项目反思

姓名：_____　　　　　　　　　　　　　　　　　日期：_____

对所选档案袋的描述：

为什么你会从档案袋中选择这个样本进行反思？

在该页的工作中，你获得了什么知识内容？

作为历史学家或生物学家的你获得了关于自己的什么信息？

如果你继续在这个选择上工作，你会添加、删除或者改变什么？为什么？

在这种选择中你遇到了什么问题？你是如何解决它们的？

你的选择遇到了以哪种方式指定的等级标准？在哪些方面没有符合这些标准？请鉴别出任何可以超越这些标准的方法。

由于从这项作业中所学到的知识，你还想继续研究其他内容吗？

式活动无论发生在何地，学生都获得了可在校外持续成长的技能。

　　通过把上述五个原则拓展到课堂教学的过程中，评估和学习之间的界限开始变得模糊并逐渐消失。只有在学生参与学习的过程中进行评估时，评估才是有价值的。如果评估发生在工作结束之后，那么这种评估就已经太晚了，对学生来说没有任何意义。偶尔使用这种多种模式的评估手段或者强调"智能公平"的测量手段可以避免过分依赖语言技能或者数学逻辑技能。这种多种模式的评估不会让学生感到威胁，它可以被放置在更适当的背景下，同时可以作为学习的伴侣找到自己合理的位置。在这种适当的环境下，即使学生的工作完成得不够好也不会立即被抛弃。学生可以根据他人所提的建议和批评重新递交他们的工作方案以继续改进自己的学习。

他们可以通过回顾这些方案来寻找已经学习的内容和尚未学习的内容。如果我们小心地加以运用，那么对学生来说，评估就仅仅是停止正在进行的工作来反思过去的学习——这样的评估可以提高学生的学习效果。

三、多种智能评估方法

光谱方案是哈佛大学所做的一项学前教育实验，这一方案致力于探索幼儿多元智能的发展。最初，加德纳打算在光谱方案中创设七种测量工具来评估那时他所鉴别出的智能。但是，很快他就意识到，既然智能不能存在于真空中，那么任何测量人类能力的尝试不可避免地必须首先测量先前的生活经历和影响这种能力的因素。先前的学习、环境、遗传和文化价值观，所有这些都有助于形成和塑造个体能力的发展。由于生物因素、环境因素和文化潜能之间的相互影响，加德纳认为抽象地考虑智能是没有多少意义的。

（一）光谱方案中对智能的测量

为了测量光谱方案中学生的多元智能，加德纳和他的同事决定让儿童一年都处于一个材料丰富的环境中，以评估儿童在这一自然背景下展示出来的能力。光谱方案的主持人玛拉·克里谢夫斯基（Mara Krechevsky, 1998）使用一种综合方法广泛地评估了学生的个人智能。这个多样化的评估过程在某种程度上概括出了儿童独特的认知轮廓：

- 课堂环境以适用于每一种智能的引人入胜的材料、游戏和丰富的学习机会为特色。
- 在评估过程中，使用各种文献记录形式，包括分数表、观察清单、档案袋和录音记录。
- 在儿童的学习环境中不断收集真实情景中的信息。
- 可以通过任何一种特定的媒介直接评估学生的智能，而不是通过常规的语言和数学方式来评估智能。
- 强调儿童的强项。
- 把评估放置在一个真实的活动中，这些活动在学校内外都可使用。

公共汽车游戏是在光谱教室中使用的一个样本评估活动。这个游戏可以鉴别儿童使用符号系统、进行心算和为一个或者多个变量组织数字信息的能力。游戏使用了一些道具，以纸板汽车为主要特色，游戏板上设有公共汽车站、上下车的成人和孩子等纸板道具，还有一套彩色筹码。指导这一活动的成人担任公共汽车司机的角色，儿童担任售票员并接受对其能力的评估。为了进行这个游戏，儿童必须清楚每一站有多少人上车，又有多少人下车。公共汽车之旅会变得越来越有挑战性。例如，在第一站，人们只是上车。在第二站有的人可能上车，有的人可能下车。实验人员要求学生计算留在车上的成人和儿童的数量。在一些旅程中，儿童可以使用筹码来记录上下车的人数；而在另外一些旅程中教师又要求儿童进行心算。

在这个游戏中,实验人员在一个真实的情境中评估学生有效组织数字信息的能力。但是计算数量的技能只是逻辑－数理智能的一个方面。实验人员还会评估学生创造符号系统和对不同类别信息进行编码的能力。当学生担任售票员的角色时,他训练了成人担任此项工作时所需要的技能。这些评价过程对儿童、教师、儿童的家庭和整个社会来说都是有意义的。

在《光谱方案:学前评估手册》(Project Spectrum: Pre-School Assessment Handbook, 1998)一书中,你可以找到光谱方案所开发的15项游戏及活动。所有这些评估活动都强调"智能公平",因为这些活动避免了假设和抽象的情境,同时为儿童提供了具有挑战性的具体工具来表现每一种智能。例如,对身体技能的评估是通过障碍赛进行的;对数学智能的评估是通过公共汽车游戏、寻宝游戏和恐龙游戏进行的。其他一些光谱活动包括:评估语言智能的讲故事活动和报告活动,评估艺术工作的档案袋活动,评估课堂互动和内省意识的课堂模型与课堂事件分析活动,评估音乐智能的唱歌、演奏和学习新歌活动,以及在动觉智能中参与创造性运动课程,在逻辑－数理互动中完成装配任务和观察,在自然观察活动中完成环境方案等。

(二) 工作风格

在评估个人智能的过程中,光谱方案的研究者们发现,儿童在完成需使用不同智能的任务时表现出不同的"工作风格",认识到这一点很重要。一些学生拥有不同的智能,却表现出了同样的工作风格;但是另一些学生的工作风格似乎部分地受到即将进行的工作任务的影响。例如,在强项领域工作时,一些儿童表现出专注和反思,而在一些具有挑战性的领域工作时,则表现出分心和冲动。工作风格指的是学习的行为和态度。工作风格也可以帮助找到解决一项任务的方法,这些方法既可能促进学习也可能阻碍学习。光谱方案中的学生的工作风格特点如下:

容易投入…………不愿意投入
自信………………带有试探性
嬉戏………………严肃
专注………………分心
持久………………被任务挫败
反思………………冲动
工作缓慢…………工作迅速
健谈………………安静

对视觉、动觉或者听觉刺激的反应
展示有计划的方法
把个人的日程或者强项带到任务中
发现幽默
以出人意料的方式使用材料
完成时很骄傲
注意细节
对材料很好奇
专注于和成人互动
改变任务或材料
当实施光谱方案的教师在行动中观察

学生时，他们会鉴定出儿童展现出来的与众不同的风格。应该指出的是关于工作风格的描述没有消极或积极的内涵。当然，所有工作风格的特点并不一定会在单一的学习活动中都表现出来。工作风格的概念可能对教育干预有重要的应用价值。

（三）光谱报告

光谱任务需要在一年的时间内完成。在这段时间里，教师需要观察每一个儿童的工作风格。年底，一份光谱报告会总结出关于儿童的所有信息。这份报告描述了儿童个人强项和弱项的概况，同时提出可以在家、在学校或在社区中进行的一些活动以提升强项，发展弱项。这些非正式的建议可以帮助学生和家庭明智地选择儿童未来的教育方向。下页就是一个光谱报告的范本。

已经有人以几种不同的方式改编了哈佛大学的光谱方案。来自全国各地的很多老师和研究者们已经在4—8岁的普通儿童、天才儿童和危险儿童中应用这一方案。光谱方案也与学校、博物馆、家庭和当地社区建立了新的联系以提升儿童的学习。例如，光谱方案在波士顿儿童博物馆为学前儿童开发了一项课程以使博物馆的展览更适合儿童的特点。这项名为"联结"的光谱社区导师制方案使幼儿有机会与那些在工作中展现出不同智能的专业人士一起工作。光谱方案中的评估方法寻求提升学生的学术成就，提高学生自尊和减少学校的调节。

（四）发现学生的强项

加德纳理论的基本内涵关注的是如何认识我们的学生。尽管教育工作者希望能够鉴别学生的强项，但是，由于一些原因，这些鉴别工作具有一定的挑战性。但至少从理论上说，我们可以察觉拥有不同强项学生的个人认知轮廓。可是，当我们尝试把这些鉴别应用到实践中时，却发现通过多元智能的视角来观察学生是很困难的。通常，我们面临的第一个挑战是如何超越我们与生俱来的强项来感知那些我们不熟悉的强项。另一个挑战是当我们考虑学生在学校中的学习情况时，我们通常会以传统的方式进行思考，例如他们在基本技能领域是如何表现的。大部分教师是在强调为了传统的读写能力而进行教育的职前和职后培训的影响下成长起来的，这一事实加剧了挑战。这些培训很少教给教师如何确认学生跨越不同知识领域的天赋。我们需要一些工具来拓展我们的观察技能并识别和记录各种能力。

很多教育者希望我们提供一张简单的核查表可以轻而易举地指出学生的智能强项。实际上，已经有人开发出了一些这样的多元智能核查表。但从根本上说，教育者应该谨慎地使用它们，因为这些核查表并不足以反映每一种智能的多个方面，而且它们也不使用"智能公平"的测量工具来评估学生的强项。

尽管很多教师都赞成所有学生都拥有智能强项这样的信念，但是这种信念仍然

光谱报告

格雷格

在今年班上提供的很多光谱活动中，格雷格都表现出很强的能力和较浓的兴趣。他在视觉艺术领域和数学领域表现突出。

对一个像他这个年龄的孩子来说，格雷格在视觉艺术领域的成就让人印象深刻。最惊人的是他能随心所欲并有效地使用大量媒介。这些媒介包括颜料、记号笔、拼贴材料、木头和塑料泡沫等。在绘画中，格雷格已经展现出对色彩、画面构成和细节不同寻常的敏感性。他的画包含了复杂的形态和设计。在其中一幅画上，格雷格非常详细地描述了水底的世界，包括六条形态各异的鱼、一种水底交通工具、一条正在喷水的鲸鱼和带斑点的"超级鲑鱼食物"。在仔细观察了教室墙壁上一幅类似的画之后，格雷格在另外一幅画中画了一位骑着毛驴的印第安人。他给印第安人的脸上画上不同颜色的星条纹，还给印第安人画了一个由很多羽毛做成的头饰。格雷格对空间的使用也是有效的，他使用了构成画的所有空间，他把局部的空间联系起来并扩展至全部空间成为一个整体。格雷格的立体雕塑也同样出色，他展现出对其创作的所有内容在设计和构图上的理解与意识。在课堂上，通过对格雷格的非正式观察，教师们发现他可以花费很长一段时间来上颜色或者画画，同时他很喜欢一次又一次地重复做这些活动。

格雷格在数字和数字概念方面也显示出很强的能力。当他在玩评估数字和数字概念的光谱活动——恐龙游戏时，尽管他的计算有点前后不一致，但是他能够理解这个游戏的全部策略。一个6点的骰子上出现5点意味着可以前进也可以后退，当格雷格有机会进行选择时，他会选择能够帮助他成功的走法，同时能够清楚地说出选择的理由。他还可以准确地选择对他最有利而对成人对手最不利的移动方法。

在今年的早些时候，格雷格似乎在准确计算方面存在一些困难。而当他在春天玩公共汽车游戏时，格雷格展现出这个年龄段的孩子通过工具来理解数字的能力。格雷格想出了一个成功的方法，他使用不同颜色的筹码帮助他计算在不同的公共汽车站上下公共汽车的人数。随后在这个活动中，他可以心算出在不同公共汽车站上下车的人数。

格雷格还在教室的发现区证明了自己强烈的兴趣。在今年年初，格雷格在操场上协助挖出了一些动物的骨头。他花了很多时间来查看这些骨头，同时尝试了解这些骨头是怎样结合在一起的。这种兴趣已经持续了整整一年。格雷格经常从家里带来各种各样的宠物并放在发现区，然后在"展示和说明"时间向其他孩子介绍这些宠物。而且，他还用黏土做了一个非常逼真的骨骼雕塑。根据这些观察，我们认为格雷格可能会喜欢其他探索自然界的机会。在探索自然这一领域，儿童博物馆和科学博物馆有许多优秀的展览和资源。

在一个拆卸和组装两个很小的食物搅拌机的活动中，格雷格展现出对于机械物体的能力和理解力。他以一种直接、严肃和专注的方式进入工作，并能在不需多少成人帮助的情况下完成工作。格雷格很注意细节，同时展现出对于物体不同部分之间因果联系的理解。

最初，格雷格并不热衷于参加创造性运动。在今年早些时候，他对于理解一些运动的步骤有困难。他通常会选择成为"观众"而不去参加活动，而且有时还会干扰小组活动以此来表达他对该运动的鄙视。随着时间的推移，格雷格逐渐成为一些运动的积极参与者。他为小组想出了一些富有创造性的想法，并自愿参与了大部分的小组活动。

在这一年中，格雷格展示了很多领域的强项。他在进入多数光谱活动时都表现得热情洋溢、精力充沛。他显示出他有能力专注于那些他特别感兴趣的领域的工作，例如视觉艺术领域和自然科学领域。但是，也有一些活动是格雷格未曾参加过的。例如，他未曾参加两项音乐活动和一项故事板活动。他展现出对材料本身的兴趣，他询问这些东西是怎么做成的、材料从哪里来，但是他并不总是对与这些材料有关的结构性游戏感兴趣。

随着时间的推移，格雷格对一对一形式的光谱活动产生了兴趣。这种一对一形式的活动可以使他更自由地与教师分享他的想法，同时增强了他在不同领域的强项和兴趣。

容易把天赋限制于言语－语言智能和逻辑－数理智能。一项研究清晰地说明了这一现象。在一些中小学教师学习了加德纳的理论后，坎贝尔（2000）检验了他们对该理论的信念。结果，所有教师都宣称多元智能对他们的智能概念产生了重大的影响。但是，当被要求描述聪明学生的特点时，很多教师提供了传统的描述指标。对他们来说，聪明的学生就是一个反应敏捷的思考者，这些学生拥有大量的知识，并且通常言语能力高度发达。

我们如何根除教师头脑中的这些传统的概念呢？我们如何拓展我们对学生强项的看法呢？下面有一些建议。

发现学生强项的方法

（1）利用操作性材料、艺术作品、乐器、动手操作的数学活动、数字、书籍和制作图书的材料以及其他专注于一些智能的项目来丰富课堂环境。提供给学生自由的时间来观察他们最喜欢做的事情。

（2）对家长进行调查以确定学生的兴趣和强项。了解学生在校外喜欢做的事情，把这种调查作为鉴别兴趣和天赋的一种方法。

（3）访谈专业教师，例如体育教师、艺术教师、音乐教师、图书管理员和技术人员以知道他们是否已经在他们的方案中鉴别出了学生明显的强项。

（4）给学生提供自我指导的学习机会和独立方案的工作机会，让他们从事感兴趣的工作。观察他们的选择。

（5）利用律动、音乐、视觉艺术、合作学习和自我反思提升你的教学。观察学生的反应和投入。

（6）给学生提供在校内外做导师或者学徒的机会来深入发展他们的知识和技能。

（7）拍摄学生在班级中的活动，随后通过单独观看或者和其他同事一起观看录像来了解学生的多种强项。

为了更好地发现学生的智能强项，一些教师选择了解挑选出来的他们先前没有使用过的一些智能。例如，一些教师决定以合作的方式阅读1994年由全美艺术教育标准出版的《舞蹈、音乐、戏剧、视觉艺术：每一个年轻的美国人都应该知道的和在艺术中可以做的》（*Dance，Music，Theatre，Visual Arts: What Every Young American Should Know and Be Able to Do in the Arts*）一书。这本小册子提供了洞察智能内容和技能的思路。这可以帮助教师把新的教学策略融入课程中。该书中关于舞蹈创编的原则标准是：创设一个有开头、中间和结尾同时分别有和没有节奏伴奏的舞蹈动作。一位教师阅读了这一标准后，要求小组中的学生为数学课上的数学故事创编律动组合或正式的舞蹈。这位教师为学生提供了一个舞蹈的窗口以进入数学领域，尽管她没有正式研究过舞蹈。教师们可以观察到那些学生是怎样充满热情地使用他们的技能来从事这一活动的。

一旦教师鉴别出了学生的强项，教师就可以鼓励学生深入发展这些强项，同时利用这些天赋来改善弱项。例如，如果学生在机械方面能力很强，但是在语言方面很弱，那么她就可以写一本书来解释如何把闹钟拼在一起或者拼装她所选择的其他物体。

四、通过多元智能进行评估

学生可以从多种模式的学习中获益，也可以通过多种方式证明他们已经从知识中获益。多元智能理论为教学和评估提供了一个框架。一些学生发现通过图表、角色表演、歌曲、日记、模型、核查表或者卡通片等方式学习比仅通过纸笔的方式学习更容易与他人分享所学内容。所有学生都可以发现多元化的评估更具有刺激性和挑战性。

当教师提供了多种模式的评估方案后，还有一个关键的工作就是在学生开始他们的作业之前清晰地界定高质量工作的标准，并在评估中使用同样的标准。

图10-1总结了评价八种智能的一些建议。根据光谱方案的建议，以下对评估工具范本的描述包括了对工作角色或成人终极状态的描述。这些成人角色成为每一智能领域中表现评估的分类标准。

（一）言语—语言智能评估方法的范本

终极随笔 终极随笔主要用于回顾学生已经完成的计划或者课程内容，或他们在某个年级阶段期中或期末学习到的内容。随笔要求学生依据他们的课程方案来建构工作的意义，解释他们的经验，同时揭示他们所掌握的内容和占有的知识。当教师在布置一篇终极随笔时，应该使学生熟悉适当的随笔方式，教师期待他们所解决的概念或者过程，以及评估他们的标准。表10-7是一个终极随笔策划表的范本。

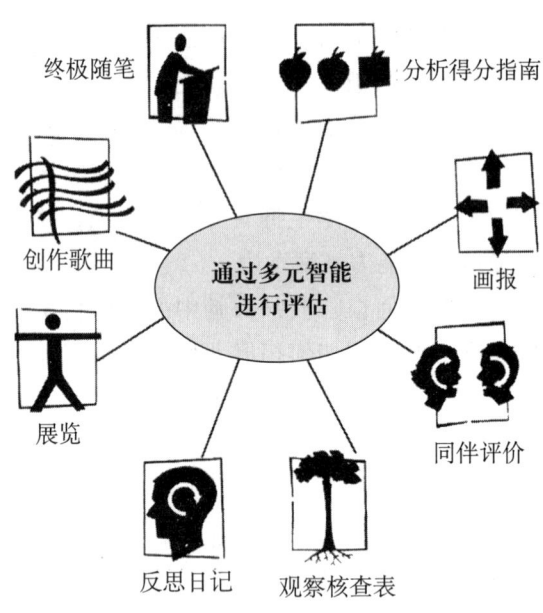

图 10-1

其他语言智能的评估方法 日记、进度记录、文字工作的档案袋、文字处理软件、报纸文章、期刊、小册子、广告、讨论、辩论、讲故事。

语言智能的工作角色 要求学生假定自己是报纸编辑或作家，然后写出关于正在研究主题的富有特色的文章和信件。

（二）逻辑—数理智能评估方法的范本

得分表 数字得分表将每一评分标准按照从1到3或到5这一数字刻度排列起来，通过这一排列系统为学生提供反馈。教师

表 10-7　终极随笔策划表

学生姓名：_____　日期：_____　班级：_____

概念：在这个单元（例如柏拉图哲学的实质、污染的原因、立法的程序）中，你学习的主要原则或概念是什么？

_____
_____

学习过程：在回顾工作的过程中，你使用了什么样的学习技能和思维技能来完成这个单元（例如清晰地表达想法，解释并综合信息，考虑多元视角）？

_____
_____

测验格式：使用标准测验格式：一个介绍性段落，3～5 个作为测验主体的段落，还有一个结束性段落。

评估标准	分数		
	不明显	明显	干得好
这些基本概念是否被很好地描述？			
是否探索了多样化的视角？			
信息是如何被综合和解释的？			
这篇随笔是否符合格式的要求？			
就结构和风格而言，这篇随笔是否完成得很成功？			

单独或者师生一起来决定工作的质量标准，也就是应该在学术工作中表现出来的质量标准。把等级分布式的分数分配开来，以对应每一个标准，这些标准包括杰出的工作、高于一般水平的工作、普通的一般水平的工作和没有完成的工作。通常，最好的成绩使用一个 4 分表，因为 4 分表不容易和传统的 ABCDE 5 分等级表对应起来。

这些分数表可以用于评价档案袋、工作产品、随笔以及诸如解决问题、合作学习和制订目标等内容技能和过程技能。因为这些评估基于具体的标准，所以学生的工作和其他人的工作并不具有可比性。评估是在预先设定标准的基础上打分的，教师应该给予学生修改其工作以获得更高分数的机会。

表 10-8 是一个数字得分表的范本。它是由一位教师和一群高中学生在一个创造

性写作课程中合作开发出来的。

正如在这张得分表中所显示的那样，我们相信教师和学生所打的每一个分数对作业来说都是恰当的。当学生拿到了同学和老师打分的得分表以后，学生可以对不一致的标准进行反思。

其他逻辑-数理智能的评估方法 出声地解决问题、进行试验、举行调查、概括出或用图表列出学习过的内容，玩字谜或游戏，制定时间表和解释数据。

逻辑-数理智能的工作角色 教师可能要求学生对与他们研究有关的一份工作举行投标活动，这些研究包括调查一个地理意义上的地区，购买或者销售货物，或者进行数据分析。他们可以用数字的方式为收集来的数据绘制一张图表。

（三）视觉－空间智能评估方法的范本

概念图或思维图 概念图（见图10-2）或思维图（请看第四章）可以解释学生以前学习了什么，在单元中和单元后又学习了什么。这些图画以一个主要概念开始，根据关键词进行头脑风暴，然后形成相关的思想集合。下面是一个评价思维图的范本。

表 10-8　诗歌作业数字得分表

学生姓名：_____　　　　　　　日期：_____

班级：_____　　　　　　　　　　阶段：_____

排列系统：0= 技能不明显
　　　　　1= 最小效度的技能明显
　　　　　2= 技能的有效证明
　　　　　3= 证明高度有效的技能

诗歌内容					学生评分	教师评分
技巧	0	1	2	3		
感觉的形象化描述	0	1	2	3		
词语或者语言游戏	0	1	2	3		
引起兴趣的想法	0	1	2	3		
有凝聚力的主题	0	1	2	3		
诗歌的整体效果	0	1	2	3		
总分						

视觉概念图或思维图的评估标准包括如下内容：

一个清晰的、位于中心的焦点概念
足够数量的关键概念和关键思想
适当的细节
相关的例子
数据间准确的联系
整齐、清楚、可读

其他视觉－空间智能的评估方法 学生可以使用流程图、三维模型、摄影随笔、录像带、拼贴图、剪贴簿、可转动的物体或者艺术作品等评估视觉－空间智能。

视觉－空间智能的工作角色 学生可以承担艺术家的角色去创造一件公共艺术品来表现其学习的某一个方面。

（四）动觉智能评估方法的范本

展览会 学生们的进步可以通过展览会的形式来评估，在展览会上，学生可以展现他们在某个学科内容领域内所获得的知识。通常，展览会的工作包括让学生开发产品或展出作品。一些高中把展览会作为复杂的跨学科活动，毕业生必须完成这些活动才能毕业，而其他学生则把展览会作为表现评估的手段以记录所学内容，并评估学生是否能够应用所学知识。这种跨学科的展览会包括小组方案、滑稽短剧、展览、档案袋、整合的艺术与文学作品或者建构的模型等形式。而评价展览会的人员经常包括教师、学生、家庭成员或监护

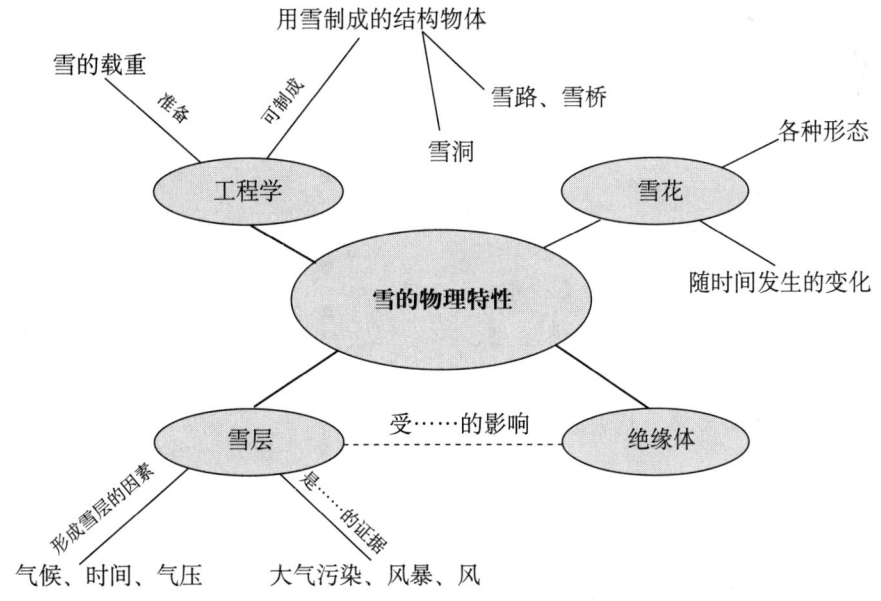

图 10-2

人，而在一些个案中还包括社区专家。一些展览会在"父母之夜"展出，另一些展览会则为了校董会成员、学校管理者、其他班级或者一般社区成员而举办。展览会评估经常会降低作为学生成功指标的标准化考试分数的重要性。当社区成员真正体会到学生所取得的成就时，他们会发现这样的评估比一台计算机打印输出的单一维度的分数更有意义、更有价值。

以下是两个课堂展览会的范本，其中一个是跨学科、整年进行的毕业生展览会。在多数情况下，学生必须开发出适合自己的展览会形式，同时他们还可以选择工作的方式，如独立工作或与同学合作。教师可以提供一些课堂时间让学生准备展览会，在课堂上教师和成人志愿者成为学生求助的资源，但是大部分展览工作应该在校外完成，以此鼓励学生学习有效的时间管理方法。通常，展览会评估需要一个星期到两个月的准备时间。

课堂展览会范本

（1）作为在特定的学科领域内具有一定能力的学习者，学生必须通过某种形式来证明自己的这一形象。他们必须鉴别、选择和提供证据表明他们已经学会了并可以在校内外应用这些内容、技能及适合特定学科领域的行为。

（2）在对当代世界问题进行研究的基础上，学生们可以确定出一个至关重要的问题，同时说明选择的理由。另外，学生们必须展示有关其他人已经如何去解决这个问题、前人努力成功或失败的原因在于何处等方面的知识。同时学生还要详细说明他们希望通过改进这个问题做出怎样的贡献。为了完成上述任务，学生需要提交一份录像带或其他可视材料、一个鞋盒大小的立体模型、一幕戏剧滑稽短剧和一篇论文。

跨学科毕业生展览会范本

学生必须鉴别和解释在昆虫世界、动物世界、人类世界和文学世界中表现明显的特殊的行为模式。在鉴别和解释的过程中，学生必须调用科学、社会研究、文学、健康等课程的知识以及他们自己观察到的和通过反思所得到的知识。学生可以选择一种形式（书面写作、艺术的、图表等）来解释他们所选择的行为模式。但是，他们也必须学习从科学、社会研究、文学、健康、个人观察和反思中收集并形成参考文献。

展览会的评价标准

- 学科知识
- 来自不同学科的支持证据
- 来自学生各种观点的支持证据
- 适当的形式
- 有能力把一个宽泛的主题缩小形成一个可以操作的方案
- 方案的执行
- 有能力应用学校外部的知识内容来丰富资源
- 创新
- 时间管理

其他动觉智能的评估方法 使用可操

作性材料建构模型，制作产品或游戏，做出一个仿真的物体、角色游戏、哑剧或者舞蹈。

动觉智能的工作角色　学生可以担任生产者或者模型设计者的角色，并向小组提交工作范本。

（五）音乐智能评估方法的范本

音乐合同　学生可以独立工作或小组工作的方式，通过音乐的方法来展现知识内容。教师应该详细阐明学生必须解决的问题，例如民主或进化的理论概念；也应该详细阐明写作的过程，例如逗号或分号的使用规则。表10-9所示的评估工具，提供了一系列选择，这些选择对于一些学生来说可能具有挑战性，而对于另一些学生来说则可能具有高度的激励作用。评估的标准也应包括在该表内。

其他音乐智能的评估方法　能够阐明概念的舞蹈、歌曲、声音脚本、音乐记忆法和广告。

音乐智能的工作角色　学生可能担任作曲家或者制作人的角色，负责创作适当的乐曲来为学生的作业伴奏。

（六）人际交往智能评估方法的范本

同伴解决问题　学生可以结成对子一起解决教师已经鉴别出来的内容领域的问题。一位学生可以尝试通过出声地思维来解决问题，而另一位学生可以观察、倾听和质询问题解决的策略。然后交换角色来解决同样的或者新的问题。在两位学生都思考了这些问题之后，互相给予对方有关解决问题策略的反馈。

同伴解决问题强调通过一个问题进行思考而不仅仅是提供准确的答案。通过接受对思维过程的反馈，学生可以学习将在未来使用的多样化策略。应该指出的是，在学生结成对子进行工作之前，应该提醒他们首先做一个鼓励对方表达的倾听者和交流者。毕竟，大多数的伟大发现都曾进行过很多尝试，经历过很多错误。

下面这个范本表通过上述过程来指导学生进行评价（见表10-10）。教师可能会发现，进行一个全班性的试验，以使学生在与伙伴合作之前就清楚地了解这一过程的步骤很有帮助。

其他人际交往智能的评估方法　为学生提供合作学习、访谈、服务方案、教导他人和领导他人的机会。

人际交往智能的工作角色　学生可以进行跟课程内容相关的求职面试的角色游戏。

（七）自知自省智能评估方法的范本

反思日记　学生可以使用日记来追踪记录自己所学内容及对于科目的态度。除了写作以外，教师可以鼓励学生通过多种途径进行反思。例如，在毕加索的日记中唯一的内容就是流水账，而荣格的日记充满了曼荼罗[1]，爱因斯坦则在日记中计算着

---

[1] 曼荼罗，一种印度教和佛教所用到的帮助禅定的象征宇宙的几何图形。

表10-9 音乐评估合同

名字：_____ 日期：_____

你的作业是要展现你对以下概念所拥有的知识：_____

_____

通过一种类型的音乐活动展现（请选择一个）：

_____使用各种音乐选段来制作一个音乐大杂烩，这些选段应该可以揭示关于你对学习的概念所拥有的知识

_____创编可以解释这些概念的舞蹈

_____表演舞蹈

_____在键盘上创编和演奏一首关于这些概念的原创歌曲或者饶舌歌曲

_____用打击乐器创编和演奏一首歌曲

_____自己选择一种乐器创编并演奏一首歌曲

_____创编一首歌曲并进行无伴奏演唱

_____为一首你所知道的歌曲的旋律创作歌词

_____找到事先录制好的可以处理这些概念的歌曲或者其他作品。鉴别这些作品中已经涉及和没有涉及的想法。

准备上交的日期：_____

使用下列产品（选择一种）： _____现场表演

_____录音磁带

_____音乐录像带

你将会根据以下标准被评估	低　　高	学生分数	教师分数
展现至少包括10个重要事实的概念知识	1　2　3		
包括至少3个例子来丰富概念	1　2　3		
超越班级来拓展这些概念	1　2　3		
良好的表演	1　2　3		
其他：			

表 10-10　同伴解决问题活动

　　在这次活动中，你将会和别人结对子工作。你的目标是学习如何和你的同伴共同解决问题，所以这次活动关注的不是一个单一的正确答案。在教师提出了问题并安排好伙伴后，请接着这样做：

1. 在第一轮中，一个学生担任"问题解决者"的角色而另外一个学生则成为"倾听者"。
2. 开始时，"问题解决者"把问题的思考过程大声地说出来，以便"倾听者"可以确定怎样解决问题。除了言语之外，"问题解决者"还可以通过绘图、制表、排练或画出其思维的方法向"倾听者"解释他正在做什么。
3. 在"问题解决者"工作时，"倾听者"应该对正在使用的思维策略进行提问，"倾听者"并不提供建议或者忠告。
4. 如果"问题解决者"被困住了，"倾听者"应该总结到目前为止所使用的思维方法。这样有时可以帮助推动思维。
5. 当"问题解决者"解决了问题或者停止工作，"倾听者"描述他所观察到的其他人的方法。
6. 在第二轮中，把角色进行交换并进行同样的过程。
7. 当第二轮完成时，两个学生都应该完成下面这个表格，互相分享书面的反馈，教师将会解释这些书面信息是否需要上交。

伙伴的名字：_____　　　　　　你的名字：_____

1. 我注意到这个人是通过_____来解决问题的。
2. 当_____时，这个人似乎被困住了。
3. 当_____时，这个人并没有被困住。
4. 我的_____反馈（选择一个）有点帮助，或者_____很有帮助。
5. 如果我_____，我的反馈会更有帮助。

抽象的方程式。有时学生不愿意写日记是因为他们对于写什么、画什么或者把日记看作什么缺乏想法。教师可以通过如下这些建议性的提示来推动学生进行反思：

我所学习的有关这一主题的关键理念是_____

我想问的问题是_____

我发现的一件事情是_____

让我感到困难的是_____

如果这个主题能够发言的话，那么它将说_____，因为_____

让我感觉良好的是_____

我可以使用一些帮助通过_____

如果我可以改变这个主题的其中一个方面，那么这个方面是_____

我希望能掌握的一样东西是_____

当我在班上和其他同学一起工作时，我_____

总结时，我对本班的态度是_____

今天本班最好的部分在_____

原先我认为_____，但是现在我认为_____

今天、这个星期和这个单元中，我个人的目标是_____

在上述活动中，教师不是要建立评估日记反思的标准，而是要通过这些问题推动学生与能够轮流写出反应的教师和同学分享自己的日记，这种反思性对话提供了关于学生正在学习什么、在哪些方面有困难、成功地完成了什么及喜欢什么等内在问题的反馈。这些书面的反思也可以帮助教师洞察课堂学习与评估。

其他自知自省智能的评估方法　让学生参与"入口访谈"和"出口访谈"，写作评论、奖励、自传性的草稿或者回忆录，设定和达到目标，管理自我指导的方案等活动。

自知自省智能的工作角色　学生可以在模拟法庭中模仿专家作证，支持或者反对他们所研究的伦理问题。

多样化的评估方法赋予学生多种表达知识的方式。进一步来说，这些多种模式的评估可以被定期整合到课堂教学中而不是在单元结束时作为偶然事件出现。教学和评估可以整合在一起并互相提高。这些策略不会让学生对评价感到焦虑不安，同时可以提高学生学习的动机和乐趣。

（八）自然观察智能评估方法的范本

观察核查表　正如教师可以利用观察

核查表来进行正式或者非正式的评估一样，学生也会发现这些核查表很有帮助。观察核查表是一种灵活性很大的工具，我们可以方便地修改它以用于多种目的。例如，通过个人核查表，学生可以评估自己的进步，利用同伴评估核查表，学生可以评估同伴的技能。

通常，核查表关注三种类型的观察技能：过程技能，如在显微镜下制作载玻片；知识内容，如分数的乘法；思维技能，如做出预测或者根据证据支持某些主张。在制作核查表之前，教师或者某些情况下的学生应该准确详细地说明将要评估的技能。

多数核查表包括一系列可以观察到的行为，这些行为可以用出现或未出现、对或错、观察到或未观察到这样的词语表示出来。行为的特征可以是明显的，也可以是不明显的。例如，一位学生在写作一篇随笔前，是否使用写作前的构想技巧，这就是一种行为。核查表应该在目标活动中或者活动过后不久完成。

表10-11是一张观察核查表，它可用于评估学生是否理解了一篇短篇小说以及这篇小说的要素，学生是否在小组讨论中使用了适当的社交技能。要想使用这个核查表或者类似的修改版本，每一位学生都应该被安排去观察一位同班同学。在观察之后，应回顾要观察的内容以便每一个人都了解要评估的知识和技能。

其他自然观察智能的评估方法　书面的、提纲式的或者附有照片的观察日记；对单元内容进行鉴别和分类；描述数据的特征和功能；动手进行实验或者实施环境方案等，这些活动都可以用来评估自然观察智能。

自然观察智能的工作角色　学生可以扮演业余动物学家的角色，为在生物课上、地球科学单元中或一个社区服务方案中发现的当地濒危物种确定适合的居所。另外，他们可以观察自然现象，例如观察天气或者观察学校内外的人类行为。

五、过程档案袋

过程档案袋作为一种评估策略已经风行美国，加德纳早在1991年就推荐使用过程档案袋。有人指出，档案袋通常包括已经完成的工作。因此，过程档案袋帮助教师洞察了学生的学习过程和学习产品。这些过程档案袋记录了最初的目标、草稿及修改稿，包括早期和晚期的工作，还含有日志项目、照片或者影响学生工作的其他项目。

但过程档案袋并不是存储机器，它还为学生和教师提供了有关学习与发展的对话机会。当在整个学期使用过程档案袋时，这些档案袋就可以用作一种天然的与学术工作整合在一起的评估工具。老师、学生、校外专家之间对档案袋的内容不断进行交流可以把课堂变成一个促进学生知识和技能的习得、为学生的生活而反思课程意义的实验室。

为了满足课堂教学的需要，教师应该制定使用过程档案袋的指导方针。艺术推

表 10-11　短篇小说讨论核查表

你的名字：_____　　　　　　　　　故事的名字：_____

你所观察的同伴的名字：_____

　　在小组讨论的过程中，根据以下的项目来观察你被指定的同班同学，并评估他的参与情况。请在下面每一个行动中圈上"明显"或者"不明显"。

明显	不明显	分清主要和次要人物
明显	不明显	鉴别出作者使用的用于描写主要人物的一种或多种策略
明显	不明显	解释一个人物的想法、感情、动机和行为
明显	不明显	描述故事的背景和适用性
明显	不明显	把小说情节结构中的主要事件排序
明显	不明显	鉴别人物所面临的冲突
明显	不明显	把故事中的思想与个人的经验或者知识联系起来
明显	不明显	鉴别作者写作故事的主题、寓意或者目的
明显	不明显	提出关于这个故事的有深度的问题
明显	不明显	在小组讨论中评论他人

　　在小组讨论完成后，和你所观察的同班同学结成对子。分享你所完成的核查表，讨论你所观察到的内容。如果这个学生愿意的话，她可以在该表的背面写一些评论来回应你的评估。

进方案中的教师和研究者（1991）已经确认了以下指导方针。

建立过程档案袋的指导方针

（1）当着手准备建立过程档案袋时，教师先分发给学生一些文件夹，然后要求学生在文件夹中描述在课程的起始阶段他们对学科的态度和拥有的相关知识。也可以要求学生使用内容注释表开始他们的工作。

（2）将要教授的课程和单元要有清晰的教学目标。教师建立的评估过程档案袋的标准可以包括定量的分数和定性的评论。在理想状态下，教师应该组织一个对照组与被评估组的学生进行对比。例如，对照组可以是：①同一年级水平的其他学生；②过去学生的表现；③对这一领域有研究的成员的期望。

（3）在研究的过程中，学生和教师要选择那些能够反映课程目标的项目放置在过程档案袋里。这些项目可以包括草稿、修改稿、反思性日记、多媒体录像及最终的产品。为了引导对过程档案袋的项目选择，教师需要完成下列工作：展示完成的作品、反思变化或成长、揭示学生的冒险性、比较满意和不满意的学习经验、指出学生的工作风格。

（4）学生的日记中所记载的项目可以补充、丰富过程档案袋中的每一项选择。

这些日记中的反思可以包括为所选工作而做的书面或录音辩护，学生研究方案的最大的益处和挑战，学生如何把学科内容运用到校外等。这些日记项目可以提供丰富的对话机会。

（5）当学生和教师一起回顾过程档案袋时，他们既可以讨论已完成的成果又可以讨论将要进行的下一个步骤。在回顾的过程中，教师应该帮助学生辨别出他所有的强项、弱项、目标和学习策略，以便学生可以感知到自己所取得的全部成果、面临的全部困难以及下一步将要完成的目标。

（6）有必要根据班型的大小调整回顾过程档案袋的方式。在一个小型教室中，可以安排学生和教师之间的个别会议。而在大一点的教室中，同伴小组反馈可能更实用。任何一个会议都应该只解决几个问题，以避免学生被太多的反馈淹没。

（7）如果愿意的话，还有一些人可以参与档案袋的评估过程中，这些人包括教师、学生、同班同学、家长和社区专家。评价的标准必须与原来的教学目标密切联系。过程档案袋的评估内容和评估方式的重点将随着教师的不同和课堂方案的不同而变化。艺术推进方案中的成员建议在评估中考虑以下标准：

- 制作的技艺
- 设定目标的能力
- 长时间坚持学习的能力
- 冒险精神和解决问题的能力
- 使用内容领域的工具的能力
- 在工作中明显的关注点和兴趣
- 评估自己工作的能力
- 从建构性反馈中成长的能力
- 独立工作的能力
- 合作工作的能力
- 评估资源的能力

过程档案袋对于课堂教学有很多好处。过程档案袋不仅可以服务于一个长期的自然状态下的评估，而且还鼓励学生发现自己学术上的发展，从而使学生成为一个积极的学习者。通过让学生在生产和学习的过程中承担自我评估的责任，教师可以鼓励学生去成长和变化。但激励学生的不是外在的奖励和压力，而是内在的想这样做的意愿。

六、评估进度表

到目前为止，本章已经回顾了很多评估原则和评估形式。通常，教师要花费大量的时间来规划他们的总体课程编排以及具体的各种模式的每一节课程。本书的作者建议教师们把同样的努力用于策划一个综合性的评估系统。因为评估应该随着研究单元的不同而进行修改，并随之进行深入思考。教师可以回顾并反思所用评估工具的类型和使用时间的适宜性。为了帮助教师进行这些反思，下面提供一个评估进度表范本（见图10-3）。这一范本让作为自己学术成果评价者的学生承担越来越多的责任，以此来强调评价中个人智能的重要性。

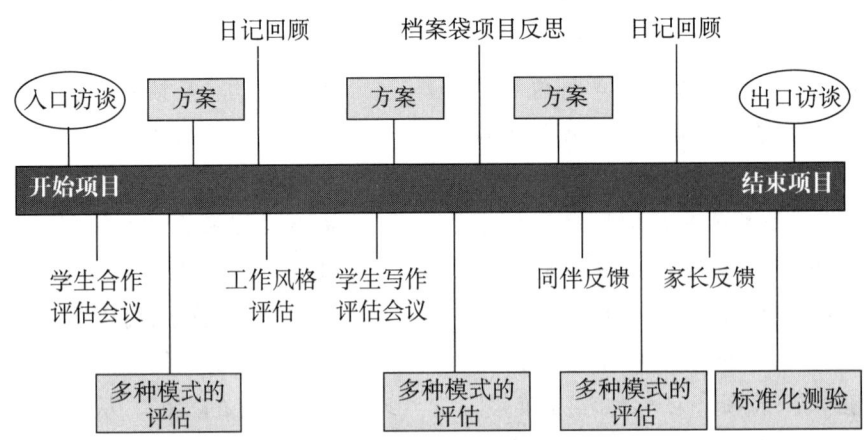

图 10-3　评估进度表

正如图 10-3 所显示的那样，为了确定一个标志性时间段，无论这一时间段是在四分之一学期，还是在三分之一学期，或者在学期开始，教师都可以建立关于每一位学生的基本数据。这些信息可以作为将来的课程决策的参考，也可以为期末测量学生的成长提供参照点。入口访谈提供了了解学生在评估时期开始时的知识、态度和技能水平的途径。表 10-12 提供了一个入口访谈的范本。

要进行入口访谈，学生可以在同伴或者教室志愿者的提问下写出自己的反应。如果学生是幼儿，他们可以向年长的学生或成人口述答案。入口访谈为学生过程档案袋增添了额外的价值。

正如在评估进度表中所指出的那样，在进行任何一种类型的评估之前，作者都建议学生和教师召开合作评估会议。这一会议概念是由赛德尔（Seidel, 1991）提出来的。合作评估会议使学生和教师参与到民主决定评估的活动中来。对于教师来说，展示前几届学生的工作范本以便学生对教师所要求的标准有一个切实的印象也是有好处的。

持续进行的课程将会提供很多评估机会。在标志性时期完成以后，教师可以通过使用本章先前所建议的那些评估工具和其他更符合需要的评估工具来评估学生的所有智能。

除了多元模式的评估以外，学生的工作风格，例如那些在光谱方案中被观察出来的工作风格，也可能在评估中被鉴别出来。在非正式会议中，教师可以与学生一起分享他们的观察结果，同时讨论这些学习方式是否对学生有益或者是否其他行为可能对其更有帮助。

正如在本书第九章所提到的那样，课程方案为学生提供了机会以发展学生成为

表 10-12　入口访谈

名字：_____　　日期：_____

班级：_____　　时期：_____

访谈者的名字：_____

1. 你以前是否学习过相似内容的课程？如果有，是什么？（或者，如果学生处于小学阶段，可以问一些他可能在新学期学习的内容和他在家里或其他地方学习过什么。）

2. 你以前学习过的某些知识对你学习这门课程有帮助吗？

3. 除了内容或者事实以外，关于研究方法、思维技能或者能够帮助你在这个班上学习的知识，你了解多少？

4. 你如何利用先前在校内外学过的知识？

5. 你对学科内容或者这个年级水平的什么内容感兴趣？

6. 你希望学习什么？

7. 从本班或者本年级的水平出发，你希望用你学到的知识做些什么？

8. 你是否希望同班同学了解某些关于你的事情？

9. 你是否希望老师也了解某些关于你的事情？

10. 你还想发表其他评论吗？

成人时所要依赖的技能。本书的作者建议在一个标志性时期或者在全年课程中实施2～3个方案。结果，有3个方案被纳入了评估进度表。在奇异学习社区，学生呈现的方案被作为一种有效的评估手段来使用。在该社区，每年有三次机会，用录像记录下学生完成的方案，这些方案会成为学校永久记录的一部分。这些录像带提供了一段时间内学生知识、技能和成长的现成证据。正如在奇异学习社区所做的那样，教师们决定了是否拍摄录像带对学生的方案进行存档，在评估学生方案的过程中，录像的评价形式可能会对学生有帮助（见表10-13）。

另外一种强调内省的评估方式是记录班级日记、笔记或者学习日志。如果学生保存这些文献，教师可以周期性地要求学生回顾这些项目来发现重大的学习成果。这种反思，可能一个学期只进行1～2次，但是可以让学生积极地投入到总结和分析自己的学习过程和学习内容中去。

在学生工作的过程中或者在课程结束前，教师以外的其他成人所提供的反馈对学生也非常有帮助。学生可以把他们的过程档案袋带回家和亲属或其他成人进行讨论。为了使学生收到的反馈符合一定的规则，教师可以发明一个问卷并让学生带回家。表10-14是一个问卷范本。

在和成人讨论过他们的工作后，学生通常会对这些反馈做出各种反应。给学生机会来对这些反馈进行反思是有帮助的。表10-15的问卷就是获取学生对问卷反应的一种方法。

（一）全校范围的评估过程

除了为方便个别教师使用而提出的评估进度表外，一些学校还具体说明了可以被所有教师修改或直接使用的评估方法。

这种综合性的强调个人智能的评估方法，被广泛应用于一所小学，在这所小学中，全校教师都被推荐在教学实践中使用这一方法。

从根本上说，每位教师都必须决定在课堂中何种方式将能够最恰当地评估学生。实际上，标准化评价和其他形式的评估将会在多数教室中共存。通过拓展评估的范围，学生将会有更多的机会来证明他们所学习的知识。如果学生和同伴、教师合作构建了"好工作"的标准，在学习中学生可能会有更强烈的归属感（见表10-16）。

（二）多元智能报告卡

一些使用多元智能工作的教师已经发现传统的报告卡不足以反映学生正在学习的内容，因此这些教师修订形成了新的报告卡。但是，使用这些报告卡作为测量手段，通常需要家长、管理者和其他一些人的支持，以便他们能够理解这些改变的合理性。在教学过程中，本书的一位作者每个月都要给学生家长一封短信来解释他的学术目标、教学哲学以及班上一些学生的学习经验。因此，当他随后尝试使用一种新的报告卡时，家长们很愿意考虑这种新颖的选择，因为他们已经理解了这位老师

表 10-13 方案评估

名字：_____   方案：_____
研究问题：_____

教师和同伴评估

研究：	优秀	满意	需要努力
至少使用了五种资源	3	2	1
记录下信息来源	3	2	1
收集有趣的新信息	3	2	1
辨别新的要从事的主题	3	2	1

呈现的技能：			
准备和安排良好	3	2	1
内容是经过深思熟虑的	3	2	1
展示了较好的表达技能	3	2	1
使用了多种模式	3	2	1

学生自我评估

1. 请说明在完成这个方案的过程中你学到了什么：_____
_____
_____

2. 请说明在呈现这个方案的过程中你学到了什么：_____
_____
_____

3. 请说明这个方案中你感觉最困难的部分：_____
_____
_____

4. 请说明这个方案你最喜欢的部分：_____
_____
_____

5. 如果再次做这个方案，你会做哪些改变：_____
_____
_____

表 10-14　文件夹回顾

学生姓名：_____　　日期：_____

班级或者学科内容：_____

成人阅读者：_____

　　在附带的这个文件夹中，您会发现该学生来自_____（班级或者学科领域）工作的范本。我们相信对学生来说，从多种来源接收对其学术努力的反馈很重要。因此，我们邀请您成为我们这个评估团队的一员。请回顾包含在文件夹内的工作，同时考虑建设性、鼓励性的评论来塑造学生。以下问题可以作为您讨论的一个指南。也请您简略记下您对这些问题的回答，以便随后学生可以把您的反馈囊括在其工作文件夹内。

1. 哪一件/些工作使您最大程度地了解了关于这个学生的看法？

2. 您在学生的工作中发现了他的什么强项？

3. 他的哪个领域可能需要提高？

4. 您是否注意到学生把在学校获得的知识应用到校外？如果是，他是如何应用的？

5. 根据您所观察到的各种工作，您对改善课程有什么建议？

6. 您还希望发表什么评论？

谢谢您抽出时间，以这种有意义的方式来为学生的学习进步做出贡献！

表10-15　学生对反馈的回应

学生姓名：_____　　　　　　　　　　　　日期：_____

　　回答下列问题，并请你花几分钟的时间思考从家长或者其他成人那里接收到的关于你的学术工作的反馈。

1. 对于和校外的成人分享你的工作，你通常的反应是什么？

2. 你是否认为讨论你的进步给予了你有益的反馈？为什么？

3. 作为一名学生，你认为成人对你的了解有多少？

4. 有什么工作是你希望成人了解而他还没有了解的？

5. 作为一名学生，你在多大程度上了解自己？

6. 谈话中最让你惊讶的是什么？

7. 怎样可以让谈话进行得更好？

8. 你是否希望再次以这种方式分享你的工作？你为什么希望或者为什么不希望？

表 10-16 被推荐的全校范围的评估方法

教师、家长和学生都可以积极参与以下评估：

教师评估	学生评估	家长评估
档案袋	档案袋	档案袋
逸事报告	逸事报告	逸事报告
访谈	自我反思	和孩子一起设定目标
有特定标准的多媒体表现评估	对自己和同伴方案的评价	回顾与方案有关的录像带
来自"儿童观察"的心理笔记	兴趣清单	教师或学生的正式和非正式会议
核查表	同伴评价	参与课堂和全校范围的会议
教师设计的测验	教师评价	方案调查
标准化测验结果分析	测试表现分析	电话联系
报告卡	课程评价	报告卡的书面评论

的教学哲学和教学过程。表 10-17 就是这位作者所使用的报告卡。

这张报告卡的一个目标就是要表现学生的技能在一些智能领域的发展级别。每四分之一个条块用一种颜色填充，色块长度与儿童的表现水平相符。下一个四分之一条块用另一种颜色填充，以表明儿童在第二个阶段的成长。如果在一个阶段成长得很少或者没有成长，那么就画一条垂直线代表在这个领域的发展处于静止状态。如果学生的技能下滑，要画上一个箭头代表技能正在退步。

另一个例子是奇异学习社区所使用的多元智能报告卡。每四分之一个学期，教师对学生在八种智能中的成就进行一次评估，同时也记录学生在方案展览、豆荚小组活动（POD choices）（学生或者小组的导师制课程活动）和神驰活动（flow activities）中的内在进步。奇异学习社区中的神驰活动多在课堂上举行，学生每周参加四次活动以从事他们自己选择的方案。教师观察并记录学生所选择的内容。当给予每个学生自由选择的机会时，这些观察结果会帮助教师预测出学生将要选择的工作。

在奇异学习社区，另外一个独特的领域就是豆荚小组活动。该活动每周举办四次，每个学生都会参加一个自己选择的豆荚小组，小组活动的材料与一种或多种智能有关。在学校的报告卡上，豆荚小组活动是根据学生所使用的主要智能来进行评

表 10-17　带有发展指标的多元智能报告卡

姓名：＿＿＿＿＿＿＿＿

	新手	学徒	实践者	学者
阅读（言语－语言智能）				
写作和拼写（言语－语言智能）				
数学和科学（逻辑－数理智能）				
视觉艺术（视觉－空间智能）				
运动活动（动觉智能）				
建构活动（动觉智能）				
音乐技能（音乐智能）				
小组工作（人际交往智能）				
反思性思维（自知自省智能）				
环境活动（自然观察智能）				
研究（方案准备技能）				
陈述（方案证明技能）				

新手：能识别相关概念，并开始发展技能
学徒：能够通过有成人指导的实践获得越来越多的复杂技能
实践者：能利用已有知识和技能独立准确地工作
学者：表现出已经掌握了概念并了解了实践，能在新的情境下应用这些概念

从每一智能领域中的开始点给条块上色并随着学生能力的进步及时延长色块，色块越长，改善越大。

估的。

要想更加全面地了解奇异学习社区的评估实践和该社区为基础教育设计的多元智能方案，请访问该校的主页，你会发现他们对自己评估实践的解释，并可以浏览他们所用的报告卡。

七、小结

在课堂上教师可以发展出一种积极的评估文化，在那里评估被认为是完整学习的一个部分。当我们剥去了考试的神秘外衣之后，学生们会自由地投入到关于什么是好活动的公开讨论中。学生可以使用预先决定的评估标准来激励自己持续的工作并深入发展自己的知识。当学生通过方案展示、展览会或者其他多元模式的评估方法来表现他们所知道的内容时，教学与评估之间的界限就会逐渐消失。当学生在展示其学习内容时，教师可以同时收集准确的数据而不必花费额外的教学和学习时间。

目前，设想表现性评估会彻底取代标准化考试是不现实的。单一的快速成像式的考试对于收集学习数据和教学数据也有一定的贡献。但是，在评估中，重要的一点是要使用多样的工具并向每一位学生澄清评估的目标和过程。

本章的很多策略可以用于帮助教师进行广泛的临床判断，并帮助确认教师所拥有的关于学生的专业知识的数量和质量。通过依靠正式、非正式和多样化的评估方式，教师可以教会学生如何评价自己。通过培养学生设定目标的能力和改变自己教育成果的能力，学生可以完成教育的主要目标——学会如何学习和如何提高自己的学习。

八、应用评估信息

(1) 我从本章获得的重要观点和启示：

_____

_____

_____

(2) 我想更深入地学习的领域：

_____

_____

_____

(3) 在我的教学中我可以利用这些信息的方法。请注意，本章中提到的策略已提供在下面，并附有空格以提示每个策略是如何融入课堂教学的。

评估策略	课堂应用
指导课堂评估的原则	
记录成长过程的评估	_____
评估是多维度的	_____
评估激活教学	_____
非正式的评估很重要	_____
学生是积极的自我评估者	_____

多种智能评估方法
    光谱方案中对智能的测量
    工作风格
    光谱报告
    发现学生的强项

通过多元智能进行评估
    言语－语言智能评估方法的范本
    逻辑－数理智能评估方法的范本
    视觉－空间智能评估方法的范本
    动觉智能评估方法的范本
    音乐智能评估方法的范本
    人际交往智能评估方法的范本
    自知自省智能评估方法的范本
    自然观察智能评估方法的范本

过程档案袋
    建立过程档案袋的指导方针

评估进度表
    全校范围的评估过程
    多元智能报告卡

参考文献

Campbell, L. (2002). *Mindful Learning: 101 Proven Strategies for Student and Teacher Success*. Thousand Oaks, CA: Corwin Press.

Campbell, L. (2000). *The Unspoken Dialogue: Beliefs about Intelligence, Students, and Instruction Held by a Sample of Teachers Familiar with Multiple Intelligences Theory*. Unpublished doctoral dissertation. Santa Barbara, CA: The Fielding Institute.

Campbell, L., & Campbell, B. (1999). *Multiple Intelligences and Student Achievement: Success Stories from Six Schools*. Alexandria, VA: ASCD.

Harvard Project Zero and Educational Testing Service (1991). *Arts PROPEL: An Introductory Handbook*. Available from Harvard Graduate School of Education.

Gardner, H. (1993). *Multiple Intelligences: The Theory in Practice*. New York: Basic Books.

Krechevsky, M. (1998). *Project Zero Frameworks for Early Childhood Education. Vol. 3, Preschool Assessment Handbook*. New York: Teachers College Press.

National Standards for Arts Education. (1994). *Dance, Music, Theatre, Visual Arts: What Every Young American Should Know and Be Able to Do in the Arts*. Reston, VA: Music Educators National Conference.

Northwest Regional Educational Laboratory (1998). *Traits of an Effective Reader*. Portland, OR: Author.

Seidel, S. (1991). *Collaborative Assessment Conferences for the Consideration of Project Work*. (Working paper). Cambridge, MA: Project Zero. Harvard Graduate School of Education.

第十一章

多元智能给我们的启示

> 不要通过暴力和残酷无情的手段来强迫青年人学习,而要通过愉悦心灵的东西来引导并指导他们学习,由此,或许你能更准确地发现每个人独特的天赋倾向。
>
> ——柏拉图

为培养多元智能而教

1983年,霍华德·加德纳首次出版了《智能的结构:多元智能理论》一书,从那时起,教育者们已经注意到该书对其职业实践的启示。这些启示包括本书所论述的所有主题:如何发现并培养不同学生的强项,如何教学以影响所有学生,如何开发基于多元智能的课程,以及如何更好地评价学生的学习。

自从20世纪80年代中叶以来,已有数千位教师(Campbell, 2000)声称在他们的项目中采用了多元智能理论。尽管这些教师的做法截然不同,但是这些努力表现出相似的特征,并体现了对现成理论的改造。在这最后一章,我们要考察的是自从加德纳提出他的理论直至今天这20年间我们已经得到的启示,已经在学生身上取得的成果,以及在将加德纳的工作从心理学理论转换为应用在乡村、郊区以及市中心教室中的教育实践时所采取的步骤。

一、将学生及其才能联系起来

多元智能理论带给我们的最令人振奋的启示之一是教育机构承担了发展每位学生才能的职责。无论在何处学习,教师帮助学生发现至少一个强项并鼓励学生去探寻自己的兴趣之所在,这对学生们来说是至关重要的。这些追求不仅培养了学习的乐趣——也同样刺激了学生在掌握学科内容和进行创造发明时所需要的坚持性和毅力。相反,如果教师在学生身上不能发现一种或多种才能,那么学生可能永远也不会热爱学习,而是漫无目的地在学校里游荡或完全放弃了正规教育。

学校如何将学生及其才能联系起来呢?正如本书所强调的那样,不存在一种使用多元智能理论进行教学的固定程式,但是,教师和学校仍然可以通过一些步骤将学生及其才能联系起来。例如,教育者们可以确认多元智能因素存在于课程和课外项目的哪些环节之中,也可以提高为所有学生提供的信息的有效性。比如,一个很普通的例子是,当视觉艺术和音乐被作为彼此独立的科目提供给一小部分学生时,教师可以努力将艺术贯穿于整个课程。另外,教师们也应该增加每位学生所得到的个性化教育机会。为了学习那些教师一直强调的或一直被忽视的智能项目,学校应该重新检验技术系统和软件项目。学校可以制订扩大技术选择的计划。教师们可以评价自己的强项并和其他同事一起进行小组计划,以弥补教师自己欠发展的多元智能技能。基于方案的以及动手操作的学习是一种受青睐的教学方法。与家长和当地社区成员进行讨论可以向学生们提供学徒制的机会。通过反思学校现有项目和确定加强或增加一些环节,学校可以为每个人提供多元智能的选择。

二、从多元智能教学项目中得到的启示

在过去的20年中,多元智能理论曾被用来组织日常教学、修改学校项目、发展学生成就以及动员社区参与12年级制小学教育。选择使用多元智能理论的教师们经历了成功也面临着挑战,从这些教师的经历中,我们也可以学到许多东西。我们所受到的启示可以分为五个领域:①增进对学生的理解;②改变教学方式;③改编课程;④实行新的评价方式及新的呈现学生成绩的方式;⑤专业实践领域的发展性变化。这些启示及其相关的学生成绩将在以下部分加以描述。

(一) 启示 1:学生有多元才能

想象一下,如果有人发现你具备多元才能,那种感觉将是什么样的呢?这是使用多元智能的班级和学校中学生们的日常体验。例如,在密苏里州圣·路易斯市的六年制新城市学校(New City School),在明尼苏达州明尼阿波利斯市的优异小学,在华盛顿州博瑟尔(Bothell)地区的"天空

视野"高中（Skyview Junior High School），以及在印第安那州印第安那波利斯市的奇异学习社区，教师们认为所有的学生都是聪明的。这样的信念对学生和教师的发展都有着深刻的意义。积极的教师重视学生的发展前途。而通过改变对自我的看法以及关于自我成就的信念，学生们对周围人的看法也做出相应的反馈。由于目前人们过分强调标准化的高利害测试，所以在多元智能的课堂上，要求学生对学业成功的前人进行反思并建立可能成功的信念也许是有价值的。

大量研究表明，教师的期望值影响着学生的学习成绩（Campbell & Campbell，1999）。实际上，自20世纪70年代以来，众多的教育训令就已经开始呼吁教师们保持高期望值了。然而，通常我们缺乏教师们可以采纳的有关信念或期望的具体描述。尽管教师们也期望开发学生的智能潜能，但是关于这种潜能的本质鲜有论述。加德纳的理论提供了一种被许多教师赞同的模型，并且当他们按照这一模型开始实施时，他们会发现不同的学生有不同的强项。

除了上述教育者们相信所有的学生都有自己的智能强项以外，光谱方案（Krechevsky，1998）的研究者和6所以多元智能为指导思想的学校（Campbell & Campbell，1999）的教师们也声称，几乎所有的学生都确实表现出智能强项。当学生的学习遇到障碍时，因为每一名学生都具有不同的强项，所以教师和学生们可以有其他的学习选择。教师可以调动学生的强项来克服其弱项。例如，在肯塔基州莱克星顿地区的卢塞尔小学，一位二年级的学生在阅读方面没有取得足够的进步，而她的老师知道她很擅长艺术，于是，老师帮助这位学生将她的感知和运动技巧运用到词汇认知和拼写上面，并取得了积极的成果。

（二）启示2：教学的技能需要拓展

多元智能理论的第二个启示是关于教学方面的。本书有关八种智能的每一章节都描述了很多提升教学技能的方法。尽管多元智能理论强调教学内容可以通过许多种方式进行教授，但是教育者最终必须开发出适合其学生，其所教的学科领域，以及其所处的环境的具体方法。多元智能理论提供了一个智能核查表，使用这一核查表可以对教学的多元模式的本质进行反思。

教师们已经设计了几种可以丰富教学的方法。例如，一些教师采用多元模式或以艺术为基础的教学法，另一些教师强调自我指导的方案，还有一些教师提倡学徒制的使用。与许多教育革新不同的是，多元智能理论并不规定一种具体的教学方法。因此，教师们需要创造性地调整他们的教学，使其反映出关于人类能力的不断更新的观念。这种做法也减少了教师的顾虑，使他们不必千方百计地限制自己的教学实践范围来适应标准化程序。同时，学生们可以通过教师所提供的丰富的教学法来掌握学习标准和其他教育目标。

支持教学上的变化

许多教师发现自己缺乏变革教育实践的勇气。但是，可以通过下列方法使变革教育实践这项艰巨的任务变得容易实现。多元智能基地所运用的一些策略如下：

- 组成全校范围的教师学习小组，共同阅读加德纳的著作或观看多元智能项目的录像带。例如，圣路易斯新城市学校的教职人员在创办这所多元智能学校以前曾进行了长达一年甚至更长时间的小组研究。
- 擅长不同智能的教学成员可以为他们的同事提供教学经验工作室。
- 设立体育、艺术或阅读专家，这些专家可以进入课程开发领域或为学生们提供课上指导。
- 聘请诸如艺术家、会计或环境学家等专业人士来指导教师或学生。
- 参观多元智能基地以考察他人如何运用多元智能理论，这种参观很具有教育意义。

为多元智能教学创造时间

在日常教学中，我们很难找到一点时间去改变班级或全校的教学实践。然而有些学校，他们不是寻找时间，而是通过运用不同的时间处理策略来"创造"时间。其中一些创造时间的策略如下：

- 提供全天假日：可以雇用代课人员以解放在职教师，或规定教师们在假期中工作可以获得额外报酬。
- 改变学校日程表：每个月可以有1~2次机会来延长学日，每次只延长一小段时间以积累成一个重点日，这一重点日被用来制订教学计划。或者，在小组教学的环境下，小组成员可以在授课和做计划这两项任务之间进行轮换。也可以改变预定的教学计划以使几位教师拥有相同的教学进度。进而，还可以修订学校日程表以提供更多的教师计划日。
- 创造时间：学生、家长、社区成员、志愿者或管理者可以承担教师工作或一部分课程以把教师从教学中解放出来。
- 以不同方式利用教工会议：每月举行一次或多次教工会议，使教工会议致力于合作开发教学计划或解决关于教学法、课程和评价的问题。
- 提供时间积分：可以为努力工作的教师提供服务信用积分作为补偿。大学内的工作人员可以为学生开发有关实习科目的课程，这些课程为教育者反思和应用新的教学方法提供了机会。

多元智能教学有诸多面孔

教师们已经找到大量可将多元智能理论整合进教学实践的方法。实际上，也许有多少教师就有多少种多元智能教学的模式。许多人在每日活动中将多元智能理论用作进入教学内容的切入点。而对有些人来说，多元智能理论意味着使课堂学习中心致力于发展学生的不同智能。还有一些人通过多元的方式或艺术元素提升直接教学。一些教师和同事组成团队以丰富学生的学习。一些学校在日常活动中或在特定的场合下广泛承诺要运用多元智能进行教学。每年春天，在一所小学中都会出现一个特殊的多元智能事例。在那所小学中，学校确定了一个多元智能周。学校的课程围绕着主题进行设计并重视在学生主体中所表现出来的文化因素。教师们根据学生个人的强项和兴趣确认他们可以为这个主题做些什么贡献，以及以什么方式来做出贡献。学生们在混龄小组中度过这一周的学习时光，穿行在各个建筑物中，明显表现出对这种学习的热情。

以多元智能理论为指导思想的教学也为我们提出了一个严肃的警告，即多元智能理论不应该成为一种死板的教学程式。就课程计划而言，教师们发现应该首先确定他们想教给学生什么以及在这样的教学指导下学生们应该学会什么，确定这些因素非常有益。当上述教学目标被清晰地呈现在教师们的头脑中时，教师们就可以为教学选择恰当的多元智能策略。

多元智能教学的益处

对教师和学生来说，应对多元方式的教学所提出的挑战是一项值得努力完成的工作。一些教师喜欢用理论化的语言来指导和解释他们的工作。一些教师声称多元智能理论使他们平时一直教授的内容合理化了。另外一些教师则认为多元智能理论为使用新方法进行教学授予了许可证。许多教师还称赞多元智能为他们提供了不得不开发自己的创造力和潜在智能的机会。所有人都对使用这种具有激励作用的、专注的、有价值的方法来教授学生表示满意。

学生们所获得的成绩也肯定了多元智能理论的价值。许多学校将学生们成绩的提高归功于多元智能教学。例如，在密苏里州，获奖的杰菲逊市（Jefferson City）尤金田野促进（Eugene Field Accelerated）学校就声称该校学生在标准化测验上的优异表现源自于"工作人员在每一班级中对多元智能的重视与应用"。同样，使用多元智能理论的肯塔基州莱克星顿地区的惠勒（Wheeler）小学被美国教育部授予"优秀蓝丝带学校"（Blue Ribbon School of Excellence）称号，并被《红书》（Redbook）杂志评为全美最好的学校之一。科恩哈伯（Kornhaber）、菲罗斯（Fierros）及维内马（Veenema）进行的一项关于41所多元智能学校的研究发现，有一半报告在标准化测验中成绩有提高的学校将这种提高归功于他们采用了多元智能理论。多元智能理论的其他益处则包括改善了学生的行为，提高了家长参与学校工作的积极性。

一个由加利夫研究所（Galef Institute）建立的名为"理解的不同方式"（Different Ways of Knowing）的多元智能模式已经被全国400多所学校采用。美国研究所的一项研究表明，在很多情况下，接受多元智能教学的学生们在语言艺术、数学和社会研究方面收获颇多（AASA，2001）。尽管还需要其他研究来进一步证明上述结论，但仅存的少量研究已经表明，多元智能项目的确可以提高学生的成绩。

（三）启示3：多元智能学校课程各异

除了教学上的改变，多元智能理论也激发了课程改革。这些课程改革有的脚踏实地，有的则轰轰烈烈。通常，多元智能课程（如本书第九章所描述的）包括跨学科的课程或基于方案的模式，还包括学徒制、艺术项目以及基于不同智能的项目，如奇异学习社区和新城市学校中的课程。

在美国，多元智能理论的多数应用都集中于个体教师的单个班级中，并且在本质上具有跨学科的性质或以主题为中心的性质。整个学校都采用多元智能理论的情况并不很普遍。然而，全校性的采用多元智能理论的项目也确实存在。那么，是什么促成了从美国东海岸到西海岸，从规模较大的到规模较小的，从位于乡村、郊区到位于内城的不同学校都选择多元智能作为他们的指导思想呢？思考这个问题很有趣。一项对采用多元智能理论的6所学校的研究显示，采用多元智能理论的学校有两个主要的动机。多元智能理论被证明是有价值的，因为这些基地希望：①显著提高学生的成绩，多元智能理论被作为达到这一目的的手段而被这些学校选用；②实施一个以"艺术"为主题、以研究为基础的项目，而在认知科学研究中，加德纳的理论被认为是可靠的。

多元智能学校设计了适合学生和社会双方需要的课程。那些想要提高学生成绩的学校如肯塔基州莱克星顿市的卢塞尔小学，以及加利福尼亚州斯托克顿市的林肯高中，它们都相信如果学习成为学生的一种难忘的经历，那么学生们就一定会有所收获。为此，这些学校的课程和教学按照使学生通过多种渠道来感知和体验知识的原则进行编排。因此，卢塞尔小学十分强调艺术教学并将每个学日的大部分时间用于学生的艺术学习。而林肯高中则创建了整合研究课程，以小组方式进行教学，学生们在一起围绕一个主题形成两或三个研究课题。林肯高中的老师还采用了严格的课程方案，在方案中，学生们必须提出一些关于世界的问题，并寻求这些问题的跨学科答案。一旦学生们找到合理的答案，他们必须把自己的答案告知他人并影响他人的观点。

作为多元智能项目或基于研究的模式而建立起来的学校已经开发出适合各自需要的课程方法。如各式的内城学校，明尼苏达州明尼阿波利斯市的优异小学，华盛顿州博瑟尔地区的"天空视野"高中，以及印第安纳州印第安纳波利斯市12年级制迷人的奇异学习社区等都提倡以主题为中心建构基于方案的课程。有趣的是，这三个基地也都提供某种形式的学徒制。加德纳曾建议多元智能学校邀请那些技艺娴熟的青年或成人为学生提供学徒制课程方法，并以这种方法来使教学更具个性魅力。这种学徒制的目的不是将学生定位于职业轨道，而是使学生热衷于完成真实世界中的任务，以便他们可以看到学术知识在校外的应用。

课程学徒制

在小学，优异学校的学生们接受建筑专家1~4周每周一次的现场指导，以此深化和扩展学校的课程主题。专家们认为，通过视觉、言语、音乐或动觉等智能来扩展课堂研究是一种有效的方法，并且这种方法也很重要，这一扩展应该通过相应的技能来完成。另外，该校的学生们一年参加3次混龄的选修课，在那里教师根据自己的职业兴趣提供各种备用物品。对学生们来说，选择这样的选修课程可能是一项艰巨的任务，因为他们面临着30种选择。比较典型的选修科目有"小组运动"、"Hmong文学"、"自然和艺术中的动物"等。

"天空视野"高中通过荣获过奖项的"突破！"项目来促进学徒制的发展。这个跨学科方案要求所有九年级学生必须参加。学生们必须接受当地社区成员的指导并寻找一条途径来造福于他人。该校的学徒制通过一份长达20页的报告来组织，这份报告具体阐明了学生们必须达到的要求。作为样本的"突破！"项目的工作包括制作工艺品，为地方机构生产录像带或CD，为一个表演中心筹集资金，以及牵头组织一个湿地重建方案。

许多学校是以不同的方式将学徒制整合到课程中去的。在某些情况下，学徒制是正常学日的一部分，由建筑教师或相关专家来教授。在另外一些情况下，学徒制被作为课外项目来组织，但它仍具有具体的目标和被清晰描述的目的。无论在何种情况下，学徒制都是一种有组织的学习方式，它可以深化学生们的学科知识和技能，提供在新环境和背景中运用知识的机会，以及让学生为社会做出重要贡献的机会。

作为一项课程目标的人的发展

也许最不寻常的多元智能课程方法就是一种努力发展每个学生的智能强项的方法。在多元智能基地中，学校的任务、教学目标以及课程方案符合每个学生的兴趣和个人目标。这些学校重视的不是课程开发，而是人的发展。

印第安纳波利斯市的奇异学习社区就致力于提升每个学生的智能强项。所有奇异社区的学生都通过几个智能强项来学习课程内容，同时，学生们也会确认自己的智能强项以及如何使用这些强项来指导他们的人生选择。在奇异学校里，学生们有许多发展才能的机会。例如，学生们在每天碰面的混龄豆荚小组里选择他们的选修科目。豆荚小组为学生提供多个领域的教学，在那里，学生们可以展示自己的兴趣和期望。学生们每周还参加几次"神驰中心"活动，在那里，学生们专心于自己所选择的活动，他们发现对于个人来说这些活动是有激励作用并令人愉快的，且具有挑战性。由于奇异学校提供了广泛的由学生们自己选择的课程时间，所以教师们教授传统基础技能的授课时间就减少了。为此，教师们寻找最有效的教授传统科目（literacies）的方法，试图通过这些有效的方法来压缩基础技能的授课时间。而这种努力对一种以多元智能为基础的模式来说，它在学生学业上的作用比一个以基础技能为基础的模式更加成功。因为除少数学生外，奇异学校中所有学生的成绩都达到或明显超过了同年级学生标准化测验的成绩水平。

多元智能项目中个性化教育的案例还有很多。例如，新城市学校，卢塞尔小学，优异学校，它们都强调发展个人智能的重要性。在一些案例中，学生通过与教师以及家庭成员合作来制订长达1年的将在学校和家庭中加以强化的学习目标。例如，在每个学年初，优异学校的学生及家长都会与教师会面召开目标设定会议。在会上，三方共同确认了学生们的强项、挑战以及兴趣，并确定3~4个在学年中实施的与多元智能相关的学习目标。在学年中，教师鼓励学生们追寻自己的目标并记录下朝向目标实现的每一步进展。在春季学期开始时，教师要检查学生所取得的进步并据此调整学生的发展步骤。到学年末尾时，家长要检查学生的档案并确定学生完成了哪些目标。尽管对于教职人员来说，制订目标很耗费时间，但教师们声称这种做法给学生的行为和学业成功带来了显著的变化。制订目标也帮助学校实现了培养具有自我指导能力的学习者的目标。

也有一些学校采用其他方法来促进学生个体能力的发展。例如，在卢塞尔小学，学生们每周学习并实际使用一次角色技巧以确保人际交往智能和自知自省智能得到很好地发展。这些角色技巧包括坚持目标、请求帮助、认同他人的感受以及为人诚实等。角色项目是卢塞尔小学"尊重与责任计划"的一部分，这一项目通过所有教师在所有班级中实施而得到了巩固和增强。

新城市学校的教师曾撰写了两本关于通过个人智能进行课程教学的书籍。在1996年出版的著作《多元智能：通过个人智能教学》（*Multiple Intelligences: Teaching through the Personal Intelligences*）一书中，这些教师宣称能够阅读、书写以及计算并不能保证学生未来一定会成功。有希望成功的人是那些"可以和他人很好地合作，了解自己的强项和弱项并从业于能发挥自己创造力的领域的人们"。新城市学校的课程整合了解决问题的能力和思维技巧，这些能力强调学生对所学科目的态度和反应以及学习这些科目的过程。新城市学校的最终目标是培养有思想、尊敬他人并能做出贡献的社会成员。

如在上述例子中所发现的那样，一些使用多元智能理论的教师和学校扩展了他们的课程以囊括传统的科目。通过在人际交往与个人智能方面为学生提供具体的指导，学生们可以发展一些将使他们在校内外受益无穷的重要技能。

（四）启示4：评价观的变化

多元智能理论已经引起有关评价——对学生工作和人类智能的评价的广泛对

话。以课堂评价为例，如果所有内容都无须以同样的方式进行教授，那么为什么还应该以统一的标准来评价呢？加德纳（1999）曾就该问题发表评论，呼吁为学生提供更多的评价选择。

通过观察那些以多元智能理论为指导的学校及教师的评价实践，我们发现，学生的学习产品和学习过程都非常重要。从过程文件夹、学生日志、关于作业的访谈和讨论以及关于这些工作的学生的思考中，我们可以发现学习过程与学习产品同等重要。我们发现的另一个重要变化是评价与教学结合在一起，并且学生们在自我评价和同伴评价中扮演了积极的角色。例如，当学生们以头脑风暴的方式为一个课堂方案提出一些标准时，他们就会运用这些标准来指导自己的方案工作，并运用这些标准评价自己及同龄人所完成的作业。学习和评价之间的界限被模糊了。此外，还有一些其他评价方面的变化，包括新多元智能汇报卡的发展以及长期记录学生技能和知识成长表现的录像档案。

标准化测验和陈述评价（state assessment）通常遵循多元智能理论基于表现的评价方法来实施。这一点很重要，因为，如果学生们在标准化测验方面表现较好，则使用多元智能的教育改革会被认为是有价值的。对6所多元智能学校的一个案例研究（Campbell & Campbell, 1999）发现，这6个基地的学生们在地区性和全国性基础技能领域以及标准化测验方面的成绩均超过了同龄人。这非常重要，因为这6所学校的教师并没有教授学生们与这些测验相关的内容，教师们一直强调的是他们自己开发的课程。另外，这些学校的学生们在社会经济状况、语言能力、种族、能力指标等方面均高度分化。尽管还需要更多的相关研究，但仍需指出的是，大多数多元智能学校的教师不太重视标准化测验的结果。他们关注的是，标准化测验的成绩可能会掩盖他们所进行的实际工作，即为了提供个人化的有实际价值的教育；发展广泛的智能；以及帮助学生在现实中运用技能。然而，标准化测验的成绩的确传达了一件事情，即采用多元智能理论不是阻碍了学生基础技能的获得，而是提高了传统方法所测量的学生的成绩。

智能测验

在《智能的结构》一书问世之初，加德纳所从事的工作主要是探索发展性测试的可能性，这种发展性测试将被用于测量七种智能中的每一种智能。为了代替原有的纸笔测验和创造另一种纸笔测验，加德纳和他的同事们建立了光谱教室，这是一个丰富的学前学校环境，其中充满了适应各种不同智能的材料和资源。研究者的假设是孩子们将发现这一环境是愉悦的舒适的，并能引起他们的兴趣，因而孩子们将自发地与展现在他们面前的材料进行互动。孩子们长期互动的质量和复杂程度将显露出他们的强项，以及那些经过教师的特别强调孩子就会有所收获的领域。最后，如光谱方案的书籍所展示的那样，一个包括了游戏和解决问题的课程和评价过程被设计出来。光谱评价被以一种在熟悉的环境中进行的方式带到孩子们面前。使用的结果证明，在一段给定时间内，这种评价方法可以及时为教师提供一张孩子的认知略图。正如加德纳已经论述的那样，重要的是不要过分强调任何一种智能略图，因为能力是随时都可以变化的。

智能测验的文化公平

尽管不可能所有教师都对针对其学生的正式的智能测验感兴趣，但是不管怎样，在亚利桑那州确实存在着吸引人的智能测验工作。美国教育部经手的联邦基金已经开始资助从少数族裔及经济窘困的学生中鉴别出有天赋者的工作。在一项研究中，来自亚利桑那大学的一位研究者琼·马克尔（June Maker）和纳瓦赫人[1]社区一起从该社区中鉴定那些尚未显露出来的有天赋的学生。马克尔的研究前提是即使在有关能力和成绩的常规评价上纳瓦赫的孩子们处于一些学校学生成绩的后一半之列，但是这些孩子仍然展现出一定的天赋。马克尔根据加德纳七种智能模型设计出一些需要孩子们去解决问题的工作。在她开始这样的工作之前，还从来没有一个来自琴乐寄宿学校（Chinle Boarding School）的美国印第安孩子被确认为是有天赋的，琴乐学校是马克尔在亚利桑那的一个试验基地。当马克尔通过诸如七巧板、讲故事等方式评价学生们之后，她确认该寄宿学校中有85名学生具有很高的潜能。

马克尔声称通过和纳瓦赫学生们一起工作她学到了许多事情。最重要的是，她观察到当学生们被以小组形式进行测验时，比以个人形式进行测验时表现得更好。马克尔的小组评价与光谱方案实施的个人化评价形成鲜明的对照。马克尔的方法提出了这样的问题，即是否智能测验或者任何形式的标准化测验都应该以确保"文化公平"的方式来执行。另外，马克尔观察到，在进行评价活动之前首先让纳瓦赫的学生们从事如串珠或雕刻等三维任务具有重要的价值。通过先在这些强项领域工作，学生们被激励去处理其他处于其强项或非强项领域的任务。马克尔还指出，根据她的经验，加德纳的智能模型没有显露出对任何文化、种族或语言群体的偏见。那些需要改变的模型是有偏见的教育信念和教育实践，这些信念和行为导致教师未把所有学生都作为有竞争力和有天赋的个体来看待。

在强弱项之间搭桥

运用多元智能理论工作的教师和学校将他们的教育实践建立在这样的假设的基础上，即所有学生都有天赋。这对那些需要特殊教育的学生们有着深刻的寓意。实际上，当有人询问优异学校的一位教师，她的班级中有多少需要特殊教育的学生时，她回答说她从未觉察到她的班上存在

---

[1] 纳瓦赫人（Navajo），美国西部的印第安人。

有缺陷的学生。相反，她在寻找并总是能找到学生的强项，然后有策略地开发这些天赋。

许多多元智能教师和学校用"丰富"取代"补救"。一些管理者说，积极的学习几乎不可能使学生们"不"学习。但这并不意味着在学校中完全不需要针对个别学生的特殊服务。但是，在多元智能学校中，处理这些特殊服务的方式不同于以往的常规方法。例如，在一所多元智能学校中，当教师指定学生去从事特殊服务时，他们必须首先对学生的强项进行评价并说明指定该生去做特殊服务的原因。随后的特殊教育干预也不同于以往，它主要是在学生的强弱项之间搭桥。通过运用动觉和视觉策略来记住核心概念或通过对解决问题的过程进行色彩编码，教师可以帮助学生实现这种搭桥工作。除了能提高学习成绩外，也有人报告说接受特殊教育的学生将获得其他益处。科恩哈伯、菲罗斯及维内马发现，在41所多元智能学校中有32所声称，该校有学习障碍的学生们被调动起来，他们接受积极的社会矫正，并在基于多元智能的项目中表现得更加努力。

（五）启示5：教师在专业实践领域表现出发展性变化

很多使用多元智能理论的教师在运用加德纳思想的过程中经历了一个发展性的进步。尽管没有一个人的个人经历足以解释另一个人的，但是一些教师面临着类似问题的挑战。多元智能教育者起初遇到的障碍是由自己来确定为什么多元智能理论是科学的以及多元智能理论如何表现其科学性；该理论是否能够帮助学生完成为理解而教或使学生为工作岗位做好准备等目标。一般情况下，在教师们制订出一个具体的核心目标后，课程和教育决定也可以被确定下来。一些教师可能会决定运用学习中心进行教学，一些则会选择基于方案的教学或多元模式指导教学，但是这些教师面临的一个共同的挑战就是他们需要开始使用一种新的方法来教授内容。实际上，许多多元智能教育者都把大量时间用来改编或创制新的教学策略。这些教师把诸如动手操作的、艺术的以及音乐设备等新的课堂资源汇集在一起重新确定教学策略。通常，在这一过程中评价技术也被重新架构了。

教师们经常报告，在使用多元智能理论的第一年过后，以新方式计划课程已成为他们的第二本能。有些教师也经历了自己潜能的发展，并且，和学生们一样，他们也愿意冒险尝试促进自己欠发展的智能的开发。教师们很快设计出一些缩短计划课程时间的方法，这些方法通过为学生们创制偶尔进行的长期项目或小组活动来缩短课程计划时间。

教师们注意到，学生的观察技巧变得更加协调了，同时，这些教师也努力通过自己的强项来教学生。教师们教授学生自我指导学习技巧的能力提高了，并且有些教师还具备了和同事正式或非正式地分享多元智能教学成果的信心。而有些教师则

开始对传统的报告方法产生不满，并亲自开发出可以向学生和家长更准确地反映教师教了什么和学生学了什么的新报告。

一些教师也遇到了多元智能的挑战，这一挑战就是他们的工作超越了教学和评价的范围，扩展到邀请社区成员成为班级导师或需要将学生们的学习与社区联系起来。许多运用多元智能理论工作的教师发现他们在课堂中的角色正在发生重要变化。教师不再是信息的分配者，而是作为学生学习的协助者、训练者、资源部门人员、导师、激发者以及联网者的身份来服务于提升学生智能成长的各种不同形式。通常，有经验的多元智能教师会被召集起来与其他教师一起分享他们所学到的知识，并为全校性或地区性的教育变革提供支持。

三、多元智能学校的相似点

尽管多元智能学校彼此之间的差别比较明显，但在不同的学校项目中仍表现出一些引人注目的相似点。这种相似就如同每所学校不管大小，不管在乡村还是在城市，不管小学还是中学，都要确认学校的基础原则并做合理的学校管理安排一样。在多元智能项目实施后的20年中，以下八个核心元素已经在那些全校性的多元智能模型中显现。

多元智能学校的特点

（1）教师相信学生们的智能能够通过多种途径得到提高，并且与学生沟通这一信念。

（2）学校的任务、环境以及课程能够促进智能的多样化发展。

（3）教师运用多元模式和积极的教学方法进行教学。

（4）学生拥有通过在他们的强项领域工作来发展其弱项的机会。

（5）学校拥有一个为了使学生理解而教的课程目标。课程范围被缩小到使学生对核心的课程概念获得深入理解。

（6）学生通过发起和完成自己选择的方案来发展自我学习技能。

（7）学生的个体天赋能够被教师确认并加以培养。学生可以参加自己选择的附加课程、课外辅导或学徒制项目。

（8）在与教师的合作中，学生参与确定评价他们的标准。学生们从大量来源获得反馈和评价：老师、同龄人、其他相关人士以及自我反思。学习的过程和产品均得到评价。包括标准化测验和陈述评价在内的评价数据在经过分析后被用于指导学生和班级实现预定目标。

从上面所描述的多元智能学校以及先前描述的项目所显示的特点中可以发现，许多学校的活动在很大程度上是由学生个人的天赋和兴趣引导的。在这些学校中，获得一般知识和专业知识的机会，充满创造力的探索和建构学科技能的机会，以及提供学生选择的和需要的学习机会，在连续的几个学年中不断出现。当教育机构通过改变他们的环境、教学、课程以及评价来容纳多样的智能时，学习的乐趣和为多元智能而教的目标就可以变为现实了。同时，教师和学生之间的互动是学生成就中重要的一环。那些在以多元智能为指导思想的学校中工作的教师必须坚持将自己作为一个学习者，不断地发现自己的潜在能力，不断地表达并改善自己的智能，并确认自己要发展的新的智能项。最终，对学生的学习产生最大影响的是教师在他们的信念、言语以及行为中为学生所树立的榜样。

四、接下来该采取哪些步骤

加德纳的研究表明，人类的发展实际上比许多心理学家和研究者研究总结出的要复杂且灵活得多。在我们思考该如何回答多元智能理论提出的大量问题时，我们也开始以一种新的好奇心和欣赏的眼光来审视学生。我们可以向学生、同事及家长解释，我们中的每一个人都拥有一幅独特的个体天赋的认知图式。我们可以提供职前和在职的教师发展项目来扩展我们关于作为一个人意味着什么和受教育意味着什么这些问题的视野。我们可以设计一些教育项目来强调输送给学生的信息的整体性，我们也可以提供给每位学生个性化的教育来培养学生的个性。我们可以分享彼此的思想并讨论成功与失败。作为教育者，我们可以创造学习型社区，这一社区能够通过反思和广泛的回应来转变学生的自我观念。学校不必是我们记忆中的样子，我们可以在这一事实的基础上开始行动。

我们还可以反思这样的问题：教育的任务是什么？在美国，显然对这一教育基本问题还没有形成一致的意见。有些人声称为基础技能而教。有些人认为是为了使毕业生在全球市场的竞争中做好准备。还有一些人坚持认为必须强调我们的文化遗产。一些教育者提出，教育的一个任务在于发展全部的人类能力，确认学生所拥有的强项，并在学生接受的12年学校基础教育中发展这些天赋。所有孩子和成人都应该被提供探索其能力、追求其兴趣的机会，由此他们可能凭自己本身的资质而发展成为天才。社会则从那些具有高度智慧的公民群体所做的贡献中获益最多。

要想将学校教育转化为我们所憧憬的模样，还需要学校管理者、家庭、商业领导人以及政策制定者的支持。所有人都必须明白，教育被社会委以最重要的职责，社会投入了大量的时间、金钱以及创造力来发展人类的能力，其目的就在于使人类成为世界顶尖的优等生物。在拉丁美洲，已经出现了一个通过开发智能来使人类作为主宰的优等生物的案例。在20世纪80年代，委内瑞拉这个不大的国家曾寻求提升每位委内瑞拉公民的智能。该国的军事、医药、商业以及教育组织都参与了这次探索。委内瑞拉智能部官员路易斯·麦查多（Luis Machado）说：

> 今天我们可以有意识地人为地开发出一个智能的以及为了智能的社会。这并非一种理论，而是一个现实的转变……拥有更发

达的智能，人们将能够在他们自身中找到构建一个新社会所需要的因素。

当然，如果整个国家都努力提升国民的智能，那么处于班级、学校、地区和州之中的我们也应该拥有毫不逊色的智能。

霍华德·加德纳的"智能"定义中有一部分包括了解决问题的能力。但本书的作者避免提出有关运用多元智能理论具体方法的建议。学生的解决问题的能力可以更好地满足教育团体的需要，而通过这种能力教师们将建构出有效的教育模式，同时发展出自身更多的内在能力。我们通过当地社区提出的各种问题来结束这本书，这些问题可能预示着未来提高人类智能资质的方法。这些问题包括：

教师、学生、学校管理者、家庭以及社区成员可以通过何种方式了解人类的能力及这些能力对教育实践有何启示？

地区性教育项目的任务应该是什么？学校可以怎样完成这些任务？

怎样通过职前服务、在职服务以及教职人员的发展项目来提升学习策略，以此发展学生的基本技能和个人天赋？

学校环境可以丰富到何种程度？可以用什么方式来丰富学校环境？

我们怎样才能发现学生的全部智能？

评价和教学如何能够与有益的学习整合起来？

学生应该学习哪些基本概念？

多元智能理论在促进学生成就方面应该起到什么样的作用？

哪些社区成员可以作为指导者服务于学校或为学生提供学徒制教学？

教育者如何才能将有效的教育策略、技术实践及智能运用结合在一起？

最后，你将如何运用本书中的信息支持自己在教育岗位上的工作？

参 考 文 献

American Association of School Administrators. (2001). *An Educator's Guide to Schoolwide Reform.*

Campbell, L. (2000). *The Unspoken Dialogue: Beliefs about Intelligence, Students, and Instruction Held by a Sample of Teachers Familiar with Multiple Intelligences Theory.* Unpublished doctoral dissertation. Santa Barbara, CA: The Fielding Institute.

Campbell, L., & Campbell, B. (1999). *Multiple Intelligences and Student Assessment: Success Stories from Six Schools.* Alexandria, VA: ASCD.

Campbell, L. (1997, Sept.). Variations on a Theme: How Teachers Interpret MI Theory. *Educational Leadership*, 55(1), 14-19.

Faculty of the New City School. (1996). *Multiple Intelligences: Teaching through the Personal Intelligences.* St. Louis, MI: The New City School.

Gardner, H. (1999). *Intelligence Reframed: Multiple Intelligences for the 21st Century.* New York: Basic Books.

Gardner, H. (1983). *Frames of Mind: The Theory of Multiple Intelligences.* New York: Basic Books.

Kornhaber, M., Fierros, E., & Veenema, S. (in press). *Multiple Intelligences: Best Ideas from Theory and Practice.* Boston, MA: Allyn & Bacon.

Krechevsky, M. (1998). *Project Zero Frameworks for Early Childhood Education. Vol. 3, Preschool Assessment Handbook.* New York: Teachers College Press.

Missouri Department of Elementary and Secondary Education. (1998). *MI Way of Learning.*

马克思主义研究文丛

马克思哲学思想发展史研究

马克思经济学著作中的哲学思想

（第五卷）

张一兵 ◎ 主编

中央编译出版社
Central Compilation & Translation Press

第五卷目录
CONTENTS No. 5

资本:一种历史性的社会生产关系
　　——马克思《雇佣劳动与资本》研究
　　张一兵　周嘉昕 ················· 1311

析马克思《伦敦笔记》的理论视阈
　　张一兵　章晓奕 ················· 1320

基于经济学视角的现代性批判及其哲学意义
　　——以马克思的《伦敦笔记》为例
　　唐正东 ······················· 1327

社会再生产理论的构型与资本主义批判理论的初步建构
　　——经济哲学语境中的《伦敦笔记》研究
　　孙乐强 ······················· 1342

当代视域中的马克思经济哲学
　　——《1857—1858年经济学手稿》研究掌握辩证法,理性地
　　　对待资本
　　孙伯鍨 ······················· 1354

物质生产与自由活动
　　——《1857—1858年经济学手稿》对《德意志意识形态》的
　　　一个重大发展
　　姚顺良 ······················· 1360

历史唯物主义、历史认识论与历史批判理论
　　——马克思《1857—1858年经济学手稿》的哲学定位
　　　　张一兵 ·· 1375
马克思经济学语境中的历史现象学初探
　　——《1857—1858年经济学手稿》"货币章"解读
　　　　张一兵 ·· 1390
从抽象到具体的方法与历史唯物主义
　　——《〈1857—1858年经济学哲学手稿〉导言》解读
　　　　张一兵 ·· 1404
科学的批判的历史现象学
　　——马克思经济哲学的本质
　　　　张一兵 ·· 1420
《资本论》：一种历史现象学的成熟表述
　　　　张一兵 ·· 1425
"回到马克思"的原初理论语境
　　　　张一兵 ·· 1437
马克思"必然王国"向"自由王国"转换的理论真谛
　　　　张一兵 ·· 1449
《资本论》及其手稿中的"抽象"概念
　　　　唐正东 ·· 1462
《资本论》：马克思新唯物主义哲学发展的第四个阶段
　　　　唐正东 ·· 1475
《资本论》与马克思主义哲学关系的四个基本问题
　　——基于思想史和理论逻辑的考察
　　　　周嘉昕 ·· 1486
《资本论》与马克思的哲学革命
　　　　孙乐强 ·· 1504
从《大纲》到《资本论》
　　——基于马克思创作过程的当代理论分析

周嘉昕 ·· *1520*

超越"机器论片断":《资本论》哲学意义的再审视
　　孙乐强 ·· *1534*

马克思政治经济学批判的逻辑
　　唐正东 ·· *1567*

马克思的两种商品概念及其哲学启示
　　唐正东 ·· *1577*

马克思劳动价值论的双重维度及其哲学意义
　　唐正东 ·· *1592*

历史唯物主义视域中的劳动价值论与形而上学
　　周嘉昕 ·· *1604*

政治经济学批判与辩证法的颠倒
　　周嘉昕 ·· *1618*

劳动与自由的辩证法:马克思历史观的哲学革命
　　——兼论《资本论》对《政治经济学批判大纲》的超越与发展
　　孙乐强 ·· *1631*

资本：一种历史性的社会生产关系

——马克思《雇佣劳动与资本》研究①

张一兵　周嘉昕

　　1845年，马克思恩格斯确立资本主义科学批判的一般理论框架之后，并没有公开他们对历史唯物主义的正面说明（《德意志意识形态》），即便是在《哲学的贫困》中，也只是在批判蒲鲁东的过程中间接地阐发了这一理论。1847年革命形势的高涨，使马克思意识到从政治经济学出发正面阐发对资产阶级生产方式和社会的科学批判的重要性和必要性。同年12月的下半月，马克思在布鲁塞尔为德意志工人协会的会员作了几次关于雇佣劳动与资本的讲演，并打算出版这些讲稿。但是由于1848年的"二月革命"和随后马克思被逐出比利时，这个意愿到了1849年4月才部分地得以实现，《雇佣劳动与资本》以社论形式发表在马克思主编的革命日报《新莱茵报》上。因为在"看到了1848年以波澜壮阔的政治形式展开的阶级斗争以后，我们想要更切近地考察一下资产阶级的生存及其阶级统治和工人的奴役地位所依为基础的经济关系本身，也就适当其时了"②。在《雇佣劳动与资本》中，马克思第一次对"资本"这种历史性的生产关系进行了全面的说明，同时也已触及剩余价值问题，尽管囿于既有的理论框架，马克思恩格斯对其尚不能作出科学的说明，但科学的资本主义批判理论的入口已经开始打开。

　　在马克思主义思想史研究中，《雇佣劳动与资本》一般被看作是马克

---

① 原载《党政干部学刊》2008年第6期。
② 《马克思恩格斯全集》第6卷，人民出版社1961年版，第474页。

思主义政治经济学的第一次全面阐述。这充分说明了该文献在马克思恩格斯思想探索过程中的重要地位,但正如许多学者已经指出的那样,在《雇佣劳动与资本》中,马克思经济学理论坐标系的主要参照仍是李嘉图,马克思不仅接受了李嘉图劳动价值论的科学意义,同样也受制于这一理论范式,因而未能彻底说明"资产阶级生产方式"和资本主义剥削的内在发生过程——"资本和劳动的交换"本身就是一个不严谨的说法。对于马克思恩格斯的资本主义理解和批判来说,《雇佣劳动与资本》同样具有标志性的意义:一方面,雇佣劳动与资本这两个关键词的标识,就已经标志着资本主义的科学批判一般理论框架,即广义历史唯物主义确立之后,马克思恩格斯对资本主义理解所达到的最高水平,这一点尤其表现在对资本和资产阶级社会关系的理解中;另一方面,马克思已经直接着手在解决"资产阶级生产方式"的剥削本质,即开始研究剩余价值问题。然而,尽管已经触及到剩余价值问题,但马克思并未从根本上彻底说明这一资本增殖的内在本质,因此,在19世纪40年代末的革命理论中,经济学分析和政治运动(阶级斗争)的"联结"仍具有一种直接的、想象的特征。——从根本上说,马克思在50年代的"反思"就是针对这一问题的。

作为谋生手段的雇佣劳动

劳动问题历来是马克思批判资本主义社会中的关键性范畴,在《1844年经济学哲学手稿》中,劳动表现为本真的非异化的人的自由生命实现活动与现实中非人的异化劳动;在《评李斯特》一文中,异化劳动则成了工业中打上引号的"劳动";在《德意志意识形态》一书中,马克思恩格斯直接用奴役性分工下的劳动指认了资本主义社会中的被统治的劳动阶级状况。在《雇佣劳动与资本》一文中,马克思的全部分析建立在一个全新判断之上,这就是资产阶级生产方式中存在的资本对雇佣劳动的关系,也是在这个意义上,马克思将工人指认为"雇佣工人",而他们的劳动则成为在雇佣关系之下的商品化劳动,即雇佣劳动。马克思说,在工人与资产者的交换中,劳动成为一种商品。在1891年的版本中,恩格斯将此处的"资产者"改为"资本家",而将"劳动"改为"劳动力"。可是,工人为什么要出卖劳动呢?"为了生活"!

"劳动是工人本身的生命活动,是工人本身的生命的表现。工人正是把这种生命活动出卖给别人,以获得自己所必需的生活资料。可见,工人的生命活动对于他不过是使他得以生存的一种手段而已。他是为生活而工作的。他甚至不认为劳动是自己生活的一部分;相反地,对于他来说,劳动就是牺牲自己的生活。劳动是已由他出卖给别人的一种商品。因此,他的活动的产物也就不是他活动的目的。"①

显然,劳动是工人本身的生命活动和生命的表现,这样的表述在形式上还是形似于《1844年经济学哲学手稿》,可是,这里的劳动绝不是人的共同类本质,而是工人个体的生命活动。更重要的是,马克思历史性地分析说,劳动并不是向来就是商品。"劳动并不向来就是雇佣劳动、即自由劳动。"奴隶就不是把他自己的劳动出卖给奴隶主,"奴隶连同自己的劳动一次而永远地卖给自己的主人了"。并且,农奴只出卖自己的一部分劳动。今天工人出卖自己的劳动是资产阶级社会的产物。马克思深刻地看到,工人自由地出卖自己的生命活动,并且是"零碎地出卖",并非真的出于自愿,而是因为在这个资产阶级体制下的饥饿。资产阶级雇佣关系的本质是:"工人不是属于某一个资产者,而是属于整个资产阶级"。② 在1891年的版本中,恩格斯将其改写为:"工人不是属于某一个资本家,而是属于整个资本家阶级"。

以"工资"为核心的"资产阶级生产方式"分析:马克思主义政治经济学的第一次全面阐述

在演讲乃至社论的一开始,马克思为自己设定了一个宏大的理论

---

① 《马克思恩格斯全集》第6卷,人民出版社1961年版,第477页。
② 《马克思恩格斯全集》第6卷,人民出版社1961年版,第479页。

目标：

"我们分三大部分来加以说明（1）雇佣劳动对资本的关系，工人的奴役地位，资本家的统治；（2）中等资产阶级和农民等级在现存制度下必然发生的灭亡过程；（3）欧洲各国资产者阶级在商业世界受市场霸主英国奴役和剥削的情形。"①

然而，《雇佣劳动与资本》实际完成的内容仅只是第一项而已。为了在普通工人面前尽量说得简单通俗，说明的过程首先是从"什么是工资"开始的。从工资入手，马克思指出，工资不过是作为一定商品的劳动的价格，并且借助竞争说明价格的最终决定因素是"生产费用"，紧接着在分工和机器发展的基础上证明了工资和生产资本之间的对抗性关系。总的说来，《雇佣劳动与资本》的经济学理解与《哲学的贫困》并没有实质性的变化，特别是在包括价值、工资、竞争、分工和机器在内的许多基本问题上并无二致。但无论如何，《雇佣劳动与资本》作为马克思资本主义理解方法论变革之后对于政治经济学理解所作的第一次正面表述，都具有重要的历史阶段性意义，其中三个方面的内容尤其值得关注。

第一，《雇佣劳动与资本》本身紧紧围绕一个关键问题展开，在对"什么是工资"的回答背后实际上暗含着的是对资本和雇佣劳动之间的关系、工人遭受奴役的本质的回答。选定工资作为自己政治经济学全面阐述的核心和开端，无疑具有重要的现实指向和科学意义，即对资产阶级生产方式内在对抗性本质的剖析。在分析中，马克思恩格斯通过理论和现实双重探索也已经充分证明了掩藏在资本和雇佣劳动虚假的表面一致背后的矛盾和冲突。

第二，既然"工资是资产者为了偿付劳动一定的时间或完成一定的工作而支出的一笔货币"，那么"工资不是工人在他所生产的商品中占有的一份"而是"原有商品中由资本家用以购买一定量的生产劳动的那一部分"。② 这点不同于斯密"工资和利润扣除"的结论，表明马克思已经站在李嘉图彻底的劳动价值论立场上，并且初步作出了针对用于购买生产劳

---

① 《马克思恩格斯全集》第6卷，人民出版社1961年版，第474页。
② 《马克思恩格斯全集》第6卷，人民出版社1961年版，第475、477页。

动和物质资料的资本不同部分的区分。

第三，尽管劳动价值理论的获得标志着马克思恩格斯对资本主义社会现实理解的深化，但在19世纪40年代末，他们对于资产阶级生产方式的内在矛盾并未形成真正科学的理解，没有制定完备的剩余价值理论。这首先表现在"劳动力"概念的缺失之中（在《雇佣劳动与资本》的原稿中，我们后来在研究中通常看到的是恩格斯1891年修改之后的版本，其中标注了马克思原文的情况。具体两个版本可以参见《马克思恩格斯选集》中文第二版第一卷和《马克思恩格斯全集》中文第一版第六卷），工资是劳动的价格，但实际上正如马克思后来所认识到的那样，"劳动"并不能成为商品，成为商品的只是"劳动力"。尽管在与之同时形成的《工资》手稿中保留了马克思对该问题更为详尽的思考，但仍不能脱离市场交换意义上的劳动和资本的一般关系。换言之，虽然马克思已经注意到剩余价值的出现，但既有的理论框架无法说明这个"剩余"的内在根源，而不得不诉诸市场交换的不平等关系。

生产关系的历史本性与"资本"概念的第一次科学剖析

对于马克思恩格斯的资本主义理解而言，《雇佣劳动与资本》还是一个重要的文本事件：马克思在生产关系的历史本性理解基础上，对"资本"概念第一次进行了全面的透彻分析，同时还对"市民社会"（资产阶级社会）范畴作出了新的界定。这些文本上的变化表明，马克思恩格斯虽然还未使用"资本主义"这一特定概念，但是已经对资本主义现实形成了全面的理解，即在机器工业生产力（分工）基础上形成的资产阶级社会（burgerliche Gesellschaft），其中居于统治地位的是"资本"这样一种特定的资产阶级的社会生产关系。

1845年底至1846年上半年，在同青年黑格尔派的论战中，马克思恩格斯已经确立了历史唯物主义的一般分析方法，并从分工和所有制出发分析社会历史进程；在《哲学的贫困》中，这一分析框架具体化为生产力、生产方式和经济关系之间的辩证关系；《雇佣劳动与资本》则第一次从经济关系之中确立了生产关系这样一个重要的历史唯物主义概念。并且，马克思深入地阐述了生产关系的历史本性。马克思认为："人们在生产中不仅仅同自然界发生关系。他们如果不以一定方式结合起来共同活动和互相交换其活动，便不能进行生产。为了进行生产，人们便发生一定的联系和关系；只有在这些社会联系和社会关系的范围内，才会有他们对自然界的关系，才会有生产。"① 熟悉《德意志意识形态》的人不难发现，马克思这里的表述与《德意志意识形态》第一章的相关内容是接近的。当然，在这里，马克思想集中表达的是人们在生产中结成的关系，并且，他直接区分了生产关系与社会关系："各个人借以进行生产的社会关系，即社会生产关系，是随着物质生产资料、生产力的变化和发展而变化和改变的。生产关系总合起来就构成为所谓社会关系，构成为所谓社会，并且是构成一个处于一定历史发展阶段上的社会，具有独有特征的社会。古代社会、封建社会和资产阶级社会都是这样的生产关系的总和，而其中每一个生产关系的总和同时又标志着人类历史发展中的一个特殊阶段。"②

我们可清楚地看到马克思这里用着重号突出强调的东西，社会生产关系在一个社会结构中的关键性地位。生产关系的总和即通过更复杂的社会关系建构出社会，生产关系随着生产力的改变而改变，并决定整个社会关系的总体变革。

更重要的是，马克思据此推断出一个关于资本主义理解和认识中的至关重要的观点，即资本也是一种社会生产关系。正是针对资产阶级经济学家将资本理解成一些物，如"资本包括原料、劳动工具和各种生活资料，这些东西是用以生产新的原料、新的劳动工具和新的生活资料的。资本的所有这些组成部分都是劳动的创造物，劳动的产品，积累起来的劳动。作为进行新生产的手段的积累起来的劳动就是资本"。其实，这也是马克思在《巴黎笔记》、《1844年经济学哲学手稿》，甚至《德意志意识形态》

---

① 《马克思恩格斯全集》第6卷，人民出版社1961年版，第486页。
② 《马克思恩格斯全集》第6卷，人民出版社1961年版，第487页。

中接受的东西。可现在马克思已经不再这样看了。在此，马克思通过一个十分形象的例子来说明自己的新认识：

"黑人就是黑人。只有在一定的关系下，他才成为奴隶。纺纱机是纺棉花的机器。只有在一定的关系下，它才成为资本。脱离了这种关系，它也就不是资本了，就像黄金本身并不是货币，沙糖并不是沙糖的价格一样。"①

马克思现在认识到，"资本也是一种社会生产关系。这是资产阶级的生产关系，是资产阶级社会的生产关系"。②他发问道："构成资本的生产资料、劳动工具和原料，难道不是在一定的社会条件下，不是在一定的社会关系下生产和积累起来的吗？这一切不是在一定的社会条件下，在一定的社会关系内被用来进行新生产的吗？并且，难道不正是这种一定的社会性质把那些用来进行新生产的产品变成资本的吗？"③

马克思还认识到，资本不仅包括那些在一定的生产关系中成为商品的东西，而且还包括交换价值。这些交换价值的总和之所以成为资本，"是由于它作为一种独立的社会力量，即作为一种属于社会一部分的力量，借交换直接的、活的劳动而保存下来并增殖起来。除劳动能力以外一无所有的阶级的存在是资本的必要前提。只是由于积累起来的、过去的、物化的劳动支配直接的、活的劳动，积累起来的劳动才变为资本"。④既然资本作为一种社会生产关系，是一种历史性的存在，那么它就有其自身存在的前提和历史形成过程，同样也必将为历史所超越。在《雇佣劳动与资本》以及1847年前后的著作中，马克思恩格斯已经一般性地将资产阶级生产方式的边界指认为生产力和生产关系之间的矛盾，在具体的社会变迁分析中，则主要将其与竞争导致的工商业危机与工人和资本家之间阶级鸿沟的

---

① 《马克思恩格斯全集》第6卷，人民出版社1961年版，第486页。
② 《马克思恩格斯全集》第6卷，人民出版社1961年版，第487页。
③ 《马克思恩格斯全集》第6卷，人民出版社1961年版，第487页。
④ 《马克思恩格斯全集》第6卷，人民出版社1961年版，第488页。

加大联系在一起。

除了"资本"定义之外,这一文献中对"市民社会"(资产阶级社会)的界定也是值得我们高度关注的一个问题。1843年前后,马克思是在黑格尔的意义上接受"市民社会"概念的,直到《德意志意识形态》,这一概念本身都没有获得清晰的界定,依据不同的分析语境存在两种不同含义。在《雇佣劳动与资本》中,广义上的"市民社会"已经为更为一般的"社会"概念所取代,而狭义的"市民社会"则专指"资产阶级社会"。当然,"(古典)古代社会、封建社会和资产阶级社会都是这样的生产关系的总和,而其中每一个生产关系的总和同时又标志着人类历史发展过程中的一个特殊阶段"①。因此,随着马克思恩格斯资本主义理解理论的逐渐清晰,"市民社会"概念也逐渐固定为"资产阶级社会",即特定生产力基础上的资产阶级生产关系总和。

价值剩余与阶级斗争的不完全缝合:针对马克思恩格斯19世纪40年代资本主义批判的一个简短评论

在对雇佣劳动同资本之间交换的分析中,马克思已经初步得出了"剩余价值"的概念。这正是不久前他与恩格斯共同意识到的,作为资本主义社会剥削关系的本质所在。

> 工人拿自己的劳动换到生活资料,而资本家拿归他所有的生活资料换到劳动,即工人的生产活动,亦即创造力量。这种力量不仅能补偿工人所消费的东西,并且还使积累起来的劳动具有比以前更大的价值……工人为了换到生活资料,正是把这种贵重的再生产力量让给了资本家。因此,对于工人本身来说,这种力量是白耗费了。②

---

① 《马克思恩格斯全集》第6卷,人民出版社1961年版,第487页。
② 《马克思恩格斯全集》第6卷,人民出版社1961年版,第489页。

这意味着，雇佣劳动和资本之间是一种不平等的交换，"劳动商品"具有特殊的创造性力量，而这在资产阶级生产方式中却为工人所白白耗费，为资本家所无偿占有，即剩余的价值。然而，由于马克思未能对"劳动"和"劳动力"作出准确的区分，所以在这里的分析中也就无法找到剩余价值形成的科学根源。也由此，尽管在一般意义上已经确证了从生产方式出发批判资本主义的科学范式，但对于资本主义剥削的理解却仍然无法完全深入到生产过程，不得不诉诸交换层面上不平等的竞争关系。

更进一步说，由于无法为"剩余价值"的产生提供一个科学的说明，马克思的政治经济学批判同政治理论之间形成了一种外在的连接。资产阶级生产方式当然是一种对抗性的存在，但是由于这种对抗、不平等尚未得到彻底的剖析，直接的阶级斗争便成为资产阶级生产方式对抗性存在的唯一表现。需要说明的是，按照马克思的理论，任何一种社会形式当然包含着内在的对抗，这是由生产力（分工）的发展所决定的；在现实的资本主义发展中，资本家对无产阶级的剥削所导致的阶级斗争当然也是生产内在矛盾的表现。但在19世纪40年代，在资本统治关系仍表现为两大阶级的直接对立，且马克思在经济学研究中尚无法说明资本主义剥削的内在过程时，这种剩余价值的分析同阶级斗争的诉求之间便难免呈现为一种外在的缝合。这也是马克思恩格斯一方面强调资产阶级社会的历史进步意义，同时在1848年革命中又表现出布朗基主义理论色彩的内在现实和理论根源。随着50年代后资本统治关系的调整以及马克思经济学研究的深化，马克思恩格斯对资本主义的理解与批判也必将获得新的发展。

析马克思《伦敦笔记》的理论视阈

张一兵　章晓奕

进入19世纪50年代，马克思在他的第三次政治经济学研究（第一次是1844年前后的《巴黎笔记》和《1844年经济学哲学手稿》；第二次是1845—1849年期间的《布鲁塞尔笔记》、《曼彻斯特笔记》、《哲学的贫困》和《雇佣劳动与资本》），特别是《1857—1858年经济学手稿》中，全面开创了马克思主义经济科学建构的新阶段，这也是马克思第二个伟大发现的开启时期。从《马克思恩格斯全集》历史文献第二版（以下简称"MEGA^2"）显示的最新资料来看，在《1857—1858年经济学手稿》写作之前，马克思还经历过一个重要的直接占有原始资料的研究过程，这就是全面研究传统政治经济学的《1850—1853年伦敦笔记》（以下简称《伦敦笔记》）。在对这个庞大的理论资料群的研究中，我们可以初步看到后来马克思科学思想的实验思路和直接原发出发点。

1849年8月马克思、恩格斯流亡到伦敦以后，开始曾力图总结1848—1849年欧洲革命中工人运动的经验。后来他们注意到，至1850年，欧洲已经出现了资本主义的一个经济繁荣时期，这必定会导致工人运动走入低潮。而且，马克思通过实际斗争也再一次体会到自己的经济学理论研究还不成熟，以至于先前把资本主义社会危机与革命的关系看得过于简单。所以，从1850年9月开始，马克思在英国博物馆阅览室开辟了一个新的"主要战场"，即对政治经济学再进行一次系统的研究。这也是他

---

① 原载《唯实》1994年第4期。

第三次经济学研究的起始阶段。用马克思自己后来在《政治经济学批判。第一分册》前言中的话说："1848年和1849年《新莱茵报》的出版以及随后发生的一些事变，打断了我的经济研究工作，到1850年我在伦敦才能重新进行这一工作。英国博物馆中堆积着政治经济学史的大量资料，伦敦对于考察资产阶级社会是一个方便的地点，最后，随着加利福尼亚和澳大利亚金矿的发现，资产阶级社会似乎踏进了新的发展阶段，这一切决定我再从头开始，用批判的精神来透彻地研究新的材料。"[①] 在英国不列颠博物馆中，马克思利用了可能是当时欧洲最全面的政治经济学、历史学、自然科学和文化等各个领域的文献和资料。

从1850年9月到1853年8月，马克思写下了大量以摘录为主的笔记和少量手稿，其中24本标有序号，约有1250页，这就是著名的《伦敦笔记》（这些笔记大部分保留下来，现存于荷兰阿姆斯特丹国际社会史研究所）。这些笔记是马克思第二个伟大发现即创立自己的科学政治经济学理论的最初原始资料群，所以这也是作为马克思主义政治经济学最初理论建构的《1857—1858年经济学手稿》的直接思想前提。在这些笔记中，文献的选择和整理本身就体现了马克思即将开始的思想实验的基本思路；在摘录中写下的批注和包含在笔记中和笔记之间的一些手稿，则使我们看到了马克思下一步思想实验的最初构想和脉络。《伦敦笔记》将全部发表在MEGA[2]第四部分的第七至十一卷。现在已经出版的有第七至九卷，第十卷和第十一卷正在编排中。

在这24本篇幅各不相同的笔记中，1850—1851年写下的前7本主要是研究货币理论问题的。其中"通货原理"和"银行理论"的争论是主体。一般地说，马克思这一部分摘录主要是为了从资产阶级经济学的国家货币学和信贷政策中去寻求1847年经济危机的原因。他已经知道资本主义经济危机的原因并不存在于流通领域，而根源于资本主义生产矛盾之中。但是面对蒲鲁东-格雷一类资产阶级社会的批评者将消除资本主义危机的期望建立在对货币和信用领域的"改革"之上的迷误，马克思不得不

---

① 《马克思恩格斯全集》第13卷，人民出版社1962年版，第10页。

同样从这一层面开始他的理论分析。当然我们也能看到，从马克思笔记本身关注的专题和思考点来看，他实际上更加注重以李嘉图数量货币论为核心的基本理论研讨。因为在这里，否定李嘉图则意味着马克思必须建构自己的劳动价值论：这是从经济学上超出《哲学的贫困》的重要一步。其证明是在这一阶段摘录之后，马克思于1851年3月另外写下了一个单独的加工性笔记：《金银条块。完成的货币体系》（以下简称《金银条块》）①。在这一笔记中，马克思专题式地重新系统摘编了他分别在《巴黎笔记》、《布鲁塞尔笔记》、《曼彻斯特笔记》以及刚刚写下的《伦敦笔记》中80多位学者有关货币问题的经济学论点。从马克思摘编的线索和加写的揭示看，《1857—1858年经济学手稿》中的理论起点，即对蒲鲁东-布雷的小资产阶级改良主义的批判，在这里已经得到了确认。这一点也可以从马克思在《伦敦笔记》第七册中写下的《反思》手稿中看到。

在《伦敦笔记》第七册的最后，马克思重新摘录了斯密的主要著作，切入的问题还是货币与货币资本。从第八册开始，马克思较多地转向一般经济学理论的评论。除去价值、利润、工资等问题，还主要摘录了地租方面的资料；除了李嘉图，马克思还摘录了斯图亚特、图克、巴顿、拉赛姆、德·昆西、凯里和琼斯的著作，但是理论关注的中轴还是李嘉图。这是马克思第三次认真地面对李嘉图。通过这里的研究，马克思已经显示了从根本上推翻李嘉图之后他必然创立的科学的劳动价值论和剩余价值理论的逻辑前兆。

在《伦敦笔记》的其余部分，马克思还分别集中摘录了有关工人的状况、农业问题、殖民体系问题、自然科学和技术问题、历史和经济史方面的问题、银行问题以及关于文学史、文化史、伦理史和妇女问题、外交政策等方面的内容。这些摘录表明，马克思的科学研究视域并不仅仅局限于狭义的经济学，而是涵盖了极其广泛的领域，他的每一点重要的科学进展，都是真实地面对现实历史的结果。

我们已经说过，《伦敦笔记》时期马克思的经济学研究是他第三次经

---

① 见《马克思恩格斯全集》MEGA², 第4部分，第8卷，第3—36页。

济学研究的起始阶段，也是最初的占有资料的过程，而《1857—1858年经济学手稿》则是在这一基础之上所进行的革命性思想实验。在《伦敦笔记》时期的摘录性笔记和手稿片断中，我们已经可以发现后来马克思理论研究的大体线索和方向。这主要表现在马克思《伦敦笔记》的前10册和此间的一些手稿中。对此，我们作一些初步的逻辑探讨。

实际上，马克思1851年3月写下的《金银条块》，可以看作是他对前7册笔记的一种专题性的思考。在这一手稿中，我们已经可以看到马克思是在进行一种再加工。在80多位作者中，马克思对其中52位的63本论著的观点作了比较性的研究，并概括了一些相近的主题。从摘录的内容来看，一部分是马克思认为可以作为在货币问题上的重要理论观点的，这种编排本身体现出科学货币思想史的线索；另一部分则是马克思明确指认为错误观点的资料，这显然是马克思想供自己研究中批判使用的。总的来说，手稿显示马克思已经在一些重要的经济学理论方面取得了进展：他已经将货币视为一种历史性规定。虽然货币的历史长于资本主义的发生，但货币只是在资本主义生产关系下才真正成为普遍的东西。从本质上看，它不过是在物的外壳下隐蔽着的社会关系。人直接陷入自己创造出来的产品的奴役之下，货币以物的形式与人们对峙，这种对立以表面的平等遮蔽了生产过程实际发生的剥削本质。也就是说，马克思已经意识到资产阶级金钱拜物教的本质。因为，流通与货币仅仅是资本主义经济运行的现象层面，并且是颠倒的现象，就像他有力地批判蒲鲁东-格雷那种试图通过改革货币体制来实现的假社会主义，即马克思手稿的副标题"完成的货币体系"所反讽的那样。① 这里的思考可以直接通达《1857—1858年经济学手稿》的理论开篇。

我们看到，马克思在《伦敦笔记》第七册第48—52页写下的《反思》（1977年第一次用俄文发表在苏联《共产党人》杂志当年第1期上），也正是从批判蒲鲁东和格雷这样的"蠢人"开始的。可以说，这一手稿即是《金银条块》的展开论述；在另一个意义上，也是《哲学的贫困》未完成

---

① 见《马克思恩格斯全集》MEGA²，第4部分，第8卷，第37页。

思路的继续。马克思一针见血地指出,蒲鲁东-格雷的改良主义,实质上是建立在保留资本主义生产方式的基础上的幻想。"他们想保留货币,但又不让货币具有货币的属性。"① 他们根本不了解,现在资本主义社会的矛盾恰恰是以"货币制度的存在为基础的,同样,货币制度又以现有生产方式为基础"。马克思认为,这是一种"坚持资产阶级基础"的改良。蒲鲁东-格雷的改良主义不能真正透视资本主义社会关系的迷雾,不能理解社会关系本身的颠倒,所以,他们总看到一种虚假的现象:"价值和价值的老老实实的交换,在这种交换中,个人的自由得到了最高的实际的确认",不过是由于现行的货币交换体系的缺陷,才破坏了自由平等的真正实现。所以,他们的全部改革都是建立在消除流通领域的矛盾,通过理想化的"货币体系"实现自由。这样,他们的平等理想实际上成了实现资产阶级的自由平等的理想。这是他们停留在社会经济现象层面的必然悲剧。

而在这个时候,我们能够看到马克思已经对货币形成了一定的历史性的科学认识。一方面,马克思承认资产阶级社会的货币制度与古代社会中存在的那种等级制的确不同:"在货币制度充分发达的社会中,由此事实上造成了个人的实际的资产阶级平等"。因为这已经不像过去"只有特权人物才能交换这个或那个,而是所有的人都能够获得一切,每个人都能够按照他的收入转化成的货币的数量来进行任何的物质变换"。"在等级的范围内,个人的享受,个人的物质变换,取决于个人所从属的一定的分工。在阶级的范围内,则只取决于个人所能占有的一般交换手段。在前一种情况下,个人作为受社会限制的主体,进入由他的社会地位所限制的交换。在后一种情况下,个人作为一般交换手段的所有者,进入同社会为万物的这一代表者所能提供的一切东西的交换"②。在过去那种情况下,收入的性质仍然取决于谋得收入的性质,而不像现在这样单纯取决于一般交换手段的量。所以那时"工人能够与社会发生的并且能够掌握的那种联系,是无比狭窄的,而进行社会的物质生产和精神生产的物质变换的社会组织,从

---

① 《马克思恩格斯全集》第44卷,人民出版社1982年版,第159页。
② 《马克思恩格斯全集》第44卷,人民出版社1982年版,第161—162页。

一开始就受到一定方式和特殊内容的限制"①。而现在，一切都被彻底打破了。在今天这种交换中，"质的阶级差别消失在量的差别中，消失在购买者拥有的货币的多少中"。"货币作为阶级对立的最高表现，同时使宗教的、等级的、智力的和个人的差别变得模糊"②。这是因为，"在这种交换行为中，转化为货币的收入的特性消失了，一切阶级的个人都变得模糊而消失在买者的范畴中，他们在这里同卖者相对立。这就产生了一种假象，即在这种买卖的行为中看到的不是阶级的个人，而是没有阶级性的单纯进行购买的个人"③。自由平等似乎真的实现了。

可是，马克思已经更深一层地发现，资产阶级社会的问题正是出在这"表面的平等"现象的背后。首先，单纯的交换并没有改变"总的客观存在的阶级关系"，即工人与资本家的根本对立；其次，马克思发现，这种交换本身就表明了"事先存在着一定的社会关系"，这才使财富"具有资本的性质"。资本是一种社会关系，正是它使作为社会存在基础的生产过程本身发生了根本的变化，资本主义生存的秘密并不在流通中的交换关系，而在于生产过程。关于这一点，未完成的《反思》手稿并没有展开。

在《伦敦笔记》第八册中，马克思对李嘉图的《赋税原理》一书的摘录中已经直接指出过，利润不是在交换和分配中产生的，而只能由生产创造。"要进行分配，就必须存在着待分配的东西：有了利润本身的存在，才可能有利润的不平等"。固然个别特殊的利润可由商业来说明，"但商业却不能说明余额本身"，这个余额只是在交换中实现。但绝不是在交换中产生的，"每一个有产阶级的原有收入必然来自生产"。资本家与工人的交换，"只有当他交换工人的劳动产品能够带来利润时，他才肯同他进行交换"④。所以当李嘉图在区分自然价格和市场价格时，他指认市场价格的偶然性，并说明，他是着眼于这些现象的本质和规律——"自然价格、自然工资和自然利润"。马克思说："李嘉图把他认为是偶然的东西抽象掉了，

---

① 《马克思恩格斯全集》第44卷，人民出版社1982年版，第162—163页。
② 《马克思恩格斯全集》第44卷，人民出版社1982年版，第163页。
③ 《马克思恩格斯全集》第44卷，人民出版社1982年版，第162页。
④ 《马克思恩格斯全集》第44卷，人民出版社1982年版，第140—143页。

然而叙述实际过程,则是另一回事,因为在这个过程中,不论是他称为偶然的运动但却是稳定的和现实的东西,还是它的规律,即平均关系,两者同样都是本质的东西。"① 马克思在这里已经意识到,不能简单地否定现象,而恰恰要说明现象是如何以歪曲和颠倒的形式遮蔽本质的。

我们注意到,马克思之所以能够获得这样一种重要的理论进展,是与他已经弄清楚了斯密与李嘉图的理论异质性直接相关的。马克思认识到,"在李嘉图那里重要的是,虽然甚至亚当·斯密和萨伊也还把劳动的某种一定产品看作[价值的]调节者,但他却到处把劳动、活动即生产本身,也就是说,不是把产品,而是把生产即创造的行为[当作调节者]。由此而来的是资产阶级生产的整个时代。在亚当·斯密那里,活动还没有解放,还不是自由的,还没有摆脱自然的束缚,还没有摆脱物。""在李嘉图那里,人处处要和自己的生产率打交道,在亚当·斯密那里,人还在崇拜自己的创造物,所谈的还是某种一定的物,在他活动之外的物。"② 以马克思的理解,资产阶级政治经济学在李嘉图那里的进步首先是资本主义生产发展的结果,从手工业生产还无法脱离的对象化劳动到机器大生产中的社会化劳动活动的飞跃,是这种理论差别的基础。这些认识,使马克思的历史唯物主义思想从深层大大向前推进了一步。

马克思下一阶段政治经济学科学研究的大体思路,在这里已经初见端倪了。从《伦敦笔记》到《1857—1858年经济学手稿》,是理论逻辑的必然。

---

① 《马克思恩格斯全集》第44卷,人民出版社1982年版,第108页。
② 《马克思恩格斯全集》第44卷,人民出版社1982年版,第115页。

基于经济学视角的现代性批判及其哲学意义

——以马克思的《伦敦笔记》为例[①]

唐正东

《伦敦笔记》是马克思1850—1853年在伦敦期间写下的关于政治经济学及其他问题的研究笔记,它共由24本篇幅各异的笔记本组成。从马克思的研究笔记系列来看,它是接着1843年的《巴黎笔记》、1845年的《布鲁塞尔笔记》和《曼彻斯特笔记》之后的一个新的研究笔记。准确地理解《伦敦笔记》在马克思哲学思想发展中的"桥梁"作用,对于我们准确地理解马克思历史唯物主义哲学的完整内容是至关重要的。《伦敦笔记》向我们展示了马克思是怎样通过深化对社会历史过程的客观规律性的理解,来凸显其思想中所固有的主体批判维度的内容的。把握住了《伦敦笔记》的意义,我们就可以从一种内在统一的角度来理解马克思的历史唯物论与历史辩证法之间的内在联系;反之,如果忽视了《伦敦笔记》的意义,那么,为了接着《德意志意识形态》中的历史唯物论的线索来"重新"谈论马克思哲学中的主体辩证法的思想,就只能在历史运动的客观规律线索之外,另起炉灶地从"存在的意义"的角度来"建构"马克思哲学中的主体性线索。本文旨在通过分析《伦敦笔记》在三个经济学维度上的思想进步,来凸显马克思历史唯物主义哲学中的双重线索(即主体维度和客体维度的线索)是怎样一步一步地获得共同推进的。

[①] 原载《哲学研究》2006年第12期。

一、货币理论的阶段性突破及其哲学意义

马克思首先实现的是货币理论方面的突破。

货币理论尽管从直接的层面上来说是一种单纯的经济学理论，但就深层内涵而言，它又是跟关于社会历史过程的理解水平直接相关的。譬如，如果仅仅从流通手段的角度来界定货币，那么，作为货币之完成形式的资本所具有的独特的社会生产关系的本质就必然会处于不在场的状态，而从这种理论层面来理解的社会历史过程也必然只是经验性的历史事实的连接而已。在1847年的《哲学的贫困》中，马克思的货币理论是有较大缺陷的，这具体表现在以下两个方面。

其一，在货币形式或货币职能方面，马克思只区分了作为价值尺度的货币和作为交换手段的货币，而没有考虑到作为交换或流通手段的货币与其他货币职能如作为支付手段的货币之间的区别。马克思在批判蒲鲁东把金银视为构成价值的最初应用的观点时，提出了作为价值尺度的货币和作为流通手段的货币的区别的。通过对作为流通或交换手段的货币的职能的强调，马克思是想凸显货币的现实社会关系本质。应该说，就批判蒲鲁东的"政治经济学的形而上学"来说，马克思的上述观点已经足够了。但如果就货币的丰富内涵或者说就阐明作为资本的货币的深层本质而言，上述观点则是不够的。货币本身还有作为支付手段的货币、作为贮藏手段的货币以及世界货币等形式，如果不对这些形式进行研究，就不可能揭示出与它们直接相关的、作为资本的货币的深层本质。客观地说，就马克思在1847年的经济学水平而言，他还无法做到这一点。马克思在《哲学的贫困》中对生产关系和社会关系等概念的理解止步于交换或流通的层面，也正因为如此，马克思在此时还无法理解资本的独特的社会关系本质（这必须要进入到生产的领域才能理解），还只能从积累劳动与直接劳动的角度来理解资本与劳动的对立，只能从"劳动产品在直接劳动者与积累劳动占

有者之间的不平等分配"的角度来理解"阶级对抗"①，并进而理解社会历史发展的动力与规律②。用马克思后来在《1857—1858年经济学手稿》中的观点来说，他此时所理解的只是一般生产过程，而不是资本主义的生产过程。

其二，在货币的价值问题上，马克思此时还认同李嘉图的货币数量论，因而在对劳动价值论的坚持方面还存在着一定的局限性。李嘉图把货币的所有职能都理解成纯粹的交换手段，而无法理解作为资本的货币所独有的历史性社会关系本质，因而，在面对伴随着经济危机的到来而出现的商品价格普遍下降的现象时，只能把原因归于流通中的货币量的减少，而看不到这是由资本主义的生产关系本质所决定的一种必然现象。马克思在《哲学的贫困》中想论证资本主义的必然灭亡，但其经济学水平的限制使他无法从生产过程内在矛盾的角度，而只能从分配不公平的角度来证明资本主义的必然灭亡性，他此时对李嘉图货币数量论的认同就是这种局限性的一种表现。在批判蒲鲁东的形而上学的货币观时，马克思说："在一切商品中，只有作为货币的金银不是由生产费用来确定的商品；这一点是确实无疑的，因为金银在流通中可以用纸币来代替。只要流通的需要和发行货币（无论纸币、金币、白金币或铜币）的数量之间保持着一定的比例，那就不可能产生保持货币的内在价值（由生产费用所确定）和名义价值之间的比例问题。"③这种经济学观点说明了或者说决定了，马克思此时在哲学上还不可能完整地理解社会历史发展的深层内涵，因为他对李嘉图货币数量论的认同，说明他在面对资本主义危机问题时，其基本思路只是停留在交换或流通的领域，还没有深入到生产的领域来理解危机的本质，并由此来理解社会发展的真实过程。如果说，李嘉图把无论是国内的货币还是国际上的货币都理解成纯粹的交换手段，这使他在政治经济学领域中犯了一个基本的方向性错误，那么，马克思只从交换或流通的层面来理解资本主义的内在矛盾，则表明他离彻底科学地剖析社会历史过程的本质尚存一

---

① 参见《马克思恩格斯全集》第4卷，人民出版社1958年版，第95页。
② 参见《马克思恩格斯全集》第4卷，人民出版社1958年版，第104页。
③ 参见《马克思恩格斯全集》第4卷，人民出版社1958年版，第125页。

段距离。

如果要准确地界定马克思在《德意志意识形态》和《哲学的贫困》中的理论成就的话，那么，应该说马克思在这两部著作中完成了对历史唯物主义理论基础的建构，也即全面地证明了社会历史的发展过程在本质上是由经济运动的规律所决定的，生产力与生产关系（在《德意志意识形态》中是"交往形式"）的矛盾运动构成了经济运动的主要内容。但必须指出的是，马克思在上述两部著作中对生产关系或交往形式概念的理解还不是很深刻的，他是在一般生产过程（他后来在《1857—1858年经济学手稿》中把这种一般生产过程放在"抽象"的层面上加以界定，以区别于"具体"层面的资本主义的生产过程）的层面上来理解上述两个概念的，这是因为受到了斯密和李嘉图观点的影响。斯密和李嘉图囿于资产阶级的阶级属性，把资本主义生产过程当作一般生产过程来理解，进而论证了资本的永恒性。但由此带来的一个局限是：所谓的生产关系在他们的视域中其实只是各经济主体根据劳动资料的投入比例而分配或交换劳动产品的关系，也就是说，他们所谓的生产关系更多的是从分配或交换关系的层面上体现出来的。由于受到上述两人观点的影响，马克思直到《哲学的贫困》时期事实上还无法运用已经建构出来的历史唯物主义的理论基础，去完整地阐述社会历史发展的真实过程，他还不能严格地从生产领域内部去解读经济运动的矛盾规律以及社会历史发展的动力，还只能借助于人的异化的线索（在《德意志意识形态》中，马克思从私有制只能带来人的片面化和异化的角度来论证资本主义制度的矛盾性）或由分配不公平带来的政治对抗的线索（在《哲学的贫困》中，马克思用这一线索来论证资本主义的必然灭亡）来解读经济的矛盾运动规律。我们知道，对社会历史过程的完整理解是历史唯物主义理论的有机内容之一，这说明，马克思的哲学在《哲学的贫困》之后还有进一步拓展的空间。

马克思《伦敦笔记》时期新的货币理论的关键内容是：从资本主义生产关系的内在矛盾的角度，去理解货币危机这一资本主义经济危机在流通领域内的表现形式。在面对自1825年以来的屡次经济危机时，资本主义经济学家尽管来自不同的学派，但都从流通领域的层面来解读这种经济危机并试图找出解决的办法，其思想实质在于：他们都把资本主义生产过程这一特定的生产形式当成了一般性的生产过程，因而他们都脱离物质生产过程的社会形式，仅从其物质形式的角度来看待货币、信用的危机问题。"通货原理"派的思想基础是李嘉图的货币数量论，这其实只是李嘉图未能在其思路中彻底贯彻劳动价值论而导致的一个有缺陷的观点。李嘉图的劳动价值论是不具有历史性的社会关系线索的，他无法理解资本主义的雇佣劳动与一般劳动过程之间的区别，因而当他面对一国流通中的货币量与相应的商品价格量之间呈现出一定的比例关系这一流通领域的表面现象时，不是去找出劳动价值论在"具体"层面的转化形式，而是从劳动价值论的层面退出去，退到货币数量论的水平上。同时，历史性生产关系线索的缺乏也使他无法从质的层面把作为信用货币（它由作为支付手段的货币发展而来）的可兑现的银行券的流通与作为纯粹流通手段的货币（国家纸币）的流通区别开来，因此，即使在面对银行券的流通这一新的话题时，李嘉图也未能从货币数量论返回到劳动价值论的思想轨道上来。"通货原理"派接过李嘉图的货币数量论，并致力于更为详细地论证作为信用货币的银行券的流通就像纯粹金属货币的流通一样，也是从属于货币数量论这一规律的。这一学派在同样不考虑货币的不同职能的前提下，得出了银行券的发行必须与银行中金的贮藏量的变动相适应的结论。也就是说，当金被输出的时候，就意味着流通中的银行券已经过剩了。这一观点在1847年的经济危机中被证明是错误的。

在对"通货原理"派的批判中，马克思除了偶尔发表一点评论外，并没有太多地阐发自己的观点，这也许是因为马克思自1850年开始已经发现了存在于"通货原理"派观点中的明显错误。相比之下，马克思此时对"银行理论"派的观点倒是给以很大的关注，并通过对其观点的批判使自己的货币理论得到了进一步的发展。

图克、富拉顿等"银行理论"派经济学家通过对货币的不同职能（作为流通手段的货币、作为支付手段的货币及其发展形式——信用货币、作为贮藏手段的货币、世界货币等）的区分，得出了与"通货原理"派不同的观点：不是货币的流通量决定价格，而是价格的提高决定货币的量。应该说,"银行理论"派对货币不同职能的区分是正确的,但这是仅就量的层面而言。这一学派的一个致命的缺陷是:不能从生产关系的历史性发展的角度来理解货币职能从单纯的流通手段向信用货币的转变的社会历史本质。也就是说,看不到信用货币作为一种商业资本,它的出现与实现恰恰是与资本主义生产关系的发生、发展直接联系在一起的;只有在资本主义生产关系中,信用货币才可能真正地实现其自身。而"银行理论"派只把货币的不同职能理解为货币形式的不同,这就使他们得出了如下的错误结论:作为流通手段的货币与信用货币之间的区别是货币与资本之间的区别;资本是能够生息的货币,经济危机的原因并不是缺乏货币,而是缺乏资本。

在摘录与评述"银行理论"派著作的过程中,马克思显然产生了比"银行理论"更为深刻的货币观点。在《伦敦笔记》的第四个笔记本中,马克思对威廉·雅可比的《历史研究》一书继续进行了摘录。正是在这个摘录中,马克思写下了一段非常重要的话:"只有劳动可以自由交换货币,也就是说,只有同雇佣劳动制度联系在一起,货币制度本身才是纯粹的。"[①] 很显然,马克思此时已经十分清楚地认识到,信用货币绝不是自身能生息的货币,作为流通手段的货币与信用货币之间的区别也决不能被看成货币与资本之间的区别;信用货币之所以能实现自身,其根本原因在于现实的资本主义雇佣劳动制度。因此,流通领域中的货币危机的本质原因既不是缺乏货币,也不是缺乏资本,而是资本主义的生产关系出现了内在的矛盾,这种内在矛盾具体地说就是资本家阶级与工人阶级之间的矛盾。在第7个笔记本中的《反思》一文中,马克思在谈到经济危机时说:"商品不再是货币,它们不能再换成货币。当然,这种缺乏被归咎于货币制度,归咎于货币制度的某种特殊形式。这是以货币制度的存在为基础的,同样,货币制度又以现有生产方式为基础……在货币制度的存在中不仅包含着(商品与货币)分离的可能性,而且已经存在着这种分离的现实性,并且这种情况证明,正是由于资本同货币相一致,资本不能实现其价值这

---

① 参见《马列主义研究资料》1984年第5期,第27页。

一状况已经随着资本的存在,因而随着整个生产组织的存在而存在了。"①从这里我们可以看出,马克思此时在社会历史观的基础性思路上的确已经完成了从交换、流通关系向生产关系的转换,这对于他的历史唯物主义理论内容的完善是非常关键的。

二、再生产理论、危机理论的阶段性突破及其哲学意义

马克思其次实现的是再生产理论及危机理论方面的阶段性突破。

再生产理论及以此为基础的危机理论对马克思历史唯物主义哲学的拓展具有如下的重要意义:如果没有再生产理论和危机理论,那么就物质生产实践这一认识对象来说,马克思就只能看到其物质形式的一面,而看不到其历史性的社会形式的一面,因为只有上升到再生产的层面,资本的积累及资本主义扩大再生产的理论层面才能凸显出来,而只有站到这一理论高度,资本主义生产关系这一历史性的社会关系形式的本质内涵才能显现出来,进而物质生产过程才可能从物质形式和社会形式这两个层面显现自身,即物质生产过程才可能不仅显现为物质生存资料的生产与再生产过程,而且显现为生产这些物质生存资料的生产关系的生产与再生产过程。唯其如此,历史唯物主义才能不仅从客体维度即历史发展客观规律的维度上表现出来,而且从主体批判性的维度上表现出来。从历史唯物主义深层内涵的角度来看,再生产理论与危机理论之间是一种前因后果的关系。如果没有再生产理论,物质生产过程就只能在一般生产过程和简单流通过程的层面上来加以理解。而根据马克思后来的思路,这种生产、流通过程只不过是一种"抽象"。在这种"抽象"中,不但资本主义生产过程的内在矛盾会被掩盖起来,而且还会造成某种自由、平等交换的假象。如果在这样的思路中硬要加进一条批判的线索,那么,这条批判线索的理论支点就

---

① 参见《马克思恩格斯全集》第44卷,人民出版社1982年版,第158—159页。

只可能在生产过程之外：要么是生产过程之外的人道的支点，专注于从私有制使人片面化的角度来批判资本主义，要么是生产过程之外的、单纯的交换和分配关系的理论支点，专注于从资本家和工人在劳动产品分配上的不平等的角度来批判资本主义。应该说，上述这两条批判的思路都没有完全进入到物质生产过程的内部去寻找历史发展的动力，这或多或少地影响了历史唯物主义最深层内涵的揭示。

马克思在《伦敦笔记》时期尽管在再生产理论和危机理论方面的突破只是阶段性的，因而他对历史唯物主义深层内涵的把握尚有一定的局限性，但这已经为他的历史唯物主义在下一步（《1857—1858年经济学手稿》时期）的发展奠定了良好的基础。相比而言，马克思在《哲学的贫困》中由于没有再生产理论，因而他在对资本主义危机及历史唯物主义理论丰富内涵的把握上，与《伦敦笔记》时期的思想相比是有一段明显的距离的。在《哲学的贫困》中，马克思的主要任务是批判蒲鲁东的"政治经济学的形而上学"。蒲鲁东提出了"构成价值论"，马克思的任务是针锋相对地阐明价值、货币等"不是东西，而是一种社会关系"①。《哲学的贫困》很好地完成了批判蒲鲁东的任务，这是必须十分明确地加以肯定的。但同时我们也应该看到，《哲学的贫困》还不足以把马克思引向对资本主义再生产过程及危机理论的研究中去，因而它还存在着以下的局限性：马克思虽然在不少地方使用了"生产关系"的概念，但严格地说，他此时还没有完全进入历史唯物主义的生产关系理论的视域之中。如果真的进入了上述视域，那么，马克思就应该从生产过程内部去寻找资本主义的内在矛盾及其灭亡的必然性。也就是说，必须从严格的生产过程内部来理解生产关系概念的内涵。而《哲学的贫困》中的马克思还没有做到这一点：马克思此时恰恰是从交换、分配的层面来理解生产关系概念的内涵的，这和他此时仅从流通领域的层次来理解货币的职能是相呼应的。从表面上看，马克思此时的确已经进入到了生产过程及生产关系的理论层面，正像他在批判蒲鲁东的构成价值论时所说的："在原则上，没有产品的交换，只有参

---

① 参见《马克思恩格斯全集》第4卷，人民出版社1958年版，第119页。

加生产的各种劳动的交换。产品的交换方式取决于生产力的交换方式。总的说来,产品的交换形式是和生产的形式相适应的。生产形式一有变化,交换形式也就随之变化。因此在社会的历史中,我们就看到产品交换方式常常是由它的生产方式来调节。个人交换也和一定的生产方式相适应,而这种生产方式又是和阶级对抗相适应的。"① 但仔细分析不难发现,马克思在上述这段话中的"生产的形式"、"生产方式"概念所指认的,实际上就是"参加生产的各种劳动的交换形式",而不是他在后来的《资本论》及其手稿中所指认的那种负载着剩余价值生产的资本主义的生产方式。而"参加生产的各种劳动"实际上就是马克思在此书中所一再强调的"积累的劳动"与"直接的劳动",于是,这两种劳动之间的交换就成了马克思此时所说的生产方式概念的内涵。正因为如此,马克思在《哲学的贫困》中尽管在多处指出了生产方式与阶级对抗之间的直接联系,但他对这种直接联系的理解仍然是相当薄弱的。他把生产方式中的阶级对抗仅仅理解为供工人消费的产品的生产与供资本家消费的产品的生产之间的不合比例②。我们知道,仅仅这种"不合比例"似乎还无法说明"阶级对抗",那么马克思是怎样推进他的批判思路的呢?马克思的思路最后还是落脚到了"人"上面——工人所处的社会条件使他们只能消费马铃薯、棉花、烧酒等工业品,而这些工业品所满足的恰恰只是工人作为工人的需要,而不是作为人的需要:马铃薯会引起瘰疬,棉花与羊毛、亚麻相比太不卫生,烧酒是一种有害的食品。③ 从这里可以看出,在尚未真正地从资本主义生产过程内部找到内在矛盾的理论支点的前提下,马克思要想把分配领域的不平等的理论思路推进到生产过程的领域,把自己的资本主义批判思路奠基在生产过程的层面上,事实上是不可能贯彻到底的。

下面对马克思《伦敦笔记》时期在再生产理论及危机理论方面的思想水平作具体的分析。

1847年的经济危机(商品卖不出去,无法转化成货币)使马克思批

---

① 参见《马克思恩格斯全集》第4卷,人民出版社1958年版,第117页。
② 参见《马克思恩格斯全集》第4卷,人民出版社1958年版,第104—105页。
③ 参见《马克思恩格斯全集》第4卷,人民出版社1958年版,第104—105页。

判资本主义的聚焦点从以前的劳动产品在资本家和工人之间的分配不公，转向了生产与消费这两大领域之间的关系上面。在批判资产阶级经济学家试图从货币、信用危机等角度解释 1847 年经济危机的观点的过程中，马克思对货币作为流通手段和支付手段的不同职能的了解，使他对实业家和实业家之间的贸易与实业家和消费者之间的贸易这两种不同的贸易活动的内涵有了更深的了解。应该说，这是马克思此时能初步建构起再生产理论和危机理论的直接原因。马克思的这部分思想主要体现在《伦敦笔记》的第七个笔记本中的《反思》一文中。在马克思看来，尽管实业家和实业家之间的贸易必然受到实业家和消费者之间的贸易的限制，但在理解这一点的时候决不能走向单纯的消费不足引起经济危机的观点。资本主义经济危机，即由于实业家和实业家之间的贸易总是超出实业家和消费者之间的贸易为它所设立的界限而引起的商品生产过剩的危机，其根本原因并不在于生产资料的生产与消费资料的生产之间的不合比例，而在于资本主义的生产组织或生产方式的本质，在于资本主义制度这一货币制度的特殊形式下资本家阶级与工人阶级之间的关系的独特本质①。马克思此时所论及的"生产方式"和"资本家阶级与工人阶级之间的关系"，当然已经不同于他在《哲学的贫困》中对这两个概念的理解。他已经把分配领域糅进了生产领域之中，并以此为基础，在一个更广的领域即再生产领域的层面来理解"生产方式"、"资本家阶级与工人阶级之间的关系"等范畴的内涵了。以这种再生产理论为基础，马克思的危机理论也获得了一定程度的提升，他此时已不再像在《哲学的贫困》中那样从分配不公的层面来理解阶级对抗及资本主义制度的危机了，而是从资本制度的内部来解读经济危机的必然性，正像他所说的："正是由于资本同货币相一致，资本不能实现其价值这一状况已经随着资本的存在，因而随着整个生产组织的存在而存在了。"②

严格地说，再生产理论是必须要等到价值理论和剩余价值理论建构起来之后才可能被真正建构出来的，但尽管如此，我们必须看到，马克思此

---

① 参见《马克思恩格斯全集》第 44 卷，人民出版社 1982 年版，第 154—159 页。
② 参见《马克思恩格斯全集》第 44 卷，人民出版社 1982 年版，第 159 页。

时的确已经建构起了再生产理论的初步形态（并非完成形态），他是在建立价值理论和剩余价值理论之前建构起再生产理论的这种初步形态的。马克思此时关于实业家和实业家之间的贸易的思想大体上是后来关于第Ⅰ部类生产的思想的原型，而关于实业家和消费者之间的贸易的思想大体上是后来关于第Ⅱ部类生产的思想的原型（请注意"大体上"这一限定词，因为这两者之间还是有一些局部的区别的。德国学者沃尔夫冈·杨对此作出了有说服力的论证。参见其论文《关于马克思1851年的〈反思〉手稿》①）。马克思确实是从社会总资本的流通和扩大再生产的角度来理解经济危机的，只不过他对这一扩大再生产过程的本质还缺乏深层的了解。马克思在再生产理论和危机理论方面的这种阶段性突破所蕴含的哲学意义是十分明显的：它把马克思的历史唯物主义思路彻底地拉进了生产过程的领域，而且是作为生产过程的特殊形式的资本主义生产过程的领域，因为马克思此时已经十分清楚地认识到，只有在资本主义生产过程中才可能出现实业家和实业家之间的贸易总是超出实业家和消费者之间的贸易所设定的界限的现象。马克思一旦站到资本主义生产过程的高度（而不是站在一般生产过程的层面上）来审视社会历史发展的过程，就有可能在以下两个思想层面上获得进展：（1）从严格的生产过程的角度深化对作为历史唯物主义客体向度的经济运动发展规律的理解；（2）从不断拓展的拜物教分析的角度深化对作为历史唯物主义主体向度的、主体批判性线索的理解。尽管这两种思想的彻底达成出现在《1857—1858年经济学手稿》中，但不可否认的是，在《反思》一文中，马克思已经具有了这方面的思想端倪。马克思此时已经开始把从"生产方式"出发的经济矛盾分析与从资本主义条件下的货币交换所具有的"假象"出发的拜物教分析有机地结合起来："货币制度和缺乏货币制度时比较起来，和货币以前的社会发展阶段比较起来，其前提是更高的发展阶段和更大的阶级划分和分离……在这种交换行为中，转化成货币的收入的特性消失了，一切阶级的个人都变得模糊而消失在买者的范畴中，他们在这里同卖者相对立。这就产生了一种假象，

---

① 参见《马列主义研究资料》1986年第1—2合辑，第78页。

即在这种买卖的行为中看到的不是阶级的个人,而是没有阶级性的单纯进行购买的个人。"①

三、价值理论的部分要素的构建及其哲学意义

从总体上说,马克思在《伦敦笔记》中对价值理论的构建,与其在货币理论、再生产理论及危机理论方面所取得的阶段性突破而言,是相对滞后的,因此,我们只能说马克思此时构建了价值理论的部分要素。但尽管如此,如果与《哲学的贫困》中的相关思想对比的话,那么马克思此时在价值理论方面还是取得了一定的进步,而且这种进步对其哲学思想的进一步发展同样是至关重要的。

在《哲学的贫困》中,应该说马克思还没有进入价值理论的视域。马克思此时所达及的是从现实社会关系的角度来理解所有的经济范畴譬如劳动、分工等,因此,对于批判蒲鲁东从形而上学的、超社会历史的角度所界定的经济范畴而言,马克思此时的知识储备或者说经济学水平已经足够了。但同时也必须看到,马克思此时尽管意识到了要从现实社会关系的角度来解读经济范畴或经济现象,但他尚未深刻地理解现实社会关系的本质,也即他还没有深入到生产过程中内在关系的角度,还只是停留在分配或流通领域中的相互关系的角度,来解读现实社会关系的内涵。这就导致他在批判蒲鲁东的"劳动的剩余"的观点时,尽管谈到了交换价值的剩余与财富的剩余之间的不同,但却并没有真正立足于价值的角度来批判蒲鲁东的上述观点,而是仍然立足于分配关系中的不公平的层次。例如,他说:"要获得这种生产力的发展和这种劳动剩余,就必须有阶级存在,其中一些阶级日益富裕,另一些则死于贫困。"② 仅仅停留在分配关系的层面来理解社会关系或生产关系的内涵,这不但会使马克思由于无法准确地理

---

① 参见《马克思恩格斯全集》第44卷,人民出版社1982年版,第161—162页。
② 参见《马克思恩格斯全集》第44卷,人民出版社1982年版,第135页。

解物质生产过程的内在矛盾,从而无法完整地解读社会历史过程的全部内涵,而且还会妨碍马克思凸显其历史唯物主义哲学的主体向度的内涵,因为唯有从历史性的生产过程的内部关系出发,才能不仅清晰地解读社会历史过程的客体向度的完整内容,而且揭示随着私有制社会历史进程的推进,人与人之间的社会关系不断地、越来越深刻的拜物教化的过程,从而凸显历史唯物主义的主体向度的内涵。这一项工作是马克思在《伦敦笔记》时期开始做的。

马克思的这部分思想主要集中在《伦敦笔记》的第8个笔记本中。他在这一笔记本中断断续续地对李嘉图的《政治经济学和赋税原理》一书多次进行了摘要,其价值理论方面的思想进展就是体现在这些《李嘉图笔记》中的。概括起来,马克思此时主要从两个方面构建起价值理论的部分要素。

其一,在一个较为深刻的层面上分清了价值与财富之间的区别。李嘉图尽管也看到了价值与财富之间的不同,但根据马克思此时的观点,李嘉图只是在概念上区分了价值与财富,而没有从本质上对这两个范畴作出区分。其具体表现是:李嘉图尽管认识到通过提高同量劳动的生产率而不追加劳动量,只会增加商品的数量,而不会增加商品的价值,但他依然坚持认为,整个社会会因此而变得更加富裕。这说明,李嘉图从根本上无法区分一般生产过程与资本主义生产过程之间的不同,他看不到资本主义生产过程这一具体的、历史的生产过程形式的目的不是增加财富,而是增加价值。如果无法在这一点上获得突破,就必然无法把握住私有制的初级形态不断走向资本主义制度这一私有制高级形态的历史过程的真实本质。马克思在《哲学的贫困》中实际上就处在李嘉图此时的思想水平上,但在《李嘉图笔记》中情况就大为不同了。此时马克思十分清楚地意识到,"资产阶级的财富和资产阶级全部生产的目的是交换价值,而不是满足需要……商品生产的增长从来不是资产阶级生产的目的,价值生产的增长才是它的目的。"[1] 这说明,在马克思此时的思路中,资本主义生产过程与一般生产

---

[1] 参见《马克思恩格斯全集》第44卷,人民出版社1982年版,第109—110页。

过程已经有了一定程度的区分，这种区分恰恰是马克思思想进一步发展的一个重要基础。以此为基础，马克思对资本主义生产过程的批判就不再是分配不公平的理论线索了，而是朝着生产过程内部的生产力与生产关系的内在矛盾的理论层次迈出了重要的一步。这具体表现在：马克思认为，资本主义生产过程的目的与手段之间是存在着必然的对立关系的：资本家要想增加交换价值就必须扩大产品的生产量，而要增加生产就得提高生产力，但随着生产力的提高，产品的交换价值就会相应地降低，因此，"价值增长在自己的运动中扬弃自己，转变为产品的增长，这种价值增长所产生的矛盾，是一切危机等等的基础。资产阶级的生产就是经常在这样的矛盾中打转的。"① 马克思在这里实际上已经初步揭示出了资本主义社会中生产力的增长与以价值增长为基础的资本主义生产关系之间的内在矛盾，应该说，这一理论层面比单纯从分配不公平的角度所展开的对资本主义制度的批判线索要深刻得多。

其二，在一个更为清晰的层面上界定了"价值的余额"的出处。马克思在《哲学的贫困》中还是从劳动产品在直接劳动和积累的劳动之间的不平等分配的角度来说明"劳动的剩余"的，但在《李嘉图笔记》中马克思的观点就有了很大的不同。随着对价值与财富之间的更为清楚的界划，马克思此时已经明确地从生产过程中来寻找价值余额的来源。在他看来，在分配或流通领域之所以有余额出现，那只是因为这一余额早在生产过程中就已经被创造出来了："由此可见，他能在商业中得到100镑之外的10镑，只是因为他或另一个工厂主当初在生产中已经创造了这10镑。这是十分清楚的……为了做到他们之中的某个人在补偿总资本之后，手里还留下一些余额，这个余额本身必须存在。他们以欺诈的办法弄到的相对利润，只不过是全部余额的不平等的分配罢了。但要进行分配，就必须存在着待分配的东西：有了利润本身的存在，才可能有利润的不平等。"② 更进一步，马克思还指出了这种价值余额的出处。单看上面这段引文，可能会认为马克思此时是把工厂主当成价值余额的创造者，其实不然。马克思清

---

① 参见《马克思恩格斯全集》第44卷，人民出版社1982年版，第110页。
② 参见《马克思恩格斯全集》第44卷，人民出版社1982年版，第139—140页。

晰地看到:"这里涉及的问题是价值,而价值是相对的:它不是量,而是量对第三者的关系。这第三者只能是工人阶级。"① 也就是说,马克思已清晰地认识到,是工人阶级在生产过程中的劳动才创造了价值的余额。如果把马克思的这种观点与他在《李嘉图笔记》中得出的以下观点结合起来,那就很容易看出,马克思离从历史唯物主义的双重维度(即客体和主体的维度)来完整地认识资本主义制度已经不远了:"在李嘉图那里重要的是,虽然甚至亚当·斯密和萨伊也还把劳动的某种一定产品看作(价值的)调节者,但他却到处把劳动、活动即生产本身,也就是说,不是把产品,而是把生产即创造的行为(当作调节者)。由此而来的是资产阶级生产的整个时代。在亚当·斯密那里,活动还没有解放,还不是自由的,还没有摆脱自然的束缚,还没有摆脱物。"②

当然,应该承认,马克思此时的确还没有形成劳动二重性的理论,没有清晰地区分具体劳动与抽象劳动(而这是形成价值理论的必要前提),因而离科学的价值理论和剩余价值理论尚有一步之遥。但同时也必须看到,马克思此时在价值理论局部要素的构建方面所作的努力,为他以后完成价值理论和剩余价值理论的构建奠定了坚实的基础。一旦完成了上述这两种经济学理论的构建,马克思对私有制社会历史发展过程的理解就会变得十分充实与丰满:在马克思的脑海中,这段历史就不仅会浮现出严谨的经济矛盾运动规律的内容(历史唯物主义的客体向度)同时也会清晰地浮现出人与人之间的关系伴随着上述这段历史而出现的不断拜物教化的内容,从而使历史唯物主义的主体批判维度能够在现实历史的基础上完整地凸显出来。

---

① 参见《马克思恩格斯全集》第44卷,人民出版社1982年版,第139—140页。
② 参见《马克思恩格斯全集》第44卷,人民出版社1982年版,第115页。

社会再生产理论的构型与
资本主义批判理论的初步建构
——经济哲学语境中的《伦敦笔记》研究①

孙乐强

一

《伦敦笔记》是马克思第三次经济学研究的原始记录。在这一笔记中，马克思在货币理论、社会再生产理论和资本主义危机理论方面，都取得了重要进展。首先，在货币理论上，马克思已经克服了"通货学派"和"银行学派"的缺陷，形成了自己独特的货币理论。在此基础上，马克思克服了李嘉图价值理论的基本缺陷，实现了对资本主义社会再生产理论的基本构型，并以此为基础，揭开了资本主义经济危机的内在根源，初步建构了资本主义批判理论。

在《哲学的贫困》中，马克思的货币理论显然还停留在李嘉图货币数量论的水平上。然而，1847年经济危机的爆发，为马克思看到李嘉图货币理论的缺陷提供了一个重要契机。危机爆发之前，在货币理论方面存在着两个互相对立的派别：一个是以琼斯·劳埃德、约·沃德·诺尔曼、威廉·克莱等等为代表的通货学派，他们奉行李嘉图的货币数量论，虽然他

---

① 原载《现代哲学》2011年第4期。

们看到货币的不同职能，即充当流通手段的铸币与充当支付手段的信用货币，但是他们却认为二者是一回事，完全按照铸币的规律来发行银行券。另一派则是以图克、富拉顿和威尔逊等为代表的银行学派。他们认为，充当流通手段的货币和充当信用的货币（银行券）是完全不同的，进而强调把调节货币的规律同调节银行券的规律区分开来，反对完全按照铸币的规律来发行银行券。可以说，在危机之前，通货学派无疑占据了理论的上风，1844年和1845年的银行法把这派信条变成了英格兰和苏格兰银行立法的基础，使这一信条成为整个银行实践的指导思想。但是，1847年经济危机的爆发，宣告了通货学派在理论和实践上的双重破产，这为银行学派的反攻提供了口实。这种理论（银行学派）和事实（危机）上的双重触动必然促使马克思认真思考货币问题，而《伦敦笔记》恰恰就是从这两派的争论以及货币问题开始的。

马克思在1850年9月的Ⅰ—Ⅲ笔记本中详细摘录了"通货学派"和"银行学派"之间的论战著作。借助于银行学派，马克思逐渐认识到"通货学派"的缺陷。在此触动下，马克思又反过头来研究李嘉图的货币理论，于1850年11—12月的第Ⅳ笔记本中详细摘录了李嘉图《政治经济学和赋税原理》（1821年伦敦第三版）中有关货币的论述，并起了一个标题"货币学说"。在摘录完李嘉图这段话"对货币的需求，不象对衣服或食物的需求那样有一定的数量。对货币的需求完全是由货币的价值决定的，而货币的价值又是由它的数量决定的。"① 之后，马克思评价道："这是非常混乱的一章。李嘉图认为，黄金的生产费用只有在黄金的数量因此而增加或减少时才能产生影响，而这种影响只有很晚才会表现出来。另一方面，按照这种说法，流通中的货币量有多少是完全无关紧要的，因为流通的是许多价值低的金属还是少量价值高的金属，这是无关紧要的。"② 这段话表明马克思已经开始质疑李嘉图的货币理论。而在"货币［借贷］利息"的问题上，李嘉图也是一以贯之，用货币数量的变动来说明借贷利息，他总是首先假定货币数量的变动直接影响商品的价格，从而影响对信

---

① 《马克思恩格斯全集》第44卷，人民出版社1982年版，第81页。
② 《马克思恩格斯全集》第44卷，人民出版社1982年版，第81—82页。

贷的需求，并由此来说明利息率的波动，在这里，他把借贷完全等同于铸币，用同样的规律来说明二者的运动。针对这种学说，马克思发表评论道："李嘉图为了考察利息率，他在这里如往常一样，首先是让货币量〔的变动〕直接影响商品的〔价格〕，其实借贷市场是由完全不同的其他情况决定的。"① 这段话表明，马克思开始反对李嘉图的观点，而赞同银行学派把信贷供求和流通手段区分开来的观点。

为了进一步深化对银行学派的认识，马克思于1851年初开始在第V笔记本上摘录《经济学家》上的文章，特别是它的主编威尔逊的文章。在对这些文章研究的基础上，马克思进一步确证，通货学派用货币的数量来决定商品价格的那套理论是错误的。② 这一结论集中反映在他于1851年2月3日写给恩格斯的信中，在这里，马克思果断地指出："我断定，除了在实践中永远不会出现但理论上完全可以设想的极其特殊的情况之外，即使在实行纯金属流通的情况下，金属货币的数量和它的增减，也同贵金属的流进或流出，同贸易的顺差或逆差，同汇率的有利或不利，没有任何关系。图克提出了同样的论断……你知道，这个问题是重要的。第一，这样一来，从根本上推翻了整个流通理论。第二，这证明，信用制度固然是危机的条件之一，但是危机过程所以和货币流通有关系，那只是因为国家政权疯狂地干预调节货币流通的工作，从而更加加深了当前的危机，就像1847年的情况那样。"③ 由此来看，此时马克思已经接受了银行学派的观点，以此来驳斥李嘉图的货币数量论，这是马克思从经济学上超出《哲学的贫困》的重要一步。但针对银行学派自身的缺陷，此时马克思显然还无法辨识出来，这一点是在接下来的研究中完成的。

随后，马克思以货币为切入点，重新摘编了他所有的笔记本，包括《巴黎笔记》、《布鲁塞尔笔记》、《曼彻斯特笔记》和刚写的《伦敦笔记》，并在此基础上写成了一本专门的手稿《金银条块。完整的货币体

---

① 《马克思恩格斯全集》第44卷，人民出版社1982年版，第82页。
② 张钟朴：《从〈伦敦笔记〉到1857—1858年手稿的货币理论》，载《马列主义研究资料》1983年第2辑，第46—47页。
③ 《马克思恩格斯〈资本论〉书信集》，人民出版社1976年版，第33—34页。

系》（1851年3月）。从货币理论来看，这一手稿可以分为两个方面的内容：第一方面是厘清货币数量论的形成史，进一步批驳货币数量论；第二个方面是在银行学派的影响下研究货币与资本的区别。在这里，马克思对货币的探讨产生了一种全新的视角：从生产的维度来看货币的本质。"只有劳动可以自由交换货币，也就是说，只有同雇佣劳动制度联系在一起，货币制度本身才是纯粹的"①，因此"流通取决于整个产业组织"②。一旦从资产阶级雇佣劳动的角度来看待货币，马克思必然能够清楚地看到，货币向资本的发展并不是一个自然的过程，而是资产阶级生产关系的产物；同样，货币之所以能够作为资本存在根源于生产过程（价值的余额），而不是由外在的流通决定的。正是因为马克思已经把思路由流通领域沉降到生产领域，才使马克思真正辨识出银行学派的谬误之处，从而使他能够超越银行学派的货币理论，初步形成自己的货币学说。

这一点集中体现在1851年3—4月写在第Ⅶ笔记本上的《反思》手稿中。银行学派虽然区分了货币的不同职能，但他们却无力理解货币与资本的差别。他们把实业家和实业家之间交易的信用货币叫作资本，把实业家和消费者之间交易的货币叫作货币，将二者严格地界划开来，并以此为基础来解释1847年的经济危机。他们认为，之所以会爆发经济危机，根本原因就在于缺少足够的信用货币，从而导致无法全部实现实业家与实业家之间的贸易，因此，危机中缺乏的并不是货币，而是资本和信用。针对这种学说，马克思在《反思》给予坚决的驳斥。马克思指出，划分货币与资本的标准并不是外在的流通，而是资本主义的生产关系，正是因为资本主义的生产能够带来一个"价值的余额"，货币才发展成为资本，这才是货币与资本之间的本质差异。不论是实业家与实业家之间的货币形式还是实业家与消费者之间的货币形式，在本质上都是流通手段，"即在真正贸易中的流通手段和在收入同商品即一部分资本相交换的流通手段"③，它们之

---

① 《马列主义研究资料》1984年第5辑，第27页。
② 引自苏亚·马雷什：《1850—1853年期间的经济学研究》，载《马列主义研究资料》1982年第2辑，第64页。
③ 《马克思恩格斯全集》第44卷，人民出版社1982年版，第156页。

间的差别只是货币不同职能的差别，是货币内部的差别，而不是资本与货币的差别。因此，银行学派"说在危机时全部问题在于缺乏信用而流通手段是无所谓的，这种说法是错误的……事实上缺乏的是流通手段"①。在这里，马克思的货币理论已经远远地超越了通货学派和银行学派，达到了一个全新的高度，为他后面制定科学的货币理论奠定了坚实的基础。

二

维·索·维戈茨基说："马克思的货币理论的成熟程度，是他的价值理论成熟程度的标志。"② 我以为，这个判断是非常准确的。马克思的货币理论推进到什么程度，他的价值理论就会进展到什么程度。通过上面的分析，我们可以看出，马克思已经将货币问题沉降到雇佣劳动的维度，从生产组织的角度来理解货币的本质。这就意味着，在马克思的视域中，货币绝不仅仅是一个单纯的物，而是一种"建立在阶级对立之上的"③ 社会关系。这种关系维度的强化，必然促使马克思加深对价值问题的理解，由此，也深化了他对资本主义社会再生产过程的理解。

此时马克思已经不再像《哲学的贫困》中那样停留在李嘉图的水平之上，货币问题的深化使马克思意识到李嘉图价值理论的缺陷，开始在更高的层面上批判后者的价值理论了。马克思指出，李嘉图固然也看到了价值与财富之间的不同，但他只是在概念上对二者作了区分，而没有从本质上对这两个范畴进行界定，仍然把使用价值看作资本主义生产的根本目的。"李嘉图只在概念上去分清价值与财富的区别，他消除不了困难。资产阶级的财富和资产阶级全部生产的目的是交换价值，而不是满足需要……商品生产的增长从来不是资产阶级生产的目的，价值生产的增长才是它的目

---

① 《马克思恩格斯全集》第44卷，人民出版社1982年版，第157页。
② [苏] 维·索·维戈茨基：《〈资本论〉的创作史》，周成启等译，福建人民出版社1982年版，第6页。
③ 《马克思恩格斯全集》第44卷，人民出版社1982年版，第160页。

的。"① 可见，马克思已经对资本主义生产的独特目的有了一定的了解。在此基础之上，马克思批判了李嘉图对"资本"的理解。他先是引述李嘉图的说法："资本是用于将来生产的目的的那部分国家财富，它可以和财富按照同样的方法增加。"② 接着就批判道："李嘉图在这里把资本和构成资本的材料混为一谈了。财富只是资本的材料。资本总是重新供生产利用的价值总和；它不单是产品的总和，也不是为了去生产产品的，而是为了去生产价值的。"③ 物的维度与社会形式维度的区分已经成为马克思理论发展的核心思路。

但如果仅仅依据这段话，将其等同于《雇佣劳动与资本》的水平，显然又失之偏颇。在《雇佣劳动与资本》中，马克思虽然已经从关系的维度来解读资本，把资本理解为资本主义的生产关系，但是在那里，马克思显然对这种生产关系的实质还无法给出具体的解释，而到了这里，马克思已经对这种资本关系的实质作出了重要的推进：资本生产的目的就是获得"价值的余额"。那么，这种余额是怎么产生的呢？马克思认为，只能到生产过程中寻求。"为了做到他们之中的某个人在补偿总资本之后，手里还留下一些余额，这个余额本身必须存在。他们以欺诈的办法弄到的相对利润，只不过是全部余额的不平等的分配罢了。但要进行分配，就必须存在着待分配的东西：有了利润本身的存在，才可能有利润的不平等。因此，虽然个别的特殊利润可以由商业来说明，但商业却不能说明余额本身。如果提出关于整个工业资本家阶级的余额问题，那么，这样的说明一开始就毫无意义。因为用资本家作为阶级自己窃取自己的说法，是决不能说明这一余额的。"④ 同样，用工业阶级与土地所有者阶级之间的相互欺骗也是无法说明这一余额的，它只能是由工人阶级在生产过程中创造出来的，"这里涉及的问题是价值，而价值是相对的：它不是量，而是量对第三者的关系。这第三者只能是工人阶级……余额是这样产生的：工人从花费了20

---

① 《马克思恩格斯全集》第44卷，人民出版社1982年版，第109—110页。
② 《马克思恩格斯全集》第44卷，人民出版社1982年版，第110页。
③ 《马克思恩格斯全集》第44卷，人民出版社1982年版，第110—111页。
④ 《马克思恩格斯全集》第44卷，人民出版社1982年版，第140页。

个工作日的产品中,只得到值 10 个等等工作日的产品。"① 可见,马克思已经非常清晰地认识到,资本主义生产关系在本质上就是资本家无偿占有工人阶级创造出来的"价值余额"的奴役性关系。因此,资本主义的再生产过程无疑就是"用新价值创造新劳动,通过新劳动创造新价值"的过程,就是资本家与工人阶级之间奴役关系的再生产过程,这是马克思在狭义再生产理论上取得的重要推进。但是,我们也必须看到,这种狭义再生产理论离真正科学的层次还有一段距离,因为这里的价值理论显然还不是建立在具体劳动与抽象劳动的科学划分之上的,此时马克思还没有实现劳动到劳动力商品的转变。

其次,在广义再生产理论上,马克思此时已经搭建起初步的理论形态。在这里,马克思已经肯定斯密对两种贸易区分的积极意义,"贸易的区分方面是实业家和实业家之间的贸易,另一方面是实业家和消费者之间的贸易;前者是资本的转移,后者是收入和资本的交换;前者靠他们自己的货币来实现,后者靠他们自己的铸币来实现;亚当·斯密所作的这种区分是重要的。"② 从总体来看,这里的实业家与实业家之间的贸易构成了后来第 I 部类的最初萌芽,而实业家与消费者之间的贸易则是后来第 II 部类的最初萌芽。此时,马克思已经突破了斯密对两种贸易之间的关系的论述。在斯密看来,一切商品的价格最终分解为工资和利润,也就是说,一切商品的价格最终必然全部转化为消费基金,用于最终的个人消费,"实业家所卖的一切,终须卖归消费者"。这样当他在看待商品流通的时候,必然只会从一般简单商品流通入手,抬高实业家与消费者之间商品交换,看不到在再生产过程中用于补偿不变资本或生产资料部分的资本流通,因而,他必然会认为"实业家彼此间流通的货物的价值,决不能超过实业家和消费者间流通的货物的价值"③。而此时马克思立足于危机的事实,反驳了斯密的错误结论。他指出,古典经济学家们都力图证明不可能发生生产

---

① 《马克思恩格斯全集》第 44 卷,人民出版社 1982 年版,第 140—141 页。
② 《马克思恩格斯全集》第 44 卷,人民出版社 1982 年版,第 154 页。
③ [英] 亚当·斯密:《国民财富的性质和原因的研究》上卷,郭大力、王亚南译,商务印书馆 2009 年版,第 297 页。译文有所改动。

过剩，断言前者之间的贸易额不会超出后者之间的贸易额，然而，"所有的危机事实上都表明，实业家和实业家之间的贸易，总是超出实业家和消费者之间的贸易为它设定的界限。"① 以此来看，马克思确实是从社会总资本的流通和扩大再生产的角度来理解经济危机的。

但是我们必须要看到，这只是马克思广义再生产理论的最初级的形态，因为：

第一，广义再生产理论只有建立在科学的狭义再生产理论上才是合法的，而此时马克思在狭义再生产理论上显然还没有突破"劳动商品"的缺陷，建立起科学的剩余价值理论。所以，此时的广义再生产只是一个最初级的形式，他显然还没有能力对两大部类之间的交换过程作出科学的分析，因而更无法揭示整个社会总资本再生产的详细过程。

第二，从马克思自身的理解来看，他像斯密一样，把实业家与实业家之间贸易理解为"资本的转移"，把实业家与消费者之间的贸易看作为"收入和资本的交换"，显然这种界定是无法涵盖两个部类之间所有流通过程的，比如收入与收入的交换。此外，实业家与实业家之间的交换并不总是资本的转移，它还可以是收入和资本之间的交换［第Ⅰ部类资本家（m）与第Ⅱ部类资本家（c）之间的交换］；实业家与消费者之间的交换也并不总是"收入和资本的交换"，它还可以是收入和收入的交换［第Ⅱ部类内部资本家（m）之间的交换］。犹如马克思后来评论的那样："'实业家'和'消费者'的说法也是不对的，因为实业家—生产资本家—在上述交换中同时表现为最终'消费者'。"② 以此来看，将实业家与实业家之间的贸易看作为后来的第Ⅰ部类的思想原型，将实业家与消费者之间交换看作为后来第Ⅱ部类思想原型，是绝对错误的。

第三，虽然马克思此时断言实业家与实业家之间的贸易总是超出实业家与消费者之间的贸易，但这一论断与后来在《1861—1863年经济学手稿》和《资本论》第二卷中断言的含义存在着巨大差别。马克思这里的切入视角显然是危机，是通过危机的事实来反证两种不同贸易之间的关系，

---

① 《马克思恩格斯全集》第44卷，人民出版社1982年版，第154页。
② 《马克思恩格斯全集》第48卷，人民出版社1982年版，第226页。

从而得出上述论断。而在《1861—1863年经济学手稿》和《资本论》中，马克思的切入视角是不变资本的研究。在这时，马克思已经明确看到，不变资本是不可能完全通过实业家与消费者之间的交换进行弥补的，它只能依赖于实业家与实业家之间的流通。正是依据此，马克思才断言实业家与实业家之间的贸易必然超过实业家与消费者之间的贸易，这种断言是建立在广义再生产理论的成熟形态上的。与其相比，此处的断言显然还是一种最初级的形态，因为马克思还无法科学解剖这两种不同贸易的真正实质，这有待于剩余价值、不变资本和可变资本范畴的形成。

再次，日常意识的再生产。在《1848—1850年法兰西阶级斗争》和《路易·波拿巴的雾月十八日》①中，马克思已经看到无产阶级不仅会受到资产阶级国家意识形态的束缚，而且还会受到资产阶级经济社会产生的金钱拜物教的束缚。对于前者，马克思解释说，那是因为法国当时的工业还不发达，导致无产阶级把次一级的剥削形式比如高利贷、金融资本等等当作他们最主要的敌人，而没有看到工业资产阶级的阶级本性，所以，才会受到工业资产阶级意识形态的迷惑。而对于金钱拜物教，马克思显然还没有给出合理的解释。而到了这里，马克思已经从资产阶级生产形式中找到了工人金钱拜物教的原因。

马克思指出，纯粹的货币制度是与资产阶级的生产形式紧密联系在一起的，在这个社会中，货币成为唯一的评判手段，"每个人必须拥有货币，才能进入消费贸易，也就是才有可能生活"②，拥有货币成为每一个人的生存状态。这就意味着，工人要想生存下去，就必须要获得货币。依靠货币而生活，这并不是某些统治者的意识形态虚构，而是资产阶级生产方式产生的客观的必然形式。不论是工人还是资本家都生活在这种客观的金钱世界中，所以工人和资本家必然会把货币当作自己的目的，陷入到金钱拜物教的旋涡之中，并在日常意识中不断地把这种观念拜物教再生产出来。其次，货币掩盖了工人与资本家之间的本质关系，蒙蔽了工人对阶级实质的

---

① 参见孙乐强：《意识形态的魔力与主体的祛魅——哲学视域中的〈阶级斗争〉和〈雾月十八日〉》，载《学海》2011年第2期。
② 《马克思恩格斯全集》第44卷，人民出版社1982年版，第159—160页。

判断。资本家与工人的关系是资本家无偿占有工人创造的"价值余额"的剥削关系,这是资本主义生产关系的实质。然而,一旦还原到货币上,这种关系就被掩盖起来了。"在货币的形式上,在金银或银行券的形式上,收入当然已经不能让人看出,它所归属的个人,只是作为属于某一阶级的个人,只是作为阶级的个人……[收入]转化为金银,抹杀和掩盖了阶级性质。由此造成了资产阶级社会中的表面上的平等。"[①] 这就意味着,只要工人停留在货币的层面,他就无法真实地理解他与资本家之间的本质关系,而是把资本家当作同他一样的买者和消费者,看作与他一样平等、自由的个体。货币对真实阶级关系的掩盖和抹杀致使工人无法看透资本主义生产关系的实质,无法剥离资本再生产过程带来的狡诈和欺骗性,而只会停留在外在的表象层面,陷入到金钱拜物教之中。

从以上的分析来看,马克思在此时显然已经基本形成再生产理论的基本构架:狭义再生产、广义再生产和生产当事人的日常意识的再生产,与前面的文本相比这是一个重大的进步,但这一进步显然还没有实现实质性的突破,不论狭义再生产还是广义再生产都还存在着重大缺陷:它们都还没有被置于科学的根基之上,劳动的二重性学说和科学的剩余价值理论还没有被完整地创立出来,这也注定了此时的再生产理论(不论是狭义还是广义),不可能是马克思再生产理论的成熟形态,而只能被看作为再生产理论的基本构型。

马克思在价值理论和社会再生产理论上的推进,又不断深化了马克思的危机理论,逐层揭示了资本主义危机的内在根源,初步建立了资本主义批判理论。

在《1848—1850年法兰西阶级斗争》中,马克思虽然把危机看作为生产力与资产阶级生产关系内在矛盾的外在体现,但对于这种"矛盾"本身马克思并没有揭示清楚。随着马克思经济学研究的深入,到了这里,马克思已经开始立足于资产阶级生产方式的内在矛盾来说明危机的原因了。

马克思在1851年3月的《金银条块。完整的货币体系》中指出:"金

---

① 《马克思恩格斯全集》第44卷,人民出版社1982年版,第161页。

和银作为货币在这里表现为媒介。交换行为分裂为彼此独立的买和卖行为。需求和供给。可见，货币的必然后果是这两个行为的分裂，这两个行为最终必然平衡，但是在每一既定时刻它们可能不协调，不合比例。因此，货币奠定了危机的基础。"① 然而，货币制度并不是自然的产物，它是与雇佣劳动紧密联系在一起的，没有资产阶级的生产组织，就不可能有纯粹的货币制度，那么，货币制度造成的危机在本质上决定于资产阶级的雇佣劳动制度，"商品不再是货币，它们不再换成货币。当然，这种缺乏被归咎于货币制度，归咎于货币制度的某种特殊形式。这是以货币制度的存在为基础的，同样，货币制度又以现有的生产方式为基础……在货币制度的存在中不仅包含着［商品与货币］分离的可能性，而且已经存在着这种分离的现实性，并且这种情况证明，正是由于资本同货币相一致，资本不能实现其价值这一状况已经随着资本的存在，因而随着整个生产组织的存在而存在了。"② 因此，那种幻想通过改变货币制度来消除危机的人，简直就是愚蠢至极。危机的根源不在于货币制度，而在于货币制度的基础即现代资产阶级的生产方式的内在矛盾。

那么，这种内在矛盾究竟是什么呢？通过对李嘉图著作的进一步研究，马克思已经认识到，资本主义生产的目的绝不是为了单纯生产物质财富来满足人的需要，而是为了增加价值，此时马克思已经把价值与财富明确地区分开来。如果说在斯密、李嘉图那里，价值与财富（使用价值）的区分只是形式上的，那么，马克思则将这种划分看作实质上的划分。马克思意识到，在资本主义生产条件下，产品与价值之间的关系根本不是一致的，而是相互矛盾的，"生产力和商品生产的实际增长，是违背资产阶级生产的目的而进行的，价值增长在自己的运动中扬弃自己，转变为产品的增长，这种价值增长所产生的矛盾，是一切危机等等的基础。资产阶级的生产就是经常在这样的矛盾中打转的。"③ 资本主义生产的物质形态和社会

---

① 引自［苏］亚·马雷什：《1850—1853年期间的经济学研究》，载《马列主义研究资料》1982年第2辑，第62页。
② 《马克思恩格斯全集》第44卷，人民出版社1982年版，第158—159页。
③ 《马克思恩格斯全集》第44卷，人民出版社1982年版，第110页。

形式之间的冲突，即使用价值与价值之间的矛盾构成资本主义不平衡发展的原因。由此来看，马克思已经把使用价值看作为资本主义生产的物质规定，把价值看作为资本主义生产的形式规定，并指认了二者之间的矛盾，这与《哲学的贫困》相比已经深化了不少，也为后面科学价值理论的形成奠定了基础。

但是，马克思并没有停留在这一层面，而是进一步追问：为什么随着价值的增长，资产阶级社会会爆发危机呢？马克思认为，最根本的原因在于资本主义生产组织和生产方式的本质，在于资本主义制度下资本家和工人阶级之间的根本矛盾，"生产过剩不只归因于生产的不合比例，而且也归因于资本家阶级和工人阶级之间的关系"①。资产阶级生产的目的是为了更大限度地增殖价值，剥夺工人生产出来的"价值余额"，因而它必然会把工人的收入限制在最低限度内。而"最大的消费者阶级即工人所购买的物品的范围和品种，受他们的收入本身的性质的限制"②，受到资本主义生产关系的限制。这就意味着，工人用于消费的份额必然会相对较小，这样就引发了价值与使用价值的矛盾：随着价值的增长，使用价值也在不断增长，然而用于消费使用价值的收入却被死死地限制在最低限度之内，导致实业家与实业家之间的贸易远远超过实业家与消费者之间的交换，供给远远大于需求，从而引发资产阶级的生产危机。由此来看，马克思的危机理论是建立在资本主义生产关系和两部类之间再生产之上的，危机的根本原因不在于缺少货币，不在于缺少一般的需求，而在于资本主义生产关系的内在矛盾即工人与资本家阶级之间的根本矛盾，这是资本主义再生产永远不可能跨越的界限。

---

① 《马克思恩格斯全集》第44卷，人民出版社1982年版，第156页。
② 《马克思恩格斯全集》第44卷，人民出版社1982年版，第162页。

当代视域中的马克思经济哲学
——《1857—1858年经济学手稿》研究掌握辩证法，理性地对待资本[①]

孙伯鍨

辩证理性在本质上是批判的、革命的，它在对现存事物的肯定的理解中同时包含着对它的否定的理解，但是又不因为它趋于灭亡的必然性而忽视其现实的合理性。作为辩证理解事物一个范例，我们谨就马克思在《1857—1858年经济学手稿》中对资本的历史作用及其界限的分析作一点粗浅的介绍和说明，这对于理解我国当前面临的经济发展形势和深入学习邓小平理论，将不会是完全无益的。改革的市场取向迫使人们不得不打开资本运营的闸门，不管这种资本是由国家控制的还是私人操纵的，它们都得按照其固有的规律运动。从这个意义上说，重温马克思的教导，辩证、理性地对待资本，已成当务之急。正如马克思所说："一个社会即使探索到了本身运动的自然规律……它还是既不能跳过也不能用法令取消自然的发展阶段。但是它能缩短和减轻分娩的痛苦。"[②] 既然世界还未能走出资本统治的阴影，它就始终都还是人类理性所关注的首要对象："问题本身并不在于资本主义生产的自然规律所引起的社会对抗的发展程度的高低。问题在于这些规律本身，在于这些以铁的必然性发生作用并且正在实现的趋势。"[③]

[①] 原载《学术月刊》1999年第9期。
[②] 马克思：《资本论》第1卷，郭大力、王亚南译，人民出版社1953年版，第11页。
[③] 马克思：《资本论》第1卷，郭大力、王亚南译，人民出版社1953年版，第8页。

马克思一刻也没有怀疑过资本的进步和文明作用，而且他对这种作用的认识和描述达到了资产阶级经济学家所不可比拟的高度。在马克思看来，"创造世界市场的趋势已经直接包含在资本的概念本身中"①。因为资本的必然趋势是：（1）不断扩大流通范围；（2）在一切地点把生产变成由资本进行的生产。他指出，由于资本要以提高和发展生产力为基础来生产剩余价值，它就"第一，要求扩大现有的消费量；第二，要求把现有的消费推广到更大的范围，以便造成新的需要；第三，要求生产出新的需要，发现和创造出新的使用价值"，从而使获得的剩余劳动不单表现为量上的增加，而且其质的差别的范围也不断扩大，劳动的分工和产品越来越多样化。由此出发"就要探索整个自然界，以便发现物的新的有用属性；普遍地交换各种不同气候条件下的产品和各种不同国家的产品；采用新的方式（人工的）加工自然物，以便赋予它们以新的使用价值……要从一切方面去探索地球，以便发现新的有用物体和原有物体的新使用属性……因此，要把自然科学发展到它的顶点；同样要发现、创造和满足由社会本身产生的新的需要。培养社会的人的一切属性，并且把他作为具有尽可能丰富的属性和联系的人，因而具有尽可能广泛需要的人产生出来……这同样是以资本为基础的生产的一个条件。"② 马克思强调指出："新生产部门的这种创造，即从质上说新的剩余时间的这种创造，不仅是一种分工，而且是一定的生产作为具有新使用价值的劳动从自身分离出来；是发展各种劳动即各种生产的一个不断扩大和日益广泛的体系。"③

"因此，如果说以资本为基础的生产，一方面创造出一个普遍的劳动体系，——即剩余劳动，创造价值的劳动，——那么，另一方面也创造出一个普遍利用自然属性和人的属性的体系，创造出一个普遍有用性的体系，甚至科学也同人的一切物质的和精神的属性一样，表现为这个普遍有用性体系的表现者，而且再也没有什么东西在这个社会生产和交换的范围之外表现为自在的更高的东西，表现为自为的合理的东西。""由此产生了

---

① 《马克思恩格斯全集》第46卷上册，人民出版社1979年版，第391页。
② 《马克思恩格斯全集》第46卷上册，人民出版社1979年版，第391页。
③ 《马克思恩格斯全集》第46卷上册，人民出版社1979年版，第392页。

资本的伟大的文明作用；它创造了这样一个社会阶段，与这个社会阶段相比，以前的一切社会阶段都表现为人类的地方性发展和对自然的崇拜。有在资本主义制度下自然界才不过是人的对象，不过是有用物；它不再被认为是自为的力量；而对自然界的独立规律的理论认识本身不过表现为狡猾，其目的是使自然界……服从于人的需要。资本按照自己的这种趋势，既要克服民族界限和民族偏见，又要克服把自然神化的现象，克服流传下来的、在一定界限内闭关自守地满足于现有需要和重复旧生活方式的状况。资本破坏这一切并使之不断革命化，摧毁一切阻碍发展生产力、扩大需要、使生产多样化、利用和交换自然力量和精神力量的限制。"①

然而，如果以为资本的上述这种文明作用可以在没有对抗、冲突、痛苦和牺牲的情况下自然地得到实现，那将是天真的幻想或有意的欺骗。为此，马克思强调指出："但是，决不能因为资本把每一个这样的界限都当作界限，因而在观念上超越它，所以就得出结论说，资本已经在实际上克服了它，并且，因为每一个这样的限制都是同资本的使命相矛盾的，所以资本主义生产是在矛盾中运动的，这些矛盾不断地被克服，但又不断地产生出来。不仅如此，资本不可遏制地追求的普遍性，在资本本身的性质上遇到了界限，这些界限在资本发展到一定阶段时，会使人们认识到资本本身就是这种趋势的最大限制，因而驱使人们利用资本本身来消灭资本。"②

在马克思看来，资本是活生生的矛盾，资本的矛盾本性既规定了它的积极的本质，也规定了它的消极的片面性。在这一点上，他既批评了李嘉图，也批评了西斯蒙第。他认为李嘉图把物质生产过程和资本的自行增殖过程不加分析地看成了一回事，因此"既不关心消费的限制，也不关心流通本身由于在一切点上都必须表现对等价值而遇到的限制，而只注意生产力的发展和产业人口的增长"③。也就是说，他只注意供给而不管需求，陷入了认识上的片面性。但是尽管如此，马克思还是认为，对资本的积极本

---

① 《马克思恩格斯全集》第46卷上册，人民出版社1979年版，第392—393页
② 《马克思恩格斯全集》第46卷上册，人民出版社1979年版，第393—394页
③ 参见《马克思恩格斯全集》第46卷上册，人民出版社1979年版，第394页。

质的理解李嘉图比西斯蒙第更正确、更深刻（虽然西斯蒙第对资本的局限性、对它所遇到的"消费限制"和"对等价值现有范围限制"的认识比李嘉图更正确、更深刻）。马克思认为，仅仅看到资本的积极本质和普遍趋势，或片面地强调它的特有的局限性，都不是对待资本的正确的理性态度，因为两者都没有深刻把握到资本本身的本质矛盾，这种矛盾既包含着无限发展的内在契机，也隐伏着毁灭性惩罚的潜在危险。

在马克思看来，资本是生产力发展的一定形式，但不是生产力发展的绝对形式。他说："资本既不是生产力发展的绝对形式，也不是和生产力发展绝对一致的财富形式"；"资本本身，如果正确地来理解，只有当生产力需要外部的刺激而这种刺激同时又是对生产力的控制的时候，才表现为生产力发展的条件。"① 这就是说，只有当生产力需要利润刺激，而利润又成为对生产力发展起控制作用的唯一因素的时候，资本才表现为生产力发展的适当形式。可是这样一来，资本对生产发展的内在界限就明白地表现出来了。马克思揭示出的这些必然的界限是：

（1）必要劳动是活劳动能力的交换价值的界限，或产业人口的工资的界限；

（2）剩余价值是剩余劳动时间的界限，就相对剩余劳动时间来说，是生产力发展的界限；

（3）这就是说，向货币的转化，交换价值本身，是生产的界限；

（4）使用价值的生产受交换价值的限制。②

然而矛盾的是，上述这些必然界限虽然是由资本的本性决定的，但资本运动的一般趋势却又必然地要越过和冲破这些界限。马克思说："这里只要指出资本包含着一种特殊的对生产的限制——这种限制同资本要超越生产的任何界限的一般趋势是矛盾的——就足以揭示出生产过剩的基础，揭示出发达的资本的基本矛盾。"③

马克思认为，"普遍资本"是"毫无意义的"，因为普遍资本本质上

---

① 《马克思恩格斯全集》第46卷上册，人民出版社1979年版，第399页。
② 参见《马克思恩格斯全集》第46卷上册，人民出版社1979年版，第399—400页。
③ 参见《马克思恩格斯全集》第46卷上册，人民出版社1979年版，第399页。

不再是资本:"资本是而且只能是作为许多资本而存在,因而它的自我规定表现为许多资本彼此间的相互作用。"① 从这个意义上说,竞争乃是资本的本质规定,是作为外在必然性表现出来的资本的内在趋势。而竞争的结果既是所谓均衡的、合乎比例的生产的不断确立,又是这种生产的不断破坏和扬弃。马克思说:"要求生产同时一齐按同一比例扩大,这就是向资本提出了决不是资本本身产生的外部的要求"②。如果说,全部信用制度的发展以及与之相联系的交易过度、投机过度等等,都是以资本的普遍趋势、以资本必然要求扩大和超越现有流通的界限和交换领域的界限为基础的,那么一旦这种趋势和要求成为不顾一切现实限制而盲目发展的力量时,生产过剩的危机(货币危机)就会像暴风雨般地突然降临。于是普遍的价值增殖就会一变而成为普遍的价值丧失。

在今天,对于我们来说,由生产过剩所引发的危机决不再是一个陈旧的话题。由意识形态立场决定,资产阶级经济学家不承认这种危机的必然性。对于马克思主义经济理论来说,只要生产依旧是在资本运动的轨道上进行,就始终不能把以资本为基础的生产当作一般的物质生产来看待,把生产和资本的自行增殖直接看成一回事。正如马克思所告诫的:"从资本的角度来看,生产过剩是不是可能的和必然的,这个问题的整个争论焦点在于:资本在生产中的价值增殖过程是否直接决定资本在流通中的价值实现;资本在生产过程中实现的价值增殖是否就是资本的现实的价值增殖。"③ 任何以资本为基础的生产都不可避免地要包含这种分离和矛盾。根据马克思的分析,在由生产过剩引发的普遍危机中,"矛盾并不是出现在各种生产资本之间,而是出现在产业资本和借贷资本之间,即出现在直接包含在生产过程中的资本和在生产过程以外独立(相对独立)地作为货币出现的资本之间"④。我们在频频发生的金融危机中,已经可以直观地观察到这一点。由此不难看出,发生在金融领域的危机,其最终根源绝不仅仅

---

① 《马克思恩格斯全集》第46卷上册,人民出版社1979年版,第398页。
② 《马克思恩格斯全集》第46卷上册,人民出版社1979年版,第398页。
③ 《马克思恩格斯全集》第46卷上册,人民出版社1979年版,第394页。
④ 《马克思恩格斯全集》第46卷上册,人民出版社1979年版,第397页。

存在于信贷制度中，而是存在于以资本为基础的整个生产制度中。因此，遵循邓小平同志提出的"三个有利于"的原则，那就一刻也不能忘记马克思的经济哲学理论，要掌握辩证法，理性地对待资本。

物质生产与自由活动
——《1857—1858年经济学手稿》对《德意志意识形态》的一个重大发展[1]

姚顺良

物质生产与自由活动或自主活动的关系问题，是关乎唯物史观和马克思主义精神实质的一个重大问题。在这个问题上，马克思实际上经历了一个否定之否定过程：从二者的对立，经过二者的同一，再到二者对立统一的过程。这一过程，集中体现在《1844年经济学哲学手稿》、《德意志意识形态》和《1857—1858年经济学手稿》三个文本中。

一

马克思最早涉及物质生产和自由活动之间关系的问题，是在《1844年经济学哲学手稿》中。尽管在《莱茵报》时期，马克思已经遭遇到"物质利益的难事"，但真正将自己的研究深入到物质生产领域，是在其通过对黑格尔法哲学的批判，明确了"不是国家决定市民社会，而是市民社会决定国家"，"而对市民社会的解剖应该到政治经济学中去寻求"之后。

在《1844年经济学哲学手稿》中，马克思"从当前的经济事实出发"，"从国民经济学的各个前提出发"[2]，抓住"私有制的合理性"这个核心问题，对资产阶级经济学所提供的经济学概念和规律进行了首次系统

---

[1] 原载《南京社会科学》2010年第9期。
[2] 《马克思恩格斯全集》第42卷，人民出版社1979年版，第89—90页。

的研究和批判。马克思区分了对象化劳动和异化劳动,开始注意考察人类物质生产发展的现实历史。他认识到,劳动是人类自我生成、自我创造的唯一推动原则。唯心主义总是把宗教或诸如政治、艺术和文学等等这些"抽象普遍形式的历史",看作"人的本质的实现"和"类的活动",但事实上只有工业的历史和它的已经产生的"对象性的存在",才是人的本质力量的打开了的书卷。

但是,由于马克思此时的研究范式仍旧是人本主义的,因而他对物质生产的考察,是从理想化的"人的本质"出发的。他把劳动规定为人的类本质,但这种劳动并不是现实的物质生产活动,而是一种理想化的"自由自觉的劳动"。与后者相比,前者不过是"异化的劳动"。因此,马克思此时在物质生产和自由活动之间关系问题上的观点,实际上是一种"对立论"。自由活动(自由自觉的劳动)作为一种价值悬设,是与物质生产劳动(异化劳动)根本对立的。这是一种"应有本质"同"现有存在"的对立。

马克思具体分析了"异化劳动"相互联系的四个规定:(1)劳动产品同劳动者异化。劳动产品同生产它的工人相疏远、脱离、对立,反过来成为统治他的社会力量。(2)劳动本身同劳动者异化。对于劳动者来说,劳动是外在的东西,不是他自身生命的表现,而是一种强制性的被迫劳动,是一种自我牺牲和自我折磨。(3)人的存在同自己的类本质相异化。作为人的类本质的劳动,反过来成了维持个人动物性生存的手段。(4)人同人相异化。本来人之为人是因为劳动,但由于人同自己类本质相异化,本应是劳动的人类却分化为劳动者和非劳动者。异化劳动造成了人类的两极分化:一极是资本家的奢侈,另一极是工人的赤贫。

从马克思对"异化劳动"上述四个规定的论述中,我们可以清楚地看出,第三个规定是马克思将现有的劳动界定为"异化劳动"的关键,而第一、二、四个规定不过是第三个规定的表现和产物。如果说"劳动本身同劳动者的异化"是"人的存在同其类本质异化"的表现,那么"劳动产品同劳动者的异化"和"劳动者同非劳动者的异化"则是"劳动本身同劳动者异化"即"人的存在同其类本质异化"的结果。仔细分析一下第三个规定"人的存在同其类本质异化",我们就会发现,这里包含着两个方面的含义:是在个体与类的关系上的颠倒,劳动这一"类的本质"成了"个体生存"的手段;二是在自然与人的关系上的颠倒,劳动这一"人的本质"成了"动物性生存"的手段。这两个方面实际上构成了马克思将现有的劳动界定为"异化劳动"的依据:一是资本主义(马克思此时称之为私有财产)下劳动的社会对抗性,二是资本主义下劳动的狭隘功利性。对于"异化劳动"的社会对抗性含义,人们已经进行了相当深入的研究;但是,与此同时,人们往往忽视了马克思的"异化劳动"范畴中所包含的狭隘功利性含义问题。实际上,马克思此时作为人的本质提出的"自由自觉的劳动",不仅是作为超越了对抗性的直接社会性劳动同现有劳动相对立,还作为超功利的高级活动(交往和审美活动)同一般物质生产劳动相对立。

马克思说:"吃、喝、性行为等等,固然也是真正的人的机能,但是,如果使这些机能脱离了人的其他活动,并使它们成为最后的和唯一的终极目的,那么,在这种抽象中,它们就是动物的机能。"① 因此,满足人的自然需要的劳动,就意味着作为人的类本质的劳动,成了人的动物性生存的手段。按照马克思上述"异化劳动"第三个规定,这无疑属于异化劳动。马克思自己也正是如此理解的。他说:"动物的生产是片面的,而人的生产是全面的;动物只是在直接的肉体需要的支配下生产,而人甚至不受肉体需要的支配也进行生产,并且只有不受这种需要的支配时才进行真正的生产;动物只生产自身,而人再生产整个自然界;动物的产品直接同它的肉体相联系,而人则自由地对待自己的产品。动物只是按照它所属的那个种的尺度和需要来建造,而人却懂得按照任何一个种的尺度来进行生产,并且懂得怎样处处都把内在的尺度运用到对象上去;因此,人也按美的规律来建造。"② 由于人是起源于动物的,现实的人的需要与动物的需要总有某些共同点,因而像这样把人的需要定义为与动物绝对不同、毫无共同之处的东西,那么现实的人就必然被看作"非人",而"真正的人"则成了

---

① 《马克思恩格斯全集》第42卷,人民出版社1979年版,第94页。
② 《马克思恩格斯全集》第42卷,人民出版社1979年版,第96—97页。

非现实的。这正是马克思在当时未能摆脱人本主义范式的根源之一!

正是从这种理解出发,马克思高度赞扬了超功利的交往活动和审美活动。他说:"当法国社会主义工人联合起来的时候,人们就可以看出,这一实践运动取得了何等光辉的成果。吸烟、饮酒、吃饭等等在这里已经不再是联合的手段,或联络的手段。交往、联合以及仍然以交往为目的的叙谈,对他们说来已经足够了;人与人之间的兄弟情谊在他们那里不是空话,而是真情,并且他们那由于劳动而变得结实的形象向我们放射出人类崇高精神之光。"① 相反,"囿于粗陋的实际需要的感觉只具有有限的意义。对于一个忍饥挨饿的人说来并不存在人的食物形式,而只有作为食物的抽象存在;食物同样也可能具有最粗糙的形式,而且不能说,这种饮食与动物的有什么不同。忧心忡忡的穷人甚至对最美丽的景色都没有什么感觉"②。

二

实际上,人与其他动物的最初区别不在于需要,而在于满足需要的方式。人们最初恰恰是从动物性需要出发开始自己的物质生产劳动的。马克思主义哲学的核心范畴是"实践"范畴,而不是"需要"范畴。因此,要正确把握物质生产和自由活动之间的关系,就必须超出人本主义范式的束缚,把出发点从"需要"的先验规定转变到"实践"的历史发展上来。马克思思想的这一转变,开始于《穆勒摘要》和《神圣家族》,完成于《德意志意识形态》。而在这一过程中,《关于费尔巴哈的提纲》则构成了转变的关节点。

在《穆勒摘要》中,马克思把"异化劳动"限定为"直接谋生的劳动",将自然经济下劳动者满足自己生存需要的劳动排除于"异化劳动"之外。他说:"诚然,劳动是劳动者的自己的生活来源,但同时也是他的

---

① 《马克思恩格斯全集》第42卷,人民出版社1979年版,第140页。
② 《马克思恩格斯全集》第42卷,人民出版社1979年版,第126页。

个人存在的积极实现。"① 到了《神圣家族》中，马克思进一步强调，对劳动的考察恰恰要从功利性的物质生产劳动开始。他指出："'思想'一旦离开'利益'，就一定会使自己出丑。"② 历史的发源地不"在天上的云雾中"，而是"在尘世的粗糙的物质生产中"。③ 在《关于费尔巴哈的提纲》中，马克思最终抛弃了从"需要"出发的人本主义范式，确定了从"实践"出发的社会历史范式，实现了历史观的根本转变。正是哲学范式的这一根本转变，为《德意志意识形态》中对物质生产和自由活动之间关系的历史唯物主义阐释奠定了基础。

在《德意志意识形态》中，马克思恩格斯指出，人们为了生活，当然首先就需要衣、食、住以及其他东西，这一步是由他们的肉体组织决定的。人的物质生产活动最初正是由自然需要推动的。使人同动物区别开来的最初并不在于需要的不同，而在于满足需要的方式不同。因此，物质生产活动是人的"第一个历史活动"。正是在生产活动中，人改造了自己的自然需要，产生了新的历史的需要。已经得到满足的第一个需要本身、满足这一需要的活动及活动所创造的工具，又引起新的"第二个"需要，这种"第二个"需要的产生和物质生产一样，属于"第一个历史活动"④。

在实现了哲学范式的根本转变以后，马克思恩格斯用物质生产活动中的"分工"来解释"异化"。他们说："分工从最初起就包含着劳动条件、劳动工具和材料的分配，也包含着积累起来的资本在各个私有者之间的劈分，从而也包含着资本和劳动之间的分裂以及私有制本身的各种不同形式。分工越发达，积累越增加，这种分裂也就发展得越尖锐。劳动本身只能在这种分裂的前提下存在。"⑤ 这样一来，生产力便表现为一种完全不依赖于各个人并与他们分离的东西，表现为与各个人同时存在的特殊世界。

---

① 《马克思恩格斯全集》第42卷，人民出版社1979年版，第28页。
② 《马克思恩格斯全集》第2卷，人民出版社1957年版，第103页。
③ 《马克思恩格斯全集》第2卷，人民出版社1957年版，第191页。
④ [日] 广松涉编注：《文献学语境中的〈德意志意识形态〉》，彭曦译，南京大学出版社2005年版，第24页。
⑤ [日] 广松涉编注：《文献学语境中的〈德意志意识形态〉》，彭曦译，南京大学出版社2005年版，第138—140页。

其原因是，个人（他们的力量就是生产力）是分散的和彼此对立的，而同时生产力又只有在这些个人的交往和相互联系中才能成为真正的力量。因此，一方面，生产力的总和具有了一种物的形式，它们已经不再是个人的力量，而是私有制的力量。另一方面，同这些生产力相对立的大多数个人，这些生产力是和他们分离的，因此这些个人丧失了一切现实的生活内容，成了抽象的个人。然而，正因为这样，他们才有可能作为个人彼此发生联系。①

以此为基础，马克思恩格斯提出了只能在物质生产活动中获取自由的观点。他们说："个人同生产力并同自身的存在还保持着的唯一联系，即劳动在他们那里已经丧失了任何自主活动的假象，而且只能用摧残生命的方式来维持他们的生命。而在以前各个时期，自主活动和物质生活的生产是分开的，这是因为它们是由不同的人承担的，同时，物质生活的生产由于各个人本身的局限性还被认为是自主活动的一种从属形式，而现在物质生活表现为目的，这一物质生活的生产即劳动（它现在是自主活动的唯一可能形式，然而正如我们所看见的那样，是自主活动的否定形式）则表现为手段，自我活动和物质生活的生产竟互相分离到这般地步。"②

马克思恩格斯进一步指出了把物质生产劳动转变为自主活动的途径。他们认为，由于资本主义生产的社会化，"这样一来，现在情况就变成了这样：各个人必须占有现有的生产力总和，这不仅是为了实现他们的自主活动，而且是为了保证自己的生存"③。这种占有有三个方面的特征。

首先，占有受所要占有的对象的制约，即受发展成为一定总和并且只有在普遍交往的范围内才存在的生产力的制约。因此，仅仅由于这一点，占有就必须带有同生产力和交往相适应的普遍性质。对这些力量的占有本身不外是同物质生产工具相适应的个人才能的发挥。仅仅因为这个缘

---

① ［日］广松涉编注：《文献学语境中的〈德意志意识形态〉》，彭曦译，南京大学出版社2005年版，第140页。
② ［日］广松涉编注：《文献学语境中的〈德意志意识形态〉》，彭曦译，南京大学出版社2005年版，第140—142页。
③ ［日］广松涉编注：《文献学语境中的〈德意志意识形态〉》，彭曦译，南京大学出版社2005年版，第142页。

故，对生产工具一定总和的占有，也就是个人本身的才能的一定总和的发挥。

其次，这种占有受进行占有的主体的制约。只有完全失去了整个自主活动的现代无产者，才能够实现自己的充分的、不再受限制的自主活动，这种自主活动就是对生产力总和的占有以及由此而来的才能总和的发挥。在迄今为止的一切占有制下，许多个人始终屈从于某种唯一的生产工具；在无产阶级的占有制下，许多生产工具必定归属于每一个个人，而财产则归属于全体个人。现代的普遍交往，成了归全体个人支配，完全不可能归各个人支配。

最后，占有还受现实占有所必须采取的方式的制约。由于无产阶级本身固有的本性，这种占有只有通过普遍性的联合才能实现，而且占有也只有通过革命才能得到实现。在革命中，一方面迄今为止生产方式和交往方式以及社会结构的权力被打倒，另一方面无产阶级的普遍性质以及无产阶级为实现这种占有所必需的能力得到发展，同时无产阶级将抛弃他们迄今的社会地位遗留给他们的一切东西。

马克思恩格斯认为："只有在这个阶段上，自主活动才同物质生活一致起来，而这又是同各个人向完整的个人的发展以及一切自发性的消除相适应的。同样，劳动向自主活动的转化，同过去受制约的交往向个人本身的交往的转化，也是相互适应的。随着联合起来的个人对全部生产力的占有，私有制也就终结了。"①

从这里可以看出，马克思认为，从物质生产劳动向自由（自主）活动的转变完全在于物质生产领域自身的变革。这表明，马克思此时的观点已经发生了根本的转变，在物质生产和自由活动关系问题上已经同《1844年经济学哲学手稿》有着质的区别，坚定地站到了历史唯物论的立场上。但是，由于此时马克思"经济学知识的不足"，更多地依赖于亚当·斯密基于"分工和工场手工业"阶段对资本主义的分析。他们强调："工业只

---

① ［日］广松涉编注：《文献学语境中的〈德意志意识形态〉》，彭曦译，南京大学出版社2005年版，第144页。

有在分工的基础上和依靠分工才能存在。"① 因此，对历史的解释带有一种"泛分工论"的色彩。这也造成了此时在物质生产和自由活动关系问题上的观点仍然不够成熟：只要"组织生产"和"消除分工"，物质生产领域就完全变成了自由活动领域。

三

如果说《德意志意识形态》奠定了马克思关于物质生产和自由活动关系思想的历史唯物论基础，那么《1857—1858年经济学手稿》则从历史辩证法角度构成了这一思想发展和成熟的关键性环节。推动马克思思想发展和成熟的一个重要的诱因，是1821年在伦敦匿名出版的小册子《国民困难的原因及其解决办法》，其中明确提出了"财富就是可以自由支配的时间，如此而已……"的论断。② 这一论断在一定程度上超出了仅仅从劳动时间的角度看待财富的资产阶级狭隘眼界，受到了马克思的高度重视。马克思不仅在《1857—1858年经济学手稿》中两次引证和转述了其中的相关论述③，还在后来《1861—1863年经济学手稿》的"剩余价值理论"中将小册子作者列为"以李嘉图理论为依据反对政治经济学家的无产阶级反对派"的第一人，给予了高度的评价。④

不过，马克思最初还是从劳动生产力的发展产生剩余时间，为资本提供了前提的角度来理解自由时间的意义的。他说："如果说一方面资本创造了剩余劳动，那么另一方面剩余劳动也是资本存在的前提。创造出可以自由支配的时间是财富整个发展的基础。必要劳动时间对剩余劳动时间（它首先从必要劳动的角度来看是如此）的比例在生产力的不同发展阶段

---

① ［日］广松涉编注：《文献学语境中的〈德意志意识形态〉》，彭曦译，南京大学出版社2005年版，第90页。
② 《马克思恩格斯全集》第30卷，人民出版社1995年版，第375页。
③ 《马克思恩格斯全集》第30卷，人民出版社1995年版，第375页；《马克思恩格斯全集》第31卷，人民出版社1998年版，第102页。
④ 《马克思恩格斯全集》第26卷第3册，人民出版社1975年版，第279、282页。

上是会变化的。"① 他认为，工人创造的自由时间不过是被资本家占有的剩余劳动时间。"工人必须在剩余时间内也从事劳动，这也就意味着，资本家用不着劳动，因而他的时间表现为非劳动时间，以致他甚至在必要时间内也不从事劳动。工人必须在剩余时间内也从事劳动，才有可能使他自身的再生产所必需的劳动时间对象化，实现即客体化。所以，从另一方面来说，资本家的必要劳动时间也是自由时间，并不是维持直接生存所需要的时间。既然所有自由时间都是供自由发展的时间，所以资本家是窃取了工人为社会创造的自由时间，即窃取了文明，从这个意义上说，威德认为资本等于文明，又是对的。"②

因此，从"资本章"、"第一篇 资本的生产过程"中第一次引述匿名小册子的上述观点开始，直到在"第二篇 资本的流通过程"中批判斯密关于"劳动是牺牲"的观点时，马克思仍然把重点放在物质生产劳动如何转变为自由活动上。他指出："物质生产的劳动只有在下列情况下才能获得这种性质：（1）劳动具有社会性；（2）这种劳动具有科学性，同时又是一般的劳动，这种劳动不是作为用一定方式刻板训练出来的自然力的人的紧张活动，而是作为一个主体的人的紧张活动，这个主体不是以单纯自然的，自然形成的形式出现在生产过程中，而是作为支配一切自然力的活动出现在生产过程中。"③ 但是，这里开始出现了两点新的思想：一是指出迄今为止之所以像斯密所说的那样"劳动是牺牲"，"这里可以从两个方面来谈：一方面是这种对立的劳动；另一方面与此有关，是这样的劳动，这种劳动还没有为自己创造出（或者同牧人等等的状况相比，是丧失了）一些主观的和客观的条件，从而使劳动会成为吸引人的劳动，成为个人的自我实现"。④ 强调自由活动不仅要消除现有劳动的对立性质，还需要此外的"一些主观的和客观的条件"。二是在批判傅立叶关于劳动将变成纯粹的"娱乐"、"消遣"的浪漫幻想时，列举了非物质生产的艺术创作活动。

---

① 《马克思恩格斯全集》第30卷，人民出版社1995年版，第376页。
② 《马克思恩格斯全集》第31卷，人民出版社1998年版，第22—23页。
③ 《马克思恩格斯全集》第30卷，人民出版社1995年版，第616页。
④ 《马克思恩格斯全集》第30卷，人民出版社1995年版，第615—616页。

"真正自由的劳动,例如作曲,同时也是非常严肃,极其紧张的事情。"①

构成马克思在物质生产和自由活动之间关系问题上的思想发展和成熟的根本原因,是他对资本主义机器大生产的研究和其政治经济学思想的形成。从《哲学的贫困》开始,马克思已经站到了李嘉图对"机器和大工业"分析的基础上。特别是从1850年开始,马克思对政治经济学重新进行了系统的研究。到19世纪50年代末,他不仅写下了《伦敦笔记》,而且完成了标志其经济学思想形成的《1857—1858年经济学手稿》,即著名的《政治经济学批判大纲》(以下简称《大纲》)。《大纲》的文本清楚地向我们表明,马克思正是在揭示随着机器体系的发展,物质生产所出现的科学化和社会化趋势的基础上,进一步深化和发展了自己关于物质生产与自由活动关系的思想,最终形成了"自由活动既以物质生产为基础又在物质生产之外"的观点。

我认为,马克思这一思想发展和成熟的关节点,就在"资本章"、"第二篇 资本的流通过程"的结尾部分,论述"固定资本和社会生产力的发展"的过程中。在这里,马克思发挥了以下四层意思。

首先,马克思指出,机器体系发展带来的生产科学化和社会化趋势,为物质生产和自由活动的关系创造了全新的基础。"随着大工业的发展,现实财富的创造较少地取决于劳动时间和已耗费的劳动量,较多地取决于在劳动时间内所运用的作用物的力量,而这种作用物自身——它们的巨大效率——又和生产它们所花费的直接劳动时间不成比例,而是取决于科学的一般水平和技术进步,或者说取决于这种科学在生产上的应用。"②"在这个转变中,表现为生产和财富的宏大基石的,既不是人本身完成的直接劳动,也不是人从事的劳动时间,而是对人本身的一般生产力的占有,是人对自然界的了解和通过人作为社会体的存在来对自然界的统治,总之,是社会个人的发展。现今财富的基础是盗窃他人的劳动时间,这同新发展起来的由大工业本身创造的基础相比,显得太可怜了。"③

---

① 《马克思恩格斯全集》第30卷,人民出版社1995年版,第616页。
② 《马克思恩格斯全集》第31卷,人民出版社1998年版,第100页。
③ 《马克思恩格斯全集》第31卷,人民出版社1998年版,第100—101页。

其次，马克思深入揭示了资本在自由时间问题上的内在矛盾性。"在必要劳动时间之外，为整个社会和社会的每个成员创造大量可以自由支配的时间（即为个人生产力的充分发展，因而也为社会生产力的充分发展创造广阔余地），这样创造的非劳动时间，从资本的立场来看，和过去的一切阶段一样，表现为少数人的非劳动时间，自由时间。资本还添加了这样一点：它采用技艺和科学的一切手段，来增加群众的剩余劳动时间，因为它的财富直接在于占有剩余劳动时间；因为它的直接目的是价值，而不是使用价值。"① "于是，资本就违背自己的意志，成了为社会可以自由支配的时间创造条件的工具，使整个社会的劳动时间缩减到不断下降的最低限度，从而为全体〔社会成员〕本身的发展腾出时间。但是，资本的趋势始终是：一方面创造可以自由支配的时间，另一方面把这些可以自由支配的时间变为剩余劳动。如果它在第一个方面太成功了，那么，它就要吃到生产过剩的苦头，这时必要劳动就会中断，因为资本无法实现剩余劳动。"②

再次，马克思第一次明确提出了未来社会财富的尺度将不再是劳动时间，而是自由时间的观点。他说："这个矛盾越发展，下述情况就越明显：生产力的增长再也不能被占有他人的剩余劳动所束缚了，工人群众自己应当占有自己的剩余劳动。当他们已经这样做的时候，——这样一来，可以自由支配的时间就不再是对立的存在物了，——那时，一方面，社会的个人的需要将成为必要劳动时间的尺度，另一方面，社会生产力的发展将如此迅速，以致尽管生产将以所有的人富裕为目的，所有的人的可以自由支配的时间还是会增加。因为真正的财富就是所有个人的发达的生产力。那时，财富的尺度决不再是劳动时间，而是可以自由支配的时间。以劳动时间作为财富的尺度，这表明财富本身是建立在贫困的基础上的，而可以自由支配的时间只是在同剩余劳动时间的对立中并且是由于这种对立而存在的，或者说，个人的全部时间都成为劳动时间，从而使个人降到仅仅是工人的地位，使他从属于劳动。"③

---

① 《马克思恩格斯全集》第31卷，人民出版社1998年版，第103页。
② 《马克思恩格斯全集》第31卷，人民出版社1998年版，第103—104页。
③ 《马克思恩格斯全集》第31卷，人民出版社1998年版，第104页。

最后，马克思提出了"时间经济"的重要论断。他说："真正的经济——节约——是劳动时间的节约（生产费用的最低限度——和降到最低限度）。而这种节约就等于发展生产力。可见，决不是禁欲，而是发展生产力，发展生产的能力，因而既是发展消费的能力，又是发展消费的资料。消费的能力是消费的条件，因而是消费的首要手段，而这种能力是一种个人才能的发展，生产力的发展。节约劳动时间等于增加自由时间，即增加使个人得到充分发展的时间，而个人的充分发展又作为最大的生产力反作用于劳动生产力。从直接生产过程的角度来看，节约劳动时间可以看作生产固定资本，这种固定资本就是人本身。"①

正是在此基础上，马克思后来在《1863—1865年经济学手稿》中提出了下述关于"必然王国"和"自由王国"关系的著名论断。他指出："事实上，自由王国只是在由必需和外在目的规定要做的劳动终止的地方才开始；因为按照事物的本性来说，它存在于真正物质生产领域的彼岸。"② 物质生产领域内的自由"只能是：社会化的人，联合起来的生产者，将合理地调节他们和自然之间的物质变换，把它置于他们的共同控制之下，而不让它作为盲目的力量来统治自己；靠消耗最小的力量，在最无愧于和最适合于他们的人类本性的条件下来进行这种物质变换。但是，不管怎样，这个领域始终是一个必然王国。在这个必然王国的彼岸，作为目的本身的人类能力的发展，真正的自由王国，就开始了。但是，这个自由王国只有建立在必然王国的基础上，才能繁荣起来。工作日的缩短是根本条件。"③

这里的一个重大发展，就是改变了《德意志意识形态》中认为物质生产"现在是自主活动的唯一可能形式"的观点，强调物质生产领域内的自由只能是相对的，低级的；真正的自由王国既以这个必然王国为基础又在其之外。这是马克思主义关于物质生产和自由活动关系的最为完整和成熟的表述，它不仅将历史的唯物论同历史的辩证法高度统一起来，代表了唯

---

① 《马克思恩格斯全集》第31卷，人民出版社1998年版，第107—108页。
② 《马克思恩格斯全集》第25卷，人民出版社1974年版，第926页。
③ 《马克思恩格斯全集》第25卷，人民出版社1974年版，第926—927页。

物史观在这一问题上的最高成果；将严格的经济学分析同深刻的人道主义价值批判高度统一起来，体现了资本主义社会批判理论的最高水平；也使科学社会主义的实践纲领从"组织生产"进一步提高到"超越生产"，从"劳动的解放"进一步提高到"从劳动中解放出来"，达到了一个新的境界。

四

综上所述，马克思从《1844年经济学哲学手稿》到《德意志意识形态》，再到《1857—1858年经济学手稿》，在物质生产与自由活动关系的问题上的观点，经历了"自由自觉的劳动"在物质生产劳动"之外"——"自主活动"只能在物质生产劳动"之中"——"真正的自由王国"既以物质生产劳动为基础又在其"之外"的否定之否定过程。其中第一次否定是带有决定性意义的，是从人本主义的伦理批判和理想悬设转变到历史唯物主义的现实批判和科学预测，第二次转变则是在历史唯物主义立场上的进一步发展和完善，但这种发展和完善也具有重大意义，它避免了实证主义的经验描述和无批判的现状扩展，强调和突出了未来社会同现存社会的异质性，为我们完整地准确地把握马克思主义的实质，划清其同"经济决定论"庸俗理解的界限，回击人本主义和后马克思思潮对唯物史观的"颠覆"，提供了重要的理论依据。

长期以来，人们往往把唯物史观解读为"生产主义"，把社会主义理解为"组织生产"和"解放劳动"。因此，社会主义代替资本主义的问题就成了用"计划经济"取代"市场经济"的问题，从自发调节到自觉控制的问题。第二国际的理论家大多是从这一角度理解的。以希法亭为例，他在其名著《金融资本》一开头就提出："人的生产共同体原则上可以通过两种方式构成。第一，它可以自觉地加以调节。社会（它的范围包括自给自足的家长制家庭，共产主义部落，社会主义社会）为自己创立一些机构，这些机构作为社会意识的代表规定生产的规模和方式，把所获得的社会产品在成员之间进行分配……缺乏这种自觉组织的社会情况就不同了。它被分解为彼此独立的个人，他们的生产不再表现为社会的事情，而是表现为他们的私事。于是，他们成为被分工的发展强制发生关系的私人所有者；使他们发生这种关系的活动，是他们的产品的交换。这里，只有通过这种活动，才能在被私有制和分工分为各个原子的社会中产生联系。"① 从"自觉组织的社会"和"自发调节的社会"这种社会类型学出发，希法亭认为，从简单商品经济到资本主义特别是金融资本主义的发展，就是一个社会生产和社会生活逐步由自发调节转向自觉控制的过程，其最终趋势是为全面性的自觉组织的社会主义社会创造前提。他认为，这种转变的几个关节点就是：从金属货币发展到纸币，从货币（流通手段）发展到信用货币，从商业信用到银行，最后，从股份公司和垄断到金融资本的形成，这是资本主义社会转变为自觉组织社会的前夜。特别是作为其发展趋势的"总卡特尔"和"中央银行"的结合，甚至可以使资本主义完全摆脱了自发的市场调节和商品货币关系的外衣，变成"以对抗形式进行自觉调节的社会"②。实际上，希法亭的社会主义无法超越必然王国，从"自发调节社会"到"自觉组织社会"的转变，至多只能达到必然王国中的自由③，不可能进入"真正的自由王国"。可以说，希法亭后来提出改良主义的"有组织的资本主义"论，正是这一片面理解合乎逻辑发展的必然结果。

另一种对马克思主义的错误解读，则来自人本主义的西方马克思主义以及后马克思思潮。马尔库塞把马克思的"自由王国"诠释为"游戏和表演"，认为"它们完全摆脱了生产和操作的价值标准：游戏是非生产性的、无用的，这恰恰是因为它取消了劳动和闲暇的压抑性和开放性的特征"。④ 鲍德里亚抓住了这一点，指责马克思主张一种"生产主义"，是资本主义的"共谋"。他认为，马克思承认"真正的物质生产领域"是基础，就是承认"劳动"是人的永恒"天职"，承认资本主义政治经济学的"劳动的

---

① ［德］希法亭：《金融资本》，福民等译，商务印书馆1994年版，第7—8页。
② ［德］希法亭：《金融资本》，福民等译，商务印书馆1994年版，第264页。
③ 自由主义者哈耶克则持完全相反的看法，认为这恰恰是"通向奴役之路"。
④ ［德］马尔库塞：《爱欲与文明》，黄勇、薛民译，上海译文出版社1987年版，第143页。"游戏"（play）原译为"消遣"。

伦理"；而其"彼岸"的"自由王国"不过是同样畸形的"非劳动"的"游戏美学"。这表明，"在马克思主义思想的精髓处，与劳动的伦理相对立的是非劳动的美学或游戏"①。因为"虽然人们希望游戏能超越劳动，但游戏只是劳动的延续，延续始终不过是对劳动强制性的审美升华。运用这个概念，我们将永远处于必然与自由的问题式中，这是典型的资产阶级问题式"②。因此，"虽然非劳动的概念被幻想为政治经济学的废除，但它仍然作为符号回落到政治经济学领域中，而且仅仅是作为废除政治经济学的符号。它已经放弃了进入'新社会'的革命方案。"③

实际上，如前所述，马克思在《大纲》中，恰恰对体现政治经济学"劳动伦理"的斯密"牺牲论"和体现"非劳动美学"的傅立叶"游戏说"进行了双重批判："劳动会成为吸引人的劳动，成为个人的自我实现。但这决不是说，劳动不过是一种娱乐，一种消遣，就象傅立叶完全以一个浪漫女郎的方式极其天真地理解的那样。真正自由的劳动，例如作曲，同时也是非常严肃，极其紧张的事情。"④ 这表明，马克思主张的根本不是什么"劳动的伦理学"与"非劳动的美学"之间的畸形互补，而是对二者的双重颠覆和整体超越，是基于历史唯物论的实践辩证法。如果说马尔库塞的"游戏和表演"喜剧性地再现了傅立叶式的天真，那么鲍德里亚的"象征交换"的浪漫主义替代方案，则悲剧性地（同他的主观愿望相反）重蹈了"与资本主义共谋"的覆辙。因为马克思早在《大纲》中就对此作出过预言："资产阶级的观点从来没有超出同这种浪漫主义观点的对立，因此这种浪漫主义观点将作为合理的对立面伴随资产阶级观点一同升入天堂。"⑤

---

① ［法］鲍德里亚：《生产之镜》，仰海峰译，中央编译出版社2005年版，第19页。
② ［法］鲍德里亚：《生产之镜》，仰海峰译，中央编译出版社2005年版，第21页。
③ ［法］鲍德里亚：《生产之镜》，仰海峰译，中央编译出版社2005年版，第22页。
④ 《马克思恩格斯全集》第46卷下册，人民出版社1980年版，第113页。
⑤ 《马克思恩格斯全集》第31卷，人民出版社1998年版，第112页。

历史唯物主义、历史认识论与历史批判理论

——马克思《1857—1858年经济学手稿》的哲学定位

张一兵

在过去我们对马克思《1857—1858年经济学手稿》（以下简称《57—58手稿》）的研究中，这部论著主要是作为经济学文本被解读的。自1939年它第一次发表以来，这一论著就基本上被视为马克思经济学变革初创时期的重要经济学手稿（《资本论》草稿）。在研读的精深层面上，我们主要看到经济学家的身影，固然也有一些哲学家不断地从这一文本中找到"三大社会形态"和"异化"等概念，但经济学家和哲学家们都没有想到，这一手稿实际在总体上就直接具有哲学和经济学二重性质（准确地说，这一手稿应称《1857—1858年经济学哲学手稿》）。并且，这种双重性不是二元分立的，而恰恰是一体化的，马克思在这里的经济学发现同时也是他历史唯物主义建构最重要也是最终的理论逻辑完成。这主要表现为马克思对狭义历史唯物主义和历史认识论—历史批判理论的建构。本文试图对这一哲学逻辑定位作一些基本的理论说明。

一、政治经济学与历史唯物主义的深化

正如我已经讨论的那样，马克思的历史唯物主义主要不是面对自然存

在，而是面对社会历史存在。① 这种社会历史存在的"本体"不单是一般物质实体，而是人类社会活动过程，即物质实践。我们应该特别注意，马克思作为新世界观基石的实践本身是历史地建构的。在人类社会历史发展的进程中，各个时期的实践是不同质的。这也有一个由简单到复杂的发展过程。关于实践形式，我们想起传统教科书的定义，即实践中的生产、政治斗争、科学实验。实际上，这个定义本身是历史的，因为政治斗争只是一定历史条件下的特定社会实践。准确地说，实践是人类改造和建构外部世界和社会生活的物质活动。这种活动主要是人与自然的关系上的创造活动，这有一个从人力、自然力到工业力然后是科学实验（即实物活动的特殊操作）的发展，在今天的信息时代中，最重要的创造已经是模拟现实中的建构了。这是一种新的客观实践。这一方面是马克思在《关于费尔巴哈的提纲》（以下简称《提纲》）和《德意志意识形态》中论说实践的主题。

在《德意志意识形态》中，社会实践被进一步具体复归于物质生产活动，生产被界定为人与社会的历史性生存规定。进而，这一活动的形式，即"怎样生产"的方式被确定为一定社会存在的本质。马克思在那里已经揭示，社会存在的基始关系，人对自然的关系——一定的生产力是一种基础，而在此之上形成的社会的本质即是人与人的社会交往关系。在历史唯物主义中，社会生活现实主要不是物体，而是被确定为一种客观社会活动。社会存在只是处于活动中，有一天人们不生产，不交往，人的社会历史存在就不复存在。它是在人的客观物质实践中历史地被建构与解构的。在这个意义上，马克思的历史唯物主义所指认的社会生活中的物是极难理解的。这种社会存在"物"，主要是由人的活动、人的活动中形成的功能性的社会关系与结构构成，这种关系、结构以及社会过程中的规律也同样是每时每刻由人的活动建构与解构的。因此，社会生活中的每一种社会现象都不是实体性，而是功能性的。它们可以物化，但这种物的替代物也必须处于活动的特殊功能之中，否则即失去其特定社会系统质。

---

① 参见张一兵：《马克思历史唯物主义的历史概念》，载《哲学研究》1998 年第 9 期。

所以，马克思历史唯物主义的秘密，是一定的唯物主义的历史的科学抽象。这是一种本质反映，而不是直接反映物质对象。历史唯物主义的关系透视，不是由一定的直观直接面对物质实体。生产方式、生产关系、生产力都是一种科学抽象，根本不是物，而是一种本质的客观的社会关系。上层建筑中的东西也是如此。这样，马克思所确认的社会历史存在为基始的历史唯物主义正是这样一种东西，它根本不能由感性直观来达及，恰恰要由科学的具体抽象来实现。它的"物"，是在自然物之上的社会关系存在。也是在这个意义上，卢卡奇说，历史唯物主义是社会存在本体论有一定道理。但这并不是仅仅关注社会存在，自然唯物主义仍然是马克思的实践唯物主义的内在前提。马克思的新世界观中已经没有旧的本体论，这里"本体论"只是在承认自然物质的基始性的前提下，人们面对世界的历史性视角。它绝无将社会存在视为世界的本原之意。这一点十分重要。这也算是马克思社会历史认识论的一种入门。我们在《57—58手稿》里遇到的大量经济现象中，马克思反复讲这是一种社会关系，一种社会属性，以区别于资产阶级古典经济学的经济决定论，不然，我们将趋同于拜物教而误入歧途。

应该指出，在1845—1847年的经济学研究和哲学建构中，马克思基于资产阶级政治经济学（主要是古典经济学）已有的抽象，直接提升出生产力、生产关系、生产方式和社会结构等一系列抽象的哲学规定性。这也就是广义历史唯物主义的基本构架。我们也看到，在《德意志意识形态》中，马克思的哲学建构（思路1）与经济发展的历史批判（思路2）并没有有机地结合起来。[①] 特别是广义历史唯物主义对社会历史本质的哲学抽象，还没有真正复归于现实历史，即与社会生活的复杂的具象相统一。直接地说，当马克思还没有通过经济学深入到现代社会生活的复杂层面中，特别是深入到资本主义经济运作中社会本质的颠倒性物化时，历史唯物主义的哲学抽象并不是完全得到历史确证的。这一步，就是马克思在他第三次经济学研究，即《57—58手稿》必然要走完的。

[①] 参见张一兵：《从分工到世界历史》，载《江苏社会科学》1998年第6期。

因为，当马克思本人真实地进入经济学具体研究之后，他开始遭遇到越来越多的复杂的现代社会经济活动，如资本主义生产之上的流通、分配和消费体系。这种特定的经济活动和复杂结构，并不仅仅是人与自然的简单关系，更主要的是特有的资本主义生产方式中建构新的不断复杂起来的社会现实的经济基础（"市民社会"）。马克思这个时候发现，这种狭义的经济活动和结构本身是历史的和暂时的（这是他《致安年柯夫信》和《哲学的贫困》的理论成果）。一般物质生产是任何社会存在和发展的基础，这是永恒的自然必然性。而物质生产发展到资本主义经济方式之后，很大一部分经济活动是由市场竞争的交换系统建构出来的流通与分配的中介性过程。这是一个巨大的中介结构。人与自然、人与人的关系在这个中介中，发生了物化和颠倒，资本主义生产方式中这个本来是生产之上形成的东西却成为主导性的东西，甚至是决定性的东西。简单地说，在资本主义经济活动的表象中似乎主要不是生产，而是价值实现，一切都必须实现为货币。于是人们创造出来的一种经济活动中的中介性工具现在成为神，货币具有了一种独特的神奇性，而当它能带来更多的货币时，资本就作为上帝出现了。在资本主义这种复杂的社会存在中，生产力与生产关系都不是以一种直接的形式表现出来，社会的本质都是由歪曲的假象和颠倒的经济具象所遮蔽。在这一点上，我们是无法简单用广义的历史唯物主义去直接面对资本主义经济现实的。

我们知道，正因为古典经济学将资本主义特定社会历史的存在视为永恒的自然物质存在的属性，马克思在《57—58手稿》开始的政治经济学研究也就是为了批判和否定这种东西。马克思是要说明其社会存在的历史性和暂时性的方面，因为这是一种历史地变化着的现实。正是这一历史的现实在资本主义商品生产和市场经济中产生了一个巨大的多重颠倒的复杂结构。在这里，本质被假象遮蔽起来：真的成为假的，假的成为真的；虚的变成实的，实的变成虚的；主体物化为客体，客体翻转为主体。资产阶级政治经济学就是在这种物化的经济现象中形成他们特有的意识形态，即将资本主义生产方式特有的社会历史存在直接设定成经济运行本身的自然的客观属性，所以，资本主义经济运行相对于人类生存的本质颠倒，就直接被指认为人的天然本性("自然")和生产运作天经地义的正常形式。这样,三大拜物教是其必然的结果。因此,马克思在批判资产阶级政治经济学、建构和实现自己的政治经济学变革的同时,他不得不寻求一种出路,即超越资产阶级古典经济学的物化意识,在科学批判的起点上形成更接近社会历史本质的科学认识论。实际上,这也就表现为不断深化着历史唯物主义的哲学逻辑。一就是狭义的历史唯物主义之创立;二就是以历史认识论为前提的历史批判理论。

二、历史认识论与科学的抽象

我们已经说过,广义历史唯物主义是关于社会历史发展一般规律的理论,这主要体现在物质生活的生产与再生产是社会历史生存和发展的基础,一定的生产方式决定人类社会生活的本质的原则。而狭义历史唯物主义主要是马克思在狭义的政治经济学即对资本主义经济生活研究过程中,关于经济社会形态生存与发展的特殊规律的理论,这主要体现为经济关系成为社会生活主导性的方面,人物役于自己创造出来的物质力量。[①] 前者,是马克思在《德意志意识形态》一书中确定的重要理论观点,而后者则是他在《57—58手稿》的进一步的政治经济学研究中逐步形成的新见解。我发现,与狭义的历史唯物主义同时发生的还有十分独特的科学的历史认识论。这个所谓历史认识论的核心构件就是面对社会生活的科学抽象问题。

我们知道,马克思刚刚转到一般唯物主义立场时,他在1844年开始接触政治经济学的初始阶段上,直接反对和批评过斯密和李嘉图对资本主义社会生活的经济学抽象,后来在1845—1847年才意识到古典经济学的科学抽象与历史唯物主义更深一层的关系。我们也已经说明,历史唯物主义就是一种对社会存在与社会关系的抽象,它与直观的旧唯物主义是极不

---

① 参见张一兵:《马克思历史辩证法的主体向度》,河南人民出版社1995年版。

相同的。当然，历史唯物主义的抽象不是简单的主观抽象，而是一种社会生活本身的客观抽象，《提纲》在提出实践的时候，就是科学的客观抽象。因为实践活动总是当下在场的。《德意志意识形态》中确认的生产方式和社会关系也总是在社会活动中功能性存在的。这都是无法静止直观的，特别不是由个人直观所能达及的。

这里就有一个历史认识论的问题了。首先是认识对象的异质性。在马克思的新世界观中，当人们面对自然对象时，自然对象固然是在历史的实践中，自然对象是以实践的方式和功能度历史地向人折射，人们对自然对象的本质与规律的认识都与实践的历史性相关。人不是简单地直观和旁观，人通过实践介入其中。物是前提，但不是决定认识的东西。旧唯物主义那种自然物质决定意识的观点是错误的，自然物质是第一性的，但只有实践才直接决定认识自然对象的性质和方式、方向和程度。在这个意义上，所有的自然对象认识也属于广义历史认识论。当然，如果在狭义上看，直接面对社会存在的认识当然也不同于自然对象的认识，社会认识本身是对实践结构本身的认识，即人对自身活动和生活的认识。人自己正构成自己历史认识论的认知对象，即马克思所说，在历史活动中，人既是演员又是观众之意。在社会认识中，认识结构与实践结构是同体同构的。社会实践的复杂，社会生活的复杂，导致社会认识的复杂。这与自然对象的认识有很大区别。

其次是历史认识论的非个体性。在《57—58手稿》中我们看到，马克思直接批评斯密等古典经济学的鲁滨逊式的个人认知的观点。[①] 这种观点为什么不对？依马克思之见，这种观点是从洛克那里来的，即经验的个人直观。而在真实的社会生活中，实际上每个人在教化成人之后，他并不总是直接面对客观外部世界的。相对于面向世界的个人来说，间接经验和间接知识往往是决定性的。人从幼年到成人，大部分是在接受千百万人认同的感性经验。一是直观中人们的习惯、共识、情感、心理、文化传统的"都这样"；二是概念本身是千百万人的千百万代实践与经验的结果，我们

---

① 《马克思恩格斯全集》第46卷上册，人民出版社1979年版，第18页。

常常是用概念在"看"(波普的"观念先于观察")。个人如不处于科学、生产和变革社会的前沿,并不会直接处于创造性实践之中的。① 这也就是说,个人的每一个别感性经验,也总是外部影响通过个人掌握的社会意识形式最复杂的棱镜折射而成。感性材料的理论加工并不都是个人亲眼看到的东西,而是指感性经验的总和,社会地完成了的直观,即个人从其他一切人那里围绕一定对象所知道的一切。加之有了语言,个人不仅不是而且主要不是亲眼观看世界,不如说是个人用千百万只眼睛观看世界。马克思经常讲的社会生活决定观念,不是指留在个人记忆中的物的感性映象,而是另一种东西,即社会现象在我们头脑中的反映。"我对我环境的关系是意识。"② 社会存在中的本质与现象不同于自然物质客体的现象(内与外),即相对主体的显相性、意向性,社会存在中是主体建构的活动的现象与关系(规律)的本质。更何况社会现象虽然是客观的,但它不是本质,并且还有可能是掩盖本质的假象。

其三,就是历史认识论中的科学抽象问题。在历史唯物主义中,马克思要与一些经验直观的哲学家谈个人的眼睛不能直接看到的社会存在的东西。我们已经界说过,马克思的社会存在不仅是指物体,而主要是感性活动——活动中的关系与功能性属性。用今天的话来说,就是活动过程中的系统质与系统结构。面对这些对象,是不能用放大镜和显微镜来观察的,而只有通过科学的抽象。这一理论成果,马克思在创立广义历史唯物主义时已经充分意识到了。

关于抽象的问题,其实也是一个极其复杂的理论难题。从古代至今,抽象已经有过相当多的不同层面。如观念抽象(经验抽象)与主观抽象(内省抽象);客观现实的抽象(工业与交换)与经济学的科学抽象。再就是抽象的不同类型,如柏拉图的抽象理念就不是以工业为基础,而是以感性经验直观之上的理性抽象。还有就是东方式的易经一类的抽象。离马

---

① 关于创造性实践与惯性实践的区分,请参见张一兵:《论实践的惯性运转》,载《求索》1991年第1期。
② 马克思、恩格斯:《费尔巴哈:唯物主义观点和唯心主义观点的对立》,人民出版社1988年版,第24页。

克思历史唯物主义比较近的抽象认识,是资产阶级政治经济学从配第到李嘉图对资本主义经济现实的科学抽象。这种抽象(含经济决定论)实际上构成了历史唯物主义生成的重要基础。

但如果更深一层来分析这个问题,就还有一个"多"和"一"的关系,即现象与本质的关系问题。一般来说,抽象总是从现实中抽选出共相(本质)来。我们可以说,抽象观念的发展则是从"多"(经验现象)到"一"(理性概念)。概念是事物的类、共相和规律的主观指认。从"多"到"一",也是哲学本身的发端,如古希腊的爱利亚学派所指认的万物背后的第一存在,万变中的不变。这即是柏拉图理念(相)论、中世纪一神论和黑格尔绝对本质所步步深化的逻辑。可是,当人类社会发展到资本主义经济过程,过去观念的抽象开始直接发生在客观社会生活现实中,即现实的客观"抽象"。马克思在《57—58手稿》中才发现,资本主义生产方式在社会化大生产中,商品经济在市场的竞争与交换中,似乎不断实现着某种客观的从"多"向"一"的转化。首先是以工业为基础的生产一般(标准化和齐一化的初始发生),无差别的劳动一般(抽象劳动的基础),然后是市场交换中必然出现的价值。价值(等价物)和交换(同一性)是人们在社会生活中真正的"类"(劳动)关系,价值(通过交换价值表现)的出现是人类社会走向整体性的真正开始。劳动—价值—货币—资本是一个完整的历史逻辑。只是在资本主义生产方式中,资本成为当代社会存在中"普照的光"。这是过去在神幻中出现的上帝之城的"一",现在由工业历史地创造出来,这一次不是绝对观念的世界历史,而是资本开辟的真实的现实世界历史(在今天,也就是征服世界的美元、欧元这样的硬通货)。正是由它,才建立的真正人类社会实现的同一性(后来阿多诺反对的正是这个东西,而对此海德格尔等人是没有充分注意的)。这种在资本主义经济生活中现实发生的客观抽象,才是资产阶级古典经济学特别是李嘉图科学抽象的基础。这也是马克思1845—1847年哲学抽象的基础。

但是,当直接进入资产阶级政治经济学研究时,马克思意识到一个新的问题,即他还必须界划自己的理论抽象与李嘉图的理论抽象的根本异质性。马克思已经开始理解,李嘉图之所以能站在全部经济学的最高点上,主要因之于他的经济学理论实际上是基于资本主义大工业在现实中达到的人类社会历史存在的最高形式。马克思在这里重新确认李嘉图的抽象已经是一种科学的抽象，恰恰是由于李嘉图在继配第、斯密之后，已经能够在大工业充分显露出来的经济活动的众多复杂的现象中直接寻到本质；可是，李嘉图由于资产阶级意识形态的限制，他又将资本主义生产方式特有的物化社会结构直认为一种永恒不变的天然状态。李嘉图的抽象是从现实资本主义经济现象的经验中的"多"中之"一"，这是虚假的自然永恒性；而马克思的重新建构的科学抽象是批判性地透视社会经济现象后对生产关系本质的透视，这是现实的历史性。马克思在这时除去承认李嘉图的经济学抽象，更重要的是使这种抽象成为一种科学的历史抽象，它贯穿着彻底的历史辩证法。

正是在《57—58手稿》开始的经济学研究中，立足于资本主义大工业提供的这个"人体"，马克思在李嘉图停下脚步的地方继续向前走了。马克思批判资产阶级经济学家只知道物质规定性，只知道可以捉摸之物，他们无法理解社会关系是不实在的，但社会关系有物的特性。这一点，首先是旧唯物主义直观性所无法看到的，古典经济学的经济决定论有进步，他们看到了劳动—价值这一科学抽象本质，但仍然无法真正科学地形成历史的科学抽象。马克思在经济学研究中发现，哲学指认的那种线性的、单质的东西在现实社会生活中实际上是不存在的，特别是资本主义大工业创造出来的现代社会经济生活，一切过去的简单社会存在的规定性在这里都具有了复杂的关系和表现形式。人不再简单地存在，只有各种经济关系和政治关系中介了的人，自然对象、劳动活动也是如此，民主、自由、自然均是如此。资本主义经济王国中的社会关系本身并不是实证对象，而是形上之物（资产阶级经济学除去古典学派，后来多进入实证科学，即形下之物）。在《57—58手稿》的经济学研究中，马克思发现抽象劳动的历史形成，只能是人类劳动在资本主义发达商品生产中获得的那种形式的客观特征，即社会生产过程中每天都在进行的事情。物质对象本身并没有抽象，只能是人类历史的实践才会有客观的抽象。这又是一种历史的实践唯物主义的观点。又比如价值是一个"形而上"的概念，是一种抽象，它不是价值悬设,存在但不直接显示,不是现成的,价值只是一种简单关系,而现实中却是以各种最深刻的对立为媒介的,如自由竞争是其存在的具体形式。从价值—价值形式—货币(价格)存在着一个历史形成过程。这个价值的实体化、物化,成为一种特殊的支配物的物,这才是我们上述狭义历史唯物主义所讲的最深刻的一种社会存在物,这恰恰也是最容易误解的哲学层面。价值实体(商品、资本)是真的物,但却是历史唯物主义中最难理解的物。因为这个物具有二重性:它是使用价值的效用存在,但这不是在资本主义经济关系中的社会本质,它的本质是人类的一般抽象社会劳动,即价值。但是,价值本身在市场竞争和交换中并不以自身的直接形态表现出来,而必然以交换等价物的物化形式即货币价格实现出来。这是一种物化关系,不是一种实体物,而是一种颠倒的关系物。因此在这里,经验描述是不行的,经验描述只能达到现象,而透视不出现象背后的东西,即物相背后被颠倒的人之本质("类")关系。这只能通过科学的抽象才能把握。再如资本一般与现实的资本。资本一般是抽象的一,现实的资本是具体的多;前者是不变的本质,后者是竞争中的变化和表现;前者是"本真",后者是颠倒(后来在《资本论》中,马克思扬弃了这一具有局限性的概念)等等。

所以,在一定的意义上,马克思又是反对一切非历史的抽象性的,因此他不是黑格尔(柏拉图以来)的观念的"一"、费尔巴哈的人类本质的"一",也不是古典经济学的价值的"一",而是这些"一",真实的历史形成、历史的发展、历史的权力和它真正地被历史地打倒。

马克思通过自己政治经济学中的剩余价值理论,轻易地解决了这一问题(目前西方社会中的后现代思潮也是在批"一",但他们架空了这种资本主义工业经济的主导性,因为世界同一性的现实基础是资本的国际化。在这一点上,杰姆逊的分析是正确的)。实际上,《德意志意识形态》中的"世界历史",只有弄清了剩余价值—资本的世界性(以太的"一"),才可能懂得"一"的哲学本质。但马克思当时并没有注意到,这个以太对世界却是西方中心主义的殖民性。后来的历史进程证明马克思是对的,资本的不可阻挡地向全球进步(这也是今天所谓"全球化"的真正质性和向量）。

三、科学的历史批判理论

我认为，马克思在19世纪50年代以后特别是《57—58手稿》所实现的经济学变革，恰恰是以历史唯物主义哲学为内在驱动构架的。没有历史辩证法和无产阶级解放的内在话语，马克思是根本无法达及这一科学批判的。我已经说明，实现了科学世界观变革的马克思，始终关注人类主体的生存与发展状况。[①] 人类的解放与全面自由的发展是他的共产主义的最终目的。历史唯物主义研究生产力与生产关系、政治经济学研究经济关系本身并不是目的，也不是一种简单的旁观式的客观反映，马克思的科学理论首先是为了说明人类社会历史发展的规律和永无止境的客观进步。资本主义生产方式比过去所有的生产方式进步，但正是在这个生产方式客观运转中，马克思又要确认无产阶级革命的客观必然性。这一点是不能忘记的。这是马克思的哲学与经济学批判性之根。资产阶级政治经济学家（包括古典经济学家）的经济决定论，实际上根本无法祛除资产阶级特有的拜物教意识形态。因此他们无法自觉意识到资本主义社会经济生活的现象与本质是矛盾的，由于社会关系颠倒为物的关系，经济过程就主要以颠倒的表象呈现出来。这不是人本主义那种主体价值悬设"应该"式的颠倒与异化，而直接是社会历史本身本质结构的自我客观颠倒。在政治经济学中，资产阶级经济学家认为正常的地方、客观的地方，马克思认为是非正常的、异化的和颠倒的。这种认识的形成当然也有着一个复杂的过程。

我们前面谈到，在人类社会历史进程中真实出现的资本主义价值硬通货是真正的非观念的"一"，是那原来柏拉图的理念和虚幻上帝的实现，而黑格尔的绝对观念之基底正是这个资本（可生殖的价值实体）的"一"。在资本主义的生产中，人类社会第一次创造出一个全面、丰富的劳

[①] 参见张一兵：《马克思历史辩证法的主体向度》，河南人民出版社1995年版，第2章。

动关系体系，人的"类本质"在价值交换打破地域局限的普遍性中，才出现真正的全面性。但是，这种人类主体的本质关系并不以自身的形式直接表现出来，却是以物化的形式出现的，也必然以物化形式才能实现。黑格尔实际上看到了这里本质"沉沦"于物相的必然性，所以异化才是对象化。我们也谈到过，黑格尔的绝对观念是人之类（本质）的抽象，绝对观念历史形成中必然出现的颠倒世界恰恰是资本主义社会关系全面颠倒的隐喻，甚至是真实的描述。黑格尔先解读出古典经济学特别是李嘉图，只是在资本主义运动中，自然界才成为对象，这是一个重要的理论高点（马克思的"人体"）。物化的魔鬼成了上帝本身，人恰恰通过物化才痛苦地发展了自身。这是一种颠倒的历史。实际上这首先不是观念之颠倒，而是现实历史本身在资本主义经济中的颠倒。[①] 这一点，不仅费尔巴哈没有看到，1845年以前的青年马克思同样也无法理解。1845—1847年的哲学变革中，马克思一方面完成了历史唯物主义的一般建构，另一方面在一般经济发展的角度，从分工入手，批判性地展现了资本主义生产过程的各种客观矛盾。但是，在走向历史唯物主义的客体向度中，马克思放弃了现象学批判。这样，资本主义经济生活特有的物化颠倒、社会现象与本质的不一致性则在实证性的批判中被有意无意地弱化了。这种情况一直持续到《哲学的贫困》（那里还是哲学与经济学的分立）。

当马克思在《57—58手稿》中开始他具体的经济学理论逻辑建构时，他才更深刻地理解了李嘉图和黑格尔。我们都记得，《1844年经济学哲学手稿》中，马克思同时批判黑格尔与斯密、李嘉图，那时他操作着人本主义社会现象学，从主体向度出发，用人本主义一层层剥离资产阶级政治经济学肯定的现象，以复归人的劳动类本质。1845年以后，马克思创立历史唯物主义科学，他在放弃人本主义异化史观的同时，也放弃了现象学批判。他的焦点意识主要集中于资本主义历史发展中内在的客观矛盾，而不是这种社会历史规律的表现形式与现实具象。因此，物化（"异化"）与颠倒的经济现象并不是广义历史唯物主义客体向度的主题。1847年以后

[①] 参见张一兵：《思辨天国与现实大地的隐秘谱系：黑格尔哲学与古典经济学关系之解蔽》，载《上海社会科学院学术季刊》1999年第1期。

特别是50年代，马克思在第三次经济学研究的进程中，在大量资本主义生产方式的具体表象的研究中，再一次从主体（劳动）出发，也再一次开始关注经济关系的物化与颠倒问题。他再一次从经济学研究中发现，资本主义生产关系，从劳动—价值—货币—资本，这是劳动和劳动成果本身物化与颠倒的二次方，是"异化的异化"。而这里从主体出发指认的颠倒与物化的发生，不再是相对于人本主义类本质的"应该"，而是相对于"先有"（封建社会及以前的经济关系）与"后有"（共产主义的人类理想化生存之客观可能性），这都是一种客观存在，后者是一种客观可能性。对于前资本主义的"先有"，这种物化是一种客观的进步，也是人的进步；而对于后者，则是奴役、对抗的历史形式。这是与过去人本主义异化史观的一个很重要的异质性区别。

具体地说，在《57—58手稿》中，马克思从经济学里弄清楚了这样一些具有哲学意义的重要问题。一是人们眼中容易注意到的商品的使用价值—自然特性—物的规定性，这是一种物质前提。在资本主义经济运作中，这种客观存在倒成了次要的东西，它不是不存在，而是成了一定社会经济关系的附属物。这是社会生活中可以捉摸可以看见的东西，相当于黑格尔所说的无关紧要的物相。二是马克思注意到商品与货币所遮蔽的社会关系—经济形式，这是资本主义生产方式的特殊产物，人与人的劳动交换颠倒地表现为物与物的关系，这种物化关系其实成为遮蔽真实社会关系的假象。在黑格尔那里，这个物化关系相当于观念（本质和规律）在自然物质中的沉沦和后来劳动对象化中的异化。三是马克思第一次通过发现劳动二重性理论揭示了资本主义经济关系颠倒的原因。在资本主义充分分工的基础上，劳动（私人）不再具有直接的社会性，只有通过交换才确定为一般生产要素，这种市场中的共同的劳动（抽象劳动）才构成价值实体，这是一种特殊的社会关系，它使一切劳动产品具有相同的质（商品质不是可以直接比较的），价值实体不是特殊劳动，而必然是社会一般劳动。使用价值（自然差别）与价值（经济等价）的矛盾必然产生商品与货币的直接分立。价值关系取得一个独立的存在与商品的自然存在并存的纯经济的存在——货币（一般等价物）。这个东西实际上形成着商品生产者相互全面的依赖性——物的依赖性的根本。在经济运作过程中，物化了的社会关系成为决定性的主要制约力量，并在人类自身的物质实践—经济活动中创造出不以自己意志为转移的一种新的外部力量。人开始成为自己经济创造物和工具性物的关系的奴隶，而开始作为中介的东西现在成为主体。事物的本质表现为非本质，而事物的现象却颠倒为本质。这在货币产生利息、资本获得利润时，资产阶级意识形态的假象就成了新的神话。拜物教就出现了，并不知不觉地成为人们无法批判性透视的常识！整个资产阶级意识形态就建立在这个神话之上（后来的韦伯的价值中立与马克思这里的理论建构是有直接联结的。韦伯恰恰是从生产出发，从技术结构出发，即物化的第一个层面，而有意除去了马克思更深一层关注的物化和颠倒了的社会关系。从社会关系中超拔出来再重新回到物相，这正是一种新型意识形态的形成。韦伯是技术现象经验论，其后来必然导致工艺—工具理性—科技意识形态）。

这就使马克思进一步发现，直接面对资本主义经济现象中的资本、货币、价值、商品等，个人和一般人的常识眼睛是看不清它们的本质的，因为这是一种颠倒的歪曲的社会现象。资产阶级政治经济学（包括它的经济决定论）同样是以这种假象作为全部理论的肯定性前提的。马克思这时关心的问题不再是一般广义历史唯物主义的原则，而是以狭义历史唯物主义的观点去透视这种颠倒的假象，即如何去掉一层层现象和假象，达到那个真实存在的本质和规律。这是由于，资本主义经济现实的自然性（自在性）中客观发生的多重颠倒性和复杂性，这才需要非直观和非现成的现象学式批判，即去掉意识形态，发现经济现实的本真性。这是马克思历史批判理论的基本内容。它不是黑格尔精神现象学所面对的主观现象，也不是费尔巴哈和青年马克思自己原来那种否定现实经济现象的人本主义社会现象学，因为马克思这时的历史批判理论的前提是社会关系的客观颠倒。这种颠倒的消除不可能在观念中实现，必须由物质变革来完成。科学的社会历史批判理论说明资本主义经济现象中的这种颠倒是如何历史形成的，它要揭露资本主义生产方式中客观颠倒的社会关系，以最终揭露资本主义经济剥削的秘密。具体地说，马克思必须面对复杂的物、物相、外在关系、颠倒了的关系、物化关系、非主导性的关系（如过去了的封建关系），在科学的历史抽象中找到原有的关系（简单关系），再一步步再现今天真实的复杂关系和颠倒了的社会结构。这不是直观或抽象反映，而是一种重构式的反映。这里既要一步步破除社会关系中由于颠倒产生的迷碍，获得史前的简单的社会关系，又要从这种抽象的关系一步步复归于颠倒的各种复杂的经济具象。更重要的是，要深刻揭示这种关系颠倒在资本主义社会中的客观意义，即客体向度与主体向度中两种不同的价值指认。如人类劳动—交换关系—价值实体化—价值形式—货币—资本—信用。马克思对资本的批判，是对颠倒的人类本质的科学描述与批判。所以资本不是物，而是人的被颠倒的关系。恰恰是由于商品经济才有了人自己创造的世界，有交换价值才会达到人类社会生存的高级阶段。资本的逻辑是在时空展开的人的世界历史，但这是一个颠倒的人类历史。因为人的发展采取了物的发展形式：金的世界历史。在这个意义上，马克思的历史批判理论正是他政治经济学革命的内在逻辑前提。这是过去我们传统研究没有认真注意的方面。

马克思经济学语境中的历史现象学初探

——《1857—1858年经济学手稿》"货币章"解读

张一兵

我们知道，资产阶级古典经济学将资本主义社会特定的历史存在视为永恒的自然物质存在的属性，马克思在《1857—1858年经济学手稿》开始的政治经济学研究也就是为了批判和否定这种东西。在那里，马克思是要说明资本主义社会存在的历史性和暂时性的方面，因为这是一种历史地变化着的现实。正是这一历史的现实在资本主义商品生产和市场经济中产生了一个巨大的多重颠倒的复杂结构。在这里，本质被假象遮蔽起来：真的成为假的，假的成为真的；虚的变成实的，实的变成虚的；主体物化为客体，客体翻转为主体。资产阶级政治经济学就是在这种物化的经济现象中形成他们特有的意识形态，三大拜物教是其必然的结果。所以，马克思在批判资产阶级政治经济学，建构和实现自己的政治经济学变革的同时，他不得不寻求一种重要的哲学出路，即超越资产阶级古典经济学的物化意识，在科学批判的起点上形成不断透视物化现象、揭露颠倒的假象更接近社会历史本质的批判的历史现象学。在此，本文仅就《1857—1858年经济学手稿》的第一部分"货币章"的历史现象学的历史分析线索，进行初步的探讨，以期引起关注。

实际上，在下面的文本讨论中，我们主要是在经济学语境中提炼马克思的哲学逻辑。读者将直接遭遇到马克思在《1857—1858年经济学手稿》的经济学讨论中的第一个哲学激活点。这是在第一笔记本第20页的下半页突然发生的,并且一直持续到第 24 页。① 我将这一哲学性的经济学历史分析,看成是历史唯物主义历史性原则的一种贯彻和新的深化,这也是历史现象学的历史分析之基础。它的直接目的当然是否定资产阶级经济学的非历史性。也就是说,今天的资本主义生产关系不是从来就存在,也不是将永远存在的。这就需要有一种历史性的分析,即人的关系过去是什么,现在是什么,以后将是什么。这是一种历史本质的科学定位。这也是学界一般所讲的"三大社会形态"理论。但我以为,这不是对历史的一种实证的考察,而是一种交织着很深的哲学逻辑的历史分析。这一分析,可以用"三有"或"两实一可能"来概括。

我们已经知道,马克思在《导言》中提出了一个人体与猴体的比喻。人体是资本主义经济生产方式,而猴体则是前资本主义社会。共产主义,则是发展了的更高级的健康的人体。以我的看法,不同于过去人本主义逻辑中的"应该"与"是"的对立,1845 年以后,现实的历史(客观的"是"或"有")就成为马克思科学理论的前提。在这里,这是一种历史的先有、现有与后有的"三有"关系,或者是两个现实社会历史时期和一个历史走向的现实可能性。准确地说,在马克思那里,这也是人类历史发展中社会简单机体与高级的复杂机体的关系。如果我们将史前简单的社会机体视为社会存在的直接形式,那资本主义社会经济复杂机体反而以颠倒的形式出现了。这就是上一目最后马克思提出来的颠倒和异化。这里的关键是,这个颠倒是相对于什么而言的?《1844 年经济学哲学手稿》的人本学异化是相对于理想化的劳动这一类本质的颠倒,这里的这种颠倒呢?显然是劳动关系本身的客观联系,这正是我们前面所说的马克思又一次从劳动本位出发的主体性批判。可是,这里的劳动,究竟是过去自然经济中那种直接性的个人具体劳动呢,还是未来共产主义中第一需要的非奴役的劳动活动?特别是这个颠倒和异化中还有没有"应该"?让我们来具体分析。这也是马克思在手稿第二个重要的历史讨论中要解决的主要问题。

我们首先还是引述马克思关于三大社会形态中的三种社会关系的那段

---

① 《1857—1858 年经济学手稿》,第 102—111 页。

著名论断："人的依赖关系（起初完全是自然发生的），是最初的社会形态，在这种形态下，人的生产能力只是在狭窄的范围内和孤立的地点上发展着。以物的依赖性为基础的人的独立性，是第二大形态，在这种形态下，才形成普遍的社会物质变换，全面的关系，多方面的需求以及全面的能力体系。建立在个人全面发展和他们共同的社会生产能力成为他们的社会财富这一基础上的自由个性，是第三个阶段。第二个阶段为第三个阶段创造条件。"① 关于三大社会形态与历史分期等问题，我在《马克思历史辩证法的主体向度》一书中已经有过专题论述。② 这里，我们直接将解读的焦点集中在历史现象学所关注的社会关系的历史变形上。我们可以发现，马克思这一重要语段中存在着一个前提、一个核心构件和一个目标指向，即人类的生产能力、人与人社会关系和现实历史情境中人类个体的真正自由和解放。注意，这里前两个理论视点不是通常所说的一般物质生产力与经济学意义上的人的生产关系，而是一定历史条件下的具体社会历史存在。人类个体也不是一种抽象的价值悬设，而是一种一定历史条件下的现实的人类个体。

在进入马克思所谓"三大社会形态"的讨论之前，我们应该作一个说明，即马克思在这里绝不是打算进行一种历史学上的历史分期的界说，而是为了要说明资本主义经济关系的物化和颠倒是如何历史发生的（第一大社会形态是这种物化与颠倒的客观历史参照系），以及这种颠倒如何历史地被扬弃的现实可能（共产主义是作为这种物化和颠倒得以消除的超越性参照系）。这里，一切都是围绕人与人的关系在进入资本主义经济过程之后的客观变形这一特定理论焦点展开和反复变奏的。还由于，在文本的具体写作中，马克思并没有分列式地论说三种社会形态，而以第二大形态为研讨视轴，所以，其他两个社会形态的讨论往往是零散的。为了讨论本身的便利，我们将马克思对前后两种社会形态的论述非文本顺序地集中起来。

所谓第一大社会形态，马克思主要指在资本主义社会之前已经客观存

---

① 《1857—1858年经济学手稿》，第104页。
② 参见张一兵：《马克思历史辩证法的主体向度》，河南人民出版社1995年版，第三章。

在过的经济的社会形态。这是我所说的"先有"的意思。它不包括还没有进入经济的社会形态发展的原始社会。在这里，具体是指原始社会之后出现的"家长制的关系，古代共同体，封建制度和行会制度"。马克思对此有三点重要的理论概括。

第一，在这些社会中，人的生产能力是低下的，其水平和规模都是极有限的。马克思指出，在第一种社会形态中，人的自然生产（含人的种的繁衍和向自然的索取）占主导地位，在那时，物质生活资料的生产"顶多是附带的事情"（这是《德意志意识形态》历史性生存的第三个环节，这里的说明显然精确一些）①。在这时，无论是农业采集还是渔猎，人的主体劳动只对自然起协助的作用。并且，人类主体的生活过程之"目的不是发财致富，而是自给自足"②。这也就是说，此时的人类生存只是像动物一样在自然生产中维系自身的生命，还没有能力创造出巨大的剩余财富来。马克思说：这种状况下，"个人或者自然地或历史地扩大为家庭和氏族（以后是公社）的个人，直接地从自然界中再生产自己，或者他的生产活动和他对生产的参与依赖劳动和产品的一定形式，而他和别人的关系也是这样决定的"③。马克思在后面写道，在这种社会形态的生产劳动过程中，"劳动者将自己劳动的客观条件看作自己的财产；这是劳动与劳动的物质前提的天然统一。因此，劳动者不依赖劳动就拥有客观的存在。个人把自己看作所有者，看作自己现实条件的主人"。同时，在这里"各个个人都不是把自己当作劳动者，而是自己当作所有者和同时也进行劳动的共同成员。这种劳动的目的不是为了创造价值，——虽然他们也可能创造剩余劳动，以便为自己换取他人的产品，即剩余产品，——相反，他们劳动的目的是为了保证各个所有者及家庭以及整个共同体的生存"④。因而经济的目的是生产使用价值，而根本不存在为了交换才发生的价值关系。生产的直接目的"是在个人对公社（个人构成公社的基础）的一定关系中把个人再生产

---

① 《1857—1858年经济学手稿》，第172页。
② 《1857—1858年经济学手稿》，第477页。
③ 《1857—1858年经济学手稿》，第103页。
④ 《1857—1858年经济学手稿》，第471页。

出来"。具体地说,"对劳动的自然条件的占有,即对土地这种最初的劳动工具、实验场和原料贮藏所的占有,不是通过劳动进行的,而是劳动的前提。个人把劳动的客观条件简单地看作自己的东西,看作是自己的主体得到自我实现的无机自然。劳动的主要客观条件并不是劳动的产物,而是自然"①。

第二,与这种生产能力一致,也就存在两种不同的人与人的关系,即自然血缘关系和以统治服从关系为基础的地方性联系。这种关系的本质是"人对人的依赖性"。前者是"自然发生的",后者是"政治性的"。其中,"虽然个人之间的关系表现为较明显的人的关系,但他们只是作为具有某种[社会]规定性的个人互相交往,如封建主和臣仆、地主和农奴等等,或作为种姓成员等等,或属于某个等级等等"②。也就是说,在这些社会中,人与人的关系还直接表现为人的相互关系,而不是后来资本主义经济运作中,在交换中以物与物的关系颠倒地实现的间接的人与人的关系。这倒不是说,在这种社会中不存在交换,而是"在这种情况下,真正的交换只是附带进行的,或者大体说来,并未触及整个共同体的生活,不如说只发生在不同共同体之间,决没有支配全部生产关系和交往关系"③。

第三,个人的生存状态当然也是低下的,个人没有独立性,只存在于血缘或宗法式的共同体之中。共同体以直接的自然血缘关系或者外在的封建性宗法关系,"把个人互相联结起来"。个人是不自由的,个人受到"人的限制即个人受他人限制"④。但是,就个人的自身特性说,"在发展的早期阶段,单个人显得比较全面,那正是因为他还没有造成自己丰富的关系,并且还没有使这种关系作为独立于他自身之外的社会权力和社会关系同他自己相对立"⑤。这是古代的人的生存的全面性与真实的不丰富性的辩证关系。也是在这个意义上,马克思说,"因此,古代的观点和现代世界相比,就显得崇高得多,根据古代的观点,人,不管处在怎样狭隘的民

---

① 《1857—1858 年经济学手稿》,第 471 页。
② 《1857—1858 年经济学手稿》,第 110 页。
③ 《1857—1858 年经济学手稿》,第 105 页。
④ 《1857—1858 年经济学手稿》,第 110 页。
⑤ 《1857—1858 年经济学手稿》,第 109 页。

族的、宗教的、政治的规定上，毕竟表现为生产的目的，在现代世界，生产表现为人的目的，而财富表现为生产的目的"①。在古代，人是人的目的，这是一种古代的崇高；而现代，生产（为了交换）成了人的目的。这又是一种历史的比较。

当然，马克思丝毫没有将第一大社会形态设定为社会发展的理想模式（如卢梭的自然社会）的意思，因此这里也根本不存在什么相对于"现有"的第二形态"异化"的悬设的"应该"。第一大社会形态是在资本主义社会之前客观存在过的，它实际上是人类社会发展的初级的和简单的社会机体。还有一点是十分清楚的，现有的资本主义社会无论在哪一方面相对于先有的社会（固然是直接的人与人的共同体），都是一个巨大的历史进步。所以马克思明确地说，"留恋那种原始的丰富，是可笑的，相信必须停留在那种完全的空虚之中，也是可笑的"②。这使马克思的观点区别于卢梭、西斯蒙第与蒲鲁东之类的浪漫主义逻辑。自然这也是异质于马克思自己《1844年经济学哲学手稿》中的非异化人的本真类关系的逻辑设定。弄清这一点，对于我们科学地评价资本主义经济，科学地理解马克思在历史现象学中再一次引入的物化、颠倒和异化关系，是至关重要的。

作为"第二大形态"的现有的资本主义社会，是马克思历史分析中的主要对象。当然，首先马克思还是面对资本主义社会物质生产能力的极大发展。这种发展的一个根本性的动因，是物质生产摆脱了个人的直接需要，生产的目的从过去那种具体的使用价值变成了交换价值。第一大社会形态家长制的，古代的（以及封建的）状态随着商业、奢侈、货币、交换价值的发展而没落下去，现代社会则随着这些东西一道发展起来。③ 在这里不管活动采取怎样的个人表现形式，也不管这种活动的产品具有怎样的特性，活动和这种活动的产品都是交换价值，即"一切个性，一切特性都已被否定和消灭的一种一般的东西"④。

---

① 《1857—1858 年经济学手稿》，第 486 页。
② 《1857—1858 年经济学手稿》，第 109 页。
③ 《1857—1858 年经济学手稿》，第 104 页。
④ 《1857—1858 年经济学手稿》，第 103 页。

这里是一个"多"与"一"的关系，当然是交换价值这个客观发生的"一"否定和消灭了有特性的产品的"多"。这是一种作了很多省略的哲学表述。过去那种生产是一种直接生产个人需要的产品，目的是产品的使用价值，这本身就使这种生产成为有限的（这包括了奢侈品的生产）。同时，这种生产活动与产品本身无不打上劳动者个人多种多样的个性和特性。因为那时的生产是由个别人的具有个性的生产构成的（这是手艺的原意）。而每个人劳动的产品是不可能完全相同的，这又是各具特性的。这就像现在我们还能看到的手工匠（个体皮匠和裁缝），作为他们劳动产品的皮鞋与衣服都是具有个性的。而在资本主义生产过程中，生产的目的不再是产品的使用价值，即不是作为某种"特定的为自然所决定的、在质上不同于他种劳动的那种劳动"所形成的具体劳动结果，而是商品的"交换价值"，即"完全摆脱劳动的质而仅在量上有所不同的劳动"的抽象劳动结果①。这实际上是界划了劳动的二重性质。因为，在这里一切产品和活动都必须"转化为交换价值"，"因为只有在交换价值上，每个个人的活动或产品对他来说才成为活动或产品；他必须生产一般产品——交换价值，或者孤立化和个体化的交换价值，即货币"②。也由此，才有可能出现一方面是具体的个人劳动，一方面是社会劳动，二者在交换中形成一个特定的自发统一。原因是，"交换与分工互为条件。因为每个人为自己劳动，而他的产品并不是为他自己使用，所以他自然要进行交换，这不仅是为了参加总的生产能力，而且是为了把自己的产品变成自己的生活资料"③。从生产的客观进程看，生产目的从直接的使用价值变为间接的交换价值，从个人生产具体的"多"到社会市场交换中抽象的"一"，以交换为目的的商品经济第一次使生产本身成为无限的。这是资本主义造就魔鬼般的生产力的根本原因。这样，马克思也说明了现代的交换（即社会交换）绝不是什么人的天生的类的需要，而是在生产发展到一定历史阶段上的必然产物。请注意，在生产的分工和交换体系的前提下，交换价值必然成为人类

---

① 《1857—1858年经济学手稿》，第88页。
② 《1857—1858年经济学手稿》，第103页。
③ 《1857—1858年经济学手稿》，第104页。

生活中支配性的"一",这也不是一种罪恶的人性的堕落,而是生产发展的需要和必然结果。并且,极重要的一个问题是,这不是由于社会关系本身的任意改变,而是从物质生产这个客观基础生发出来的必然性。马克思这里实际上第一次科学地说明了资本主义社会关系变化的根本原因在于生产力的发展。离开这个基础去讨论社会关系的改变是非科学的。这是第一个理论层面。

马克思分析道,资产阶级经济学家(斯密等)眼中的市民社会中的人与人的关系,是一种"每个人追求自己的私人利益,而且仅仅是自己的私人利益;这样也就不知不觉地为一切人的私人利益服务,为普遍利益服务"。并且,这被神化为"人人为自己,上帝为大家"的天然社会本性。与此相反,马克思科学地指出,资本主义社会的生存方式实际上根本不是一种自然的意愿,而是资本主义生产产生出来的分工与交换所一定要客观形成的结果。在社会分工与交换的社会中,人们必须用一种"毫不相干的个人之间的互相的和全面的依赖,构成他们的社会联系"。这种社会联系只能表现在人们相互交换他们的劳动成果的交换价值上。马克思说:"一切产品和活动转化为交换价值,既要以生产中人的(历史的)一切固定的依赖关系的解体为前提,又要以生产者之间的全面依赖为前提。每个人的生产,依赖于其他一切人的生产;同样,他的产品转化为他本人的生活资料,也要依赖其他一切人的消费。"[1] 这就是说,过去人类的社会存在形式解体以及向新的社会关系的转化,也不是一种观念的实现,不是人的一种主体愿望,而是人们从事的生产中生长出来的客观转换。同时,"以交换价值和货币为媒介的交换,诚然以生产者互相间的全面依赖为前提,但同时又以生产者的私人利益完全隔离和社会分工为前提,而这种社会分工的统一和相互补充,仿佛是一种自然关系,存在于个人之外并且不以个人为转移"[2]。人,在这种关系中全面被孤立化。马克思说人的孤立化,只是历史过程的结果。最初表现为种属、部落体、群居动物——虽然决不是政治意义上的政治动物。交换本身就是造成这种孤立化的一种主要手段。它使

---

[1] 《1857—1858 年经济学手稿》,第 102 页。
[2] 《1857—1858 年经济学手稿》,第 104 页。

群的存在成为不必要,并使之解体①。

马克思这里说明的现代社会关系(资本主义经济的结构),显然不是他在《德意志意识形态》中所能具体指认的。因为,首先这里实际上出现了我所说的马克思在经济学研究建构的狭义的历史唯物主义观点,即在经济的社会形态中,人所创造的东西开始成为不以人的意志为转移的客观力量,通俗地说,就是经济决定论。在广义历史唯物主义的物质生产基始论的观点上,特定的经济力量和经济关系成为人的现代生活中主导性的东西。马克思这里的具体历史分析,显然比传统哲学教科书上的东西要复杂得多,这绝不是一个生产力决定生产关系就能替代的(今天的中国社会主义市场经济中的社会关系和当代资本主义社会关系问题,都是更加复杂的结构总体)。可惜的是,这样一些重要的论述在我们过去的研究中,都只是被实证地排列在经济学的具体说明中弱化了。

其次,是第二大社会形态即资本主义社会中人与人的关系的物化与颠倒。这是我们非常关心的问题。由于交换价值成为目的,一切的一切都必须转化为交换价值,这是个人通向现实社会认同的唯一通道。并且,交换价值又必然从一般等价物发展到货币。相对于过去那种人与人的直接交往关系,现在资本主义社会中人与人的关系经过交换中介的物化(颠倒)的发生就不可避免。马克思写道:"活动的社会性,正如产品的社会形式以及个人对生产的参与,在这里表现为对于个人是异己的东西,表现为物的东西;不是表现为个人互相之间的关系,而是表现为他们从属于这样一些关系,这些关系是不以个人为转移而存在的,并且是从毫不相干的个人互相冲突中产生出来的。活动和产品的普遍交换已成为每一单个人的生存条件,这种普遍交换,他们的互相联系,表现为对他们本身说是异己的、无关的东西,表现为一种物。在交换价值上,人的社会关系转化为物的关系;人的能力转化为物的能力。"② 这样,颠倒和物化就发生了。"为什么人们信赖物呢?显然,因为这种物是人们互相之间的物化的关系,是物化

---

① 《1857—1858年经济学手稿》,第497页。
② 《1857—1858年经济学手稿》,第103—104页。

的交换价值,而交换价值无非是人们之间生产活动的关系。"① 马克思分析道,货币存在的前提正是社会关系本身的物化,金钱在这里表现为一种"抵押品"。在市场交换中,人在从另一个人手中获得商品,他就必须将这种抵押品留下。看起来,"人们信赖的是物(货币),而不是作为人的自身"。并且,"个人的产品或活动必须先转化为交换价值的形式,转化为货币,才能通过物的形式取得和表明自己的社会权力"②。"单个人本身的交换和他们本身的生产是作为独立于他们之外的物的关系而与他们相对立"③。而一旦"每个个人以物的形式占有社会权力。如果你从物那里夺去这种社会权力,那你就必须赋予人以支配人的这种权力"④。实际上,马克思通过分析交换关系在资本主义经济过程中的这种颠倒,说明了货币在经济现象中获得神秘权力的秘密(我注意到,后来舍勒在神正论的语境中借用了马克思在经济学中的现象学批判)。在他眼中,现实的商品——市场经济是一种神性"价值的颠覆",即质性价值与假象价值、生命价值与有用价值的颠倒。⑤

在后来的《政治经济学批判》中,马克思更精确地说道:"生产交换价值的劳动还有一个特征:人和人之间的社会关系可以说是颠倒地表现出来的,就是说,表现为物和物的社会关系……因此,如果交换价值是人和人之间的关系这种说法正确的话,那么必须补充说:它是隐蔽在物的外壳之下的关系。"⑥ 从马克思的历史现象学观点看,"一种社会生产关系采取了一种物的形式,以致人和人在他们的劳动中的关系倒表现为物和物彼此之间的和物与人的关系,这种现象只是由于在日常生活中看惯了,才认为是平凡的、不言自明的事情"⑦。这正是历史现象学要证伪的东西。"一种社会生产关系表现为一个存在于个人之外的物,这些个人在社会生活的生

---

① 《1857—1858年经济学手稿》,第107页。
② 《1857—1858年经济学手稿》,第105页。
③ 《1857—1858年经济学手稿》,第108页。
④ 《1857—1858年经济学手稿》,第104页。
⑤ [德]马克斯·舍勒:《价值的颠覆》,罗悌伦等译,生活·读书·新知三联书店1997年版,第22—134页。
⑥ 《马克思恩格斯全集》第13卷,人民出版社1962年版,第22页。
⑦ 《马克思恩格斯全集》第13卷,人民出版社1962年版,第23页。

产过程中所发生的一定关系表现为一个物品的特殊属性，这种颠倒，这种不是想像的而是平凡实在的神秘化，是生产交换价值的劳动的一切社会形式的特点。"①

要同样界定的问题是，与《1844年经济学哲学手稿》不同，马克思这里所讲的物化与颠倒不再是一种抽象的主观价值判断，而是客观的历史性认识。这表现在，这里的人的关系之物化与颠倒，相对于过去第一大社会形态中的那种人对人的直接关系（"人的依赖性"），首先是历史的进步，而不是"人性的堕落"。"毫无疑问，这种物的联系比单个人之间没有联系要好，或者比只是自然血缘关系和统治服从关系为基础的地方性联系要好。"② 其次是向前看，正是这种物化和颠倒的关系，才可能创造在更高的阶段上"全面发展的个人"，即第三大社会形态中人的自由发展的个性和能力。马克思清醒地看到："要使这种个性成为可能，能力的发展就要达到一定的程度和全面性，这正是建立在交换基础上的生产为前提的，这种生产才在产生出个人同自己和同别人的普遍异化的同时，也产生出个人关系和个人能力的普遍性和全面性。"③ 物化与颠倒为什么会创造人的关系的普遍性和全面性？这是由于在资本主义经济所形成的以交换为目的的世界历史进程中，"在世界市场上，单个人与一切人发生联系，但同时这种联系又不以单个人为转移"④。在商品、货币和资本通过广泛的交换所打开的世界市场中，经济物化的中介性关系使所有进入市场的人都成为一个息息相关的整体。马克思是想说明，只有通过这种人的关系的物化与颠倒，才有可能真实地产生人在现实历史发展中进一步全面自由解放的物质可能性。在这一点上，马克思更加接近的是黑格尔历史辩证法的客观必然性前提。这种经济学基础上的讨论比《德意志意识形态》中相关主题的研究要大大地向前推进了。同时我们已经可以肯定，这种科学的认识与《1844年经济学哲学手稿》中的伦理批判有着极大的异质性。

---

① 《马克思恩格斯全集》第13卷，人民出版社1962年版，第38页。
② 《马克思恩格斯全集》第46卷上册，人民出版社1979年版，第108页。
③ 《马克思恩格斯全集》第46卷上册，人民出版社1979年版，第109页。
④ 《马克思恩格斯全集》第46卷上册，人民出版社1979年版，第108页。

但是，与一切资产阶级意识形态不同，马克思又从来不可能简单地肯定这种历史的进步。他不会像资产阶级经济学家那样，将这种"建立在这种自发的、不以个人的知识和意志为转移的、恰恰以个人互相独立和毫不相干为前提的联系"的社会看成是"自然的产物"，把颠倒和"物化的社会关系看成是一种社会天然具有的客观自然属性。马克思说，如果把这种单纯物的联系理解为自然发生的、同个性的自然（与反思的知识和意志相反）不可分割的、而且是个性内在的联系，都是荒谬的"①。因为，这种物化的社会关系是"历史的产物"，"这种联系借以同个人相对立而存在的异己性只是证明，人们还是处于自己社会条件的过程中，不是从这种条件去开始他们的社会生活。这是各个人在一定的狭隘的生产关系内的自发的联系"。"同样毫无疑问，在个人创造出他们自己的社会联系之前，他们不可能把这种联系置于自己的支配下。"② 将这种历史性的物化了的社会关系视为社会天然形式，这是用虚假的经济物相遮蔽社会本质关系。这正是全部资产阶级意识形态的本质！

其三，是第二大社会形态中个人生存情境的颠倒。就马克思看来，在资本主义经济过程中："（1）个人只能为社会和在社会中进行生产；（2）他们的生产不是直接的社会的生产，不是本身实行分工的联合体的产物。个人从属于像命运一样存在于他们之外的社会生产；但社会生产并不从属于把这种生产当作共同财富来对待的个人。"③ 这是由于，"在货币关系中，在发达的交换制度中（而这种表面现象使民主主义受到迷惑），人的依赖纽带、血统差别、教育差别等等事实上都被打破了，被粉碎了（一切人身纽带至少都表现为人的关系）；各个人看起来似乎独立地（这种独立一般只不过是幻想，确切地说，可叫作——在彼此关系冷漠的意义上——彼此漠不关心）自由地互相接触并在这种自由中互相交换。但是，只有在那些不考虑个人相互接触的条件即不考虑生存条件的人看来（而这些条件又不依赖于个人而存在，它们尽管由社会生产出来，却表现为自然条件，即不受

---

① 《马克思恩格斯全集》第46卷上册，人民出版社1979年版，第108页。
② 《马克思恩格斯全集》第46卷上册，人民出版社1979年版，第108页。
③ 《马克思恩格斯全集》第46卷上册，人民出版社1979年版，第105页。

个人的控制的条件），各个人才显得是这样的"①。在这里，个人"看起来享有更大的自由"，而实际上，在这种"发达的形态上表现为物的限制即个人受不以他为转移并独立存在的关系的限制"②。"个别人偶尔能战胜它们；受它们控制的大量人却不能，因为它们的存在本身就表明，各个人从属于而且必然从属于它们。"③ 这些关系并不是依赖关系的消除，而是使这种关系更加普遍的形式。马克思说，"不如说它们为人的依赖关系造成普遍的基础"④。在后面马克思指认道，在资本主义生产时期中，"人的内在本质的这种充分发展，表现为完全的空虚，这种普遍的物化过程，表现为全面的异化，而一切片面目的的废弃，表现为为了某种纯粹外在的目的而牺牲自己的目的本身"⑤。

正是在这种历史性的商品—市场经济世界中，为了交换价值的生产，人与人的社会关系颠倒地表现为物与物的关系，个人生存实际上必然转换为一种孤立的客体化碎片式的生存。在强大的物化经济力量面前，个人生存倒成了微不足道的。个人颠倒地表现为市场经济自主发展实现利润的工具。生产的确在进步，财富的确在迅速积累，可是创造这个世界的人却"表现为完全的虚空"。在现实的历史进程中，这难道不是一种本末倒置吗？无论是相对于过去已经发生的远古时代人类生存的简单形式（"先有"），还是相对于今天大工业生产所创造的物质条件之上已经可以展望的解放前景（"后有"），现实的资本主义人类社会生存状况都是一种不正常的人间悲剧。马克思的历史现象学就是要彻底拉开市场经济厚厚的历史现象幕帘，使这一特定社会历史发展阶段的本质解蔽出来，从而让真正符合人类生存的共产主义生存境界呈现出来。这就是所谓第三大社会形态。

在这一文本的语境中，第三大社会形态不是马克思主要说明的对象。共产主义的人类解放，只是对资本主义现实进行现象学批判后的一种超越性前瞻。第三大形态只是一种现实可能性，它不是一种应该存在的价值设

---

① 《马克思恩格斯全集》第46卷上册，人民出版社1979年版，第110页。
② 《马克思恩格斯全集》第46卷上册，人民出版社1979年版，第110页。
③ 《马克思恩格斯全集》第46卷上册，人民出版社1979年版，第111页。
④ 《马克思恩格斯全集》第46卷上册，人民出版社1979年版，第111页。
⑤ 《马克思恩格斯全集》第46卷上册，人民出版社1979年版，第486页。

定，而是历史发展的一种客观指向——"后有"。这个第三大形态的目标指向十分清楚，即"建立在个人全面发展和他们共同的社会生产能力成为他们的社会财富这一基础上的自由个性"。首先是在第二大形态中发展起来的社会生产能力。其次是"共同占有和共同控制生产资料的基础上联合起来的个人"①。"这种联合不是任意的事情，它以物质和精神条件的发展为前提"。在这些个人之间进行的是"自由交换"。最后，这种"全面发展的个人——他们的社会关系作为他们自己共同的关系，也是服从于他们自己的共同的控制的——不是自然的产物，而是历史的产物"②。"事实上，如果抛掉狭隘的资产阶级形式，那么，财富不正是在普遍交换中造成的个人的需要、才能、享用、生产力等等的普遍性吗？财富不正是人对自然力——既是通常所谓'自然'力，又是人本身的自然力——统治的充分发展吗？财富岂不正是人的创造天赋的绝对发挥吗？这种发挥，除了先前的历史发展之外没有任何其他前提，而先前的历史发展使得这种全面的发展，即不以旧有的尺度来衡量的人类全部力量的全面发展成为目的本身。在这里，人不是在某一种规定性上再生产自己，而是生产出他的全面性；不是力求停留在某种已经变成的东西上，而是处于变易的绝对运动之中。"③

---

① 《马克思恩格斯全集》第 46 卷上册，人民出版社 1979 年版，第 105 页。
② 《马克思恩格斯全集》第 46 卷上册，人民出版社 1979 年版，第 108—109 页。
③ 《马克思恩格斯全集》第 46 卷上册，人民出版社 1979 年版，第 486 页。

从抽象到具体的方法与历史唯物主义[①]
——《〈1857—1858年经济学哲学手稿〉导言》解读

张一兵

马克思的《〈1857—1858年经济学哲学手稿〉导言》（以下简称《导言》）是一份很重要的文本。在这里，并非像过去的经济学家眼中看到的，只是马克思对政治经济学的一般原则研讨。实际上，这首先是一个历史唯物主义内化于经济研究过程的思想实验。马克思在此，主要是研究一般经济学的出发点之定位，如何开始科学地研究经济现象，以及这种研究的历史参照系。在这一文本中，马克思依次讨论了生产、个人、生产总体及生产的基础地位以及政治经济学的方法问题。最后还有一个简短的分篇设想。我认为，这不是《资本论》的导言，而是一个更大的政治经济学理论体系的未完成的讨论性的引言。后来的《资本论》只是它科学实现的一个主体部分。并且，这一文本中根本没有绝对确定性的东西，大部分理论质点都带有商讨的性质。但是，如果跳出经济学领域而投向更宽泛的视野，我们的确可以获得许多精彩绝伦的东西。

一、《导言》中的历史唯物主义投射

《导言》是从生产一般开始它的全部讨论的。为什么？以我的见解，

[①] 原载《马克思主义研究》1999年第2期。

这还是马克思一般历史哲学即历史唯物主义向经济学的一种理论过渡。因为在《德意志意识形态》中，人类社会的历史性生存是由物质生产来确定的。所以马克思开篇第一句话就是："摆在面前的对象，首先是物质生产"。① 实际上，我们知道这个物质生产是广义的历史唯物主义的出发点，也是作为历史唯物主义基础的广义的政治经济学的出发点。而马克思后来的《资本论》是狭义的政治经济学，即资本主义批判的政治经济学，却是从资本主义特有的生产关系出发的。这是其一。第二点，资产阶级古典经济学恰恰是从物质生产出发的，所以生产过程中对等的三种投入（劳动、资本和土地）形成三种对应的产出（工资、利润和地租）。并且，资产阶级政治经济学的研究对象是从物质生产的四个环节出发的，即生产、消费、分配和交换（流通）。用马克思的话来表述，即"在经济学的开头摆上一个总论部分——标题为《生产》的那部分（参看约·斯·穆勒的著作），用来论述一切生产的一般条件"②。千万不要以为马克思简单地肯定从生产出发的经济学逻辑。以我的想法，马克思在对资产阶级政治经济学进行了历史的科学思考之后，恰恰没有采取从客体向度——生产这一人与自然的关系入手来面对经济现象。马克思后来的狭义政治经济学主要对象是人与人的经济关系之主体向度（这一对象是在后来确定的）。这与在历史唯物主义的总体逻辑中研究社会历史的出发点并不直接吻合。这一点一定要注意，我发现，从马克思自己的政治经济学建构来说，《导言》的开始部分恰恰是一条以历史唯物主义原则对资产阶级政治经济学逻辑设定的否定性的实验性的探索思路。

首先，马克思否定了资产阶级政治经济学中作为主体设定的独立的个人（斯密、李嘉图喜欢谈论的孤立的猎人和渔夫）之假象。马克思说，生产一定是从现实的个人出发。"在社会中进行生产的个人，——因而，这些个人的一定社会性质的生产，当然是出发点。"这是《德意志意识形态》第一章第四节手稿中说明过的问题。经过《伦敦笔记》，马克思已经可以进一步指出，独立的个人只是一个历史的结果，而不是前提。这让人

---

① 《马克思恩格斯全集》第46卷上册，人民出版社1979年版，第18页。
② 《马克思恩格斯全集》第46卷上册，人民出版社1979年版，第23页。

想起本世纪福柯的后现代断言，即"人，是一个晚近的发明"。在马克思看来，斯密、李嘉图的抽象的单个人，只是一种"美学上的假象"。只是在18世纪中对资产阶级市民社会中人类生存情境的一种"缺乏想象力"的预感。因为只是在资产阶级市民社会中，"在这个自然竞争的社会里，单个的人表现为摆脱了自然联系等等，而在过去的历史时代，自然联系等等使他成为一定的狭隘人群的附属物"①。这种市民社会中的独立的个人，是历史发展的结果，"一方面是封建社会形式解体的产物，一方面是16世纪以来新兴生产力的产物"，但资产阶级经济学（包括一切非科学的意识形态）却将这种历史的个人假象式地表述成天然的人，并将其当作历史的起点。在经济学中，只有斯图亚特是一个例外。

马克思回过头去看历史，越向前追寻，"个人，从而也是进行生产的个人，就越表现为不独立，从属于一个较大的整体：最初还是十分自然地在家庭和扩大成氏族的家庭中；后来是在由氏族间的冲突和融合而产生的各种形式的公社中。只有到18世纪，在'市民社会'中，社会联系的各种形式，对个人来说，才表现为达到他私人目的的手段，才表现为外在的必然性。但是，产生这种孤立个人的观点的时代，正是具有迄今为止最发达的社会关系（从这种观点看来是一般关系）的时代"②。这也就是说，个人，作为一种真正独立的生存，实际上不是一个永恒的状态，而是一种特定历史条件下的产物。如果说，在《关于费尔巴哈的提纲》和《德意志意识形态》时期，人的本质是现实社会关系总和，人的生存是一定的历史性规定都还是一种哲学规定，而在历史现实的经济学视域中，人的生存及其本质都是发生学意义上的历史规定了。人的生存和本质是一定社会关系之总和：开始人的本质是在人对自然、人与人的自然联系之中，个人根本是不可能离开族类而生存的，个人不过是一个血亲群体的附属物。只是在后来资产阶级的市民中，在分工和交换的中介下，在社会劳动的片面性中，个人失去了过去与自身同一的"本质"——自然的族类关系，而再一次构成类（社会经济关系）时，这已经是离开了人而独立的物与物的关

---

① 《马克思恩格斯全集》第46卷上册，人民出版社1979年版，第18页。
② 《马克思恩格斯全集》第46卷上册，人民出版社1979年版，第21页。

系。在这里，个人都是独立的，而市场的交换自发地再以物的关联使片面的个人结合起来。个人的独立，实际上是资产阶级社会经济发展的结果。可是，这种历史规定却被政治经济学家误认为进入人类社会主体生存状态的前提。这是马克思要否定的第一个直观性的"常识"。在马克思研究经济学的晚年他曾经再一次回到过这一问题的思考："'人'？如果这里指的是'一般的人'这个范畴，那末他根本没有'任何'需要；如果指的是孤立地站在自然面前的人，那么他应该被看做是一种非群居的动物；如果这是一个生活在不论哪种社会形式中的人……那么出发点是，应该具有社会的人的一定性质，即他所生活的那个社会的一定性质，因为在这里，生产，即他获取生活资料的过程，已经具有这样或那样的社会性质。"①

第二点，马克思同样不赞成作为资产阶级政治经济学对象前提的一般生产。马克思认为，"说到生产，总是指在一定社会发展阶段上的生产——社会个人的生产"②。所以，按照历史唯物主义的观点，一讲到生产就只能是一定历史条件下的生产，即"把历史发展过程在它的各个阶段上一一加以研究，或者一开始就要声明，我们指的是某个一定的历史时代"，比如现代资产阶级生产，马克思说这是他此处将要研究的本题。可是，这并不是说就不能对生产进行抽象，如"生产的一切时代有某些共同标志，共同规定"。这就是生产一般。生产一般不同于一般生产。前一个生产一般是说生产的抽象，后一个一般的生产是讲由"一个个特殊的生产部门——如农业、畜牧业、制造业等"构成的生产的"总体"。即"一定的社会体即社会的主体在或广或窄的由各生产部门组成的总体中活动着"③。马克思分析道，就是这个生产的一般本身也是由许多不同的历史部分抽出来的共同点构成的，"其中有些属于一切时代，另一些是几个时代共有的，有些规定是最新时代和最古时代共有的"。第一种是所有社会生产过程中都必须存在的主体（人）和客体（自然），第二种是私有制条件下的一些

---

① 《马克思恩格斯全集》第19卷，人民出版社1963年版，第404—405页。
② 《马克思恩格斯全集》第46卷上册，人民出版社1979年版，第22页。
③ 《马克思恩格斯全集》第46卷上册，人民出版社1979年版，第23页。

社会生产特有的（如所有制、市场交换），第三是原始社会与共产主义社会共有的（如公有制）。马克思进一步指出，谈论生产一般更重要的是不能忘记生产的历史存在的"本质的差别"。而资产阶级经济学家正是从这个生产一般出发，抹去社会生产的历史性差别，将资本这个特定历史条件下的社会关系变成"一种一般的、永存的自然关系"，这样，也就认证了"现存社会关系永存与和谐"。

这里的哲学理论意义还在于，马克思恩格斯在《德意志意识形态》第一手稿中对生产与再生产一般的说明，必须做一定的特设说明，由于当时马克思还没有对社会历史的经济进程有现实的了解，如"市民社会"是一切社会的基础这样的观点，因为市民社会只是一定历史条件特别是近代资本主义的发展结果。即便是将马克思那里的市民社会直喻为经济基础，这种发达形态的经济关系结构也只是在物质生产的一定阶段才出现。

也由此，马克思根本不同意资产阶级经济学理论体系的开头摆上一个"总论部分"，即标题为"生产用来论述一切生产的一般条件"。马克思对此是持明确批评态度的。在资产阶级经济学家那里，这个部分通常包括两个内容：一是"进行生产所不可缺少的条件"；二是"或多或少促进生产的条件"。马克思分析道，在这个所谓生产的一般条件的幌子下，生产和分配等社会历史的具体运动和规律"被描写成局限在与历史无关的永恒自然规律之内的事情，于是资产阶级关系就被乘机当作社会一般的颠扑不破的自然规律偷偷地塞进来。这是整套手法的多少有意识的目的"[①]。比如分配问题，资产阶级经济学家根本不分析生产与分配的现实关系，而是将分配看成是可以随心所欲的，这就"把一切历史差别混合和融化在一般人类规律之中"。所以，资产阶级经济学家总是抽象地提出财产与司法和警察对财产的保护。马克思反驳道："一切生产都是个人在一定社会形式中并借这种社会形式而进行的对自然的占有"。从真实的历史出发，就会发现在原始公社中的公共财产和私有制条件下的财产的内涵是多么的不同。并且，"每种生产形式都产生出它所特有的法的关系、统治形式"。"总之，

---

① 《马克思恩格斯全集》第46卷上册，人民出版社1979年版，第24页。

一切生产阶段所共有的、被思维当作一般规定而确定下来的规定，是存在的，但是所谓一切生产的一般条件，不过是这些抽象要素，用这些要素不可能理解任何一个现实的历史的生产阶段。"①

第三点，马克思正面说明了现代经济运行中生产过程本身的内在结构。即生产所决定和制约的分配、交换和消费的关系这一历史唯物主义的观点，这在资产阶级经济学家那里却成了一种并列的东西。马克思说，这是下面他要正式"进一步分析生产之前，必须考察一下"的"几个项目"。所以，这还是一种围绕着资产阶级政治经济学的一种驳论性的论说。我不认为，马克思这里的论述就代表着他自己经济学的科学建构。因为这些表述，显然是历史唯物主义观点在经济学学理中的运用。马克思在此一般性地反对资产阶级经济学的对象，只是说明他自己还没有确定独特的研究对象。在这一讨论的最后，马克思说："我们得到的结论并不是说，生产、分配、交换、消费是同一的东西，而是说，它们构成一个总体的各个环节、一个统一体内部的差别。生产既支配着与其他要素相对而言的生产自身，也支配着其他要素。""一定的生产决定一定的消费、分配、交换和这些不同要素相互间的一定关系"②，这个一定的历史规定，同样也是马克思超出一切过去政治经济学学家的起点。

二、马克思第一次讨论经济学研究方法的真实语境

马克思在评论了生产与其他几个经济环节的关系之后，突然转到"政治经济学的方法"上来。对于这个方法的讨论，过去的论者多数是将其视为马克思对政治经济学的一种直接指认，而我发现，马克思这里实际上是处于一种思想实验的过程中，只是在分析的进程里，他才初步确定自己的研究方法的基本方向。说它仅仅是基本方向，是因为这主要还表现为对黑

---

① 《马克思恩格斯全集》第46卷上册，人民出版社1979年版，第25页。
② 《马克思恩格斯全集》第46卷上册，人民出版社1979年版，第36—37页。

格尔、斯密、李嘉图政治经济学方法的肯定。

马克思先是列举了在政治经济学上已经出现的两种研究方法。第一种方法是从具体到抽象的逻辑道路。即在经济学研究中"从实在和具体开始，从现实的前提开始"，"这就是一个浑沌的关于整体的表象，经过更贴近的规定之后，我就会在分析中达到越来越简单的概念；从表象中的具体达到越来越稀薄的抽象，直到我达到一些简单的规定"①。这是一种从"完整的表象"或"生动的总体"出发，比如人口、民族和国家为起始，最后从分析中"蒸发出"一些"有决定意义的抽象有一般的关系"，如分工、货币、价值。② 马克思认为，这种研究方法是经济学在它产生时期在历史上走过的路。他认为对于自己现在的研究来说，这显然是不可取的道路。

第二种研究方法，即马克思肯定的"科学上正确的方法"，是从抽象到具体的理论逻辑道路。这里，经济学研究是从抽象的规定出发，然后再回到"一个有许多规定和关系的丰富的总体"，这是一种"在思维行程中导致具体的表现"。这实际上是由英国古典经济学开始的科学研究，即从劳动、分工、需要、交换价值这些抽象的简单概念，再一步步上升到国家、国际交换和世界市场并形成各种现代经济学体系。

值得注意的是，马克思这时对古典经济学方法的认识与判断，已经明显区别于1844年《巴黎笔记》刚刚开始对经济学研究时的看法。在那里，马克思恰恰否定斯密、李嘉图"非人的"的抽象方法。而在这里，情况发生了一种根本的颠倒。历史唯物主义者马克思开始站到了原来他反对的方法一面去了。

为什么会有这种转变，是需要我们认真分析的。此时对于这一种科学的抽象法，马克思有一段十分具体的表述："具体之所以具体，因为它是许多规定的综合，因而是多样性的统一。因此它在思维中表现为综合的过程，表现为结果，而不是表现为起点，虽然它是实际的起点，因而也是直

---

① 《马克思恩格斯全集》第46卷上册，人民出版社1979年版，第37页。
② 《马克思恩格斯全集》第46卷上册，人民出版社1979年版，第37—38页。

观和表象的起点。"① 第一个方面，我发现这一观点实际上十分接近黑格尔对观念逻辑运动的描述。也因此，马克思立即对他所确定的这一抽象法与黑格尔的从抽象到具体的方法进行了划界。马克思指出，黑格尔哲学的秘密正在于他将思维方法的结构本身直接硬化为逻辑本体，导致一种从抽象观念出发贬斥具体物质存在的客观唯心主义。"从抽象上升到具体的方法，只是思维用来掌握具体并把它当作一个精神上的具体再现出来的方式。但决不是具体本身的生产过程"，而由此却使"黑格尔陷入幻觉，把实在理解为自我综合、自我深化和自我运动的思维的结果"②。马克思在这里是深刻的，这比之于从前颠倒主语与谓语的费尔巴哈式的一般唯物主义理解要更进一步了。其实，黑格尔的从抽象到具体的方法，还直接基于个人间接知识的自我深化过程，即每一个个人总是从抽象的概念开始，在历经具体的多样性的感性生活之后，才会达及一种概念的具体的抽象。在此，我发现马克思只是选取了黑格尔逻辑整体的一个部分。因为，从黑格尔哲学发展过程来看，先是他对具体社会历史特别是经济学的研究（耶拿时期）然后才有了他后来成熟的哲学抽象。而在他的哲学体系中，《精神现象学》是从否定感性具体出发上升到抽象的，但这是一种颠倒的客观"现象"证伪过程。如前所述，黑格尔让我们从客观确定性出发，但他指出我们直面对象必然从构架表象开始，这就需要以自我意识为支点，而自我意识则又必然以概念来面对世界。所以，概念才是真正的起点。《逻辑学》是从抽象概念开始到具体概念，而整个《逻辑学》又是世界的抽象出发点。经过感性的自然、人类社会历史的具体再一次回到具体的抽象，即绝对精神。这一进程可以用下列图表表示：

《耶拿时期的实在哲学》：社会历史中经济的现实具体——客观抽象（劳动与货币）

《精神现象学》：个人感性具体的否定—理性抽象

《逻辑学》：抽象概念—具体概念

---

① 《马克思恩格斯全集》第 46 卷上册，人民出版社 1979 年版，第 38 页。
② 《马克思恩格斯全集》第 46 卷上册，人民出版社 1979 年版，第 41 页。

《哲学全书》：抽象逻辑—历史的感性具体—具体的绝对精神（抽象）

很显然，马克思只是选取了其中的一个环节。即从抽象到具体，这恰恰也是古典经济学的基本研究方法。我认为，马克思这是从经济学的从抽象到具体的方法并不等于他的历史辩证法，而只是辩证法分析的一个特殊环节。这一方法是不能任意独立确证和夸大的。这一方法的前提是必须形成客观历史的抽象。否则，必然误入歧途。

第二个方面，马克思这里对方法的研究更主要地是理解了黑格尔辩证法与古典经济学的内在关联，即斯密、李嘉图为什么会从抽象的经济规定出发，并且，这种从抽象出发对于现代政治经济学研究来说又为什么是正确的方法。对此，马克思是通过劳动一般范畴的历史抽象来说明这一点的。

三、科学的劳动规定的现实历史抽象

对于劳动这个概念，读者并不是完全陌生的，因为在《1844年经济学哲学手稿》（以下简称《1844年手稿》）中，我们遭遇过作为人的类本质出现的"劳动"。在这时，马克思才从经济学的历史视域中了解到，这个他曾经作为逻辑前提有"劳动一般"实际上也是一个"现代的范畴"。用当代后现代思想家喜欢说的话讲，这就是一个现代发明的事情。在哲学方法论上，这是《致安年科夫》和《哲学的贫困》中已经解决的问题。这一次，是《伦敦笔记》的最新成果，即对资产阶级古典经济学的全面系统的历史研究的结果。

看起来，劳动是一个十分简单的概念，作为人类生存的一般规定，它的表象也是就自古存在的。但马克思已经发现，就是这样一个范畴从经济学研究中真正能从"简单性上来把握的'劳动'，和产生这个简单抽象的那些关系一样，是现代的范畴"[①]。通过《伦敦笔记》经济学的精心研讨，

[①] 《马克思恩格斯全集》第46卷上册，人民出版社1979年版，第41页。

马克思这时已经能以十分清晰的思路再现这一范畴在资产阶级经济学发展的历史抽象过程：首先是早期货币主义那里，财富还只是客观的东西，即能看得见摸得着的"外在于自身、存在于货币中的物"；而重工主义和重商主义就已经开始初步穿透物相，"把货币的活动"，但这已经是一种历史抽象的"很大的进步"；接下去的重农主义（资产阶级古典经济学的真正开端）第一次"不再把对象本身看作裹在货币的外衣之中，而是看作产品一般，看作劳动的一般成果了"，虽然这种劳动还只局限于"劳动的一定形式——农业——看作创造财富的劳动"，并且被看作是自然规定的产品，即土地的产品。但毕竟劳动这种财富的本质，已经从货币的物的外壳中被抽象出来。最后是斯密，马克思称他又"大大地前进了一步"，因为"他抛开了创造财富的活动的一切规定——干脆就是劳动，既不是工业劳动、又不是商业劳动、也不是农业劳动，而既是这种劳动，又是那种劳动"。这才有了"创造财富的活动的抽象一般性，也就有了被规定为财富的对象的一般性，或者说又是劳动一般，然而是作为过去的、物化的劳动"[①]。

这里必须补充说明两点：一是马克思这里还只是描述了经济学上的劳动一般的抽象过程，却省略了作为这一主观逻辑抽象的现实历史进程，即法国的农业生产和英国的资本主义手工业发展的真实进程；二是劳动一般这一重要的抽象的最高点是斯密之后基于英国大工业生产的李嘉图。这一重要的差别，马克思在后面的研究中才直接标注出来。

应该指出，在以往的研究中，人们仅仅是从经济学的意义上来关注马克思这里的理论思考，而马克思这一重要论述恰恰具有重大的哲学意蕴。因为马克思的历史唯物主义科学只是在这里才开始被现实地历史确证的。社会存在决定社会意识，思维和观念的存在，取决于人们的历史的一定的物质活动性质。《德意志意识形态》中非常抽象的哲学设定，在这里通过经济学清晰地呈现出来了。

马克思进一步说，"最一般的抽象总只是产生在最丰富的具体发展的地方，在那里，一种东西为许多东西所共有，为一切所共有"。这一段话

[①] 《马克思恩格斯全集》第46卷上册，人民出版社1979年版，第41页。

看起来非常抽象，实际上马克思是说明科学抽象与资本主义物质生产历史现实本身发展的关系。"比较简单的范畴，虽然在历史上可以在比较具体的范畴之前存在，但是，它的充分深入而广泛的发展恰恰只能属于一个复杂的社会形式，而比较具体的范畴在一个比较不发展的社会形式中有过比较充分的发展。"① 所以，劳动一般得以在理论上实现，首先是在人类历史生存中"以各种实在劳动组成的十分发达的总体为前提，在这些劳动中，任何一种劳动都不再是支配一切的劳动"，这样，劳动就不会在某种特殊形式上（如重农主义关注的农业劳动）被思考；其次是在这种状况下，各种劳动"被同样看待"，因为在这里，"个人很容易从一种劳动转到另一种劳动，一定种类的劳动对他们说来是偶然的，因而是无差别的"。我们实际能看出，这已经是资本主义大工业的物质生产劳动。因为只有在这里，资本主义物质生产中的劳动才可能"在现实中都成了创造财富一般的手段，它不再是在一种特殊性上同个人结合在一起的规定了"。这种劳动一般，显然不是斯密手工业生产中的个人与个人之间的总体劳动，而只是在李嘉图的经济学中才表现出来大工业生产的客观的劳动一般。这是马克思后来科学抽象的真实基础。这一点，马克思此时并没有直接指认。

马克思认为，当时的美国正是资本主义社会最现代的存在形式，所以这个劳动一般在那里的最发达的工业化物质生产中也表现得最充分。也是在这里，"'劳动'、'劳动一般'、直截了当的劳动这个范畴的抽象，这个现代经济学的起点，才成为真实的东西。所以，这个被现代经济学提到首位的、表现出一种古老而适用于一切社会形式的关系的最简单的抽象，只有作为最现代的社会范畴，才在这种抽象中表现为实际真实的东西"②。这也就是说，劳动概念要以它在人类生活总过程中的现实作用为前提只是在资本主义大工业生产中，劳动才成为社会生活一切现象的普遍实体，整个人类事物的实在本质，人的一切素质的现实源泉。这也是劳动成为资产阶级政治经济学首要规定的现实基础。这一次，劳动真的成为人的现实的抽

---

① 《马克思恩格斯全集》第46卷上册，人民出版社1979年版，第42页。
② 《马克思恩格斯全集》第46卷上册，人民出版社1979年版，第44页。

象"类本质"。

我想提请大家注意，这个劳动正是马克思此时"从抽象到具体"中的那个抽象的起点。这里我又想说，从具体到抽象再到具体可能不仅仅是一种理论逻辑表述的方法。同时，还更深地兆示着社会历史到资本主义本身的结构。为什么？因为，这个劳动作为当代资本主义社会历史存在的现实的一般，实际上是颠倒地表现出来的，这还是一种现实关系的物化和"异化"。一讲到异化问题，我们首先要注意这里的劳动与《1844年手稿》中劳动的差别。《1844年手稿》中的劳动（类本质）是一种逻辑悬设，不是一种现实存在，是"应该"；而这里的劳动是资本主义大工业生产现实中一般，即没有差别的劳动。这只是在资本主义大工业生产中才出现的。这个一般不是现象多次重复的抽象，而已经是一种人类历史性生存的具体的现实关系。更重要的是，这种劳动一般也并不是以它直接的感性形式表现出来，而是已经经过无数经济中介。这是人类劳动的一种新的社会存在形式。在资本主义分工与交换的体系和矛盾中，人的生存只能是一种片面的历史生存。在过去的社会中，个人的劳动是全面的，对社会来说，劳动本身并不构成有机整体。而资本主义分工使个人的劳动失去全面性，而社会正是在这种专业化分工与交换中第一次成为有机的经济运作系统。正是这种劳动片面性使独立的个人作为互相需要的人群联系起来，并互补为当代市民社会。这种客观的整体性是一种新的强调，每一个个人的劳动由于分工都变得片面化，所以无法直接实现，只有通过市场交换由社会（他人）人需要才可能实现，这样，劳动必然一分为二，具体劳动创造物品的使用价值，而抽象劳动形成供交换所用的价值，劳动的自然属性与社会属性分离了。在交换中，价值形式的发展，物物交换到简单价值形式，到扩大了的价值形式，再到一般价值形态即货币。在市场竞争中，物品的价值实现了向价格的转化。到此，人的劳动已经在交换中获得了一种特殊的社会存在形式，原来是人与人交换相互的劳动成果，而现在则表现为一种物与物的关系。这样，物的社会历史属性常常在个人眼中会与物的自然属性混同起来，而使物和人的暂时的社会历史属性变成永恒的。这也就是说，在市民社会中人的直观不能使人看到社会本质的真相，物与人都笼罩在拜物教之中。这是资产阶级政治经济学无法逃出的魔界。

我要说,马克思这里已经不仅仅是在研究经济学,而在说明他用以研究经济学的科学方法,这就是广义的历史唯物主义。因为他正是以此异质于一切资产阶级经济学家的。所以他分析道,从劳动这个例子恰恰说明:哪怕是最抽象的范畴,虽然正是由于它们的抽象而适用于一切时代,但是就这个抽象的规定性本身来说,同样是历史关系的产物,而且"只有对于这些关系并在这些关系之内才具有充分的意义"。也是在这里,马克思第一次确定了他的狭义政治经济学研究的真实基点,即资本主义社会的历史现实,特别是这一经济运行现实中的生产关系。这是一个制高点,从这一点出发,才可能居于政治经济学视域的科学抽象起点上,也只有通过这一点,才能透视过去社会历史生存的本质。因为,"资产阶级社会是历史上最发达的和最复杂的生产组织。因此,那些表现它的各种关系的范畴以及对于它的结构的理解,同时也能使我们透视一切已经覆灭的社会形式的结构和生产关系"。在这里,马克思写下了这一段重要的名喻:"人体解剖对于猴体解剖是一把钥匙。反过来说,低等动物身上表露的高等动物的征兆,只有在高等动物本身已被认识之后才能理解。"① 那时的"人体"就是资本主义大工业的物质生产力,而今天的"人体"是信息社会中的"数字化生了存"!

马克思指出,"资产阶级经济只有在资产阶级社会的自我批判已经开始时,才能理解封建的、古代的东方的经济"②。同时,"在研究经济范畴的发展时,正如研究任何历史科学、社会科学时一样,应当时刻把握住:无论在现实中或在头脑中,主体——这里是资产阶级社会——都既定的;因而范畴表现这个一定社会即这个主体的存在形式、存在规定、常常只是个别的侧面;因此,这个一定社会在科学上也决不是在把它当作这样一个社会来谈论时才开始存在的"。这又是历史唯物主义的逻辑。也是在此处,马克思提出了如下一个著名的警句:"在一切社会形式中都有一种一定的生产决定其他一切生产的地位和影响,因而它的关系也决定其他一切关系

---

① 《马克思恩格斯全集》第46卷上册,人民出版社1979年版,第43页。
② 《马克思恩格斯全集》第46卷上册,人民出版社1979年版,第44页。

的地位和影响，这是一种普照的光，它掩盖了一切其他色彩，改变着它们的特点。这是一种特殊的以太，它决定着它里面显露出来的一切存在的比重。"① 这是指占统治地位的生产方式。面对当时的资产阶级社会现实，马克思说，"资本是资产阶级社会的支配一切的经济权力。它必须成为起点又成为终点。"②

作为马克思狭义政治经济学起点和终点的资本终于出现了。这是《导言》思想实验的最重要的成果。至此，我想界划一下马克思接触政治经济学以后，他的哲学发展逻辑的几条重要历史线索。从1844年到1857年，马克思先后间断性地进行了三次系统的政治经济学研究，第一次经济学研究是1844—1845年以《巴黎笔记》为主体的早期批判性研究，第二次是1845—1847年以《布鲁塞尔笔记》和《曼彻斯特笔记》为主体的首次科学研究，第三次就是从19世纪50年代初开始的以《伦敦笔记》为主体的经济学建构性研究。而在大的哲学逻辑上，马克思的思路正好是从人本主义的劳动规定到实践，再经过生产而回到科学的劳动规定的历程。换种说法，是从价值主体到历史客体再回到历史主体的逻辑演变。用图式可有如下表述：

（1）劳动（类本质）异化—复归：人本主义异化史观、主体、价值；

（2）实践—人的历史本质—现实：感性活动、实践唯物主义、革命的现实批判；

（3）生产——定的社会历史生存—生产方式：现实的个人、广义历史唯物主义、历史辩证法、经济学的实证批判；

（4）劳动（一定社会关系本质）—价值（"类关系"）—货币（物化关系）—资本：狭义历史唯物主义、经济学和历史学中的历史现象学批判。

---

① 《马克思恩格斯全集》第46卷上册，人民出版社1979年版，第44页。
② 《马克思恩格斯全集》第46卷上册，人民出版社1979年版，第45页。

对此，我们再作一些简要的说明。在1844年的第一次经济学研究时期，马克思基本对资产阶级政治经济学持简单的否定态度，这主要通过人本主义社会现象学（劳动异化史观）的主体价值悬设（"应该"），宣判资本主义客观经济现实（"是"）的非法性，固然此时马克思已经站在无产阶级立场上，但终究没有超出"德意志意识形态"。① 在1845—1847年第二次经济学研究中，马克思已经基本看清了社会历史存在的真实基础，所以他先是从区别于一切旧唯物主义和一切唯心主义的社会物质实践出发，以确定自己新世界观的逻辑起点，并给予这一逻辑基石以一定的社会历史条件的限定，人的本质第一次从主体价值设定回落到现实社会关系的总和。也是在这一次重要的经济学研究中，马克思弄清楚了人类社会生存的真实规定只能是物质生活的生产与再生产，在他创立的广义历史唯物主义中，一定历史条件下生产方式成为社会历史的本质。也是在这种基础上，马克思将过去从主体出发的价值批判，转变为从经济学客观现实出发的人类社会历史从生产发展走向世界历史的实证科学批判。在我们这里遭遇到的1850年开始的马克思第三次政治经济学研究中，马克思发现如果从广义历史唯物主义的生产（客观向度）出发，实际上是无法真正超越资产阶级政治经济学的，也无法彻底揭露资本主义生产方式本质，于是，他再一次从历史形成的资本主义大工业的劳动一般这个现实主体本质（主体向度）出发，因为这是无产阶级的根本立场，并且进一步创立了科学的基于经济学和历史学研究的批判的历史现象学。这就是从货币这个经济现象入手，通过揭示劳动二重性的内在矛盾，引发出使用价值—价值、价值形态从一般等价物到货币，再到市场竞争的价格转化，最终揭露了带来"利润"的货币—资本剥削剩余价值的秘密。在马克思这一次的经济学研究中，资本主义经济中的物化现象被一层层地剥离下来，颠倒人们视域的三大拜物教的本质被揭示出来。这也是马克思狭义历史唯物主义中最重要的内容。

确定了这一点，马克思就提出了一个他自己政治经济学研究的初步设

---

① 参见张一兵：《青年马克思的人本学社会现象学》，载《江汉论坛》1998年第8期。

想，即第一个"分篇"的研究思路。并且，在最后一个目中，他重新列举了应该注意的若干问题。我们一看，无一例外都是广义历史唯物主义中的基本原则。

科学的批判的历史现象学[1]
——马克思经济哲学的本质

张一兵

不理解马克思的政治经济学，就不可能真正理解马克思主义的哲学。不是因为经济学，而恰恰是因为哲学革命，正是那个"一定的"历史哲学语境，使马克思主义政治经济学在一切细节上超过古典经济学。古典经济学是天然的经验的社会唯物主义，但只有马克思的历史唯物主义才真正走出一条科学道路，这使他所进入的一切思想领域都发生了深刻的变革。并且，也正是在马克思所从事的伟大政治经济学革命中，他的历史唯物主义才第一次真正成为科学。这是一个双向建构的过程。更重要的是，在面对社会历史的经济发展过程中，马克思将哲学的批判理性与现实的经济学实证研究有机地结合起来，形成了最具有特色的科学的批判的历史现象学。这是马克思在《1857—1858年经济学手稿》——他"一生的黄金时代的研究成果"[2]中给我们留下的最精彩的理论遗产。

马克思在50年代[3]以后，特别是在《1857—1858年经济学手稿》中所实现的经济学变革，恰恰是以历史唯物主义哲学为内在驱动构架的。没有历史辩证法和无产阶级解放的内在话语，是根本无法达到这一科学批判的。实现了科学世界观变革的马克思，始终关注人类主体的生存与发展状况，将人类的解放与全面自由的发展，作为共产主义的最终目的。历史唯

---

[1] 原载《学术月刊》，1999年第9期。
[2] 《马克思恩格斯〈资本论〉书信集》，人民出版社1975年版，第137页。
[3] 指19世纪50年代。——今注

物主义研究生产力与生产关系、政治经济学研究经济关系，并不是一种简单的旁观式的客观反映，马克思的科学理论首先是为了说明人类社会历史发展的规律和永无止境的客观进步。资本主义生产方式比过去所有的生产方式进步得多，但正是在这个生产方式的客观运转中，马克思同时确认无产阶级革命的客观必然性，这一点乃是马克思哲学与经济学批判性之根。资产阶级政治经济学家（包括古典经济学家）的社会唯物主义，实际上根本无法祛除资产阶级特有的拜物教意识形态，因此他们无法自觉意识到资本主义社会经济生活的现象与本质是矛盾的，由于社会关系颠倒为物的关系，经济过程主要以颠倒的表象呈现出来，社会结构也以与真实的历史发展秩序相反的逻辑表现出来。这不是人本主义那种主体价值悬设"应该"式的颠倒与异化，而直接是社会历史本身本质结构的自我客观颠倒。在政治经济学中，资产阶级经济学家认为正常、客观的地方，马克思看出非常、异化和颠倒之处。这种认识的形成当然有着一个复杂的过程，它不是一种直接经验之上的理念构成，用法因等人的话说，马克思已经注意到，"处于表象后面的现象（或这种现象的观念），并不是那么简单地在那里等待着被发现"①。在这一点上，马克思重新意识到了黑格尔《精神现象学》的批判逻辑的深刻性。

在资本主义的生产中，人类社会第一次创造出一个全面、丰富的劳动关系体系，人的"类本质"在价值交换打破地域局限的普遍性中，出现真正的全面性。但是，这种人类主体的本质关系并不以自身的形式直接表现出现，却是以物化的形式出现，它也必然要以主体（个体）间隔了的物化形式才能实现。黑格尔实际上看到了这里本质"沉沦"于物相的必然性，所以异化才是对象化。我们曾谈到过，黑格尔的绝对观念是人之类（本质）的抽象，绝对观念历史形成中必然出现的颠倒世界恰恰是资本主义社会关系全面颠倒的隐喻甚至是真实的描述。黑格尔解读出了古典经济学特别是李嘉图的经济学，只是在资本主义运动中，自然界才成为对象，这是一个重要的理论高点（马克思的"人体"）。物化的魔鬼成了上帝本身，

---

① ［英］本·法因、［英］劳伦斯·哈里斯：《重读〈资本论〉》，魏埙等译，山东人民出版社1993年版，第6页。

人恰恰通过物化才痛苦地发展了自身。这是一种颠倒的历史。实际上这首先不是观念之颠倒，而是现实历史本身在资本主义经济中的客观颠倒。这一点，不仅费尔巴哈没有看到，1845年以前的青年马克思同样无法理解。1845—1847年的哲学变革中，马克思一方面完成了历史唯物主义的一般建构，另一方面立足一般经济发展的视角，从分工入手，批判性地展现了资本主义生产过程的各种客观矛盾。但是，在走向历史唯物主义的客体向度中，马克思放弃了现象学批判。这样，资本主义经济生活特有的物化颠倒、社会现象与本质的不一致性，在实证性的批判中被有意无意地弱化了。这种情况一直持续到《哲学的贫困》，当时哲学与经济学尚处分立状况。

马克思在《1857—1858年经济学手稿》中开始进行他具体的经济学理论逻辑建构。此时，他才更深刻地理解了李嘉图和黑格尔的关系。在《1844年经济学哲学手稿》中，马克思同时批判黑格尔与斯密、李嘉图，从主体向度出发，用人本主义社会现象学一层层剥离资产阶级政治经济学认定的现象，以复归人的劳动类本质。1845年以后，马克思创立历史唯物主义科学，他在放弃人本主义异化史观的同时，也放弃了现象学批判。他的焦点意识主要集中于资本主义历史发展中内在的客观矛盾，而不是这种社会历史规律的表现形式与现实具象。因此，物化（"异化"）与颠倒的经济现象并不是广义历史唯物主义客体向度的主题。1847年以后，特别是50年代，马克思开始了第三次经济学研究进程，在对资本主义生产方式进行大量具体表象的研究中，再一次从主体（劳动）出发，并再一次关注经济关系的物化与颠倒问题。他从经济学研究中发现，劳动—价值—货币—资本的资本主义生产关系，是劳动和劳动成果本身物化与颠倒的二次方，是"异化的异化"，这种从主体出发指认的颠倒与物化的发生，不再是相对于人本主义类本质的"应该"，而是相对于"先有"（封建社会及以前的经济关系）与"后有"（共产主义的人类理想化生存之客观可能性）。对于前资本主义的"先有"，这种物化是一种客观的进步，也是人的进步；而对于"后有"，则是奴役、对抗的历史形式。这是马克思此时的历史逻辑与过去人本主义异化史观一个很重要的异质性区别。

马克思发现，个人和一般人的常识眼睛是看不清资本主义经济现象中的资本、货币、价值、商品的本质的，因为这是一种颠倒的、歪曲的社会现象。资本主义社会中事物的联系"总是表现为颠倒的、头足倒置的"①，也就是说，即使能够抽象出"劳动一般"，可是它的现实存在形式却是物化和多重颠倒的；即使能够把握"资本一般"，可是通过市场和竞争，"一切规定同它们在资本一般中的情形相比，都显得是颠倒过来了"②。资产阶级政治经济学（包括它的社会唯物主义）却正是以这种假象作为全部理论的前提。马克思此时关心的问题不再是一般广义历史唯物主义的原则，而是以狭义历史唯物主义的观点去透视这种颠倒的假象，即如何去掉一层层现象和假象，达到那个真实存在的本质和规律。这是由于，资本主义经济现实的自然性（自在性）中客观发生的多重颠倒性和复杂性，需要非直观和非现成的批判性现象学，去掉意识形态，才能发现经济现实的本真性。这是马克思历史现象学的基本内容。它不是黑格尔精神现象学面对的主观现象，也不是费尔巴哈和青年马克思原来那种否定现实经济现象的人本主义社会现象学，马克思当时的历史现象学尚未纠正社会关系的客观颠倒，这种颠倒的消除不可能在观念中实现，而只能由物质变革来完成。马克思所建立的科学的社会历史的现象学要说明资本主义经济现象中的这种颠倒是如何历史形成的，它要揭露资本主义生产方式中客观颠倒的社会关系，最终揭露资本主义经济剥削的秘密。在这一点上，戈德利尔的描述是准确的："马克思之所以伟大，就在于他对商品、货币、资本等的分析，'真实再现了'在资本主义生产方式中以颠倒的形式表现在人们日常生活中或观念上的各种事实，阐明了社会关系所带有的那种虚幻性。"③

具体地说，马克思必须面对复杂的物、物相、外在关系、颠倒了的关系、物化关系、非主导性的关系（如过去了的封建关系），在科学的历史抽象中找到原有的关系（简单关系），再一步步再现今天真实的复杂关系和颠倒了的社会结构。这不是直观或抽象反映，而是一种重构式的反映。

---

① 《马克思恩格斯全集》第26卷第2册，人民出版社1973年版，第241页。
② 《马克思恩格斯全集》第46卷上册，人民出版社1979年版，第166—167页。
③ ［法］戈德利尔：《境界，人类学中的马克思主义的历程》，巴黎，1972年。转引自［日］栗本慎一郎：《经济人类学》，王名等译，商务印书馆1997年版，第23页。

这里既要一步步破除社会关系中由于颠倒产生的迷碍，获得史前的简单的社会关系；又要从这种抽象的关系一步步复归于颠倒的各种复杂的经济具象；更重要的是要深刻揭示这种颠倒关系在资本主义社会中的客观意义，即客体向度与主体向度中两种不同的价值指认，如人类劳动—交换关系—价值实体化—价值形式—货币—资本—信用。马克思对资本的批判，是对颠倒的人类本质的科学描述与批判，所以资本不是物，而是人的被颠倒的关系。恰恰是由于商品经济，才有了人自己创造的世界；有了交换价值，才会达到人类社会生存的高级阶段。资本的逻辑是在时空展开的人的世界历史，但这是一个颠倒的人类历史，因为人的发展采取了物的发展形式。在这个意义上，马克思的历史现象学正是他政治经济学革命的内在逻辑前提，这是过去我们传统研究没有认真注意的方面。①

我以为，《1857—1858年经济学手稿》是马克思资本主义批判的现象学，马克思在这里一层一层去掉现象，使本质表现出来。《1857—1858年经济学手稿》是马克思经济学—哲学研究的真正思想实验室，一些重大的理论问题正是在这里得以解决。1860年手稿已经在走向真正意义上的经济学研究，而《资本论》则是马克思经济理论的"逻辑学"，话语没有变，但形式变了。马克思在狭义历史唯物主义和社会认识论基础上建构的历史现象学，始终是与他的经济学科学的创造性思想实验发生发展的。他并没有在经济学之外以纯哲学的话语直接表述历史现象学，这是造成后来我们无法从经济学研究过程中剥离出这一深层理论话语的原因。特别是当我们把马克思主义的学科边界不恰当地硬化时，尤其会导致理论解读上的迷误。②

---

① 我注意到：在这一主题上，赫尔米希的著作《"颠倒的世界"是马克思著作的基本思想》（法兰克福，1980年）；缪勒指认了在社会历史的"自然次序"与现实次序颠倒的"假象之谜"（［民主德国］缪勒：《通往〈资本论〉的道路》，钱学敏、靳易生译，陈征田、俞长彬校，山东人民出版社1992年版，第20页）；科西克在《具体的辩证法》中所批判的"操持的"假象世界，可是，他执着地坚持一种早期海德格尔式的人本主义逻辑（［捷］科西克：《具体的辩证法》，傅小平译，社会科学文献出版社1998年版）。

② 参见张一兵：《回到马克思——经济学语境中的哲学话语》，江苏人民出版社1999年版。

《资本论》：一种历史现象学的成熟表述[①]

张一兵

我已经说过，《1857—1858年经济学手稿》是马克思在狭义历史唯物主义和历史认识论基础上建立的历史现象学，而后来的《资本论》则是他系统理论表述的"逻辑学"。[②] 但仔细去分析，马克思在《资本论》中全面说明和表述政治经济学理论的同时，他在哲学意义上建构的历史现象学批判也有了进一步更加成熟的表述。与马克思在《1857—1858年经济学手稿》那种艰难的理论逻辑建构不同，这是将科学的理论思路有条理地呈现出来的过程。在此，我们简要地概述一下马克思在《资本论》中对历史现象学精彩的分析。

一、倒立跳舞的桌子与商品拜物教

马克思对历史现象学的表述主要集中在《资本论》第一卷的第一至四章中。我注意到，马克思的历史现象学批判是与他对资本主义三大拜物教的证伪分析直接联系在一起的。这也意味着，马克思是将这三大拜物教所顶礼膜拜的三层物相，直接作为他历史现象学逐层穿透和剥离的假象视域。这实际上与他科学的经济学分析是并行的。在这里的讨论中，我们不打算按照马克思的经济学思路展开，即不是以文本学的模式逐一提出和解

[①] 原载《社会科学战线》1999年第3期。
[②] 参见张一兵：《马克思哲学理论发展的三个制高点》，载《哲学动态》1997年第6期。

决问题，而是以最清楚和概要的线索提要马克思这一独特的历史现象学批判。

我已经讨论过马克思的三大拜物教理论。① 在此我只是再从历史认识论的视域中强调一下马克思在社会经济生活中使用的拜物教与原始拜物教的区别。在远古时代的自然崇拜和图腾意识中，那真是外部自然客观物或神秘力量之崇拜，而在马克思这里，则主要指认一种人们无意识发生的对社会存在物（关系）的崇拜，并且是颠倒了的物相（假象关系）。相比之下，这种社会经济拜物教是更加复杂的。它的中心偶像是一种非物形非人形的东西，甚至人还不知道崇拜的实质上是什么。崇神时，知道它是一个超人超自然的东西，商品、货币与资本除去它们的一般物质承担体，其本质甚至是想象不到的。颠倒的假象视域是经济拜物教的重要层面。

首先是商品拜物教的假象视域。马克思的分析是从我们的感官可以直接达及的经验层面开始的。他说，我们在日常生活中一般地面对任何一个物品，都不会有什么不能认知的神秘感。如一张桌子，木制有形，可站立并能放置物品。此时，桌子并没有任何"形而上学的烦琐性和神学的微妙性"。自然唯物主义和一切旧唯物主义的正确前提都基于这个直观的真实性。当然我们这里会承认桌子已经是人类劳动的制品，在使用中，它实现着一种物对人的需要的社会生存的功用性。可就是在效用这一层面，也不会出现什么神秘感。但是，同样是这张桌子，它"一旦当作商品出现，它就成了一个可以感觉而又超于感觉的东西。它不仅用脚直立在地上，而且在它对其他一切商品的关系上，用头倒立着，并从它的木脑袋里，展开比桌子自动跳舞还不可思议得多的幻想"②。这就是说，一张桌子在过去的社会中，通过劳动制作它是为了放置物品。生产是为了使用。而在商品经济中，产品作为商品（用于商业交换的物品）被生产出来，首先不是为了使用，而是交换并通过交换实现桌子所代表的价值。这种桌子的价值属性不是它物的属性，也不是它自身的效用功能，而是一种特定的社会关系。特别是在资本主义经济生活中，桌子的这种属性是以物的形式颠倒地表现这

---

① 张一兵：《马克思历史辩证法的主体向度》，河南人民出版社1995年版。
② 马克思：《资本论》第1卷，郭大力、王亚南译，人民出版社1953年版，第47页。

一社会中无法直接呈现的人对人的社会关系。这是桌子在自身处于使用功效的价值关系外,另一种用于在交换中实现自己包含的劳动的社会性价值关系。

马克思说,这"正如一物在视神经中留下的光的印象,不是表现为视神经本身的主观兴奋,而是表现为眼睛外面的物的可感觉的形式。必须补充说,在视觉活动中,光确实从一个外界对象射到另一个外界对象即眼睛。这是物理的物之间的物理关系。但是,价值形式和劳动产品的价值关系,是同劳动产品的物理性质完全无关的。这只是人与人之间的一定的社会关系,但它在人们面前采取了物与物之间的关系的虚幻形式。我们只有在宗教世界的幻境中才能找到这个现象的一个比喻。在那里,人脑的产物表现为具有特殊躯体的、同人发生关系并彼此发生关系的独立存在的东西。在商品世界里,人手的产物也是这样,这可以叫做拜物教。劳动产品一旦表现为商品,就带有拜物教性质,因此拜物教是同这种生产方式分不开的"①。商品拜物教是资本主义生产方式特有的物相。为什么会发生这种物相的颠倒呢?

面对商品,一般我们都能注意到它同时具有用于直接使用的价值和用于在市场中交换的价值。"我们按照普通的说法,曾经说商品是使用价值和交换价值。准确地说,这种说法是错误的。"因为交换价值只是价值在市场交换中的表现形式,它通常是以价格实现出来。② 相对于价值,"交换价值总只能是某种包含在其中但还是能够和它相区别的东西的表现方式,'现象形态'"。③ 所以,"商品是使用价值或使用品和'价值'。但是,一个商品只要它的价值取得一种特别的、和它的自然形态不同的现象形态,交换价值的形态,它就会表现为这样一个二重物。在孤立的考察下,它是没有这个形态的,要有这种形态,它就必须和第二种不同的商品发生价值关系或交换关系"④。"当作使用价值,各种商品首先是异质的;当作交换

---

① 马克思:《资本论》第1卷(法文修订版),中国社会科学出版社1983年版,第52页。
② 马克思这里的"曾经说",是指在《1857—1858年经济学手稿》中,他还没有严格区分出这二者。——作者注。
③ 马克思:《资本论》第1卷,郭大力、王亚南译,人民出版社1953年版,第7页。
④ 马克思:《资本论》第1卷,郭大力、王亚南译,人民出版社1953年版,第34页。

价值，它们却只能是异量的，所以不包含任何一个使用价值原子"①。我们可以看到，马克思所讲的这些商品的属性和表现形态本身，都不是我们通过感官直接能够把握的东西，这是历史唯物主义所指认的非直观的社会存在和社会关系的本质规定。"商品的价值纯然是这些物品的'社会存在'，所以它也只能通过商品的全面社会关系来表现。"②

马克思分析道："在一切社会形态内，劳动产品都是使用品，只有在一个历史规定的历史时期，才把一个有用物品生产上支出的劳动，表现为它的'对象性'属性，那就是表现为它的价值，并且把劳动产品转化为商品。"③ 这个特殊的历史时期就是资本主义社会。这是由于广泛的社会分工和劳动分工，个人成为孤立的个体，他们的片面的劳动活动根本不能独立存在，他们的劳动产品无法直接实现出来，只能通过市场交换的中介，劳动才能与生产结合，劳动产品才能得以实现。这样，交换才成为生产的目的。在这之前的手稿中马克思曾经说，对于社会的人，"只要说他生产商品，那就是说，他的劳动具有片面性，他不是直接生产他的生活资料，而只是通过把自己的劳动和其他劳动部门的产品相交换来获得这些生活资料"④。在这种社会中，"人们在他们的社会生产过程中的原子一样的行为，他们自己的生产关系的物质形式，那种不受他们统制，并且和他们个人意识行为相独立，不以它为转移的物质形式，首先是由他们的劳动产品的一般采取商品形态这一件事而显现出来"⑤。也只是在这里，才必然形成了这样的局面，即"一切劳动，一方面都是人类劳动力生理学意义上的支出。并且，当作等一的人类劳动或抽象的人类劳动，它形成商品价值。一切劳动，另一方面又都是人类劳动力在特殊的有一定目的的形式上的支出。并且，当作具体有用的劳动，它生产使用价值"⑥。这是历史形成的劳动的二重属性，即抽象劳动和具体劳动（一般社会劳动和特殊的个人劳

---

① 马克思：《资本论》第1卷，郭大力、王亚南译，人民出版社1953年版，第8页。
② 马克思：《资本论》第1卷，郭大力、王亚南译，人民出版社1953年版，第41页。
③ 马克思：《资本论》第1卷，郭大力、王亚南译，人民出版社1953年版，第35页。
④ 《马克思恩格斯全集》第47卷，人民出版社1979年版，第303页。
⑤ 马克思：《资本论》第1卷，郭大力、王亚南译，人民出版社1953年版，第71页。
⑥ 马克思：《资本论》第1卷，郭大力、王亚南译，人民出版社1953年版，第18页。

动）在不同层面所形成的两种价值关系。

可是，刚才我们所说的商品的神秘性是从何而来的？马克思说，"人们把他们的劳动产品看做价值，使它们互相发生关系，不是因为这些物品在他们看来不过是同种人类劳动的物质外壳。恰好相反，人们是在他们交换中把不同种劳动看做价值，使他们互相均等的时候，把他们的不同劳动当作人类劳动，使它们均等起来的。他们不知道这一点，但是他们这样做着。价值没有在额门上写明它是什么。宁可说它把每一个劳动产品转化成了一个社会的秘密象形文字。"① 而当这种社会关系属性通过物实现出来的时候，它就成为"劳动社会性质的物质假象"。这是神秘性的发生。

马克思指出："商品形态所以是神秘的，不过因为这个形态在人们眼中，把他们自己的劳动的社会性质，当作劳动产品自身的物质性质，当作这种物品的社会的自然属性来反映，从而，也把生产者对社会生产的总劳动的社会关系，当作一种不是存在于生产者之间而是存在于客观界各种物品之间的社会关系来反映。"② 在不久前写下的手稿中，马克思曾经说，"资本主义生产的当事人是生活在一个由魔法控制的世界里，而他们本身的关系在他们看来是物的属性，是生产的物质要素的属性"。③ 这就是一种极大的神秘倒错，即由于无法透视颠倒了的物化社会关系，将这一关系产生的非实体社会存在错认成物品本身的属性。这就是商品拜物教的真实发生。而"我们只要逃到别的生产形态中去，商品世界的一切神秘，在商品生产基础上包围着劳动产品的一切魔法妖术，就都立刻消灭了"④。比如在资本主义社会以前的封建社会中，"无论我们怎样判断封建社会内人们互相对待的装扮，人与人在劳动上缔结的社会关系，总是表现为他们自己的人的关系，而不会假装为物与物、劳动产品与劳动产品间的社会关系"⑤。很显然，这里马克思对拜物教的分析不是人本主义价值悬设的"应该"，而是现实历史发展中的"先有"（前资本主义社会中人与人关系的直接形

---

① 马克思：《资本论》第1卷，郭大力、王亚南译，人民出版社1953年版，第50页。
② 马克思：《资本论》第1卷，郭大力、王亚南译，人民出版社1953年版，第48页。
③ 马克思：《剩余价值理论》第3册，人民出版社1975年版，第571页。
④ 马克思：《资本论》第1卷，郭大力、王亚南译，人民出版社1953年版，第52页。
⑤ 马克思：《资本论》第1卷，郭大力、王亚南译，人民出版社1953年版，第53页。

式）与"后有"（资本主义社会中物化的经济关系）的关系。

二、一般社会财富与货币拜物教

如果说，马克思对商品拜物教的分析是他历史现象学批判所剥离的第一个现象层面。这种物相式的颠倒对人的迷惑还不是拜物教的深度模式。这也就是说，"商品世界具有的拜物教性质或劳动的社会规定所具有的物的外观"，还只是第一现象层级的。"商品形式作为资产阶级生产的最一般和最不发达的形式（所以它在早期的生产阶段上就出现了，虽然它不是统治的、从而是典型的形式），还比较容易看得清。"① 那么货币拜物教，则是他对资本主义复杂的物化和颠倒的社会关系结构第二层级的揭露。

我们都知道，资本主义社会是一个金钱世界。在现实的资本主义经济运作中，前面讲的商品交换和价值的实现都是以兑换为货币为终点的。所以在这种社会生活里，"所有的东西，无论是不是商品，都要转化为货币。一切东西都成为可以买卖的。流通变成了社会的大蒸馏器。一切物都被抛到里面去，以便当作货币结晶再从那里出来。连圣骨也抵抗不了这个炼金术；人们商业范围以外的更为微弱的圣物，就更是抵抗不了"②。货币是资本主义社会唯一通向社会实现的道路，由此，金钱成为人们拼命追求的东西是必然的，货币成为神也是自然的。

面对这种现象迷误，马克思说，"我们现在要做一种资产阶级经济学家从未尝试过的工作，那就是指出这个货币形态的发生过程，研究商品价值关系中包含的价值表现，怎样从最简单最不引人注意的形式，发展到迷人视觉的货币形态"③。因为，商品的交换价值还是通过与另一种物品的交换关系表现出来的，这还有可能让人想到其中隐匿着某种社会关系。而在货币形式上，连社会关系的这点痕迹都消失了。依马克思的分析，在货币

---

① 《马克思恩格斯全集》第23卷，人民出版社1972年版，第99页。
② 马克思：《资本论》第1卷，郭大力、王亚南译，人民出版社1953年版，第113—114页。
③ 马克思：《资本论》第1卷，郭大力、王亚南译，人民出版社1953年版，第20页。

上拜物教的性质更加深了。

我们知道,货币是在商品交换中历史地形成的。开始是物物交换,随着商品交换量的增加和规模的扩大,人们需要一种交换中介作为交换尺度的等价物,这个"等价物就是人类劳动"——交换中必然出现的劳动(价值)关系。开始,价值关系的抽象是通过具体物品代表的特殊等价物,在交换的历史发展中,特殊的等价物发展为一般等价物,这个一般等价物往往通过一些特殊的物品来表现,在这个一般等价物身上,物品的价值"现在成了一切人类劳动的可见的体化物、一般的社会蛹化物"①。最终,出现了代表一般社会财富的货币。"像商品的一切性质上的差别会在货币上面消灭一样,货币从它那方面说,也和一个彻底的平均主义者一样,会把一切差别消灭。不过货币本身也是一种商品,一种可以为任何一个人私有的外界物。社会的权力因此就变成了私人的私有权力。"② 好了,看不见的交换关系,现在有了自己感性的物质呈现体。货币消灭了真实发生在人与人之间的一切差别,遮蔽了现象背后的一切。社会关系的神秘性现在干脆成了无解之谜。

马克思认为,正是在货币这个等价形态上,实际上发生了商品经济现象的三重颠倒:(1)"使用价值成为它的反对物价值的现象形态"。本来,"使用价值"(物品的效用)是任何产品本然规定性,可是在不断发展的交换过程中,充当物与物交换中介物的价值反倒成为人们首先追逐的主体,因为有了它——货币就可以占有一切,这样,"使用价值"反而成了货币实现出来的表象。货币使人与人之间的关系颠倒了。(2)具体劳动成为它的反对物"抽象人类劳动的现象形态"。本来,具体劳动使真实改变物质对象的活动,抽象劳动不过是具体劳动的一种一般等值规定,可是现在货币这种抽象劳动的代表却成了一切具体劳动的统治者。(3)"私人劳动成为它的反对物的现象形态,即直接社会形态上的劳动"。个人劳动与社会劳动成为直接对抗的矛盾。这三重颠倒就直接导致货币的障眼法,原来是奴仆的中介性变成了万物之神。

---

① 马克思:《资本论》第1卷,郭大力、王亚南译,人民出版社1953年版,第41页。
② 马克思:《资本论》第1卷,郭大力、王亚南译,人民出版社1953年版,第113—114页。

马克思说,"当一般等价形式专门同一种特殊商品结合在一起,即结晶为货币形式的时候,这种假象就完全确立起来了。一种商品成为货币,似乎不是因为其他商品都通过它来互相表现自己的价值,相反,似乎因为这种商品是货币,其他商品才通过它来表现自己的价值。起中介作用的运动在它本身的结果中消失了,而且没有留下任何痕迹。商品没有出什么力就发现它们自己的价值表现并固定在一个与它们并存、在它们之外的商品体中。这些简单的物,即银和金,一从地下出来,就立即表现为一切人类劳动的直接化身。货币的魔术就是由此而来的。"① 因此马克思说:"货币拜物教的迷,就是商品拜物教的迷,不过它已经变得显著,迷惑着人们的眼睛。"② 并且,这个被物化和颠倒了的"价值表现的秘密——一切劳动都相等的,性质相等的,因为一切劳动广泛地说都是人类劳动,并以此为限,——要到人类平等的概念已经取得民众信仰的固定时,方才能得到解决"③。

三、能生钱的钱与资本拜物教

在前面马克思关于商品拜物教和货币拜物教的分析中,我们已经可以初步了解到社会经济生活中这种拜物教的发生和基本存在状况。这也是我们在现实中能够直接碰到的现象。可是,在资本主义社会的经济生活中,还有一种绝大多数人根本无法直接面对的拜物教——资本拜物教。这也是马克思历史现象学主要透视的社会本质关系。马克思后来说,拜物教的"这种神秘的性质,把各种有财富生产上的各种物质要素作为担负物的社会关系,转化为物品本身的属性(商品),并且还更加显著地把生产关系本身也转化为一个物品(货币)。一切有商品生产和货币流通的社会形态,都不免有这种颠倒。但是说到资本主义生产方式和资本(资本主义生产方

---

① 马克思:《资本论》第1卷(法文修订版),中国社会科学出版社1983年版,第1页。
② 马克思:《资本论》第1卷,郭大力、王亚南译,人民出版社1953年版,第71页。
③ 马克思:《资本论》第1卷,郭大力、王亚南译,人民出版社1953年版,第33页。

式的统治的范畴，它的决定的生产关系），这个荒唐的颠倒的世界就会更厉害得多地发展起来"①。

前面我们已经知道，货币是交换和商品流通的产物，马克思说，货币"正是资本最初的现象形态"②。从历史上看，资本总是出现在货币的形态上，它作商业资本和高利贷资本与土地所有权对立。可是，说货币是资本的现象，在我们的经济生活中（包括今天的中国社会生活）却又是一个常见到的现象。因为第一个新的资本总是以货币的形式来到市场中的。产业资本家来到劳动力市场，商业资本家来到商品市场，以及金融资本家来到货币市场，手上拿着的一定是钱。正是这个钱，经过一定的过程，就变成了资本。

马克思让我们注意在市场经济中的两个不同的流通过程：一是为买而卖的商品—货币—商品（$W—G—W$）；另一个是为卖而买的货币—商品—货币（$G—W—G$）。马克思分析说，前一个过程中的货币是"当作货币的货币"，而后一个过程中的货币则是"当作资本的货币"。在前一个过程中，货币真的是付出了，而后一个过程里，人们让"货币走开，只是因为他怀着狡猾的意图，要把它再取回。所以，货币只是被垫付"③。前一个过程中，使用价值是目的，而后一个过程，为的却是交换价值。更重要的是，在前一个过程中，交换中商品与商品是等值的，而在后一个过程的结束时，"最后从流通中取出的货币，会比原来投入的货币更多"。$G—W—G$ 成了 $G—W—G'$。正是这个 G' 的"多"，这个能生出钱来的钱，使货币成为资本。也因此，马克思把这个 $G—W—G'$ 称之为"流通领域里出现的资本的总公式"。④ 这个公式再简化一下，就出现了"最富有拜物教性质的形式"，即"$G—G'$"。这也就是生息资本。马克思曾说，生息资本是"纯粹的拜物教形式"，在这里，"物神达到了完善的程度"。因为在生息资本上，这个"自动的拜物教，即自行增殖的价值，会生出货币的货币，就纯

---

① 马克思：《资本论》第 3 卷，郭大力、王亚南译，人民出版社 1953 年版，第 971 页。
② 马克思：《资本论》第 3 卷，郭大力、王亚南译，人民出版社 1953 年版，第 133 页。
③ 马克思：《资本论》第 3 卷，郭大力、王亚南译，人民出版社 1953 年版，第 135—136 页。
④ 马克思：《资本论》第 3 卷，郭大力、王亚南译，人民出版社 1953 年版，第 144 页。

粹地表现出来了","并且在这个形式上再也看不到它的根源的任何痕迹了。社会关系最终成为物(货币、商品)同它自身的关系"。① 马克思说,作为生息资本的资本已经达到了"充分的物化颠倒和疯狂"②。正是这种特殊的"货币所有者,当作这个运动有感觉意识的担负者,变成了资本家"。并且,也"只有在抽象财富愈益增加的占有,成为他操作的唯一推动的动机时,他才是当作资本家、当作人格化的有意志和意识的资本,来发生作用"③。我们已经指出过,使用价值不是资本家的直接目的,"他的目的,也不是个别的利润,而是牟利行为和无休止的运动"④。资本家实际上不是作为真实存在的主体意义上的人,而是作为资本的追逐利润而活跃着。与此相对,工人倒成了无生命的劳动力工具。这就如伊格尔顿所说:"资本家和资本都是死亡了的生命形象,一方面有生命却麻木不仁,另一方面,没有生命的东西却活跃着。"⑤

马克思引导我们进一步分析,从现在能直接看到的表面现象来看,流通过程是以平等的交换实现的。可是,"如果是等价物相互交换,那不会有剩余价值发生",流通中"价值没有增加一个原子"。那么就出现一个矛盾,即资本家是从哪里多得到财富的?这个问题,在流通过程这一现象层面是无法回答的。为此,马克思又不得不再从抽象的社会本质层面说起。

马克思揭示道,资本根本不是资产阶级经济学家所说的任何一种物,而是一种历史性的社会关系。这是资本主义社会生产方式的本质。这种关系不是永恒的,而是有条件的。"它的历史存在条件,并不是有了商品流通和货币流通就已经具备。资本只能在那种地方发生,在那里,生产资料和生活资料的所有者在市场上遇见了自由的劳动者,那种出卖他本人的劳动力的人。"一方面是货币持有者,一方面是一无所有的劳动者,"这种关系,不是自然史上的关系,也不是一切历史时期共有的社会关系。那分明

---

① 马克思:《剩余价值理论》第3册,人民出版社1975年版,第503页。
② 马克思:《剩余价值理论》第3册,人民出版社1975年版,第503页。
③ 马克思:《资本论》第1卷,郭大力、王亚南译,人民出版社1953年版,第140页。
④ 马克思:《资本论》第1卷,郭大力、王亚南译,人民出版社1953年版,第141页。
⑤ [英]特里·伊格尔顿:《美学意识形态》,王杰等译,广西师范大学出版社1997年版,第192页。

是以往的历史发展的结果,是多次经济革命,一系列古旧社会生产形式灭亡的产物"①。"这一个历史条件,包括了一部世界史。所以,资本自它出现的时候起,就标志着社会生产过程的一个时期页。"②资本是一定的社会关系构成,即资本主义生产方式。

这样历史地去看,马克思就能使我们发现,在这种特定的生产方式的统摄下,资本家与工人的交换,实际上不是一般意义上的等价交换,资本家实际上是以一定数量的货币(劳动力的价值)交换了劳动能力的使用权,或劳动力本身的创造性发挥的可能性(而"劳动力的使用,就是劳动本身")。即"它的使用价值却是存在于以后的劳动力的运用中",交换与它的实际运用是两个不同的过程。问题就出在这里。"货币所有者在交换中得到的使用价值,首先表现在劳动力的实际消费,它的消费过程中"。而正是这个"劳动力的消费过程,同时即是商品和剩余价值的生产过程"③,从我们看到的那个公平的交换流通过程中出现的那个令人不解的多出来的"G",正是从这个流通过程背后的生产过程中创造出来的。

马克思反讽地说:"现在,让我们离开每一件事情都在众目昭彰情形下进行的喧哗地带,同货币所有者和劳动力所有者,到静悄悄的生产场所去罢。那里大门上挂着'非公莫入'的牌子。在那里,不仅可以看到资本怎样生产,而且可以看到资本怎样被生产,赚钱术的秘密最后一定会暴露出来。"④马克思深刻地指出,资产阶级的自由平等只是一种社会经济假象上的意识形态幻觉。"劳动力的买卖是在流通领域或商品交换的领域的范围内进行。这个领域,实际是天赋人权的真正乐园。"资产阶级和一切"庸俗自由贸易贩子",是从简单流通或商品交换的领域,借取观念、概念和标准,来判断资本和工资雇佣劳动的社会的。这是资产阶级政治无意识的本质。而一旦离开这个虚假的平等交换和流通过程,那里只有作为吸血鬼的资本家和等待被剥皮的工人。"当作资本家,他只是人格化的资本。

---

① 马克思:《资本论》第1卷,郭大力、王亚南译,人民出版社1953年版,第159页。
② 马克思:《资本论》第1卷,郭大力、王亚南译,人民出版社1953年版,第160页。
③ 马克思:《资本论》第1卷,郭大力、王亚南译,人民出版社1953年版,第167页。
④ 马克思:《资本论》第1卷,郭大力、王亚南译,人民出版社1953年版,第167页。

他的灵魂，便是资本的灵魂。资本有一个唯一的生命冲动，那就是增殖价值，创造剩余价值，用它的不变部分（生产资料）来吸收可能最大量剩余劳动的冲动。资本是死的劳动，像吸血鬼一样，必须吸收活的劳动，方才活得起来，并且，吸收的愈是多，它的活力就愈是大。"① 这就是在交换流通领域之外发生的一切，这也正是要被遮蔽起来的真相。这是平等假象背后真实的不平等，公正之后的不公正。因为，事实存在着的社会关系正是在这里被根本地颠倒了。这就是劳动与劳动成果的关系。"资本主义生产所特有并且可以作为特征来看的颠倒，是死劳动和活劳动（价值和创造价值的能力）的关系的颠倒。"② 本质上明明是工人通过劳动养活了资本家，可却颠倒地表现为资本家发给工人工资养活工人。真相明明是资本家用过去工人创造的死劳动与工人交换，这种交换的实质是资本家获得了可以创造剩余价值的劳动源泉，可是这种不平等在现象上却表现为一种恩慈和博爱。

到这里，我们已经看到这个表面美好的资本主义世界从根本上是颠倒的。这是一个多重颠倒的着魔的、以假象遮蔽本质的伪世界（科西克语）。依马克思后来的说法："资本主义生产方式的神秘化，社会关系的物化，物质生产关系和它的历史社会规定性直接融合在一起的现象已经完成：这是一个着了魔的、颠倒的、倒立着的世界。在这个世界里，资本先生和土地太太，作为社会的人物，同时又直接成为单纯的物，在兴妖作怪。"③ 现在我们也终于不难理解，马克思的科学的历史现象学，为什么要透过表面的物相和颠倒的假象，在现象的层层剥离之后，才会最终建构起来。马克思说："如果现象形态和事物的本质会直接合而为一，一切科学就成为多余的了。"④ 我们可以再说，如果资本主义经济形态的颠倒和物化现象会与它的生产方式本质直接等同，历史唯物主义和历史现象学都会是多余的了。马克思的历史现象学，显然离今天的中国社会生活很近。

---

① 马克思：《资本论》第1卷，郭大力、王亚南译，人民出版社1953年版，第233页。
② 马克思：《资本论》第1卷，郭大力、王亚南译，人民出版社1953年版，第324页。
③ 马克思：《资本论》第3卷，郭大力、王亚南译，人民出版社1953年版，第974—975页。
④ 马克思：《资本论》第3卷，郭大力、王亚南译，人民出版社1953年版，第959页。

"回到马克思"的原初理论语境[①]

张一兵

我的《回到马克思——经济学语境中的哲学话语》（以下简称"回到马克思"）一书在1999年出版时，有些批评和误读是事先想到的，可后来出现的某种言说倒真是出乎意料。意料之中的东西，首先无非想到过理论前辈们可能愤怒地声讨我的轻狂："回到马克思？人家都没有弄懂？"其次，会是那些布尔乔亚自由主义者们的嘲笑声："现在还在折腾马克思？"意料之外的是，一些中青年马克思主义学者却从"回到马克思"中嗅出了历史的"霉腐"味道，然后，"马克思是我们的同时代人"被升腾为一种口号，以马克思主义的现代性旨趣来拒斥据说是面向过去的"原教旨"情结。对于这一类反应，原来我倒真没有思想准备。不过，现在我愿意接受这一挑战性的解读，再次回到"回到马克思"这一话题上，以对话的姿态重现这一理论工程的原初讨论域。我曾对这个学术目标作了如下的概括："在文本学的基础上，通过对马克思经济学研究语境中隐性哲学话语转换的描述，实现一个90年代中国马克思主义研究中应该提出的口号：'回到马克思'。"[②] 这一段话，如果加上"历史现象学"就涵盖了本文所要讨论的几个问题。

[①] 原载《中国社会科学》，2001年第3期。
[②] 参见张一兵：《回到马克思——经济学语境中的哲学话语》，江苏人民出版社1999年版，"序言"，第8页。

一、我们在什么意义上言说"回到马克思"？

在某些学者那里，"回到马克思"的理论意向被狭义地修饰成一种"原教旨"意味，误导读者形成一种错误的理解，似乎"回到马克思"不是要重建我们从未达及的全新（文本阐释）的历史视域以使我们真正有可能重新建构马克思思想的开放性和当代生成，而是唆使人们脱离现时代、无视当代资本主义的最新发展和中国改革开放的实际，回到过去的书本停留在对文本进行一般的考古学诠释上，把马克思哲学演变成一种"理论实体主义"的文牍运作。这真算是一种很聪明的策略。原由很简单，这是一种话语权的维护。如果传统解释框架中马克思的语境不是现成性的终结之物，它自然是可重新生成的〔无论是《马克思恩格斯全集》历史考证第二版（以下简称 MEGA^2）的新文本，还是传统文本在当代理论视域中的全新解释效果〕，这就必然会使那种特定历史条件下铸成的体系哲学丧失权力话语的居上地位。所以，拒绝历史语境的开新是维护一种旧有的持存性，即马克思是现成的（解释学意义上的终结性），因此现在的事情只要宣布"马克思是我们的同时代人"就行了。事情果真如此吗？

对"回到马克思"的拒绝潜藏了一种理论无根性的恐慌。由于过去我国的马列经典文献的翻译基本依赖前苏东马列编译局的前期工作，中国读者并没有经过自己对第一手文献所进行的认真深入的解读，形成我们自己独立的、符合原创性的见解并在此基础上与马克思达到的历史语境相交融。这种情况的出现，排除政治意识形态的原因，更主要的是源于方法论前提上的错误预设，即马克思是可以现成地"居有"的，似乎只要翻译一套全集打开一部文本，马克思的思想便毫无遮蔽地在一个平面上全盘展开，剩下的只是根据我们现实的需要，任意地对其中的片段进行同质性（从第一卷的第一页，到最后一卷的最后一页）的抽取，拿它"联系实际"，拿它来与当代对话，拿它作为"发展"的前提。马克思学说的历史性生成在这里荡然无存。人们甚至根本意识不到苏东传统教科书解释框架对马克思文本先在的结构性编码作用。其实,所谓"回到马克思"不过是对此进行祛魅的一种策略罢了。

在解释学的常识中,任何"回到"都只能是一种历史视域的整合。同样,"回到马克思"中的这种"返本"也不是出于"顽强的崇古意识"、"退回到马克思的原典上去",而是要摆脱对教条体制合法性的预设,消除现成性的强制,通过解读文本,实现中国人过去所说的"返本开新"。"回到马克思"本身就已经是带着我们今天最新的方法和语境在一个开放的视域中面对马克思了。

事实上,马克思哲学必须走向当代从来就是一个不争的事实,关键在于这一意向生成现实何以可能。是回避马克思哲学在教条主义解读模式下形成的历史视域之必然消解麻木地以其为前提口号化地制造一种马克思当代化的宏大叙事,还是勇于重释旧经典,正视新文本,在一种新的历史视域中真正解决当代生活世界的新问题?这可能是我们争论这一问题的实质所在。"马克思是我们同时代的人",作为一种理论口号,这是萨特在20世纪50年代、德里达在90年代相同口号的某种摹写。但需要追问的是,实现马克思之思的当代性言说,究竟是在一种"在手"状态的外在层面上使马克思的思想与"当代人的生活旨趣"做简单的对话,还是准确地捕捉到马克思思想逻辑最重要的问题契合点,以造成一种新的"接着说"的学术创新关系?这也是我在这一问题上的一个关键的异质性思考点。

我坚持认为,假如没有一个对马克思哲学文本(特别是$MEGA^2$)的第一手精心解读,没有对马克思思想发展脉络的科学的全面把握,就不可能真正实现马克思哲学的当代性言说,即使强制性地生造出马克思与某种当代思潮的"对话",这些"对话"实际上无不是在现成性教条体制统摄下的一种外在链接。

二、什么是文本学的解读模式?

我明确提出了在马克思哲学研究中关注解读模式的重要性。在我们今天的学术讨论中，这仍然是一个没有被认真对待的方法论问题。学者们明明据以不同的研究方式，却以不同的理论尺度争论同一个问题。比如"人学"、"实践唯物主义"等专题问题，还有青年马克思的《1844年经济学哲学手稿》、晚年马克思的"人类学笔记"等重要文本的重新阐释。人们在争论问题前谁都不去首先确定自己的理论前提，即是在什么意义上、何种解读模型中涉入一定的理论讨论域的。这不能不说是一个必须加以认真注意的学术规范问题。

依我的观点，"以不同的话语、不同的阅读方式面对相同的文本其解读结果可能会是根本异质的。还原到我们这里的研究语境，即以不同的解读方式面对马克思的文本会产生出截然不同的理论图景"①。也因此，我明确区分了在理解马克思哲学发展史上客观存在着的"五大解读模式"，即西方马克思学的模式、西方马克思主义人本学的模式、阿尔都塞的模式、苏东学者的模式和我国学者孙伯鍨教授的模式。孙教授早在20世纪70年代就以对马克思主义哲学经典原著的精心深入的解读而著称。除去他"马克思恩格斯思想的两次转变论和《1844年经济学哲学手稿》中的两种理论逻辑相互消长的观点"，对我影响极大的就是他这种独特的文本研究法，也正是这种解读模式我称之为文本学的研究模式。对此，我再作一些说明。

这里所谓的文本学的对象域就是过去传统意义上的"马克思主义经典原著研究"。专门标识文本学这样一个新概念，为的是要明确造成一种理论逻辑上的分界。虽然文本学也是研究经典著作，但其基本的认知模型和方法与传统的原著研究已经相去甚远。从狭义的文本学角度来看（广义的文本可以泛指一切可解读的对象），所谓"文本"，并非仅指特定论著中文字的总和，同时，文本的建构也背负了一个极其复杂的历史语境。任何文本的生成，都必然与作者历史的文化背景和写作背景密切相关，并且，由于作者本身的认知系统在创作文本的过程中是随着思的动态语境而改变的，这就必然决定了一个作者的文本本身不是一个静止同一的对象。文本

---

① 参见张一兵：《回到马克思——经济学语境中的哲学话语》，江苏人民出版社1999年版，"序言"，第2页。

自它诞生之日起,作者就已经"消隐"了(福柯在同一意义上说"作者死了"),我们所能遭遇和对话的永远是历史性的文本而非作者本人(这一点对已故的文本作者表现尤为突出,马克思也在此列)。因此,文本所蕴涵的思想不是在其字里行间的显性逻辑中呈线性地自行展开,它需要阅读主体通过自身的解读来历史性地获得。于是,读者的"支援背景"便在很大程度上影响了解读过程。伽达默尔所说的文本诠释中不同视域历史性融合和作为解释结果的"历史阐释效果",都说明了这个意思。而与伽达默尔的解释学最根本的不同,是我注明的文本学没有任何本体论的僭妄。

马克思主义经典原著传统研究中的主导话语和言说方式始终是非反思性的。以哲学文本为例,原著研究即用所谓教科书式的"哲学原理"非历史地反注马克思的文本和手稿,马克思原来文本写作中的历史性生成和针对不同对象的理论专题,被非历史地分割成"哲学基本问题"、"辩证法"、"认识论"和"历史观"。这里发生的问题是,马克思哲学文本被非历史地"原理化"了,实际上变成了一种荒谬的"按图索骥"。更有甚者,不同时期文本的异质性也一再被忽略,成了完全同质性的、可以任意援引的"语录堆砌体"。正是这样一种方法论上的误区,导致了我们关于马克思哲学文本的研究长期低水平徘徊,理论创新缺乏活力。我认为,要改变这一状况,只有借助于历史性的"文本学解读",使过去在传统解读构架内的熟知文本重新"陌生化",以建构一种全新的历史性理解视域。由于文本的形成过程不是一个静止的或线性的思维直叙,也不是一个毫无异质性的自我"独白",而是作者在与他同时代的人的思想交锋和碰撞中陆续形成的(大量的文本群就尤其如此),这就决定了文本的解读必须建立在发生学基础上,从历史性中去评估其在理论建构中的真正价值。如果转换到对马克思哲学文本的历史性解读上,就是坚决将体系哲学的前见("原理")悬设起来,将原来的文本阐释结果加上括号,以历史本身的时间与空间的结构,让马克思文本的原初语境呈现出来,从而获得一种全新的理解结果。这实际上是一个马斯洛所说的"再圣化"的过程,它要求读者将已有的成见置于阅读行为之外,非直接性地面对文本,也即胡塞尔的"放弃现成的给定性",回到事物本身。而这正是"回到马克思"

的原初语境。

三、马克思经济学语境中的哲学话语

在对文本学的解读模式进行了方法论上的理论梳理之后,我们要进入一个更加具体而微观的话题中,即"回到马克思"所确立的新型解读视角,这就是从马克思经济学研究的深层语境中去重新探索他的哲学话语。

首先,从马克思一生的学术研究全程看,自他1842年下半年开始第一次涉足经济学研究起,经济学内容就始终在他中后期的学术研究中占到了70%以上的主要地位,到晚年这一比例甚至高达90%。1846年以后,对于作为马克思主义创始人的马克思来说,纯粹的哲学和科学社会主义研究,在独立的意义上根本从来没有存在过。马克思在对资产阶级政治经济学经典作家的文本解读中认识到,经济学所面对的种种状况正是当时的社会现实。用恩格斯的话说,在那时,经济就是唯一的现实。所以,从客观历史现实出发,首先要完成的便是对经济学的深入理解,也只有弄清这一主导性研究本身的真实历程,才能从根本上明白过去那种"纯而又纯"的哲学和科学社会主义发展线索的真实基础。

其次,从经济学语境中去探寻哲学思想内在脉络的意义,还在于打破传统解释构架中那种条块分割式的僵化理论边界。我认为,在我们传统的马克思主义理论研究中,过分硬化了马克思主义理论子系统之间的边界。这也就是说,在马克思理论研究的真实进程中,他的哲学、经济学和社会历史现实批判(科学社会主义)是一个完整的始终没有分离的整体,各种理论研究相互之间是渗透和包容的关系。所以,我们对马克思的经济学研究,不理解马克思的哲学观点不行,哲学分析完全离开马克思的经济学研究也同样不行,这两种研究脱离了马克思批判资本主义的现实目的更不行。研究马克思的哲学是一定要认真读懂马克思的经济学著作的,否则,将不可避免地流于形而上学的轻浮。这也正是"回到马克思"的原发性研究意图和全新视角所在。下面我将就马克思哲学思想发展中的三个理论制高点的发现来谈谈经济学研究的重要性。

青年马克思哲学思想的第一次转变，即从唯心主义转向一般唯物主义、从民主主义转向社会主义（共产主义）这一转变始发于《克罗茨纳赫笔记》，经过《黑格尔法哲学批判》和《论犹太人问题》，在《巴黎笔记》后期和《1844年经济学哲学手稿》中达至最高点。这是马克思在历史研究和与社会主义工人运动的实践接触的现实基础上进行经济学研究的结果。从当时欧洲思想史整体状况的视角来看，马克思的这一思想转变并非一种简单的理论创新，而是在诸多背景因素（包括费尔巴哈的一般唯物主义、黑格尔的辩证法和青年恩格斯、赫斯和蒲鲁东基于经济学的哲学批判和社会主义观点）制约下发生的逻辑认同。更重要的是客观存在于古典经济学中的社会唯物主义思路与方法，这一点恰恰是此时还处于人本主义异化史观构架中的青年马克思拒绝和否定的方面。如果不能通过马克思经济学研究的理论参照系来确证，对《1844年经济学哲学手稿》的解读则仍将是停留在"纯粹"哲学话语层面的名词释义罢了。那样，劳动异化史观被指认为唯物史观，人学被误识为马克思主义哲学，就不足为怪了。

马克思思想的第二次转变也即他的第一个伟大发现——广义历史唯物主义的创立才是真正意义上的马克思主义的哲学革命。它发生在马克思第二次经济学研究即形成《布鲁塞尔笔记》和《曼彻斯特笔记》的进程中，自《关于费尔巴哈的提纲》始，经过《德意志意识形态》，到马克思致巴·瓦·安年柯夫的信。这一转变最重要的理论基础是马克思对政治经济学科学批判基点的形成。我以为，除去社会主义实践和其他哲学观念的作用，马克思正是对古典经济学中斯密、李嘉图社会历史观的社会唯物主义的认同以及对资产阶级意识形态的批判性超越，才创立了历史唯物主义与历史辩证法。在这个意义上我们也可以说，马克思越是深入研究政治经济学，他也就越是接近历史唯物主义。历史唯物主义是马克思与以往的一切形而上学进行了"彻底决裂"之后，在经济学话语之上建立的新的哲学话语。这是一种全新的现实的历史话语。

马克思哲学思想的第三次重大转变仍然基于他的第三次经济学研究。这个过程从《哲学的贫困》开始，经过《1850—1853年伦敦笔记》，在

《1857—1858年经济学手稿》中基本完成。在我看来，这第三次转变并非异质性的思想革命，而是他哲学研究的进一步深入，即建立在狭义历史唯物主义和历史认识论之上的历史现象学的创立。其直接基础就是马克思在经济学中具有革命性突破的伟大发现——剩余价值理论的形成。1847年以后，马克思开始对以"资产阶级社会"为生产力发展最高点的人类社会历史进行科学的批判考察。面对资本主义大工业所实现的生产方式，他在完成政治经济学科学理论建构的同时，实现了以人类社会历史发展的生产力最高水平为尺度的对人类社会及其个体的现实存在的哲学的确证与批判。因此，在这一研究过程中，哲学探讨不但没有被放弃，反而获得了真正的实现。因为正是在马克思对前资本主义社会特别是资本主义社会的经济历史研究中，人类社会发展的历史本质才第一次得到了科学的说明，每一社会历史发展的特殊运行规律也才第一次被揭示出来。人与自然的关系、人与人的社会关系，第一次在真实的社会历史情境中被具体地指认。这也就是马克思创立的狭义历史唯物主义哲学理论的主要内容。在"资产阶级"社会化大生产过程中，分工和交换所形成的生活条件必然导致人的社会劳动关系（类）的客观外在化（价值）以及资本主义市场条件下进一步的物役性颠倒关系（资本），因此也就历史地构筑了有史以来在社会生活方面最复杂的社会层面和内在结构，这必然形成独特的历史认识论的全新哲学基础。而批判性地去除资产阶级意识形态拜物教，透过各种颠倒和物化的经济关系假象，最终科学地说明资本主义生产方式的本质，就是马克思新的科学批判理论——历史现象学的主体内容了。

四、"历史现象学"的基本含义

那么，我用来指谓马克思的科学批判理论的"历史现象学"，其真实内涵究竟是什么？与学界对上述研究方法的缄默态度不同的是，"历史现象学"这一概念提出以后，立刻遭到了一些学者的质疑，其中也包括我的老师孙伯鍨教授的批评。他们的疑问是：用"现象学"来指认马克思哲学的理论成果，其合法性何在？应该说，这是一个很有意义的提问。我以为，问题的关键是对"现象学"的历史界划。

自《逻辑研究》发表以来，现象学作为20世纪西方哲学的"显学"广为人知。只要一看见这三个字，人们很容易将它与胡塞尔、海德格尔等大师联系在一起。然而，必须声明的是，我使用这一概念的意义场，并不是来自胡塞尔的现代现象学，而是源于类似康德以后直至黑格尔所指称的古典意义上的现象学，它是在传统本体论和传统认识论之中生发出来的。与胡塞尔主张的"意识现象学"不同，这种现象学并非要求人们以自我的内省或体验以及一种意识的精致微观结构去面向"事实"，达到一种先验本质的"澄明"境界，相反，它是从休谟的经验怀疑论开始，奠基于康德断裂开来的二元世界中的"现象界"，再经费希特、谢林的主体性努力，最终在黑格尔的绝对观念中达成现象与本质的统一。黑格尔所创立的"精神现象学"，就是本体论和认识论相统一的批判立场，它要求人们关注从具体地感知物相到构成感性确定性的"知觉"直至自我意识构架的分层现象结构，以及在现象背后作为最终本质和规律的绝对理念的揭示。这种古典意义上的"现象学"，是黑格尔在批判康德认识论的基础上发展起来的，通过研究事物（本质）在时间内的历史地呈现（显相）出来的认知科学。以黑格尔自己的话说，精神现象学的主要任务是，"运用辩证的方法和发展的观点来研究分析人的意识、精神发展的历史过程，由最低阶段以至于最高阶段分析其矛盾发展的过程"①。因此，黑格尔本人在《精神现象学》的序言和导论中都曾说过："精神现象学所描述的就是一般科学或知识的形成过程。"这是我借用这一概念的缘起性语境。当然，马克思从来没有用"历史现象学"来指认自己的理论，这只是我在黑格尔古典现象学批判语境中的一种借喻。即马克思在经济学研究中确认，面对资本主义经济生活过程，必须经由对多重物化颠倒的商品—市场中介关系的历史性剥离，才有可能达到对事物本质非直接性的批判认知。这种历史性的批判现象学，在很大程度上与列宁所说的"透过现象看本质"是一致的。

---

① ［德］黑格尔：《精神现象学》上卷，贺麟、王玖兴译，商务印书馆1979年版，第16页。

费尔巴哈在批判黑格尔的唯心主义和神正论的过程中，创立了批判人的类本质异化的人学现象学，这是对黑格尔哲学的逻辑颠倒。而青年马克思在1845年最初的经济学批判中，在赫斯的经济异化批判理论基础上提出了劳动异化理论。在马克思看来，赫斯由于缺乏真正的哲学基础，尤其是由于缺乏对费尔巴哈和黑格尔的深刻了解，他的论述是不够鞭辟入里的。更主要的是，赫斯的交换（金钱）异化论已经被马克思从劳动生产（对象化）异化出发的更深一层的完整经济异化理论所取代了。虽然相对于古典经济学现实的客观思路，马克思的这种人本主义逻辑——理想化的悬设的劳动类本质还是隐性唯心史观的，他不得不为了革命的结论而伦理地批判现实，但这也正是他自我指认的一种新的批判思路的出现，不同于费尔巴哈的人学现象学，它是一种在全新的逻辑建构中穿透资产阶级经济现象批判的人本主义社会现象学。

而在1845—1847年的哲学革命中，马克思在抛弃人本主义异化批判逻辑时，实际上已经在实证科学的意味上否定了现象学认知（往往与异化逻辑相同）的合法性。可是，在《1850—1853年伦敦笔记》对经济学资料的详尽占有过程中，他再一次在科学的视域中意识到现实资本主义经济关系的颠倒和物化的复杂性，所以，在超越古典经济学的意识形态边界的同时，马克思重新创立了在狭义历史唯物主义和社会认识论基础上的历史现象学。马克思这时关心的问题不再是一般广义历史唯物主义的原则，而以狭义历史唯物主义的观点去透视这种颠倒的假象，即如何去掉一层层现象和假象，达到那个真实存在的本质和规律。这是由于，资本主义经济现实的自然性（自在性）中客观发生的多重颠倒和客观异化，这才需要非直观和非现成的批判性现象学。这里，它不是黑格尔精神现象学所面对的主观现象，也不是费尔巴哈和青年马克思自己原来那种否定现实经济现象的人本主义社会现象学，因为马克思这时的历史现象学的前提是社会关系的客观颠倒，这种颠倒的消除不可能在观念中实现，必须由物质变革来完成。科学的社会历史的现象学说明资本主义经济现象中的这种颠倒是如何历史形成的，它要揭露资本主义生产方式中客观颠倒的社会关系，以最终揭露资本主义经济剥削的秘密。具体地说，马克思必须面对复杂的物、物相、外在关系、颠倒了的关系、物化关系，非主导性的关系（如过去了的封建关系），在科学的历史抽象中找到原有的关系（简单关系），再一步步再现今天真实的复杂关系和颠倒了的社会结构。这不是直观或抽象的反映，而是一种重构式的反映。这里既要一步步破除社会关系中由于颠倒所产生的迷雾，获得史前的简单的社会关系，又要从这种抽象的关系一步步复归于颠倒的各种复杂的经济现象。这就使马克思进一步发现，直接面对资本主义经济现象中的资本、货币、价值、商品等，个人和一般人的常识眼睛是看不清它们的本质的，因为这是一种颠倒的歪曲的社会现象。资产阶级政治经济学（包括它的社会唯物主义）同样是以这种假象作为肯定性前提的。马克思这时关心的问题就是去掉意识形态，发现经济现实（物相）的本真性（生产关系）。这是马克思历史现象学的根本基点。也在这个意义上，我才提出，马克思的历史现象学正是他政治经济学革命的内在逻辑前提。这是过去我们传统的研究没有认真注意的方面。所以，历史现象学是马克思《1857—1858年经济学手稿》的最重要的哲学成果，也是马克思哲学思想发展的最重要的理论制高点。

我以为，马克思哲学研究中一切当代性的学术创新是有前提的，这就是不可跨越的我们自己"回到马克思"的基础性研究。在此，我想援引我的老师孙伯鍨教授的一段话作为本文的结语："任何发展都好象是历史的延伸，但又不是简单的历史延伸。在发展的道路上不仅充满了曲折和迂回，而且仿佛还有向出发点的回归。但这种回归不是要放弃已经卓有成效地获得的一切，而是要寻找新起点，以便向更高的目标推进。马克思在谈到无产阶级社会主义革命不得不在苦难和挫折中曲折发展时说道：'像十九世纪的革命这样的无产阶级革命，则经常自己批判自己，往往在前进中停下脚步，返回到仿佛已经完成的事情上去，以便重新开始把这些事情再做一遍；它们十分无情地嘲笑自己的初次企图的不彻底性、弱点和不适当的地方；它们把敌人打倒在地上，好像只是为了要让敌人从土地里吸取新的力量并且更加强壮地在它们前面挺立起来一样；它们在自己无限宏伟的目标面前，再三往后退却，一直到形成无路可退的情况时为止……'① 马克思主义哲学的发展经历着和上述情境相同的道路。'回到马克思','回到马克思的最初文本',这几乎是当今所有致力于研究和探讨马克思主义哲学的人们的共同意向。如果像上述马克思所生动描写的那样,不惜把事情重做一遍,以便坚决地、更彻底地把马克思的思想和事业推向前进,这自然是十分正确而明智的。回到马克思,回到原初作品,是为了凭借一个多世纪以来革命史和学说史的丰富经验（成功的和失败的,正面的和反面的）借鉴马克思以后全世界历史发展的多方面丰富而生动的事实,进一步探索马克思主义哲学革命变革的真正本质。通过这种探索进而去挖掘马克思主义哲学的新的理论层面和精神内涵,以便使马克思的学说不仅成功地运用于破坏一个旧的世界秩序,而且能成功地运用于建设一个新的世界秩序;不仅能成功地运用于革命和战争的旧时代,而且能成功地运用于和平和发展的新时代,这是时代的呼唤,历史赋予马克思主义哲学的新使命。马克思主义哲学能不能面对时代的挑战,肩负起历史的重担,这是当今中国的马克思主义哲学家们集中思考的大问题。"②

---

① 《马克思恩格斯全集》第8卷,人民出版社1961年版,第125页。
② 参阅孙伯鍨为张一兵《马克思历史辩证法的主体向度》（河南人民出版社1995年版）一书所作的序。

马克思"必然王国"向"自由王国"转换的理论真谛[①]

张一兵

马克思在自己后期经济学研究中形成的关于"必然王国"与"自由王国"的理论，是他晚年在历史辩证法话语的特定主体向度中，对科学历史观、政治经济学和科学社会主义学说进行统一理解的一个重要观点。可是长期以来，在我们的传统哲学解释框架里，这一重要的理论只是在抽象的"未来人类解放"这一逻辑质点上被简单诠释。依我所见，马克思关于人类社会历史发展从"必然王国"向"自由王国"转换的理论确证，内含着极为深刻的哲学命意，而科学地深入理解马克思这一重要论点的本真含义，对于我们今天对传统哲学解释框架的否证以及马克思主义哲学历史观的科学建构，都具有巨大的理论意义。特别是对当今社会主义实践的理论反省，也有着重要的现实意义。在此，本文拟就马克思这一重要思想进行一些新的理论审视，以期理论研讨的深入和拓掘。

一、必然王国：自然必然性与经济必然性

在《资本论》第三卷末，当马克思完整地研究了资本主义再生产过程后，他对整个人类社会历史发展作了一个总体性的勾勒，并提出了著名的

[①] 原载《哲学研究》1994年第8期。

"必然王国"与"自由王国"论断。他写道:"自由王国只是在由必需和外在目的规定要做的劳动终止的地方才开始;因而按照事物的本性来说,它存在于真正物质生产领域的彼岸。""社会化的人,联合起来的生产者,将合理地调节他们和自然之间的物质变换,把它置于他们的共同控制之下,而不让它作为盲目的力量来统治自己;靠消耗最小的力量,在最无愧于和最适合于他们的人类本性的条件下来进行这种物质变换。但是不管怎样,这个领域始终是一个必然王国。在这个必然王国的彼岸,作为目的本身的人类能力的发展,真正的自由王国,就开始了。但是,这个自由王国只有建立在必然王国的基础上,才能繁荣起来。"①

可以看出,在这里马克思并不是站在历史辩证法逻辑主要思路的客体向度,即确定社会历史一般物质基础——物质生产和生产方式客观运动的角度,而是立足于人类社会历史发展的主体方面,即确定社会历史主导因素的历史辩证法的主体向度,去观察历史进程的。这是一个新的理论层面。在这里,他以人类主体的活动目的将社会历史生活划分为两个不同的领域:一个是以谋生手段为主体的物质生产领域,另一个是以人类主体的自我发展为主体的自由活动领域;前者是人类生存的必然王国,后者是人类高级发展的自由王国。

在前一个生存领域内,人类主体的活动主要体现在物质生产方面。这里又存在着两个逻辑层面。首先,"人们为了能够创造历史必须能够生活。但是为了生活,首先就需要衣食住以及其他东西。因此第一个历史活动就是生产满足这些需要的资料,即生产物质生活本身。同时这也是人们仅仅为了能够生活就必须每日每时都要进行的(现在也和几千年前一样)一种历史活动,即一切历史的一种基本条件"②。按照马克思所创立的历史唯物主义观点,只要人类历史存在,这就是人无法摆脱的必然的客观前提:"劳动作为使用价值的创造者,作为有用劳动,是不以一切社会形式为转移的人类生存条件,是人和自然之间的物质变换即人类生活得以实现的永恒的自然必然性"。这是"必然王国"的第一层含义。关于这一点,我们

---

① 《马克思恩格斯全集》第25卷,人民出版社1974年版,第926—927页。
② 《马克思恩格斯全集》第3卷,人民出版社1956年版,第31—32页。

的传统哲学解释框架已经注意到了。

但是，马克思的"必然王国"还有一个更深层的历史性的逻辑命意，这就是在人类社会历史发展中主导因素上历史地形成的不合理状况，即人类主体在自身的生存活动中受到外在客观力量（必然性）的支配和奴役的物役性现象，是在人类自身发展过程中将要被超越的历史现象！在这一点上，马克思关于必然王国的理论又内在地指称资本主义以及资本主义以前的全部人类社会发展的史前时期，即由物役性的自然必然性和经济必然性支配人类主体的历史发展时期。

遵循马克思的意见，在人类社会发展从原始社会到资本主义的整个史前时期中，人类主体实际上是不可能获得自身的真正自由的，他们历史地处在被外部客观力量强制性支配的"必然王国"中，原始社会和第一种社会形态仍然是自然的必然性王国。因为在原始社会中，人类主体还处在为满足其生存需要而进行近乎本能的生产活动时期，人的生产几乎像动物一样仅仅"限于占有现成的、自然界本身业已为消费准备好的东西来再生产他自身的躯体"①。在这个全面依存于自然界的生存情境中，人力有了较大的发展，但其劳动生产始终没有超出对土地的依赖。

而在第二种社会形态也就是资本主义的经济世界中，自然的必然性王国开始被超越了。资本主义"创造了这样一个社会阶段，与这个社会阶段相比，以前的一切社会阶段都只表现为人类的地方性发展和对自然的崇拜。只有在资本主义制度下自然界才不过是人的对象，不过是有用物；它不再被认为是自为的力量；而对自然界的独立规律的理论认识本身不过表现为狡猾，其目的是使自然界（不管是作为消费品，还是作为生产资料）服从于人的需要"②。在这里，当然出现了人对自然关系上的自由！同时，人类主体也开始生产出人和社会的全面性，"发现、创造和满足由社会本身产生的新的需要"。这就是作为商品经济生产和工业社会创造的一个全新的人的经济王国。在资本主义生产中，人类主体开始在"用那种把不同社会职能当作互相交替的活动方式的全面发展的个人，来代替只是承担一

---

① 《马克思恩格斯全集》第46卷上册，人民出版社1979年版，第492页。
② 《马克思恩格斯全集》第46卷上册，人民出版社1979年版，第393页。

种社会局部职能的局部个人"①。在这里，人类社会才第一次有可能"培养社会的人的一切属性，并且把他作为具有尽可能丰富的属性和联系的人，因而具有尽可能广泛需要的人生产出来"②，以形成"普遍的社会物质变换，全面的关系，多方面的需求以及全面能力的体系"，正是在这种情况下，原来第一种社会形态中的"直接形式的自然必然性消失了，这是因为一种历史形成的需要代替了自然的需要"③。并且，这里的"一切关系都是由社会决定的，不是由自然决定的"④。也只有资本主义才"创造出社会成员对自然界和社会联系本身的普遍占有"⑤。在这里，人类主体也获得了社会存在上的"更大的自由"，即个人从原来的依附关系中解放出来的人身自由，在商品交换中的自由和竞争中的自由。可是，也正是在这个人类主体自己创造的经济王国中，马克思发现人类主体虽然在面对自然力量中获得了自由，在新的社会生存层面上创造出更加广泛的生活条件，但是人类主体又在一个更深的层面失去主体性，失去自由，受制于他们自己造出的经济必然性之奴役。马克思认为，资本主义创造的自由并不是人的真正自由，而只是客观经济力量特别是资本运动的自由。马克思说，把资本主义经济过程中的自由竞争看成是"人类自由的终极发展"的观点是荒谬的看法，因为自由竞争不过是人"在资本统治的基础上的自由发展"，在这里，"自由的并不是个人，而是资本"⑥。而对人来说，"这种个人自由同时也是最彻底地消除任何个人自由，而使个性完全屈从于这样的社会条件，这些社会条件采取物的权力的形式，而且是极其强大的物，离开彼此发生关系的个人本身而独立的物"⑦。人从外部的自然必然性的枷锁中走出来，却又落入经济必然性的王国的窠臼。在这里，人与物的关系仍然是颠倒的。这就是马克思关于"必然王国"的第二层意义。

---

① 《马克思恩格斯全集》第23卷，人民出版社1972年版，第535页。
② 《马克思恩格斯全集》第46卷上册，人民出版社1979年版，第392页。
③ 《马克思恩格斯全集》第46卷上册，人民出版社1979年版，第287页。
④ 《马克思恩格斯全集》第46卷上册，人民出版社1979年版，第234页。
⑤ 《马克思恩格斯全集》第46卷上册，人民出版社1979年版，第393页。
⑥ 《马克思恩格斯全集》第46卷下册，人民出版社1980年版，第159页。
⑦ 《马克思恩格斯全集》第46卷下册，人民出版社1980年版，第161页。

所以，在马克思那里，人类社会历史发展中的必然王国是注定要被超越的。资本主义的经济制度不可能是永恒的，人类主体的自身发展也不会永远处在这种主体与客体的颠倒状态之中。马克思说："这种颠倒的过程不过是历史的必然性，不过是从一定的历史出发点或基础出发的生产力发展的必然性，但决不是生产的某种绝对必然性，倒是一种暂时的必然性，而这一过程的结果和目的（内在的）是扬弃这个基础本身以及过程的这种形式。"①

扬弃必然性的王国走向何方？这就是人类社会历史发展的自由王国。

二、自由王国：人类主体的自我实现和解放

马克思提出的第二个人类活动的领域是非手段性生产和活动领域。在这里，人们生存活动的目的就是自身。人的发展成了目的。劳动和一切人类活动都是为了实现主体自身的内在需要。在这里，人既是目的，又是手段，活动本身就体现了目的与手段的统一、人的价值实现和创造过程的统一。这也就是人类活动的自由王国，它的实际内容就是人类主体本身的能力的发展成为社会的目的。马克思的自由王国理论其实也有两个含义：其一是必然王国中人类主体在外在必然性支配（物役性）消除后所获得的自由；其二是在历史发展的高级阶段上将永恒的自然必然性（物质生产基础）扬弃在自身内部后进入的"真正的自由王国"。

首先，马克思说："社会化的人，联合起来的生产者，将合理地调节他们和自然之间的物质变换，把它置于他们的共同控制之下，而不让它作为盲目的力量来统治自己。"这就是在新的历史条件下，消除了史前社会中的那种人被外部客观力量所支配的物役性和人类社会历史畸变出的似自然性。当然，这也包含了人对客观规律的科学认识和利用，主要是指社会

---

① 《马克思恩格斯全集》第46卷下册，人民出版社1980年版，第361页。

发展经济规律中"看不见的手"变成"看得见的手"（共同控制）。那种被黑格尔称之为"理性的狡黠"的外部规律（特别是代表新生社会化大生产的历史规律），将再一次为人类主体所支配。马克思说：到那时候，"我们不会认错那个经常在这一切矛盾中出现的狡狯的精灵。我们知道，要使社会的新生力量很好地发挥作用，就只能由新生的人来掌握它们"①。在马克思眼中的未来社会里，社会历史的发展从自发的似自然过程过渡到人类主体自我实现全面发展的自觉创造的人类历史过程。当然，马克思也指出，在物质生产领域中，"不管怎样，这个领域始终是一个必然王国"。因为这是社会历史存在和发展的一般基础。马克思这里讲的自由王国绝不是说有一天人类会不要物质生产这个一般基础（必然王国的第一层含义），而是指人类主体重新获得在社会历史发展中的主导性支配地位。

其次，马克思说，在真正物质生产的彼岸，作为目的本身的人的能力的发展，真正的自由王国就开始了。有一种误解，即将马克思的必然王国仅仅理解为物质生产，而把自由王国也单纯理解成"非物质生产领域"。这是不准确的。马克思的区分不是简单的物质生产与非物质生产的划分，而是具有深刻的历史发展的逻辑递升意义。这就是说，自由王国的前提是社会生产力充分发展阶段上的物质财富的极大富足，人们不再为谋生而困扰，人类主体的目的不再是为了获得生活资料的物质生产，而是"发展人类的生产力，也就是发展人类天性的财富这种目的本身"②。

所以在这里，马克思才说人的自由的实现："外在目的失掉了单纯外在必然性的外观，被看作个人自己自我提出的目的，因而被看作自我实现，主体的物化，也就是实在的自由。"③"而这种自由见之于活动恰恰就是劳动"。马克思赞同斯密的观点，认为在奴隶劳动、徭役劳动、雇佣劳动这样一些劳动的历史形式下，劳动始终是令人厌恶的事情，始终是外在

---

① 《马克思恩格斯全集》第46卷下册，人民出版社1980年版，第4页。
② 《马克思恩格斯全集》第46卷下册，人民出版社1980年版，第124页。
③ 《马克思恩格斯全集》第46卷下册，人民出版社1980年版，第112页。

的强制劳动,与此相反,不劳动却是"自由和幸福"。但是,马克思还指出劳动的另一种形式,即"真正自由的劳动",只是在那里,劳动才会成为"吸引人的活动,成为人的自我实现"。

在此处,应认真注意一个重要的理论问题,即马克思所指称的劳动究竟是什么。首先,它不是一般地指人类主体的活动,即不是历史存在的具体的劳动,当然也不是马克思在1844年"手稿"中作为他人本主义异化史观本体意义上存在的理想化的抽象劳动。同时,它也不仅仅是与客观对象已经结合起来的物质实践过程,即不是以创造物品的使用价值为主旨的一般物质生产。马克思这里所界定的作为人的自由之对象化的、自我实现的劳动,是一种特定历史阶段上出现的人类主体活动。它是指在社会生产力高度发达的状况下,人类主体在彻底摆脱了外在客观必然性的奴役之后,在一般物质生产基础上,使劳动成为主要目的的、为实现人类主体才智的创造性发挥的主体活动。

可是,在什么条件下才会出现这种人的自我实现的自由劳动呢?马克思分析道:"物质生产的劳动只有在下列情况下才能获得这种性质:(1)劳动具有社会性;(2)劳动具有科学性,同时又是一般的劳动,是这样的人的紧张活动,这种人不是用一定方式刻板训练出来的自然力,而是一个主体,这种主体不是以纯粹自然的,自然形成的形式出现在生产过程中,而是作为支配一切自然力的那种活动出现在生产过程中"①;"劳动已经不仅仅是谋生的手段,而且本身成了生活的第一需要"②。

只有在这个时候,人类主体才可能在一般物质生产之上,在这个以自由劳动作为全部社会存在主要内容的条件下,真正成为历史的主人。至此,人类社会历史发展才会失去自身的盲目性,转变为由人类主体自由活动创造的真正的历史进程。也只有在这个时候,才可能消除人的创造物奴役主体的物役性,获得人类自身的最终解放,从而实现从必然王国向自由王国的转变。

---

① 《马克思恩格斯全集》第46卷下册,人民出版社1980年版,第113页。
② 《马克思恩格斯全集》第19卷,人民出版社1963年版,第23页。

三、从"必然王国"向"自由王国"的历史飞跃

从必然王国走向自由王国,实际上也就是人类社会历史从前两种形态过渡到第三种形态的过程。很显然,这首先是物质生产过程客观发展的结果,而不是观念或政治的逻辑要求。理解这一点是十分重要的。在马克思那里,无论是从自然必然性走向经济的必然性,还是人类社会发展摆脱外在的必然性而达到自身生存的全面自由发展,都是由人类主体通过现实的历史的具体的实践("是")客观建构出来的。这里面不含有任何来自主观价值论的非现实的"应该"!所以,人类社会从必然王国向自由王国的转变,主要是生产力发展创造出来的现实前提,人是在物质生产的高级阶段上现实地获得来自经济关系中的自由和全面性,然后再在这个新的生产力水平上真实地解放自己。这是人类社会发展进程中的一个伟大飞跃。

从这一转变的具体机制上看,首先是人类主体在物质生产过程的高级阶段上创造出一个巨大的富足的生产力,在这时,人类主体足以将物质生产作为自身发展前提条件的一般自然基础,并能够将其扬弃为自己发展的内在前提。其次,是在上述基础之上对资本主义物役性的超越,重新支配创造出来的经济过程,彻底消除社会历史发展的似自然性,使人类社会历史发展成为一个自觉自主的过程,最终达到人类主体的真正解放。按照马克思的理解,这一过程的两个方面的关系是一种前提与结果的不可逆转的有序关系。这也就是说,资本主义社会特有的经济必然性王国中的似自然性和物役性,既是在一定生产力水平上发生的,也必然是在生产力发展的一定阶段上由经济发展本身创造出必需的客观物质条件后才能得以消除。马克思从来没有想象过在一个经济发展十分落后的物质生产基础上,能够炸毁资本主义并现实地超越社会历史发展的似自然性和物役性阶段。马克思说:"如果我们在现在这样的社会中没有发现隐蔽地存在着无阶级社会所必需的物质生产条件和与之相适应的交往关系,那么一切炸毁的尝试都

是唐·吉诃德的荒唐行为。"①

所以，人类社会从必然王国向自由王国的转变是一种社会历史进程中由物质生产力发展决定的客观变革。只有在物质生产力的一定基础上才有可能实现这种转变。我们已经看到，人类社会历史发展的必然王国时期，从其历史本质来说，是人类把劳动生产作为谋生的手段，社会活动的中心问题是生存，主要为了满足人类主体的生物性需求；而在自由王国中，在物质生产力达到一定水平之后，人类主体开始将劳动生产和社会活动作为生活目的，人们生活的中心由生物性物质需求为主，转变到以满足精神文化的需求为主，由消极地占有外部物质对象转变为非手段性的不是以物化为主的创造性活动。在那时，随着谋生劳动转变为自由劳动，人类主体在发展自己的能力中同时实现着与对象的一致性，生产和物质变换过程同时就是人的自我创造过程，生产的对象化也就直接成了主体自身的自我确证。

依马克思的厘定，在必然王国中的第一个时期里，自然必然性为主导的社会的生产目的是为了产品的具体的使用价值，人类主体是为生存而生产，人为自然对象所奴役；而在经济必然性为主导的社会里，生产的目的是商品的交换价值，人为了金钱而生产，人被自己创造出来的商品和货币所奴役；在进入自由王国后，人类社会的生产目的开始是人自身能力的发展，在此，使人获得全面的发展成为历史运动的直接目的。马克思说，在这个阶段上，"不依旧有的尺度来衡量的人类全部力量的全面发展成为目的本身。在这里，人不是在某一种规定性上再生产自己，而是生产出他的全面性；不是力求停留在某种已经变成的东西，而是处在变易的绝对运动之中。"② 也由此，人的全面发展是以生产力的高度发展为前提的，因为只有在社会化大生产（特别是自动化现代生产）阶段上，当谋生所需要的物质生活资料的创造问题已经解决，人类主体不再需要为谋取生活资料而劳作时，才有可能把目的转向人自身的能力的全面发展上来。只是在那时，人类主体才有可能真正去"发展不追求任何直接实践目的的人的能力和社

---

① 《马克思恩格斯全集》第46卷上册，人民出版社1980年版，第106页。
② 《马克思恩格斯全集》第46卷上册，人民出版社1980年版，第486页。

会的潜力"①。

依马克思的观点,这种人的能力的充分发展又是以自由时间的富足为前提的。马克思指出,在整个历史性的必然王国中,特别是资本主义,"财富的基础是盗窃他人的劳动时间"②,"以劳动时间作为财富的尺度,这表明财富本身是建立在贫困的基础上的,而可以自由支配的时间是同剩余劳动时间相对立并且是由于这种对立而存在的,或者说,个人的全部时间都成为劳动时间,从而使人降到仅仅是工人的地位,使他从属于活动"③。而"整个人类的发展,就其超出对人的自然存在直接需要的发展来说,无非是对这种自由时间的运用,并且整个人类发展的前提就是把这种自由时间的运用作为必要的基础"④。

所以,马克思认为首先必须是物质生产本身的发展能够使非自由时间即必要劳动时间缩短到最低限度,创造出足够多的自由时间,才会出现超越必然王国的现实可能性。这样,"一旦直接形式的劳动不再是财富的巨大源泉,劳动时间就不再是,而且必然不再是财富的尺度,因而交换价值也不再是使用价值的尺度"。于是,以交换价值为基础的生产便会崩溃,直接的物质生产过程本身也就摆脱了贫困和对抗性的形式。这也就是说,只有人在物质生产领域获得了真实的解放,才有可能使人类主体的"个性得到自由发展,因此,并不是为了获得剩余劳动而缩短必要劳动时间,而是直接把社会必要劳动时间缩减到最低限度,那时,与此相适应,由于给所有的人腾出了时间和创造了手段,个人会在艺术、科学等等方面得到发展"⑤;"真正的财富就是所有个人的发达的生产力。那时,财富的尺度决不再是劳动时间,而是可以自由支配的时间"⑥。于是,"时间实际上是人的积极存在,它不仅是人的生命尺度,而且是人的发展的空间"⑦。

---

① 《马克思恩格斯全集》第47卷,人民出版社1979年版,第215页。
② 《马克思恩格斯全集》第46卷下册,人民出版社1980年版,第218页。
③ 《马克思恩格斯全集》第46卷下册,人民出版社1980年版,第222页。
④ 《马克思恩格斯全集》第47卷,人民出版社1979年版,第216页。
⑤ 《马克思恩格斯全集》第46卷下册,人民出版社1980年版,第218—219页。
⑥ 《马克思恩格斯全集》第46卷下册,人民出版社1980年版,第222页。
⑦ 《马克思恩格斯全集》第47卷,人民出版社1979年版,第532页。

这也就是人类社会从必然王国向自由王国的转变。马克思深刻地指出，"在这个转变中，表现为生产和财富的宏大基石的，既不是人本身完成的直接劳动，也不是人从事劳动的时间，而是对人本身的一般生产力的占有，是人对自然界的了解和通过人作为社会体的存在来对自然界的统治，总之，是社会个人的发展。"①

只有这样，人类（社会的个人）才真正实现了自身的全面自由发展，真正完成了人类社会历史进程中的一次最伟大的转变——人类的解放。正像后来恩格斯所指出的那样，"生存斗争停止了。于是，人才在一定意义上最终地脱离了动物界，从动物的生存条件进入真正人的生存条件。人们周围的、至今统治着人们的生活条件，现在却受到人们的支配和控制，人们第一次成为自然界的自觉的和真正的主人，因为他们已经成为自己的社会结合的主人了。人们自己的社会行动的规律，这些直到现在都如同异己的、统治着人们的自然规律一样与人们相对立的规律，那时就将被人们熟练地运用起来，因而将服从他们的统治。人们自己的社会结合一直是作为自然界和历史强加于他们的东西而同他们相对立的，现在则变成他们自己的自由行动了。一直统治着历史的客观的异己的力量，现在处于人们自己的控制之下了。只是从这时起，人们才完全自觉地自己创造自己的历史；只是从这时起，由人们使之起作用的社会原因才在主要的方面和日益增长的程度上达到他们所预期的结果。这是人类从必然王国进入自由王国的飞跃"②。恩格斯这里的观点是何等的精辟和深刻！

我们发现，马克思的必然王国与自由王国的理论本身并不是关于人类社会历史的具体分期，而是从一个很深的层面上对社会历史根本性质的一种揭示。它同时又转型为一种重要的历史分期理论，即人类社会发展的史前社会是必然王国，而未来的共产主义是人类社会发展的自由王国。

我认为，科学地说明马克思关于人类社会历史发展的必然王国和自由王国学说，最重要的逻辑指归是确证马克思从本质上透析了资本主义制度的历史性和不合理性，从而也揭示了走向社会主义（共产主义）的必然趋

---

① 《马克思恩格斯全集》第46卷下册，人民出版社1980年版，第218页。
② 《马克思恩格斯全集》第20卷，人民出版社1973年版，第307—308页。

势。这个问题的辨误对于我们今天的思想理论建设有着极重要极深刻的意义。

必须确证,马克思关于人类社会从必然王国向自由王国转换的理论观点是历史唯物主义客观逻辑(含历史辩证法的客体向度)和历史辩证法主体向度逻辑统一的集中体现,即社会历史发展的客观历史性和主体性原则、基础性条件与主导性因素、人与自然、个人与社会等一系列重大社会矛盾内在的辩证统一。同时,这也是马克思唯物史观作为科学社会主义之根据的重要基点之一。人类史前社会中的前两大社会形态,特别是资本主义(私有制)社会历史发展的似自然性和物役性,恰恰说明了资本主义生产方式和一切剥削制度的暂时性和历史性,而与新生产力发展相适应的社会主义(作为第三大社会发展形态的共产主义)才是人类社会发展的真正开始。也只是在这里,人类社会历史发展才最后结束了自身的史前时期,社会彻底摆脱了自身发展的似自然性,人才彻底摆脱了动物界(经济动物——经济人),从而步入真正的人类社会历史发展,即马克思所说的"大写的人"的发展时期。这就是人类社会历史发展的自由王国。

在这一点上,传统的哲学解释框架把马克思关于人类社会历史发展在特定历史时期中的似自然性泛化为整个人类历史发展的一般规律,似乎人类社会历史发展永远是一个"自然历史过程",这已经被证明是一个十足的误解。如果人类社会永远是一个自然历史过程,这也就意味着承认资本主义社会颠倒的物化现象的永恒性,人将永远被外部力量所奴役。这显然不是马克思的原意。放到马克思关于社会主义实践的角度来确证,这就又激变为一种严重的理论错误!因为,在未来的人类解放的自由王国——共产主义社会中,难道还会有反人的似自然性和物役性现象吗?这说明,传统哲学解释框架根本就没有深刻理解马克思对共产主义本质的科学论证!

依马克思之见,只有在未来的共产主义社会中,人才获得了真正的历史主导地位,在物质生产力高度发展的一般基础上,在认识和利用客观规律的前提下,成为人类社会历史的真正创造者和主人。这正是共产主义运动的历史本质!共产主义一个非常重要的方面是人的主体地位的现实实现,是对社会历史的似自然性和物役性状态的历史超越。

还要特别指出的一点是，共产主义的实现，即人类社会历史发展的似自然性和物役性状态的超越，绝不仅仅是一种政治上的转换，而更主要的，表现为物质生产力高度发展的客观条件。按照马克思的理解，人类进入自由王国的前提主要不是来自社会制度上的一般政治解放，而是来自人类主体生产力上的解放。不是仅仅从政治上消灭资本家，因为资本家不过是经济力量的人格化。马克思说："资本家只有作为人格化的资本，他才有历史的价值"；在资本主义社会中，"资本家不过是这个社会机构中的一个主动轮罢了"①。重要的是要首先通过发展生产力消除来自物质过程的物役性，使人类主体真正获得全面自由发展的解放。没有正确理解马克思的这一重要思想，这也是后来我们现实的社会主义实践走弯路的一个重要的原因。

所以，人类最终解放的自由王国——共产主义决不能仅仅从狭隘的经济学视角去理解，更不能变形为一种在落后的物质生产条件下的抽象平均主义。马克思的这一观点，对于我们今天反思现实的社会主义实践和深入理解邓小平有中国特色的社会主义理论的内在逻辑是十分重要的。

---

① 《马克思恩格斯全集》第23卷，人民出版社1972年版，第649页。

《资本论》及其手稿中的"抽象"概念[①]

唐正东

顾名思义,"抽象"就是从具象中抽离出来。因此,什么是具象以及如何从中抽离出来,便会影响到"抽象"概念的内涵。如果你把具象理解为经验性的某物,那么,从中抽离出来的便一定是某种形而上学的东西,而且还往往带有观念论的色彩。如果你把具象理解为经验性的物与物之间的关系,那么,从中抽离出来的"抽象"也许会带有关系主义的特征,但不变的是其形而上学的特性。当然,如果你把具象理解为社会历史发展到某一具体阶段时的产物,那么,由于你所关注的不仅仅是这一"物"的经验性存在,而且还有把这一物"产"出来的社会历史进程,因此,从中抽离出来的便一定是社会历史过程中的某种共同的东西。我们在汉语语境中会从"物"、"事物"、"产物"等不同的角度来言说某种作为具象的物,由此凸显的实际上是不同的抽象之方法论及内容。因此,当我们把对抽象的解读与社会批判理论联系起来的时候,理应对抽象的不同方法论作出清晰的解读。就马克思而言,他在对德国唯心史观、英国的资产阶级政治经济学等不同批判对象的解读中,展现出了对"抽象"的不同理解。即使是在对资产阶级政治经济学这一特定对象的解读中,马克思在不同时期也表现出了不同的"抽象"观。在这里,我主要聚焦在《资本论》及其手稿的层面,通过解读抽象概念在这些文本中的真实内涵,来凸显马克思基于历史唯物主义的资本批判理论的真实内容。

[①] 原载《贵州师范大学学报(社会科学版)》2016年第3期。

《资本论》及其手稿中的"抽象"概念

一

一想到《资本论》及其手稿层面的"抽象",我们一般都会谈到《1857—1858年经济学手稿》"货币章"中的那段著名论述。"活动和产品的普遍交换已成为每一单个人的生存条件,这种普遍交换,他们的相互联系,表现为对他们本身来说是异己的、独立的东西,表现为一种物。在交换价值上,人的社会关系转化为物的社会关系;人的能力转化为物的能力。"① 在此章的另一处,马克思还说:"这种与人的依赖关系相对立的物的依赖关系也表现出这样的情形(物的依赖关系无非是与外表上独立的个人相对立的独立的社会关系,也就是与这些个人本身相对立而独立化的、他们互相间的生产关系):个人现在受抽象统治,而他们以前是互相依赖的。"② 于是,人与人之间的关系转化成物与物之间的关系,便很自然地成了马克思基于对抽象的批判而展开的资本主义批判理论的核心内涵。事实上,这种观点在国外学界是很有市场的。德国学者索恩-雷特尔(Alfred Sohn-Rethel)发明了"现实抽象"的概念来诠释这种抽象过程。"自然知识的概念是思维抽象,而经济学的价值概念是现实抽象(realabstraktion)。后者虽然不过是存在于人的思维之中的,但是它却并不是源自思维的。它直接地是一种社会本性,其起源存在于人与人之间交往的时空领域之中。不是人,而是人的行为、人们之间的相互行为产生了这一抽象。"③ 日本著名学者广松涉也用物象化概念来指称上述现象。"马克思恩格斯没有对'物象化'进行过定义式的论述,也未必频繁地使用过这个概念。尽管如此,在'晚期'著作中常常可以看到这样的用法,即人与人的社会关系(在这种关系中,事物的契机也中介性地、被中介性地介入)是以'物与

---

① 《马克思恩格斯全集》第30卷,人民出版社1995年版,第107页。
② 《马克思恩格斯全集》第30卷,人民出版社1995年版,第114页。
③ [德]阿尔弗雷德·索恩-雷特尔:《脑力劳动与体力劳动》,谢永康、侯振武译,南京大学出版社2015年版,第10页。

物的关系'，或者是以'物所具备的性质'、'自立的物象'的形式体现出来的事态。不难看出，这样的事态被物象化一词所称呼着。"① 由于对这一问题的解答关系到对马克思哲学本质的不同理解，因此，我们应该对它加以细致的辨析。

从文本上来看，上述两段论述都出现在"货币章"中。我们知道，《1857—1858年经济学手稿》是从第二章即"货币章"开始的。在谈论货币关系的这一章中，马克思当然应该通过阐述人的社会关系向物的社会关系的转化过程，来阐明货币关系或者说交换价值的本质。这其实并不是什么新观点，早在1844年的《詹姆斯·穆勒〈政治经济学原理〉一书摘要》中，马克思在摘录到交换的中介问题时就已经提出了与此相类似的观点："其实，进行交换活动的人的中介运动，不是社会的、人的运动，不是人的关系，它是私有财产对私有财产的抽象的关系，而这种抽象的关系是价值。货币才是作为价值的价值的现实存在。"② 但必须指出的是，如果说在1844年马克思的上述抽象观代表了其资本批判的主导思路的话，那么，我们要证明这种基于物化的抽象观在《资本论》及其手稿中仍然是马克思的主导性批判思路就不那么容易了，因为"货币章"所谈论的其实只是产品与产品之间的交换关系，而不是商品与商品之间的交换关系。后者是资本主义经济过程的最基础的关系，从它那里所引出的是解读资本过程的矛盾性批判线索，而不是从应有性的社会关系所引出的物化或物象化批判思路。而前者只是与前资本主义社会的人的依赖关系和共产主义社会的个人全面发展相比较的视域中，资本主义社会形式所呈现出来的具体特征。它只涉及不同的社会形式在历史学意义上的前后不同，而不涉及对资本主义经济过程的最基础性内容的挖掘，更不涉及从这种最基础性内容出发通过从抽象上升到具体的方法而对资本关系的历史特殊性进行深刻诠释。

《1857—1858年经济学手稿》是直接从阐述货币关系入手的，即从商品的交换价值入手的："同各种商品本身相脱离并且自身作为一种商品又

---

① ［日］广松涉：《物象化论的构图》，彭曦、庄倩译，南京大学出版社2009年版，第68页。
② 马克思：《1844年经济学哲学手稿》，人民出版社2000年版，附录，第166页。

同这些商品并存的交换价值，就是货币。商品作为交换价值的一切属性，在货币上表现为和商品不同的对象，表现为和商品的自然存在形式相脱离的社会存在形式。"① 即使是在最后补加进去的"价值"篇中，马克思虽然谈到了商品范畴是表现资本主义财富关系的第一个范畴，并且也指认了商品本身包含着两种规定的统一，但需要看到的是，马克思此时说的只是使用价值与交换价值的统一。

> 使用价值和交换价值虽然在商品中直接结合在一起，同样它们又是直接分开的。交换价值不仅表现为不是由使用价值决定，而且正好相反，商品只有当它的所有者不把它当作使用价值来对待时，才成为商品，才实现为交换价值。只有通过商品的转让，通过商品同别的商品相交换，商品的所有者才能占有各使用价值。通过转让而进行占有，这是这样一种社会生产制度的基本形式，这种社会生产制度的最简单、最抽象的表现就是交换价值。②

此时的马克思事实上只是把使用价值当作交换关系的前提来看待的，而没把它融进商品的内在要素之中。这样一来，仅从交换价值入手的马克思自然就无法从一种更为辩证的角度来阐释商品关系的本质。事实上，在《政治经济学批判。第一分册》中。马克思由于是从"资本一般"的角度，而不是从货币关系本身来阐释商品和货币的，因此，他在商品的内在要素问题上的理解水平显然要向前推进了一些。尽管他仍然只是从使用价值和交换价值的角度来理解商品，"最初一看，资产阶级的财富表现为一个庞大的商品堆积，单个的商品则表现为这种财富的原素存在。但是，每个商品表现出使用价值和交换价值两个方面"③。也就是说，他还没有把商品理解为使用价值与价值的统一，但是，马克思已经不再只是把使用价值当作某种前提来看待，而是清楚地把握住了使用价值与交换价值之间的相

---

① 《马克思恩格斯全集》第30卷，人民出版社1995年版，第94页。
② 《马克思恩格斯全集》第31卷，人民出版社1998年版，第293—294页。
③ 《马克思恩格斯全集》第31卷，人民出版社1998年版，第419页。

互矛盾关系。"一个商品作为交换价值发生作用,倒是在于它作为等价物去任意替换一定量的任何别的商品,而不问自己对别的商品所有者是不是使用价值。但是,对于别的商品所有者来说,它只有对他是使用价值的时候才成为商品,而对它自己的所有者来说,它只有对别的商品所有者是商品的时候才成为交换价值……所以,这里不仅因为一个问题的解决以另一个问题的解决为前提而出现一个恶性循环,而且因为一个条件的实现同另一个与它对立的条件的实现直接结合而出现一个相互矛盾的要求的总体。"① 应该说,正是这种内在矛盾性的解读视域,使马克思在商品关系的解读上一步步地越出单纯的交换价值视域,进入到真正的商品关系视域之中。或者说,使马克思一步步地越出单纯的经济学视域,进入到社会历史性的哲学视域之中。因为只有在商品关系层面具备了这种内在矛盾的观点,才可能在劳资交换关系层面把握住由劳动力商品的特殊使用价值而产生的剩余价值,并进而对资本主义经济关系进行真正深刻的批判。

二

到了《资本论》第一卷中,马克思不再从笼统的"资本一般"的角度来谈论商品关系和货币关系,而是直接从"资本的生产过程"的角度来切入了。也许有人会说,《1861—1863年经济学手稿》已经从"资本的生产过程"层面来看待货币问题了。但需要指出的是,马克思在这一手稿中一上来就是谈论货币转化为资本的问题,而没有从商品、货币的基本内涵谈起,因此,我们在此就不把它作为典型文本来分析了。《资本论》第一卷的解读视域为马克思从社会历史过程的层面来解读商品关系的基础性地位提供了条件,因为此时的"商品"已经不再是处于简单交换关系中的产品,而是作为"资本的生产过程"的最基础性内涵而存在的那种商品关系,即交换关系普遍化条件下的商品关系。它的不发达形式尽管在前资本

---

① 《马克思恩格斯全集》第31卷,人民出版社1998年版,第436—437页。

主义社会已经存在，但是，它的发达形式或者说充分发展了的形式只有在资本主义社会才可能真正出现。有了这样的解读视角，马克思便很自然地会想到交换价值不是商品的内在要素，而只是作为商品内在要素的价值的具体表现形式。正是这个深挖出来的价值要素，使马克思在商品关系的分析中打开了一个矛盾分析的窗口。

试想，如果把商品的内在要素直接认定为使用价值和交换价值，而没有引入商品的价值是在具体的社会历史条件下才表现为交换价值，那么，对商品关系的解读思路就一定会被价值量的分析所笼罩，而无法从质的层面对价值形式作出解读。这样做的后果必然是仅仅把使用价值当作资本主义经济关系分析的某种前提来看待，但真正展开对这种经济关系进行分析时就不需要使用价值的参与了。于是，在仅仅由交换价值所支撑的解读思路中，资本主义生产制度的本质便成了物与物之间的交换，而对它的批判性思路便建立在了人与人之间的社会关系转化成了物与物之间的关系上。这里必须指出的是，我们并不是说资本主义交换关系是不物化的，而是说，仅仅从物与物之间的交换关系层面来界定马克思资本批判理论的核心内容是不完整、不准确的。我们知道，能否看出价值形式分析的重要性，能否看出商品的交换价值是其内在价值的表现形式，关系到在劳动价值论上是坚持内在价值论还是外在价值论的问题。"我们的分析表明，商品的价值形式或价值表现由商品价值的本性产生，而不是相反，价值和价值量由它们的作为交换价值的表现方式产生。但是，这正是重商主义者和他们的现代复兴者费里埃、加尼耳之流的错觉，也是他们的反对者现代自由贸易贩子巴师夏之流的错觉。"①

而如果能够把交换价值理解为价值的表现形式，情况就不同了。在这种情况下，读者一定会问：价值是在何种历史条件下表现为交换价值的，它又是因为什么原因才能够表现为交换价值的？马克思对第一个问题的回答是："在一切社会状态下，劳动产品都是使用物品，但只是历史上一定的发展时代，也就是使生产一个物所耗费的劳动表现为该物的'对象的'

---

① 《马克思恩格斯全集》第44卷，人民出版社2001年版，第76页。

属性即它的价值的时代，才使劳动产品转化为商品。"① 他对第二个问题的回答是：

> 更仔细地考察一下商品 A 和商品 B 的价值关系中所包含的商品 A 的价值表现，就会知道，在这一关系中商品 A 的自然形式只是充当使用价值的形态，而商品 B 的自然形式只是充当价值形式或价值形态。这样，潜藏在商品中的使用价值和价值的内部对立，就通过外部对立，即通过两个商品的关系表现出来了，在这个关系中，价值要被表现的商品只是直接当作使用价值，而另一个表现价值的商品只是直接当作交换价值。所以，一个商品的简单的价值形式，就是该商品中所包含的使用价值和价值的对立的简单表现形式。②

很显然，马克思此时已经清晰地认识到，如果只是基于交换价值而把商品关系的本质理解成物与物之间的交换关系，那实际上就把潜藏在商品中的使用价值和价值的对立关系消解掉了，并且还消解掉了解读视域中的矛盾分析的路径。事实上，正是这种包含使用价值在内的对商品价值要素的矛盾分析思路，才使马克思打开了一个劳资交换关系中的崭新的理论窗口，并进而完成了从资本主义交换过程向生产过程的理论上的"上升"过程。正因为如此，我们在《资本论》第一卷第一章即"商品"章中看到，马克思在此章的开篇处并没有像《政治经济学批判。第一分册》中所呈现的那样，强调每个商品表现出使用价值和交换价值这两个方面，而只是笼统地说"资本主义生产方式占统治地位的社会的财富，表现为'庞大的商品堆积'，单个的商品表现为这种财富的元素形式。因此，我们的研究就从分析商品开始。"③ 更有意思的是，此章在对商品的使用价值和交换价值进行分析后指出："在本章的开头，我们曾经依照通常的说法，说商品是使用价值和交换价值，严格说来，这是不对的。商品是使用价值或使用物

---

① 《马克思恩格斯全集》第 44 卷，人民出版社 2001 年版，第 77 页。
② 《马克思恩格斯全集》第 44 卷，人民出版社 2001 年版，第 76—77 页。
③ 《马克思恩格斯全集》第 44 卷，人民出版社 2001 年版，第 47 页。

品和'价值'。一个商品,只要它的价值取得一个特别的、不同于它的自然形式的表现形式,即交换价值形式,它就表现为这样的二重物。"① 应该说,马克思的这种观点跟他此时在商品问题上的整体思路是一致的。

那么,与《政治经济学批判。第一分册》和《资本论》第一卷相对应的抽象概念又是什么呢?我以为,这种抽象其实就是马克思在《政治经济学批判》"导言"中所说的从抽象上升到具体的方法论中的那种抽象,即把不同历史阶段所共有的一般规定提炼出来所形成的"抽象"。在谈到"生产一般"这种"抽象"时,马克思说:"因此,说到生产,总是指在一定社会发展阶段上的生产——社会个人的生产。因而,好像只要一说到生产,我们或者就要把历史发展过程在它的各个阶段上一一加以研究,或者一开始就要声明,我们指的是某个一定的历史时代……可是,生产的一切时代有某些共同标志,共同规定。生产一般是一个抽象,但是只要它真正把共同点提出来,定下来,免得我们重复,它就是一个合理的抽象。"② 在我看来,要想准确地理解这段话其实是不容易的。我们必须注意以下两点:

第一,马克思讲得很明确,这种"生产一般"是从处于社会历史发展过程中的各个生产阶段中抽象出来的,而不是从各种孤立的生产形式中抽象出来的。如果是后者的话,那么,从中抽象出来的东西就一定是某种经验性的存在。譬如,每个生产形式中都有劳动工具,如果我们把这种劳动工具从不同的生产形式中抽象出来,那就只能得出不同生产形式之间的统一性而不可能像马克思所说的那样"对生产一般适用的种种规定所以要抽出来,也正是为了不致因为有了统一(主体是人,客体是自然,这总是一样的,这里已经出现了统一)而忘记本质的差别"③。这种思路如果延伸到资本也是一种生产工具的层面,那就很容易得出资本的永恒性的结论了。马克思的解读思路显然不是这样的。正因为他关注的是社会历史过程中的"生产一般",因此,它必定是随着现实社会关系的历史性展开而具

---

① 《马克思恩格斯全集》第44卷,人民出版社2001年版,第76页。
② 《马克思恩格斯全集》第30卷,人民出版社1995年版,第26页。
③ 《马克思恩格斯全集》第30卷,人民出版社1995年版,第26页。

有不同的表现形式的。我们还是以劳动工具为例。在封建社会的生产关系中，当农民占有部分生产资料时，这种劳动工具是劳动者对象化其劳动能力的中介和辅助手段。但在资本主义生产关系中，由于劳动力本身成了商品，因此，劳动工具只是资本的一部分，它转化成了可变资本。在这种解读视域中，劳动工具这种"抽象"如果不依赖于从抽象上升到具体的方法论中介，那是无法对某个具体的生产形式加以理解的，因为"劳动这个例子令人信服地表明，哪怕是最抽象的范畴，虽然正是由于它们的抽象而适用于一切时代，但是就这个抽象的规定性本身来说，同样是历史条件的产物，而且只有对于这些条件并在这些条件之内才具有充分的适用性"①。

所以，当马克思完成从抽象上升到具体的理论环节的时候，他实际上揭示的是某个特定的具体生产形式在社会历史过程中的独特属性。而这正是马克思的理论目的。他想要揭示的不是经验层面上资本主义生产方式与其他生产方式之间的不同，而是历史发生学层面上的不同。在这一意义上，我们可以说，马克思的这种"抽象"是一种历史辩证法意义上的抽象，因为只有基于内在矛盾运动的社会历史过程，才能彰显出生产一般之各种表现形式之间的继承与发展关系，从而才能为运用从抽象上升到具体的方法论创造现实历史条件。就某个具体的生产方式而言，运用从抽象上升到具体的方法论能得出对"具体"的历史丰富性及特殊性的深刻解读。而就生产方式的整个历史发展过程来说，把运用这种方法论所得出的各个"具体"连接起来，便能向我们展示生产方式内在矛盾运动的进程与规律，而这就是历史唯物主义所要揭示的历史进程理论。我们从中也能看到唯物史观与政治经济学批判的科学方法论之间的相通性。

第二，更为重要的是，马克思的这种"抽象"还是从矛盾分析的解读视角切入的。也就是说，当他在运用从抽象上升到具体的方法论时，他并不是从某种无矛盾性的经验存在中硬生生地或者说鬼魅般地上升到"具体"层面的。如果是这样的话，这种方法论就只能是马克思自己的主观推理的结果了。事实当然不是如此，因为马克思的"抽象"恰恰是包含着内

---

① 《马克思恩格斯全集》第30卷，人民出版社1995年版，第46页。

在矛盾的。譬如《资本论》第一卷中的商品概念，它作为整个第一卷所要阐释的资本的生产过程的最抽象概念，就是包含着使用价值和价值的内在矛盾的。马克思正是从这种矛盾性的"抽象"出发，运用从抽象上升到具体的科学方法论，深刻地揭示了资本的生产过程中由剩余价值的剥削所体现出来的劳资矛盾关系的。正因为如此，他的这种从抽象上升到具体的方法论实际上是对资本主义生产过程的内在矛盾关系之不断发展过程的一种展示。正是在这一意义上，它才被界定为政治经济学批判的科学方法论而不是主观主义方法论的。

三

其实，马克思在"抽象"上的这种解读思路在《〈政治经济学批判〉导言》中就有所展示。"所说的历史发展总是建立在这样的基础上的：最后的形式总是把过去的形式看成是向着自己发展的各个阶段，并且因为它很少而且只是在特定条件下才能够进行自我批判……所以总是对过去的形式作片面的理解。基督教只有在它的自我批判在一定程度上，可说是在可能范围内完成时，才有助于对早期神话作客观的理解。同样，资产阶级经济学只有在资产阶级社会的自我批判已经开始时，才能理解封建的、古代的和东方的经济。"[①] 这里的"资产阶级社会的自我批判"当然是指从内在矛盾运动的角度对资本主义社会的历史暂时性的揭示。马克思是想阐明只有把历史发展过程理解为内在矛盾运动的过程，而不是历史阶段的经验性链接过程时，才可能得出关于这种历史过程的深刻理解，否则的话，所得出的就只能是片面的理解了。因此，当他说"人体解剖对于猴体解剖是一把钥匙。反过来说，低等动物身上表露的高等动物的征兆，只有在高等动物本身已被认识之后才能理解"[②] 时，他所谓的高等动物本身已被认识，一定是从内在矛盾运动的角度来展开的批判性认识，而不可能是对它的经

---

① 《马克思恩格斯全集》第30卷，人民出版社1995年版，第47页。
② 《马克思恩格斯全集》第30卷，人民出版社1995年版，第47页。

验性认识。

从表面上看，这一文本中的有些文字跟矛盾性的解读思路是不一致的。譬如，在谈到"劳动一般"时，马克思说："在资产阶级社会的最现代的存在形式——美国，这种情况最为发达。所以，在这里，'劳动'、'劳动一般'、直截了当的劳动这个范畴的抽象，这个现代经济学的起点，才成为实际上真实的东西。所以，这个被现代经济学提到首位的、表现出一种古老而适用于一切社会形式的关系的最简单的抽象，只有作为最现代的社会的范畴，才在这种抽象中表现为实际上真实的东西。"① 这段话中的"抽象"即"劳动一般"的确不包含内在矛盾的内容，但必须注意的是，马克思此处只是在说被亚当·斯密所发现的"劳动一般"只有在像美国这样的资本主义社会中才成为真实的东西。他并没有说这种作为现代资产阶级经济学起点的"劳动一般"就是他用来分析资本主义生产过程的"抽象"范畴。

事实上，这里存在着基于价值量分析的资产阶级古典经济学的劳动价值论与基于价值形式分析的马克思主义政治经济学的劳动价值论之间的区分问题。马克思劳动价值论中的抽象劳动事实上是与具体劳动处于一种内在矛盾关系之中的，就像他所说的商品的价值与使用价值处于一种内在对立、内在矛盾关系之中一样。从资产阶级经济学所使用的"劳动一般"，过渡到与具体劳动辩证统一起来的"抽象劳动"，这是马克思在商品关系问题上的解读思路的推进。上面提到的马克思在此文本中关于资产阶级社会的自我批判的论述，只是他在"抽象"问题上的内在矛盾性解读思路的首次表述。他在这方面的思想更多地体现在《资本论》第一卷第一章关于商品的阐述中。马克思不仅明确地指出了古典经济学劳动价值论的理论局限性："价值量由劳动时间决定是一个隐藏在商品相对价值的表面运动后面的秘密。这个秘密的发现，消除了劳动产品的价值量纯粹是偶然决定的这种假象，但是决没有消除价值量的决定所采取的物的形式。"② 而且，他还从资产阶级意识形态的角度对古典经济学劳动价值论的阶级属性进行了

---

① 《马克思恩格斯全集》第30卷，人民出版社1995年版，第46页。
② 《马克思恩格斯全集》第44卷，人民出版社2001年版，第92—93页。

深刻的解读。在马克思看来，古典经济学所发现的劳动价值论之所以无法消除价值量的决定所采取的物的形式，是因为"给劳动产品打上商品烙印、因而成为商品流通的前提的那些形式，在人们试图了解它们的内容而不是了解它们的历史性质（这些形式在人们看来已经是不变的了）之前，就已经取得了社会生活的自然形式的固定性。因此，只有商品价格的分析才导致价值量的决定，只有商品共同的货币表现才导致商品的价值性质的确定。但是，正是商品世界的这个完成的形式——货币形式，用物的形式掩盖了私人劳动的社会性质以及私人劳动者的社会关系，而不是把它们揭示出来。"[①] 正因为如此，如果只是像古典经济学家那样对资本主义商品关系进行经验性的解读，或者说只是对交换价值进行价值量维度上的分析，那么，这种分析所能得出的就只能是对商品关系的物化形式的一种经验性剖析，这从本质上讲是陷入了资产阶级经济学的意识形态之中。这显然不是马克思的解读思路，因为此时的马克思是从商品关系的历史性特征或者说商品关系的内在矛盾的解读视角出发的，而这便决定了他不再可能停留在"劳动一般"的层面上，而必然会深入到抽象劳动与具体劳动的辩证统一的理论视域之中。

上述对马克思《资本论》及其手稿中的"抽象"概念的解读，目的在于指出马克思在《1857—1858年经济学手稿》"货币章"中从人与人的社会关系转化为物与物的社会关系的角度对个人受"抽象"统治的论述，只是他在整个《资本论》及其手稿时期对"抽象"问题的第一种论述。这既不代表他在这一问题上的唯一论述，也不代表他对此问题的解读视域就停留于此了。事实上，此时的论述只是马克思从货币关系本身入手来谈论的人与人之间交换关系的抽象性，还没有上升到从资本的生产过程的角度来切入对交换价值及其由此而产生的社会关系之抽象性的解读。马克思在《资本论》第一卷中的论述明确地体现了从商品关系的内在矛盾性而不是社会关系的抽象性的角度来展开的批判理论的逻辑路径。由此，"抽象"便从一种关系性的经验存在转变成了内在矛盾性的历史性存在。这样一

[①]《马克思恩格斯全集》第44卷，人民出版社2001年版，第93页。

来，从抽象上升到具体的方法论显然也会展现出另一番崭新的理论图景。对上述理论质点的澄清与强调，对于我们在解读《资本论》中的社会批判理论时突破简单的关系主义本体论，并进而深入到基于内在矛盾运动的历史唯物主义方法论的理论层面，应该说是很有帮助的。

《资本论》：马克思新唯物主义哲学发展的第四个阶段[①]

唐正东

以前，我们大多只是立足于从抽象上升到具体的科学方法论的角度来阐释《资本论》在哲学维度上的内涵及意义，似乎马克思只是用这种科学方法论来建构起了一定的经济学范畴体系，而在具体的哲学观点上没有多少思想建树。其实，事情并非如此简单。依我之见，《资本论》恰恰是马克思哲学之途中的一个重要归宿点。马克思在《资本论》中所完成的是把已经揭示出来的历史本质放回到具体的生活世界的层面来加以理解，这是一个更为具体的历史唯物论的理论层面。就马克思一生所从事的哲学探讨来说，他的这一步理论努力无疑是非常重要的。在《关于费尔巴哈的提纲》中，马克思在批判唯心史观的基础上建构起了以主体的社会实践活动为核心的新唯物主义世界观。鉴于他此时还没有展开对这种社会实践活动之内在本质的探讨，我们可以说，马克思此时的理论成就主要在于凸显了作为具体的生活世界而存在的人类实践活动的哲学价值。这一理论质点对于批判历史唯心主义来说是非常重要的，这是马克思新唯物主义哲学探讨的第一步。从《德意志意识形态》开始，马克思致力于探询社会实践活动之本质，这就是他所找到的生产力与交往形式之间的矛盾关系。这一关于历史本质的观点经过《哲学的贫困》、《伦敦笔记》到《1857—1858年经济学手稿》（以下简称《57—58年手稿》）时期就已经完全成熟了。这是

[①] 原载《江苏行政学院学报》2005年第4期。

马克思新唯物主义哲学探讨的第二步。在《57—58年手稿》中，马克思除了完成对作为历史唯物主义客体向度的历史本质论的理论建构外，还完成了把这种客体向度与新唯物主义的主体向度有机结合起来的理论使命。这意味着马克思在这一阶段关于具体的生活世界之内在本质的观点已经变得非常丰满和充实了。这应该可以被指认为马克思新唯物主义哲学探讨的第三步。从《1861—1863年经济学手稿》开始，一直到后面的《资本论》尤其是在《资本论》第三卷中，马克思除了展开其复杂的经济学论述之外，还着重把自己的思路重新拉回到具体的生活世界层面，只不过这一次他不是简单地指认这种具体的生活世界对于批判唯心史观的重要性，而是致力于探询历史的深层本质是如何在具体的生活世界层面上展现出来的。作为个人，我们每天所面对的只是具体的生活世界，这就使我们很容易遁入生活世界的假象之中。而作为哲学家，马克思所要剖析的恰恰就是这种生活世界是如何凸显其本质的。这是马克思新唯物主义哲学探讨的第四步。从表面上看，这似乎是对《关于费尔巴哈的提纲》时期马克思新唯物主义哲学思路的一种回复，但实质上却是已经站到了一个更深的层面上来解读同一个现实对象。

恩格斯在给《资本论》第三卷所写的序言中称这一卷是马克思整个《资本论》的"最重要的章节"[①]，这一判断是符合马克思的原意的。这一卷之所以"最重要"，其原因有二：第一，就资本拜物教的物质形态而言，马克思在《资本论》第一、二卷中就资本的生产过程和流通过程所展开的论述，是在撇开了这两个过程之外的其他各种因素所能引起的一切影响的前提下进行的，只是到了第三卷中，马克思才真正从资本在社会表面上所呈现出来的具体形式的层面来阐述资本的运动过程和生活过程。而一旦到达这一层面，资本的实际运动过程就要比原先想象的复杂得多。马克思的《资本论》尽管是从论述资本的内在本质出发的，但其最终的落脚点必然是资本的生活过程，也就是说，《资本论》的最准确的含义必然是"资本的生活过程论"，而不仅仅是"资本的内在本质论"。因此，《资本论》第

---

① 《马克思恩格斯全集》第25卷，人民出版社1974年版，第3页。

三卷不是前两卷内容的一种简单延伸，而是马克思新唯物主义哲学即唯物史观的一次再提升。第二，就资本拜物教的观念形态而言，在马克思看来，如果仅以资本的直接生产过程为坐标系，那么，资本关系对资本主义生产当事人的观念束缚应该说还不是特别厉害的。也就是说，在生产当事人的观念中，资本世界的颠倒性还并没有十分强烈地表现出来。资本家在这一阶段还能够"意识到"并且还能够"接受"资本与剩余劳动之间的关系这一资本运行过程的"实际的联系"①，资本家为了工作日的界限而与工人之间发生的激烈的斗争就是对这一点的有力证明。而一旦进入到资本的流通领域，尤其是进入到资本的具体生活过程的领域，剩余价值的真实来源问题就会被彻底地掩盖掉，致使作为个体的资本主义生产当事人（包括工人在内无法准确地理解资本的内在本质，而是把资本在社会表面上所呈现出来的样子指认为一种客观的现实来加以接受，即致使观念形态的资本拜物教得以完成。我们知道，在马克思的整个哲学运思中，对历史客体的科学解剖与对历史主体的价值指认是有机地统一在一起的，因此，如果不能正视资本拜物教观念形态的剥离问题，那么，即使对资本主义现实解剖得再彻底，也不足以完成对资本主义灭亡的必然性的科学证明。所以，《资本论》第三卷在马克思的哲学逻辑中必然具有重要的地位。

马克思在《资本论》第三卷中首先提出的一个重要观点是：对资本主义生产的当事人来说，资本的神秘化过程、资本作为一个着了魔的颠倒的世界，是一种具有必然性的客观现实。这里的"资本主义生产的当事人"除了包括资本家以外，理应还包括作为个体而存在的雇佣工人。马克思对这一理论质点的论述尽管在《资本论》第一卷中就已经展开了，但必须指出的是，根据马克思在第三卷中的观点，他在第一卷和第二卷中对资本的颠倒性症状的揭示，其实只是指向这种颠倒性的第一和第二个层次的。这两个层次的颠倒性在具体的资本生活过程中还只是作为"抽象"的东西而存在的，而作为"具体"的颠倒性的，是上述这种颠倒的更为高级的发展形态。这里涉及马克思所述资本关系之颠倒性的多重样态的观点。在马克

---

① 《马克思恩格斯全集》第25卷，人民出版社1974年版，第35页。

思看来，体现于资本主义生产过程中的那种主客体之颠倒性是第一层次的颠倒，这种颠倒具体显现为劳动的全部主观生产力表现为资本的生产力，一方面，价值，即支配着活劳动的过去劳动，人格化为资本家；另一方面，工人反而仅仅表现为物质劳动力，表现为商品。在这一层面上，资本就"已经变成了一种非常神秘的东西，因为劳动的一切社会生产力，都好像不为劳动本身所有，而为资本所有，都好像是从资本自身生长出来的力量"①。等到流通过程加进来之后，上述颠倒性便进入到了第二个层次。由于商品中所包含的价值和剩余价值都必须在流通过程中才能得以实现，因此，在一定意义上可以说，这种第二层次的颠倒性是必然到来的。在这一流通过程中，资本甚至农业资本的一切部分，都会被卷入到这一过程的物质变换和形式变换中来，而原始的价值生产的关系会完全退居到次要的地位。这一现象还会由于流通过程中的让渡利润和流通时间这两个因素的介入而显得更为令人迷惑。上述颠倒性的第三层次体现于资本主义生产的总过程中，在这里，由于介入了一个复杂的社会过程，即资本的平均化过程，具体地说就是由于利润转化成了平均利润，价值转化成了生产价格，因此，"这个过程使商品的相对平均价格同它们的价值相分离，使不同生产部门……的平均利润同特殊资本对劳动的实际剥削相分离。在这里，不仅看起来是这样，而且事实上商品的平均价格不同于商品的价值，因而不同于实现在商品中的劳动；特殊资本的平均利润不同于这个资本从它所雇佣的工人身上榨取出来的剩余价值"②。也就是说，以平均利润形式而存在的剩余价值似乎已经摆脱了与雇佣劳动之间的关系，成了某种拥有独立来源的存在物。资本的世界变得越来越神秘化了，与此相关的是劳动主体与作为劳动成果而存在的客体之间的关系之颠倒性也越来越严重了。如果说作为企业主收入而存在的平均利润已经具有很大的迷惑性的话，那么，利润中的另外一部分即利息的部分则更是把资本的神秘性提升到了一个新的阶段。就企业主收入而言，至多只不过是把它从资本关系中分离出来，不把它看作是来源于雇佣工人的劳动，而把它视为来源于资本家本人所从事

---

① 《马克思恩格斯全集》第 25 卷，人民出版社 1974 年版，第 935 页。
② 《马克思恩格斯全集》第 25 卷，人民出版社 1974 年版，第 937 页。

的劳动。但利息则不同了。同样是在资本主义生产总过程中，由于商业利润及货币经营业利润的加入，资本世界之颠倒性被推到了极致。因为上述两种利润都是以流通为基础的，因此，利息似乎成了某种既不与工人的雇佣劳动相关，也不与资本家本人的劳动相关，而只是来源于资本本身的某种东西。这就是马克思思路中关于上述颠倒性的第四个层次的内容。在马克思看来，资本在这一层面上，即在生息资本的形式上，"取得了它最异化最特别的形式"①。

上述关于资本主义生产过程中主客体关系之颠倒性的四个层次的内容，对马克思来说，既是以物质形态而存在的资本拜物教的不断深化过程，也是以观念形态而存在的资本拜物教的不断展开过程。就资本拜物教的观念而言，马克思有这样一个明确的观点：在资本主义的内在结构和内在矛盾尚未充分展开之前，资本主义生产过程的当事人是必然要受到资本拜物教观念的束缚的。尽管在整个《资本论》的论述中，马克思主要是把资本家指认为他所说的资本主义生产的当事人的（这无疑是与《资本论》的写作目的是对资产阶级政治经济学的批判直接相关的）。但仔细分析不难看出，马克思实际上也是把雇佣工人及小农等劳动者包括在内的。马克思在《1861—1863年经济学手稿》中就曾明确地指出，雇佣工人是会受到资本拜物教观念这样一种"被歪曲了的观念"所束缚的。② 他们从这种拜物教观念中解脱出来，本身是要由资本主义生产方式的发展过程所推动的。应该说，在马克思的思路中，上述这些资本主义的生产当事人受到资本拜物教观念的束缚的现象是必然和普遍的，因为根据马克思的说法，能够揭示资本之内部有机本质的那些范畴和规律"相对地说是看不见的东西，是要通过研究加以揭示的本质的东西"，而那些直接对应于资本之外部生活关系的范畴"却会在现象的表面上显示出来"③。马克思认为，如果没有历史唯物主义的科学方法论（作为个体的资本主义生产当事人当然是不可能拥有这种科学方法论的，而马克思整个《资本论》的工作就是要

---

① 《马克思恩格斯全集》第25卷，人民出版社1974年版，第937页。
② 《马克思恩格斯全集》第48卷，人民出版社1985年版，第258页。
③ 《马克思恩格斯全集》第25卷，人民出版社1974年版，第51页。

运用这种科学方法论为共产党取得"科学上的胜利")。那么,"甚至在简单的生产关系内,也必然会产生出相应的颠倒的观念,即歪曲的意识",这些观念无论多么粗浅,但它们是必然会产生的,这是因为资本主义生产的内在规律在竞争中是以颠倒的形式表现出来的。

在《资本论》(尤其是其中的第三卷)中,马克思从不同的层面对上述这种必然性作出了论证。在资本主义生产过程的层面,马克思指出,就单个资本家而言,他所唯一关心的是剩余价值即他出售自己的商品时所得到的价值余额和生产商品时所预付的总资本的比率,而对这个余额与资本的各个特殊组成部分如可变资本之间的特定关系,他不仅不关心,而且尽力掩盖这种特定关系还是他的利益之所在。就单个工人而言,他所关心的也只是与自己的活劳动相对应的收入形式即工资的多少,而不是自己的劳动价值与劳动力价值之间的差额。正是在这一意义上,马克思才说,随着资本主义生产过程的推进,"不仅劳动力不断地再生产出来,而且雇佣工人阶级本身,从而整个资本主义生产的基础,也不断地再生产出来"[①]。在资本的生活过程的第二个层面即资本主义流通过程的层面,马克思指出,自己在《资本论》第二卷中对这个流通领域的论述,只是就它所产生的各种形式规定进行了说明,论证了资本的形态在流通领域内的继续发展,"但是事实上,这个领域是一个竞争的领域,就每一个别情况来看,这个领域是偶然性占统治地位的。因此,在这个领域中,通过这些偶然性来为自己开辟道路并调节着这些偶然性的内部规律,只有在对这些偶然性进行大量概括的基础上才能看到。因此,对单个的生产当事人本身来说,这种内部规律仍然是看不出来,不能理解的"[②]。就资本的生活过程的第三个层面即最为具体的资本主义生产总过程的层面,马克思指出,由于在这一层面上发生了利润转化为平均利润、价值转化为生产价格等复杂的社会过程,因此,资本主义生产方式的神秘化,社会关系的物化,物质生产关系和它的历史社会规定性直接融合在一起的现象已经完成了,资本先生和土地太太,作为社会的人物,同时又直接作为单纯的物,在这个着了魔的、

[①] 《马克思恩格斯全集》第24卷,人民出版社1972年版,第430页。
[②] 《马克思恩格斯全集》第25卷,人民出版社1974年版,第936页。

颠倒的世界中到处兴妖作怪，而实际的生产当事人对这个颠倒的世界所具有的异化的、不合理的形式却感到很自在，马克思说，"这也同样是自然的事情，因为他们就是在这些假象的形式中活动的，他们每天都要和这些形式打交道。"① 所以，关于资本的生活过程，我们首先应该指认的一个理论质点是：它是一个必然出现的颠倒的世界。

上述关于资本世界的颠倒性的证明是否意味着资本的生活过程是一个永恒的过程呢？马克思的回答显然是否定的。这同样可以从物质形态和观念形态这两个方面来加以理解，而且这两个方面的理解都是建立在历史唯物主义的科学方法论之基础上的。就资本世界的物质形态而言，马克思指出，尽管在资本主义的生产、流通过程及资本主义生产的总过程中，资本会不断地越出其内部的有机本质并进入到外部的生活关系之中，并进而把前者越来越巧妙地掩盖起来，但问题的关键是：资本的内部有机本质依然存在在那里，它始终没有改变。这一本质不会因为资本拜物教的物质形态以表面事实的身份呈现出来，或者因为资本拜物教的观念形态被生产当事人当作自然的观念来接受而自我消解掉。相反，它必将随着资本主义生产过程的推进而越来越清楚地凸显自己。能够看出这一本质的存在是必须依托于历史唯物主义的科学方法论的，马克思在整个《资本论》中从商品的价值这一范畴出发所展开的一系列论述，其目的就在于通过批判资产阶级庸俗经济学的虚伪性及古典经济学的不彻底性，来深刻地阐明资本的内在本质与其外部的生活关系之间的有机联系，从而证明资本主义生产方式崩溃的必然性。在经验实证的方法论维度上，资本的世界更多地显现出其外部的生活关系，即凸显为一种着了魔的颠倒的世界的形象；可是，在以社会历史感为基础的历史唯物主义的方法论维度上，这一世界所显示的却只不过是资本主义生产方式的内在矛盾的各种转型而已。这一具有必然性的内在本质及其自身的规律通过经验层面的各种偶然性为自己开辟道路的过程，就是资本自身的历史发展把附加在它身上的各种真实的假象剥离开来的过程。也就是说，资本世界的内在本质在具体生活过程中的浮现，这本

---

① 《马克思恩格斯全集》第 25 卷，人民出版社 1974 年版，第 39 页。

身也是资本主义生产方式发展的产物。当马克思用从抽象上升到具体的方法论对资本主义生产方式进行深层的解剖与剥离的时候，他所完成的不仅是对资本世界的逻辑上的剥离，而且也是历史发生学维度上的剥离。

在《资本论》第一卷中，由于所涉及的还只是资本主义的直接生产过程，马克思在这里所分析的还只是剩余价值的生产及资本的积累问题，严格意义上的资本主义生产的具体过程尚未展开，因此，资本主义生产方式的内在矛盾在这里还只是表现为由剩余价值的剥夺、资本的积累所带来的雇佣工人对资本统治的反抗与斗争，"随着那些掠夺和垄断这一转化过程的全部利益的资本巨头不断减少，贫困、压迫、奴役、退化和剥削的程度不断加深，而日益壮大的、由资本主义生产过程本身的机构所训练、联合和组织起来的工人阶级的反抗也不断增长。资本的垄断成了与这种垄断一起并在这种垄断之下繁盛起来的生产方式的桎梏……资本主义私有制的丧钟就要响了"①。而到了《资本论》第三卷中，资本主义生产方式的内在矛盾则有了更为具体的体现，这就是资本主义条件下一般利润率日益下降的趋势和规律。马克思指出，在资本主义生产的总过程中，随着可变资本同不变资本相比的日益相对减少，总资本的有机构成会不断提高，从而在劳动剥削程度不变的前提下，剩余价值率会表现为一个不断下降的一般利润率，"一般利润率日益下降的趋势，只是劳动的社会生产力日益发展在资本主义生产方式下所特有的表现"，它是由"资本主义生产方式的本质"所证明了的"一种不言而喻的必然性"②。以此为基础，马克思进一步指出，一般利润率的下降必然导致加速资本的集中和延缓新的独立资本的形成，而这在促进人口过剩的同时，必然还会促进生产过剩、投机、危机及资本过剩。资本所生产的剩余价值量虽然会增加，但由于以对抗性的分配关系为基础的消费力的限制，生产剩余价值的条件和实现这个剩余价值的条件之间的矛盾必然会随着资本主义生产过程的推进而日益增长，最后归结为一句话：资本主义生产的真正限制是资本自身③。这就是马克思在

---

① 《马克思恩格斯全集》第23卷，人民出版社1972年版，第2页。
② 《马克思恩格斯全集》第25卷，人民出版社1974年版，第237页。
③ 《马克思恩格斯全集》第25卷，人民出版社1974年版，第279页。

1859年2月1日致约瑟夫·魏德迈的信中所说的要"为我们的党取得科学上的胜利"①而进行的政治经济学研究的最重要的理论结果。资本主义生产方式的发展所带来的资本内在本质的凸显决定了存在于资本的生活过程层面的那种资本拜物教的物质形态的必然灭亡,这就是马克思关于资本的颠倒的世界的一个重要结论。

下面我们再来分析一下工人所具有的资本拜物教观念形态的消解问题。客观地说,这一问题并不是马克思在《资本论》中的研究重点,因为《资本论》所关注的主要是物质形态的资本拜物教的消亡。即使在谈到观念形态的资本拜物教时,马克思也没有特别强调雇佣工人这一历史主体,而只是笼统地说"资本主义的生产当事人"。从表面上看,这里所说的"资本主义的生产当事人"似乎还主要指向资本家,因为马克思在不少地方是把资产阶级庸俗经济学家视为上述这种生产当事人的"代理人"的。马克思对工人这一生产当事人与资本拜物教观念形态的关系的论述只是存在于《资本论》的一些手稿,尤其是《1861—1863年经济学手稿》中,在《资本论》的正式文稿中马克思弱化了这一部分观点,这在逻辑上也是说得通的,但我们在分析马克思关于资本生活过程的观点时却不应忽视这一部分内容。

在马克思看来,资本主义生产方式的发展在带来了资本拜物教物质形态内在矛盾的必然爆发的同时也必然带来工人身上那种资本拜物教观念形态的消解。现实的社会物质形态的发展必然带动相应的观念形态的变化,这是马克思在思考这一问题时的一个基本观点。工人并不是生而就能看到资本拜物教观念形态的欺骗性的,但他却是一个由资本主义的生产实践所推动出来的批判资本拜物教的物质形态和观念形态的历史主体。马克思说,"实践迫使他反对所有这种关系,从而反对与这种关系相适应的观念、概念和思维方式"②。而为什么只有工人才会起来反对这种观念形态,资本家却不能呢?马克思的解释是:资本家作为资本家,无非是资本本身的这种运动,他在现实中是怎样的,他在意识中也是怎样的。因此,尽管他也

---

① 《马列主义研究资料》,人民出版社1984年版,第5页。
② 《马克思恩格斯全集》第48卷,人民出版社1985年版,第58页。

身陷在资本的被颠倒了的关系之中,但他却体现了这种关系的肯定的、统治的一方,因而"这些矛盾并不使他不安,相反,只有处在这些矛盾中间,他才感到很美好,而受这同一种被歪曲了的观念束缚的雇佣工人,则只是处在这种关系的另一极上,是被压迫的一方"①。所以,工人才会起来反抗资本的物质统治及观念统治。这里强烈地凸显出了一种历史发生学的思维逻辑,正是在这一意义上,马克思才说,工人认识到劳动产品是劳动者自己的产品、劳动同其实现条件之间的分离是不公平的,认识到资本拜物教的物质形态是颠倒性的、其观念形态是欺骗性的,这些都已经是一些了不起的觉悟,"这种觉悟同样是资本主义生产方式的产物,而且也正是为这种生产方式送葬的丧钟"。

应该说,马克思在工人的阶级意识问题上的上述观点是对他中期相关思想的一种重要发展。客观地说,马克思自《〈黑格尔法哲学批判〉导言》中宣告了"哲学把无产阶级当作自己的物质武器,同样地,无产阶级也把哲学当作自己的精神武器"②。之后,在其早期思想阶段,他并没有对工人的这种阶级意识与资本主义异化社会中的观念形态之间的历史性关系作出深层的剖析。直到1845年的《德意志意识形态》马克思才对这一问题进行了较为深入的探索。在阐述唯物史观的具体内容时,马克思指出,生产力的发展除了必然导致与交往方式之间的矛盾外,还会产生出无产阶级,"这种阶级形成全体社会成员中的大多数,从这个阶级中产生出必须实行彻底革命的意识,即共产主义的意识",这个阶级还会在共产主义的革命运动中"抛掉自己身上的一切陈旧的肮脏东西",使自身"成为社会的新基础"。③ 应该说,马克思此时在这一问题上已经具有了一定的历史发生学的思维构架,但显然还不具体,他还没有把资本主义生产方式自身的发展所导致的工人对资本拜物教观念的解构的过程阐释清楚,这是与他此时在生产关系的生产与再生产的线索上理解得还不够彻底有关的。1848年欧洲大革命的失败应该说给马克思一个很大的触动,它不仅推动马克思

---

① 《马克思恩格斯全集》第48卷,人民出版社1985年版,第58页。
② 《马克思恩格斯全集》第1卷,人民出版社1956年版,第467页。
③ 《马克思恩格斯全集》第1卷,人民出版社1956年版,第1页。

对资本主义生产方式的物质形态进行深入的研究，而且也推动着他对资本主义条件下工人的观念形态的变化进行更为深入的探讨，这两个方面都应该属于马克思所说的"为我们的党取得科学上的胜利"而进行的理论研究的内容。在《资本论》手稿时期，历史发生学的思路已经彻底地贯彻到了马克思对工人的观念形态问题的研究之中，并使之与他对资本主义物质形态问题的研究有机地统一了起来，共同构成了马克思分析资本的生活过程问题时的一套完整的历史唯物主义解读思路。可以说，从抽象上升到具体的方法，在马克思的《资本论》中不单单是构建政治经济学体系的一种科学方法论，而且还是其自身能涌动出丰富的哲学内容（尤其是在资本生活过程的解剖问题上）的一种哲学方法论，在它身上最鲜明地体现了方法与内容的统一。

《资本论》与马克思主义哲学关系的四个基本问题
——基于思想史和理论逻辑的考察①

周嘉昕

在马克思开始直接的《资本论》创作150年之后，《资本论》成为中国马克思主义哲学研究的一个新的问题焦点。这一方面根源于中国特色社会主义建设回应当代资本主义新变化、应对全球金融危机的实践需要，另一方面也顺应了中国化马克思主义理论探索走出辩证唯物主义和历史唯物主义体系，建构科学性和批判性相统一的哲学新形态，对话当代西方左翼思潮的理论趋势。然而有学者却尖锐地指出，在今天的《资本论》研究中出现了一些"根本性的误读"②。在笔者看来，围绕《资本论》，特别是《资本论》与马克思主义哲学的关系问题，的确存在一些有待进一步澄清的问题。这些问题的解决依赖于对《资本论》研究的历史和逻辑的重新梳理和解释，以及有关马克思主义理论和社会主义运动实践的形成和发展的自觉反思。同时，面向问题的回顾与反思，在某种程度上也构成了《资本论》研究对于中国化马克思主义哲学新形态建设的意义和解释所在。

问题一：政治经济学还是哲学？

对于《资本论》研究来说，首先必须回应的一个问题是：《资本论》

---

① 原载《社会科学辑刊》2005年第5期。
② 马拥军：《对〈资本论〉的九个根本性误读》，载《天津社会科学》2015年第2期。

研究到底是一个政治经济学的课题还是一个哲学的问题？20世纪80年代国内学界已经形成《资本论》研究的热潮。只不过当时的研究主要集中在马克思主义政治经济学领域。反观《资本论》中的哲学问题，一方面在既有研究中大多是以唯物辩证法或唯物史观在《资本论》中的运用和发展来展开的，另一方面也只是在进入新世纪以后，特别是近几年来才成为一个热点话题。不容回避的是，问题在今天并未得到彻底的解决。当下的《资本论》研究中实际上仍然存在着政治经济学和哲学两种视角的差别。二者关注的问题焦点、依托的理论资源、研究的路径走向都有所不同。之所以如此，一个最直接的原因是马克思主义理论研究中存在的政治经济学和哲学的学科分化。也就是在苏联马克思主义研究中，依照列宁关于"马克思主义三个来源三个组成部分"的看法所形成的马克思主义哲学、政治经济学和科学社会主义三分的传统研究模式。

在这个意义上《资本论》中的哲学问题应当算作是一项"跨学科"研究课题，也是改革开放以来，中国马克思主义研究面对中国特色社会主义实践和当代资本主义新变化，着眼于马克思主义哲学自身研究的逻辑推进，聚焦"问题意识"并在理论反思、文本研究和思想对话的基础上所进行的一次理论推进。与传统研究模式中的"推广运用"观点不同，近年来学界更多强调《资本论》自身所包含的哲学意义，或者说马克思的哲学思考在《资本论》及其手稿中所取得的新的进展。代表性的观点如"《资本论》的存在论"、"历史现象学"、"资本逻辑"、"《资本论》的政治哲学"等等，都为这一问题的研究从不同角度打开了新的视域。也正是在这些话题的讨论中，另一个更为基础性的理论问题也被摆上了台前案头：应该怎样定义马克思所阐发的哲学，以及马克思所面对的政治经济学？

在上述研究和探讨中，一种既有的观点获得了越来越清晰的界定和越来越丰富的内容。回到《资本论》以及马克思的理论探索中去，马克思所面对的"政治经济学"（political economy）即要同19世纪70年代以后出现的"经济学"（相区分，又不能简单等同于今天马克思主义理论学科意义上的"政治经济学"一般分为资本主义部分和社会主义部分）。这样一种"政治经济学"与"经济学"的界分，是在真实的思想史语境中对于不同历史时期的不同理论形态所进行的科学区分。就此,福柯有关"政治经济学"的定义是十分恰切的。在《生命政治的诞生》中,他谈到:在18世纪50年代到19世纪20年代之间"政治经济学"这一表述一直在不同的语义两端摇摆。它有时指对生产和财富流通的一种严格且有限的分析。但是人们同样以一种更宽泛和实际的方式,把"政治经济学"理解为能够确保一个民族繁荣的所有治理方法。政治经济学指的是对于一个社会中诸多权力的组织、分配和限制进行的一种一般性思考,从根本上就是能够保证对治理理由作出自我限制的东西。[①] 也正是在这个意义上,笔者倾向于回到斯密自己将"政治经济学"界定为"政治家或立法家的一门科学"的思想史语境中去,使用"资产阶级社会理论"或"市民社会的理论再现"这样的表述,来界定马克思所直面并着力批判的"政治经济学"或"古典政治经济学"。

这样,我们也就不难理解其副标题"政治经济学批判"的理论含义了。《资本论》或者说"政治经济学批判"本身就是马克思自1844年以来长期理论探索的一项总结,是马克思对"资本主义生产方式以及和它相适应的生产关系和交换关系"的科学说明和批判分析。这样一种批判性的科学分析,本身是以马克思在布鲁塞尔"所得到的、并且一经得到就用于指导我的研究工作的总的结果",也就是从物质生产方式分析出发的唯物史观为研究前提和指导的。同时,在叙述方法上又采取了一种"和黑格尔的辩证方法不同,而且和它截然相反"的"合理形态"的辩证法。正如孙正聿先生所指出的那样,马克思的"政治经济学批判"不仅批判了理论上的资产阶级古典政治经济学,而且批判了现实中的资本主义"政治经济"。[②] 这同时也为我们深入理解"政治经济学批判"和"哲学"的关系指明了方向。

既然"政治经济学"本身首先不是"经济学",而是一种资产阶级"市民社会"的理论再现,那么"政治经济学"就是一种以自身特殊的理论话语形式反映资本主义"政治经济"的理论形态。在这一点上"政治经

[①] 福柯:《生命政治的诞生》,莫卫民、赵伟译,上海人民出版社2011年版,第11页。
[②] 孙正聿:《〈资本论〉与马克思主义哲学》,载《学习与探索》2014年第1期。

济学"与马克思恩格斯那个时代主要的"哲学"形态,即德国古典哲学,或者说德意志唯心主义(观念论),实际上承担了相近似的理论使命。相应地,马克思恩格斯的哲学探索,尤其是他们从信奉到克服青年黑格尔主义的历程,也应该被看做是在"意识形态"("观念学")的层面上对资产阶级"市民社会"现实问题和内在结构的回应与考察。这一问题的阐明,同时又涉及另外两个问题的说明。第一个问题是,对作为"哲学"的"政治经济学"的思想史语境的说明。上文已经提到,古典政治经济学首先是作为"道德哲学"或"政治家立法家的一门科学"而兴起的。在古典政治经济学的逻辑演进过程中,对于价值、利润、工资、地租等问题的关注,尽管带有对生产和财富的"量"的分析,但更为根本的是对这些范畴背后的社会关系的"质"的考察。例如古典政治经济学之父威廉·配第曾经提出"土地是财富之母,劳动是财富之父",但实际上这一观点的最先表达却是在其好友霍布斯所作的《利维坦》之中。且这一观点的指向并不是为了阐明所谓的"劳动价值论",而首先是在讨论国家赋税来源的过程中,确立土地贵族和工矿业资产阶级的权利关系。因此可以说,古典政治经济学不过是在借助于经济范畴来讨论政治(财产权)、伦理(德性)和哲学问题。

第二个问题是,作为"政治经济学"的"哲学"即德国古典哲学与"政治经济学"的内在关联。近年来国内马克思主义哲学研究领域中已经出现了一个关注黑格尔思辨唯心主义与其政治经济学研究的关系的学术动向,并且围绕黑格尔的现代性(市民社会)批判、劳动概念、耶拿实在哲学等主题形成了一批研究成果。其基本的结论,我们可以借用伊林柯夫的判断来概括:"黑格尔的辩证的唯心主义最终产生的结果,同在斯密、李嘉图和萨伊那里因其研究方法的形而上学性所产生的结果是一样的。"① 考虑到伊里因科夫的研究主要是依托《资本论》而展开的,我们可以得出一个相关的结论:如果说马克思主要是在《资本论》及其手稿中完成了对政治经济学的批判,并重新发现、改造了黑格尔的辩证法,那么,我们不妨

---

① [苏]伊林柯夫:《马克思〈资本论〉中抽象和具体的辩证法》,孙开焕等译,山东人民出版社1993年版,第120页,译文有改动。

就用"政治经济学批判"来表征《资本论》中的哲学方法本身。相应地,这一"批判"就不仅仅是针对今天理解的学科意义上的"政治经济学",而且同样是针对思想史上作为"政治经济学"存在的"哲学"。以此观之,马克思思想历程中发生的从"哲学批判"到"政治经济学批判"的演进,就不仅仅是问题域的转变,而且是与新视域的开启同时发生的问题结构的转化。现在的问题是:在这样一种转化了的问题结构中,该如何清晰地界定马克思主义的哲学方法,或者说是政治经济学批判的方法,进而回应西方"资产阶级学者和庸人们"的挑战呢?

问题二:辩证法还是形而上学?

上述问题,其实在马克思出版《资本论》之后不久就已经显露出了自身的紧迫性和重要性。众所周知,在《资本论》第一卷出版之后"资产阶级学者和庸人们"开始妄图以"沉默的阴谋"来扼杀科学的理论。马克思和恩格斯针锋相对地发表了一系列评论来宣传介绍《资本论》,并出版修订了新的版本。也正是在《资本论》德文第二版和法文版中,马克思进一步调整了自己的理论表述,既包括总体的章节结构,也包括"价值形式"部分的复杂修改。在此过程中,特别是以著名的《资本论》第二版跋为代表,马克思恩格斯明确提出了"政治经济学批判"的方法同黑格尔辩证法的关联问题。当然,此前恩格斯为马克思《政治经济学批判》(1859)所作的书评,以及在《资本论》创作过程中两人的大量书信也谈到了这一问题。参照此类文本表述"政治经济学批判"的方法在很大程度上就是"头足倒置"的辩证法,或者说"辩证法的合理形态"。这里自然就引申出了一个重要的问题:到底如何理解马克思和黑格尔辩证法的差别?是唯物和唯心的不同,还是方法和体系的差别,抑或其他?

几乎与此同时,以庞巴维克为代表的西方资产阶级经济学家,在不得不对《资本论》发表意见之后,却开始以另外一种方式攻击马克思的"政治经济学批判"。这一攻击主要集中在边际效用革命之后以"效用价值论"来替代"劳动价值论"和"剩余价值理论"的做法之中。起先是以庸俗的实证主义方式来证明《资本论》第一卷和第三卷之间的矛盾问题，也就是围绕"转型问题"对剩余价值理论进行攻击，认为这是一个在数学上无法证明的虚假概念。更进一步，他们将马克思的"劳动价值论"抨击为一种"形而上学"的玄想，一种在19世纪中叶以来的实证科学发展中已经被摒弃了的"哲学"的残余。甚至于在这些学者看来，这一错误路向的始作俑者是仍然坚持"客观价值论"的李嘉图。作为例证的是，李嘉图在完成《政治经济学及赋税原理》之后，曾经一度准备放弃作为自己这一著作的体系架构基础，以及马克思政治经济学批判的出发点的"价值"概念。①

由此，我们发现：《资本论》发表后所引发的争论在很大程度是同"政治经济学"向"经济学"的转型，以及"哲学"概念的转义结合在一起的。如果古典"政治经济学"也是"哲学"，唯心主义（观念论）"哲学"也扮演着"政治经济学"的功能的话，那么，19世纪70年代以降西方资产阶级经济学家对马克思《资本论》的指责已经获得了完全不同的理论含义。简言之，就是从"效用价值论"出发"忘记了历史"的"经济学"从经验和实证的角度出发，对"政治经济学批判"中所内蕴的社会历史维度和辩证方法的拒斥和攻击。在这个意义上，对于"资产阶级学者和庸人们"来说，无所谓辩证法还是形而上学，在近似于自然科学的经济学面前都成为了一种过时的哲学残余。而马克思恩格斯对自身方法同黑格尔辩证法的关联的强调，承认自己是这位已经被当作"死狗"扔在一边的大哲学家的学生，也就具有了特殊的意义。因为恰恰是在辩证法中，包含着对于资产阶级经济学及其庸俗的社会历史理论的真正超越，也只有那些能够"辩证的思维"的人，才能够真正发现"辩证的现实"。与此同时，自然产生了两个需要进一步探讨的问题。其一是要考虑"形而上学"这个哲学术语的双重含义，为什么在马克思主义的理论发展中，会出现辩证法和形而上学的对立？其二是我们今天要重新理解《资本论》中的哲学，是不

---

① 斯拉法有关《李嘉图全集》编纂的说明，参见［英］彼罗·斯拉法主编：《李嘉图著作和通信集》第1卷，郭大力、王亚南译，商务印书馆1962年版。

是可以回避现代西方"经济学"的这些指责，通过回到黑格尔，包括与黑格尔密切相关的斯密，来阐发一种"辩证法"、"道德哲学"或是"古典与现代的和解"来实现呢？

毫无疑问，第一个问题的提出是同传统的马克思主义哲学、政治经济学研究中强调辩证法，以及辩证法同形而上学的分歧有关。这种"形而上学"的理解显然不同于一般哲学研究中作为探究终极本质的"形而上学"或"物理学之后"（metaphysics）。那么为何在马克思主义哲学中会形成这样一种独特的"形而上学"理解呢？概言之，辩证法和形而上学的差别确实如很多西方学者所指认的那样，是由恩格斯第一次明确表述出来的。恩格斯的表述本身又同《资本论》传播过程中对于"政治经济学批判"方法的说明内在相关。针对19世纪末期庸俗的实证主义和新康德主义思潮，恩格斯借用黑格尔对"旧的研究方法和思维方法"的批判阐发了自己对辩证法的理解。或可以这样认为，对于马克思特别是恩格斯来说《资本论》中的实证研究是不需要论证的，但是就《资本论》与资产阶级经济学家，包括此时已经十分流行的"机械唯物主义"的本质区别来说，对于辩证法的捍卫和阐明才是问题的关键。因此，涉及思想史上有关《资本论》的争论时，"形而上学"具有了两重不同的含义：其一因为经验、实证科学所反对的抽象、思辨的"形而上学"，这一含义本身距离"形而上"的追问较近，但却在19世纪下半叶被当作"死狗"一样的存在；其二为马克思主义哲学研究中形成的辩证法和形而上学转向对立意义上的"形而上学"，这一含义可以溯源到黑格尔对"旧形而上学"的批判，并直接成型于恩格斯晚年的论述，甚至可以说这是在《资本论》传播过程中一个"反向建构"的产物。

第二个问题更多涉及当下的《资本论》研究。如前所述，尽管今天的政治经济学研究在坚持、发展马克思《资本论》的过程中已经取得了许多重大的理论成果，在激进政治经济学、演化经济学、国际政治经济学等领域都形成了若干新的推进，但不容否认的是，在经济学研究中占据主流的不外是西方新古典主义和货币主义等"资产阶级流派"。即便在20世纪西方经济学研究的进展中，也曾经出现了莫里斯·多布、罗纳德·米克、保罗·斯威齐和保罗·巴兰这样的马克思主义学者，以及琼·罗宾逊、斯拉法这样同情马克思主义的主流经济学家，但是《资本论》似乎已经逐渐淡出了经济学研究的视野，而开始进入政治学、哲学，甚至是文学的视野。

应当看到，今天对于《资本论》中哲学的关注，在很大程度上也得益于国际国内学术界有关斯密、黑格尔的重新阐释。特别是在解决了《国富论》与《道德情操论》矛盾的难题，重新发现作为"道德哲学家"或"政治哲学家"的斯密之后，在社群主义的语境中激活黑格尔的现代性批判之后《资本论》反倒失去了既有的"政治经济学"特征，而几乎完全成为一部"政治哲学"著作，或者说就是"哲学"著作。在这个意义上"辩证法"成为马克思解决现代性困境、实现传统与现代"和解"的重要工具，"正义"、"美德"、"富"、"伦理共同体"成为了《资本论》研究的关键词，而"剥削"、"剩余价值"等范畴却悄然遁形了。显然，这有悖于马克思批判政治经济学的初衷。因此，对于《资本论》中哲学方法的强调，不能仅仅通过突出一种抽象的辩证方法，或是其不同于西方主流经济学的哲学特质来实现，而必须同经验实证研究相结合，直面全球资本主义不平等的"政治经济"现实本身。

综上所述，在《资本论》中哲学这一问题的研究中，辩证法和形而上学这样一些概念不是一种"非历史的抽象存在物"，必须在不同时期资本主义社会的历史发展、经济学和哲学的学科分化与流变、马克思主义哲学以及《资本论》研究的逻辑演进中不断得到重新的界定。在19世纪晚期的"第一代"西方"资产阶级学者和庸人们"看来《资本论》就是前实证主义的思辨"形而上学"的残余。在马克思恩格斯眼中，《资本论》才是科学，只不过这种科学具有同黑格尔相类似，但却从"观念转移到现实"中的辩证属性，因而根本上不同于新康德主义和机械唯物主义的庸俗"形而上学"。在20世纪的很多西方马克思主义者和西方"马克思学"学者看来《资本论》中的辩证法一方面异质于现代西方的经济学研究，另一方面也同与"孤立、静止、片面"的形而上学相对立的"联系、发展、全面"的辩证法理解有着根本区别。特别值得注意的是，现代性危机的"和解"、资本内在"对抗"性存在的揭示、"价值形式"中从现象到本质的显现，构成了当代西方激进话语中《资本论》辩证法研究的主要路向。其中，"价值形式"分析更是日益凸显为一个焦点问题。

问题三：价值形式还是生产方式？

在《资本论》中辩证法的理解上，与马克思和黑格尔的关系相关，"价值形式"问题扮演着关键性的理论角色。甚至于在很多西方学者看来"价值形式"的辩证法构成了《资本论》方法的主要组成部分。这一点尤其体现在20世纪90年代以来在英美学术界兴起的"新辩证法"研究之中。以尼尔·史密斯、克里斯·亚瑟等人为代表，这一重提辩证法的学术思潮最为推崇的就是《资本论》中的"价值形式"理论。当然，如果仔细追踪这一学术潮流的思想谱系，我们还可以发现，关于"价值形式"以及"商品形式"的考察，是在法兰克福学派内部的逻辑演进、"资本逻辑学派"的发展以及"新马克思阅读"运动的兴起中逐渐凸显为一个焦点问题的。相关研究成果也深刻影响了包括齐泽克在内的当代激进哲学的话语方式。因此在当下的学术语境中，探讨《资本论》与马克思主义哲学的关系，一个注定无法绕开的课题就是：究竟在何种意义上理解《资本论》中马克思主义哲学的作用场域，是"价值形式"还是"生产方式"？

首先，回答"价值形式"还是"生产方式"的问题，需要我们首先澄清一个理论前提，这就是"价值形式"的讨论何以凸显为《资本论》研究或者说马克思辩证法探讨的核心议题？概而言之，这一思想史历程可以划分为三个阶段：（1）是马克思恩格斯自己写作、修改《资本论》过程中，在"价值形式"部分对黑格尔术语的"卖弄"；（2）是西方主流经济学、马克思主义政治经济学（包括西方左翼经济学研究）在"转型问题"和"价值"概念上的争论；（3）是20世纪60年代以来，西方"马克思研究"（MStudies）走出"青年马克思"问题争论，转向《资本论》及其手稿寻求逻辑建构，这一新的理论趋向对"价值形式"问题哲学意蕴的进一步突出。

具体说来，正如图赫舍雷尔所指出的那样，马克思只是到了写作《1857—1858年经济学哲学手稿》（以下简称《大纲》）的时期才开始形成了科学的价值理论，此前的"价值"概念仍依托于"价格"、"交换价值"等问题的讨论。而马克思价值理论的制订，甚至可以延续到《资本论》第一卷第一章的修改过程中。在此过程中，有关"价值"概念的理解经历了这样的发展：首先是马克思在《大纲》最后准备在自己著作的第一章讨论"价值"，后经过思考，确立为"商品"，并作为《政治经济学批判》（1859）的开篇部分。其次，在《资本论》德文第一版中曾经保留了一个"价值形式"的附录，后在德文第二版的修订中加以修改且并入了第一章"商品"。再就是在这一修改包括《资本论》法文版的翻译过程中，马克思恩格斯曾经多次通信，讨论"价值形式"以及黑格尔辩证法问题。可以说"价值形式"问题集中体现了"政治经济学批判"对于理论再现方式（Darstellung）的探索，也构成了《资本论》同古典政治经济学，甚至是此后西方主流经济学的显性差别。

这一点在此后西方经济学的发展历程中已经得到了证明。如上文所述，围绕"价值转型"问题，以及"价值"概念本身，西方学者对马克思主义政治经济学，甚至是古典政治经济学家李嘉图都进行了激烈的批评。"价值形式"问题成为马克思主义和反马克思主义经济学研究的重要逻辑分野。在经济学研究中，尽管也涌现了宇野弘藏学派和"资本逻辑"—"价值形式"这样一些强调"价值形式"重要性的理论学派，但"价值形式"论的讨论无可奈何地成为一个主要是哲学讨论的问题，其中最为核心的就是马克思"价值形式"与黑格尔"逻辑学"的关系问题。

必须承认"价值形式"的讨论对于澄清《资本论》的方法论本质，在同现代西方主流经济学竞争的意义上捍卫并发展马克思的"政治经济学批判"，具有重要的理论价值，且对于当代西方左翼思潮的发展起到了积极的推动作用。举例来说，阿多诺《否定的辩证法》中对于"物化"的批判就是以"价值理论"为基础的。[①] 齐泽克的当代资本主义意识形态批判

---

① 衣俊卿、周凡主编：《新马克思主义评论》第1辑（《卢卡奇专辑》），中央编译出版社2012年版，第302页。

理论，本身就是作为"价值形式"或"商品形式"讨论的逻辑结果而出现的。然而，用马克思自己的话说《资本论》的研究对象毕竟"是资本主义生产方式以及和它相适应的生产关系和交换关系"。当代西方左翼学术的发展也进一步凸显了科学界定"价值形式"和"生产方式"关系问题的重要性。一方面，在"资本逻辑"——"价值形式"研究和"新辩证法"学派的讨论中，已经出现了用"价值形式"消弭"生产方式"分析的简单化倾向，并在西方马克思研究内部引发了争论和反思[1]；另一方面，如果将"价值形式论"简单等同于《资本论》的方法论本质，已经在马克思文本和思想研究内部带来了新的问题与挑战。

结合自卢卡奇以来西方马克思主义研究中"物化"批判的得失，以及近年来国内学界关于"物象化"和"物化"问题的讨论，我们可以发现：对于"价值形式"的抽象强调，十分容易导致一种理论上的"双重误读"。一方面将"价值形式"看作是一种抽象的非历史的存在，甚至于将马克思所谓的"简单商品生产"直接还原为某种现实的历史阶段。另一方面非反思性地将马克思青年时期围绕"劳动"、"实践"和"生产"等范畴所进行的理论探索，准确地说是这些探索中所形成的某一方面的观点，直接套用到有关"生产方式"分析和《大纲》重新引入的"劳动"范畴上，形成某种具有隐性人本主义倾向的解释框架。这样一来《资本论》的"政治经济学批判"就成为某种祛除"物象化"或者说"物化"的现象迷雾，达及"人"的"始源性"存在和"本真的"创造性状态的"哲学批判"，或者说是"现象学解蔽"。相应地《资本论》中所实现的对于资本主义生产方式，及其在生产关系和交换关系层面上显现出来的诸多经济范畴的社会历史维度，难免在这一理论聚焦下被弱化或忽视。

如果我们将"价值形式"的分析置于"生产方式"批判的总体视角之下，就不难发现：马克思《资本论》的对象从根本上说是现代资本主义社

---

[1] 参见《历史唯物主义杂志》关于里斯克·亚瑟《马克思〈资本论〉与新辩证法》的专题讨论；德国"价值形式论"讨论引发的讨论和反思，参见"Debating the Hegel-Marx Connection: A Symposium on Christopher Arthur's 'The New Dialectic and Marx's Capital'," *Historical Materialism*, Vol 13, Issue 2, 2005; Ingo Elbe, "Marx im Westen", Die neue Marx-Lektüre in der Bundesrepublik seit 1965, Berlin 2008。

会（资产阶级"市民社会"）的"结构化"（借用吉登斯的说法）组织形式；这一组织形式本身并非一种实证的经验考察可以直观，它既是现代社会中"个人"行动的前提，但同时以"个人"对它的无意识为前提；这样一种现实存在的"抽象统治"在归根结底的意义上源于物质生产方式的变迁，但在这种特定的物质生产方式基础上，却有产生了竖立其上的法、国家和意识形态上层建筑作为其遮蔽，如果说"基础和上层建筑"的隐喻太过外在，那么马克思自己所说的"骨骼和血肉"可能更为恰切①；在这样一种"骨骼和血肉"的联结中，"资本主义生产方式"就是作为包含内在对抗关系的历史性存在的总体架构，而"价值形式"则是这一有机体本身"历史性"存在的理论"症候"（借用拉康的术语）。在这一理论框架中，由"价值形式"分析所推导出来的，在资本主义"生产方式"批判中获得全面理解的"劳动价值论"和"剩余价值理论"，便构成了《资本论》批判政治经济学的有效理论武器。

问题四：劳动价值论还是剩余价值论？

对于马克思的《资本论》和政治经济学批判而言，一个显而易见的事实是：马克思批判性地改造了古典政治经济学那里已经提出的劳动价值论，并在此基础上制订了剩余价值理论；古典政治经济学的劳动价值理论反映了资产阶级意识形态的虚假本质，因不能科学理解劳动的二重性，而陷入了自身的背反和解体。上述看法固然是准确无误的，但笔者尝试用某种更为"直观"或是"字面"的方式来提出一个新的问题：这就是在《资本论》中，马克思坚持的到底是"劳动"价值论，还是"剩余"价值论。贸然提出这个问题可能有故弄玄虚之嫌，但在回顾了19世纪下半叶

---

① 马克思在《1857—1858年经济学手稿》"导言"中提道，"仿佛是社会组织的骨骼的物质基础"指出，在《资本论》中马克思"虽然他完全用生产关系来说明该社会形态的结构和发展，但又随时随地探究与这种生产关系相适应的上层建筑，使骨骼有血有肉"（《列宁选集》第1卷，人民出版社1995年版，第9页）。

以来西方社会主义运动的发展，以及马克思劳动价值论的理论命运之后，这一提问也许会得到更多的认可和关注。

在马克思主义理论研究中，"劳动"是一个非常特殊的概念。首先，由于马克思主义为无产阶级或工人阶级辩护的理论立场，"劳动者"以及"劳动"在马克思主义理论语境中便自然而然成为一个褒义的术语。在很多情况下，"劳动创造财富"或"劳动创造价值"的说法也就被非反思性地塞进了社会主义运动的政治纲领之中。众所周知，对此马克思是十分警惕的，并曾在《哥达纲领批判》开头给出了专门分析。究其原因，一方面"劳动"这一术语本身十分暧昧而含混，在西文语境中除了具有"忍受磨难"的字面含义外，在政治经济学话语中，"劳动"既可以指具体的劳动活动，又可以指对象化在商品中的"劳动"，或者说"过去的劳动"（pastlabour），还可以指"劳动力"。当然，这种含混并非简单是由术语的使用所导致，而是根源于资产阶级"市民社会"发育过程中，资产阶级反对封建地主、倡导自由平等、辩护资本积累等不同理论指向的交叠。也正是由于这一术语的含混使用，抽象地从劳动和对劳动产品的所有权出发，对抗资本主义社会的不平等这一诉求本身就难免沦为一种隐性的资产阶级意识形态。诺奇克的批评，就最为一针见血地指出了这种"洛克式社会主义"或"李嘉图式社会主义"的理论困境。①

如前所述，《资本论》出版后，西方"资产阶级学者和庸人们"首先是以沉默来对待，后是将马克思的劳动价值论归为一种形而上学的残余或是李嘉图的不合格的后学，而加以抛弃。然而，包含在《资本论》中的与劳动价值论直接相关的资本主义的发展动力和危机问题仍然困扰着西方主流经济学家。比如，熊彼特就曾经专门指出：资本主义发展的动力是企业家的创新。也就是说，面对"资本积累"这一主题，如果说古典政治经济学在发展过程中，还将其看作是一种自然的赐予（重农学派），或是自然状态下的财富积累（斯密）；而在马克思这里，则将其明确指认为资本对劳动的剥削，或者说剩余价值的无偿占有的话；那么在熊彼特及其后的西

---

① 参见［英］柯亨：《自我所有、自由和平等》，李朝晖译，东方出版社2008年版，第172—173页。

方学者看来，这就应归因于企业家或是科学技术、管理的"创新"等等。

相应地，伴随20世纪资本主义生产方式的演进，对于劳动价值论的挑战，更为关键的是在所谓体力劳动和脑力劳动的划分基础上，对于管理、研发、经营等活动在资本主义经济运行中作用的强调。其由以为基础的假设是：在《资本论》创作的时代，马克思所理解的劳动价值论是以简单化的体力劳动为基础的，而随着资本主义生产技术的发展，企业管理者和经营者阶层、科学家和知识分子都在生产的发展和财富的创造中扮演着越来越重要的角色。尤其是伴随后工业社会、信息时代、网络社会的发展，马克思以19世纪工业资本主义为原型的劳动价值论势必将退出历史舞台。作为对这一挑战的回应，既有马克思主义政治经济学研究的一个焦点就是：信息技术时代劳动价值论的最新形态问题。其中直接涉及当代资本主义生产条件下的复杂劳动与简单劳动的关系问题，当代资本主义的社会结构变化与无产阶级的消失问题，资本全球化与国家价值问题研究，等等。[1]

与上述历史背景和理论语境相关，当代西方激进哲学借助于"价值形式"或"商品形式"的讨论，所展开的当代资本主义意识形态批判在很大程度上已经远离了劳动价值论，甚至于对马克思的劳动概念，包括生产概念都开始持一种修正或是拒斥的态度。比如，在当代西方当红的激进哲学家齐泽克那里，虽然一再强调资本主义意识形态批判并主张"回到政治经济学"，但是他却很少涉及"劳动价值论"的分析。在鲍德里亚的"符号政治经济学批判"及以之为基础的《生产之镜》中，更是将马克思的"劳动"、"生产"概念宣判为资产阶级意识形态的"隐性同谋"。近年来的一个例外是，在奈格里和哈特对当代资本主义的批判中，他们从"生命政治"的理论建构出发，强调"非物质劳动"的重要性。但这种"非物质劳动"并不与"价值"发生关联，而是与"权力"直接相关。在笔者看来，对"劳动价值论"漠视的根本原因是：当代西方社会的资本主义批判，其核心问题已不再是资本的剥削或"剩余价值"，而是资本作为一种

---

[1] 参见顾海良、张雷声：《马克思劳动价值论的历史与现实》，人民出版社2004年版；朱炳元、朱晓：《马克思劳动价值论及其当代形式》，中央编译出版社2007年版。

抽象的力量对包括个人在内的现实一切的奴役和控制。寻求打碎这一控制的方法，摆脱抽象力量的奴役，而非对于资本主义生产过程中剥削秘密的揭示，构成了当代西方激进思潮的主要目标。

回到马克思的《资本论》和政治经济学批判，劳动价值论本身是同剩余价值理论内在同一的。也就是说，对劳动价值论的坚持和发展，本身是同马克思对资本积累和剥削的内在本质的说明结合在一起的。根据米克的研究，古典政治经济学的劳动价值论成功地掩盖了剩余价值的存在，或者说将剩余价值的源泉偷偷塞进了含混、暧昧而又多义的"劳动"概念之中。当然，这一"偷梁换柱"的理论代价也是显而易见的。一旦将这样一种"劳动价值论"贯彻到底，这种内在的困境就会在相关的理论范畴上展现出来，体现为理论逻辑的自我否定和理论体系的自我解体。李嘉图体系的解体，可以说就是古典政治经济学"劳动价值论"自身矛盾充分展开的结果。在这个意义上，吴晓明将马克思的政治经济学批判看作是"劳动价值批判论"无疑是睿智而深刻的。按照这一思路，我们与其在理解马克思《资本论》的过程中，更多强调从"劳动"价值论出发来理解"剩余"价值论，毋宁从"剩余"价值的视角，反溯"劳动"价值论。这或许可以构成我们今天坚持政治经济学批判的理论方法，应对当代资本主义最新发展并回应当代西方学术话语的一个逻辑切入点。

首先，从直接的经济现实层面出发，这样一种"剩余"价值论，表现为物质财富不断增加的同时贫富差距的扩大。无论是在马克思的著作，还是在当代西方经济学的研究中，这一现实是客观存在着的，问题是以何种理论方式述行（perform）这一现实。正如有学者已经正确指出的那样，虽然皮凯蒂的《泛21世纪资本论》以统计数据证明了资本收益率的增加明显高于其他收入方式，但是这一分析并不能等同于"剩余价值论"。"剩余价值论"本身依赖于"劳动价值论"，即从物质生产方式出发来理解社会经济现实。只不过，当我们今天强调从物质生产出发时，并不是要以一种方法论上的隐性"个人主义"或"人本主义"方式，仅仅着眼于某一个体、某种类型的劳动活动或使用价值创造过程，而是在社会历史总体的视域中，把握不同个体之间的通过物质生产活动，或者说以物质生产活动为基础的"交往"活动而联系起来的方式。在此过程中,问题的关键是:"价值"如何将不同地区、不同形式的直接的劳动活动抽象化为一种同质性的存在,并在这一"抽象化"的实现中,带来了新的以"价值形式"为载体的奴役与控制。

其次,从社会关系或西方"激进政治学"的视角出发,这样一种"剩余"价值论,表现为直接的社会对抗性存在(阶级斗争),以及资产阶级意识形态自身无法缝合的内在裂隙(借用齐泽克的表述)。在作为意识形态的"政治经济学"中,资产阶级刚刚通过"劳动"为自己获得的东西,旋即在用"劳动"说明"财富积累"的过程中就暴露了自己的虚假本性。我们不妨回忆一下斯密"劳动价值论"的两条规定,一是"劳动是一切商品交换价值的真实尺度";二是商品的价值"恰恰等于它(商品)使他们(商品所有者)能够购买或支配的劳动量"。从字面来看,这两句话本没有什么瑕疵。但是结合边际效用革命以后的经济学发展,回顾《国富论》的逻辑构架,我们可以发现:斯密的"劳动价值论"首先不是一个经济学命题,而是一个政治学或"道德哲学"命题,论证的是"私有财产神圣不可侵犯",以及"资本积累是一个自然过程"这样两个命题。只不过在此过程中,"劳动"因其与人类相关的肉身属性而扮演了特殊的角色。

可以说"劳动价值论"的二律背反,就是资产阶级意识形态的二律背反"剩余价值论"就是资产阶级意识形态乃至资本主义生产方式自身对抗性、历史性存在的理论"症候"。当然,马克思在《资本论》创作中对"剩余价值理论"的制订本身并不是一个简单的抽象思辨的结果,而是基于现实资产阶级经济社会资料的考察,以及资本主义生产方式运动分析,对相关范畴所进行的重新"连接"(借用阿尔都塞的话说)。在此过程中,"劳动"、"价值"、"货币"等一系列范畴,也首先因为这一"剩余"的逻辑而获得了真实的"历史"意义。在这个意义上,就其同资产阶级古典"政治经济学"乃至西方现代"经济学"的差异来说,揭示资本内在剥削和对抗性本质的"劳动价值论",亦即"剩余价值理论",是《资本论》留给当代马克思主义者的一件不容忽视的科学理论武器。

简短的结论

正如《资本论》的副标题所标示的那样:"政治经济学批判"不仅是对马克思《资本论》定位的说明,也是他毕生致力其中的一项事业。只不过,这里所谓的"政治经济学"既不是西方浸淫于现代"经济学"之中的"政治经济学",也不是苏联马克思主义理论体系中的"政治经济学",而就是现代"市民社会"(资产阶级社会)兴起的理论再现。马克思从"哲学批判"向"政治经济学批判"的转变,就不能仅以理论视角的转换来解释,而应当被看作是马克思自身的思想发展,或者说就是历史唯物主义的形成和深化。

也正是在此过程中,马克思恩格斯不仅参透了"政治经济学"的内在秘密和结构悖谬,而且深入理解了黑格尔辩证法的虚伪性和合理之处。这种历史性的辩证法本身不仅有助于"加工整理材料",而且就是对抗新兴的实证主义"形而上学"思维方式,形成对于资本主义生产方式科学理解的重要工具。在这个意义上《资本论》中的辩证方法不仅是黑格尔的"头足倒置",更是经过结构性改造的"合理形态"。吊诡的是,反倒是由于马克思对辩证法的强调,使得《资本论》在后来的"资产阶级学者和庸人们"看来,成为一种思辨形而上学的残余,并且首先体现在有关"价值形式"的讨论,以及第一卷和第三卷的矛盾之中。

针锋相对,在马克思主义理论以及西方激进思潮的后世发展中,出于对辩证法的强调往往刻意关注"价值形式",并结合特定思想史语境形成了若干不同的流派。"价值形式"理论之于《资本论》研究的意义自不待言,然而结合马克思自身的理论探索,回应马克思主义发展史上存在的分歧和争论,面对当代资本主义的最新发展,"价值形式"问题只有被置于"资本主义生产方式"批判的总体框架中才能得到科学的阐释和有效的运用。这一点本身也直接体现在"劳动价值论"的理解之中。

虽然在字面上,劳动价值论的分析直接得益于"价值形式"的讨论。

但是"劳动价值论"本身并非马克思的创见，而是"政治经济学"在"私有财产"和"财富积累"（剩余价值）的自然法辩护中，所形成的一种掩盖其自身逻辑裂隙的意识形态"症候"。《资本论》的伟大之处，恰恰是在"剩余价值理论"中以科学的方式揭示了"资本"这种"以太"的本质及其表现形式。在以揭示"剩余"为主旨的"劳动价值论"基础上"资本"的内在对抗性、历史性本质的揭示首先表现为"价值形式"分析中的辩证特征。但这样一种合理形态的辩证法，不仅仅体现在"价值形式"之上，而且贯穿于"生产方式"之中。资本主义生产方式批判不仅是"政治经济学"的"批判"，而且也就是马克思主义意义上的"哲学"的"批判"。

《资本论》与马克思的哲学革命[①]

孙乐强

随着国内马克思主义研究的不断推进,如何全面理解《资本论》在马克思主义哲学史上的历史地位,已凸显为当前国内马克思主义哲学研究的焦点话题。如果说历史唯物主义实现了对传统哲学的彻底变革,那么,《资本论》就是这场变革的最终完成。因此,如何澄清《资本论》与传统哲学之间的内在关系,就是一项具有重大意义的研究课题。基于此,本文着重围绕哲学范式、批判主题以及历史认识论三个问题展开深入探讨,全面揭示《资本论》在哲学史上的革命意义,以期为进一步推进和深化对《资本论》哲学思想的研究提供有益思考。

一、从"物"(Ding)到"物"(Sache):哲学范式的全面变革

随着国内马克思主义哲学研究的不断推进,如何理解马克思语境中的"物",已凸显为当前学术研究的焦点话题之一。在这一问题上,存在一种代表性的理解。在《符号政治经济学批判》中,鲍德里亚指出,马克思对物的理解并没有超越旧唯物主义的实体论思维,仍将物诠释为客观的实体

[①] 本文为国家社科基金青年项目"《资本论》及其手稿中的历史唯物主义思想再研究"(编号12CZX002)和教育部人文社会科学青年基金项目"马克思社会再生产理论与历史唯物主义的创新研究"(编号11YJC720038)的阶段性成果。

物，而他所谓的拜物教批判理论实际上只不过是一种最初级的对"现实的、物质性的物的崇拜"①。以此为由，得出结论说，马克思在本质上并没有摆脱近代以来的实体论思维，仍然是一位传统本体论意义上的哲学家。当鲍德里亚这样定位的时候，实际上已把马克思重新拉回到近代哲学的主客二分的框架之中，完全抹杀了马克思《资本论》的革命意义。这也由此引出一个重要问题，即如何理解《资本论》在哲学史上的历史地位？或者说，如何理解《资本论》与传统实体论范式之间的内在关系？要想澄清这一问题，首先必须弄清楚《资本论》的研究对象和出场语境。

《资本论》真的像鲍德里亚所说的那样是传统物质实体论的延续吗？或者说，作为《资本论》的研究对象，商品、货币、资本等真的是传统哲学所探讨的"物"吗？要回答这一问题，必须澄清马克思语境中"物"的不同含义，具体而言，必须要厘清 Ding 与 Sache 的不同内涵。所谓 Ding 主要是指实体性的自然——物理物，它又包括两个不同层面：（1）是一般意义上的自然实体物；（2）社会中单纯作为自然存在的物理实体物，比如生产工具、劳动资料等等，它们虽然是人类劳动的某种产物，但在存在形式上仍是一种实体性的物质对象。可以说，不论是古代朴素唯物主义还是近代唯物主义都基本上是在 Ding 的意义上来谈论"物"的。虽然近代唯物主义已经突破了具体物质形态的限制，力图从抽象的广延性和可感性来理解"物质"的内涵，但这里的"物质"仍然没有超越实体主义的范式：首先，它们所理解的"物质"实际上只是对可感觉到的"物"（Ding）的一种经验概括，没有突破传统实体论哲学的局限性。一旦将可感性作为物质判定的标准，必然也就把看不见的社会关系排除在"物"的范畴之外了。其次，这里的"物质"只是一种知性抽象，是研究者根据自己的主观能动性制造出来的纯粹同一性，是一种静态的、僵死的抽象。因此，在它们这里，"物"只是被理解为一个静态的自然范畴，而没有被理解为一种过程，"这种唯物主义的第二个特有的局限性在于：它不能把世界理解为一种过程，理解为一种处在不断的历史发展中的物质。"② 再次，这种物质

---

① ［法］鲍德里亚：《符号政治经济学批判》，夏莹译，南京大学出版社2009年版，第75页。
② 《马克思恩格斯选集》第4卷，人民出版社1995年版，第228页。

观仅仅适用于自然界，无法理解人类社会的物质性，更不能科学诠释人类历史发展的物质过程，因而是一种"半截子"唯物主义。它人为地割裂了自然与历史的联系，无法将唯物主义贯彻到底，最终在历史观上陷入到唯心主义的泥潭之中。最后，在哲学范式上，近代哲学，包括近代唯物主义，都是一种彻头彻尾的实体主义，它预设了一个永恒不变的本体，以此来推演和解释整个世界，因而在认识论上都陷入到主客二分的逻辑框架之中。

与近代唯物主义相反，马克思的《资本论》所要探讨的绝不是这种物理实体意义上的自然物，而是一种与其完全不同的抽象存在物，比如，商品、货币、资本等等，马克思将其称为"Sache"。在此，为了更好地揭示这一范畴的科学内涵，我们先从"价值"范畴说起。关于这一问题，存在五种典型的错误理解：第一种主要以庸俗经济学和边际效用理论为代表，它们直接将价值理解为物品满足人的需要的功用性，不论这种功用性是客观的还是主观的，都彻底抹杀了二者之间的本质区别。第二种是将价值理解为使用价值，这种观点直接把原属于社会关系的产物当成了物本身固有的自然属性，是一种典型的拜物教。第三种主要是将价值理解为交换价值，这一观点直接抹杀了二者的本质区别，将价值诠释为一种外在的表现形式。第四种是将价值看作是类似于理念或绝对精神的一种永恒不变的实体，力图建构一种普遍的价值形而上学。与这种唯实论解读相反，萨缪尔·贝利则认为，价值并不是一种对象性的客观存在，其在本质上只不过是一个名称，由此实现了对价值范畴的唯名论解构。

而马克思的价值概念恰恰是建立在对上述谬误的批判之上的：首先，在马克思看来，价值是一种完全不同于自然存在的社会属性，因此，将功用性或使用价值诠释为价值范畴，完全是错误的。其次，价值等于交换价值吗？在笔者看来，从《1857—1858年经济学手稿》到德文第一版，马克思基本上都是在交换价值的意义上来理解"价值"范畴的，"如果我们以后对'价值'这个词不作进一步的规定，那总是指交换价值"[①]。这一

---

① 马克思:《资本论》第1卷德文第一版，经济科学出版社1987年版，第12页。

观点实际上是不准确的。直到《资本论》第1卷德文第二版中，马克思才真正形成了不同于交换价值的价值概念，并在此基础上，对前面的理解做了一个自我批判："在本章的开头，我们曾经依照通常的说法，说商品是使用价值和交换价值，严格说来，这是不对的。商品是使用价值或使用物品和'价值'。"① 这一观点在《评阿·瓦格纳的"政治经济学教科书"》中再次得到了明确阐述，严格地将价值与交换价值区分了开来，全面阐述了自己的价值理论。② 再次，价值是一种实体性的物质存在吗？马克思给出了否定回答：价值绝不是一种类似于自然物质的实体性存在，而是一种非实体性的关系存在，"实际上价值只不过是人和人之间的关系、社会关系在物上的表现，它的物的表现，——人们同他们的相互生产活动的关系"③。因此，作为一种"幽灵般的对象性"，价值绝不是一个物品内在固有的实体属性，它"纯粹是社会的"④，"是这些物的'社会存在'，所以这种对象性也就只能通过它们全面的社会关系来表现"⑤。复次，价值是传统形而上学所理解的永恒不变的实体吗？在斯密和李嘉图那里，存在一种错误倾向，即试图建构一种"不变的价值尺度"，这样无形之中，也就把价值理解为一种永恒不变的实体了，马克思将这种思维看作是西方理性主义的"本能"⑥。在《资本论》中，马克思的确也使用了"价值实体"（Substanz）概念，但这里的"实体"与古典学派力图建构的不变实体范畴存在本质差异。马克思指出："价值的'原因'是价值的实体（Substanz），因而也是内在的价值尺度。"⑦ 以此来看，马克思语境中的"价值实体"实际上是指价值的内在尺度和原因，也就是无差别的人类劳动。但这种劳动绝不是已经对象化的死劳动，而是再生产某种商品所需要的社会必要的活劳动，因此，随着社会生产的发展，它必然会随之变动。"这样，

---

① 《马克思恩格斯全集》第44卷，人民出版社2001年版，第76页。
② 《马克思恩格斯全集》第19卷，人民出版社1963年版，第412—413页。
③ 《马克思恩格斯全集》第26卷第三册，人民出版社1974年版，第159页。
④ 《马克思恩格斯全集》第44卷，人民出版社2001年版，第61页。
⑤ 《马克思恩格斯全集》第44卷，人民出版社2001年版，第83页。
⑥ 《马克思恩格斯全集》第26卷第三册，人民出版社1974年版，第168页。
⑦ 《马克思恩格斯全集》第26卷第三册，人民出版社1974年版，第177页。

价值的内在尺度、'共同的单位'、'价值实体'，就不是自我完结的固定的东西，而确实应该说是历史的、社会的各种关系的一个结节，是社会关系的'函数'"①，"这种'社会实体'绝不是不变的形而上学的实体"②。最后，价值真的像贝利所说的那样是一种名称吗？答案也是否定的。马克思指出："价值表现为一种抽象，而只有在货币已经确立的时候才可能表现为这样的抽象……因此，在分析展开的过程中不仅显示出像资本这样的属于一定历史时代的形式所具有的历史性质，而且还会显示出像价值这样的表现为纯粹的抽象的规定，显示出这些规定被抽象出来的那些历史基础，也就是它们只有在其中表现为这种抽象的那些历史基础。"③ 价值是社会发展到一定阶段的特定产物，是一种客观的、非实体性的抽象存在。

有了科学的价值概念作为基础，我们就能清晰地揭示出商品、货币、资本的神秘面纱，透过外在的现象，进入到历史深处。从使用价值的角度来看，商品的确是一个可感觉的"物"（ein sinnlich Ding），但是从价值的角度来看，商品立即变成了一个超感觉的"物"（ein übersinnlich Ding），马克思将这种超感觉的抽象存在物称为"Sache"。他指出："为了使麻布作为单纯人类劳动的物的表现（bloß endinglichen Ausdruck），必须把它实际上构成物（Ding）的一切都排除开……商品是物（Sachen）。它们必须在物（sachlich）上或必须在物的联系（sachlichen Beziehung）上表示它们是什么。"④ 所以，作为统一体的商品具有二重属性，它既是 Ding 又是 Sache，而后者决定了商品的本质属性和社会规定性。不过，作为价值关系的进一步发展，货币和资本在本质上只能是社会关系物，而不可能是 Ding。马克思指出："资本不是物（Ding），而是一定的、社会的、属于一定社会形态的生产关系，后者体现在一个物上，并赋予这个物以独特的社会性质。资本不是物质的和生产出来的生产资料的总和。资本是已经转化为资本的生产资料，这种生产资料本身不是资本，就像金或银本身不是货

---

① ［日］广松涉：《资本论的哲学》，邓习议译，南京大学出版社2013年版，第81页。
② ［日］广松涉：《资本论的哲学》，邓习议译，南京大学出版社2013年版，第76—77页。
③ 《马克思恩格斯全集》第31卷，人民出版社1998年版，第180页。
④ 马克思：《资本论》第1卷德文第一版，经济科学出版社1987年版，第25页。

币一样。"① 然而，在资本主义生产当事人及其代理人眼中，这些本质规定发生了客观倒置。他们根本不理解，一种物（Ding）之所以能够成为商品、货币和资本，根本不在于物（Ding）本身，而是根源于特定的社会关系（Sache），而他们却错误地将这种社会关系颠倒为物（Ding）本身固有的自然属性，"这一点构成了政治经济学拜物教的一个基础"②。以此来看，马克思的拜物教批判理论绝不是"现实的、物质性的物的崇拜"，更不是一种低级的恋物癖，而是一种更为深刻的、深入到历史深处的社会关系拜物教。当鲍德里亚这样指责马克思的时候，恰恰犯了同古典经济学一样的错误，将两种完全不同的"物"混淆了起来；更为重要的是，这种指责彻底抹杀了马克思在哲学范式上所实现的重要革命。

首先，关系物（Sache）实现了对传统实体论哲学的全面变革。与 Ding 不同，关系物不是一种实体性的存在物，也不是传统形而上学语境中建构起来的永恒不变的实体，它是一种在特定历史条件下形成的客观的、非实体性的抽象存在物。从这个意义上说，《资本论》一出场就溢出了传统实体主义的范围，是对传统本体论思维的一次革命性变革。其次，关系物实现了人的认识方式的重要变革。在近代唯物主义那里，所谓的"物质"只不过是主体借助于思维对实体物所做的一种静态的经验抽象，基本上停留于知性抽象的层面上。而关系物则不同，它不是一种静止的实体物，而是一种不断运动发展的社会关系，它已经远远超出了感性和知性的层面，是后两者无法直接达及的，必须要诉诸科学抽象的方法。"分析经济形式，既不能用显微镜，也不能用化学试剂。二者必须用抽象力来代替。"③ 可以说，这种方法实现了对传统经验抽象的内在变革。再次，关系物揭示了社会发展的客观性和物质性，清除了唯心主义的最后堡垒，在历史观上实现了对近代唯物主义和唯心主义的双重变革。最后，关系物凸显了一种完全不同于传统主客二分的新范式，实现了从传统实体主义到社会关系的重要转变，彰显了一种全新的哲学范式。作为对近代哲学的批判和

---

① 《马克思恩格斯全集》第 46 卷，人民出版社 2003 年版，第 922 页。
② 《马克思恩格斯全集》第 49 卷，人民出版社 1982 年版，第 41 页。
③ 《马克思恩格斯全集》第 44 卷，人民出版社 2001 年版，第 8 页。

扬弃,《资本论》关注的绝不是传统意义上的实体物,而是这些物象背后所遮蔽的社会关系。恩格斯指出:"经济学所研究的不是物,而是人和人之间的关系,归根到底是阶级和阶级之间的关系。"① 这一判断恰恰是对《资本论》哲学范式的精确诠释。

二、从形而上学批判到资本批判:哲学革命的全面升华

如何理解马克思与形而上学之间的关系,一直是国内马克思主义哲学研究的焦点话题之一。经过多年的耕耘,我们在这方面已取得了非常丰硕的成果,特别是关于《德意志意识形态》等文献在形而上学批判中所发挥的历史作用问题,都已做了充分的阐述和研究,在此本文就不再赘述。在这里,笔者主要想探讨另一个问题,即如何认识《资本论》及其手稿在形而上学批判中的历史地位?

近代形而上学是一种追求超验本体的理性哲学,它预设了一种永恒不变的实体,以此来推演整个世界,进而将全部现实消融于概念的王国之中。作为西方近代哲学的集大成者,黑格尔是这种形而上学的最终完成者。马克思指出:"黑格尔天才地把17世纪的形而上学同后来的一切形而上学及德国的唯心主义结合起来并建立了一个包罗万象的形而上学王国。"② 而现代西方哲学就是建立在对以黑格尔为代表的整个理性形而上学的反叛之上的,其中最具代表性的就是尼采和海德格尔:如果说黑格尔以理性为起点,建构了一种大而全的绝对哲学;那么,他们则以非理性为起点,建构一种反理性的神秘哲学。如果说在黑格尔那里,整个历史无外乎是绝对精神自我外化并最终回归自身的奥德赛漂泊历程;那么,在他们这里,则是非理性通过自我体悟或先验直觉达到自我澄明的历程。因此,从根基上看,二者只不过是同一枚硬币的两面,共同构成了形而上学的两

---

① 《马克思恩格斯全集》第13卷,人民出版社1965年版,第533页。
② 《马克思恩格斯全集》第2卷,人民出版社1957年版,第159页。

极。虽然尼采和海德格尔的理论努力是有积极意义的，但在最终结果上，他们并没有跳出形而上学这块土地，而是像他们的先辈们一样仍然滞留在形而上学的迷宫之中。

与尼采和海德格尔不同，马克思清楚地意识到，任何形而上学都有其存在的社会基础，只要现实的社会生活没有改变，对形而上学的任何反叛都必然会重新回到形而上学的怀抱之中。因此，与他们不同，马克思走的绝不是那种以意识来反对意识的概念革命之路，而是回到现实生活之中，来深层挖掘形而上学得以存在的社会基础。这一点在《德意志意识形态》中已得到明确阐述。此时马克思通过对生活过程的研究，揭示了社会意识得以存在的物质基础，彻底瓦解了一切形而上学自律的神话。但是，我们也必须看到，由于此时他研究水平的限制，他并没有真正揭示近代形而上学得以存在的社会基础究竟是什么（资本），也没有从根本上为我们颠覆这种社会基础（资本）提供客观的科学依据。而这一点恰恰是在《资本论》及其手稿中才真正完成的。

通过对社会关系的研究，马克思发现，在资本主义社会中，居于统治地位不再是传统的实体，而是一种看不见的抽象关系，这构成了整个现代社会的客观基础。马克思指出："在土地所有制处于支配地位的一切社会形式中，自然联系还占优势。在资本处于支配地位的社会形式中，社会、历史所创造的因素占优势。"① 在这里，生产已经摆脱了对自然的依附，采取了一种全新的社会形式即资本主导的生产形式，它直接打碎了自然经济中人与自然、人与人关系的直接性：不论是社会建构出来的劳动一般，还是交换系统建构出来的价值一般，还是货币和资本关系，它们在本质上都不是自然或物质实体，而是一种客观的抽象关系。在这个社会中，资本成了"支配一切的经济权力"，成了"一种普照的光，它掩盖了一切其他色彩，改变着它们的特点。这是一种特殊的以太，它决定着它里面显露出来的一切存在的比重"②。也就是立足于此，马克思将资本视为现代社会的主

---

① 《马克思恩格斯全集》第30卷，人民出版社1995年版，第49页。
② 《马克思恩格斯全集》第30卷，人民出版社1995年版，第48页。

导原则,"资本一出现,就标志着社会生产过程的一个新时代"①。因此,如果说在农业文明中,人们受到自然联系的统治,那么,在现代社会中,"个人现在受抽象统治"②。也正是到了此时,马克思才真正揭示资本主义的历史存在之谜,实现了对资本主义统治机制的科学解剖。也正是到了此时,马克思才真正明白,不论是近代形而上学还是资产阶级意识形态都是建立在"抽象成为统治"这一客观现实的基础之上的,同样,也只有立足于此,才能从根本上揭示了近代形而上学特别是黑格尔哲学与资产阶级意识形态的内在共谋性。科莱蒂指出,"抽象成为统治"这一思想"既是马克思批判黑格尔思辨逻辑的基础,也是他批判一般政治经济学的基础"③。我认为,这一判断是非常准确的。也是在此基础上,马克思实现了对近代形而上学(特别是黑格尔哲学)和资产阶级意识形态的彻底解构。

首先,在近代形而上学那里,观念为什么会表现为新时代的统治者呢?马克思指出,这种新型的统治并不是哲学家在思维中纯粹虚构出来的产物,而是抽象的资本关系在观念层面上的具体反映。马克思指出:"资本……是资产阶级社会的基础",而"它的抽象反映就是它的概念"。④ 从这个意义上说,近代形而上学所强调的"抽象或观念,无非是那些统治个人的物质关系的理论表现。关系当然只能表现在观念中,因此哲学家们认为新时代的特征就是新时代受观念统治"⑤,这构成了一切近代唯心主义的思想根源。从这个意义上说,黑格尔的绝对精神无疑就是资本抽象的观念反映。如果说近代形而上学把这种抽象变成了观念,那么,资产阶级经济学则把这种抽象庸俗化为具体的物(Ding)。作为一种抽象,资本是一种社会形式规定,它只有通过具体化,才能实现自己的发展。而当它把自己具体化在不同的物(Ding)中时,同时也就赋予物(Ding)以资本的属性,形成了一种完全不同于物的自然属性的社会规定。然而资本家及其代理人却完全不理解这种社会规定的本质,只是单纯地从物质内容来理解资

---

① 《马克思恩格斯全集》第44卷,人民出版社2001年版,第198页。
② 《马克思恩格斯全集》第30卷,人民出版社1995年版,第114页。
③ Lucio Colletti, *Marxism and Hegel*, NLB, 1973, p.195.
④ 《马克思恩格斯全集》第30卷,人民出版社1995年版,第293页。
⑤ 《马克思恩格斯全集》第30卷,人民出版社1995年版,第114页。

本，这样就把作为社会属性的资本看作为内置于一切物质之中的自然属性了，"经济学家们把人们的社会生产关系和受这些关系支配的物（Sache）所获得的规定性看作物（Ding）的自然属性，这种粗俗的唯物主义，是一种同样粗俗的唯心主义，甚至是一种拜物教，它把社会关系作为物（Ding）的内在规定归之于物（Ding），从而使物（Ding）神秘化"①。一旦"抽掉资本的一定形式，只强调内容，而资本作为这种内容是一切劳动的一种必要要素，那么，要证明资本是一切人类生产的必要条件，自然就是再容易不过的事情了"②。通过这种变形，资本就丧失了它的特定的社会形式，直接地取得了这些社会形态赖以存在的物质载体即劳动条件的存在形式，把内置于这种特定形态的社会关系完全剥离了出去，实现了与自然物质形态的合而为一。于是，资本主义生产过程就获得了一种一般生产过程天生具有的自然属性，成为一种永恒的自然制度。这是一切资产阶级意识形态的最终归宿。以此来看，不论是近代形而上学还是资产阶级意识形态，实际上都是建立在"抽象成为统治"的现实基础之上的，虽然它们建构的方式不同，但它们的最终指向是内在一致的：前者通过将资本翻转为永恒不变的观念，证明了资本主义的永恒性；而后者则通过把资本庸俗化为具体的物，论证了资本主义的自然性。

到了此时，马克思才真正明白，整个近代形而上学和资产阶级意识形态都是建立在资本逻辑之上的：如果说资本是资产阶级社会的最高现实原则，那么，形而上学和意识形态则是资产阶级社会的最高观念纲领；如果说前者构成了后者的"世俗基础和强大动力"，那么，后者则成了前者的"唯灵论的荣誉"。双方相互依赖，相互支撑，共同构成了现代性的双重支柱。③ 如阿多诺所说，在资产阶级社会中，形而上学所推崇的同一性和总体性逻辑在本质上都根源于资本本身。可以说，此时马克思已清楚地认识到，要彻底终结形而上学和资产阶级意识形态，就必须彻底瓦解资本本身，将形而上学批判、意识形态批判与资本批判融为一体，实现哲学批判

---

① 《马克思恩格斯全集》第31卷，人民出版社1998年版，第85页。
② 《马克思恩格斯全集》第30卷，人民出版社1995年版，第214页。
③ 吴晓明：《论马克思对现代性的双重批判》，载《学术月刊》2006年第2期。

和政治经济学批判的内在联盟。从这个意义上说，马克思的形而上学批判、意识形态批判和资本批判必然是内在连接在一起的。① 这一点决定了马克思绝不可能是尼采和海德格尔的同路人。

虽然后两者也力图终结形而上学，但他们所做的只是一种观念上的革命，根本没有触及到形而上学得以存在的社会基础（资本）本身，这一点注定了他们最终又不得不又重新回到形而上学的怀抱之中。与他们不同，马克思并没有停留在单纯的观念领域，而是将形而上学批判彻底推进到对资本本身的批判，力图从根基上彻底瓦解一切资本逻辑，进而彻底终结形而上学本身。那么，该如何瓦解资本逻辑呢？马克思指出："一种历史生产形式的矛盾的发展，是这种形式瓦解和新形式形成的惟一的历史道路。"② 资本主义生产的真正限制不是别的，正是资本自身。因此，对资本的瓦解和超越既不是依靠几个激进的词句就能完成的，也不是依靠外在的人性批判就能实现的，相反，必须要深入到历史的本质中去，借助于资本的内在矛盾以及由此发展出来的无产阶级革命，才能真正扬弃资本本身。而这些工作恰恰在《资本论》及其手稿中才真正完成的。在这里，马克思全面揭示了资本主义再生产所面临的内在不可克服的界限，实现了对资本主义内在矛盾的全面解剖，为无产阶级彻底瓦解一切资本逻辑和形而上学的幻象指明了道路。

通过上述分析，可以清楚地看到：正是在《资本论》及其手稿中，马克思才真正揭示了近代形而上学和资产阶级意识形态得以存在的社会基础，阐明了它们和资本之间的内在同谋关系，进而将前期的形而上学批判、意识形态批判上升到对资本本身的批判，实现了哲学批判和政治经济学批判的内在融合。同时，也正是在《资本论》及其手稿中，马克思才实现了对资本逻辑的彻底解构，开创了一条既不同于人本主义也不同于历史虚无主义的超越之路，彻底颠覆了一切形而上学。因此，如果说马克思的哲学任务是要终结形而上学的话，那么，这一任务只有到了《资本论》中

---

① 杨耕：《形而上学批判、意识形态批判和资本批判的统一》，载《社会科学战线》2011年第9期。
② 《马克思恩格斯全集》第44卷，人民出版社2001年版，第562页。

才彻底完成。从这个意义上来说，《资本论》实现了前期哲学革命的全面升华，在整个形而上学批判史上具有不可替代的历史作用和地位，是马克思哲学革命的完美体现。

三、从"内部的有机生命"进入到"外部的生活关系"：本质与现象关系的历史变革

近代哲学奉行的都是一种"本质—现象"的二分路线，在这方面，马克思的《资本论》也是如此。詹姆逊指出，在解剖资产阶级社会时，马克思所走的道路与近代西方哲学一样，都是一种"本质—现象"的二分范式。[①] 在某种程度上，这一指认存在一定的合理之处。但是詹姆逊的最大错误在于，他并没有认真辨析马克思的"本质—现象"逻辑与近代西方哲学的根本差异。特别是在当代，随着后现代主义的兴起，哲学领域掀起了一场反本质主义的狂热运动，主张解构一切本质论，结果，马克思的本质论与近代形而上学的本质主义一道被放到了清算的行列之中，这在一定程度上抹杀了马克思在这一问题上的独特贡献，这不能不说是哲学史上的一个重大"冤案"。马克思是如何理解本质的，它与近代形而上学存在何种差异？马克思又是如何理解本质与现象的关系的，它与近代形而上学又存在何种不同？这些问题在以往的研究中并没有得到有效的清理和回应。

众所周知，近代形而上学借助于理性的力量将外在的现象（"多"）归咎于背后的本质（"一"）。首先，这里的"本质"并不是客观存在的现实，而是哲学家思维改造后的观念产物，是一种在现实中从来都不存在的观念实体。其次，从"多"到"一"的转变过程，也是在思维中完成的，并不具有客观的实际效应。再次，这里的"多"只不过是"一"的载体，近代形而上学并没有客观揭示这些"多"的生成过程，更没有全面阐述

---

① ［美］詹姆逊：《后现代主义与文化理论》，唐小兵译，北京大学出版社1997年版，第201页。

"一"与"多"的真实关系。在这些方面,《资本论》恰恰实现了对以往哲学的革命性变革。

首先,在"本质"的理解上,马克思实现了从形而上学本质论到历史本质论的转变。① 通过对《资本论》的研究,可以发现,不论是抽象的价值关系还是资本关系,都不是马克思在头脑中建构出来的观念产物,而是社会发展到特定历史阶段的客观结果,是一种真实的历史抽象。马克思指出:"价值这个经济学概念在古代人那里没有出现过……价值概念完全属于现代经济学,因为它是资本本身的和以资本为基础的生产的最抽象的表现。"② 并且多次强调,这种抽象绝不是在头脑中人为制造出来的产物,而是历史发展的必然结果,"这里应当注意的惟一要点是……这种对劳动的特殊内容的同等看待,不仅是我们作出的一种抽象,而且是资本造成的抽象"③。同样,作为资产阶级社会的最高本质,资本关系也是人类社会发展的客观结果。更重要的是,这种本质不是固定不变的,它会随着物质生产的发展而不断演变,是一种动态的、历史生成的本质。这一点决定了,资本主义绝不像近代形而上学或古典经济学家宣称的那样,是一种永恒的自然制度,相反,它只能是一种暂时的历史制度,"劳动产品的价值形式是资产阶级生产方式的最抽象的、但也是最一般的形式,这就使资产阶级生产方式成为一种特殊的社会生产类型,因而同时具有历史的特征"④。一旦跳到其他生产形式中,资本的这种神秘性以及笼罩在资本头上的一切魔法,将会随之消失,而这种历史生成的本质也将随之湮灭。以此来看,"本质"的客观性和历史生成性,是马克思哲学区别于一切形而上学的重要标志,也是前者实现对后者变革的重要体现。

其次,如果说近代形而上学借助于思维的力量完成了从"多"到"一"的转变,那么,在马克思这里,这一过程则是奠基在客观的历史基础之上的。首先,我们来看具体劳动向抽象劳动的转化。从使用价值的角

---

① 参见孙乐强:《重新理解〈资本论〉的哲学意义及其历史地位》,载《哲学研究》2012年第11期。
② 《马克思恩格斯全集》第31卷,人民出版社1998年版,第180页。
③ 《马克思恩格斯全集》第47卷,人民出版社1979年版,第56页。
④ 《马克思恩格斯全集》第44卷,人民出版社2001年版,第99页。

度来看，每种生产活动都是一种具有特殊质的劳动，它们根本不具有通约性。然而，在社会生产和交换过程中，这些多种多样的劳动形式逐步转换为一种无差别的人类劳动。"在资本主义社会里……这种变换是必定要发生的。如果把生产活动的特定性质撇开，从而把劳动的有用性质撇开，劳动就只剩下一点：它是人类劳动力的耗费。"① 结果，在质上不同的"多"（具体劳动）逐步转化为一种无差别的"一"（抽象劳动），这种转化，就像马克思所说的那样，并不是在思维中发生的，而是"在生产者背后由社会过程决定的"②，是一种"实际上真实的东西"③。其次，商品向货币的转化。由于商品交换的普遍发展，一种商品逐渐从众多商品中脱颖而出，成为一切商品的一般等价物，"由于这种社会过程……这个商品就成为货币"④。以此来看，从商品（"多"）到货币（"一"）的转变也是社会发展过程的必然结果。同样，商品、货币向资本的转变也是如此。后者作为一种"一"，正是资产阶级商品生产发展的必然结果。马克思指出："我们称为资本主义生产的是这样一种社会生产方式，在这种生产方式下，生产过程从属于资本，或者说，这种生产方式以资本和雇佣劳动的关系为基础，而且这种关系是起决定性作用的、占支配地位的生产方式。"⑤ 不论它在生产、流通或循环过程中采取何种形式（"多"），都始终改变不了资本的主导地位（"一"）。从这个意义上来看，马克思关于"一"与"多"的分析，完全是建立在客观的历史基础之上的，是对近代形而上学思辨演绎的全面超越。

最后，马克思不仅客观诠释了历史本质的生成过程，揭示了外在现象的"多"向"一"的转变过程；更为重要的是，他从历史本质论出发，客观揭示了资本主义外在现象的生成过程。可以说，这是《资本论》区别于以往哲学的又一变革点。作为无产阶级革命家，马克思一生最重要的任务，是要为无产阶级革命提供科学的依据。因此，对马克思而言，单纯地

---

① 《马克思恩格斯全集》第 44 卷，人民出版社 2001 年版，第 57 页。
② 《马克思恩格斯全集》第 44 卷，人民出版社 2001 年版，第 58 页。
③ 《马克思恩格斯全集》第 30 卷，人民出版社 1995 年版，第 46 页。
④ 《马克思恩格斯全集》第 44 卷，人民出版社 2001 年版，第 106 页。
⑤ 《马克思恩格斯全集》第 47 卷，人民出版社 1979 年版，第 151 页。

揭示资本主义的历史本质还是不够的，因为大部分工人毕竟不生活在资本主义的本质层面，而是生活在资本主义的日常生活之中。如果只是站在日常生活的层面上，是根本无法把握资本主义的内在本质的，相反，还会坠入外在现象的假象之中。如马克思所言："既然像读者已经感到遗憾地认识到的那样，对资本主义生产过程的现实的内部联系的分析，是一件极其复杂的事情，是一项极其细致的工作；既然把看见的、只是表面的运动归结为内部的现实的运动是一种科学工作，那么，不言而喻，在资本主义生产当事人和流通当事人的头脑中，关于生产规律形成的观念，必然会完全偏离这些规律，必然只是表面运动在意识中的表现。"① 作为资本主义生产当事人，工人也必然会把这种"表面的运动"当成资本主义的内在本质。因此，对马克思而言，仅仅揭示资本主义的历史本质还是不够的，这只是完成了工作的一部分，除此之外，还需要把这种历史本质拉回到现象层面，使它从"内部的有机生命，进入到外部的生活关系"②，全面揭示这些外在现象的生成过程，让工人认识到日常生活的欺骗性，进而领会资本主义的真实本质。因此，在马克思的理论框架中，《资本论》不仅要揭示资本主义的生产过程（第一卷），还要揭示资本主义的流通过程（第二卷），更要揭示资本主义的总生产过程（第三卷），这才是马克思《资本论》的整个完整逻辑。也正是在这些著作中，马克思从资本生产过程出发，进入到流通、分配和消费过程，全面阐述了资本的生活过程，从根本上揭示了资本主义的外在现象是如何一步一步生成的，又是如何以资本主义的日常生活的宗教即"三位一体"公式固化下来的。③ 正是通过这种历史性考察，马克思实现了对资本主义日常生活和外在现象的祛魅，为无产阶级冲破资产阶级意识形态和日常生活宗教的束缚，形成自觉的革命意识，提供了科学依据。

通过上述分析，可以看出，马克思的《资本论》的确也坚持了本质—

---

① 《马克思恩格斯全集》第46卷，人民出版社2003年版，第348页。
② 《马克思恩格斯全集》第46卷，人民出版社2003年版，第52页。
③ 参见孙乐强：《颠倒的辩证法：资本生活过程的历史性剖析》，载《南京社会科学》2006年第8期。

现象的二分框架，但这里的本质与现象以及二者的关系已经全面溢出了传统形而上学的范围，是对后者的全面扬弃和革命。因此，当我们在谈论《资本论》的哲学框架时，必须将马克思的本质论与近代形而上学的本质论严格地界划开来，切不可将二者混为一谈；否则的话，不仅会抹杀马克思在这一问题上的独特贡献，而且也会阉割马克思整个哲学革命的实质。

从《大纲》到《资本论》
——基于马克思创作过程的当代理论分析[①]

周嘉昕

一、问题:重新提出的"罗斯多尔斯基"问题

近年来,《政治经济学批判大纲》(以下简称《大纲》)与《资本论》的理论关系问题,开始重新得到学界的关注。之所以说"重新",是因为早在20世纪60年代,随着《大纲》的公开问世和研究推进,在马克思主义研究中,就曾经围绕《大纲》与《资本论》的关系问题,依照《资本论》的创作过程展开了探讨和争论。90年代,这些争论已经开始为国内学界所熟知。因为这一研究中的主要争论,即《大纲》和《资本论》的关系问题,最先是由罗曼·罗斯多尔斯基(Rosdolsky)提出,并围绕其主要观点展开的,所以我们不妨将这一问题称为"罗斯多尔斯基"问题。简单说来,就是由罗斯多尔斯基、维戈茨基(Vgosky)和曼弗雷德·缪勒(Manfred Mueller)等人的著作出版,所引发的有关马克思政治经济学批判著作结构计划调整,特别是"六册计划"的历史命运,以及"资本一般"(capitalingeneral)概念地位和作用的考察。

所谓的"罗斯多尔斯基"问题之所以备受关注,在直接的意义上是因

[①] 原载《吉林大学社会科学学报》2017年第6期。

为其事关马克思《资本论》创作过程的理解，以及马克思主义经典著作编译工作的开展。新世纪以来，随着国内马克思主义哲学研究的推进，《马克思恩格斯全集》历史考证版新版（MEGA²）文献及思想史研究成果的介绍，以及同当代西方激进哲学批判性对话的深入，《大纲》和《资本论》的关系问题，在学术研究中逐渐升温，又一次进入国内学界的理论视野。

（一）随着国内马克思主义哲学研究的推进，《资本论》或政治经济学批判中的哲学问题，逐渐成为国内学术研究的新的焦点。对马克思主义实践概念的社会历史内涵的探讨，以及对辩证唯物主义历史唯物主义关系的重新考察，都从不同角度指向了马克思《资本论》或政治经济学批判中的哲学方法的理解与阐释。在此过程中，两个伟大发现即唯物史观与剩余价值理论之间的关系问题，成为学理上无法绕开的一个逻辑关键。在直接的文本讨论中，这一问题又表现为《德意志意识形态》与《资本论》的关系问题。作为该问题的延伸和拓展，《资本论》创作过程中不同手稿之间的关系问题，特别是《大纲》和《资本论》之间的关系问题，近年来开始在哲学研究的论域中重新升温。这些探讨，无一例外共同指向了马克思主义哲学方法本质的理解，并从不同角度涉及马克思恩格斯早期思想发展，即唯物史观形成过程的分析和把握问题。

（二）随着 MEGA² 第二部分编辑工作的完成，包括《大纲》、《1861—1863年经济学手稿》以及《1863—1865年经济学手稿》等在内的《资本论》创作手稿的公开问世，为我们深入理解马克思《资本论》的写作及修改过程，以及包含在其中的方法论变革提供了更为直接的依据。2012年，MEGA² 第二部分所有卷次全部编辑出版完成。这就为我们全面了解《资本论》的创作过程，重新构建马克思恩格斯政治经济学批判研究过程中的理论发展和逻辑演进提供了坚实的文本基础。其中，除了《大纲》与《资本论》的关系以及与之直接相关的马克思政治经济学批判结构计划调整问题外，《1861—1863年经济学手稿》、《1864—1865年经济学手稿》中的理论进展，《资本论》第一卷不同版本之间的修改，以及《资本论》第二、三卷编辑出版过程中折射出来的马克思恩格斯关系问题，构成了近年来国际学界讨论的热点话题。事关"罗斯多尔斯基"问题，基于MEGA²成果，结合"一般利润率"、"价值形式"、"抽象劳动"等问题，也形成了若干新的考察和分析。

（三）出于同当代西方激进哲学的对话和反思，在《大纲》和《资本论》关系的重新探讨中，形成对马克思恩格斯资本主义批判理论的新的阐释。20世纪60年代以来，伴随当代资本主义的发展以及马克思《大纲》等政治经济学批判手稿的传播，《资本论》及其手稿，逐渐替代"青年马克思"著作，或明或暗构成了当代西方左翼批判话语理论进展的文本依据。例如，齐泽克对意识形态批判理论的阐发直接源于《资本论》商品形式的考察；以奈格里为代表的意大利自治主义马克思主义理论，从《大纲》的重新阐发出发寻求新的工人主体的可能性；大卫·哈维则是直接依据马克思《资本论》阐发其历史地理唯物主义思考的。在这个意义上，"罗斯多尔斯基"问题的重新考察，同时也蕴含着对于当代西方激进话语的批判性反思。

回应当代激进哲学话语对于马克思《资本论》的不同诠释，以MEGA²第二部分文献研究成果为基础回到马克思直接创作《资本论》的历史进程中去，下文将试图证明：从《大纲》到《资本论》，以政治经济学批判著作的结构计划调整，即从"五篇计划"到"六册计划"再到"三卷四册"结构为线索，以"资本一般"概念的提出和消失为标志，马克思对作为人类历史上特定社会形态的资本主义生产方式的本质及其现实表现获得了新的认识。简单说来，就是剩余价值理论的制订和完善，或者说从狭义剩余价值向广义剩余价值理论的发展，以及在此基础上对政治经济学批判叙述方式的不断调整。在此基础上，马克思有关"辩证法合理形态"的探索，对于"科学技术和机器体系"的考察，对于"地租"和"超额利润"的分析，将在马克思剩余价值理论的逻辑框架中进一步展现出自身的理论魅力，及其对于当代资本主义的批判效应。

二、文本："资本一般"的提出和消失

以缪勒、福尔格拉夫和海因里希等为代表，MEGA²编辑委员会内部围

绕马克思从《大纲》到《资本论》的著作结构计划的调整，主导性的观点是：马克思虽然在《大纲》的写作过程中，放弃了最先提出的"五篇计划"，提出了"六册计划"，但是这一规划在以《1861—1863年经济学手稿》为代表的进一步研究中，逐渐被放弃。与之相应，作为第一册"资本"第一篇的"资本一般"，在其后的写作中被重新调整。"资本一般"这一概念本身，也不再为马克思所提起。依照马克思恩格斯的手稿和通信，参照MEGA²编者和《马克思恩格斯全集》中文版编者的考证，从开始写作《大纲》到正式发表《资本论》，马克思的政治经济学批判工作大致经历了这样几个阶段。

（一）1857年8月到1859年6月，这是马克思写作《大纲》并发表《政治经济学批判。第一分册》的阶段，或者说是马克思将政治经济学批判著作结构从"五篇计划"调整为"六册计划"，形成"资本一般"概念，并且将"六册计划"初步付诸实施的阶段。在这一阶段中，又可以进一步细分为：

（1）1857年8月底至9月中旬，马克思写作《大纲》、《导言》，在其中提出了著名的五篇计划，即"（1）一般的抽象的规定。（2）形成资产阶级社会内部结构并且成为基本阶级的依据的范畴。资本、雇佣劳动、土地所有制。（3）资产阶级社会在国家形式上的概括。（4）生产的国际关系。（5）世界市场和危机"[①]。

（2）1857年10月至1858年8月，马克思写作《大纲》的主体部分，即《货币章》和《资本章》。与此同时，在1857年10月至1858年2月间，马克思还对"危机问题"进行了专题研究。在此过程中，马克思逐渐放弃了"五篇计划"，形成了新的"六册计划"。根据马克思致恩格斯、拉萨尔和魏德迈等人的通信，可知计划中的《政治经济学批判》六册主要包括"1. 资本；2. 地产；3. 雇佣劳动；4. 国家；5. 国际贸易；6. 世界市场。资本又分成四篇。（a）资本一般；（b）竞争或许多资本的相互作用；（c）信用；（d）股份资本。（一）资本。第一篇。资本一般。1. 价

---

① 《马克思恩格斯全集》第30卷，人民出版社1998年版，第50页。

值（后改为商品）。2. 货币（后改为货币或简单流通）。3. 资本"①。

（3）1858年8月至1859年6月，马克思写作并发表《政治经济学批判。第一分册》。该分册只收入了《序言》和第一篇资本一般的两章《商品》和《货币或简单流通》。

（二）1859年7月至1861年8月，这是马克思《资本论》写作过程中暂时远离政治经济学批判工作的一个阶段。尽管在1860年2月3日马克思致信恩格斯，"我还在加工我的《资本论》（《政治经济学批判。第二分册》）"②，但是这一阶段的主要工作和成果是政论著作《福格特先生》的写作。此外，马克思还留下了《资本章计划草稿》（包括 I. 资本的生产过程、II. 资本的流通过程、III. 资本和利润、IV. 其他）、《引文笔记索引》、《我自己的笔记本的提要》等手稿③。

（三）1861年8月至1863年7月，这是马克思写作《1861—1863年经济学手稿》的阶段。在总计23个笔记本的《1861—1863年经济学手稿》写作中，一方面马克思留下了关于剩余价值学说史的长篇论述，另一方面马克思也重新拟定了《资本论》（不同于上文使用的"资本论"含义）第一部分和第三部分的计划草稿，与之相应的是，"资本一般"的提法不再使用。这一阶段又可以进一步细分为：

（1）1861年8月至1862年春，马克思根据《资本章计划草稿》写作"货币转化为资本"、"绝对剩余价值"、"相对剩余价值"，以及在论述机器的部分中断后写作《资本和利润》部分。前者包括第一到第五笔记本，后者包括第十六笔记本和十七笔记本的前七页。需要注意的是，基于"生产价格"的使用情况，中国学者与 MEGA^2 编者不同，推断第十六和第十七笔记本写于第十五笔记本之前④。

（2）1862年春至1863年1月，马克思写作《剩余价值理论》的主体部分，或者说是作为"资本和利润"讨论的学说史部分，从第六笔记本到

---

① 《马克思恩格斯资本论书信集》，人民出版社1976年版，第131—135、152页。
② 《马克思恩格斯资本论书信集》，人民出版社1976年版，第154页。
③ 根据 MEGA^2 编者的考证，《资本章计划草稿》可能写于1859年春，或是1861年夏。
④ 张钟朴：《〈资本论〉第二部手稿（〈1861~1863年经济学手稿〉）——〈资本论〉创作史研究之三》，载《马克思主义与现实》2014年第11期。

第十五笔记本。在此过程中，与剩余价值的研究直接相关，或者说有关剩余价值特殊形式的讨论，最先是围绕地租展开的（在此过程中，专门批判了洛贝尔图斯）。同时值得我们注意的是，马克思在1862年12月28日致库格曼的信中提到，《1861—1863年经济学手稿》的第一部分，"它是第一册的续篇，将以《资本论》为标题单独出版，而《政治经济学批判》这个名称只作为副标题"①。

（3）1863年1月至7月，是《1861—1863年经济学手稿》写作的最后一个阶段，涉及机器、利息、劳动对资本的形式从属和实质从属、生产性劳动与非生产性劳动、剩余价值转化为资本、再生产和资本原始积累等内容。其中，1863年1月，马克思在第十八笔记本上写下了一个新的计划草稿"[《资本论》第一部分和第三部分的计划草稿]"。从中可以明确发现：一方面"资本一般"的提法已经消失，而"六册计划"也已经为新的讨论"资本"的三个部分所取代。"第一篇——《资本的生产过程》——分为：（1）导言：商品，货币。（2）货币转化为资本。（3）绝对剩余价值。（4）相对剩余价值。（5）绝对剩余价值和相对剩余价值的结合。（6）剩余价值再转化为资本，原始积累。（7）生产过程的结果。（8）剩余价值理论。（9）关于生产劳动和非生产劳动的理论。"②

（四）1863年7月至1867年9月，这是马克思创作并发表《资本论》的最后阶段。尽管最终发表的成果是《资本论》第一卷德文第一版，但是马克思在《1863—1865年经济学手稿》中已经形成了《资本论》三册的全部手稿。由于手稿因为付印、修订等原因，围绕这一阶段遗留下来的手稿以及马克思的创作过程曾有所分歧③，但是根据MEGA²第二部分相关信息，我们可以将这一阶段进一步细分为：

（1）1863年7月至1865年12月，即所谓的《1863—1865年经济学手稿》的写作阶段。因为"第一册"手稿已经轶失（或是作为《资本论》

---

① 《马克思恩格斯资本论书信集》，人民出版社1976年版，第170页。
② 《马克思恩格斯全集》第26卷第1册，人民出版社1974年版，第446页。
③ 张仲朴等：《〈1863—1865年经济学手稿〉——〈资本论〉创作史研究之四》，《马克思主义与现实》2015年第1期；徐洋：《试论〈马克思恩格斯全集〉历史考证版（MEGA²）第二部分的主要内容和学术价值》，载《马克思主义与现实》2015年第3期。

第一卷修改的底本1867年交出版社），所以在这一时期，尽管马克思写下了《资本论》三册的第一稿，但保存下来的只有《资本论》第二册的第Ⅰ稿和第三册的手稿。由于MEGA²的编辑原因，我们谈到《1863—1865年经济学手稿》时往往在狭义上指认第三册的手稿，并将其同经过恩格斯修订的公开出版的《资本论》第三卷加以比较分析。[①] 具体到这一年半多的时间里，马克思现实用了将近一年完成第一册和第二册的草稿；并在1865年下半年服务于国际工人协会的政治实践，写下了《工资、价格和利润》一文；根据马克思1866年初致贝克尔和恩格斯的书信，可知1865年底已经完成了第三册的写作。

（2）1866年初至1867年9月，是马克思最后修改并出版《资本论》第一卷的阶段。在1867年4月，马克思完成了第一卷的写作工作，但是直到正式出版之前，马克思都一直在和恩格斯通信，修改第一卷，特别是第一章价值形式部分的叙述方式。众所周知，在1873年出版的《资本论》第一卷德文第二版中，马克思对这一部分又进行了重大调整。而这也可以看作是马克思1867年以后政治经济学批判研究和《资本论》创作工作的直接写照。《资本论》的不断修订，一方面是由于马克思自身理论的不断反思和发展，另一方面也是因为，资本主义生产方式的现实变化促使马克思不断探索新的问题，开拓新的研究领域。

简言之，回到从《大纲》到《资本论》的写作进程中去，政治经济学批判的写作计划经历了从"五篇计划"到"六册计划"再到"三卷四册计划"的调整过程。与之相应的，是马克思"资本一般"概念的提出和放弃。单就结构调整而言，罗斯多尔斯基的判断也就不难理解了，所谓《资本论》最初就是《政治经济学批判。第二分册》《资本一般》，而整个《资本论》就是"资本一般"的逻辑展开。然而，基于《1861—1863年经济学手稿》以及《1863—1865年经济学手稿》研究，可以发现：尽管《大纲》和《资本论》二者在政治经济学批判、剩余价值理论的主题上是一致的，但以广义剩余价值理论的制订为核心，较之前者，后者在叙述方

---

① *Marx's Economic Manuscript of* 1864 – 1865, Translated by Ben Fowkes, Brill, 2016.

式和具体观点上都发生了明显的变化。

三、理论：辩证法合理形态的制订

著作结构计划的调整，直接涉及马克思政治经济学批判叙述方式的变化。对叙述方式的考察，又同马克思《资本论》的哲学方法，特别是"辩证法合理形态"的建构密切相关。对于《资本论》中的哲学方法，列宁在《哲学笔记》中曾经敏锐地指出："虽说马克思没有留下'逻辑'（大写字母的），但他遗留下《资本论》的逻辑，应当充分地利用这种逻辑来解决这一问题。在《资本论》中，唯物主义的逻辑、辩证法和认识论（不必要三个词：它们是同一个东西）都应用于一门科学，这种唯物主义从黑格尔那里吸取了全部有价值的东西并发展了这些有价值的东西。"① 基于马克思、恩格斯和列宁的相关表述，既有研究中的一个中心议题是《资本论》对于唯物主义辩证法的运用和发展。20世纪70年代以来，随着《大纲》、《资本论》研究热潮的出现，政治经济学批判中的方法论变革，特别是价值形式辩证法的讨论成为西方学术研究的新的焦点话题。回到马克思写作《资本论》的进程中去，辩证法合理形态的考察将获得新的文本和理论支撑。

首先，回顾马克思恩格斯自19世纪40年代以来的理论文本，除了在早期文本中专门讨论批判黑格尔辩证法外，只是到了《大纲》写作之后，马克思才重新提到并肯定黑格尔和辩证法。从1847年至1857年的十多年间，存在一个马克思远离黑格尔和辩证法讨论的阶段。一方面，在马克思恩格斯的早期思想发展过程中，黑格尔和辩证法本身是二者置身其中的主要思想背景，从马克思《博士论文》开始，到《黑格尔法哲学批判》、《1844年经济学哲学手稿》和《神圣家族》，主要的讨论都是围绕黑格尔思辨哲学展开的。而随着政治经济学研究的开展，马克思恩格斯所面对的

---

① 列宁：《哲学笔记》，人民出版社1993年版，第290页。

学术语境也相应发生了变化。因此，黑格尔和辩证法讨论的弱化也就顺理成章了。另一方面，尽管马克思在走向唯物史观的过程中，已经充分意识到了黑格尔辩证法的神秘性所在，就是把现实的关系，生产的社会关系，转化为观念，并在观念的运动中以神秘主义的方式再现社会历史的实在内容。但是，在19世纪40年代的社会政治经济语境中，马克思恩格斯着力强调的是以"实证的历史科学"来对抗"神秘的思辨哲学"。或者说，马克思恩格斯力图通过对物质生产过程的实证考察，来揭示现实社会历史运动过程及其对抗性本质。在此过程中，强调对立面转化的辩证法也就被马克思暂时搁置起来。

在后者的意义上，马克思在政治经济学批判的过程中重提辩证法也就具有了特殊重要的理论意义。这不仅意味着马克思对黑格尔理解的推进，更标志着马克思对政治经济学批判的推进以及现实资本主义生产方式认识的深化。正如马克思1858年1月14日致信恩格斯时所说，"完全由于偶然的机会，我又把黑格尔的《逻辑学》浏览了一遍，这在材料加工的方法上帮了我很大的忙。如果以后再有功夫做这类工作的话，我很愿意用两三个印张把马克思所发现的、但同时又加以神秘化的方法中所存在的合理的东西阐述一番，使一般人都能够理解"[①]。在既有研究中，马克思的这封信被经常同《大纲》、《导言》和《〈资本论〉第二版跋》一起引用，来说明政治经济学批判中的唯物辩证法。然而，抽象地理解这段话很容易产生这样的误解：马克思《资本论》中的辩证法就是黑格尔《逻辑学》方法在现实中的运用，以至于有学者孜孜以求于《资本论》或者《大纲》不同篇章与《逻辑学》的对应问题。回到马克思《资本论》的创作历程中去，特别是他集中谈论辩证法的文本，不难发现：

（一）既然在1858年初马克思才"由于偶然的机会"把黑格尔《逻辑学》又浏览了一遍，并发现在加工整理材料上有很大帮助，那么完成于半年前的《大纲》、《导言》，在何种意义上讨论黑格尔就成了一个有趣的问题。回到《导言》的文本中去，马克思仍然主要是在批判思辨哲学的意

---

① 《马克思恩格斯资本论书信集》，人民出版社1976年版，第121页。

义上讨论黑格尔的。在论述抽象和具体的关系时,马克思强调,"黑格尔陷入幻觉,把实在理解为自我综合、自我深化和自我运动的思维的结果,其实,从抽象上升到具体的方法,只是思维用来掌握具体、把它作为一个精神上的具体再现出来的方式。但决不是具体本身的产生过程。"① 可资佐证的是,马克思在《货币章》中专门提醒自己,"往后,在结束这个问题之前,有必要对唯心主义的叙述方式作一纠正,这种叙述方式造成一种假象,似乎探讨的只是一些概念规定和这些概念的辩证法"②。

（二）对照《大纲》的写作进程,所谓《逻辑学》和"加工整理材料",只要指的是马克思在1857年年底,第二笔记本（《资本章》）中对于"资本"的"一般性"、"特殊性"、"个别性"的说明。在该笔记本第22、23页之交,马克思列下："资本。Ⅰ．一般性：（1）（a）由货币生成资本。（b）资本和劳动（以他人劳动为中介）。（c）按照同劳动的关系而分解成的资本各要素（产品。原料。劳动工具）。（2）资本的特殊化：（a）流动资本,固定资本。资本流通。（3）资本的个别性：资本和利润。资本和利息。资本作为价值同作为利息和利润的自身相区别。Ⅱ．特殊性：（1）诸资本的积累。（2）诸资本的竞争。（3）诸资本的积聚（资本的量的差别同时就是质的差别,就是资本的大小和作用的尺度）。Ⅲ．个别性：（1）资本作为信用。（2）资本作为股份资本。（3）资本作为货币市场。"③

（三）综上不难发现：上述结构可以直接对应于"六册计划"中的第一册"资本"；而第一部分资本的一般性,或"资本一般",则作为"现实存在"的"一般抽象规定",构成了马克思政治经济学批判叙述方式的起点。在《资本章》的写作中,马克思提醒自己："尽管与各特殊资本相区别的资本一般,（1）仅仅表现为一种抽象；不过不是任意的抽象,而是抓住了与所有其他财富形式或（社会）生产发展方式相区别的资本的特征的一种抽象……（2）但是,与各特殊的现实的资本相区别的资本一般,

---

① 《马克思恩格斯全集》第30卷,人民出版社1998年版,第42页。
② 《马克思恩格斯全集》第30卷,人民出版社1998年版,第101页。
③ 《马克思恩格斯全集》第30卷,人民出版社1998年版,第234页。

本身是一种现实的存在……一般的东西，一方面只是思维中的特征，同时也是一种同特殊事物和个别事物的形式并存的、特殊的现实形式。"① 这样，"现实的抽象"就成为马克思辩证叙述方法不同于黑格尔的关键所在。二者的差别，一方面表现为思维和存在关系问题上的唯心主义与唯物主义的差别，另一方面，正如马克思在1859年《政治经济学批判》《资本章》初稿中提到的那样，"叙述的辩证形式只有明了自己的界限时才是正确的"②。

（四）尽管在《1861—1863年经济学手稿》中，马克思并没有专门花费大量笔墨讨论黑格尔和辩证叙述方式问题，但是这一手稿却构成了"现实抽象"理解转变，即从"资本一般"到"价值形式"过渡的重要环节。在1867年夏，也就是马克思最终修改出版《资本论》第一卷之前，马克思和恩格斯就"价值形式"和辩证叙述问题进行了深入交流。有关价值形式的"辩证发展"，恩格斯鼓励马克思说，"这已经无法修改了，谁能辩证地思维，谁就能理解它"③。六年之后，马克思自己也说道："我公开承认我是这位大思想家（黑格尔）的学生，并且在关于价值理论的一章中，有些地方我甚至卖弄起黑格尔特有的表达方式。辩证法在黑格尔的手中神秘化了，但这决没有妨碍他第一个全面地有意识地叙述了辩证法的一般运动形式。在他那里，辩证法是倒立着的。必须把它倒过来，以便发现神秘外壳中的合理内核。"④

综合上述过程中马克思对辩证法问题的讨论，尽管在公开出版的《资本论》中，叙述方式的辩证特征集中体现在价值理论上，针对这一最抽象的部分，马克思恩格斯着墨甚多，但是这一部分的写作却十分曲折复杂。在1864年完成的《资本论》第一册第一稿中，起先是从《货币转化为资本》开始的，马克思只准备用一个序言来概括《政治经济学批判。第一分册》的内容；但从1866年秋开始，马克思重新撰写了《商品和货币》以

---

① 《马克思恩格斯全集》第30卷，人民出版社1998年版，第440—441页。
② 《马克思恩格斯全集》第30卷，人民出版社1998年版，第398页。
③ 《马克思恩格斯资本论书信集》，人民出版社1976年版，第214页。
④ 马克思：《资本论》第1卷，人民出版社1995年版，第22页。

及价值形式的附录。① 这就标志着，从《政治经济学批判》到《资本论》，马克思对资本主义生产过程的辩证叙述方式，也发生了重大调整。围绕"资本一般"概念的提出和消失过程，可见简单结论如下：（1）尽管马克思自称在价值理论一章中卖弄黑格尔的表达方式，但从"资本"的"一般性"、"特殊性"、"个别性"的讨论来看，马克思是在加工整理整个资本主义生产方式的经验材料过程中"重新发现"辩证法的。（2）马克思在自己的著作结构计划调整中，最终放弃"资本一般"的提法，并用"三卷四册"计划来代替"六册计划"，也蕴含着辩证叙述方法的调整，或者说对"资本主义生产过程"从抽象到具体辩证展开的新的理解。正是在后者的意义上，我们可以更为全面地把握马克思剩余价值理论的哲学意蕴和当代价值。

四、结论：作为哲学概念的剩余价值

回到本文的主题，在《大纲》和《资本论》的关系问题上，基于文本和理论我们可以尝试得出以下结论：就马克思政治经济学批判的写作计划来说，从《大纲》到《资本论》经历了从"五篇计划"到"六册计划"再到"三卷四册计划"的调整过程，与之相关的是"资本一般"概念的出现和消失。对于这样一个结构计划的调整，尽管国际国内学界仍有不同意见，有学者认为《资本论》四卷不过是"六册计划"第一分册的完成，需要后来的马克思主义者进一步实现马克思的整体设想，如有关"地产"、"雇佣劳动"、"国家"、"国际贸易"和"世界市场"的批判性考察。有学者则认为，"六册计划"已经为"三卷四册计划"所替代，只不过马克思在世时仅仅出版了《资本论》第一卷，而第二和第三卷仍处在修改和调整之中。笔者更倾向于后一种观点，即在《资本论》四卷中，马克思已经将"六册计划"中所涉及的内容辩证地融合于资本主义生产过程、流通过

---

① ［德］福尔格拉夫：《对〈资本论〉的新认识——写在 MEGA² 第二部分结束之际》，载《马克思主义与现实》2014 年第 3 期。

程和社会生产总过程的分析之中。相应的，就"辩证法合理形态"的建构而言，虽然在《大纲》和《政治经济学批判。第一分册》相关的文献中已经多次提到了辩证法问题，但是"明了"并"述行"出"自己的界限"的"辩证的叙述形式"却是伴随结构计划的调整而在《资本论》中被制订出来的。有基于此，我们尝试给出三个更进一步的推论。

（一）在关注《大纲》和《资本论》的逻辑差异问题时，与其像卢卡奇那样，在商品拜物教的物化形式中，强调总体性以及无产阶级的历史主体地位，或是挪用阿尔都塞有关"青年马克思"的分析，直接关注革命主体的可能性问题，不如深入到马克思政治经济学批判，或者说资本主义生产方式批判的逻辑构架中，去理解《资本论》对于现代资产阶级社会，以及其中现实发生的抽象力量奴役、统治一切的批判性阐释。在这个意义上，从《大纲》到《资本论》的理论推进，应当被归结为剩余价值理论的制订和完善，即从狭义剩余价值理论向广义剩余价值理论的发展，或者说从对资本主义生产方式剥削奴役性本质的揭示，到对这一本质在不同层面上以不同的方式被呈现为各种直观的但同时也是物化的现象的机制的阐明。这样，马克思所提出的"剩余价值"就不仅仅是一个隐藏在政治经济学和现代经济学的"可见的"东西背后的"不可见"的真实，而是蕴含现代社会结构分析、发展动力说明、现象本质关联的"形式秘密"。同时，这样一种"形式秘密"的现实存在和科学揭示，正是以资本本身的对象性矛盾即历史性存在，以及对这种内在对抗和历史性存在的辩证叙述为前提的。正如张一兵教授所界定的那样，马克思的剩余价值理论可以被视为一种有关资本主义批判的"历史现象学"。

（二）如果可以将剩余价值理论理解为资本主义批判的"历史现象学"，那么有关"辩证法合理形态"的考察就应当贯穿于《资本论》三卷有关资本主义生产方式总体过程的批判性分析之中。借用有学者的观点，马克思的政治经济学批判为唯物主义辩证法奠定了"社会空间"，不仅有关商品形式或价值形式的辩证叙述过程应当被看作"转型问题"的最初环节，而且价值向生产价格、剩余价值向利润利息地租的转型也应当被看作是"辩证法合理形态"的构成环节。也正是在这个意义上，我们不难理解西方学者对 20 世纪 60 年代以来出现的"价值形式辩证法"所作的批判。这不仅是因为"价值形式辩证法"的讨论因过分关注商品形式或价值形式部分，而忽视了剩余价值和资本剥削，更是因为这一思潮忽略了整个资本主义生产方式的对抗性和历史性特征，而缺乏在全球化和世界历史语境中对资本主义生产方式的社会历史总体过程，特别是剩余价值生产和转型的辩证分析。以齐泽克为例，面对当代资本主义的发展，他也经历了一个从嫁接商品形式批判与无意识分析，阐发意识形态批判的"第三大陆"，到回到劳动价值论"重述政治经济学批判"的转变历程。

（三）回到马克思的理论和实践探索中去，理解从《大纲》到《资本论》的逻辑转换，还必须关注马克思所直面的资本主义社会现实的演变，马克思不同文本所涉及的理论对象，以及马克思不同时期理论建构的直接目标的差异问题。无论是《大纲》还是《资本论》，马克思的理论主旨都是"政治经济学批判"。然而正如有学者已经敏锐指出的那样，在马克思写作《资本论》及相关手稿的阶段，政治经济学或古典政治经济学在西方学术界已经开始让位于"现代经济学"或"庸俗经济学"。因此，我们有理由相信：马克思是在直面 19 世纪 50 年代以来资本主义生产方式和社会形态新变化的过程中，力图通过首先回到政治经济学批判，来揭示包括古典政治经济学和"现代经济学"在内的资产阶级意识形态的理论本质，进而阐明资本主义生产方式批判的理论逻辑和社会主义运动的革命道路。在此过程中，《大纲》首先面对的是以巴师夏和凯里等为代表的"庸俗经济学"，在阐明货币问题背后的资本本质基础上，尝试以李嘉图为直接对手，建构自身的政治经济学批判体系。这就不难理解，"资本一般"与李嘉图价值理论，"六册计划"与《政治经济学及赋税原理》在逻辑上的呼应与观照了。经过《1861—1863 年经济学手稿》的研究，马克思重新确立了政治经济学批判理论逻辑的建构方案，这既包含对古典政治经济学的彻底颠覆，同时也蕴含对现代经济学的深刻批判。在这个意义上，从《大纲》到《资本论》的理论推进是一个马克思不断探索并深化的思想写照。

超越"机器论片断":
《资本论》哲学意义的再审视①

孙乐强

20世纪60—70年代以来,沉寂百年的《大纲》(即《1857—1858年经济学手稿》)开始在西方学界引起广泛关注,甚至成为意大利自治主义者重构马克思哲学的主导依据。在这一过程中,"固定资本和社会生产力的发展"②一节(这也就是他们津津乐道的"机器论片断")更是发挥了不可替代的历史作用,被他们誉为是一段"圣经式的文本"③。由此出发,建构了一种既不同于正统马克思主义又不同于经典西方马克思主义的自治主义流派,在世界范围内产生了重大影响。在他们这里,《大纲》,特别是其中的"机器论片断",被看作是马克思思想发展的顶点,而《资本论》则被视为是这一手稿的历史倒退,进而将《大纲》与《资本论》完全对立起来。针对这种解读,国内外学界也积极地作出了批判性回应,但始终有一个核心问题未能得到澄清,即"机器论片断"能否作为马克思思想发展的最终标杆?或者说,该如何理解"机器论片断"与《资本论》之间的内在关系?笔者认为,这一片断固然重要,但它只不过是马克思思想发

---

① 本文系全国优秀博士学位论文作者专项资金资助项目(201401)"《资本论》的哲学思想及其当代效应研究"暨国家社会科学基金青年项目(12CZX002)"《资本论》及其手稿中的历史唯物主义思想再研究"的阶段性成果。原载《学术月刊》2017年第5期。
② 《马克思恩格斯全集》第31卷,人民出版社1998年版,第88—110页。
③ Franco Piperno, "Technological Innovation and Sentimental Education", *Radical Thought in Italy: A Potential Politics*, ed. Paolo Virno, Michael Hardt, Minneapolis: University of Minnesota Press, 1996, p. 123.

展中的一个过渡环节，在许多问题上还存在明显的历史局限性，决不能将其夸大为马克思思想发展的最高点，更不能以此为依据来建构马克思的革命理论。在《资本论》中，他全面超越了这一片断的历史局限性，建立了科学的资本主义生产方式批判理论，为无产阶级革命提供了内在依据。就此而言，完整地把握从"机器论片断"到《资本论》的发展，不仅有助于我们准确定位《大纲》和《资本论》在马克思哲学发展史上的历史地位，为我们全面理解历史唯物主义的方法论实质，特别是历史辩证法的"客观公式"（即生产力与生产关系的矛盾运动）与"主观公式"（即阶级斗争）之间的内在关系提供重要启示，而且也能为当前国内学界进一步深化对《资本论》哲学思想的研究提供有益借鉴。

一、作为"圣经"的"机器论片断"：意大利自治主义学派对马克思形象的政治重构

相较于《1844年经济学哲学手稿》和《德意志意识形态》，《大纲》在世界范围内的传播和接受过程则相对滞后，直到1939—1941年才首次在莫斯科公开出版，并于1953年由东柏林狄茨出版社再版。然而，令人遗憾的是，当时这一著作并没有引起西方学界的重视。直到1968年罗斯多尔斯基的《马克思〈资本论〉的形成》一书的出版，才使西方学者认识到《大纲》的重要性，积极推动了这一著作在西欧的传播与研究。[①] 但就当时的反响来看，它在意大利产生的轰动效应尤为突出。

20世纪60年代，意大利爆发了大规模的学生和工人运动，在此背景下，出现了一股极"左"思潮，即工人主义或自治主义，它的主要代表人物有莱尼奥洛·潘兹尔瑞、马里奥·特隆蒂、安东尼奥·奈格里、保罗·维尔诺、拉扎拉托等等。与其他左翼思潮不同，这一流派的直接指向并不

---

① ［意］马塞罗·默斯托主编：《马克思的〈大纲〉——150年后看政治经济学批判的创立》，闫月梅等译，中国人民大学出版社2010年版，第226页。

是为了反抗右翼势力，相反，而是为了对抗意大利共产党及其所支配的工会传统。哈里·克里弗指出："在法国和意大利，工人运动的发展主要表现为大量工业工人、学生和知识分子对强大共产党的对抗和拒斥。在美国，'回到马克思'是在反抗新马克思主义的主导影响下出现的；与此不同，在意大利和法国，它是在对抗共产党及其所支配的工会传统中生长起来的。"① 在他们看来，意大利共产党和工会已经完全站在了工人的对立面，成为资本力量的帮凶，企图镇压工人的反抗运动。也是在此背景下，自治主义者认为，要想真正实现工人的解放，就必须摆脱一切幻想，既不能依靠意大利共产党，也不能依靠工会组织，更不能寄希望于资本家，相反，唯有依靠工人自身，才能将自己的命运牢牢地掌控在自己手上。这一点决定了他们必然反对那种强调客观规律的正统马克思主义，也必然会反对西方马克思主义的那种脱离工人运动的纯学术研究，主张建构一种以工人自治为核心的激进政治哲学。这种工人中心主义构成了这一左翼思潮的核心特征。如特隆蒂所言："我们的工人主义和意大利共产党官方工人运动的真正区别在于，工人这一概念在政治上的核心地位。"②

而《大纲》的出现恰恰满足了他们的理论和实践需要。就像奈格里指出的那样："一方面，《1857—1858年经济学手稿》突出了60年代以来我们在'工人自治'运动中发展起来的马克思主义话语的方法论（因此也是主观的、认识论上的）特征；另一方面，在从大众工人向社会工人转型的过程中，《1857—1858年经济学手稿》对理论话语的相应转型也是非常重要的，它有助于重估生产性社会的本质。"③ 也是在此基础上，他们主张抛弃正统马克思主义和西方马克思主义的理论幻想，从《大纲》出发，重构马克思的政治形象。在这一过程中，被他们称为"机器论片断"的这一手稿恰恰发挥了至关重要的作用，甚至被誉为是一段"圣经式的文本"。维尔诺指出："在西方，当英雄遇到巨大困境时，他们经常会从《旧约》中

---

① Harry Cleaver, *Reading Capital Politically*, Leeds: Antitheses, 2000, pp. 64 - 65.
② Mario Tronti, "Our Operaismo", *New Left Review*, January-February, 2012.
③ ［意］内格里，亨宁格：《马克思主义的发展与社会转型——内格里访谈》，肖辉译，载《国外理论动态》2008年第12期。（内格里即奈格里，音译不同——引者注）

引出一段经文,或者来自《诗篇》或者来自《以西结书》,并把它们从各自的语境中抽离出来,顺其自然地将其融入到当下的偶然处境中,成为解释当下困境的有力预言……20世纪60年代早期以来,马克思的'机器论片断'就是以这种方式不断被阅读和引用的。"① 可以说,这一片断在整个自治主义运动过程中始终发挥了举足轻重的作用。然而,在不同发展阶段,他们对这一片断的解读重心又有所不同。

20世纪60—70年代,工人主义运动的目标是为了反抗意大利共产党和工会传统,从而建构一种以工人自治为轴心的激进政治哲学,以此来证明,共产主义绝不是正统马克思主义所强调的生产力与生产关系矛盾运动的结果,也不是政党领导下的革命行动的产物,相反,而是现实主体对抗和工人自治的必然结果。这一点决定了他们对《大纲》和"机器论片断"的解读一开始就不是纯学术性的,而是具有明确的政治导向,即为真正革命主体的生成提供合法性论证。这一点在奈格里的著作《〈大纲〉:超越马克思的马克思》(1979)中得到了充分体现。② 他指出,与充斥着客体主义的《资本论》不同,《大纲》完全"是一个确立革命主体性的文本"③,其中到处充满了对抗。如果说在价值和货币阶段,这种对抗还是潜在的,那么,经过剩余价值阶段,这一逻辑最终在"机器论片断"中彻底成熟。因此,如果说《大纲》是马克思思想发展的顶点,那么,"机器论片断"则是《大纲》的顶点。"《大纲》是以'机器论片断'……结束,因此马克思论证的逻辑性达到完满"④,这一片断"可能是在马克思所有

---

① Paolo Virno, "Notes on General Intellect", *Marxism beyond Marxism*, ed. Saree Makdisi, Cesare Casarino and Rebecca E. Karl, New York: Routledge, 1996, p. 265.
② 1978年,美国学者古尔德出版了她对《大纲》的系统研究著作《马克思的社会本体论》。正是基于这一手稿的解读,她建构了一种与历史辩证法相对的、强调偶然性和个人主体能动性的自治哲学,与奈格里的研究具有异曲同工之处。参见[美]古尔德:《马克思的社会本体论》,王虎学译,北京师范大学出版社2009年版。
③ [意]奈格里:《〈大纲〉:超越马克思的马克思》,张梧、孟丹、王巍译,北京师范大学出版社2011年版,第25页。
④ [意]奈格里:《〈大纲〉:超越马克思的马克思》,北京师范大学出版社2011年版,第165页。

著作中所能找到的运用矛盾而且建构辩证法的最高级例子"①。在这里，奈格里重点抓住了马克思关于劳动与生产过程的分离所导致的资本主义崩溃理论，并由此引出了他的自治主义哲学。

在这一片断中，马克思指出，随着自动化机器体系的引入，不论是从价值增殖形式还是从物质形式来看，劳动都不再像前期那样是支配整个生产过程的主导因素，而是沦为生产过程的一个次要环节。这就意味着，在机器大生产阶段，劳动在财富生产中的作用越来越小，结果，"现实财富的创造较少地取决于劳动时间和已耗费的劳动量，较多地取决于在劳动时间内所运用的作用物的力量，而这种作用物自身——它们的巨大效率——又和生产它们所花费的直接劳动时间不成比例，而是取决于科学的一般水平和技术进步，或者说取决于这种科学在生产上的应用。"② 于是，资本主义生产遇到了不可克服的矛盾：一方面，资本主义生产的"前提现在是而且始终是：直接劳动时间的量，作为财富生产决定因素的已耗费的量"③，只要生产还是资本主义的生产，劳动时间就永远是财富的唯一尺度和源泉；但另一方面，机器体系的资本主义运用又竭力把劳动时间压缩到最低限度，以便使财富的创造不取决于耗费在这种创造上的劳动时间。随着这一矛盾的不断发展，资本主义将会遭遇自身不可克服的界限，最终趋于崩溃。

在这里，马克思实际上是想通过资本的矛盾运动，来论证交换价值生产制度崩溃的可能性（这一论证还存在重要缺陷，下文将着重分析）。然而，奈格里却完全忽视了这一点，径直将其转化为主体对抗的生成逻辑。他指出，第一，劳动与生产过程的分离，意味着劳动彻底摆脱了资本的统治，成为一个与资本对立的自治主体；第二，既然资本主义财富生产是以劳动为基础的，这就意味，要推翻资本主义，无需发动革命，只要每个自治工人有意识地拒绝劳动，就可以达到了，"不劳动，拒绝劳动就成为工

---

① ［意］奈格里：《〈大纲〉：超越马克思的马克思》，张梧、孟丹、王巍译，北京师范大学出版社2011年版，第178页。
② 《马克思恩格斯全集》第31卷，人民出版社1998年版，第100页。
③ 《马克思恩格斯全集》第31卷，人民出版社1998年版，第100页。

人们的主张，成为价值规律被颠覆的基础"①。于是，资本主义的崩溃和共产主义的到来不再是客观矛盾运动的结果，也不再是政党领导下的无产阶级革命的产物，而是工人自主选择、自我建构的结果，"主体性的道路正是将唯物主义带向共产主义。劳动阶级是主体，分离的主体，是他们催生了发展、危机、过渡，乃至共产主义。"② 正是基于"机器论片断"，奈格里颠覆了马克思的传统形象，重构了一个"超越马克思的马克思"，建立了一种以工人自治为核心的革命主体政治学，打开了一条通往共产主义的自主之路，完成了对"机器论片断"作为一种圣经式文本的全面论证。

也是在此基础上，奈格里提出了一个重要问题，即如何看待《大纲》与《资本论》之间的关系？在这里，他重点批判了两种倾向：一是以法国结构主义马克思主义为代表，他们把《大纲》视为是马克思完成"认识论断裂"之前的"最后一本著作"，是一部不成熟的幼稚著作，"这个文本只不过是在重复马克思早年的人道主义中已经提出的观点。《大纲》只是一个散发着唯心主义和个体式伦理臭味的草稿；我们在'机器论片断'中找到的对共产主义定义的描绘只是 18 世纪客观唯心主义和个体主义与自由主义的姿态的综合"③。二是以罗斯多尔斯基为代表，奈格里指出，他仅仅把《大纲》看作是《资本论》的准备材料，一味地强调它们之间的线性连续性，完全忽视了二者之间的断裂和异质性，把《大纲》所散发出来的、具有天才性质的主体政治学消融于《资本论》的客体逻辑之中。这种解读实际上是以一种目的论预设为前提的，即"《资本论》构成了马克思思想中最成熟的要点"④，这是一种"非马克思主义的历史编纂学方法"⑤。

---

① [意] 奈格里：《〈大纲〉：超越马克思的马克思》，张梧、孟丹、王巍译，北京师范大学出版社 2011 年版，第 189 页。
② [意] 奈格里：《〈大纲〉：超越马克思的马克思》，张梧、孟丹、王巍译，北京师范大学出版社 2011 年版，第 195—196 页。
③ [意] 奈格里：《〈大纲〉：超越马克思的马克思》，张梧、孟丹、王巍译，北京师范大学出版社 2011 年版，第 34 页。
④ [意] 奈格里：《〈大纲〉：超越马克思的马克思》，张梧、孟丹、王巍译，北京师范大学出版社 2011 年版，第 23 页。
⑤ [意] 奈格里：《〈大纲〉：超越马克思的马克思》，张梧、孟丹、王巍译，北京师范大学出版社 2011 年版，第 33 页。

这两种观点共同构成了一枚硬币的两面,完全贬低了《大纲》的历史地位。与此不同,奈格里认为,《大纲》既不是早期逻辑的延续,也不是《资本论》的准备草稿,而是马克思思想发展过程中一部具有独立地位的革命性著作,其中彰显出来的对抗逻辑完全体现了马克思哲学的本质和精髓,只有从这一文本出发,才能还原一个"真实的马克思"。也正是基于此,他将《大纲》视为"是马克思理论发展过程中的中心","是马克思革命思想的顶点"①。于是,一个新的问题出现了,即如何理解《资本论》的历史地位?他指出,决不能像正统马克思主义或罗斯多尔斯基那样,把《资本论》预设为马克思最成熟的著作,以此来解读《大纲》,这样不仅会阉割后者的革命意义,而且也会进一步加剧《资本论》的客体主义倾向,相反,必须抛弃这种目的论预设,以《大纲》为轴心来重新解读《资本论》,"如果我们根据《大纲》的批判来理解《资本论》,如果我们通过《大纲》的概念体系重新阅读《资本论》……我们就能恢复对《资本论》的正确理解(不是为了知识分子的勤勉治学,而是为了群众的革命意识)"②。而克里弗的《政治性地阅读〈资本论〉》(1979)就是这一理论努力的积极尝试。

到了20世纪80—90年代,随着计算机和人工智能的迅速发展,当代资本主义生产方式发生了重大转变,即从福特制转向了后福特制。如何理解这一转型的本质,并为这一时期的工人自治运动提供理论指南,就是摆在意大利自治主义者面前的一项重大任务。在此背景下,他们再次回到了"机器论片断"来寻找灵感。如果说在20世纪60—70年代,他们更多地集中于马克思关于劳动与生产过程的分离所导致的资本主义崩溃理论,那么,此时他们更多地强调了马克思关于"一般智力"(也翻译为"普遍智能")的论述。

在这一片断中,马克思指出,随着科学知识在财富生产中的作用越来越突出,资本必然会最大限度地追求科学技术的发展,将固定资本的生产

---

① [意]奈格里:《〈大纲〉:超越马克思的马克思》,张梧、孟丹、王巍译,北京师范大学出版社2011年版,第37—38页。
② [意]奈格里:《〈大纲〉:超越马克思的马克思》,张梧、孟丹、王巍译,北京师范大学出版社2011年版,第38页。

和科学技术的发明提升到更加突出的位置，从而导致"一般智力"的形成，"固定资本的发展表明，一般社会知识，已经在多么大的程度上变成了直接的生产力，从而社会生活过程的条件本身在多么大的程度上受到一般智力的控制并按照这种智力得到改造。它表明，社会生产力已经在多么大的程度上，不仅以知识的形式，而且作为社会实践的直接器官，作为实际生活过程的直接器官被生产出来。"① 实际上，此时马克思清楚地认识到，一般智力绝不是自然产生的，而是劳动的产物。然而，在资本主义条件下，资本必然会把这种一般智力转化为剩余价值生产的工具，"知识和技能的积累，社会智力的一般生产力的积累，就同劳动相对立而被吸收在资本当中，从而表现为资本的属性，更明确些说，表现为固定资本的属性"②。结果，就引发了一个新的问题：资本对一般智力的追求，直接危及到以直接劳动为基础的财富生产本身。随着这一矛盾的发展，"资本也就促使自身这一统治生产的形式发生解体"③。于是，一般智力也就摆脱了资本的限制，成为未来社会财富生产的基础，"在这个转变中，表现为生产和财富的宏大基石的，既不是人本身完成的直接劳动，也不是人从事劳动的时间，而是对人本身的一般生产力的占有，是人对自然界的了解和通过人作为社会体的存在来对自然界的统治，总之，是社会个人的发展"④。届时，每个个体都将成为一般智力的主人，实现了一般智力的社会化与个体化的内在统一。

在所有著作中，这是马克思唯一一次提到"一般智力"概念。而自治主义者就紧紧抓住了这一概念，将其建构为透视当代资本主义的核心范畴。不过，与20世纪60—70年代相比，这一时期的理论建构不再是基于对这一片断的毫无保留的肯定式阅读，而是在批判反思的基础上进行的理论重构。具体表现在：

首先，对一般智力范畴的重构。维尔诺指出："马克思完全把一般智力（即作为主导生产力的知识）等同于固定资本，等同于内化为机器体系

---

① 《马克思恩格斯全集》第31卷，人民出版社1998年版，第102页。
② 《马克思恩格斯全集》第31卷，人民出版社1998年版，第92—93页。
③ 《马克思恩格斯全集》第31卷，人民出版社1998年版，第95页。
④ 《马克思恩格斯全集》第31卷，人民出版社1998年版，第100—101页。

的'客观科学力量'。结果,他完全忽视了今天绝对居于主导的另一维度,即一般智力表现为活劳动本身。"① 在后福特制时代,一般智力已经越出了固定资本的限定,不再表现为对象化的知识力量,而是表现为主体自身所具有的思考能力和潜能,"包括正式和非正式的知识、想象力、伦理倾向、思维习惯和'语言游戏'"②。也是基于此,维尔诺认为,在后福特制时代,一般智力已经远远超越了马克思的理解,变成了主体自身所具有的内在潜能,即"智力一般"。其次,是对劳动范畴的重构。他们指出,在机器论片断中,马克思曾预测到,随着一般智力的发展,劳动在财富生产中的作用将逐渐下降,最终导致交换价值生产制度的崩溃。然而,当代资本主义的发展已证明马克思预言的虚假性:在后福特制时代,普遍智能已经实现,但资本主义并没有灭亡,而是产生了一种更加稳定的统治形式。③ 马克思为什么会得出这种错误的结论呢?他们认为,根本原因在于,他对劳动的理解过于简单了。他所理解的劳动完全是一种物质劳动或体力劳动,随着一般智力的发展,这种劳动在财富生产中的作用自然会逐渐趋于下降,但这并不意味着交换价值生产制度的崩溃,因为一般智力的发展孕育了一种全新的劳动形式,即非物质劳动。与前者不同,它不再生产有形的物质产品,而是生产非物质化的思想、智力或信息等内容。拉扎拉托指出:"非物质劳动概念有两个不同的方面:一方面是商品的'信息内容',它直接指向在工业和第三产业中大公司里工人劳动过程所发生的变化,在那里,直接劳动所需的技能逐渐变成神经机械学和计算机管控的技能(以及水平与垂直的信息沟通技能)。另一方面,关于生产商品'文化内容'的行为,非物质劳动包括一系列活动,这些活动不再是一般意义上的'工作',换句话说,这类活动包括界定和确定文化与艺术标准、时尚、品味、消费指南以及更具有策略性的公众舆论等不同信息项目的活动。"④ 不过,

---

① Paolo Virno, *The Grammar of Multitude*, Los Angeles/New York: Semiotext [e], 2004, p. 106.
② Paolo Virno, *The Grammar of Multitude*, Los Angeles/New York: Semiotext [e], 2004, p. 106.
③ Paolo Virno, *The Grammar of Multitude*, Los Angeles/New York: Semiotext [e], 2004, pp. 100—101.
④ [意] 拉扎拉托:《非物质劳动》,霍炬译,见许纪霖主编:《帝国、都市与现代性》,江苏人民出版社2006年版,第139页。

哈特、奈格里指出，拉扎拉托完全忽视了情感劳动，因此认为他对非物质劳动的理解是不准确的。在此基础上，他们重新定义了这一范畴，将它区分为两种类型，即语言或智力劳动以及情感劳动，①彻底实现了从物质劳动到非物质劳动的转型。再次，是对新型统治形式的思考。他们指出，随着非物质劳动的形成，资本的统治形式也发生了重大变化。由于马克思仅仅强调物质劳动，因此，在他那里，资本的统治形式主要表现为资本在生产场所对工人身体的规训，而非物质劳动的出现，意味着资本的统治已经超越了单纯的身体控制，将整个生命置于自己的支配之下，"在生命权力所指向的生存状态中，生命本身的生产和再生产已成为权力追逐的猎物"②。最后，对革命主体和解放道路的再思考。他们指出，马克思的工人阶级概念完全是以从事物质劳动的产业工人为基础的。在后福特制中，非物质劳动已经取代了物质劳动，成为当代社会劳动的主导形式，因此，马克思的工人阶级概念也就丧失了存在的合法性，必须从非物质劳动出发，重新建构革命的主体政治学，这也就是他们所推崇的大众概念。从内涵上讲，他们所理解的大众实际上就是那些从事非物质劳动或生命政治劳动的人，它不再像工人阶级那样拥有相同的身份认同和阶级意识，或者说具有同样的本质属性，相反，大众在各个方面都存在巨大差异性，因而是一种多样性的集合。那么，大众如何实现自身的解放呢？前期的那条自治对抗逻辑再次登场了。维尔诺指出，既然一般智力已经转化为每个个体自身具有的潜能，这就意味着，一般智力的社会化与个体化过程最终达到了同一，个人已经转化为马克思当年所说的"社会个人"，即一般智力的主人；于是，他们就实现了"对人本身的一般生产力"的全部占有，从而也就摆脱了资本的统治，成为一种完全独立的自治主体。这恰恰也是奈格里"大

---

① Michael Hardt, Antonio Negri, *Multitude*, New York: The Penguin Press, 2004, p.108. 实际上，哈特、奈格里关于非物质劳动的理解也存在一个不断完善的过程，在《帝国》中，他们把非物质劳动分为三种类型：一是信息化大生产，二是创造性和象征性劳动，三是情感劳动。到了《大众》中则删掉了第一种，保留了后两种，并主张用生命政治劳动来称谓它们。
② ［美］麦克尔·哈特、［意］奈格里：《帝国——全球化的政治秩序》，杨建国、范一亭译，江苏人民出版社2003年版，第25页。引文所有改动。

众智能的苏维埃"①的逻辑基础。

这一时期，他们正是通过对"机器论片断"的批判性重构，实现了自身理论逻辑的当代转向。不过，从最终导向来看，他们批判的目的并不是要彻底否定这一片断，而是力图在当代语境中重塑这一片断的理论生命力。如一些学者所言，意大利自治主义者之所以批判这一片断，"其目的并不在于对马克思的简单超越或否定。相反，透过对马克思的超越和否定，他们希望最终在转变了的社会现实条件之上，重新召回马克思有关资本主义价值体系崩溃的预测或愿景"②。就此而言，"机器论片断"依然是给予他们灵感和启示的一部"圣经"。

二、"机器论片断"的历史局限性与《资本论》的超越

2000年，随着《帝国》一书的出版，自治主义已经越出了地域局限，成为世界范围内最炙手可热的一股左翼思潮。针对这一流派，国内外学界都进行了较为深入的研究，客观评估了它的理论贡献和不足之处。然而，始终有一个问题没有得到有效澄清，即究竟如何理解"机器论片断"的历史地位？或者说，能否把这一片断视为马克思思想发展的最终标准？这种"圣经式"的比喻固然突出了它的重要性，但也过分夸大了它的历史地位。实际上，这一片断只是马克思用历史唯物主义来分析资本主义生产方式及其发展趋势的一种积极尝试，它的重要性自不待言，但也必须看到，他这里的分析还存在明显的历史局限性。因此，要想从根本上回应意大利自治主义者对马克思形象的重构，首先必须实现对"机器论片断"的祛魅，准确定位它在马克思思想发展中的历史地位。

---

① Antonio Negri, "Constituent Republic", *Radical Thought in Italy: A Potential Politics*, ed. Paolo Virno, Michael Hardt, Minneapolis: University of Minnesota Press, 1996, p. 219.
② 张历君：《普遍智能与生命政治——重读马克思的〈机器论片断〉》，见许纪霖主编：《帝国、都市与现代性》，江苏人民出版社2006年版，第187页。

在《德意志意识形态》中，马克思已经明确区分了工场手工业和机器大工业。但如何理解机器大工业的运行机制和内在本质，此时他尚未给出科学的分析，而是像舒尔茨、拜比吉等人一样，用斯密的分工逻辑来理解机器大生产，这决定了他必然无法科学解剖机器大生产时代资本主义的内在矛盾，而只能从分工入手引出生产力与交往形式之间的矛盾。这一思路显然是有问题的。在尤尔的影响下，马克思在《哲学的贫困》中做了重要推进，但此时他并没有实现了对机器大生产或自动工厂的科学认知，仍将分工视为后者的核心构件，显然是不准确的。①

经过《伦敦笔记》的洗礼，到了《大纲》，特别是其中的"机器论片断"，马克思对机器大生产的认识取得了新的突破。在这一片断的开头，马克思一上来就引用了拜比吉和尤尔关于机器和自动工厂的论述。② 这使他充分意识到，与工场手工业不同，在现代工厂中居于主导地位的不再是劳动分工，而是资本与科学力量的联合，是机器体系之间的协作。在这里，分工已经丧失了存在的合法性，而工人也随之丧失了自己的主体地位，沦为机器体系的附属物。但马克思又强调到，在资本主义条件下，这些机器体系绝不只是以物质形式存在的，同时也表现为价值增殖的手段，表现为由资本所决定的特殊存在形式，即固定资本。因此，后者的出现，标志着资本主义发展到一个全新的阶段，即机器大生产阶段。"只有当劳动资料不仅在形式上被规定为固定资本，而且抛弃了自己的直接形式，从而，固定资本在生产过程内部作为机器来同劳动相对立的时候，而整个生产过程不是从属于工人的直接技巧，而是表现为科学在工艺上的应用的时候，只有到这个时候，资本才获得了充分的发展，或者说，资本才造成了与自己相适应的生产方式。"③ 此时马克思已清楚地意识到，机器大生产已经消除了工场手工业的劳动分工，因此，要想为无产阶级革命提供科学依据，就不能再像前期那样从分工入手来引出资本主义的矛盾，相反，必须

---

① 参见孙乐强：《马克思机器大生产理论的形成过程及其哲学效应》，载《哲学研究》2014年第3期。
② 《马克思恩格斯全集》第31卷，人民出版社1998年版，第88页。
③ 《马克思恩格斯全集》第31卷，人民出版社1998年版，第93—94页。

站在机器大工业这一制高点上,来科学解剖资本主义的内在矛盾。也是在此背景下,马克思做了一些积极尝试,试图从资本对科学知识和一般智力的追求,进而导致直接劳动在财富生产中的作用不断下降这一矛盾,来论证交换价值生产制度的崩溃。这也就是上文中被意大利自治主义者奉为"圣经"的那些段落。

不得不承认,与前期相比,"机器论片断"的确作出了重要推进:它超越了前期的分工逻辑,从资本与科学的联合入手,客观分析了现代工厂的运作机制,并试图站在机器大生产之上来揭示资本主义的内在矛盾,这些都是值得肯定的。但是,能否把这一片断视为马克思最成熟的思想呢?答案是否定的。实际上,它只不过是马克思在解剖资本主义矛盾过程中的一种理论尝试,其中还包含着明显的历史局限性。

在这里,必须澄清一点,笔者所强调的历史局限性与哈贝马斯和自治主义者关于这一片断的认知存在本质区别。在《认识与兴趣》中,哈贝马斯指出:"在《政治经济学批判》的准备材料中,马克思提出了这样一种看法:类的历史是同自然科学和技术自动转化为社会主体(一般智力)控制物质生活过程的自我意识相联系的。按照这种设想,在先验意识的历史中似乎只有技术史。"① 换言之,在他看来,马克思的整个分析完全是建立在技术决定论之上的,因而是不足为信的。同样,自治主义者始终将这一小节命名为"机器论片断",这本身就忽视了机器体系作为固定资本的关系维度,潜在地将其扭曲为一种技术史观,而他们对这一片断的批判和重构都是以此为基础的。实际上,这些指责根本站不住脚。在这里,马克思从未想过要建立一种技术史观,更没有单纯地从技术维度或工艺学出发来论证交换价值制度的崩溃,而是始终从生产力与生产关系的矛盾运动入手,来揭示资本主义灭亡的可能性。他指出:"一方面,资本唤起科学和自然界的一切力量,同样也唤起社会结合和社会交往的一切力量,以便使财富的创造不取决于(相对地)耗费在这种创造上的劳动时间。另一方面,资本想用劳动时间去衡量这样创造出来的巨大的社会力量,并把这些

---

① [德]哈贝马斯:《认识与兴趣》,郭官义等译,学林出版社1999年版,第42页。

力量限制在为了把已经创造的价值作为价值来保存所需要的限度之内。生产力和社会关系——这二者是社会个人的发展的不同方面——对于资本来说仅仅表现为手段，仅仅是资本用来从它的有限的基础出发进行生产的手段。但是，实际上它们是炸毁这个基础的物质条件。"① 这清楚地表明，马克思一直力图从历史唯物主义的角度来分析资本主义的内在矛盾及其发展趋势。同样，他也始终坚持从物质形式和社会形式双重维度来分析机器体系，明确区分了作为物质资料的机器体系和作为固定资本的机器体系，并坚决反对单纯地根据前者来认识资本主义；更为重要的是，他不仅分析了科学知识和一般智力在使用价值或物质财富生产中的历史作用，而且也从生产关系入手分析了资本对一般智力的吸纳过程，揭示了后者在价值增殖过程中倒置为统治工人权力的根本原因。以此来看，所谓技术决定论的指控完全是一个"莫须有"的罪名，马克思无需负责。②

那么，这一片断的局限性表现在什么地方呢？在《大纲》中，这一节出现在第二篇"资本的流通过程"中，而在《资本论》中则被放在了"相对剩余价值的生产"的标题下。这种位置上的调整，反映了马克思在一些问题上已经作出了新的思考。在此，笔者就通过《资本论》与"机器论片断"的比较分析，来细致挖掘这种理论上的推进和发展，为我们清晰定位这一片断的历史局限性提供有力支撑。

第一，财富尺度和劳动二重性学说。在这一片断中，马克思指出，资本主义生产的"前提现在是而且始终是：直接劳动时间的量，作为财富生产决定因素的已耗费的劳动量"③。但随着机器体系的采用，财富的创造将越来越少地取决于直接劳动，更多地取决于科学技术和一般智力的发展，"劳动时间——单纯的劳动量——在怎样的程度上被资本确立为唯一的决定要素，直接劳动及其数量作为生产即创造使用价值的决定要素就在怎样的程度上失去作用；而且，如果说直接劳动在量的方面降到微不足道的比

---

① 《马克思恩格斯全集》第31卷，人民出版社1998年版，第101页。
② 就此而言，中文版《马克思恩格斯全集》用"固定资本和社会生产力的发展"来命名这一片断，是非常准确的，它完全克服了"机器论片断"这一称谓的内在缺陷。
③ 《马克思恩格斯全集》第31卷，人民出版社1998年版，第100页。

例,那么它在质的方面,虽然也是必不可少的,但一方面同一般科学劳动,同自然科学在工艺上的应用相比,另一方面同产生于总生产中的社会组织的、并表现为社会劳动的自然赋予(虽然是历史的产物)的一般生产力相比,却变成一种从属的要素"①。也是在此基础上,马克思作了一个重要推论:"一旦直接形式的劳动不再是财富的巨大源泉,劳动时间就不再是,而且必然不再是财富的尺度,因而交换价值也不再是使用价值的尺度……于是,以交换价值为基础的生产便会崩溃,直接的物质生产过程本身也就摆脱了贫困和对立的形式。"② 一个全新的社会即将到来了。

这些论述正是 20 世纪 60—70 年代被意大利自治主义学派奉为圣经式的段落,也是国内外学界经常反复引用的段落。然而,令人遗憾的是,却很少有人去反思这些段落的缺陷。在这方面,德国学者海因里希的工作是值得肯定的。他认为,马克思之所以会得出这一结论,根本原因在于,他还没有建立起科学的劳动二重性理论。③ 我以为,这一判断是非常准确的。在《资本论》中,马克思说,"古典政治经济学在任何地方也没有明确地和十分有意识地把表现为价值的劳动同表现为产品使用价值的劳动区分开"④,而这种区分首先是"由我批判地证明的。这一点是理解政治经济学的枢纽"⑤。其中,生产使用价值的劳动是有用的具体劳动,而生产价值的劳动则是无差别的抽象劳动。就前者而言,任何使用价值都是自然物质和劳动的结合,"因此,劳动并不是它所生产的使用价值即物质财富的唯一源泉"⑥,"自然界和劳动一样也是使用价值(而物质财富本来就是由使用价值构成的)的源泉"⑦。就后者而言,价值并不取决于直接劳动量,而是由抽象劳动即社会必要劳动时间决定的。根据这一理论,可以看出,

---

① 《马克思恩格斯全集》第 31 卷,人民出版社 1998 年版,第 94—95 页。
② 《马克思恩格斯全集》第 31 卷,人民出版社 1998 年版,第 101 页。
③ Michael Heinrich, "The 'Fragment on Machines': A Marxian Misconception in the *Grundrisse* and its Overcoming in *Capital*", In *Marx's Laboratory: Critical Interpretations of the Grundrisse*, ed. Riccardo Bellofiore, GuidoStarosta and Peter D. Thomas, Leiden/Boston: Brill, 2013, pp. 207 - 209.
④ 《马克思恩格斯全集》第 44 卷,人民出版社 2001 年版,第 98 页。
⑤ 《马克思恩格斯全集》第 44 卷,人民出版社 2001 年版,第 55 页。
⑥ 《马克思恩格斯全集》第 44 卷,人民出版社 2001 年版,第 56 页。
⑦ 《马克思恩格斯全集》第 19 卷,人民出版社 1963 年版,第 15 页。

此时马克思的分析还存在明显的历史缺陷：此时他把直接劳动视为资本主义财富生产的决定性因素，将直接劳动时间理解为财富的唯一尺度和源泉，这一判断显然是有问题的。如果这里的财富是指物质财富，那么，直接劳动从来都不是它的唯一源泉，这里面还应包括自然界；如果是指社会财富（价值），那么，抽象劳动才是它的价值实体，而直接劳动也从来都不是它的尺度和源泉，更不消说是唯一的尺度和源泉了。因此，马克思据此所作的推论，即一旦直接劳动不再是财富的巨大源泉，交换价值生产就要崩溃了，资本主义制度就要解体了，恰恰是站不住脚的，因为他推论的前提本身就是错误的。由此可见，此时马克思的分析更多的是基于直接劳动做出的，虽然他力图基于质和量的辩证法，来区分物质财富和价值财富，但实际上二者的参照系却是一样的，即都是直接劳动，或者说，是后者的两个不同方面，这与后来的劳动二重性理论所体现的质（具体劳动）和量（抽象劳动）的辩证法完全不同。这表明，此时他尚未建立起科学的劳动价值论和劳动二重性理论。①

第二，"魁奈之谜"和相对剩余价值理论。此时马克思从生产力与生产关系的矛盾入手，分析了机器大生产阶段资本主义的内在矛盾，即资本一方面广泛唤起自然科学和一般智力，使财富创造不取决于劳动时间，另一方面又用劳动时间来衡量这些力量创出来的财富。于是，马克思指出："资本本身是处于过程中的矛盾，因为它竭力把劳动时间缩减到最低限度，另一方面又使劳动时间成为财富的唯一尺度和源泉。"② 那么，这一矛盾真

---

① 一些学者可能会引用《大纲》的如下一段话来反驳这一观点。在"资本章"中，马克思说："劳动作为同表现为资本的货币相对立的使用价值，不是这种或那种劳动，而是**劳动本身**，抽象劳动；同自己的特殊**规定性**决不相干……随着劳动越来越丧失一切技艺的性质，也就发展的越来越纯粹，越来越符合概念；劳动的特殊技巧越来越成为某种抽象的、无差别的东西，而劳动越来越成为**纯粹抽象的活动**……纯粹形式的活动，或者同样可以说单纯**物质的活动**，同形式无关的一般意义的活动。"（《马克思恩格斯全集》第30卷，人民出版社1995年版，第254—255页）这段话似乎表明，马克思已经建立了科学的抽象劳动理论，实际上，这是不准确的。这里的抽象劳动只是就劳动逐渐丧失特殊技巧而言的，它在本质上仍被界定为一种与"作为资本的货币相对立的使用价值"，被理解为一种"单纯物质的活动"，这显然与后来作为价值实体的抽象劳动存在本质差异。只是到了1859年的《政治经济学批判。第一分册》中，马克思才真正建立起科学的劳动二重性理论（参见《马克思恩格斯全集》第31卷，人民出版社1998年版，第421—424页）。

② 《马克思恩格斯全集》第31卷，人民出版社1998年版，第101页。

的就是资本主义的内在矛盾吗？答案是否定的。在政治经济学说史上，法国重农学派的代表人物魁奈最先提出了这一问题。他在《关于商业和手工业者劳动的回答》中指出："你们认为，在工业产品的生产中，只要不损害生产，越能节约费用或昂贵的劳动，这种节省就越有利，因为这会降低产品的价格。尽管如此，你们又认为，由工人劳动创造的财富的生产，在于增大他们产品的交换价值。"① 马克思后来在《资本论》中明确指认了这一点，并将其称为"魁奈之谜"。在这一片断中，马克思不仅没有解决这一问题，反而将其指认为资本主义不可克服的内在矛盾，并认为随着它的不断发展，资本主义将最终趋于崩溃。而到了《1861—1863年经济学手稿》和《资本论》中，他已经认识到，这一"矛盾"实际上并不是资本主义的内在矛盾，而是相对剩余价值生产的客观机制。他指出，在资本主义社会中，生产力的提高具有双重效果：一方面，缩短了"生产某种商品的社会必需的劳动时间，从而使较小量的劳动获得生产较大量使用价值的能力"，使商品的价值降低；另一方面，降低了"劳动力的价值，从而缩短再生产劳动力价值所必要的工作日部分"②，使剩余价值得以提高。"也就是说，因为同一过程使商品便宜，并使商品中包含的剩余价值提高，所以这就解开了一个谜：为什么只是关心生产交换价值的资本家，总是力求降低商品的交换价值；这也就是政治经济学奠基人之一魁奈用来为难他的论敌、而后者至今还没有回答的那个矛盾。"③ 在这里，马克思把这种通过提高劳动生产力所实现的剩余价值生产形式称为相对剩余价值，并根据提高方式的不同，划分了三种形式：协作、分工（工场手工业）和机器大工业，完成了对相对剩余价值理论的全面建构。那么，反过来，在《大纲》中，他为什么没有解决这一问题呢？我认为，这恰恰是与他对相对剩余价值的理解联系在一起的。譬如，他指出："工场手工业所以取得这样较高的利润率，只是因为同时使用许多工人……在工场手工业中，占优势

---

① 转引自《马克思恩格斯全集》第44卷，人民出版社2001年版，第372页。
② 《马克思恩格斯全集》第44卷，人民出版社2001年版，第366页。
③ 《马克思恩格斯全集》第44卷，人民出版社2001年版，第372页。

的是绝对剩余时间，而不是相对剩余时间。"① 换言之，此时马克思还是从绝对剩余价值入手来理解工场手工业的，那么，什么才是相对剩余价值的生产呢？答案是机器大工业，它是相对剩余价值生产的唯一形式。由此可见，在《大纲》中，马克思实际上是根据固定资本或机械化的发展程度来区分二者的②，这一思路显然是有问题的。这表明，此时他还没有建立起成熟的相对剩余价值理论，这一缺陷也妨碍了他对魁奈之谜的解决。在此，我们不妨再追问一下，为什么此时他会这样理解相对剩余价值呢？我认为，主要原因在于他尚未完全克服尤尔的影响。后者从生产力维度出发，明确地将机器大生产（机器推动的生产力形式）与工场手工业（分工推动的生产形式）严格地区分开来，超越了舒尔茨、拜比吉等人用分工来理解机器大生产的缺陷，这是尤尔的重大贡献。也是基于此，马克思后来评价到，说尤尔是"第一个正确地理解了工厂制度的精神"③ 的人。但尤尔的缺陷也是非常明显的，由于忽视了生产关系维度，因此，他看不到机器大生产与工场手工业的内在统一性，即都是相对剩余价值生产的有效形式，而是一味地站在生产力维度，将二者对立起来，进而认为只是到了机器大生产阶段，资本主义才建立起与自己相适应的生产方式，而工场手工业只不过是它的前史。④ 显然，此时马克思还无法甄别这一判断的错误之处，这也是他为什么会站在机器大生产的角度来理解相对剩余价值的重要原因。

第三，一般智力与剩余价值生产问题。此时马克思指出，一般智力与直接劳动的分离，最终将危及资本主义制度，而大工业就是它崩溃的临界点："正如随着大工业的发展，大工业所依据的基础——占有他人的劳动时间——不再构成或创造财富一样，随着大工业的这种发展，直接劳动本身不再是生产的基础……在大工业的生产过程中，一方面，发展为自动化过程的劳动资料的生产力要以自然力服从于社会智力为前提，另一方面，单个人的劳动在它的直接存在中已成为被扬弃的个别劳动，即成为社会劳

---

① 《马克思恩格斯全集》第30卷，人民出版社1995年版，第591页。
② ［日］内田弘：《新版〈政治经济学批判大纲〉的研究》，王青等译，北京师范大学出版社2011年版，第248页。
③ 《马克思恩格斯全集》第47卷，人民出版社1979年版，第526页。
④ Andrew Ure, *Philosophy of Manufactures*, London: Charles Knight, 1835, pp. 19-20.

动。于是，这种生产方式的另一个基础也消失了。"① 这些观点也存在明显的历史局限性：首先，直接劳动被扬弃为社会劳动，意味着资本主义生产的基础消失了吗？恰恰相反，这种转化，即具体劳动向抽象劳动（社会必要劳动）的转变，正是资本主义生产得以存在的基础，而不是它崩溃的依据。其次，在生产过程中，一般智力与直接劳动的分离，能够危及交换价值生产制度吗？答案也是否定的。在《资本论》中，马克思指出："生产力当然始终是有用的、具体的劳动的生产力，它事实上只决定有目的的生产活动在一定时间内的效率。因此，有用劳动成为较富或较贫的产品源泉与有用劳动的生产力的提高或降低成正比。相反地，生产力的变化本身丝毫也不会影响表现为价值的劳动。既然生产力属于劳动的具体有用形式，它自然不再能同抽去了具体有用形式的劳动有关。"② 因此，在资本主义条件下，生产力的提高并不能改变抽象劳动作为价值实体的事实，后者更不会因为科学知识和一般智力的发展就自动消失。这表明，单纯从一般智力与直接劳动的分离来论证资本主义崩溃的逻辑是站不住脚的。在《资本论》中，马克思详细考察了这种分离的产生过程，并基于相对剩余价值理论，准确定位了这一分离的历史地位。他指出，"这个分离过程在简单协作中开始，在工场手工业中得到发展，在大工业中完成"③，"生产过程的智力同体力劳动相分离，智力转化为资本支配劳动的权力，是在以机器为基础的大工业中完成的。变得空虚了的单个机器工人的局部技巧，在科学面前，在巨大的自然力面前，在社会的群众性劳动面前，作为微不足道的附属品而消失了；科学、巨大自然力、社会的群众性劳动都体现在机器体系中，并同机器体系一道构成'主人'的权力。"④ 此时马克思已清楚地意识到，一般智力与劳动的分离，不仅不会导致交换价值生产制度的崩溃，而且还会进一步强化这种生产机制；同样，机器大工业也绝不是资本主义崩溃的临界点，而是相对剩余价值生产的进一步完善。

---

① 《马克思恩格斯全集》第 31 卷，人民出版社 1998 年版，第 104—105 页。
② 《马克思恩格斯全集》第 44 卷，人民出版社 2001 年版，第 59—60 页。
③ 《马克思恩格斯全集》第 44 卷，人民出版社 2001 年版，第 418 页。
④ 《马克思恩格斯全集》第 44 卷，人民出版社 2001 年版，第 487 页。

最后,自由时间问题。马克思认为,资本主义财富的源泉是直接劳动,而一般智力和机器体系的发展会把这个源泉缩减到最低点,从而为每个成员的全面发展创造出大量可以自由支配的时间,"节约劳动时间等于增加自由时间,即增加使个人得到充分发展的时间……直接的劳动时间本身不可能像从资产阶级经济学的观点出发所看到的那样永远同自由时间处于抽象对立中,这是不言而喻的"①。但另一方面,马克思又指出,机器的资本主义运用必然会"把这些可以自由支配的时间变为剩余劳动"②,变成剩余价值的生产时间。这一矛盾实际上也是经济学史上著名的机器悖论问题。不过,在这里,马克思还是从直接劳动出发来确认这一悖论的,他的主要参照系仍是直接劳动或具体劳动。这就忽视了一个重要问题,即自由时间与作为价值实体的抽象劳动之间的内在关系。在《资本论》中,马克思指出:"自由王国只是在必要性和外在目的规定要做的劳动终止的地方才开始",而"工作日的缩短是根本条件"③。这里的"工作日"概念不单单是指生产使用价值的直接劳动时间,而且也是生产劳动力价值和剩余价值的抽象劳动时间。④ 因此,真正的自由时间绝不是指直接劳动时间的缩减,而是对抽象劳动的扬弃。如果只有前者,没有后者,那么,这种自由时间还称不上是真正的自由时间。比如,那些被机器体系排斥的产业工人(马克思将他们称为"产业后备军"),他们的直接劳动时间已经降低为零,他们获得自由了吗?或者说,他们的时间是自由时间吗?答案显然是否定的。他们的这种时间本身就是由相对剩余价值生产制造出来的,并没有真正摆脱资本的强制,"由此产生了现代工业史上一种值得注意的现象,即机器消灭了工作日的一切道德界限和自然界限,由此产生了经济学上的悖论,即缩短劳动时间的最有力的手段,竟变为把工人及其家属的全部生活时间转化为受资本支配的增殖资本价值的劳动时间的最可靠手段"⑤。这表明,抛开抽象劳动或生产关系限制,单纯从具体劳动维度来理

---

① 《马克思恩格斯全集》第31卷,人民出版社1998年版,第107—108页。
② 《马克思恩格斯全集》第31卷,人民出版社1998年版,第103—104页。
③ 《马克思恩格斯全集》第46卷,人民出版社2003年版,第928—929页。
④ 《马克思恩格斯全集》第44卷,人民出版社2001年版,第266页。
⑤ 《马克思恩格斯全集》第44卷,人民出版社2001年版,第469页。

解自由时间还是不够的。

基于上述分析，可以看出，"机器论片断"本身还存在明显的历史局限性，因此，当自治主义者把这一片断誉为"圣经式的文本"，并以此为据，将《大纲》视为马克思思想发展的顶峰时，无疑夸大了这一片断和《大纲》的历史地位，完全抹杀了《资本论》的理论贡献。这表明，完全秉持目的论思维，线性地解读从《大纲》到《资本论》的发展，固然有错，但完全以断裂性思维为原则，彻底否定《大纲》与《资本论》之间的连续性，甚至将它们对立起来的做法，也是错误的。因此，当他们把"机器论片断"视为马克思思想发展的最终标杆，并以此为据来重构马克思哲学时，必然会导致一系列的缺陷。

一方面，他们的种种建构本身就是建立在对这一片断的误读之上的。在这里，马克思实际上是想通过资本主义的内在矛盾，来论证交换价值制度崩溃的可能性，虽然这里的论述还存在局限性，但它至少反映了此时马克思的思路，即从生产力和生产关系的矛盾运动入手来解剖资本主义的发展趋势。而自治主义者们恰恰忽视了这一点，径直将它翻转为一种主体对抗的生成逻辑，实现了从历史辩证法到真正对立的转变，从而建构了一条劳动与资本、大众与帝国的自治对抗逻辑。就此而言，他们对这一片断的解读本身就不是从马克思主义的方法出发的，而是基于后结构主义和后现代。① 通过这种嫁接而建构出来的哲学，绝不可能是马克思主义的，而只能是一种充满伦理色彩的后现代主义的主体政治学。

另一方面，他们的整个建构并没有真正克服这一片断的内在局限性。此时马克思把一般智力与直接劳动的分离视为大工业的主要特征，并试图从中引出资本主义崩溃的可能性。这一逻辑包含两个不同层面的局限性：一是内在局限性，这点上文已经分析过了；一是外在局限性。当年马克思所强调的一般智力与劳动的分离过程，主要是针对机器大生产阶段而言的，自然不可能涵盖一切资本主义发展阶段。随着后福特主义的到来，当代资本主义劳动过程的确出现了重大变化，一般智力与劳动的融合已经取

---

① ［意］奈格里：《帝国与大众》（上），黄晓武编译，载《国外理论动态》2003年第12期。

代了二者的分离，成为这一时期劳动过程的主要特征。这一点恰恰构成了20世纪80—90年代意大利自治主义者批判和重构这一片断的现实基础，也是他们建构大众智能和非物质劳动理论的客观依据。他们的理论贡献自然不能小觑，但他们的缺陷也不容忽视。由于抹杀了《资本论》对这一片断的超越和发展，他们自然也看不到这一片断的内在局限性。因此，当他们立足于后福特制时代，通过一般智力与劳动的融合来重塑这一片断的当代生命力，并从中引出当代资本主义崩溃的可能性时，恰恰犯了与"机器论片断"同样的错误。

他们认为，非物质劳动是对马克思物质劳动理论的超越和发展。这一语境表明，他们所理解的非物质劳动仍然停留于直接劳动或具体劳动层面，是不包含任何生产关系的一般主体性劳动。当他们从这种具体劳动（"多"）来界定新的革命主体时，必然会得出一种没有内在同一性的、多样化的大众群体；而当所有大众联合起来时，他们自然也就认为，前者实现了对一般智力的全部占有，成为与帝国和资本相对立的自治主体，届时，后者的末日也就到来了。实际上，这整个逻辑与"机器论片断"一样，都是建立在对直接劳动的分析之上的，完全忽视了抽象劳动。马克思后来指出，抽象劳动才是整个资本主义价值生产的内在基础，这种劳动"既同劳动独有的特殊性毫无关系，也同劳动的这种特殊性借以体现的特殊使用价值毫无关系"①。不论直接劳动采取什么形式，物质劳动还是非物质劳动，只要它生产剩余价值，那都是一种雇佣劳动。针对这一点，马克思在《剩余价值学说史》第1卷的"非物质生产领域中的资本主义表现"中作出了深刻分析。他举例道："例如，在学校中，教师对于学校老板，可以是纯粹的雇佣劳动者，这种教育工厂在英国多得很。这些教师对学生来说虽然不是生产工人，但是对雇佣他们的老板来说却是生产工人。老板用他的资本交换教师的劳动能力，通过这个过程使自己发财。戏院、娱乐场所等等的老板也是用这种办法发财致富。在这里，演员对观众说来，是艺术家，但是对自己的企业主说来，是生产工人。"②这清楚地表明，所谓

---

① 《马克思恩格斯全集》第26卷第一册，人民出版社1972年版，第151页。
② 《马克思恩格斯全集》第26卷第一册，人民出版社1972年版，第443页。

非物质劳动只不过是资本追逐剩余价值所建构出来的一种新形式,它在本质上并没有摆脱抽象劳动的控制。就此而言,要想真正终结帝国和资本的统治,就不能单纯停留在直接劳动(非物质劳动)领域的变革和联合,也不能简单诉诸一般智力的大众化(大众智能的苏维埃),更不能寄希望于主体(大众)的自治,相反,必须回到马克思的历史辩证法,通过对资本主义内在矛盾的分析来寻求无产阶级革命的现实可能性,从而彻底变革资本主义的生产关系。从这个角度而言,意大利自治主义学派所开出的药方无疑是一种乌托邦,而他们在实践中的全面失败,正是这种乌托邦的最好证明。对此,齐泽克评价到,"他们没有能够在当前的条件下去重复马克思的分析,即无产阶级革命的前途就蕴含在资本主义生产方式的内在矛盾之中"①,而是单纯地诉诸主体权利,企图建立一种"没有革命的革命",这在本质上又重新退回到"前马克思主义"的立场之中了。这真是一针见血地戳中了他们的要害。

三、"主观公式"与"客观公式"的辩证法:《资本论》哲学意义的再思考

意大利自治主义者之所以抬高《大纲》和"机器论片断",过分贬低《资本论》,根本原因在于,他们认为《资本论》完全是客体化的逻辑,无法为主体政治学的建构提供有力支撑,唯有回到"机器论片断",才能为这种主体逻辑找到合法基础。② 相较于早期的《1844年经济学哲学手

---

① [斯洛文尼亚]齐泽克:《哈特和奈格里为21世纪重写了〈共产党宣言〉吗?》,何吉贤译,见许纪霖主编:《帝国、都市与现代性》,江苏人民出版社2006年版,第85页。
② 阿根廷学者吉多·斯塔罗斯塔也认为只有回到"机器论片断",才能为工人阶级斗争提供最终依据,但他的论证逻辑与自治主义完全相反:奈格里是因为《资本论》缺乏主体逻辑,进而主张回到"机器论片断";而斯塔罗斯塔则是因为《资本论》关于资本辩证法的分析存在重大缺陷,不足以支撑整个阶级斗争理论,进而主张回到这一片断。虽然他们的认知逻辑存在严重对立,但结果殊途同归。(Guido Starosta,"The System of Machinery and Determinations of Revolutionary Subjectivity in the *Grundrisse* and *Capital*", *In Marx's Laboratory:Critical Interpretations of the Grundrisse*, ed. Riccardo Bellofiore, GuidoStarosta and Peter D. Thomas, Leiden/Boston:Brill, 2013, pp. 236 – 237.)

稿》与《资本论》的对立，以及后来的《共产党宣言》与《资本论》的对立，意大利自治主义学派无疑提出了一个全新的对立，即《大纲》与《资本论》的对立，这也就是"超越马克思的马克思"、"超越马克思主义的马克思主义"①等标题流露出来的真实内涵。综观这些对立论，虽然文本不停地在变，但核心观点却一直没变：《资本论》完全是一部客体主义的著作，到处充斥着客观规律，没有为主体和阶级斗争留下丝毫空间。在这些指责的背后始终存在一个核心问题，即如何理解马克思的革命理论？或者说，如何理解生产力和生产关系的矛盾运动与阶级斗争之间的辩证关系，这也就是马克思主义哲学史上著名的"客观公式"与"主观公式"的关系问题。唯有科学解答这一问题之后，我们才能有效回应自治主义者对《资本论》的批评，才能准确定位《资本论》的哲学意义及其政治意蕴。

在《社会主义的前提和社会民主党的任务》中，伯恩施坦指出，在革命理论上，马克思没有发明权，他完全承袭了布朗基，因而是一个彻头彻尾的布朗基主义者。"在过高估计革命暴力对于现代社会的社会主义改造的创造力这一点上，它从来没有完全摆脱布朗基主义的见解"②。结果，马克思成了布朗基和雅各宾式的革命恐怖主义者了，这是对马克思革命理论的最大歪曲。针对这种革命恐怖主义，马克思恩格斯生前就曾做过尖锐批判："这些密谋家并不满足于一般地组织革命的无产阶级。他们要做的事情恰恰是要超越革命发展的进程，人为地制造革命危机，使革命成为毫不具备革命条件的即兴诗。在他们看来，革命的唯一条件就是他们很好地组织密谋活动。他们是革命的炼金术士，完全继承了昔日炼金术士的邪说歪念和狭隘的固定观念。"③与这种革命密谋不同，成熟时期的马克思既反对从抽象人性的角度对革命事业进行思辨论证，也反对任何超越历史进程而人为地制造革命的做法，相反，他始终立足于历史发展的内在矛盾，来探

---

① Saree Makdisi, Cesare Casarino and Rebecca E. Karl ed., *Marxism beyond Marxism*, New York: Routledge, 1996.
② [德]伯恩施坦：《社会主义的前提和社会民主党的任务》，殷叙彝译，生活·读书·新知三联书店1965年版，第81页。
③ 《马克思恩格斯全集》第7卷，人民出版社1959年版，第321页。

求无产阶级革命的现实可能性。可以说，这一思想贯穿了从《德意志意识形态》到《资本论》的整个发展过程，并在后面的文本中得到了进一步的深化和发展。

在《德意志意识形态》中，马克思恩格斯指出，生产力和交往形式之间的矛盾构成了一切历史冲突的根源，随着这一矛盾的爆发，"每一次都不免要爆发为革命"①。到了《哲学的贫困》和《雇佣劳动与资本》，他开始从生产关系入手，来揭示"构成现代阶级斗争和民族斗争的物质基础的经济关系"②。这些思想在《共产党宣言》中得到了集中展现。在这一文本中，马克思似乎更突出了阶级斗争的重要性，这也是一些学者（比如，莱尔因）将其视为"主观公式"的经典之作，进而将其与"客观公式"对立起来的重要原因。③ 实际上，这恰恰是错误的。在1888年英文版序言中，恩格斯强调到，这一著作的核心思想就是，"每一历史时代主要的经济生产方式和交换方式以及必然由此产生的社会结构，是该时代政治的和精神的历史所赖以确立的基础，并且只有从这一基础出发，这一历史才能得到说明；因此人类的全部历史（从土地公有的原始氏族社会解体以来）都是阶级斗争的历史，即剥削阶级和被剥削阶级之间、统治阶级和被压迫阶级之间斗争的历史"④。以此来看，阶级斗争绝不是外在于客观公式的一条独立逻辑，而是始终奠基在后者之上的。柯尔施正确地指出了这一点，所谓主观公式只是对客观公式的补充和说明，是"同一事物的如实表达"⑤。因此，将《共产党宣言》中的阶级斗争逻辑界定为一条与客观公式相对立的独立逻辑，恰恰是站不住脚的。经过1848年欧洲大革命的历史反思，马克思更加明确地得出了如下结论："在这种普遍繁荣的情况下，即在资产阶级社会的生产力正以在整个资产阶级关系范围内所能达到的速

---

① 《马克思恩格斯选集》第1卷，人民出版社2012年版，第196页。
② 《马克思恩格斯选集》第1卷，人民出版社2012年版，第327页。
③ [英] 莱尔因：《重构历史唯物主义》，姜兴宏等译，中国社会科学出版社1991年版，第24页。
④ 《马克思恩格斯选集》第1卷，人民出版社2012年版，第385页。
⑤ [德] 柯尔施：《卡尔·马克思——马克思主义的理论和阶级运动》，熊子云等译，重庆出版社1993年版，第149页。

度蓬勃发展的时候，也就谈不到什么真正的革命。只有在现代生产力和资产阶级生产方式这两个要素互相矛盾的时候，这种革命才有可能……新的革命，只有在新的危机之后才有可能发生。但新的革命正如新的危机一样肯定会来临。"① 换言之，只有将革命奠基于资本主义的内在矛盾之上，这种革命才具有现实可能性。

但是，我们能否说这里的阶级斗争理论已经彻底成熟了？笔者持保留态度。在这里，我们必须严格区分两个不同的层次：一是一般历史观层面，一是具体社会形态层面。在这些文本中，马克思恩格斯从生产力与生产关系的矛盾运动入手，揭示了人类历史发展的客观规律，并力图从中引出阶级斗争的客观基础，这对于批判历史唯心主义和革命唯意志论而言已经足够。因此，从第一个层面来看，马克思恩格斯的确已经建立了科学的历史观。但一旦立足于第二个层面，我们就会发现，这里的分析显然还不够。生产力与生产关系的矛盾运动毕竟只是一个科学抽象，用这一抽象"不可能理解任何一个现实的历史的生产阶段"②。因此，要想完成这一任务，就必须超越一般层面，从抽象上升到具体，系统研究资本主义的运行机制及其发展规律，唯有如此，才能真正为无产阶级革命提供科学依据。那么，此时马克思对资本主义内在矛盾的分析是否已经成熟了？显然还不能这样认为。比如，在《德意志意识形态》中，此时他还是从分工入手来分析资产阶级社会的内在矛盾的，从而把无产阶级革命建立在由分工所导致的工人的片面化发展之上，虽然这与思辨主体逻辑存在本质区别，但这一思路还是不够的，因为单纯从分工入手是不可能科学解剖所有制形式演变和资本主义运行机制的。这反映了他当时掌握的经济史知识还完全不够，就像后来恩格斯反思的那样："在这篇稿子（指《费尔巴哈论》——引者注）送去付印以前，我又把1845—1846年的旧稿（指《德意志意识形态》——引者注）找出来看了一遍。其中关于费尔巴哈的一章没有写完。已写好的部分是阐述唯物主义历史观的；这种阐述只是表明当时我们

---

① 《马克思恩格斯选集》第1卷，人民出版社2012年版，第541页。
② 《马克思恩格斯全集》第30卷，人民出版社1995年版，第29页。

在经济史方面的知识还多么不够。"① 再比如，在《共产党宣言》和《1848年至1850年的法兰西阶级斗争》中，虽然此时他明确提出了只有当生产力与资本主义生产关系发生矛盾的时候，无产阶级革命才有可能，但这种矛盾的标志是什么呢？答曰：工商业危机。② 此时他显然把危机当成了资本主义灭亡的"病理性"标志，从而在革命与危机之间建立了直接依赖关系。

1857年，资本主义社会爆发了第一次世界性经济危机，这促使马克思夜以继日地工作，"为的是在洪水之前至少把一些基本问题搞清楚"③。而这次研究的结晶，就是后来的《大纲》。在这一文本中，马克思的确在"一些基本问题"上取得了重要突破：货币理论、劳动力理论、剩余价值理论、商品二重性理论等等。但就"机器论片断"而言，如上所述，马克思关于资本主义内在矛盾的认识显然还存在重要缺陷，虽然它已经超越了前期的分工逻辑，力图站在机器大生产的高度来分析资本主义矛盾，但他并没有真正揭示资本主义的内在矛盾，而是把资本对一般智力的追求，进而导致直接劳动在财富生产中的作用不断下降这一矛盾，视为资本主义崩溃的客观依据，这显然是错误的。那么，此时他为什么会得出这样的结论呢？除了劳动二重性和相对剩余价值理论不足之外，一个重要原因在于，他还没有真正克服革命与危机的依赖模式。在这一片断中，他指出，资本对科学技术和一般智力的普遍追求，必然会提高生产率水平。就使用价值生产而言，这就意味着，人们只需要"用一部分生产时间就足以满足直接生产的需要"④。随着这一趋势的发展，必然会出现生产过剩（危机），届时，必要劳动就会中断，剩余劳动也就失去了存在条件。⑤ 关于这一点，他在《大纲》的另一处说得更为明确："危机。以交换价值为基础的生产方式和社会形式的解体。"⑥ 以此来看，此时他不仅把危机视为交换价值崩

---

① 《马克思恩格斯选集》第4卷，人民出版社2012年版，第218页。
② 《马克思恩格斯选集》第1卷，人民出版社2012年版，第406页。
③ 《马克思恩格斯全集》第29卷，人民出版社1972年版，第219页。
④ 《马克思恩格斯全集》第31卷，人民出版社1998年版，第102页。
⑤ 《马克思恩格斯全集》第31卷，人民出版社1998年版，第103—104页。
⑥ 《马克思恩格斯全集》第30卷，人民出版社1995年版，第221页。

溃的基础，而且也把它看作是资本主义制度解体的重要依据，因此，他自然会把危机视为无产阶级革命的最佳时机。所以，在危机爆发之后，他就热切地期盼新一轮革命高潮的到来。但遗憾的是，这场危机并没有引发一场"汹涌澎湃的革命高潮"，更没有导致交换价值和资本主义制度的崩溃。这促使马克思不得不重新反思自己的判断。而这种反思的结果就是1859年"序言"中的"两个决不会"，即："无论哪一个社会形态，在它所能容纳的全部生产力发挥出来以前，是决不会灭亡的；而新的更高的生产关系，在它的物质存在条件在旧社会的胎胞里成熟以前，是决不会出现的。"① 在此之后，他再一次系统地研究了经济学，写下了数量庞大的《1861—1863年经济学手稿》，超越了《大纲》和"机器论片断"的内在局限性，完善了他对资本主义运行机制和内在矛盾的分析，最终在《资本论》中得到了公开阐述。

基于上述分析，可以看出，马克思的革命逻辑既不是基于人性作出的推论，也不是单纯依靠主体能动性制造出来的密谋运动，而是始终基于生产力和生产关系的矛盾运动，来寻求无产阶级革命的现实可能性。离开客观逻辑，抽象地谈论阶级斗争，或者说，单纯从主体能动性的角度引出阶级斗争，都是非法的。这是马克思对主观公式与客观公式辩证关系的科学认知，也是历史辩证法的精髓所在，离开了这一点，就无法真正把握马克思革命理论的精神实质，更无法将其与革命的庸俗派和唯意志论者区别开来。就此而言，从《德意志意识形态》、《共产党宣言》到《大纲》再到《资本论》的发展历程，绝不是莱尔因断言的那样，是主观公式与客观公式的断裂过程，更不是奈格里所说的从纯主体逻辑向纯客体逻辑的倒退过程，而是历史唯物主义从抽象上升到具体的发展过程，是他对资本主义运行机制解剖不断深化的过程，同时，也是他不断丰富、发展和完善革命条件学说的过程。从这个角度而言，《资本论》的出场绝不是偶然的，而是马克思"为我们的党取得科学上的胜利"② 所进行的长期探索的理论结晶。

---

① 《马克思恩格斯全集》第31卷，人民出版社1998年版，第413页。
② 《马克思恩格斯全集》第29卷，人民出版社1972年版，第554页。

那么,《资本论》在何种意义上为阶级斗争提供了客观基础呢？我认为,主要表现在以下几个方面。

第一,机器大生产与阶级斗争的普遍化。大卫·洛威尔指出,马克思的无产阶级理论完全是基于黑格尔的形而上学建构出来的一种抽象神话,根本不具有任何现实性。① 实际上,这一指责是站不住脚的。在《资本论》中,马克思指出,整个资本主义生产是建立在劳动力成为商品之上的,这就为他的无产阶级概念提供了一个科学基础:所谓无产阶级不再是法权意义上的那些没有财产的人的总称,而是那些没有生产和生活资料,只能靠出卖自己劳动力来维持生活的现代雇佣工人。而剩余价值理论则从根本上揭示了资本家与工人在阶级利益上的对立,为阶级斗争提供了合法的理论依据。但这并不是说,只要单纯基于剩余价值生产,工人就能自觉地形成普遍化的无产阶级,起来反抗资本的统治,恰恰相反,这种生成并不是一蹴而就的,而是取决于资本主义剩余价值生产的客观水平。马克思指出,在工场手工业阶段,由于分工的特殊性,决定了此时工人必然无法超越劳动等级的限制,达到普遍性高度,"工场手工业发展了一种劳动力的等级制度,与此相适应的是一种工资的等级制度。一方面,单个工人适应了一种片面的职能,终生从事这种职能；另一方面,各种劳动操作,也要适应这种由先天的和后天的技能构成的等级制度"②。而此时工人联合起来同资本家斗争,"最初目的只是为了维护工资"③,这种斗争还局限于单纯的经济行为。而机器大工业的发展,则彻底消除了工场手工业分工的技术基础,"在自动工厂里,代替工场手工业所特有的专业化工人的等级制度的,是机器的助手所要完成的各种劳动的平等化或均等化的趋势,代替局部工人之间的人为差别的,主要是年龄和性别的自然差别"④。一方面,它用大量妇女和儿童取代了成年工人,造成了庞大的过剩人口和产业后备军,也就为超越等级的普遍化无产阶级的生成提供了客观条件；另一方

---

① David W. Lovell, *Marx's Proletariat: the Making of a Myth*, London: Routledge, 1988, pp. 214 - 215.
② 《马克思恩格斯全集》第44卷,人民出版社2001年版,第405页。
③ 《马克思恩格斯选集》第1卷,人民出版社2012年版,第273页。
④ 《马克思恩格斯全集》第44卷,人民出版社2001年版,第483页。

面，机器大工业消灭了一切手工生产和家庭劳动的存在基础，把他们统统变成了一无所有的无产阶级，这也就"消灭了'过剩人口'的最后避难所，从而消灭了整个社会机制的迄今为止的安全阀"①，为工人超越单纯的经济行为，上升到普遍化的政治斗争，提供了客观条件。

第二，资本的运作机制与拜物教意识的解构。马克思认识到，作为资本主义的生产当事人，工人也必然会像资本家一样受到拜物教观念的束缚，"在作为关系的资本中……实质上具有特征的是，这种关系被神秘化了，被歪曲了，在其中主客体是颠倒过来的，就象在货币上所表现出来的那样。由于这种被歪曲的关系，必然在生产过程中产生出相应的被歪曲的观念，颠倒了的意识"②。那么，工人如何才能超越这种歪曲观念，形成革命的阶级意识呢？在《资本论》中，马克思从两个维度对这一问题作出了解答。首先，从本质层面而言，他指出，整个资本主义生产完全是建立在对工人的奴役之上的，"在资本主义制度内部，一切提高社会劳动生产力的方法都是靠牺牲工人个人来实现的；一切发展生产的手段都转变为统治和剥削生产者的手段……这些手段使工人的劳动条件变得恶劣，使工人在劳动过程中屈服于最卑鄙的可恶专制，把工人的生活时间转化为劳动时间，并且把工人的妻子儿女都抛到资本的札格纳特车轮下"③。这是资本主义积累的一般规律。这种奴役化的生产实践必然会使工人认识到资本主义生产过程的本质，破除对资本的一切美好幻想，进而"迫使他反对所有这种关系，从而反对与这种关系相适应的观念、概念和思维方式"④。另一方面，马克思在《资本论》第三卷中，详细分析了资本本质的社会化过程，揭示了工人在日常生活中看到的种种现象是如何生长出来的，并最终以"三位一体"公式固定下来的。通过这种探讨，马克思实现了对资本主义生产总过程的历史分析，为工人认识各种颠倒观念的生成机制提供了有力武器。以此来看，工人要想摆脱资本主义拜物教观念的束缚，单纯依靠主

---

① 《马克思恩格斯全集》第44卷，人民出版社2001年版，第576页。
② 《马克思恩格斯全集》第48卷，人民出版社1985年版，第257—258页。
③ 《马克思恩格斯全集》第44卷，人民出版社2001年版，第743页。
④ 《马克思恩格斯全集》第48卷，人民出版社1985年版，第258页。

体自觉是行不通的，必须要以资本的运动和发展为客观前提。

第三，资本的内在界限与革命时机的诊断。在《资本论》中，马克思已经不再把经济危机视为资本主义灭亡的病理性标志，而是将其视为资本主义工业发展的生理周期，"工业的生命按照中常活跃、繁荣、生产过剩、危机、停滞这几个时期的顺序而不断地转换"①。经济危机并不意味着资本主义的内在矛盾已经达到了彻底成熟的程度，更不意味着资本主义制度就要灭亡了，相反，它只是资本主义发展的一个生理阶段，因此，决不能把经济危机视为无产阶级革命的最佳时机。在《资本论》中，马克思指出，实际上，存在两种不同的危机：一是由剩余价值实现所导致的外在危机，一是由于剩余价值生产所引发的内在危机。前者的原因具体包括：有支付能力的消费不足、生产部门的比例失调以及流通中的货币量的限制等等，虽然它们在本质上也根源于资本主义的内在矛盾，但这种危机并不意味着资本主义已经丧失了发展活力。第二种危机则表现为由资本积累和一般利润率趋于下降规律②引发的内在危机。马克思指出："利润率下降和积累的加速，就二者都表现生产力的发展来说，只是同一过程的不同表现。"③它们共同表明，资本生产永远无法克服生产力的绝对限制。资本主义积累的历史趋势必然是生产资料日益集中于少数人手中，这与生产力的社会化发展产生了不可避免的冲突；而一般利润率下降规律则表明："资本主义生产方式在生产力的发展中遇到一种同财富生产本身无关的限制；而这种特有的限制证明了资本主义生产方式的局限性和它的仅仅历史的、过渡的性质；证明了它不是财富生产的绝对的生产方式，反而在一定阶段上同财富

---

① 《马克思恩格斯全集》第44卷，人民出版社2001年版，第522页。
② 在《大纲》中，马克思从固定资本的发展引出了两条崩溃逻辑：一是"机器论片断"中的"魁奈之谜"；二是在第三篇"资本作为结果实的东西"中提出来的"利润率趋于下降规律"。在后来的发展中，马克思放弃了第一条逻辑，坚持了第二条逻辑。不过，必须注意一点，《大纲》中的"利润率趋于下降规律"与《资本论》第3卷中的"一般利润率趋于下降规律"还存在一定差异，因为在《大纲》中，马克思还没有科学解决剩余价值向平均利润的转化问题，没有澄清价值和生产价格的差异问题（《马克思恩格斯全集》第31卷，人民出版社1998年版，第630页，注19）。
③ 《马克思恩格斯全集》第46卷，人民出版社2003年版，第269页。

的进一步发展发生冲突。"① 一旦达到一定程度，必然导致资本主义内在矛盾的爆发，引发无产阶级革命。届时，"资本的垄断成了与这种垄断一起并在这种垄断之下繁盛起来的生产方式的桎梏。生产资料的集中和劳动的社会化，达到了同它们的资本主义外壳不能相容的地步。这个外壳就要炸毁了。资本主义私有制的丧钟就要敲响了。剥夺者就要被剥夺了。"②

基于上述分析，可以看出，《资本论》本身包含着非常明确的政治导向，是全面服务于无产阶级革命的。恩格斯充分肯定了这一点："《资本论》在大陆上常常被称为'工人阶级的圣经'。任何一个熟悉工人运动的人都不会否认：本书所作的结论日益成为伟大的工人阶级运动的基本原则……各地的工人阶级越来越把这些结论看成是对自己的状况和自己的期望所作的最真切的表述。"③ 因此，当詹姆逊将《资本论》解读为一部没有政治结论的、纯粹关于失业的书时④，恰恰从根本上解构了《资本论》的政治意蕴和实践旨趣。另一方面，这些分析也表明，《资本论》决没有抛弃阶级斗争，而是始终从资本的客观运动中引出阶级斗争。对此，柯尔施正确地指出，《资本论》表明，马克思的革命逻辑既不是忽视阶级斗争的机械决定论，也不是单纯强调主体能动性的革命唯意志论，而是始终强调"无产阶级革命的客观前提……这种前提不可能通过纯粹的良好领导、正确的理论或者富有战斗力的革命组织去取代"⑤。因此，当第二国际正统以此为依据，将马克思哲学诠释为经济决定论时，恰恰忽视这一著作包含的阶级斗争意蕴；而当意大利自治主义者和莱博维奇⑥批判《资本论》没有为阶级斗争留下任何空间时，恰恰又走向了另一种极端，彻底否定了革命逻辑的客观基础，将阶级斗争完全界定为一种纯主体性活动。而当克里

---

① 《马克思恩格斯全集》第 46 卷，人民出版社 2003 年版，第 270 页。
② 《马克思恩格斯全集》第 44 卷，人民出版社 2001 年版，第 874 页。
③ 《马克思恩格斯全集》第 44 卷，人民出版社 2001 年版，第 34 页。
④ ［美］詹姆逊：《重读〈资本论〉》，胡志国等译，中国人民大学出版社 2013 年版，第 2、111 页。
⑤ ［德］柯尔施：《卡尔·马克思——马克思主义的理论和阶级运动》，熊子云等译，重庆出版社 1993 年版，第 161 页。
⑥ ［加］莱博维奇：《超越〈资本论〉——马克思的工人阶级政治经济学》，崔秀红译，经济科学出版社 2007 年版，"第二版序言"，第 4 页。

弗仅仅依据这种主体性来重构《资本论》时，恰恰把马克思革命理论的整个客观基础彻底刨掉了。不过，对自治主义者而言，这没有什么好奇怪的，因为他们所理解的革命本来就是一种人为制造的恐怖袭击活动，完全是布朗基主义和雅各宾主义在当代意大利的延续，而奈格里本人就是"红色恐怖主义"的鼓吹者。有了这一点，他们的一切理论建构自然就一目了然了。

马克思政治经济学批判的逻辑[1]

唐正东

对于唯物史观的推进与深化这一解读视角来说，重要的不仅是马克思进行了政治经济学批判，而且是他怎样进行了这种批判。马克思的政治经济学批判在《资本论》及其手稿中达到了最高水平，这应该不会有人质疑。但《资本论》是如何以独特的方法论视角全面铺开对资产阶级政治经济学及资本主义现实生产过程的批判的，仍然是一个有待进一步研究的话题。我以为，在马克思的政治经济学批判视域中有三个"不仅仅"：不仅仅是对交换价值及交换关系的批判，而且是对包含使用价值和价值在内的商品关系的批判；不仅仅是对使用价值和价值的内在统一性的批判，而且是对剩余价值及剥削关系的批判；不仅仅是对作为结果的剩余价值的批判，而且是对产生这种结果的资本主义生产过程的批判。与此相对应的是，不能把资本关系及作为其最基本形式的商品关系仅仅作为经验事实来看待，而是应当把它当作历史事实来看待；不能仅仅把它当作历史学意义上的历史事实来看待，而是应当把它当作历史观意义上的历史事实，即基于内在发生学过程的历史事实来看待；不能仅仅把它当作一般历史观意义上的历史事实，而是更应该把它当作唯物史观意义上的历史事实，即基于客观内在矛盾运动过程的历史事实来看待。透过上述三重逻辑层次的解读，我们不仅可以对马克思政治经济学批判理论的深层内涵有更为深入的了解，而且能对马克思在这种批判中所完成的唯物史观的深化有更清晰的

---

[1] 原载《中国社会科学》2016年第10期。

认识，从而对于我们在当下实践语境中推进唯物史观的发展也有重要的启示作用。

一

马克思政治经济学的批判对象是资本主义的经济关系，而商品是资本主义财富的一般形式，这就是为什么马克思从商品关系的视角来展开经济学分析的原因。但这里也存在着很大的理论风险。如果只是从经济事实的层面来界定这种商品关系，那实际上是无法准确地展示作为资本主义财富的一般形式的商品之丰富内涵的，因为这种商品也许在前资本主义社会的某个偶然发生的集市上也存在着，这种情况下它只是以商品形式出现的产品，而绝不是作为资本主义财富的基本形式的商品。这样一来，关于商品关系的研究实际上并不切中资本主义商品关系的核心内容。应该说，斯密、李嘉图等古典经济学家就是在这一点上栽了跟头。由于他们把资本主义生产关系视为天然的、当然的生产关系，因此，没有赋予商品关系以历史性的内容，这就难怪他们无法看到资本主义商品关系中的丰富内涵。而马克思在《资本论》时期对这一点是有明确的认识的，他眼中的商品是已经处在资本主义经济关系中的商品。在《1861—1863年经济学手稿》中，他指出："作为我们出发点的，是在资产阶级社会的表面上出现的商品，它表现为最简单的经济关系，资产阶级财富的要素……如果我们现在进一步研究，究竟在什么情况下产品才普遍作为商品来生产，或者说，究竟在什么条件下产品作为商品的存在才表现为一切产品的一般的、必然的形式，那么，我们就会发现，这只有在历史上特定的生产方式即资本主义生产方式的基础上才会发生。但是这样的考察就超出了对商品本身分析的范围，因为我们在以前分析商品时所研究的只是以商品形式出现的产品，使用价值，而不是关于每一个产品必须在什么样的社会经济基础上才表现为商品的问题。"① 马克思此处所强调的对资本主义商品关系的考察，已经超

---

① 《马克思恩格斯全集》第32卷，人民出版社1998年版，第42—43页。

出了对商品本身分析的范围，这一观点是非常重要的，它时刻提醒着我们什么才是马克思商品批判理论以及整个政治经济学批判理论的核心要义。

我承认，马克思在这方面的思想的确是有一个不断发展的过程的。在一段时期内，他实际上没有完全把握住资本主义商品关系的准确内容，尤其是其中的内在矛盾的内容，而只是从交换价值或交换关系的角度来建构其政治经济学批判理论。这实际上就是没有完全看出以商品形式出现的产品和作为资本主义财富的一般形式的商品之间的不同。当马克思在《1844年经济学哲学手稿》中自豪地说"我们是从国民经济学的各个前提出发的。我们采用了它的语言和它的规律。我们把私有财产，把劳动、资本、土地的互相分离，工资、资本利润、地租的互相分离以及分工、竞争、交换价值概念等等当作前提"①的时候，也许并没有意识到他只是关注到了资本主义条件下商品是财富的一般形式这一事实性前提，但没有关注到资本主义生产条件赋予了商品形式何种特定的内容，也就是说，没有关注到资本主义商品关系的历史性前提。于是，当从交换价值、货币制度等概念入手，而不是从商品概念入手来谈论资本主义私有制的特性时，他实际上所谈论的是一般私有制条件下以商品形式出现的产品之间的交换关系。

经过《神圣家族》、《关于费尔巴哈的提纲》等文本的思想过渡，马克思在《德意志意识形态》中成功实现了对历史唯物主义基本原理的理论建构。他的确已经从生产力与交往形式的矛盾的角度来解读私有制的历史过程。但是，对这一点的承认并不意味着马克思在政治经济学批判的维度上也已经取得了实质性的突破。他此时尽管看到了资本主义大工业把所有自然形成的关系都变成了货币关系，把所有的资本都变成了工业资本，但问题的关键是，他还没有把握住作为资本的基本存在方式的货币与一般交换关系中的货币之间的不同。由此，他还无法超出对货币本身分析的范围来考察资本主义条件下的货币关系，譬如，他还无法把握住资本主义条件下的货币关系必然发展到基于剩余价值生产的劳资交换关系这一新阶段。停留在一般货币关系层面来谈论资本主义私有制这一交往形式与生产力发

---

① 《马克思恩格斯全集》第3卷，人民出版社2002年版，第266页。

展之间的矛盾，给马克思推进在这一问题上更为深入的理论思考带来了一定的困难。譬如，这种矛盾的具体表现形式到底是什么？在谈到上述这种矛盾时，马克思的确说过"在私有制的统治下，这些生产力只获得了片面的发展，对大多数人来说成了破坏的力量，而许多这样的生产力在私有制下根本得不到利用"①。但这是否是马克思关于资本主义的生产力与交往形式的矛盾的最准确表述？考虑到《资本论》中的相关论述，我们显然不能对此作出肯定的回答。事实上，这种情况在《哲学的贫困》中也没有得到根本改观。当马克思说李嘉图的价值论是对资本主义经济生活的科学解释，并且说李嘉图把人变成帽子是对经济事实的准确描述的时候，他实际上说得是不深刻的，因为资本把人变成了可变资本而不仅仅是作为物的帽子。马克思正是因为仅仅从交换关系、分配关系入手才会导致了这种情况的发生。

二

下面，我们来看马克思在《资本论》及其手稿中对政治经济学批判思路的推进。在《1857—1858年经济学手稿》中，马克思已经明确地把商品而不是交换价值作为其政治经济学批判的核心概念。在此手稿最后补加进去的第一章即"价值章"中，他一开始就指出："表现资产阶级财富的第一个范畴是商品的范畴。商品本身表现为两种规定的统一。"② 应该说，这是一种更为深刻的政治经济学批判思路，从使用价值和交换价值的统一性角度入手，就有可能打开一条基于矛盾分析的客观性批判路径，而不是像他早期仅从交换价值入手时那样，只能展开一条对由交换价值所凸显的抽象性进行外在批判的理论思路。当然，同时必须承认的是，马克思的这种思想在此手稿中还处在发展过程中，并没有彻底成型。这具体表现在：他虽然看到了使用价值是商品的前提，但只把它看作对整个社会来说的前

---

① 《德意志意识形态》（节选本），人民出版社2003年版，第59页。
② 《马克思恩格斯全集》第31卷，人民出版社1998年版，第293页。

提，而不是商品的内在要素之一。"商品的使用价值是前提，但不是对商品所有者来说是这样，而是对整个社会来说是这样。"① 其实，对于卖者来说，商品是因交换价值而被卖的，但对于买者来说，它恰恰是因为其使用价值而被买的。马克思此时还没彻底搞清楚其中的辩证关系，这导致他在此手稿的"货币章"中把主要精力放在了对交换价值所凸显的抽象性或拜物教特性的批判性，而不是去面对资本主义交换过程中真实存在的商品与货币相交换过程中所形成的矛盾关系。这是我们在解读"货币章"时要充分注意到的。

到了《政治经济学批判。第一分册》中，情况有了很大的改善。马克思不仅明确地强调在研究商品时必须把使用价值和交换价值统一起来："到此为止，商品是从使用价值和交换价值这两方面来考察的，每次考察一面。可是，作为商品，它直接是使用价值和交换价值的统；同时，它只有在同其他商品的关系中才是商品。"② 而且，他还从相互矛盾的角度对上述两要素的统一性进行了阐释："因此，同一关系既应该是商品和商品作为质上相同而只在量上不同的量和量之间的关系，是它们作为一般劳动时间的化身而相等的关系，同时又应该是商品和商品作为质上不同的物、作为满足特殊需要的各种特殊使用价值之间的关系，简言之，作为各种实际使用价值而相异的关系。"③ 必须看到，在商品问题上的这种内在矛盾的解读线索，使马克思的政治经济学批判跃升到了一个新的平台，即基于内在矛盾运动的理论平台。他不再满足于对由交换价值所凸显出的物化性或对笼统的人类发展来说的破坏性的批判，而是专注于对已经处在资本主义生产关系中的商品之内在矛盾性的揭示。因为只有从这种作为资本主义财富的最基本形式的商品之内在矛盾性入手，才可能在运用从抽象上升到具体的方法论的前提下，把货币关系、资本关系以及整个资本主义生产关系的内在矛盾揭示出来，从而在科学逻辑上证明资本主义制度的必然灭亡。这种新思路在唯物史观维度上的意义是深化了对生产力生产关系内在矛盾之

---

① 《马克思恩格斯全集》第31卷，人民出版社1998年版，第294页。
② 《马克思恩格斯全集》第31卷，人民出版社1998年版，第434页。
③ 《马克思恩格斯全集》第31卷，人民出版社1998年版，第437页。

具体内涵的理解。如果说在《德意志意识形态》中马克思是从生产力对大多数人来说成了破坏的力量的角度，进而来理解资本主义生产力与生产关系的内在矛盾性的话，那么，由上述对商品两要素之内在矛盾的理解所引发的新思想，无疑为进一步深化对资本主义生产力生产关系内在矛盾的理解提供了可能性。

当然，由于《政治经济学批判。第一分册》只涉及商品和货币这两部分内容，因此，马克思在商品要素之内在矛盾性上的很多思想还没来得及展示出来。正因为如此，我们一方面要看到，马克思既然跃出了单一的交换价值的层面，进入到商品之内在矛盾的层面来解读资本主义经济关系，这说明了他已经把作为其政治经济学批判对象的商品看成是资本主义的商品，即作为资本的基本存在形式的商品，由此反映出他已经把商品这一经济事实提升到了历史性事实的层面来看待。另一方面我们也要看到，马克思政治经济学批判的目的绝不仅仅在于指出资本主义生产过程是作为使用价值和交换价值之统一体的商品之生产过程。"生产过程不是使用价值的生产过程，而是商品，即使用价值和交换价值的统一体的生产过程。然而，这还不能使生产方式成为资本主义的生产方式。这只要求产品即使用价值不是用于个人消费，而是用于转让和出售。"① 应该说，任何不从剩余价值生产的角度来展开对马克思思想的解读，显然是无法真正把握住马克思政治经济学批判的核心要义的。

在为《政治经济学批判。第二分册》做准备的《1861—1863年经济学手稿》中，由于马克思的研究对象转向了资本的生产过程，这就为他提供了足够的理论空间来展示其政治经济学批判的完整思想。在这里，作为资本的基本存在形式，商品不再被视为某种现存的东西，即使是这种现存的东西体现了资本主义的特性，那也不行，因为在资本的生产过程的解读视域中，一切东西都是被生产出来的，而不是一开始就站在那儿的现存之物。由此，马克思在商品问题上的内在矛盾的思想被置放在了历史发生学的思路中，并生发出了更具冲击力的思想成果。从商品内在矛盾运动的角

---

① 《马克思恩格斯全集》第32卷，人民出版社1998年版，第75页。

度对剩余价值的解读，便是这种思想成果的代表。也就是说，剩余价值不再仅仅从劳资之间不平等交换的角度来加以解读，而是更具历史感地从商品内在矛盾之发展过程的角度来加以剖析。他的这部分思想在此手稿中已经得以论述，但比较系统的阐述是在《资本论》第一卷中。

三

在马克思看来，在商品的直接交换层面，商品两要素之间的内在矛盾是通过两个商品之间的关系这种外部对立而表现出来的，但这只是最为简单的表现形式。在基于货币的商品流通层面上，商品是跟作为交换价值的货币发生关系而不是直接跟另一个商品发生交换关系，并且谁也不会因为你卖了某种商品而强迫你必须同时买入其他商品。"流通之所以能够打破产品交换的时间、空间和个人的限制，正是因为它把这里存在的换出自己的劳动产品和换进别人的劳动产品这二者之间的直接的同一性，分裂成卖和买这二者之间的对立。说互相对立的独立过程形成内部的统一，那也就是说，它们的内部统一是运动于外部的对立中……这种内在的矛盾在商品形态变化的对立中取得发展了的运动形式。因此，这些形式包含着危机的可能性，但仅仅是可能性。"[①] 再进一步，当货币转化为资本的时候，原先在货币关系层面上的卖和买之间的对立，又具有了更为复杂的外部表现形式。在马克思看来，只有在资本主义生产的层面上，普遍化的或最彻底化的买卖关系才可能出现，因为只有在这种情况下才可能出现包括劳动材料、劳动资料、劳动能力在内的所有与资本关系有关的一切要素都成为商品的现象。当马克思说"对资本的进一步的考察将表明，事实上只有在资本主义生产的表面上，商品才表现为财富的元素形式"[②] 时，他想表达的就是这个意思。但他很快也发现了其中存在的问题：一方面，资本的剩余价值是不可能从流通领域中产生的，但另一方面，它好像也无法从流通以

[①]《马克思恩格斯全集》第44卷，人民出版社2001年版，第135页。
[②]《马克思恩格斯全集》第32卷，人民出版社1998年版，第76页。

外的领域中产生，因为在流通领域以外，商品占有者只是同自己所买到的商品发生关系了。对这一问题的追问，把马克思引向了劳动力商品的特殊使用价值上。他清楚地看到："要从商品的消费中取得价值，我们的货币占有者就必须幸运地在流通领域内即在市场上发现这样一种商品，它的使用价值本身具有成为价值源泉的独特属性，因此，它的实际消费本身就是劳动的对象化，从而是价值的创造。货币占有者在市场上找到了这样一种独特的商品，这就是劳动能力或劳动力。"① 由此，在资本关系的层面上，商品的内在矛盾以资本和雇佣劳动的内在矛盾的形式表现了出来。从这种矛盾形式入手，我们看到的是随着资本主义生产过程的展开而出现的资本有机构成的不断提升、一般利润率不断下降以及由此而来的资本主义必然灭亡的客观规律性，而不再仅仅是由交换价值所表现出的物化性和抽象性。

解读思路推进到此，有人也许会认为这应该是马克思政治经济学批判的核心理论层面了。其实不然。马克思在《1861—1863年经济学手稿》中深刻地指出："资本主义生产不仅要求投入劳动过程的商品得到增殖，通过追加劳动（产业消费无非是追加新的劳动）获得新价值，而且也要求投入产业消费的价值……作为价值增殖本身，靠它们本来是价值而生产新的价值。"② 我们知道，剩余价值当然是由雇佣劳动创造的。但马克思这里要讲的不是剩余价值的本质而是其实现机制问题，事实上，作为本质的剩余价值必须通过这些实现机制来表现出来。而对这些实现机制的揭示当然也是政治经济学批判的重要内容。马克思指出，首先，在现实的资本主义经济过程中，劳动力的卖者恰恰是作为资本的劳动力而与作为买者的资本家相对立的，因为它只有归资本家所支配才可能真正把其劳动力实现出来。正因为如此，在现实经济过程层面，劳动力商品是以可变资本的形式表现出来的，"因此，整个劳动过程也属于资本家，就好像他是用自己的材料和自己的劳动资料亲自进行劳动一样"③。这是价值依靠其自身而生产

---

① 《马克思恩格斯全集》第44卷，人民出版社2001年版，第194—195页。
② 《马克思恩格斯全集》第32卷，人民出版社1998年版，第75页。
③ 《马克思恩格斯全集》第32卷，人民出版社1998年版，第104页。

新价值的第一层含义。其次，除了剩余价值之外，资本自身的生产过程还得到了另一个结果即劳动能力本身。"对资本家来说，工人消费工资是生产的消费，这不仅是因为资本家由此会重新得到劳动，比工资所代表的更大的劳动量，而且还因为工资会给资本家再生产出［资本继续存在的］条件，劳动能力。因此，资本主义生产过程的结果不仅是商品和剩余价值，而且是这种关系本身的再生产。"① 我以为，只有到达这一理论层面，马克思政治经济学批判的核心内涵才可能被真正揭示出来。我们从中看到的是，马克思想告诉我们，资本主义生产过程的本质既是基于剩余价值的经济剥削，又是基于资本关系再生产的权力建构。我们不能把这一过程仅仅理解为工人投入了新劳动从而实现了资本的价值增殖，如果是这样的话，我们就有可能像空想社会主义者那样仅仅通过劳动形式的改变来完成向社会主义的过渡。现实情况要比这复杂得多。当马克思说"资本关系的全部秘密就在于劳动向资本的这种转化"② 时，他想表达的就是这层意思。

通过厘清马克思政治经济学批判的上述逻辑层次，我们在理解唯物史观时就要关注这样一个问题：支撑马克思进行这种政治经济学批判的唯物史观应该是什么样的？我以为，既然在它的指导下马克思能以如此严谨的方式沿着客观内在矛盾运动的线索建构起政治经济学批判的理论构架，那它本身就一定不仅仅是基于主体性或主体际性的物化批判理论，也一定不仅仅是沿着笼统的人的发展的线索而展开的实践理论或社会批判理论，而必然是沿着具体的、历史的生产力和生产关系形式而展开的客观内在矛盾运动理论。这一层面的唯物史观当然是一种实践理论，但就像马克思在分析资本主义商品时说要超出对商品本身分析的范围一样，我们在分析这种具体的历史的实践理论时，也要超出对实践本身分析的范围，从客观内在矛盾运动的层面来解读真实的社会实践过程。这一层面的唯物史观当然也是一种物化批判理论，但它是在越出对物化本身的分析的基础上，从现实内在矛盾运动的角度来展开的对物化的界定及其批判思路。它告诉我们的是，其实是由于具体的生产力与生产关系的内在矛盾，即与特定生产力相

---

① 《马克思恩格斯全集》第32卷，人民出版社1998年版，第128页。
② 《马克思恩格斯全集》第32卷，人民出版社1998年版，第181页。

对应的生产关系的狭隘性，才导致了我们所看到的物化现象。站在这一层面上来推进对唯物史观的理解，还能帮助我们深化对历史规律的解读。它启发我们，除了努力掌握人类社会发展的一般规律之外，还需要认真研究具体社会形态的特定发展规律，就像我们在当下的实践语境中要努力探索中国特色社会主义的建设规律一样。

马克思的两种商品概念及其哲学启示[①]

唐正东

马克思的商品概念不仅作为批判对象支撑起了其早期的人本主义批判理论，而且还以起始性概念的身份在《资本论》的理论框架中发挥了重要的作用，学界始终对它投入很大的关注，这是完全可以理解的。但近几年来，国外一些学者在理解和运用马克思的商品概念时出现了一些逻辑上的混乱，他们要么把它只是放在交换价值的层面上来理解，并致力于从中引申出物化批判的思路；要么把它与资本概念混同起来，并从资本再生产逻辑中推导出商品关系的单纯客体性。笔者以为，这在深层的理论逻辑上是由于对马克思的两种商品概念未作区分的结果。在马克思那里，存在着作为资本关系的前提的商品和作为资本主义生产过程的结果的商品这两种商品概念。准确地理解这两种商品概念的内涵及关系，对于我们深刻地解读马克思的资本批判理论以及整个马克思哲学的深层内涵都是很有帮助的。

一

必须承认，马克思对这两种商品概念尤其是对作为资本主义生产过程的结果的商品概念的论述不是太多。由于马克思在《资本论》第一卷中撤下了原先在《1863—1865年经济学手稿》中为《资本论》第一册《资本

[①] 原载《哲学研究》2017年第4期。

主义生产过程》所写的第六章"直接生产过程的结果",这使得我们如果不熟悉《资本论》的三大手稿的话,就很容易得出马克思并没有对后者作出论述的结论;但事实并非如此。马克思就是在"直接生产过程的结果"这个文本中对这一问题进行了多次清晰的论述。他指出:"一定范围的商品流通与货币流通,从而商业的一定发展程度,是资本形成和资本主义生产方式的前提、起点。我们把商品看做这样的前提,从商品这个资本主义生产的最简单的元素出发。但另一方面,商品又是资本主义生产的产物、结果。起初表现为资本主义生产的元素的东西,以后又表现为资本主义生产本身的产物。"[1]

我们首先来对马克思关于前者的论述进行分析。在他看来,作为资本前提的商品的最根本特性是交换价值。货币转化为资本的前提是货币必须能够在市场上买到它所需要的劳动条件,也就是说,生产要素必须是商品,必须以交换价值的形式进入生产过程。生产要素越具有交换价值特性,生产过程就越成为资本主义生产过程。当一切产品和活动都转化为交换价值的时候,这个生产过程也就实现了它的资本主义形式。当然,尽管只有在资本主义生产的表面上,商品才表现为财富的一般元素形式,但并非只有在这一阶段上才有商品关系的存在。"商品生产和商品流通却决不以资本主义生产方式作为自己存在的前提,正如我过去已经阐述过的,不如说属于'资产阶级以前的社会形式',它们是资本主义生产方式的历史前提。"[2] 显然,马克思是从历史发生学的角度来界定这种商品概念的。正因为如此,这一概念的最基本形式只能是交换价值,而不可能是只有在资本主义生产过程中才出现的那些具体形式,如剩余价值等。

当我们从这种商品概念即第一种商品概念的角度来审视马克思研究商品关系的相关文本时,不难发现《1844年经济学哲学手稿》中马克思从人本主义异化观的角度所批判的那种"商品",恰恰正是这种作为资本主义经济过程之前提的"商品",而并非作为资本主义生产过程之结果的"商品",正像他在"异化劳动和私有财产"一节的开头所说的:"我们是

---

[1] 《马克思恩格斯文集》第8卷,人民出版社2009年版,第430—431页。
[2] 《马克思恩格斯文集》第8卷,人民出版社2009年版,第424页。

从国民经济学的各个前提出发的。我们采用了它的语言和它的规律。"① 由于商品交换的前提是交换者必须拥有这种商品的占有权和所有权，因而，此时的马克思对劳动者是否占有劳动产品、是否占有生产这种劳动产品的劳动过程等问题非常关心，他的异化劳动理论事实上就是建立在对这两个问题的回答之基础上的。

在同时期所写的《詹姆斯·穆勒〈政治经济学原理〉一书摘要》中，马克思所批判的也是这种作为资本主义经济过程之前提的商品交换关系。"为什么私有财产必然发展到货币呢？这是因为人作为喜爱交往的存在物必然发展到交换，因为交换——在存在着私有财产的前提下——必然发展到价值。其实，进行交换活动的人的中介运动，不是社会的、人的运动，不是人的关系，它是私有财产对私有财产的抽象的关系，而这种抽象的关系是价值。"②

如果我们联系马克思后来在《1861—1863年经济学手稿》的"剩余价值理论"部分对穆勒这一著作的再次阅读，就可以看出当他在批判对象上突破了作为资本前提的商品这一层面后，其思想也会随之获得较大的推进。"穆勒最大的特点是：在他看来，货币只是为了方便而发明的一种手段，同样，资本主义关系本身也是为了方便而想出来的。这种特殊的社会生产关系，是为了'方便'而发明出来的。商品和货币转化为资本，是由于工人不再以商品生产者和商品所有者的身份参加交换，相反，他们被迫不是出卖商品，而是把自己的劳动本身（直接把自己的劳动能力）当做商品卖给客观的劳动条件的所有者。"③ 这显然是只有在看出了雇佣劳动与资本的交换关系与劳动所有者和商品所有者之间的普通交换关系之不同后才可能说出的话。

1845年之后，马克思获得了解读商品关系的正确方法论即历史唯物主义的方法论，但并不意味着在对商品概念的理解上自然而然地获得推进，这实际上还有赖于他自身不懈的理论努力。这一点我们可以从《1857—

---

① 《马克思恩格斯全集》第3卷，人民出版社2002年版，第266页。
② [德]马克思：《1844年经济学哲学手稿》，人民出版社2000年版，附录，第165—166页。
③ 《马克思恩格斯全集》第35卷，人民出版社2016年版，第93页。

1858年经济学手稿》中清晰地看出来。以下两个原因使马克思在这一手稿中是从"货币章"或者说商品的交换价值开始论述的:(1)在《政治经济学批判〈导言〉》所说的分篇计划中,马克思就是准备从或多或少属于一切社会形式的"一般的抽象的规定"出发的,而属于资本主义社会的资本、雇佣劳动等范畴是被放在第二篇中加以论述了。而如果我们看《资本论》第一卷的开头部分,情况则有所不同。马克思说:"资本主义生产方式占统治地位的社会的财富,表现为'庞大的商品堆积',单个的商品表现为这种财富的元素形式。因此,我们的研究就从分析商品开始。"① 马克思在这里是从作为资本主义社会财富的一般元素形式的商品,而不再是从作为一般的抽象的规定的商品出发的。这种区别显然不是无关紧要的。(2)在写作《1857—1858年经济学手稿》的"货币章"及"资本章"的开头部分时,马克思的解读对象只是作为资本前提的商品。由于这种商品的最基本形式是交换价值,马克思在这些文本群中只抓住交换价值的线索来构建批判理论框架,从逻辑上说也是很正常的。

事实上,马克思只是在写作"资本章"的过程中才发现和提出了是否应把价值理解为使用价值和交换价值的统一的问题,并明确地意识到了简单交换关系中的使用价值与被交换价值决定的使用价值这两者之间的不同:"不能说交换价值在简单流通中实现自己。所以有这种情形,是因为使用价值不是作为使用价值,不是作为由交换价值本身决定的使用价值而同交换价值相对立;相反,使用价值本身不是同交换价值发生关系,而只是由于各种使用价值都用它们的共同性——都是劳动时间——作为外在的尺度来计量,所以才成为一定的交换价值……交换价值和使用价值之间的真正的关系还不曾出现。"② 既然如此,在这之前所论述的商品当然也就只能是作为资本前提的商品了。

于是,我们便在"货币章"中看到了如下的论述:"毫不相干的个人之间的互相的和全面的依赖,构成他们的社会联系。这种社会联系表现在交换价值上,因为对于每个个人来说,只有通过交换价值,他自己的活动

---

① 《马克思恩格斯全集》第44卷,人民出版社2001年版,第47页。
② 《马克思恩格斯全集》第30卷,人民出版社1995年版,第226页。

或产品才成为他的活动或产品；他必须生产一般产品——交换价值，或本身孤立化的，个体化的交换价值，即货币。"①"在交换价值上，人的社会关系转化为物的社会关系；人的能力转化为物的能力。"②

在此，我们首先要承认马克思的这种基于交换价值视角的拜物教批判理论的确是其社会批判理论的重要内容之一。但这是否是马克思资本批判理论的核心内容？他此处所解读的交换价值在何种意义上只是指称在资本主义社会得以普遍化了的那种交换价值，而不是在封建社会的集市上半个月出现一次的那种交换价值？马克思在"货币章"的最后回答了这个问题。他明确指出，此章所论及的交换价值只是简单流通关系中的交换价值，"在交换价值进一步的发展中，这种情况就会发生变化"③。

虽然在"资本章"开始没多久，马克思的确认识到了商品价值是使用价值和交换价值的统一，在论述资本与劳动的交换问题时也的确认识到了这种交换过程中包含着两个方面的内容，即资本家与工人之间的一般交换关系和资本同作为资本的使用价值的劳动之间的关系，但客观地说，在整个"资本的生产过程"篇中，马克思对呈现在资本主义经济过程表面的商品概念的理解还不是太深刻，他还不能全面地把握住这种商品关系与一般流通过程的商品关系之间的根本区别。譬如，在"资本和劳动的交换"一节中，马克思是把这一交换过程中的两个方面分开来加以考虑的。这种做法虽然体现了他已经把劳资交换与一般的商品交换区别了开来，但由此也带来了一些问题：它不容易使马克思更清晰地看到资本主义生产关系条件下劳资交换关系在形式上的发展，尤其是劳动价值向劳动力价值的发展。如果用《1861—1863 年经济学手稿》中的观点来看马克思在这一小节中的相关论述，我们不难发现这其中还是有一些不足的。

马克思把劳资交换理解为两个相互对立的过程："（1）工人拿自己的商品，劳动，即作为商品同其他一切商品一样也有价格的使用价值，同资本出让给他的一定数额的交换价值，即一定数额的货币相交换。（2）资本

---

① 《马克思恩格斯全集》第 30 卷，人民出版社 1995 年版，第 106 页。
② 《马克思恩格斯全集》第 30 卷，人民出版社 1995 年版，第 107 页。
③ 《马克思恩格斯全集》第 30 卷，人民出版社 1995 年版，第 192 页。

家换来劳动本身,这种劳动是创造价值的活动,是生产劳动;也就是说,资本家换来这样一种生产力,这种生产力使资本得以保存和倍增,从而变成了资本的生产力和再生产力,一种属于资本本身的力。"① 这种把雇佣劳动与资本的关系理解为劳动这种商品与货币之间的交换关系的观点,明显地具有从一般商品关系来审视劳资交换关系的痕迹,因为它没有把握住如下的特点:当交换价值在资本主义生产关系条件下得以普遍化的时候,雇佣劳动者所出卖的不是劳动商品,而是劳动力商品。购买劳动力商品的也不是简单的货币,而是货币的发展形式即资本。

这一小小的不足也给马克思关于资本生产过程的解读带来了一定的影响。他在"资本的生产过程"篇中尽管的确已经看到了作为资本的使用价值的劳动在保存和增大资本价值方面所起的作用,但由于在对劳资交换关系解读上的简单化倾向,马克思此时对资本主义劳动过程和价值增殖过程的理解,实质上是停留在工人的活劳动使作为资本而存在的劳动资料及劳动材料的价值得以保存和增殖的层面上。他还没有认识到资本主义生产过程的重要特征是:劳动过程中的所有要素都不是货币所有者已经占有的使用价值,而都是作为商品被买来的使用价值。他还没有把解读思路提升到资本的自我再生产的层面,"资本主义生产不仅要求投入劳动过程的商品得到增殖,通过追加劳动(产业消费无非是追加新的劳动)获得新价值,而且也要求投入产业消费的价值……作为价值增殖本身,靠它们本来是价值而生产新的价值。如果问题只涉及前一种情况,那我们就还没有超出简单商品的范畴。"②

马克思的这个论断下得好。他在此篇中论及资本和劳动的交换时居然没有对劳动能力的价值展开论述,恐怕就是跟他此时只是把劳动和资本当作简单商品范畴来看待有关,虽然他看出了活劳动这种简单商品的特殊功能。实际上,如果马克思真的已经把商品概念的解读置放在了资本主义生产过程的层面上,那他就不难看出劳动力价值的客观存在、作为商品之发展形式的资本的特殊内涵等。也正因为如此,我不认为马克思是由于只是

---

① 《马克思恩格斯全集》第30卷,人民出版社1995年版,第232页。
② 《马克思恩格斯全集》第32卷,人民出版社1998年版,第75页。

处在阐述逻辑的"抽象"阶段，所以才会出现观点上的上述问题的。

二

在《1857—1858年经济学手稿》第二篇即"资本的流通过程"篇的前半部分，马克思通过对资本的再生产过程、流通过程等的分析继续推进自己的解读思路。他此时把重点放在了再生产过程和流通过程使与活劳动相对立的异己权力越来越大的问题上"劳动本身越是客体化，作为他人的世界，——作为他人的财产——而同劳动相对立的客观的价值世界就越是增大。劳动本身通过创造剩余资本而迫使自己不得不一再地去创造新的剩余资本，等等，等等。"[1]

马克思的那个著名论断，即资本主义生产过程首先表现为资本和劳动关系本身的生产与再生产的观点，就是在这一意义上提出来的。这一观点在马克思资本批判理论的发展过程中占有重要地位，它标志着马克思在对历史唯物主义社会关系理论的理解上又向前推进了一大步，这事实上对于他下一步深化对资本自我再生产逻辑的研究也是非常重要的。但仅就马克思对资本主义商品关系的理解来说，他此时的观点仍然具有一定的局限性。这具体表现在他即使是在谈论资本流通的问题时，也仍然只是站在单个资本的层面上把资本理解为与活劳动相对立的死劳动，"每一个资本就其本身来考察，都可归结为同活劳动相对立的作为价值而独立存在的死劳动"[2]。这在一定程度上妨碍了他在社会再生产过程的层面上推进对这一问题的解读。马克思此时在对劳动能力这种商品的价值问题的理解上只停留在使用价值的层面而没有深入到交换价值的层面上[3]，其实也是跟上述局限性相关的。

如果我们站在这一角度来看第二篇的后半部分即"固定资本与社会生

---

[1] 《马克思恩格斯全集》第30卷，人民出版社1995年版，第447页。
[2] 《马克思恩格斯全集》第30卷，人民出版社1995年版，第513页。
[3] 参见《马克思恩格斯全集》第31卷，人民出版社1998年版，第69页。

产力的发展"一节的内容,就不难发现它在马克思对商品概念的理解上所起到的重要推进作用。马克思在这一部分的论述中通过研究作为固定资本的自动化机器体系对社会生产力发展的影响,清晰地认识到了直接的劳资交换关系或直接的生产过程的解读视域与资本主义条件下社会劳动的解读视域之间的区别。"在直接的交换中,单个的直接劳动实现在某个特殊的产品或产品的一部分中,而它［单个的直接劳动］的共同的、社会的性质……只有通过交换才被肯定。相反,在大工业的生产过程中,一方面,发展为自动化过程的劳动资料的生产力要以自然力服从于社会智力为前提,另一方面,单个人的劳动在它的直接存在中已成为被扬弃的个别劳动,即成为社会劳动。于是,这种生产方式的另一个基础也消失了。"①

可以想象,这一新解读视域的获得使马克思向全面解读资本主义生产与再生产过程的实质又迈出了重要的一步,他从此会更加看重资本主义生产过程在社会性维度及历史过程性维度上的全面性和复杂性,这显然有利于他对作为资本关系之结果的商品概念的准确理解。

事实也是如此,在这一小节论述的最后,马克思由衷地感到:"我们现在研究的还是直接的生产过程。如果我们从整体上来考察资产阶级社会,那么社会本身,即处于社会关系中的人本身,总是表现为社会生产过程的最终结果。具有固定形式的一切东西,例如产品等等,在这个运动中只是作为要素,作为转瞬即逝的要素出现。直接的生产过程本身在这里只是作为要素出现。"②

在论述"资本作为结果的东西"的第三篇中,马克思站在生产过程和流通过程相统一的角度,不再只是把资本的生产过程理解为活劳动使资本发酵的过程,而是立足于资本本身的再生产来挖掘其中所包含的丰富内容。"资本现在不仅实现为自行再生产,因而自行长久保存的价值,而且实现为设定价值的价值。"③

紧接着《1857—1858年经济学手稿》的《政治经济学批判。第一分

---

① 参见《马克思恩格斯全集》第31卷,人民出版社1998年版,第105页。
② 参见《马克思恩格斯全集》第31卷,人民出版社1998年版,第108页。
③ 参见《马克思恩格斯全集》第31卷,人民出版社1998年版,第144页。

册》因只涉及对商品和货币的论述，因此，马克思通过对资本主义自动化机器体系的研究而产生的一些新思想还尚未详细地展现出来。下面，我们就直接进入对《1861—1863年经济学手稿》的解读。

马克思在这一文本中在对商品概念的理解上一开始就体现出来与《1857—1858年经济学手稿》的不同。他在对什么是作为资本主义生产过程的结果的"商品"，或者说在资产阶级社会的表面上出现的"商品"的理解上已经有了比以前更为丰富的思想。这尽管跟这一手稿的研究对象是"资本一般"有关，但主要原因还是马克思对商品关系的理解水平有了提升。

我们具体来看一看。同样是对"资本和劳动的交换"的阐述，《1857—1858年经济学手稿》着重阐明这一交换过程是由两个互相对立的过程所构成的，一个是资本和劳动之间的简单交换过程，一个是活劳动使资本价值发酵的过程。可在《1861—1863年经济学手稿》中马克思强调的是这种交换是建立在特定的社会经济基础之上的："作为我们出发点的，是在资产阶级社会的表面上出现的商品，它表现为最简单的经济关系，资产阶级财富的要素。对商品的分析也说明了它的存在包含着一定的历史条件……但是这样的考察就超出了对商品本身分析的范围，因为我们在以前分析商品时所研究的只是以商品形式出现的产品，使用价值，而不是关于每一个产品必须在什么样的社会经济基础上才表现为商品的问题。"[①] 显然，这已经不再是简单交换关系中的商品，而是呈现在资本主义社会表面上并浓缩了资本主义生产关系之内涵的商品了。这种"商品"就是马克思所要强调的第二种商品概念。

由于马克思坚信资本是必须要由商品来表现出来的，也就是说资本是由商品所组成的，因此，他能获得第二种商品概念，对于他对整个资本主义生产过程的解读来说是非常重要的。

在《1861—1863年经济学手稿》中，紧接着上述论述的，是马克思对劳动能力的价值（而不是使用价值）的分析。这在《1857—1858年经

---

① 《马克思恩格斯全集》第32卷，人民出版社1998年版，第42—43页。

济学手稿》中是没有的。马克思在这里不仅指出了"劳动能力的价值归结为工人为了维持作为工人的自身，作为工人生活并且繁殖下去所必需的生活资料的价值"①，而且进一步对这种劳动能力价值的计量进行了说明："为维持劳动能力所必需的生活资料的价值是会发生变化的，但是，它总是由维持和再生产劳动能力所需的生活资料的生产所必需的劳动量来准确地计量的，或者说是由维持或再生产劳动能力本身所必需的劳动量来准确地计量的。"② 如果没有对第二种商品概念的获得，马克思要想得出这种思想显然是不可能的，因为他只有在意识到处于资本主义生产过程中的"劳动"的价值只能是劳动能力本身的内在价值时，才可能获得上述思想。

在接下来关于劳动过程和价值增殖过程的阐述中，马克思此时也有不同的表述。《1857—1858年经济学手稿》侧重于把这两个劳动分开来阐述，并强调资本生产过程首先是一般物质生产过程，然后，从形式规定性上看，它还是一种价值自行增殖过程。尽管就具体内容来说，好像都讲到了，但正因为把这两者分开来阐述，使马克思对资本主义生产过程的本质的理解还没有到达最深刻之处。而《1861—1863年经济学手稿》则不同。马克思并没有从内容规定与形式规定的角度来界定这两种过程，而是从抽象形式与具体形式的角度来展开论述，并明确地把一般劳动过程界定为只是劳动的抽象形式。"劳动过程本身从它的一般形式来看，还不具有特殊的经济规定性。从中显示出的不是人类在其社会生活的生产中发生的一定的历史的（社会的）生产关系，而是劳动为了作为劳动起作用在一切社会生产方式中都必须分解成的一般形式和一般要素。这里考察的劳动过程的形式，只是它的抽象形式。"③

那么，什么是资本主义生产过程的具体形式呢？马克思在这里也扬弃了单一的价值增殖的解读线索，从使用价值与交换价值相统一的角度来展开论述。"商品在活动中，在它的产生过程中当然也是一个具有两方面的过程，[一方面]商品的生产表现为使用价值的生产，表现为有用劳动的

---

① 《马克思恩格斯全集》第32卷，人民出版社1998年版，第48页。
② 《马克思恩格斯全集》第32卷，人民出版社1998年版，第48页。
③ 《马克思恩格斯全集》第32卷，人民出版社1998年版，第70页。

产品的生产；另一方面表现为交换价值的生产，并且这两个过程必须只表现为同一过程的两种不同的形式，正如商品是使用价值和交换价值的统一体一样。"① 应该看到，这种从"统一体"的角度来对资本主义生产过程的阐释，对马克思关于劳动对资本的从属、资本主义再生产过程的本质等问题的探讨都是有促进作用的。

三

马克思在《1861—1863年经济学手稿》的"相对剩余价值"一节中对协作、分工、机器体系等相对剩余价值的生产形式进行了解读。这种解读的意义在于使马克思更加清楚地认识到，当劳动实质上从属于资本时，即在真正的资本主义生产方式条件下资本的生产过程其实是以资本的自我生产与再生产过程的形式，而不是以活劳动使资本发酵的形式表现出来的。"最重要的东西仍然是：劳动的社会性质向资本的社会性质的最初转换，社会劳动的生产力向资本的生产力的最初转换；最后，[劳动]对资本的形式从属向生产方式本身的实际改变的最初转化。"② 对马克思来说，只有认识到了这一点，才可能既回答资本怎样生产的问题，又回答资本本身怎样被生产出来的问题，而这两个问题正是全面解读资本主义生产过程的本质或者说第二种商品概念之深层内涵的前提条件。我们在理解上述这段引文时，切不可把其中的"转换"和"转化"理解为彻底的变更，而应把它们理解为"表现为"的意思，正像他在此节的另一处所说的："资本创造相对剩余价值、提高生产力和增加产品数量的各种手段，都是劳动的社会形式，但是它们相反表现为资本的社会形式，表现为资本本身在生产内部的存在形式。"③

这里的奥妙就在于：在资本主义生产方式中，一方面劳动的生产力必

---

① 《马克思恩格斯全集》第32卷，人民出版社1998年版，第74—75页。
② 《马克思恩格斯全集》第32卷，人民出版社1998年版，第298页。
③ 《马克思恩格斯全集》第32卷，人民出版社1998年版，第355页。

然以资本的生产力的形式表现出来,因此,我们必须要对资本生产力的实现过程进行深刻的解读,而不能只是停留在劳动生产力的层面;另一方面,这种资本的生产力又不是天生的、自然而然的形式,它只是劳动生产力的表现形式,因此,我们在理解资本生产力的展开过程时,必须从劳动过程的内部矛盾的角度来理解资本主义生产过程的危机问题。

在接下来的文本中,马克思对资本的生产力这种表现形式进行了多角度的解读。在第三章即"资本和利润"章中,他通过对一般利润率构成机制的剖析揭示了这种表现形式的狡计。在"剩余价值理论"部分,他在充分展开思想史研究的基础上,对资本生产过程在表现形式层面的丰富内涵作了深刻的挖掘。譬如,在谈到作为资本生产过程的结果的商品时,他说:"从资本主义生产中出来的商品,与我们据以出发的、作为资本主义生产元素的商品不同。在我们面前的已经不是个别的商品,个别的产品。个别的商品,个别的产品,不仅实在地作为产品,而且作为商品,表现为总产品的一个不仅是实在的、而且是观念的部分。每个个别的商品都表现为一定部分的资本和资本所创造的剩余价值的承担者。"①

可见,此时马克思对资本生产力实现过程中的社会性及历史性维度的理解已经达到了一个新的深度。工人创造的每个个别商品,必须被看成它已经表现成了资本再生产过程的一部分,当然,它同时也是资本所占有的剩余价值的真正创造者。

在"资本的生产性。生产劳动和非生产劳动"一节中,马克思一方面强调了在资本主义条件下所有的资本都是由商品所构成的,这种观点既凸显了商品概念背后的资本主义生产关系的内容,又与把资本当作货币所有者事先占有的劳动资料的观点区别了开来;另一方面又对作为资本生产过程之结果的商品的神秘性进行了剖析。他指出,这种商品的交换价值一定是自行增殖的价值,而它的使用价值也与普通商品的使用价值不同:"正是在这里,资本不仅仅是劳动所归属的、把劳动并入自身的劳动材料和劳动资料;资本还把劳动的社会结合以及与这些社会结合相适应的劳动资料

---

① 《马克思恩格斯全集》第35卷,人民出版社2016年版,第119页。

的发展，连同劳动一起并入它自身……这一切使资本变成一种非常神秘的东西。"① 可以看出，马克思在写完《1861—1863年经济学手稿》时对第二种商品概念的丰富内容已经有了较为完整的把握。

马克思的《1863—1865年经济学手稿》虽然因为其中第一册大部分手稿的遗失而使对它的解读面临较多的困难，但通过对与我们的解读线索相关的文本的分析，还是可以作出如下的界定：它在对第二种商品概念的理解水平上又前进了一步。

在第一册第六章即"直接生产过程的结果"章中，马克思不仅从剩余价值与商品价值的关系的角度再次强调了研究作为资本的产物的商品的重要性："剩余价值只是作为商品价值的一部分被生产出来，它也表现为一定量商品或剩余产品。资本只有作为商品生产者才生产剩余价值和再生产自己本身。因此，我们必须首先再来研究作为资本的直接产物的商品。"②

而且，他还在《1861—1863年经济学手稿》的理解水平的基础上进一步推进了对第二种商品概念之内涵的理解。马克思指出，作为资本的结果的商品在以下三个方面具有进一步的规定性：首先，对于简单流通关系中的商品而言，它所包含的对象化劳动是不知道从谁那里来的，而作为资本产物的商品所包含的对象化劳动的来源却是明确的："在商品中对象化着一个劳动总额。这个对象化劳动的一部分……是用工资的等价来交换的，另一部分则被资本家不付等价而占有。"③ 其次，作为资本的结果的商品"不是各单个的商品，而是一个再现着预付资本的价值加上剩余价值（即被占有的剩余劳动）的商品量，并且每一单个商品都是资本的价值和资本所生产的剩余价值的承担者。"④ 这种说法显然要比《1861—1863年经济学手稿》的"剩余价值理论"部分的相关说法详细得多。再次，这种商品还必然出现在为了保存和增殖资本价值所必然要发生的出售范围及出售领域中。也就是说，它是不可能退出商品身份的，它只可能始终作为商

---

① 《马克思恩格斯文集》第8卷，人民出版社2009年版，第395—396页。
② 《马克思恩格斯文集》第8卷，人民出版社2009年版，第444页。
③ 《马克思恩格斯文集》第8卷，人民出版社2009年版，第431页。
④ 《马克思恩格斯文集》第8卷，人民出版社2009年版，第431页。

品而再生产自身。

基于对商品概念的这种理解,马克思在资本的生产与再生产过程的本质问题上的理解水平也获得了进一步的推进。他比以前更加清晰地把握住了工人的劳动与资本的再生产之间的历史辩证法关系:"现在,工人所遇到的已转化为资本的并与自己相对立的生产条件,是工人自己劳动的产物。作为前提的东西,现在是生产过程的结果……但是,事情到这里并没有结束。剩余价值又反过来转化为追加资本,表现为形成新资本的东西或形成已经增大的资本的东西。所以,资本创造了资本,而不仅仅是作为资本来实现自己。"①

至此,第二种商品概念得到了最清晰的阐释。这种形式的商品浓缩了资本主义生产方式的本质特征,表现了资本自身的生产与再生产过程的内涵,但实际上又只是工人自己的劳动过程及劳动产物的某种表现,只不过是异化式表现而已。

正是因为与一定生产力发展水平相对应的资本主义生产关系的内在矛盾性,才导致了工人劳动的产物建构出了资本自我再生产的表现形式这种奇怪现象。这种阐释不仅实现了唯物史观与政治经济学批判的有机统一,而且还让我们更加明确地意识到:马克思历史辩证法视域中的物化和拜物教批判,其实并不止于在简单流通关系层面上对人与人之间的关系转化为物与物之间的关系的批判性指认,而且还在于站在唯物主义历史辩证法的层面上深刻地剖析雇佣工人是如何用自己的劳动建构出了资本的自我增殖过程的。

在这一意义上,马克思拜物教批判理论的方法论基础只能是历史唯物主义,而不可能是一般的人本主义理论。如果我们只盯住第一种商品概念而忽略了第二种商品概念的丰富内涵,那就很容易把马克思的资本批判理论降格为一般性的物化批判理论;反之,如果我们撇开第一种商品概念,即忽略对作为资本生产过程之前提的商品关系的研究,直接进入对第二种商品概念的理解,那事实上是无法把握住作为资本主义生产之结果的商品

---

① 《马克思恩格斯文集》第 8 卷,人民出版社 2009 年版,第 543 页。

所包含的内在矛盾关系的。应该说，这两种研究路径在当代西方左翼学者对马克思资本批判理论的解读中都是有所表现的。在我们自己建构历史唯物主义社会批判理论的解读模式时，如何基于深刻的文本解读而避免出现当代欧美学者在此领域的研究中所出现的问题，这的确是一件很重要的事情。

马克思劳动价值论的双重维度及其哲学意义

唐正东

马克思的劳动价值论虽然是在继承英国古典经济学家劳动价值论的基础上发展起来的，但它们两者并不是完全等同的，不管是在理论维度的丰富性还是在思想内容的深刻性上，马克思都远远超过亚当·斯密和大卫·李嘉图。但是，西方学界自20世纪60年代以来屡屡试图模糊对这一问题的认识。他们通过把马克思劳动价值论中的社会历史维度和经济学维度割裂开来，把前者划归所谓的意识形态领域，只把后者界定为摞蒲鲛内容，并以此为基础，把马克思的劳动价值论与斯密、李嘉图等人仅在数量维度上展开的劳动价值论等同起来，从而把马克思的剩余价值理论解读为只是工人为分配正义而提出的伦理主张。西方学界的另一些学者则在这种对马克思劳动价值论的数量化理解的基础上，把注意力集中在交换价值是资本主义经济关系的本体论基础的层面上，并由此而展开后人本主义或后结构主义式的批判理论上。因此，厘清马克思劳动价值论的准确内涵，不仅对于我们深化对马克思政治经济学思想的研究很有必要，而且对于我们准确评价当代西方学界的各种后马克思主义批判理论也是很有帮助的。

一

如果用一句话来概括马克思的劳动价值论与古典经济学劳动价值论的

不同，那就是它在理论维度上充分体现了社会历史性维度与经济学维度的辩证统一。马克思虽然在运用从抽象上升到具体的方法论的过程中涉及了一些简单流通关系中的交换价值问题，但他真正关注的是作为具体的、历史的资本主义生产关系。从根本上讲，他是从资本主义生产过程的角度来把握劳动价值论的深层内涵的。而斯密、李嘉图等古典经济学家则是在把资本主义经济关系当作天然的、永恒的经济形式的前提下来探讨劳动价值论的，因此，他们必然只会从经济数量的角度来展开探讨。而这恰恰正是他们的劳动价值论推进理论困境之中的重要原因。马克思在《1861—1863年经济学手稿》的"剩余价值理论"部分对他们的观点进行详细的解读。在他看来，斯密明显地是从一般商品交换关系的层面来理解劳动价值论的，因此，他理所当然地会看到商品中所包含的劳动量等于该商品所能购买到的劳动量。但问题也正是由此产生的：当他面对资本主义条件下资本和劳动之间的交换关系时，面对客观存在的利润、地租等剩余价值形式，他不得不承认劳动价值规律在这一阶段失效了。马克思指出，斯密的长处就在于敏锐地看到了正是资本主义生产过程使劳动价值规律在结果上走向了自己的对立面，即不再是等量劳动之间的交换。但其理论的短处也在于此："他的理论的短处在于，这个矛盾甚至在他考察一般规律如何运用于简单商品交换的时候也把他弄糊涂了；他不懂得，这个矛盾之所以产生，是由于劳动能力本身成了商品，作为这种特殊的商品，它的使用价值本身（因而同它的交换价值毫无关系）是一种创造交换价值的能力。"[①] 明明是跟交换价值规律没有关系的，可斯密非要说劳动价值论已经不适用于劳资交换了，其根本原因就在于他只具有数量维度的劳动价值论。

在斯密那里，把资本主义生产方式视为永恒的自然形式与从数量维度来理解劳动价值论是相互呼应的。他的解读重点是在分工和交换的前提下我的劳动与他人劳动之间的对等交换关系。在这一意义上，我们可以说，他的劳动价值论其实只是劳动的交换价值论。当他把这种观点运用到对资本主义条件下劳资之间的交换问题时，他忽略了一个非常重要的理论质

[①]《马克思恩格斯全集》第33卷，人民出版社2004年版，第64—65页。

点：此时的劳动不仅是一般意义上的社会劳动，而且还是资本主义生产关系所规定了的具体的社会劳动。"亚当忽略了一点：连我的劳动，或者我的商品中包含的劳动，也已经被社会地规定，已经根本改变了自己的性质。"① 正是这种改变了自己的性质的劳动，使斯密的劳动价值论陷入了理论困境。他没有看到，在劳资交换的前提下，劳动价值论其实没有问题，只是劳动的性质发生了改变，才导致劳动价值论在结果上走向了自己的对立面。他本应该发现这一点并找到在资本主义条件下把劳动价值论贯彻到底的方法论路径，而不是面对表现形式的疑惑而使自己的劳动价值论停留在二元论的层面上。但客观地说，缺乏社会历史性维度的斯密是不可能做到这一点的。

从深层的角度来看，斯密的这种观点是以维护劳动者与劳动条件的分离为前提的。因为如果只是在一般商品交换关系中，商品的交换者同时是该商品的所有者，因此，商品中所内含的劳动量当然等于它所支配的劳动量。但在资本主义条件下，工人出卖的不是一般的商品，而是自己的劳动力商品，这是以劳动者与劳动条件的分离为前提的。在这种情况下，如果仍然用商品所有者之间的普通交易的形式来理解资本与雇佣劳动之间的交换，那实质上就是把资本主义生产关系的出现当作某种无关紧要的事情来看待，或者像马克思批评詹姆斯·穆勒时所说的："穆勒最大的特点是：在他看来，货币只是为了方便而发明的一种手段，同样，资本主义关系本身也是为了方便而想出来的。这种特殊的社会生产关系，是为了'方便'而发明出来的。"② 千万不要以为这种做法真的会带来方便，相反，它只会带来麻烦。这种麻烦就是在面对资本主义条件下的劳资关系时只能止步不前，因为此时的劳动由于在自身性质上发生了改变，因此，它不仅必然以社会化劳动而不是单一劳动的形式表现出来，而且还因为其特殊的使用价值而使与它相交换的资本在本质上只是这种劳动本身的再生产过程的异化式结果而已。这么复杂和丰富的内涵显然不是斯密的那种基于数量维度的劳动价值论所能参透的。

---

① 《马克思恩格斯全集》第33卷，人民出版社2004年版，第52页。
② 《马克思恩格斯全集》第35卷，人民出版社2013年版，第93页。

李嘉图是想要弥补斯密劳动价值论的二元论缺陷的,因为他关注的已经不是斯密的那种在分工和交换前提下劳动的对等交换问题,而是资本主义劳动生产率的提高。他的理论的意识形态特性在于他真的认为资本主义生产方式是最有利于生产率的提高、最有利于创造财富的生产方式。正因为如此,他把商品价值决定于内含的劳动量这一观点严格地推进到了对资本主义条件下劳资交换问题的分析之中。对李嘉图来说,任何一个商品生产者所要做的只能是提高劳动生产率,只有这样,才能在以社会必要劳动时间为基础的商品交换中获得更多的利润。马克思正是在这一意义上说,李嘉图具有科学上的诚实:"如果说李嘉图的观点整个说来符合工业资产阶级的利益,这只是因为工业资产阶级的利益符合生产的利益,或者说,符合人类劳动生产率发展的利益,并且以此为限。凡是资产阶级同这种发展发生矛盾的场合,李嘉图就冷酷无情地反对资产阶级,就像他在别的场合反对无产阶级和贵族一样。"① 也正因为如此,李嘉图揭示了资本主义制度的生理学,即商品价值决定于劳动时间这一规定,"李嘉图从这一点出发,迫使科学抛弃原来的陈规旧套,要科学讲清楚:它所阐明和提出的其余范畴——生产关系和交往关系——和形态同这个基础、这个出发点适合和矛盾到什么程度"。② 从表面上看,他的劳动价值论似乎已经天衣无缝了,实则不然。他的最大问题是仍然是从数量维度来理解劳动价值论,他所讲的劳动价值仍然只是劳动这种商品的交换价值,而没有上升到劳动力商品的特殊使用价值及其交换价值的复杂性的理论层面上。

马克思说:"李嘉图胜过亚当·斯密的地方是,这个似乎存在而从结果来看也确实存在的矛盾,并没有把他弄糊涂。但是,他不如亚当·斯密的地方是,他竟从来没有料到这里有问题,因此价值规律随着资本的形成而发生的特殊发展,丝毫没有引起他的不安,更没有促使他去研究这个问题。"③ 马克思的这个评价是很准确的。李嘉图的劳动价值论虽然把价值决定于劳动时间这一规定贯彻到底了,但他同样也没有对资本主义条件下劳

---

① 《马克思恩格斯全集》第34卷,人民出版社2008年版,第128页。
② 《马克思恩格斯全集》第34卷,人民出版社2008年版,第183页。
③ 《马克思恩格斯全集》第33卷,人民出版社2004年版,第65页。

动的特殊性质进行研究，没有意识到这种劳动的性质已经发生改变。"因此，李嘉图不了解这种劳动同货币的联系，也就是说，不了解这种劳动必定要表现为货币。所以，他完全不了解商品的交换价值决定于劳动时间和商品必然要发展到形成货币这两者之间的联系。他的错误的货币理论就是由此而来的。在他那里，从一开始就只谈论价值量，就是说，只谈论各个商品价值量之比等于生产这些商品所必需的劳动量之比。"① 劳动价值论缺少了社会历史性维度所能产生的理论效应在李嘉图这里也清晰地表现了出来。他始终不可能搞懂的是，这里的关键问题其实不是其他的政治经济学理论所阐明和提出的各种范畴与劳动价值论之间的对立或矛盾，而是资本主义生产方式本身的内在矛盾的问题；不是资本主义经济制度的表面运动与作为这个制度的生理学的劳动价值论之间的对立或矛盾，而是后者为什么必然会以前者的形式表现出来的问题。应该说，只有上升到这种理论层面，劳动价值论才能越出单纯的数量维度，上升到质的维度（即社会历史维度）与量的维度的辩证统一的层面上来加以理解。也只有在这种理论层面上，基于劳动价值论的科学批判才可能从对数量维度的分配公平等问题的剖析，上升到对资本主义生产方式内在矛盾本身的剖析的层面。这样，劳动价值论的哲学内涵才可能真正被揭示出来。

二

马克思在形成唯物史观之后的确曾经对李嘉图的劳动价值论作出过很高的评价。在《哲学的贫困》中，马克思说："李嘉图的价值论是对现代经济生活的科学解释……李嘉图从一切经济关系中得出他的公式，并用来解释一切现象，甚至如地租、资本积累以及工资和利润的关系等那些骤然看来好像是和这个公式抵触的现象，从而证明他的公式的真实性；这就使他的理论成为科学的体系。"② 但我们切不可认为马克思此时完全站到了李

---

① 《马克思恩格斯全集》第34卷，人民出版社2008年版，第181页。
② 《马克思恩格斯全集》第4卷，人民出版社1958年版，第93页。

嘉图劳动价值论的层面上，因为他在这个文本中同时还指出："经济学家们向我们解释了生产怎样在上述关系下进行，但是没有说明这些关系是怎样产生的，也就是说，没有说明产生这些关系的历史运动。"① 其实，马克思此时只是在政治经济学本身的层面上肯定了李嘉图劳动价值论的理论贡献，他从没有、事实上也不可能对这一理论作出全盘肯定，因为他对李嘉图劳动价值论的理论前提即资本主义生产方式的永恒性的观点是不可能承认的。因此，我们至多只能说马克思此时还没有把对李嘉图劳动价值论之理论前提的批判与对其理论内容的评价有机地结合起来。事实上，在往后的思想发展中，他努力做到的就是要把这两者结合起来，从而建构自己的马克思主义政治经济学框架下的劳动价值论及与此相关的剩余价值理论。

进入《资本论》手稿的写作阶段之后，马克思在劳动价值论问题上的思路就变得越来越清晰了。他清楚地意识到，要想用劳动价值论来解释资本主义条件下的劳资交换问题，既不能像斯密那样简单地认定这一理论在结果上走向了自己的对立面，也不能像李嘉图那样简单地用这一理论来判断现实经济范畴或经济运动的合法性，而是应该深刻地解读使这一理论在表面上陷入困境的资本主义生产方式本身以及劳动在这一生产方式中的性质变化。在《1861—1863年经济学手稿》中谈到劳资交换的问题时，马克思不再像过去那样停留在这两者之间的不公平交换的理论层面上，而是明确地指出这种交换"显然是已往历史发展的产物，结果，是许多经济变革的总结，要以其他社会生产关系的灭亡和社会劳动的生产力的一定发展为前提。与这种关系的前提同时产生的一定的历史条件，在下面分析这种关系时自然会说清楚"②。在接下来的论述中，马克思不仅说清楚了这种"一定的历史条件"，而且还把它揉进了对劳动价值论的深层理解之中，在历史唯物主义的方法论层面上把这一理论的经济学维度与社会历史维度有机地结合了起来。

在马克思看来，一旦我们关注到上述这种"一定的历史条件"即资本主义生产方式的历史条件，那就不难看出，劳资交换并不是一般的商品交

---

① 《马克思恩格斯全集》第4卷，人民出版社1958年版，第93页。
② 《马克思恩格斯全集》第32卷，人民出版社1998年版，第42页。

换，因为我们在资本主义社会中看到的任何一种劳资交换，都是已经处在资本主义生产关系条件下的。也就是说，此时的劳动已经不再是商品所有者或劳动条件所有者所从事的劳动，而是劳动资料已经被剥夺的雇佣劳动者的劳动；此时的资本也不再是某种简单商品意义上的资本，而是已经拥有了包括雇佣劳动在内的所有劳动条件并且能自我增殖的特定的商品，它只是以商品的形式表现自己，但其内涵不是简单商品概念所能涵盖的。由此，马克思首先在劳动性质的改变问题上深化了自己的认识。他清楚地意识到，资本主义条件下劳动的交换价值只可能是它本身所内含的劳动量，即再生产它这种商品本身所需要的社会必要劳动时间。导致这一点的原因不是李嘉图所说的要追求劳动生产率的提高，而是资本主义生产方式的特性所决定的。对于已经被剥夺了劳动资料的雇佣劳动者来说，他所拥有的只是自己的劳动能力，而不是像一般的商品所有者那样拥有运用自己的劳动资料来从事劳动活动的能力。因此，用一般意义上的"劳动"来界定雇佣劳动的"劳动"是不准确的，也是容易产生歧义的。当然，要想看出这一点，显然不是站在数量维度上的英国古典经济学家所能做到的，即使他们提出了劳动价值论也不例外。马克思用劳动能力的价值即劳动力商品概念来取代雇佣劳动层面上的劳动价值，这是对劳动价值论的重要推进。

《1861—1863年经济学手稿》的"货币转换为资本"节中，在谈完资本与劳动的交换后，加进了对劳动能力的价值进行论述的一个小节，这是以前的文本包括《1857—1858年经济学手稿》中所没有的。这标志着马克思在对劳动力商品的内在价值的理解上有了更深的领悟。他明确地指出："劳动能力的价值归结为工人为了维持作为工人的自身，作为工人生活并且繁殖下去所必需的生活资料的价值。而这些价值又归结为由于生产那些维持和繁殖劳动能力所需的生活资料和使用价值而必须花费的一定的劳动时间，即耗费的一定量的劳动。"[①] 站在这一角度，我们就不难理解，马克思为什么对资产阶级经济学家们仅从积累劳动和直接劳动、对象化劳动和活劳动的关系的角度来理解资本与雇佣劳动的关系的做法感到不满意

---

① 《马克思恩格斯全集》第32卷，人民出版社1998年版，第48页。

了。在《1861—1863年经济学手稿》的"剩余价值理论"部分，马克思在批判詹姆斯·穆勒的观点时指出："所有这些拐弯抹角的说法都丝毫不能帮穆勒的忙，就是说，丝毫不能帮助他回避解决这个问题：积累劳动和直接劳动之间的交换（李嘉图以及追随他的穆勒等人就是这样理解资本和劳动之间的交换过程的）如何同直接与它矛盾的价值规律相符合。"① 在《1863—1865年经济学手稿》中，马克思在阐述了资本的价值增殖过程后指出："从以上的阐述可以得知'对象化劳动'这个用语以及作为对象化劳动的资本同活劳动的对立，能够引起很大的误解。"②

对劳动价值论的"一定的历史条件"的关注使马克思对资本内涵的理解也更加深刻了。他清楚地意识到，商品和货币本身尽管在一定的历史条件下可能转化为资本，但如果撇开这种历史条件而在一般意义上把它们与资本等同起来，则是错误的；劳动资料尽管在一定的历史条件下可能转化为资本，但如果撇开这种历史条件而一般地把它等同于资本，则是错误的。"当资本还只是表现为它的元素形式即商品或货币的时候，资本家也表现为商品占有者或货币占有者这种众所周知的特征形式。但因此，正像商品和货币本身不是资本一样，商品占有者和货币占有者本身也不是资本家。正像商品和货币只是在一定前提下才转化为资本一样，商品占有者和货币占有者也只是在同样的前提下才转化为资本家。"③ 在马克思看来，资产阶级古典经济学家就是因为没有看到这种"一定的历史条件"的重要性，把资本和雇佣劳动的交换简单地理解为作为商品的积累劳动和作为商品的直接劳动之间的交换，所以才无法真正把劳动价值论贯彻到对资本主义生产过程的解读之中。

马克思指出，只要我们把握住了这种"一定的历史条件"的重要性，就不难看出，资本虽然是以商品的形式表现出来的，但它不管是在交换价值还是在使用价值维度上都表现出了普通商品所没有的独特性质。对普通商品来说，我们从其交换价值中只能读出一定量的对象化劳动或者说一定

---

① 《马克思恩格斯全集》第35卷，人民出版社2013年版，第98页。
② 《马克思恩格斯文集》第8卷，人民出版社2009年版，第471页。
③ 《马克思恩格斯文集》第8卷，人民出版社2009年版，第454页。

量的社会必要劳动，但无法知道这种对象化劳动来自于谁。但我们从资本的交换价值中却能够清楚地读出其中的一部分是有酬劳动而另一部分则是无酬劳动。每一个作为资本的商品不单单是作为物的商品本身，而且还是资本的价值及剩余价值的承载者。由此，作为资本的商品"实际上作为已经自我增殖的资本的转化形式，现在出现在为了实现旧资本价值以及上面讲到的资本生产的剩余价值所必然要发生的出售范围、出售领域中。而旧资本价值和剩余价值的实现是决不能通过各单个商品或一部分单个商品按自己的价值出售来达到的。"① 就使用价值维度来说，普通商品的使用价值只是对该商品交换价值的实现。但资本由于不仅把劳动材料和劳动资料、劳动的社会结合以及与这种社会结合相适应的劳动资料（如机器等）并入其自身，而且还把劳动的主观条件即雇佣劳动也并入其自身，因此，它的使用价值不仅仅是商品和剩余价值的生产与再生产，而且还是资本本身的生产与再生产。

　　从表面上看，此处的论述颇具吊诡性。劳资之间的交换居然是以较多的活劳动与较少的对象化劳动之间的不平等交换为前提的。这也是斯密、李嘉图等人所无法彻底解决的理论魔咒。客观地说，斯密等人把资本说成是与活劳动相对立的对象化劳动时，他们的确已经意识到了资本的增殖是借助于活劳动来完成的。但是"在这方面，它的缺点在于：第一，他们不能证明，较多活劳动同较少对象化劳动的这种交换怎样符合商品交换的规律，即商品价值决定于劳动时间的规律；第二，因此他们把流通过程中一定量对象化劳动同劳动能力的交换直接混同于生产过程中发生的、以生产资料形态存在的对象化劳动对活劳动的吸收"②。究其原因，这是因为他们没有看到在商品市场上发生的资本与劳动能力的交换，只有在现实的资本主义生产过程中才可能完成。也就是说，劳资交换这种在一定历史条件下发生的特殊的商品交换，虽然是在商品市场上发生的，但它却是在现实生产过程中实现的。这不是概念上的诡辩，而是真实的社会历史过程。在马克思看来，如果我们看出了这一点，就很容易理解所谓劳资之间的不平等

---

① 《马克思恩格斯文集》第8卷，人民出版社2009年版，第432页。
② 《马克思恩格斯文集》第8卷，人民出版社2009年版，第489页。

交换在本质上不但不与劳动价值论相违背，而且还是它在资本主义条件下的自我实现。"就商品来说，人们只支付它的交换价值。人们买油，只支付油中包含的劳动，而不是支付油的质；买酒也是这样，人们只支付酒中包含的劳动，而不会为喝酒或者为他在喝酒时得到的享受进行支付。因而，同样，对于劳动能力来说，是支付它的交换价值，它本身包含的劳动时间，但是，因为劳动能力的使用价值本身又是劳动，是创造交换价值的实体，所以下述情况与商品交换规律没有任何矛盾：劳动能力的现实消费，即它作为使用价值的现实使用所创造的劳动，所体现的对象化劳动多于它本身作为交换价值所包含的劳动。"① 现在很清楚了，吊诡的不是马克思此处的理论表述，而是劳动力商品的特殊使用价值，是资本主义生产方式的特定内涵。正是凭借这一具有穿透力的理论剖析，马克思越过了英国李嘉图派空想社会主义者基于劳动价值论而展开的对劳资分配不公现象的批判视域，进入到了对资本主义生产方式本身的批判层面，并把发展了的劳动价值论与剩余价值理论有机地结合了起来。

三

应该承认，国外"左"派学界的确有学者也是从劳动价值论与剩余价值理论的相通性的角度来展开对马克思相关思想的研究的。譬如，德国学者罗斯多尔斯基（Roman Rosdolsky）就曾运用从抽象上升到具体的方法论对从前者向后者的辩证转换进行了解读。在他看来，在资本主义社会中，由于所有的商品都变成了资本的产品，因此，价值规律必定发生变形。因此，在这里价值规律只是作为一种抽象的决定因素起作用，它仅仅表示资本主义社会的一个方面——虽然是一个基本的方面；也就是说："一切经济主体必定显示出人们作为商品交换者相互之间的关系（包括工人和资本家的相互关系），但是，抽象的决定因素不能直接应用于'进一步发展了

---

① 《马克思恩格斯全集》第32卷，人民出版社1998年版，第96—97页。

的具体关系',它们必须首先处于某种中间地位。而这种中间地位被生产价格确立了。因此'价值规律的转换'——这种从劳动价值（或简单商品经济）到生产价格（或资本）的辩证转变，并不是一个历史的演绎，而只是理解具体（即资本主义社会本身）的一个方法。"① 从表面上看，罗斯多尔斯基此处的论述是没有问题的，但是，如果我们仔细地研究上述这种观点，应该可以发现罗斯多尔斯基明显地把从劳动价值到生产价格的转型与劳动价值规律的转型简单地混同了起来。在马克思那里，价值的确是劳动价值论的基础范畴，但它本身的转型并非劳动价值论的最主要内容。马克思的劳动价值论是要说明为什么劳资之间的关系既是符合劳动价值论的，又是能导致剩余价值及资本本身的生产与再生产的。

罗斯多尔斯基看不到这一点，这使他只能从价值概念在资本主义生产过程中的抽象性中简单地推演出劳动价值规律的抽象性，并认为这种价值规律在资本主义社会中只是一种抽象的决定因素，只是反映了工人和资本家作为商品交换者之间的相互关系，这种观点显然是不能让人接受的。在他看来，资本家对工人的剩余价值剥削关系是这种资本主义社会中的具体方面，属于进一步发展了的具体关系，是不能用劳动价值论来解读的，而只能运用生产价格等概念来加以解读。我承认马克思在《资本论》第三卷中的确强调了从价值向生产价格的转型的重要性，但这跟劳动价值论与剩余价值理论之间的关系完全不是一码事。虽然罗斯多尔斯基也强调了对生产价格的研究必须追溯到对价值这一内在的、隐藏的原因的研究，但他始终没有对资本的剥削逻辑与劳动价值论之间的关系作出准确的说明。从根本上说，这是因为他虽然在研究对象上已经明确地关注了对资本剥削这一具体的社会历史问题的研究，但在研究方法上还没有十分清晰的社会历史性维度，从而使他始终忙于去思考劳动价值规律是否能与资本主义生产的具体方面直接对应。一旦发现不能直接对应，就索性把它界定为抽象的决定因素。他不知道，劳动价值论与剩余价值理论之间关系的吊诡性，在于劳资之间看似不平等的交换关系其实恰恰是符合劳动价值论所讲的等量劳

---

① [德] 罗曼·罗斯多尔斯基:《马克思〈资本论〉的形成》，魏埙等译，山东人民出版社1992年版，第191页。

动进行等量交换的规律的。

  当然,对这一点的强调更能使我们清晰地认识到,把马克思的劳动价值论与剩余价值理论相互割裂开来的做法是完全没有依据的。"这里首先是新康德主义和新实证主义对剩余价值理论的攻击……对他们来说,分析生产和分配的社会问题、探讨和评价以此为基础的阶级关系,不属于科学的范围,而属于'意识形态'、'思辨'的范围。十分明显,在他们看来,科学只是把握了特殊的社会经济内容的各种经济学概念的理论化。"[①] 显然,这种观点首先是把劳动价值论的社会历史维度去掉,然后再把剩余价值理论中所体现的基于社会历史维度的经济学维度也去掉,最后再得出马克思的剩余价值理论是主观的情感判断,而其劳动价值论仅仅是数量化的经济因素之间的相互关系理论。说实话,如果基于这样的理解而把马克思的劳动价值论说成是依然具有科学性的观点,不仅与马克思在劳动价值论上的原意相差很大,而且还有很大的负面理论效应,因为它实际上是把马克思的剩余价值理论说成了只是马克思从与斯密、李嘉图等人相同的基本理论(即数量化的劳动价值论)中得出了一个不同的结论而已。如此一来,马克思剩余价值理论的科学性就无处安身了。我们在解读马克思的《资本论》及其手稿时,要对这些观点始终保持清晰的辨析及批判能力。

---

① [德]曼弗雷德·缪勒:《通往〈资本论〉的道路》,钱学敏等译,山东人民出版社1992年版,第32页。

历史唯物主义视域中的劳动价值论与形而上学[①]

周嘉昕

在传统马克思主义哲学研究中,劳动价值论没有得到充分重视,对这一问题的研究主要集中在政治经济学。与此同时,在西方主流经济学的发展进程中,劳动价值论被看作是一种形而上学的残余,19世纪70年代后被强调实证的主流经济学所抛弃。实际上,如果仅从实证经济学的角度来看待劳动价值论,它就会被理解为一种在实证研究中无法把握的形而上学"溢出"而被抛弃;但是,如果从哲学的角度来看,那么可以发现,劳动价值论的确立是以一种特殊的方式再现了现代市民社会(市民社会)的政治经济诉求。与市民社会的内在矛盾相应的是,劳动价值论也存在理论上的困境,这个困境暴露出了市民社会的内在冲突:基于私有财产的等价交换原则无法说明剩余价值是如何产生的。而黑格尔则试图以唯心主义思辨哲学的方式来解决这个矛盾。从这条思想史线索来看,劳动价值论为我们提供了一个透视黑格尔形而上学体系内在秘密以及马克思颠倒黑格尔思辨哲学的重要视角。

一、市民社会的兴起与劳动价值论的形成

"价值决定于劳动时间"这一规定凸显为古典政治经济学的出发点是

[①] 原载《南京大学学报(哲学·人文科学·社会科学版)》2012年第5期。

在李嘉图那里通过对斯密的批判而完成的，而其确立则经过了一个漫长的历史历程。其中具有关键性意义的环节是霍布斯—配第关于"劳动是财富之父"的观点、洛克对于"劳动的财产权"的论证、重农学派关于《经济表》的分析，以及哈奇逊和休谟有关分工、自利和"劳动储备"的讨论等。正是在此基础上，斯密才能提出"劳动是一切商品交换价值的真实尺度"的说法。

现代意义上的劳动价值论是从配第开始的，他在《赋税论》中提道，"土地为财富之母，而劳动则为财富之父和能动的要素"①。实际上，这种"劳动财富论"并非配第独创，而是受到了霍布斯《利维坦》的影响，霍布斯在该书第二十四章道："物资的数量，被自然限制在一些商品的范围之内，这些商品是上帝往往通过我们大家共同的母亲的双乳——海洋与陆地无偿地赐予人类，或是以劳动为代价售予人类。"霍布斯认为，财富尽管是自然的赐予，但是以可交换的商品的形式出现的，而且"人类的劳动也和任何其他东西一样是一种可以营利的商品"；与此同时，与"物资的数量"密切相关的分配问题即"私有财产权的建立是建立国家的结果"②。从这两点出发，配第关于"劳动是财富之父，土地是财富之母"论述的真实含义就不难理解了：既然以土地占有为核心的财产权依赖于国家（利维坦），那么强调"土地是财富之母"也就意味着国家（赋税）的存在被看作一个自然而然的前提，相应的是，这里所说的财富从一开始就不是指自然物或使用价值，而是作为赋税来源的"国家的供应品"，相应地，政治经济学所讨论的劳动从一开始就包含了社会关系的意义。更进一步说，"劳动是财富之父"包含了双重含义：一方面，较之于土地，劳动是"积极的要素"，是国家财富能动的源泉；另一方面，劳动是以商品的形式出现的，这是"劳动创造财富"之观念的背后隐藏着的历史秘密，用马克思在《哥达纲领批判》中的话说则是："只有一个人一开始就以所有者的身份来对待自然界这一切劳动资料和劳动对象的第一源泉，把自然界当作属于他的东西来处置，他的劳动才成为使用价值的源泉，因而也成为财富

---

① ［英］威廉·配第：《赋税论》，陈冬野等译，商务印书馆1963年版，第66页。
② ［英］霍布斯：《利维坦》，黎思复、黎廷弼译，商务印书馆1985年版，第191、192页。

的源泉。"① 霍布斯—配第的"劳动财富论"是以国家财富为目的的"政治算术"的副产品,在服务于"利维坦"的赋税的情况下,劳动注定只能是"财富之父",无法与"交换价值"发生关联,价值只能以财富的形式存在。即便如此,这种观点毕竟是从生产的角度来理解财富(价值)的原因和根源,从根本上扭转了亚里士多德传统中效用、需求决定价值的观念,因而迈出了通向纯粹的劳动价值理论的第一步。②

接下来的关键一步是在洛克那里迈出的。尽管马克思曾批评洛克将"价值等于使用价值",但同时也指出"洛克哲学成了以后整个英国政治经济学的一切观念的基础"③。马克思这里所说的洛克哲学,是其《政府论》下篇中包含的"劳动财产论"观点。洛克的主要意图是同霍布斯争论以为新兴的市民社会开拓空间。与霍布斯将国家看作自然法的内在目的并主张"土地所有权由君主随意分配"不同的是,洛克认为,"政府的主要目的是保护财产",因为私有财产权就是一种自然权利,"每人对他自己的人身享有一种所有权,除他以外任何人都没有这种权利……只要他使任何东西脱离自然所提供的和那个东西所处的状态,他就已经掺进他的劳动,在这上面参加他自己所有的某些东西,因而使它成为他的财产……从而排斥了其他人的共同权利。"④ 这里所描述的私有财产与劳动的链接依赖于这样一个事实:不再是利维坦,而是具有经济含义的"利益"成为驯服主体欲望的工具,从而个人主体才在市民社会中获得了与另一主体相对抗的单子式存在,其基础和边界是私有财产。在洛克对"劳动给予财产权"的强调中,我们不能忘记"私有财产"本身就是一个反身性的存在,是以"相互承认"为前提的。⑤ 马克思在《资本论》中指出,"用'worth'表示使用价值,用'value'表示交换价值;这完全符合英语的精神,英语喜欢用日耳曼语源的词表示直接的东西,用罗曼语源的词表示被反映的东西"⑥,

---

① 参见《马克思恩格斯选集》第3卷,人民出版社1995年版,第298页。
② Peter C. Dooley, *The Labour Theory of Value*, London and New York: Routledge, 2005, p. 23.
③ 参见《马克思恩格斯全集》第26卷第一册,人民出版社1972年版,第391、393页。
④ [英]洛克:《政府论》下篇,叶启芳、瞿菊农译,商务印书馆1964年版,第18页。
⑤ [德]费希特:《自然法权基础》,谢地坤、程志民译,商务印书馆2004年版,第12页。
⑥ 马克思:《资本论》第1卷,人民出版社1995年版,第48页。

从这个角度来看，洛克"劳动财产论"的逻辑承接作用不言自明。正是从"被反映"的财产关系入手，"劳动决定价值"才有可能从"劳动创造财富"中提炼出来，凸显为现代社会关系的焦点和核心。换言之，只有在商品交换扩大的基础上，市民社会的财产交换关系取代了"利维坦"，成为自然法的主要内容，价值才有可能从价格、交换价值中抽象出来，成为一种实体，并找到劳动作为其尺度。用米克的话说，17世纪"劳动是价值的源泉"这样的观念，不过是换一个讲法来鼓吹资本主义的经济组织形式，由于它能够促进分工，因而比以往的形式具有更大的生产力罢了；到了18世纪，这个概念开始同马克思所讲的社会内部的分工相联系，劳动价值学说才最终得以确立①。

从霍布斯—配第的"劳动财富论"发展到洛克的"劳动财产论"，接下来的问题就是财富的性质、原因和分配的合法性。当自然法不再依赖于一个作为自然化身的利维坦，而诉诸私有财产时，市民社会如何通过财富的生产和分配来实现自然的自我调控，便成了斯密《国民财富的性质和原因研究》（以下简称《国富论》）的题中之意。在这一理论的发展进程中，尽管法国重农学派和哈奇逊关于价值问题的直接讨论不多，但却从不同维度为斯密劳动价值理论的确立奠定了基础。这就是《经济表》对"纯产品"和"适当价格"的分析，以及哈奇逊和休谟对于劳动分工、自利和劳动储备的说明。

对于重农学派的历史功绩，马克思曾称赞说："重农学派把关于剩余价值起源的研究从流通领域转到直接生产本身的领域，这样就为分析资本主义生产奠定了基础。"② 重农学派的这一理论转向十分关键：一方面是把财富的"主体本质"从"货币主义体系和重商主义体系的拥护者"所主张的流通领域中转移出来③，转到直接生产领域；另一方面是把剩余价值作为"纯产品"，以地租这个一般形式抽象出来，而这又依赖于《经济表》对市民社会循环着的"自然秩序"的分析，"适当价格"的存在是这

---

① ［英］米克：《劳动价值学说的研究》，陈彪如译，商务印书馆1979年版，第36页。
② 参见《马克思恩格斯全集》第33卷，人民出版社2004年版，第16页。
③ 马克思：《1844年经济学哲学手稿》，人民出版社2000年版，第73页。

一循环的重要条件。因此,尽管重农学派没有直接围绕"劳动价值论"问题展开分析,但它却以特有的方式为其化蛹为蝶织就了一个茧:首先,以爱尔维修为中介,重农学派受到洛克哲学的影响,对私有财产的强调构成了魁奈"自然秩序"观的起点;同洛克一样,魁奈不仅在劳动中发现财产,而且在财产之上发现劳动,因为"正是所有权的确定性才诱使出社会福利所必需的工作"①。其次,在重农学派关于"自然秩序"的说法中包含着财富积累的含义——对纯产品、地租的论述。最后,为了说明"自然秩序"的形成,重农学派还借助一个可带来收益并维护再生产的"适当价格"概念。在这一点上,魁奈对使用价值和交换价值(出售价值)的区分以及对"适当价格"的论述中所包含的生产剩余的观点都对斯密的劳动价值论产生了直接的影响。

如果说,重农学派将财富积累归结为"自然的赐予",并将农业看作是唯一的生产部门,因而"资产阶级社会(市民社会)获得了封建主义的外观";那么,在斯密那里,财富的性质和原因则以资产阶级的方式在资本积累那里得到了说明。这也是劳动价值论最终确立的关键一步。斯密之所以能够迈出这一步,得益于哈奇逊以及休谟的探讨。首先,与洛克和重农学派不同,在哈奇逊和休谟对市民社会的理解中,私有财产让位于与劳动直接相关的分工。在后者看来,分工不仅是一种先于市民社会的自然状态,而且构成了正义、私有财产和国家的起源②。其次,分工产生了双重结果,一方面由于分工的存在,自然而然产生了自利和交换行为;另一方面,自利的存在和分工的扩大(制造业的出现),会形成一个超出自身需要的产品剩余,由于交换的存在,整个市民社会实现了财富的积累和繁荣——这就是斯密"看不见的手"的理论前身。最后,在产品的交换过程中产生了对货币的需求,即交换的中介和价值的贮存。然而在 18 世纪下半叶,金银等贵金属作为商品,其"价值"也经常性地发生变动,需要找到一种特殊的商品以体现不变的"价值"。这样,在哈奇逊和休谟那里,

---

① [美] 斯皮格尔:《经济思想的成长》(上),晏智杰等译,中国社会科学出版社 1999 年版,第 161 页。
② Peter C. Dooley, *The Labour Theory of Value*, London and New York: Routledge, 2005, p. 83.

逐渐形成了这样的思想：为交换而生产的商品的价值，主要是由凝固了的社会劳动构成，一个商品之所以有交换价值，只不过是因为有一部分社会劳动用于它的生产。①

二、斯密与劳动价值论的困境

从上面分析可知，从霍布斯和配第开始为说明国家赋税来源而将土地和劳动看作财富的共同起源，经过洛克以劳动来为私有财产进行自然法的论证，再到重农学派和苏格兰学派在市民社会内部分别从财富的来源和商品交换中的不变尺度两个方面来对劳动进行探讨，由此，斯密对劳动价值论的创造性发展终于有了一个坚实的理论基础。在市民社会兴起的过程中，劳动价值论的孕育呈现出三大特征：第一，劳动价值论甚至政治经济学本身都只是一项理论上的副产品。无论是对国家财富来源的说明，还是对私有财产之合法性的辩护，还是对分工和私利会自发带来社会利益最大化的分析，都无意识地为劳动价值论的形成做了准备。第二，在市民社会的发展过程中，劳动逐渐罩上了财富与财产的主体本质和价值实体的神圣光环，代替金银成为政治经济学家崇拜的对象。第三，劳动创造价值的观点直接服务于市民社会的自然法则，即在分工和私有财产的条件下，商品交换过程中的"适当价格"构成了财富积累的原因，这样，资本积累也就成为一种"自然秩序"。

《国富论》与《道德情操论》的理论关系即所谓的"斯密难题"，是斯密研究中常常提到的一个问题。实际上，这个问题从一个侧面反映了上文提到的"劳动价值论"的第一个特征。作为苏格兰启蒙运动中的一位"道德哲学"教授，斯密在《国富论》中延续了《道德情操论》、《关于法律、警察、岁入及军备的演讲》等书在自然法的意义上对于正义的关注，并将其落实到"富国裕民"的讨论之中。他关注的是市民社会中财富的积

---

① ［英］米克：《劳动价值学说的研究》，陈彪如译，商务印书馆1979年版，第41、42页。

累和分配及其带来的权力调控问题。《国富论》中的政治经济学探索在很大程度上是把当时已经出现的几种观念进行体系化和综合化：观念一是经过"真实价值"、"内在价值"和"实际价值"等观念，价值概念从价格概念中抽象出来；观念二是重农学派将剩余产品归结为农业生产并用"经济表"来说明均衡状态的"自然秩序"；观念三是与财富积累相关的分工以及与之相适应的观念即劳动赋予商品的价值。正是从上述理解出发，斯密从分工开始自己的论述并提出劳动价值学说。为了认识以分工为基础的社会——商业社会，斯密明确区分了商品的使用价值和交换价值，他说："应当注意，价值一词有两个不同的意义。它有时表示特定物品的效用，有时又表示由于占有某物而取得对他种货物的购买力。前者可叫做使用价值，后者可叫做交换价值。"① 进而，在阐明支配商品交换价值的原则时，斯密指出："劳动是一切商品交换价值的真实尺度"，但是"对于占有财富并愿用以交换一些新产品的人来说，它（财富）的价值，恰恰等于它使他们能够购买或支配的劳动量"。斯密认为，在资本累积和土地私有之后的"进步社会"中，"劳动不仅衡量价格中分解成为劳动（工资）的那一部分的价值，而且衡量价格中分解成为地租和利润的那些部分的价值"；换言之，每一件商品的交换价值是由工资、利润和地租构成的，它们是"一切收入和一切可交换价值的三个根本源泉"②。在斯密的论述中存在着无法回避的矛盾：矛盾的一极是斯密认为，在"初期野蛮社会"中"获取各种物品所需要的劳动量之间的比例，似乎是各种物品相互交换的唯一标准"；另一极则是斯密又认为，在进步社会中，劳动（工资）、地租和利润"都或多或少成为绝大部分商品价格的组成部分"。对此，马克思嘲弄地说："斯密本人非常天真地活动于不断的矛盾之中。一方面，他探索各种经济范畴的内在联系，或者说，资产阶级经济制度的隐蔽结构。另一方面，他又同时按照联系在竞争现象中表面上所表现的那个样子，也就是按

---

① ［英］亚当·斯密：《国民财富性质和原因的研究》上卷，郭大力、王亚南译，商务印书馆1972年版，第25页。
② ［英］亚当·斯密：《国民财富性质和原因的研究》上卷，郭大力、王亚南译，商务印书馆1972年版，第26、27、44、45、47页。

照它在非科学的观察者眼中,同样在那些被实际卷入资产阶级生产过程并同这一过程有实际利害关系的人们眼中所表现的那个样子,把联系提出来。"①

斯密在劳动价值论问题上的矛盾,暴露出资产阶级政治经济学在证明私有财产之自然权利与资本积累时的理论无能,而这恰好是市民社会虚伪本质的真实映现。既然市民社会是一个商业社会,财富分配是通过交换价值来完成,那么市民社会中的正义就在自然法的意义上获得了最初的保证。然而,斯密所面对的商业社会由三个市民阶级组成,这个市民社会的稳定和繁荣从根本上说依赖于利润的存在和资本的积累。当斯密说"由于在文明(市民)国家内,交换价值单由劳动构成的商品极不常见,大部分商品的交换价值,都含有大量的利润和地租,所以,社会全部劳动年产物所能购买或支配的劳动量,远远超过这年产物生产制造乃至运输所需要的劳动量"②时,他就悄悄地把劳动所创造的"更大的价值"替换为霍布斯和重农学派所说的"自然的赐予"。只不过,这种"自然的赐予"并不是真正的自然,借用黑格尔的话说,这里的自然是"第二自然"。对此,柯尔施一针见血地指出:"资产阶级社会的这样的最高理想,例如自由的与自我决定的个人、一切公民在行使其政治权利中的自由与平等以及一切人在法律面前的平等,现今仅仅表现为来源于商品交换的对商品拜物教的补充概念。它们同商品拜物教一起构成了对生产关系一定类型(它由社会生产力的发展形式已蜕变为日益觉察到的桎梏)的表现,即构成在意识形态上对有缺陷的社会生产调节的美化。"③ 在这个意义上,马克思将斯密称作"国民经济学的路德"是十分恰当的。如果说"重商主义体系在某种程度上还具有某种纯朴的天主教的坦率精神,它丝毫不隐瞒商业的不道德的本质"④,并且把金银等贵金属奉若神明;那么,斯密的政治经济学就像伪善

---

① 参见《马克思恩格斯全集》第26卷第二册,人民出版社1973年版,第181、182页。
② [英]斯密:《国民财富性质和原因的研究》上卷,郭大力、王亚南译,商务印书馆1972年版,第48页。
③ [德]柯尔施:《卡尔·马克思》,熊子云、翁廷真译,重庆出版社1993年版,第102、103页。
④ 参见《马克思恩格斯全集》第3卷,人民出版社2002年版,第447页。

的新教那样，扬弃了外在于市民社会的财富，把私有财产移入人的主体本质。与天主教匍匐在外在的上帝和主教面前不同，新教主张"因信称义"，声称在主体之中发现了"国民财富"的起源。然而，这个国民财富仍是"第二自然"的赐予。在其中，利润和地租是以信仰而非证明的方式作为一个既成事实而被接受下来的。斯密以一种改头换面的方式建立了一个关于资本积累的"新教"，但不幸的是，资本的物神在假手交换价值自我实现的过程中，却遭遇到了自身的逻辑困境。用洛维特的话说，"斯密的伟大发现就是表面上客观的私有制的本质就是人的劳动这个所有财富的创造者。但是，他越是彻底地和嘲弄地把所有价值追溯到创造价值的劳动，并从劳动者的和利用自己的资本的立场出发分析雇佣劳动，也就越是必然地导向一种批判，这种批判的尺度不是独立的资本和劳动者，而是社会地劳动的人"①。

谈到劳动价值论的逻辑困境，还需论及李嘉图对斯密的批判。从劳动价值理论系统化的角度来说，较之斯密在价值和交换价值问题上的含混，李嘉图《政治经济学及赋税原理》的意义毋庸置疑。用马克思的话说，李嘉图"向科学大喝一声：'站住'！""从商品的价值量决定于劳动时间这个规定出发，然后研究其他经济关系是否同这个价值规定相矛盾，或者说，它们在多大程度上使这个价值规定发生变形。"② 这显然是从"确立支配（产品）这种分配的法则"出发对政治经济学的推进和完善。然而，这一批判有其自身的限度。同斯密一样，李嘉图并没有从根本上跳出资产阶级意识形态的窠臼。虽然在价值概念的理解和使用上，后者要比前者前后一致得多，但在斯密学说中不证自明的财富积累却在李嘉图的科学体系中成为一个无法解释的"剩余"，这就是李嘉图体系的第一个困难：资本和劳动的交换如何同价值规律相符。用罗尔的话说则是，李嘉图在劳动价值论学说的结构中留下了一个严重的缺口，其著作中的矛盾是：奠定了一

---

① ［德］卡尔·洛维特：《从黑格尔到尼采》，李秋零译，生活·读书·新知三联书店2006年版，第370页。
② 参见《马克思恩格斯全集》第34卷，人民出版社1972年版，第182页。

种价值学说,而又在其最重要的应用(剩余价值)上使其不发生效力。①因此,李嘉图作为斯密的批判性完成,不但没有解决政治经济学和劳动价值论的内在矛盾,反倒在抽象的规律中暴露出了市民社会的冲突。

三、黑格尔对劳动价值论难题的形而上学解答

从上文可知,劳动价值论的确立并不像传统经济学教科书所描述的那样仅仅围绕使用价值、交换价值和劳动的二重性等问题展开,而是作为市民社会之自然法理论的政治经济学的副产品;恰恰是这样一个理论副产品最终暴露了政治经济学的意识形态本质以及市民社会的内在冲突。如果说,劳动价值论在逻辑上的矛盾以悲观的方式为我们揭示了市民社会的真相——以利润(剩余价值)为基础的财富积累和以私有财产为前提的商品等价交换之间的对抗——的话;那么,黑格尔则让在上述冲突中出现的诸多经济范畴以观念的方式运动起来,从而为解决这种冲突找到一条"合理"途径。从哲学反思的角度来看,交换价值和抽象劳动绝不仅仅是表达生产的经济学范畴,它们的奥秘在于古典政治经济学的形而上学,黑格尔的哲学为我们发现这一奥秘提供了重要的理论入口。

正如很多学者已经指出的,在德语语境中劳动概念是在17、18世纪获得它的现代化形态,劳动不仅仅是满足需求,它还是现实存在的一个根本组成部分。②虽然黑格尔没有直接提及和论述劳动价值论,但劳动是其思辨哲学的重要主题和体系展开的关键环节,结合黑格尔对劳动以及与之相关的一系列概念——如自我意识、需要的体系、财富等等——的阐述,可以为我们看清政治经济学话语背后的社会历史情境另辟蹊径。黑格尔对劳动的探讨主要集中于《精神现象学》中的"自我意识章"和《法哲学原理》中的"市民社会章"两个部分。在前者,劳动构成了自我意识确立

---

① [英]罗尔:《经济思想史》,陆元诚译,商务印书馆1981年版,第179页。
② [德]奥特弗利德·赫费:《经济公民、国家公民和世界公民》,沈国琴、尤岚岚、励洁丹译,上海译文出版社2010年版,第16页。

的基础，并与私有财产和人格的确立具有内在关联。在后者，劳动先天具有分工的含义，并在此基础上借助于"需要的体系"（市民社会）和"伦理实体"（国家），构成"绝对理念"自我实现的一个环节。在《精神现象学》的第四章"自我意识"特别是讨论"自我意识的独立与依赖"即主奴辩证法中，黑格尔集中讨论了劳动问题。在他看来，劳动作为"节制的欲望"和"对事物的陶冶"，使自我意识自身得以确立。然而，这一确立并不是一个直接性的过程，而是内在包含着自我意识与另一个自我意识相互承认的过程。结合黑格尔耶拿手稿的相关内容可知，这样一个劳动过程本身是同私有财产以及现代人格的确立内在地关联在一起。这实际上也是政治经济学的秘密：劳动作为财富的源泉和私有财产的主体不是一个自然而然的事实，而是在不同的主体之间相互确立自身存在、在商品交换的过程中被制造出来的。与之对应，黑格尔的劳动概念也先天地包含了分工的含义。正是在分工的基础上，黑格尔才会在《法哲学原理》中展开对"需要的体系"及市民社会和国家的分析，这也构成了普遍性的"绝对知识"自我实现的一个环节。用黑格尔的话说，就是"抽象化引起手段和需要的细致化，从而也引起了生产的细致化，并产生了分工……同时，技能和手段的这种抽象化使人们之间在满足其他需要上的依赖性和相互关系得以完成，并使之成为一种完全必然性"①。从劳动的分析出发，黑格尔专门提及政治经济学，认为"政治经济学就是从上述需要和劳动的观点出发、然后按照群众关系和群众运动的质和量的规定性以及它们的复杂性来阐明这些关系和运动的一门科学"②。这很容易让人们联想起斯密对政治经济学的定义，只不过更加形而上学罢了。然而，如果我们考虑到在黑格尔那里，需要和劳动本身是普遍性在特殊性实现自身的手段，而"群众关系和群众运动"的主要内容是"私有财产"的话，我们就会发现，尽管黑格尔并未专门讨论劳动价值论，但却非常重视价值概念。因为"普遍性的事物就是价值，可感知的运动就是交换……财产是以被承认为中介的直接占

---

① ［德］黑格尔：《法哲学原理》，范扬、张企泰译，商务印书馆1961年版，210页。
② ［德］黑格尔：《法哲学原理》，范扬、张企泰译，商务印书馆1961年版，204页。

有，或者说，它的存在就是精神实质"①。

在"自然法纲要"中论及财产关系中的"物"在质和量方面的规定性时，黑格尔集中阐述了自己对价值的理解。他说："（价值）这里，质是在量的形式中消失了。也就是说，当我谈到需要的时候，我所用的名称可以概括各种各样不同的事物；这些事物的共通性使我能对它们进行测量。于是思想的进展就从物的特殊的质进到对于质这种规定性无足轻重的范畴，即量……在财产方面，由质的规定性所产生的量的规定性，便是价值。在这里质的东西对量给以定量，而且在量中既被废弃同时又被保存。当我们考察价值的概念时，就应当把物本身单单看做符号，即不把物作为它本身，而作为它所值的来看。"② 这段话清晰地说明了财产与价值之间的过渡关系。一方面，价值概念本身是以财产关系为基础，是一种基于反身关系的交换价值的抽象，与使用价值有着根本性区别。在这一点上，黑格尔的分析实际上构成了洛克"劳动财产论"到斯密"劳动价值论"的逻辑过渡。另一方面，在黑格尔这里，虽然价值是可以被量化的，是作为质的财产的扬弃，但这种量化并没有与劳动时间相挂钩，而是直接诉诸货币。黑格尔接着说："票据并不代表它的纸质，它只是其他一种普遍物的符号，即价值的符号。物的价值对需要说来可以多种多样。但如果我们所欲表达的不是特种物而是抽象物的价值，那么我们用来表达的就是货币。货币代表一切东西，但是因为它不表示需要本身，而只是需要的符号，所以它本身重又被特种价值所支配；货币作为抽象的东西仅仅表达这种价值。"③ 从黑格尔自身的逻辑体系来看，其对货币的阐述恰恰是在政治经济学的话语中实现了绝对理念的要求。如果说，黑格尔对财产、价值的讨论是内在地通向作为一种普遍性的货币（在马克思那里，实际上是资本的再现）的话，那么相应地，从需要和劳动（分工）出发的个人和市民社会在自身的运动中也合乎逻辑地通向作为一种普遍物和最终目的的"现代国家"。对此，马克思尖锐地指出："逻辑学是精神的货币，是人和自然界思

---

① ［德］霍耐特：《为承认而斗争》，胡继华译，上海世纪出版社集团2005年版，第57页。
② ［德］黑格尔：《法哲学原理》，范扬、张企泰译，商务印书馆1961年版，57页。
③ ［德］黑格尔：《法哲学原理》，范扬、张企泰译，商务印书馆1961年版，57页。

辨的、思想的价值！"①

实际上，在黑格尔那里对"现代国家"这一理念的强调，与斯密对"成本价值论"的论述殊途同归，就是将"看不见的手"转化为"看得见的手"。斯密预设了资本积累的存在，因而在商品价值分析中保留了利润的位置，并相信在市场竞争中会有"看不见的手"来"引导各个人选定最有利于社会的用途"。与之不同的是，黑格尔在市民社会的发展中看到了"伦理性的实体达到了它的无限形式"，其自身包含两个环节，一是独立的自我意识，一是普遍性的形式，精神"作为有机的整体而对自身成为客观的和现实的"；国家则"在被提升到普遍性的特殊自我意识中具有这种现实性"②。显然，黑格尔这一思想的背后是斯密式的政治经济学图景。有意思的是，黑格尔所说的"国家的理念"这种绝对自在自为的理性，不是别的，就是"现实的神本身"，这恰恰暴露了"思辨体系"的本质：尽管看起来是从抽象出发，但这种抽象并非客观的抽象，而是一种在观念中完成的虚假的抽象，从这种抽象出发，颠倒的现实的再颠倒并没有真正立起来，而是进入了新一层的"盗梦空间"。

综上来看，在黑格尔的"法哲学"及其体系的发源地《精神现象学》中，一个重要的主题就是要对新兴的市民社会作出回应。这个主题的获得以及对它所提出的诸多问题的解答，都离不开政治经济学发展中所涉及的那些范畴，如财产（所有权）、劳动、分工、需要、财富、价值等等。只不过在黑格尔的思辨哲学中，这些范畴都是作为"普遍物的特殊化"而被纳入一个绝对理念自我实现（"国家"）的逻辑进程之中——这就是作为"概念运动原则"的"辩证法"。在这个过程中，黑格尔尽管并未直接论述劳动价值论，但其体系化的理论以概念运动的方式将政治经济学的理论成果综合起来，从而为参透政治经济学本身提供了一条精巧的路径。黑格尔以辩证法的方式将现实理念化，这种做法当然是一种唯心主义，但这种唯心主义的秘密并不仅仅在于将"物质的东西移入人的头脑"之中，而更在于它对现代社会结构及其运动的认识和再现方式本身。与斯密、李嘉图

---

① 马克思：《1844年经济学哲学手稿》，人民出版社2000年版，第98页。
② ［德］黑格尔：《法哲学原理》，范扬、张企泰译，商务印书馆1961年版，252、253页。

政治经济学中内在的逻辑冲突相对照，黑格尔的概念辩证法看起来似乎是以体系的方式解决了这种矛盾，并合乎逻辑地推演出最高实体的存在。然而这种实体掺杂了太多想象的成分，且这种体系的逻辑也过多地依赖于修辞的技巧。不久，思辨唯心主义就遭遇到了与李嘉图学说相类似的理论命运——黑格尔去世之后，其体系中的自我意识和实体要素很快便分道扬镳了。从这个意义上可以说，如果我们把劳动价值论看作是揭示现代市民社会对抗性存在的理论征兆的话，黑格尔虽然成功地用概念的辩证运动遮盖了这种对抗，但其代价是自身理论逻辑的解体。从这一逻辑出发，历史唯物主义的许多概念、原理可以得到深化，如怎样把握从生产出发这个历史唯物主义的第一原则，怎样理解马克思政治经济学批判和劳动价值论批判中的历史唯物主义观点，怎样看待马克思对黑格尔"头足倒立"的理论颠倒，等等。

政治经济学批判与辩证法的颠倒[1]

周嘉昕

一般来说，谈到辩证法，人们往往首先想到的是马克思对黑格尔的唯物主义颠倒。在此基础上，"辩证唯物主义"被界定为马克思主义哲学的本质，并在政治经济学批判中得到了验证和应用。然而进入新世纪以来，一方面借由"历史辩证法"的讨论，"历史唯物主义"已经摆脱了"马克思主义社会学"的定位而日益凸显出自身的方法论内涵；另一方面，政治经济学批判特别是《资本论》中的哲学正获得越来越多的关注，马克思和黑格尔的关系总是为学界以不同的方式重新提及。相应的，一个新的焦点问题被摆上了台前案头：如何理解辩证法的"合理形态"，这种"批判的和革命的"辩证法与政治经济学批判之间存在着怎样的理论关联？

一、"主谓颠倒"还是"头足倒置"：问题的提出

依马克思自己的表述，"我的辩证方法，从根本上说，不仅和黑格尔的辩证方法不同，而且和它截然相反……观念的东西不外是移入人的头脑并在人的头脑中改造过的物质的东西而已……在他那里，辩证法是倒立着的。必须把它倒过来，以便发现神秘外壳中的合理内核。"[2] 我们很容易得

---

[1] 原载《哲学研究》2016年第2期。
[2] 马克思：《资本论》第1卷，人民出版社1995年版，第22页。

出这样的结论：在黑格尔那里，是思辨的唯心主义辩证法；在马克思这里，则是现实的唯物主义辩证法。马克思对黑格尔的批判是一种唯物主义对唯心主义的"头足倒置"，从而抛弃了黑格尔辩证法的神秘外壳，汲取了其中的合理内核。因此唯物主义辩证法的形成可以顺理成章地追溯到《黑格尔法哲学批判》（以下简称《批判》）中对思辨哲学"逻辑的、泛神论的神秘主义"的"主谓颠倒"。这种理解在很大程度上构成了传统苏联马克思主义哲学史和辩证法问题研究的基本框架。然而，回到马克思的文本和思想探索历程中去，上述观点遭遇了尖锐的理论挑战。

一方面，从《批判》的"主谓颠倒"到《资本论》的"头足倒置"，有十年左右讨证的空场。换言之，在《德意志意识形态》（以下简称《形态》）转向"真正的实证科学"之后，辩证法连同黑格尔一起被马克思选择性地遗忘了。只是到了1858年初，马克思才提到了黑格尔"方法中所存在的合理的东西"。另一方面，正如阿尔都塞在《保卫马克思》中所指出的那样，马克思对黑格尔的"'颠倒'这个问题归根到底是不能成立的。因为把一种意识形态'颠倒过来'，是得不出一种科学的"①。更进一步，辩证法问题上的颠倒，并非仅仅是哲学立场的转换，而是马克思政治经济学批判"理论实践"的产物。简言之，如果承认在青年马克思的"主谓颠倒"和成熟马克思的"头足倒置"之间存在某种理论上的不连续性，那么该到底如何理解马克思"合理形态的辩证法"？20世纪80年代以来，中国马克思主义哲学研究的理论创新已经在两个维度上为解决这一疑难奠定了坚实的基础，并指明了进一步探索的方向。

第一个维度是"实践辩证法"的探索。走出传统苏联哲学教科书体系的藩篱，自觉反思唯物和唯心、辩证法和形而上学两对"对子"，并受西方马克思主义历史辩证法的影响，以马克思《关于费尔巴哈的提纲》（以下简称《提纲》）和列宁《哲学笔记》为直接的文本基础，"实践唯物主义"成为改革开放以来中国马克思主义哲学创新的重要环节。与这一讨论的自我反思与深化相一致，"实践辩证法"的探索同时面临着双重任务：

---

① ［法］阿尔都塞：《保卫马克思》，顾良译，商务印书馆2006年版，第186页。

一是对传统的"唯物主义辩证法"理解进行"解蔽",恢复辩证法和人的存在之间的真实联系;二是避免滑向"人本主义"的泥淖,在彰显辩证法批判性的同时捍卫其科学性。正是在这一意义上,我们可以发现"辩证法的实践转向"、"前提批判的辩证法"、"生存论的马克思主义"以及重思"历史唯物主义"等不同研究路向之间的异曲同工之处。在"实践"的理解上通过社会历史内涵的展开,如对"劳动"和"物质生产"范畴的强调等,来实现辩证法从"思维过程"主体到物质"生产过程"主体的"颠倒"或"转向"。①

第二个维度是马克思"政治经济学批判"哲学意蕴的再考察。依传统的马克思主义理论,政治经济学和哲学、科学社会主义为并立的三个组成部分,唯物辩证法在"政治经济学批判"中获得了验证和发展。近四十年来,随着马克思经济学手稿的编译和出版、马克思主义哲学史研究的推进,政治经济学批判与马克思主义哲学的关系成为一个持续发酵的焦点话题。在此过程中,不仅"古典政治经济学"本身的哲学意蕴逐渐为学界所关注,而且德国古典哲学中包含的社会历史维度也被不断呈现。"经济学语境中的哲学话语","市民社会"与资本主义"物化(物象化)批判","资本逻辑"与现代性反思等讨论都从不同角度触及了"政治经济学批判"中的辩证法这一问题核心。也正是近年来不断升温的《资本论》哲学的阐释,进一步凸显了"主谓颠倒"还是"头足倒置",即马克思政治经济学研究不同阶段上对辩证法的不同理解这一基本问题。

因此,站在既有学术研究的理论高地之上,走出传统苏联哲学教科书唯物与唯心、辩证法与形而上学的简单二分,从"实践唯物主义"走向"历史唯物主义",在马克思"政治经济学批判"的探索历程中说明马克思对黑格尔的批判性改造,进而说明马克思主义在形而上学批判、意识形态批判与资本批判的统一中实现的哲学变革就成为一项切实的理论任务。②沿着上述思路,笔者将尝试证明:"主谓颠倒"和"头足倒置"标志着

---

① 孙正聿等:《当代中国马克思主义哲学专题研究》,吉林人民出版社2010年版,第347页。
② 杨耕:《形而上学批判、意识形态批判和资本批判的统一》,载《光明日报》2011年11月8日。

"青年马克思"和"成熟马克思"批判黑格尔的不同方法论构架。作为其理论支撑和真实基础的是对资本主义生产方式("市民社会")内在结构和运转机制理解的深化。与政治经济学批判的理论推进相关,"辩证法的合理形态"的探索可分为三个阶段:一是"青年马克思"站在费尔巴哈的立场上对黑格尔思辨哲学的"主谓颠倒";二是马克思在历史唯物主义"总的结果"指导下,"实证"批判"把帽子变成了观念"的黑格尔思维抽象;三是在《资本论》的写作过程中,对黑格尔辩证法的重新发现及"双重颠倒"——从思维主体到生产过程主体的转向,以及对资本主义生产过程中"头足倒立"着的"现实抽象"的剖析。

二、"费尔巴哈是惟一对黑格尔辩证法采取严肃的、批判的态度的人"

众所周知,马克思与黑格尔的第一次交集发生在1837年下半年。在"给父亲的信"中,马克思提到在自己"法的形而上学"建构失败后,开始"从理想主义(唯心主义),转而向现实本身去寻求思想",并且发现自己"最后的命题原来是黑格尔体系的开端",而这部"从哲学上辩证地揭示神性"的著作,"像欺诈的海妖一样,把我诱入敌人的怀抱"。[①] 为了解决"现实的东西和应有的东西之间的对立",马克思从康德、费希特转向了黑格尔。这一认识实际上也构成了马克思《博士论文》与鲍威尔哲学的潜在区别。受"博士俱乐部"的影响,马克思尝试以原子的偏斜运动为"自我意识"做哲学史的论证。但在"自我意识"哲学出路的思考中,马克思更加强调哲学与现实的辩证关系。"世界的哲学化同时也就是哲学的世界化,哲学的实现同时也就是它的丧失。"因为"自我意识把世界从非哲学中解放出来,同时也就是把它们自己从哲学中解放出来"。[②] 可以说,在马克思接触黑格尔之初,便特别强调"在现实中发现思想"的辩证

---

① 《马克思恩格斯全集》第40卷,人民出版社1982年版,第15页。
② 《马克思恩格斯全集》第40卷,人民出版社1982年版,第258、259页。

特征。

然而从1843年开始，马克思的态度发生了截然的变化。其一，借用"主谓颠倒"的方法，用唯物主义替代唯心主义，批判了黑格尔辩证法中泛逻辑的神秘主义；其二，强调真实的矛盾对抗，反对思辨中虚假的辩证统一。抽象地说，上述二者确实可以构成马克思主义辩证法理解的核心框架。前者构成了"唯物主义"理解的基本原则，而后者可以引申出辩证法"按其本质来看，是批判的和革命的"观点。但问题是：受费尔巴哈影响，作为《批判》和《1844年经济学哲学手稿》（以下简称《手稿》）的方法论基础，这种唯物主义到底是怎样的一种唯物主义？尤其是对照《形态》中的判断："当费尔巴哈是一个唯物主义者的时候，历史在他的视野之外；当他去探讨历史的时候，他不是一个唯物主义者。"① 这种唯物主义能否直接作为辩证法合理形态的基础？相应地，手稿"对黑格尔辩证法和整个哲学的批判"，是否完成了对思辨辩证法的批判性改造？

有研究证明：马克思在费尔巴哈人本学的基础上，所实现的从唯心主义向唯物主义的转变，只是达到了"一般唯物主义"或"哲学唯物主义"的水平，历史唯物主义的发现还需要经历"第二次"转变。如果结合费尔巴哈自己对"唯物主义"的态度，以及恩格斯晚年"唯物主义并没有别的意义"的说法，这种唯物主义实质上是一种"人本主义"或"人类学"。受费尔巴哈影响，马克思强调哲学的出发点是"感性"的"对象性"的存在物，而非无对象思辨"理性"。但是"他（费尔巴哈）过多地关心自然而过少地关心政治"②，马克思从《批判》开始并在《手稿》中，通过异化劳动理论实现了对费尔巴哈的发展。

谈到"主谓颠倒"，往往首先提起"不是国家决定市民社会，而是市民社会决定国家"。但回到《批判》文本中去，除了"观念变成了主体，而家庭和市民社会对国家的现实的关系被理解为观念的内在想象活动"，"使作为观念的主体的东西成为观念的产物，观念的谓语"③ 外，在讨论

---

① 《德意志意识形态》（节选本），人民出版社2003年版，第22页。
② 《马克思恩格斯全集》第27卷，人民出版社1972年版，第442页。
③ 《马克思恩格斯全集》第3卷，人民出版社1956年版，第10、18页。

"抽象人格"或"国家人格",以及"市民社会"和"政治国家"的二元性时,马克思也使用了这一方法。可见,人本主义唯物主义主要针对的是黑格尔把"观念"作为主体,以及在"理性推理的阐释"中所造成的"体系的全部超验性和神秘的二元论"。从"类存在"的"人"出发,马克思发现了黑格尔"国家法"中的"非批判性"和"泛逻辑的神秘主义"的关键,即"私有财产"。黑格尔之所以将"抽象人格"的观念作为主体,是因为其"法哲学"中存在着从封建"地产"这种"本来意义上的私有财产"出发的"政治的唯灵论"和"粗陋的唯物主义"的混合。"伦理观念的现实性在这里成了私有财产的宗教",这是黑格尔辩证法中"最坏的一种混合主义"。①

这就不难理解,为什么《论犹太人问题》和《黑格尔法哲学批判导言》要专门批判以"私有财产"为基础的"市民社会"的内在分裂,并站在无产阶级立场上探索人类解放的可能了。同样,也就不难理解为什么《手稿》用异化劳动来说明私有财产,并专门批判"黑格尔的辩证法"了。在初步的经济学研究中,马克思发现"私有财产"构成了黑格尔"国家"和"国民经济学"共同的异化本质,并用人的"类本质",即"自由自觉的活动"的异化来说明这一事实。因为,"费尔巴哈这样解释了黑格尔的辩证法(从而论证了要从肯定的东西即从感觉确定的东西出发):黑格尔从异化出发,从实体出发,从绝对的和不变的抽象出发,就是说,说得通俗些,他从宗教和神学出发"②。只有"费尔巴哈是惟一对黑格尔辩证法采取严肃的、批判的态度的人;只有他在这个领域内作出了真正的发现,总之,他真正克服了旧哲学"③。然而,在《手稿》论述辩证法片段的后半部分(与[私有财产和需要]、[增补]和[分工]交叉写作完成),马克思却在黑格尔与国民经济学对勘的意义上提到"黑格尔的《现象学》及其最后成果——辩证法,作为推动原则和创造原则的否定性——的伟大之处首先在于,黑格尔把人的自我产生看作一个过程,把对象化看

---

① 《马克思恩格斯全集》第3卷,人民出版社1956年版,第128页。
② 马克思:《1844年经济学哲学手稿》,人民出版社2000年版,第96页。
③ 马克思:《1844年经济学哲学手稿》,人民出版社2000年版,第96页。

作非对象化,看作外化和这种外化的扬弃;可见,他抓住了劳动的本质,把对象性的人、现实的因而是真正的人理解为他自己的劳动的结果"①。而在"异化这个规定之内",黑格尔辩证法也包含着"积极的环节":"独立于自然界和精神的特定概念、普遍的固定的思维形式,是人的本质普遍异化的必然结果,因而也是人的思维普遍异化的必然结果;因此,黑格尔把它们描绘成抽象过程的各个环节并且把它们联贯起来了。"②

由此可见,站在费尔巴哈或者说"异化"批判的立场上,黑格尔的辩证法和整个哲学是一种从宗教和神学出发的泛逻辑的神秘主义,需要通过"主谓颠倒"的方式确立新的理论出发点。此外,借助于对私有财产,尤其是"需要"和"分工"的分析,马克思看到了黑格尔辩证法和国民经济学在异化规定内的逻辑同构性,即"在抽象的范围内——把劳动理解为人的自我产生的行动,把人对自身的关系理解为对异己存在物的关系,把作为异己存在物的自身的实现理解为生成着的类意识和类生活"③。因此,对黑格尔和国民经济学的批判就不应仅仅满足于"主谓颠倒",更应深入到"感性"的"对象性活动"内部,去分析这种"抽象"和"异化"的形成及其扬弃之路。也正是在这一点上,"感性"的"人类"概念开始暴露出自身"直观"和"非历史"的本质,迫使马克思去重新思考自身的方法论路径。

三、"有一个德国人就把帽子变成了观念"

可以说,马克思在《手稿》中对待黑格尔辩证法的态度既明确又矛盾。一方面,黑格尔的哲学体系是一种从异化和抽象出发的含混的折中主义和泛逻辑的神秘主义,需要从"感性"的"对象性活动"出发加以拒斥。另一方面,在"私有财产"的运动、"市民社会"的研究特别是对现

---

① 马克思:《1844年经济学哲学手稿》,人民出版社2000年版,第101页。
② 马克思:《1844年经济学哲学手稿》,人民出版社2000年版,第114页。
③ 马克思:《1844年经济学哲学手稿》,人民出版社2000年版,第113页。

代"工业"的分析中,这一费尔巴哈式的人本主义出发点本身并不可靠。或者说,为了说明现代"市民社会"的内在分裂,破解"一种非人的力量统治一切"的秘密,需要进一步在"对象性活动"的自我展开中去寻求。问题是,对于费尔巴哈人本主义迷障的戳穿,又恰恰依赖于对政治经济学语境中与"所有制"互为表里的"分工"和"需要"的考察,以及黑格尔辩证法中对自我意识的对象化和劳动的批判性分析。因此,在创立历史唯物主义的过程中,马克思自身的理论任务就是双重的。其一,在反神学、反宗教的意义上,强调唯物主义来反对思辨辩证法及其"漫画式"的完成。其二,在扬弃"异化劳动"和"私有财产"的意义上,尝试在现实的"对象性活动"的"实证"研究中,批判存在于"国民经济学"和黑格尔辩证法中的"异化"现实。

第一重任务的完成,体现在《神圣家族》中。马克思已经发现,"黑格尔方法的基本特征","用思辨的话来说,就是把实体了解为主体,了解为内部的过程,了解为绝对的人格"[①]。费尔巴哈把形而上学的绝对精神归结为"以自然为基础的现实的人",从而完成了对宗教的批判。同时也巧妙地拟定了对黑格尔的思辨以及一切形而上学的批判的基本要点。[②] 在此基础上,马克思同"自我意识"哲学划清了界限。"如果说黑格尔的'现象学'尽管有其思辨的原罪,但还是在许多方面提供了真实地评述人类关系的因素,那末鲍威尔先生及其伙伴却相反,他们只是提供了一幅毫无内容的漫画……把现实的人变成了抽象的观点。"[③] 第二重任务的探索,反映在《形态》中。马克思不仅继续了对鲍威尔的批判,而且进一步清算了自己此前的理论方法,批判了包括黑格尔、费尔巴哈、施蒂纳在内的整个"德意志意识形态"。这个过程在话语方式上,表现为从哲学话语,如"自我意识"和"异化",向经济学话语,如"分工"、"所有制形式"、"生产力"、"交往形式"的转变;在理论逻辑上则表现为,从"现实的个人"出发,在一定的"生产方式"的展开和内在对抗中理解社会的形态和

---

① 《马克思恩格斯全集》第2卷,人民出版社1957年版,第75页。
② 参见《马克思恩格斯全集》第2卷,人民出版社1957年版,第176—177页。
③ 《马克思恩格斯全集》第2卷,人民出版社1957年版,第246页。

历史的变迁。站在"实证的历史科学"基础上,黑格尔辩证法显然更是一种"泛逻辑的神秘主义",这种作为"神秘力量"的"一般性和概念"的瓦解将在物质生产中,尤其是分工和所有制形式的矛盾对抗中得到唯物主义的说明。

在这个意义上,《哲学的贫困》中那个著名的比喻就不难理解了。"如果说有一个英国人把人变成帽子,那么,有一个德国人就把帽子变成了观念。"① 问题的关键在于:"经济学家向我们解释了生产怎样在上述(资产阶级生产)关系下进行,但是没有说明这些关系是怎样产生的,也就是说没有说明产生这些关系的历史运动"。"既然我们忽略了生产关系(范畴只是它在理论上的表现)的历史运动,既然我们只想把这些范畴看作是观念、不依赖现实关系而自生的思想,那么,我们就只能到纯理性的运动中去找寻这些思想的来历了"。"既然把任何一种事物都归结为逻辑范畴,任何一个运动、任何一种生产行为都归结为方法,那么由此自然得出一个结论,产品和生产、事物和运动的任何总和都可以归结为应用的形而上学"。这正是"黑格尔为宗教、法等做过的事情"②。用《形态》中的话说,就是:"在黑格尔看来,近代世界也已化为抽象思想的世界,黑格尔把与古代哲学家相对立的近代哲学家的任务确定如下:古代人必须把自己从'自然的意识'中解放出来,'把个人从直接的感性方式中清洗出来并把个人变为被思维的和思维着的实体'(变为精神),而近代哲学必须'取消僵硬的、确定的、不动的思想'。黑格尔补充道:这由'辩证法'来完成。"③

马克思已经发现,政治经济学将现实的物质生产方式中所发生的关系的抽象,作为一种"神秘的力量"独立出来,而黑格尔则将这种抽象的"关系"等同于"观念",并以"观念"的辩证运动来替代现实的人的存在方式。也就是说,在初创历史唯物主义的过程中,马克思将辩证法等同于黑格尔的形而上学(哲学)的方法,并在经济学研究的基础上,选择从

---

① 《马克思恩格斯选集》第1卷,人民出版社1995年版,第146页。
② 参见《马克思恩格斯选集》第1卷,人民出版社1995年版,第137—140页。
③ 《马克思恩格斯全集》第3卷,人民出版社1956年版,第211页。

物质生产出发，通过分析"以对抗为基础的生产方式"来揭示这种形而上学，以及与之同体的政治经济学的非历史本质。这也是马克思在1845年之后的很长一段时间里，暂时告别黑格尔辩证法的根本原因。

四、"必须把它倒过来，以便发现神秘外壳中的合理内核"

有趣的是，在《资本论》的直接创作过程中，马克思开始重新关注黑格尔和辩证法。他在1858年初致恩格斯的信中说道："我很愿意用两三个印张把黑格尔所发现的、但同时又加以神秘化的方法中所存在的合理的东西阐述一番，使一般人都能够理解。"① 问题是：马克思为什么会重提辩证法，马克思在黑格尔辩证法中发现了什么，这一发现又意味着什么？就第一个问题，马克思、恩格斯已经给出了回答。同一封信中写道，"我又把黑格尔的《逻辑学》浏览了一遍，这在材料加工的方法上帮了我很大的忙"。② 恩格斯在为《政治经济学批判》所作的书评中写道，"应该用什么方法对待科学？一方面是黑格尔的辩证法，它具有完全抽象的'思辨的'形式……另一方面是平庸的、现在重新时兴的、实质上是沃尔弗式的形而上学的方法……马克思过去和现在都是唯一能够担当起这样一件工作的人，这就是从黑格尔逻辑学中把包含着黑格尔在这方面的真正发现的内核剥出来，使辩证方法摆脱它的唯心主义的外壳并把辩证方法在使它成为唯一正确的思想发展方式的简单形式上建立起来……这个方法的制定，在我们看来是一个其意义不亚于唯物主义基本观点的成果。"③

可以说，马克思之所以重提黑格尔，并强调辩证法神秘形式中的合理内核，在直接的意义上是服务于政治经济学批判科学方法的制定和说明的。经过1848年革命后的反思和探索，马克思在研究政治经济学并不断

---

① 《马克思恩格斯〈资本论〉书信集》，人民出版社1976年版，第121页。
② 《马克思恩格斯〈资本论〉书信集》，人民出版社1976年版，第121页。
③ 《马克思恩格斯选集》第2卷，人民出版社1995年版，第41—42页。

修订《资本论》"叙述方式"的过程中，对黑格尔辩证法和政治经济学的"物化"本质有了更为深刻的理解。特别是在资本主义"生产过程"及其抽象表现"价值形式"的分析中，马克思恩格斯都认为：正是由于资本主义生产方式本身所产生的神秘化和颠倒性，除了坚持"唯物主义基本观点"外，还必须在政治经济学批判的方法论说明中重新回到黑格尔。这在19世纪中叶以降，庸俗的实证主义形而上学甚嚣尘上的思想语境中展现出自身的独特价值。

《1857—1858年经济学手稿》（以下简称《大纲》）《导言》中，马克思在谈到"从抽象上升到具体"的方法时，批判了黑格尔对这一方法的滥用。"黑格尔陷入幻觉，把实在理解为自我综合、自我深化和自我运动的思维的结果，其实，从抽象上升到具体的方法，只是思维用来掌握具体、把它当作一个精神上的具体再现出来的方式。但决不是具体本身的产生过程。"① 然而，尽管这种滥用的辩证法本身是一种唯心主义，但在形式上却同资产阶级"财富"有着深刻的结构相似性。在《大纲》"资本章"中，马克思提到，"重要的是应当指出，财富本身，即资产阶级财富……这个中项总是表现为完成的经济关系，因为最初在两极间起中介作用的运动或关系，按照辩证法必然会导致这样的结果，即这种运动或关系表现为自身的中介，表现为主体，两极只是这个主体的要素，它扬弃这两极的独立的前提，以便通过这两极的扬弃本身来把自己确定为唯一独立的东西"。②

正如恩格斯致施密特的信所言，"实际上，我们头脑中的辩证法只是自然界和人类社会中进行的、并且服从于辩证形式的现实发展的反映。即使把马克思的从商品到资本的发展同黑格尔的从存在到本质的发展作一比较，您也会看到一种绝妙的对照：一方面是具体的发展，正如现实中所发生的那样；而另一方面是抽象的结构，在其中非常天才的思想以及有些地方是极其重要的转化，如质和量的互相转化，被说成一种概念向另一种概念的表面上的自我发展"③。也正是在这个意义上，对于《资本论》叙述

---

① 《马克思恩格斯全集》第30卷，人民出版社1974年版，第42页。
② 《马克思恩格斯全集》第30卷，人民出版社1974年版，第293页。
③ 《马克思恩格斯〈资本论〉书信集》，人民出版社1976年版，第519页。

方式中的辩证特征，恩格斯曾斩钉截铁地鼓励马克思说："这已经无法修改了，谁能辩证地思维，谁就能理解它。"①

可以说，正是由于现代资本主义生产方式的运动本身具有辩证的特征，马克思才会在《资本论》中重新拾起黑格尔辩证法的武器，并在这一"再现"过程中暴露资本"物化"现实自身的边界。对此，恩格斯敏锐地指出："黑格尔的思维方式不同于所有其他哲学家的地方，就是他的思维方式有巨大的历史感作基础。形式尽管是那么抽象和唯心，他的思想发展却总是与世界历史的发展平行着，而后者按他的本意只是前者的验证。真正的关系因此颠倒了，头脚倒置了，可是实在的内容却到处渗透到哲学中。"② 唯其如此，正如《资本论》第二版跋中写到的，"辩证法，在其合理形态上，引起资产阶级及其夸夸其谈的代言人的恼怒和恐怖，因为辩证法在对现存事物的肯定理解中同时包含对现存事物的否定的理解，即对现存事物的必然灭亡的理解；辩证法对每一种既成的形式都是从不断的运动中，因而也是从它的暂时性方面去理解；辩证法不崇拜任何东西，按其本质来说，它是批判的和革命的"③。

五、"唯物主义"与"双重颠倒"：简短的结论

回到本文的主题，我们在马克思不同时期的文本中发现了他对自己的理论成果同黑格尔辩证法关系的不同表达。既有唯物主义和唯心主义的不同，又有神秘体系和合理内核的差异，同时，又涉及"主谓颠倒"和"头足倒置"等不同的说法。那么，结合历史唯物主义观点的制订和政治经济学批判逻辑的推进，该到底如何理解"辩证法的合理形态"？如果我们选择并坚持"唯物主义辩证法"这一经典表述来定义这一理论，那么值得认

---

① 《马克思恩格斯〈资本论〉书信集》，人民出版社1976年版，第213页。
② 《马克思恩格斯选集》第 2 卷，人民出版社 1995 年版，第 42 页。
③ 《马克思恩格斯选集》第 2 卷，人民出版社 1995 年版，第 111 页。

真对待的问题可能有以下两个方面。

其一，套用流行的语言学结构主义表述，"唯物主义"这一概念的"所指"本身并不是固定不变的，而是在不同思想语境的"能指链"中确立自身的意义指向。回到马克思的原初语境中去，"唯物主义"强调的并非是一种从僵化的物质"实在"出发建构理论体系的探索，而更多是突出一种批判性的、颠倒抽象的思辨唯心主义的方法论途径。在这个意义上，恩格斯专门强调，"除此以外，唯物主义没有什么别的含义"。

其二，如果尝试选择一种"方便说法"来给出对"合理形态的辩证法"的清晰界定，笔者愿意尝试使用"双重颠倒"的说法来指出马克思历史唯物主义和政治经济学批判中的科学方法。即一方面是坚持从物质生产出发，而非从颠倒的抽象观念（关系）或非历史的意识形态话语出发，来制订剖析"资产阶级社会（市民社会）"和"客观抽象"的研究路径；另一方面是必须在资本主义生产方式的剖析中说明客观发生的颠倒的"物化"现实的扬弃之路。黑格尔的辩证法以思辨的方式颠倒地映现了"倒立着跳舞"的资本主义"物化"现实，然而却为庸俗的实证主义形而上学的瓦解准备了条件。在这个意义上，马克思的"辩证方法，从根本上来说，不仅和黑格尔的辩证方法不同，而且和它截然相反。在黑格尔看来，思维过程，即它成为观念而甚至把它转化为独立主体的思维过程，是现实事物的创造主，而现实事物只是思维过程的外部表现。我的看法则相反，观念的东西不外是移入人的头脑并在人的头脑中改造过的物质的东西而已"。①

---

① 《马克思恩格斯选集》第 2 卷，人民出版社 1995 年版，第 111 页。

劳动与自由的辩证法：
马克思历史观的哲学革命
——兼论《资本论》对《政治经济学批判大纲》的超越与发展①

孙乐强

劳动与自由的关系问题，不仅是西方哲学家和古典经济学家关注的焦点话题，而且也是马克思哲学研究的核心问题。正是以这一问题为突破口，当代西方学者掀起了重构或批判马克思的理论热潮。具体而言，主要体现为三种代表性观点：第一是劳动解放的乌托邦主义。阿伦特（Arendt）指出，劳动完全是一种工具性活动，在任何时候，都无法摆脱必然性的强制，转化为目的本身。而马克思却反其道行之，天真地以为劳动能从必然性中解放出来，成为一种自由自觉的活动，这是一种典型的乌托邦主义。②第二是经验主义内在因果观抑或自治主义的对抗哲学。美国学者古尔德（Gould）认为，马克思在《政治经济学批判大纲》（以下简称《大纲》）中开创了一种全新的因果观，即奠基在劳动之上的内在因果观。"劳动不仅为因果概念提供了依据，而且更为根本的是，就人们所关心的人类事务而言，劳动构成了因果性本身的本体论领域。"③就此而言，劳动到自由的转变，既不是外在原因推动的产物，也不是理念自我运动的

---

① 原载《哲学研究》2016年第9期。
② 参见［美］阿伦特：《马克思与西方政治思想传统》，孙传钊译，江苏人民出版社2007年版，第45页。
③ ［美］古尔德：《马克思的社会本体论》，王虎学译，北京师范大学出版社2009年版，第74页。

结果,而是劳动自主发展的内在果实。① 与此相似,在《〈大纲〉:超越马克思的马克思》中,奈格里(Negri)也认为,劳动到自由的转变,既不是资本主义内在矛盾运动的结果,也不是无产阶级革命的历史结晶,而是劳动自治的必然产物。② 自由是蕴含于劳动之中的,任凭后者的自主发展,就能自发地生长出自由来。正是基于这一逻辑,奈格里将《大纲》视为马克思思想发展的顶点,而将《资本论》视为这一著作的历史倒退,进而将二者严格地对立了起来。③ 第三是浪漫主义的审美救赎。马尔库塞(Marcuse)指出,在必然王国中,劳动只是满足需要的必要手段,是一种强制和痛苦;但到了自由王国中,劳动的性质将发生重大转变,成为一种非功利性的、超越对象限制的游戏或消遣。④ 而这一点正是鲍德里亚(Baudrillard)批判马克思劳动解放理论的基础。⑤ 围绕这些解读,国内学界已作出了积极的批判性回应,但始终有一些核心问题未能得到有效澄清,比如,马克思劳动解放理论的现实基础是什么?如何理解机器大生产理论与劳动解放之间的内在关系?在这一问题的阐述上,《大纲》和《资本论》存在何种差异?能否像奈格里那样将《大纲》视为马克思思想发展的顶点?厘清这些问题,不仅有助于我们全面把握马克思劳动解放理论的科学内涵,澄清马克思历史观革命的精神实质,而且也能为我们准确定位《大纲》和《资本论》的历史地位及其哲学思想,提供重要启示。

一

要积极回应当代西方学者对马克思劳动解放理论的批判或重构,首先

---

① 参见[美]古尔德:《马克思的社会本体论》,王虎学译,北京师范大学出版社2009年版,第98页。
② 参见[意]奈格里:《〈大纲〉:超越马克思的马克思》,张梧等译,北京师范大学出版社2011年版,第229页。
③ [意]奈格里:《〈大纲〉:超越马克思的马克思》,张梧等译,北京师范大学出版社2011年版第38页。
④ 参见[美]马尔库塞:《现代文明与人的困境》,李小兵等译,上海三联书店1989年版,第216—218页。
⑤ 参见[法]鲍德里亚:《生产之镜》,仰海峰译,中央编译出版社2005年版,第16—17页。

必须回到马克思的文本，正本清源，澄清马克思提出这一问题的原初语境及其科学内涵。

综观马克思思想的发展历程可以发现，在不同时期，马克思对劳动与自由关系的认识存在明显差异。在《1844年经济学哲学手稿》中，他从人本主义逻辑出发，将自由自觉的劳动预设为人的本质，以此来批判资本主义的异化劳动，认为只要扬弃了后者，就能实现劳动从手段到目的的飞跃，使其转化为凸显人的本质力量的自由活动。这种解读不论在形式上还是内容上，都还停留在思辨的异化史观之中。

到了《德意志意识形态》，马克思在这一问题上取得了重要推进，历史唯物主义的形成为他分析这一问题提供了重要的方法论支撑。但客观地讲，此时他并没有真正理解物质生产、劳动与自由的辩证法。马克思、恩格斯指出："劳动，在他们那里已经失去了任何自主活动的假象，而且只能用摧残生命的方式来维持他们的生命……以致物质生活一般都表现为目的，而这种物质生活的生产即劳动（它现在是自主活动的唯一可能的形式，然而正如我们看到的，也是自主活动的否定形式）则表现为手段。"① 此时马克思、恩格斯并没有严格区分劳动与物质生产，而是将二者直接等同了起来。表面上看，这一观点似乎没有什么不妥之处，但一旦到了机器大生产阶段，它的缺陷就明显地表现了出来。劳动是蕴含在物质生产过程中的主体部分，在机器大生产之前，作为一种主体活动，劳动涵盖了整个物质生产过程；从这个角度而言，二者是同一个过程。但一旦进入到机器大生产阶段，二者就被严格地界划了开来，这时，劳动在整个生产过程中的作用将会逐步下降，沦为生产的一个次要环节，这是一种质性变化。

然而，令人遗憾的是，此时马克思、恩格斯虽然已经谈到了机器大生产，但他们恰恰没有意识到这一点。为什么呢？主要原因在于，他们并没有真正理解机器大生产的本质，而是像拜比吉（Babbage）、舒尔茨（Schultz）一样，用斯密（Smith）的分工逻辑来理解机器大生产。这导致他们没有明确意识到将劳动与生产严格区分开来的重要性。在这种逻辑的

---

① 《马克思恩格斯选集》第1卷，人民出版社1995年版，第128页。

指引下，他们必然会认为，资本主义的物质生产即劳动，已经成为一种与自主活动相悖的、摧残生命的奴役活动，这必将引发资本主义的内在矛盾即生产力与交往形式之间的矛盾，使资本主义走向终结，这时，劳动和物质生产将从这种奴役形式中解放出来，成为"自主活动的唯一可能的形式"，实现从手段到目的的转变。

那么，值得思考的是，物质生产能不能摆脱自然必然性的限制，成为真正的自由活动？或者说，在物质生产领域，劳动所能达到的自由，与作为目的本身的劳动所能达到的自由，存在什么本质区别？这就涉及必然王国与自由王国的关系问题。而此时马克思恩格斯显然没有能力回答这些问题。

到了《大纲》中，马克思在这些问题上取得了重要突破。首先，劳动能否成为一种自由活动？在这里，马克思给出了明确回答。他指出，在资本主义以及前资本主义社会中，劳动之所以会沦为一种手段，完全是由社会条件导致的，这并不意味着劳动永远只能作为手段存在，而是表明，"这种劳动还没有为自己创造出……一些主观的和客观的条件，从而使劳动会成为吸引人的劳动，成为个人的自我实现"①。只要克服了这些外在限制，劳动就能从强制中解放出来，成为自由的活动。"克服这种障碍本身，就是自由的实现，而且进一步说，外在目的失掉了单纯外在自然必然性的外观，被看作个人自己提出的目的，因而被看作自我实现，主体的对象化，也就是实在的自由，——而这种自由见之于活动恰恰就是劳动。"② 就此而言，马克思再一次肯定了劳动从手段上升为目的的可能性。那么，如何转变呢？或者说，这种转变的现实基础是什么呢？此时马克思已经不再像《1844年经济学哲学手稿》中那样，诉诸人本主义的异化逻辑；也不再像《德意志意识形态》中那样求助于分工，而是始终站在机器大生产的语境中来分析这一问题。

在这一著作中，马克思指出，随着固定资本的形成，特别是机器体系的引入，资本主义生产过程发生了重大变化：如果说以前劳动是生产过程

---

① 《马克思恩格斯全集》第30卷，人民出版社1995年版，第615—616页。
② 《马克思恩格斯全集》第30卷，人民出版社1995年版，第615页。

的主导，那么现在，劳动已经沦为生产过程的一个次要环节。① 此时，劳动与生产的区分不再是名义上的或形式上的，而是有着实质性的意义，"这将有利于解放了的劳动，也是使劳动获得解放的条件"②。

马克思指出，劳动在生产过程中作用的下降，将直接导致资本主义劳动价值论的崩溃。资本主义生产的"前提现在是而且始终是：直接劳动时间的量，作为财富生产决定因素的已耗费的劳动量"③。

这就意味着，只要生产还是资本主义性质的生产，直接劳动时间就永远是财富的唯一尺度；然而，劳动在生产过程中作用的下降，意味着资本主义现实财富的创造越来越不取决于直接劳动时间，而是取决于科学技术水平及其在生产上的应用，这将直接危及到资本主义财富生产的基础。"资本本身是处于过程中的矛盾，因为它竭力把劳动时间缩减到最低限度，另一方面又使劳动时间成为财富的唯一尺度和源泉。"④ 随着这一矛盾的发展，资本主义将会遭遇自身不可克服的界限，最终趋于解体，"一旦直接形式的劳动不再是财富的巨大源泉，劳动时间就不再是，而且必然不再是财富的尺度，因而交换价值也不再是使用价值的尺度……于是，以交换价值为基础的生产便会崩溃，直接的物质生产过程本身也就摆脱了贫困和对立的形式"⑤。劳动也将从资本主义的奴役形式中解放出来，转化为一种新形态。

那么，这是否意味着，只要摆脱了资本关系的强制，劳动就能自动转化为一种自由活动呢？答案是否定的。达到这一点，只是意味着劳动不再是剩余价值生产的工具，而是重新回归到一般层面，即生产使用价值来满足整个社会的发展需要，这也就是马克思后来所说的社会主义阶段的劳动特征。在这里，劳动依然是一种手段，还没有真正转化为目的本身。要想实现这一转变，还需要一定的社会条件。

马克思指出："物质生产的劳动只有在下列情况下才能获得这种性质：

---

① 《马克思恩格斯全集》第31卷，人民出版社1998年版，第91—92页。
② 《马克思恩格斯全集》第31卷，人民出版社1998年版，第97页。
③ 《马克思恩格斯全集》第31卷，人民出版社1998年版，第100页。
④ 《马克思恩格斯全集》第31卷，人民出版社1998年版，第101页。
⑤ 《马克思恩格斯全集》第31卷，人民出版社1998年版，第101页。

(1) 劳动具有社会性；(2) 这种劳动具有科学性，同时又是一般的劳动，这种劳动不是作为用一定方式刻板训练出来的自然力的人的紧张活动，而是作为一个主体的人的紧张活动，这个主体不是以单纯自然的、自然形成的形式出现在生产过程中，而是作为支配一切自然力的活动出现在生产过程中。"①而机器大生产恰恰又为劳动的这种转型提供了客观条件。马克思指出，机器体系和机器体系的资本主义运用完全是两回事，"决不能从机器体系是固定资本的使用价值的最适合的形式这一点得出结论说：从属于资本的社会关系，对于机器体系的应用来说，是最适合的和最好的社会生产关系"②。换言之，废除了资本主义生产关系，只是意味着使机器体系摆脱了资本主义的运用形式，并不是说连机器体系本身都废除了，在后资本主义的社会形态中，这种机器体系将从资本关系中解放出来，成为社会生产的新基础。到了这时，劳动与生产的分离，将蕴含着更深一层的含义，即为劳动从手段真正转变为目的本身提供客观基础。在后资本主义的初级阶段中，使用价值生产依然是劳动活动的主要目的，不过，劳动作用的下降，意味着只需要花费更少的劳动时间，就能满足整个社会的生产需要，"如果共同生产已成为前提，时间的规定当然仍有重要意义。社会为生产小麦、牲畜等等所需要的时间越少，它所赢得的从事其他生产，物质的或精神的生产的时间就越多……社会发展、社会享用和社会活动的全面性，都取决于时间的节省。一切节约归根到底都归结为时间的节约。正像单个人必须正确地分配自己的时间，才能以适当的比例获得知识或满足对他的活动所提出的各种要求一样，社会必须合乎目的地分配自己的时间，才能实现符合社会全部需要的生产。因此，时间的节约，以及劳动时间在不同的生产部门之间有计划地分配，在共同生产的基础上仍然是首要的经济规律。这甚至在更加高得多的程度上成为规律。"③这种劳动时间的节约就"等于增加自由时间，即增加使个人得到充分发展的时间"④。一旦后者成

---

① 《马克思恩格斯全集》第 30 卷，人民出版社 1995 年版，第 616 页。
② 《马克思恩格斯全集》第 31 卷，人民出版社 1998 年版，第 94 页。
③ 《马克思恩格斯全集》第 30 卷，人民出版社 1995 年版，第 123 页。
④ 《马克思恩格斯全集》第 31 卷，人民出版社 1998 年版，第 107—108 页。

为整个社会的主导尺度，劳动的形态和意义也将随之发生重大转变：它不再表现为单纯的物质生产活动，而是转化为每个人在自由时间内所从事的一种高级活动；它的目的也不再是为了生产生活资料，更不是为了生产剩余价值，而是为了每个人的自我实现。到了这时，劳动也将从物质生产领域中解放出来，实现从手段到目的的真正转变，成为每个人自由全面发展的内在尺度。

那么，这是否意味着，马克思的分析已经彻底成熟了？仔细分析不难发现，此时马克思的整个论证逻辑还存在重大缺陷。

首先，在他看来，直接劳动是资本主义财富生产的"唯一的决定要素"①，而直接劳动时间则是资本主义财富的唯一尺度，这一观点显然是有问题的。从使用价值的角度来看，直接劳动绝不是财富的唯一源泉，脱离了自然界，劳动将无用武之地，"因此，劳动并不是它所生产的使用价值即物质财富的唯一源泉"②，"自然界和劳动一样也是使用价值（而物质财富本来就是由使用价值构成的！）的源泉"③。从价值生产来看，直接劳动或直接劳动时间也绝不是资本主义财富生产的决定性因素，而是抽象劳动或抽象劳动时间。这表明，此时马克思还没有真正克服李嘉图劳动价值论——即价值决定于直接劳动时间——的内在缺陷，更没有建立起科学的劳动二重性理论。这也决定了，此时他对资本主义崩溃逻辑的分析，必然存在重大缺陷。他指出，资本主义财富生产的决定性因素是直接劳动，而大工业的发展却将劳动压缩到最低限度，使财富的创造越来越不取决于直接劳动，这一矛盾构成了资本主义不可克服的内在界限，将直接导致资本主义的崩溃。这一观点显然是站不住脚的。因为资本主义财富生产的基础绝不是直接劳动，而是抽象劳动，即使前者被压缩到最低点，只要后者还存在，资本主义的生产机制就依旧照常运行。就此而言，此时马克思依据直接劳动与生产过程的分离所引发的"矛盾"，将大工业视为资本主义崩溃的临界点，这一观点也是错误的。再者，他对资本主义条件下"机器悖

---

① 《马克思恩格斯全集》第31卷，人民出版社1998年版，第94页。
② 《马克思恩格斯全集》第44卷，人民出版社2001年版，第56页。
③ 《马克思恩格斯全集》第19卷，人民出版社1963年版，第15页。

论"的阐述也是有问题的。由于马克思始终将直接劳动当作资本主义财富生产的基础,他自然会认为,直接劳动时间的节约就等于自由时间的增加,但是为什么后者没有转化为工人的财富呢?譬如,那些被机器体系排斥在生产过程之外的相对过剩人口,他们的劳动时间已经缩减为零,但他们为什么享受不到自由呢?马克思的回答是:这是由机器体系的资本主义运用导致的。那么,究竟是一种什么样的生产机制导致的呢?马克思显然无力回答。要解决这一问题,还有待劳动二重性理论的形成。唯有从抽象劳动入手,才能揭开资本主义生产机制的秘密,才能破解"机器悖论"产生的内在根源。而这些问题则是在后面的著作中解决的。

二

在《政治经济学批判。第一分册》(1859年)中,马克思克服了《大纲》的内在缺陷,此时他不再把直接劳动当作资本主义财富生产的源泉,也不再基于直接劳动的质、量辩证法来区分物质财富和价值财富,而是在商品二重性的基础上,建立了科学的劳动二重性理论。这时,他明确意识到,资本主义财富生产的基础绝不是具体劳动或直接劳动,而是抽象劳动。因此,要想实现劳动解放,首先必须破除抽象劳动的生产机制。那么,他在《大纲》中所提出来的直接劳动作用的下降,能否直接导致抽象劳动或资本主义交换价值生产制度的崩溃呢?要回答这一问题,首先必须搞清楚生产力与具体劳动、抽象劳动之间的辩证关系。

在《资本论》中,马克思指出:"生产力当然始终是有用的、具体的劳动的生产力,它事实上只决定有目的的生产活动在一定时间内的效率。因此,有用劳动成为较富或较贫的产品源泉与有用劳动的生产力的提高或降低成正比。相反地,生产力的变化本身丝毫也不会影响表现为价值的劳动。既然生产力属于劳动的具体有用形式,它自然不再能同抽去了具体有用形式的劳动有关。"[①] 生产力或一般智力的发展,会直接影响具体劳动,

---

① 《马克思恩格斯全集》第44卷,人民出版社2001年版,第59—60页。

并与后者成正比；但它与生产价值的抽象劳动之间并不存在任何直接联系，前者必须经过一定的中介，才能间接地影响资本主义的剩余价值生产。就使用价值而言，生产力的提高意味着，在同样的时间内，具体劳动能够生产出更多的产品；但这并不是说，前者的提高，能够直接影响商品价值本身，这需要一定的条件。只有当它被整个社会普遍采用时，它才会影响商品生产的社会必要劳动时间，从而降低商品的价值。而就消费品而言，一旦商品的价值降低了，也就意味着用于维持劳动力再生产的可变资本部分即工资降低了，而用于生产工资的必要劳动时间也就随之下降，这样导致的结果，绝不是资本主义交换价值制度的崩溃，而是剩余价值生产的进一步完善。换言之，生产力的发展导致了双重结果：一方面，缩短了"生产某种商品的社会必需的劳动时间"；另一方面，降低了"劳动力的价值，从而缩短再生产劳动力价值所必要的工作日部分"①，使剩余价值得以提高。

到了这时，马克思才真正明白，在《大纲》中，他仅仅依据生产力的发展所导致的直接劳动作用的下降，来论证资本主义崩溃的分析，恰恰是站不住脚的。大工业的确推动了一般智力与劳动的分离，压缩了直接劳动的存在空间，使后者在生产过程中的作用不断下降，但并不能由此认为，资本主义交换价值制度就要崩溃了，因为直接劳动与生产过程的分离，并不能从根本上颠覆资本主义价值生产的基础（抽象劳动），更不会直接导致资本主义生产制度的崩溃；相反，它还会进一步强化这种机制，开启一种完全不同于协作和工场手工业的相对剩余价值生产形式。也是到了这时，马克思才真正明白，直接劳动在生产过程中作用的下降，绝不是资本主义崩溃的依据，而是相对剩余价值生产的必然结果；而资本一方面尽力缩减劳动时间，另一方面又用劳动时间来衡量它所创造出来的财富，也绝不是资本主义的内在矛盾，而是相对剩余价值生产的客观机制；同样，机器大生产更不是资本主义崩溃的临界点，而是相对剩余价值生产的完善形式。也是在此基础上，马克思从根本上揭示了资本主义条件下机器悖论产

---

① 《马克思恩格斯全集》第44卷，人民出版社2001年版，第366页。

生的内在根源。正是由于资本关系的强制,才使原本作为节约劳动时间的机器,成为资本主义剩余价值生产的工具,导致大部分工人被排斥在生产过程之外,沦为产业后备军和相对过剩人口。对他们而言,直接劳动时间虽然已经降低到最低点,但他们却没有丝毫的自由可言,因为这种时间的压缩恰恰是以相对剩余价值生产为前提条件的。他们虽然"免除了"直接劳动,但在根本上却没有摆脱抽象劳动的统治,而是"绝对地从属于资本,就好像它是由资本出钱养大的一样"[1]。这表明,在资本主义条件下,完全抛开抽象劳动,单纯从直接劳动来论证资本主义的崩溃和自由时间的生成,恰恰是有问题的。

那么,机器大生产所引发的哲学效应是什么呢?此时马克思已经不再基于直接劳动展开分析了,而是从资本有机构成和抽象劳动入手进行了系统论证。一方面,从客体维度来看,资本主义机器大生产所引发的矛盾绝不是直接劳动与劳动价值论的矛盾,而是由一般利润率不断下降规律所导致的资本积累危机。马克思指出,资本主义机器大生产的发展,意味着不变资本的比重将日益增加,而"总资本的有机构成不断提高,由此产生的直接结果是:在劳动剥削程度不变甚至提高的情况下,剩余价值率会表现为一个不断下降的一般利润率"[2]。这一规律既不是单纯的经验归纳,也不是一种理论虚构,而是"根据资本主义生产方式的本质证明了一种不言而喻的必然性"[3],它表明,资本主义生产永远无法摆脱生产力的绝对限制。随着这一规律的不断发展,资本主义将最终遭遇不可克服的内在界限。另一方面,从主体维度来看,机器大生产能够为普遍化的无产阶级的生成提供客观条件。在分工阶段,由于存在熟练工与非熟练工之分,致使工人呈现出等级化发展趋势。而大工业则彻底消灭了分工的技术基础,使劳动同质化,这为无产阶级超越等级限制,转变为一种普遍化的自为阶级,提供了前提条件。这双重条件的成熟,将最终导致资本主义走向灭亡,为劳动解放提供根本前提。

---

[1] 《马克思恩格斯全集》第44卷,人民出版社2001年版,第729页。
[2] 《马克思恩格斯全集》第46卷,人民出版社2003年版,第237页。
[3] 《马克思恩格斯全集》第46卷,人民出版社2003年版,第237页。

到了这里，问题并没有完结，将劳动从资本关系中解放出来，只是意味着劳动摆脱了经济必然性的强制，它还没有从根本上超越自然必然性。这就涉及另外一个重要问题，即如何理解必然王国与自由王国的辩证关系？马克思指出，在后资本主义的初级阶段，劳动依然是个人的谋生手段，而分配方式只能采取按劳分配，它在本质上仍然是"资产阶级法权"①。在这一领域中，所能达到的最大"自由只能是：社会化的人，联合起来的生产者，将合理地调节他们和自然之间的物质变换，把它置于他们的共同控制之下，而不让它作为一种盲目的力量来统治自己；靠消耗最小的力量，在最无愧于和最适合于他们的人类本性的条件下来进行这种物质变换。但是，这个领域始终是一个必然王国。"② 换言之，停留在物质生产领域中的劳动，不论其生产效率和组织形式如何，都始终无法摆脱自然必然性的限制，成为目的本身。而要做到这一点，还必须将劳动从物质生产领域中解放出来，"自由王国只是在必要性和外在目的规定要做的劳动终止的地方才开始；因而按照事物的本性来说，它存在于真正物质生产领域的彼岸……在这个必然王国的彼岸，作为目的本身的人类能力的发挥，真正的自由王国，就开始了。"③

那么，劳动如何从自然必然性中解放出来呢？在这点上，马克思继承了《大纲》的理论分析，肯定了机器大生产的一般人类学意义。在后资本主义的社会阶段中，绝不意味着人类又重新回到原始的生产状态中，资本主义所开创的物质生产力将会被继承下来，成为未来社会生产的基础，而机器体系也将成为节约劳动时间的真正利器，进而为劳动摆脱自然必然性的限制，提供物质基础。一旦劳动时间节约到一定程度，劳动将从自然必然性中解放出来，而那些由"必要性和外在目的规定要做的劳动"才真正终止，随之，劳动的意义和形态也将发生根本性变化，转化为人类"生活的第一需要"。④ 这时，真正的自由王国也就到来了。

---

① 《马克思恩格斯全集》第19卷，人民出版社1963年版，第23页。
② 《马克思恩格斯全集》第46卷，人民出版社2003年版，第928—929页。
③ 《马克思恩格斯全集》第46卷，人民出版社2003年版，第928—929页。
④ 《马克思恩格斯全集》第19卷，人民出版社1963年版，第23页。

三

基于上述分析，我们可以得出以下几点结论。

第一，在马克思看来，劳动解放包括两个递进的过程。在原始社会中，劳动始终受到自然必然性的制约；在奴隶社会和封建社会中，劳动的目的依然是满足人的生存需要，但它除了受到自然必然性的制约外，还受到政治依附关系的强制；资本主义社会虽然扬弃了"直接形式的自然必然性"[①] 和政治依附关系，却形成了一种不以人的意志为转移的经济必然性，致使劳动完全沦为剩余价值生产的工具。因此，要想实现劳动解放，第一步必须从根本上彻底消灭资本主义的生产关系，将劳动从剩余价值生产中解放出来，使之复归于一般性的人类活动。然后，在共同生产的基础上，不断节约劳动时间，使后者从物质生产领域中解放出来，转化为一种更高级的自由活动，从而使其真正上升为目的本身，实现从必然王国到自由王国的飞跃。以此来看，马克思的劳动解放理论始终是以社会关系的变革为前提条件的，如果缺少这一前提，单凭劳动的自主发展，是绝不可能长出自由的。就此而言，马克思的历史观绝不是古尔德所说的经验主义的内在因果观，也不是奈格里所指认的自治主义的对抗哲学，更不是哈贝马斯指责的技术决定论，而是基于生产力与生产关系矛盾运动的历史辩证法。这也是马克思在不同时期始终致力于解剖资本主义内在矛盾的重要原因，只有基于这种历史观，才能从根本上找到劳动解放的现实路径。

第二，基于机器大生产，马克思全面揭示了劳动与自由的辩证法，彻底颠覆了贬低劳动或仅仅将劳动理解为手段的西方哲学—经济学传统。在哲学史上，亚里士多德率先开启了贬低劳动的西方传统。在他看来，劳动始终是一种低贱的奴隶活动，根本不可能成为自由本身。斯密虽然创立了劳动价值论，但他始终认为劳动是一种不幸和牺牲，而不劳动才是一种

---

① 《马克思恩格斯全集》第30卷，人民出版社1995年版，第286页。

"自由和幸福",进而将劳动与自由抽象地对立起来。同样,康德也始终将劳动与自由固化在两个不同的领域,否认劳动与自由之间存在内在联系。黑格尔虽然肯定了劳动在现代社会中的历史作用,第一次颠覆了贬低劳动的西方传统,但他始终把劳动理解为绝对精神自我发展的一个中介环节,并不承认劳动本身可以成为目的,就此而言,他并没有真正超越西方传统。而马克思则从机器大生产理论出发,科学诠释了劳动解放的双重内涵,不仅揭示了劳动从资本关系中解放出来的现实基础,而且也诠释了劳动从手段变为目的的可能性,彻底颠覆了整个西方的哲学—经济学传统。就此而言,马克思的劳动解放理论绝不是从人本主义逻辑推演出来的思辨结果,更不是一种乌托邦,而是基于对机器大生产的历史唯物主义分析,得出来的具有客观效力的科学结论。因此,当阿伦特仅仅立足于前现代的手工劳动或奴隶劳动,来理解劳动与自由的辩证法时,恰恰忽视了马克思劳动解放理论的现实基础。

第三,在《大纲》和《资本论》中,马克思对机器大生产及其哲学效应的理解存在重大差异。在前一著作中,马克思是基于直接劳动而不是劳动二重性理论,来论证机器大生产所引发的内在矛盾的,这样导致的结果就是:此时他关于相对剩余价值以及资本主义崩溃逻辑的分析,都存在重大缺陷。而《资本论》则全面克服了《大纲》的理论缺陷,实现了对后者的全面超越与发展。因此,当古尔德和奈格里单纯依据《大纲》来诠释马克思的劳动解放理论时,恰恰没有看到这一著作的理论缺陷;而当后者把《大纲》视为马克思思想发展的顶峰时,恰恰抹杀了《资本论》的历史贡献。再退一步来讲,他们对劳动与自由关系的解读,本身就是建立在对《大纲》的曲解之上的,虽然这一著作还存在一定的理论缺陷,但它所体现出来的历史观,也绝不是他们所理解的经验主义因果观或自治主义的对抗哲学。

最后,作为目的的劳动真的像马尔库塞所说的那样,是一种超越任何限制的游戏或消遣吗?答案也是否定的。在自由王国中,劳动摆脱了经济必然性和自然必然性的双重强制,"但这决不是说,劳动不过是一种娱乐,一种消遣,就像傅立叶完全以一个浪漫女郎的方式极其天真地理解的那样,真正自由的劳动,例如作曲,同时也是非常严肃,极其紧张的事情"①。就此而言,马尔库塞将自由王国中的劳动诠释为一种游戏或消遣,是完全错误的。实际上,这是他基于《1844年经济学哲学手稿》对马克思劳动解放理论的一种扭曲。然而,值得玩味的是,在《生产之镜》中,鲍德里亚恰恰把马尔库塞的这种解读当成是马克思本人的思想,并对后者的劳动解放理论展开了攻击,认为这是资产阶级意识形态的真实体现。"这种处于政治经济学之外的游戏、非劳动或非异化的劳动,被界定为受没有目的的合目的性所统治。在这个意义上,它仍然是审美的,在极端康德主义的意义上,它适用于所有资产阶级意识形态的含蓄意指。虽然马克思的思想清算了资产阶级的伦理学,但在资产阶级的美学面前,马克思的思想仍然无能为力……马克思主义思想继承了资产阶级思想中审美的和人道主义的毒素"②。单纯就马尔库塞而言,这一批判无疑是一针见血、切中要害的;但如果把这顶帽子扣在马克思的头上,那就荒谬至极了,因为马克思从来没有把自由王国中的劳动理解为一种游戏或消遣。以此来看,鲍德里亚根本没有理解马克思劳动解放理论的出场语境,更没有清楚厘定马尔库塞和马克思思想之间的本质差异。就此而言,他对马克思的批判是完全不公正的。

---

① 《马克思恩格斯全集》第30卷,人民出版社1995年版,第616页。
② [法]鲍德里亚:《生产之镜》,仰海峰译,中央编译出版社2005年版,第20—21页。